AF513160

आर० गुप्ता® कृत

पॉपुलर मास्टर गाइड

RPF & RPSF

रेलवे सुरक्षा बल तथा रेलवे सुरक्षा विशेष बल

कांस्टेबल

भर्ती परीक्षा

Useful for

✦ Constable (Exe) ✦ Constable (Ancillary)

✦ Driver Grade III

RPH संपादक मंडल

द्वारा संपादित

2026
EDITION

रमेश पब्लिशिंग हाउस, नई दिल्ली

प्रकाशक

ओ.पी. गुप्ता, **रमेश पब्लिशिंग हाउस**

प्रशासनिक कार्यालय

12-H, न्यू दरियागंज रोड, आफिसर्स मेस के सामने,

नई दिल्ली-110002 ✆ 23275224, 23245124

E-mail: info@rameshpublishinghouse.com

For Online Shopping: www.rameshpublishinghouse.com

विक्रय केन्द्र

• बालाजी मार्किट, नई सड़क, दिल्ली-6 ✆ 23253720, 23282525

• 4457, नई सड़क, दिल्ली-6, ✆ 23918938

Book Code: R-1399

ISBN: 978-93-5012-098-9

मूल्य: ₹ 290

मुद्रक: निधि प्रिन्टर, दिल्ली

अनुक्रमणिका

पिछले प्रश्न-पत्र

Railway Protection Force & Railway Protection Special Force

RPF/RPSF—कांस्टेबल

भर्ती परीक्षा-2025

(Exam held on 18-03-2025)

1. आयुषी और अनमोल की आयु का अनुपात क्रमशः 2 : 7 है। 4 वर्ष बाद उनकी आयु का अनुपात 3 : 8 होगा। उनकी वर्तमान आयु में कितना अंतर है?

1. 6 2. 8
3. 29 4. 20

2. 36 सेमी. लम्बाई, 6 सेमी. चौड़ाई और 1 सेमी. मोटाई वाली एक धातु की शीट को पिघलाकर एक घन बनाया जाता है। धन के कोर की लम्बाई ज्ञात कीजिए।

1. 6 सेमी. 2. 12 सेमी.
3. 9 सेमी. 4. 3 सेमी.

3. एक दौड़ में, एक एथलीट पहले चक्कर में 408 मी. की दूरी 68 सेकंड में तय करता है। वह समान लम्बाई का दूसरा चक्कर 136 सेकंड में तय करता है। एथलीट की औसत चाल (मी./से. में) ज्ञात कीजिए।

1. 6 2. 1
3. 4 4. 7

4. निम्नलिखित का मान ज्ञात कीजिए :

$\sqrt{144}+\sqrt{0.0196}-\sqrt{6.76}=$

1. 2.53 2. 12.99
3. 1.87 4. 9.54

5. सुधीर ने ₹ 7,380 प्रति दर्जन की दर से कुछ सामान खरीदा। उसने इनमें से प्रत्येक को ₹ 575 की दर से बेचा। उसका हानि प्रतिशत कितना था? (दशमलव के दो स्थानों तक)

1. 6.50% 2. 6.96%
3. 23.12% 4. 40%

6. हल कीजिए :

$41 - [36 - \{48 \div 2 - (5 - 6 \div 2) \div 2\}]$

1. 29 2. 28
3. 30 3. 27

7. एक रसायन विज्ञान प्रयोग के लिए, वीना के पास फेरस सल्फेट के 25% विलयन वाली 60 मिली. मात्रा है। फेरस सल्फेट का 30% विलयन बनाने के लिए उसमें 60% विलंयन की कितने मिलीलीटर मात्रा मिलाई जानी चाहिए?

1. 25 मिली. 2. 20 मिली.
3. 10 मिली. 4. 15 मिली.

8. अभिनव, अर्पण से तीन गुना कुशल है और किसी कार्य को .अर्पण से 34 दिन कम समय में पूरा कर सकता है। उसी कार्य को अर्पण कितने दिनों में पूरा कर सकता है?

1. 69 2. 54
3. 51 4. 48

1. 4	**2.** 1	**3.** 3	**4.** 4	**5.** 1	**6.** 2	**7.** 3	**8.** 3

9. रेलगाड़ी A, स्टेशन M से 6:15 AM पर निकलती है और उसी दिन स्टेशन N पर 3:15 PM पर पहुँचती है। रेलगाड़ी B, स्टेशन N से 8:15 AM पर निकलती है और उसी दिन स्टेशन M पर 2:15 PM पहुँचती है। रेलगाड़ी A और B के मिलने का समय ज्ञात कीजिए।

1. 11:03 AM
2. 4:34 AM
3. 12:53 PM
4. 10:24 AM

10. दो बैंक A और B क्रमशः 3.5% और 6% वार्षिक दर पर ऋण देते हैं। गोपाल, प्रत्येक बैंक से ₹ 360000 की राशि उधार लेता है। 4 वर्ष बाद गोपाल द्वारा दोनों बैंकों को भुगतान की गई साधारण ब्याज की राशियों के बीच धनात्मक अंतर (₹ में) ज्ञात कीजिए।

1. 35500   2. 37000
3. 36000   4. 37500

11. एक बेलनाकार छड़ का बाह्य वक्र पृष्ठीय क्षेत्रफल 1900 सेमी.^{2} है। यदि छड़ की लम्बाई 39 सेमी. है, तो छड़ की बाह्य त्रिज्या (सेमी. में) दशमलव के दो स्थानों तक ज्ञात कीजिए।

$\left(\pi = \frac{22}{7}\text{ लीजिए}\right)$

1. 6.27   2. 7.75
3. 7.18   4. 8.88

12. एक जनरल स्टोर में, 5 किग्रा. गेहूँ के आटे के एक पैकेट का अंकित मूल्य ₹ 220 है। जनरल स्टोर मालिक इसे ₹ 200 में बेचता है। जनरल स्टोर मालिक द्वारा दी गई छूट का प्रतिशत (दशमलव के दो स्थानों तक पूर्णांकित) कितना है?

1. 9.99%   2. 8.98%
3. 9.09%   4. 8.08%

13. 2 वर्षों में ₹ 18000 पर अर्जित चक्रवृद्धि और साधारण ब्याज के बीच का अंतर ₹ 405 था। वार्षिक रूप से संयोजित होने वाले ब्याज की दर कितने प्रतिशत थी?

1. 12%   2. 15%
3. 13%   4. 16%

14. $3\frac{1}{2}+4\frac{3}{4}-5\frac{3}{8}+2\frac{1}{4}-3\frac{1}{8}$ का मान ज्ञात कीजिए।

1. 4   2. 2
3. 3   4. 5

15. वह सबसे छोटी संख्या ज्ञात कीजिए जिसे 20, 25, 35 और 40 से भाग देने पर क्रमशः 14, 19, 29 और 34 शेषफल प्राप्त होते हैं।

1. 1238   2. 1389
3. 1394   4. 1498

16. 10, 7 और 4 का LCM ज्ञात कीजिए।

1. 1   2. 7
3. 280   4. 140

17. 6 पुरुष किसी कार्य को [illegible]ों में पूरा कर सकते हैं जबकि 4 महिलाएँ उसी कार्य को 18 दिनों में पूरा कर सकती हैं। 2 महिलाएँ और 2 पुरुष इसे कितने दिनों में पूरा कर सकते हैं?

1. 22 दिन   2. 20 दिन
3. 23 दिन   4. 18 दिन

18. पाँच संख्याओं का योगफल 655 है। पहली दो संख्याओं का औसत 78 है और तीसरी संख्या 130 है। शेष दो संख्याओं का औसत ज्ञात कीजिए।

1. 209   2. 208
3. 185.5   4. 184.5

19. यदि एक लड़का 9 किमी./घं. की चाल से दौड़ता है, तो उसे 51 मीटर भुजा वाले वर्गाकार मैदान का एक पूर्ण चक्कर लगाने में कितने सेकेंड लगेंगे?

1. 82   2. 91
3. 79   4. 81.5

9. 1	**10.** 3	**11.** 2	**12.** 3	**13.** 2	**14.** 2
15. 3	**16.** 4	**17.** 4	**18.** 4	**19.** 4	

20. एक उबर ऑटो 20 घंटे में 120 किमी. की दूरी तय करता है। इसकी चाल (किमी./घं. में) ज्ञात कीजिए।

1. 9
2. 6
3. 10
4. 16

21. यदि k का 35%, 25 के 1200% से 20 कम है, तो k का मान क्या है?

1. 780
2. 800
3. 760
4. 840

22. निम्नलिखित में से कौन-सा अनुपात सबसे छोटा है?

1. 19 : 42
2. 13 : 53
3. 25 : 39
4. 16 : 54

23. ₹ 10 प्रति किग्रा. वाली चीनी को ₹ 49 प्रति किग्रा. वाली चीनी के साथ किस अनुपात में मिलाया जाना चाहिए ताकि मिश्रण को ₹ 54.6 प्रति किग्रा. पर बेचने पर 40% का लाभ हो?

1. 31 : 11
2. 28 : 12
3. 10 : 29
4. 27 : 8

24. $14^{-10} \div 14^{13} \times 14^{-7}$ का मान ज्ञात कीजिए।

1. 14^{-30}
2. 14^{-26}
3. 14^{-25}
4. 14^{-37}

25. दो मित्रों सकेश और शिवम की मासिक आय क्रमशः 5 : 7 के अनुपात में है और इनमें से प्रत्येक ₹ 87000 प्रति माह बचाता है। यदि इनके मासिक व्यय का अनुपात 1 : 3 है, तो राकेश की मासिक आय (₹ में) ज्ञात कीजिए।

1. 107750
2. 109750
3. 108750
4. 152250

26. ₹ 75,000 की धनराशि पर वार्षिक रूप से चक्रवृद्धित होने वाली 10% वार्षिक ब्याज दर से 2 वर्ष बाद प्राप्त चक्रवृद्धि ब्याज कितना होगा?

1. ₹ 75,000
2. ₹ 15,750
3. ₹ 90,750
4. ₹ 7,500

27. 10 संख्याओं का योगफल 432 है। उनका औसत ज्ञात कीजिए।

1. 41.2
2. 42.2
3. 43.2
4. 44.2

28. एक आयताकार मैदान का क्षेत्रफल 2400 मी.^{2} है। यदि मैदान की लम्बाई 80 मी. है, तो इसका परिमाप ज्ञात कीजिए।

1. 210 मी.
2. 220 मी.
3. 110 मी.
4. 30 मी.

29. संख्या 3785p में किस अभाज्य संख्या p को रखने से, संख्या 3 से पूर्णतः विभाज्य होगी?

1. 5
2. 7
3. 3
4. 1

30. एक किराना सामान को उसके अंकित मूल्य पर 25% छूट के साथ ₹ 660 में बेचा गया। अंकित मूल्य कितना है?

1. ₹ 870
2. ₹ 890
3. ₹ 880
4. ₹ 860

31. एक शर्ट की मूल कीमत ₹ 600 थी। अब यह ₹ 540 में बेची जा रही है। कीमत में कितने प्रतिशत की कमी हुई है?

1. 10%
2. 15%
3. 25%
4. 20%

32. प्रथम 118 सम संख्याओं का औसत ज्ञात कीजिए।

1. 118.5
2. 119.5
3. 120
4. 119

33. निम्नलिखित का मान ज्ञात कीजिए :

$$\frac{(3.49)^2 - (1.71)^2}{3.49 - 1.71}$$

1. 4.4
2. 5.2
3. 1.78
4. 2.48

20. 2	**21.** 2	**22.** 2	**23.** 3	**24.** 1	**25.** 3	**26.** 2
27. 3	**28.** 2	**29.** 2	**30.** 3	**31.** 1	**32.** 4	**33.** 2

34. अभि ने परी को ₹ 10000 में एक ड्रेस बेची। परी ने इसे 20% लाभ पर मिक्की को बेचा। मिक्की ने इस पर ₹ 2000 व्यय करके इसका रंग-रूप बदल दिया और इस ड्रेस को स्नेहा को 10% की हानि पर बेच दिया। ड्रेस के लिए स्नेहा द्वारा भुगतान की गई राशि कितनी थी?

1. ₹ 12600 2. ₹ 14200
3. ₹ 13000 4. ₹ 11950

35. एक पाइप एक टंकी को 8 घंटे में भर सकता हे। दूसरा पाइप भरी हुई टंकी को 72 घंटे में खाली कर सकता है। यदि दोनों पाइपों को एक साथ खोल दिया जाए, तो टंकी का दो-तिहाई भाग भरने में कितना समय (घंटे में) लगेगा?

1. 18 2. 24
3. 12 4. 6

36. अंग्रेजी वर्णमाला क्रम पर आधारित दी गई श्रृंखला में प्रश्नचिह्न (?) के स्थान पर क्या आना चाहिए?

MTAH UBIP CJQX KRYF ?

1. SGZN 2. SGNZ
3. SZNG 4. SZGN

37. अंग्रेजी वर्णमाला क्रम के आधार पर, निम्नलिखित चार अक्षर-समूह युग्मों में से तीन एक निश्चित तरीके से एकसमान हैं और इस प्रकार वे एक ग्रुप बनाते हैं। कौन-सा युग्म उस ग्रुप से संबंधित नहीं है? (नोटः असंगत अक्षर-समूह युग्म, व्यंजनों/स्वरों की संख्या या उनकी स्थिति पर आधारित नहीं है।)

1. PY Ñ IN 2. AO Ñ PF
3. KY Ñ ZP 4. QE Ñ FV

38. एक निश्चित कूट भाषा में, 'have a party' को 'ds fg rt' के रूप में कूटबद्ध किया जाता है और 'party and enjoy' को 'tr ds gf' के रूप में कूटबद्ध किया जाता है। दी गई भाषा में 'party' को किस प्रकार कूटबद्ध किया गया है?

1. fg 2. ds
3. rt 4. gf

39. दिए गए कथनों और निष्कर्षों को ध्यान से पढ़िए। यह मानते हुए कि कथनों में दी गई जानकारी सत्य है, भले ही वह सामान्य रूप से ज्ञात तथ्यों से भिन्न प्रतीत होती हो, तय कीजिए कि दिए गए निष्कर्षों में से कौन-सा/से निष्कर्ष, कथनों का तार्किक रूप से अनुसरण करता है/करते हैं।

कथन : सभी गौरैया, डॉल्फिन हैं।
सभी कौवे, बुलबुल हैं।
कोई बुलबुल, गौरैया नहीं है।

निष्कर्ष : (I) कुछ डॉल्फिन, बुलबुल हैं।
(II) कोई कौवे, गौरैया नहीं है।

1. निष्कर्ष (I) और (II) दोनों अनुसरण करते हैं
2. न तो निष्कर्ष (I) और न ही (II) अनुसरण करता है
3. केवल निष्कर्ष (I) अनुसरण करता है
4. केवल निष्कर्ष (II) अनुसरण करता है

40. निम्नलिखित संख्या और प्रतीक श्रृंखला का संदर्भ लीजिए तथा उसके बाद आने वाले प्रश्न का उत्तर दीजिए। गिनती केवल बाएं से दाएं की जानी है।

(बाएं) 2/56@3?8376*7#27*9\$4 (दाएं)

ऐसी कितनी संख्याएँ हैं, जिनमें से प्रत्येक के ठीक पहले एक प्रतीक और ठीक बाद में भी एक प्रतीक है?

1. एक 2. तीन
3. दो 4. चार

41. एक निश्चित कूट भाषा में, 'DIME' को '4691' के रूप में कूटबद्ध किया जाता है और 'MADE' को '9412' के रूप में कूटबद्ध किया जाता है। दी गई कूट भाषा में 'A' के लिए कूट क्या है?

1. 1 2. 4
3. 2 4. 9

34. 1	**35.** 4	**36.** 4	**37.** 1	**38.** 2	**39.** 4	**40.** 2	**41.** 3

42. जब दर्पण को नीचे दिखाए अनुसार, MN पर रखा जाता है, तो दी गई आकृति के सही दर्पण प्रतिबिम्ब का चयन कीजिए।

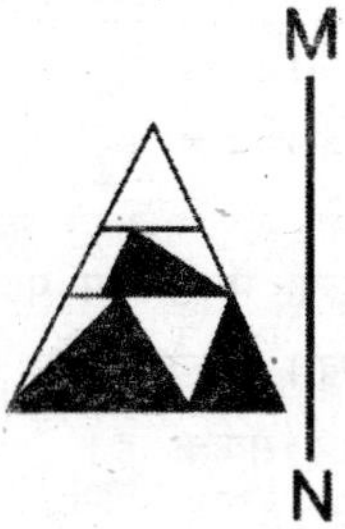

1. 
2. 
3. 
4. 

43. यदि '+' और '×' को परस्पर बदल दिया जाए और '−' और '÷' को परस्पर बदल दिया जाए, तो निम्नलिखित समीकरण में प्रश्नचिह्न (?) के स्थान पर क्या मान आएगा?

$32 \div 12 - 6 \times 2 + 3 = ?$

1. 30　　2. 40
3. 35　　4. 36

44. उस युग्म का चयन कीजिए जो नीचे दिए गए दो युग्मों के समान पैटर्न का अनुसरण करता हो। दोनों युग्म समान पैटर्न का अनुसरण करते हैं।

CUS : EQV
EYA : GUC

1. VIK : XEM　　2. IHM : GDO
3. AVI : CRG　　4. PCM : RGO

45. उस विकल्प का चयन कीजिए जिसमें संख्याएँ उसी संबंध को साझा करती हैं जो दिए गए संख्या-युग्मों द्वारा साझा किया गया है।

(नोट : संख्याओं को उसके घटक अंकों में तोड़े बिना, संक्रियाएँ पूर्ण संख्याओं पर की जानी चाहिए। उदाहरण के लिए 13 को लीजिए - 13 पर संक्रियाएँ जैसे कि 13 में जोड़ना/घटाना/गुणा करना, आदि किया जा सकता है। 13 को 1 और 3 में तोड़ना तथा फिर 1 और 3 पर गणितीय संक्रियाएँ करने की अनुमति नहीं है।)

12, 30
16, 38

1. 10, 26　　2. 15, 35
3. 11, 29　　4. 12, 27

46. P, Q, R, S, T, U और V एक गोल मेज के परितः केंद्र की ओर अभिमुख होकर बैठे हैं। Q के बाईं ओर से गिनने पर, P और Q के बीच केवल एक व्यक्ति बैठा है। U, T के दाईं ओर तीसरे स्थान पर बैठा है। V, S के बाईं ओर तीसरे स्थान पर बैठा है। U, V के निकटतम दाईं ओर पड़ोस में बैठा है। R, V का निकटतम पड़ोसी नहीं है। P के दाईं ओर से गिनने पर, R और P के बीच कितने व्यक्ति बैठे हैं?

1. 4　　2. 3
3. 2　　4. 1

47. अंग्रेजी वर्णमाला क्रम पर आधारित, निम्नलिखित चार अक्षर-समूह युग्मों में से तीन एक निश्चित तरीके से समान हैं और इस प्रकार एक ग्रुप बनाते हैं। कौन-सा अक्षर-समूह युग्म उस ग्रुप से संबंधित नहीं है?

(नोटः असंगत अक्षर-समूह युग्म, व्यंजनों/स्वरों की संख्या या उनकी स्थिति पर आधारित नहीं है।)

1. PR Ñ SU　　2. CE Ñ FH
3. JL Ñ MO　　4. TU Ñ XY

42. 3	**43.** 4	**44.** 1	**45.** 1	**46.** 1	**47.** 4

48. दिए गए कथनों और निष्कर्षों को ध्यानपूर्वक पढ़ें। यह मानते हुए कि कथनों में दी गई जानकारी सत्य है, भले ही यह सामान्यतः ज्ञात तथ्यों से भिन्न प्रतीत होती हो, तय कीजिए कि दिए गए निष्कर्षों में से कौन-सा/से निष्कर्ष, कथनों का तार्किक रूप से अनुसरण करता है/करते हैं?

कथन : कुछ बिल्लियाँ, कुत्ते हैं।
कुछ कुत्ते, हाथी हैं।
सभी मछलियाँ, हाथी हैं।

निष्कर्ष : (I) कुछ हाथी, बिल्लियाँ हो सकते हैं।
(II) कम-से-कम कुछ मछलियाँ, कुत्ते हैं।

1. केवल (I) अनुसरण करता है
2. न तो (I) और न ही (II) अनुसरण करता है
3. केवल (II) अनुसरण करता है
4. (I) और (II) दोनों अनुसरण करते हैं

49. कविश बिंदु A से ड्राइव करना शुरू करते हुए 13 किमी. पूर्व दिशा में ड्राइव करता है। फिर वह दाएं मुड़ता है और 7 किमी. ड्राइव करता है फिर दाएं मुड़ता है और 15 किमी. ड्राइव करता है। फिर वह दाएं मुड़ता है और 9 किमी. ड्राइव करता है। वह अंतिम बार दाएं मुड़ता है, 2 किमी. ड्राइव करता है और बिंदु P पर रुक जाता है। बिंदु A पर वापस पहुँचने के लिए उसे कितनी दूरी (सबसे छोटी दूरी) और किस दिशा में ड्राइव करना होगा? (जब तक निर्दिष्ट न किया जाए, सभी मोड़ केवल 90 डिग्री के मोड़ हैं।)

1. 2 किमी. दक्षिण की ओर
2. 3 किमी. दक्षिण की ओर
3. 2 किमी. उत्तर की ओर
4. 3 किमी. उत्तर की ओर

50. P, Q, R, S, T, U और V एक गोल मेज के परितः मेज के केंद्र की ओर अभिमुख होकर बैठे हैं। R और Q के बीच केवल U बैठा है। Q, T के बाएं तीसरे स्थान पर बैठा है। S, T के ठीक बाएं पड़ोस में बैठा है। P, Q का निकटतम पड़ोसी नहीं है। U के दाएं से गिनने पर, और U के बीच कितने व्यक्ति बैठे हैं?

1. 3
2. 1
3. 4
4. 2

51. दिए गए विकल्पों में से उस पद का चयन कीजिए, जो निम्नलिखित शृंखला में प्रश्नचिह्न (?) को प्रतिस्थापित कर सकता है।

MNX 62, SRZ 54, YVB 46, EZD 38, ?

1. KEG 28
2. KDF 30
3. JEF 30
4. JDG 28

52. दी गई शृंखला में प्रश्नचिह्न (?) के स्थान पर क्या आना चाहिए?

919 918 915 910 903 ?

1. 894
2. 895
3. 896
4. 893

53. दी गई शृंखला में प्रश्नवाचक चिह्न (?) के स्थान पर क्या आएगा?

93 182 129 161 165 140 201 119 ?

1. 237
2. 221
3. 249
4. 240

54. एक निश्चित कूट भाषा में,

A × B का अर्थ है कि 'A, B की पत्नी है'

A + B का अर्थ है कि 'A, B का भाई है'

A ? B का अर्थ है कि 'A, B का पिता है'

A ~ B का अर्थ है कि 'A, B की पुत्री है'

उपरोक्त के आधार पर, यदि 'E ~ N ? J + O × Y' है, तो E का Y से क्या संबंध है?

1. पत्नी की माता
2. पत्नी का पिता
3. पत्नी की बहन
4. पत्नी का भाई

48. 1	**49.** 1	**50.** 3	**51.** 2	**52.** 1	**53.** 1	**54.** 3

55. दी गई शृंखला में प्रश्न-चिह्न (?) के स्थान पर क्या आना चाहिए?

21, 34, 60, 99, 151 ?

1. 212
2. 214
3. 216
4. 218

56. यदि + का अर्थ – है, – का अर्थ × है, × का अर्थ है ÷ और ÷ का अर्थ + है, तो निम्नलिखित समीकरण में प्रश्नचिह्न (?) के स्थान पर क्या आएगा?

$63 \div 70 \times 14 - 12 + 15 = ?$

1. 108
2. 105
3. 106
4. 104

57. डैनियल बिंदु A से ड्राइव करना शुरू करता है और पश्चिम की ओर 12 किमी. ड्राइव करता है। फिर वह दाएं मुड़ता है और 8 किमी. ड्राइव करता है, दाएं मुड़ता है और 13 किमी. ड्राइव करता है। वह पुनः दाएं मुड़ता है और 11 किमी. ड्राइव करता है। वह अंत में दाएं मुड़ता है, 1 किमी. ड्राइव करता है और बिंदु P पर रुकता है। बिंदु A पर वापस पहुँचने के लिए उसे कितनी दूर (न्यूनतम दूरी) और किस दिशा में ड्राइव करना होगा? (जब तक कि निर्दिष्ट न किया जाए, सभी मोड़ केवल 90 डिग्री के मोड़ हैं)

1. 3 किमी. दक्षिण की ओर
2. 4 किमी. उत्तर की ओर
3. 4 किमी. दक्षिण की ओर
4. 3 किमी. उत्तर की ओर

58. एक निश्चित तरीके से XZ 42 का संबंध ZX 41 से है। उसी प्रकार, ST 35 का संबंध TS 34 से है। समान तर्क का अनुसरण करते हुए, QR 33 का संबंध निम्नलिखित में से किससे है?

1. PQ 33
2. RQ 32
3. RS 32
4. RP 34

59. M, N, O, P, Q और R एक गोल-मेज के परितः केंद्र की ओर अभिमुख होकर बैठे हैं। P, O के ठीक दाएं पड़ोस में बैठा है। Q, P के दाएं दूसरे स्थान पर बैठा है। R, P का निकटतम पड़ोसी नहीं है। N, Q के दाएं दूसरे स्थान पर बैठा है। R के ठीक दाएं पड़ोस में कौन बैठा है?

1. Q
2. M
3. N
4. P

60. दिए गए कथनों और निष्कर्षों को ध्यान से पढ़ें। यह मानते हुए कि कथनों में दी गई जानकारी सत्य है, भले ही वह सामान्य रूप से ज्ञात तथ्यों से भिन्न प्रतीत होती हो, तय करें कि दिए गए निष्कर्षों में से कौन-सा/से निष्कर्ष, कथनों का तार्किक रूप से अनुसरण करता है/करते हैं।

कथन : कुछ शक्कर, गुड़ हैं।
कोई गुड़, शहद नहीं है।

निष्कर्ष : (I) कुछ शक्कर, शहद हैं।
(II) कुछ गुड़, शक्कर हैं।

1. केवल निष्कर्ष (I) अनुसरण करता है
2. निष्कर्ष (I) और (II) दोनों अनुसरण करते हैं
3. न तो निष्कर्ष (I) और न ही (II) अनुसरण करता है
4. केवल निष्कर्ष (II) अनुसरण करता है

61. निम्नलिखित शृंखला का संदर्भ लीजिए और दिए गए प्रश्न का उत्तर दीजिए। (सभी संख्याएँ केवल एक अंकीय संख्याएँ हैं)

(बाएं) 2 2 1 3 8 1 4 1 4 8 3 6 8 6 2 1 3 7 4 4 1 (दाएं)

ऐसे कितने विषम अंक हैं, जिनमें से प्रत्येक के ठीक पहले एक सम अंक है तथा ठीक बाद एक पूर्ण वर्ग अंक है?

1. एक
2. चार
3. तीन
4. दो

55. 3	**56.** 1	**57.** 4	**58.** 2	**59.** 3	**60.** 4	**61.** 4

62. यदि '+' और '÷' को परस्पर बदल दिया जाए और '–' और '×' को परस्पर बदल दिया जाए, तो निम्नलिखित समीकरण में प्रश्नचिह्न (?) के स्थान पर क्या मान आएगा?

$40 \times 6 - 24 + 4 \div 5 = ?$

1. 5 2. 12
3. 10 4. 9

63. एक निश्चित कूट भाषा में, 'ORANGE' को '321965' के रूप में कूटबद्ध किया जाता है और 'BANANA' को '496969' के रूप में कूटबद्ध किया जाता है। दी गई कूट भाषा में 'A' के लिए कूट क्या है?

1. 6 2. 3
3. 9 4. 5

64. विकल्पों में दी गई उस आकृति की पहचान कीजिए, जिसे प्रश्नचिह्न (?) के स्थान पर रखने पर यह शृंखला तर्कसंगत रूप से पूरी हो जाएगी।

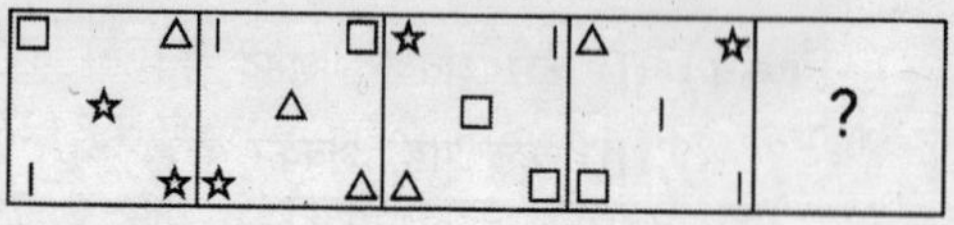

1. 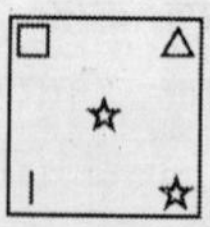
2. 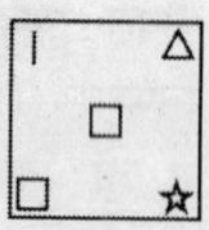
3. 
4. 

65. निम्नलिखित में से कौन-सा अक्षर-संख्या समूह, दी गई शृंखला को तार्किक रूप से पूर्ण बनाने के लिए प्रश्नचिह्न (?) को प्रतिस्थापित करेगा?

DGC8 FIE12 HKG16 JMI20 ?

1. ILP 24 2. LOT 23
3. LOK 24 4. LPI 20

66. सात बॉक्स A, B, C, D, E, F और G एक के ऊपर एक रखे गए हैं लेकिन जरूरी नहीं कि वे इसी क्रम में रखे गए हों। केवल G को D के ऊपर रखा गया है। D और B के बीच केवल दो बॉक्स रखे गए हैं। केवल F को C के नीचे रखा गया है। A को B के ठीक ऊपर नहीं रखा गया है। G और E के बीच कितने बॉक्स रखे गए हैं?

1. 4 2. 3
3. 2 4. 1

67. किसी निश्चित कूट भाषा में,

'A + B' का अर्थ है कि 'A, B की बहन है',

'A – B' का अर्थ है कि 'A, B का भाई है',

'A / B' का अर्थ है कि 'A, B की पत्नी है',

'A ! B' का अर्थ है कि 'A, B का पति है',

'A * B' का अर्थ है कि 'A, B की माता है' और

'A × B' का अर्थ है कि 'A, B का पिता है'।

यदि 'M / Q × T – B + S' है, तो M का B से क्या सबंध है?

1. माता 2. पिता
3. भाई 4. बहन

68. उत्तर की ओर अभिमुख होकर बैठे 19 छात्रों की एक पंक्ति में, रीना दाएं छोर से 8वें स्थान पर है। यदि सुनी, रीना के बाएं से 9वें स्थान पर है, तो पंक्ति के बाएं छोर से सुनी का स्थान कौन-सा है?

1. तीसरा 2. पहला
3. चौथा 4. दूसरा

69. निम्नलिखित संख्या, प्रतीक शृंखला का संदर्भ लें और नीचे दिए गए प्रश्न का उत्तर दें। गिनती केवल बाएं से दाएं की जानी है।

(बाएं) @ 5 7 ^ \ / 3 / $ % / * 2 # $ & \ / 3 > ^ (दाएं)

ऐसी कितनी संख्याएँ हैं, जिनमें से प्रत्येक के ठीक पहले एक प्रतीक और ठीक बाद एक अन्य संख्या है?

1. एक 2. एक भी नहीं
3. तीन 4. दो

62. 4	**63.** 3	**64.** 1	**65.** 3	**66.** 3	**67.** 1	**68.** 1	**69.** 1

70. उस युग्म का चयन करें जो नीचे दिए गए दो युग्मों के समान पैटर्न का अनुसरण करता है। दोनों युग्म एक ही पैटर्न का अनुसरण करते हैं।

KGC-GCY

YUQ-UQM

1. WSO-SOK
2. SNI-OKG
3. SOK-NKF
4. SNI-NJF

71. 2011 में, अखिल भारतीय स्तर पर लिंग-अनुपात (प्रति 1000 पुरुषों पर महिलाओं की संख्या) 943 था तथा ग्रामीण क्षेत्रों के लिए यह अनुपात .... था।

1. 929
2. 949
3. 931
4. 952

72. चेरापूंजी और मौसिनराम (वार्षिक वर्षा 1,080 सेमी. से अधिक होती है) मेघालय की किन पहाड़ियों में स्थित हैं?

1. शिलांग पहाड़ियां
2. जयंतिया पहाड़ियां
3. खासी पहाड़ियां
4. गारो पहाड़ियां

73. भारत सरकार ने व्यापार में विदेशी निवेश को आकर्षित करने के लिए 'विशेष आर्थिक क्षेत्र' की नीति की शुरुआत और घोषणा की। इसकी घोषणा वर्ष .... में की गई थी।

1. 2000
2. 2002
3. 2005
4. 2007

74. कानपुर में 1857 के विद्रोह का, ब्रिटिश सेना ने किसके नेतृत्व में दमन किया था?

1. सर कॉलिन कैम्पबेल (Sir Colin Campbell)
2. कर्नल ऑनसेल (Colonel Oncell)
3. जनरल ह्यूग रोज (General Hugh Rose)
4. जॉन निकोलसन (John Nicholson)

75. 'वेद' शब्द की व्युत्पत्ति निम्नलिखित में से किस मूल शब्द से हुई है?

1. वेदी
2. वेद्
3. विद्
4. वित्

76. जलवायु परिवर्तन पर संयुक्त राष्ट्र फ्रेमवर्क कन्वेंशन के 29वें कांफ्रेंस ऑफ पार्टीज (COP-29) का आयोजन, 11-22 नवंबर 2024 तक .... में किया गया।

1. अजरबैजान
2. इटली
3. कनाडा
4. भारत

77. निम्नलिखित में से कौन-सी फसल, नाइट्रोजन स्थिरीकरण के माध्यम से, मृदा की प्राकृतिक उर्वरता बढ़ाती है?

1. दलहन
2. जड़ वाली सब्जियाँ
3. तिलहन
4. धान्य फसलें

78. किस अनुच्छेद में उल्लिखित है कि राज्य लोगों के कल्याण को बढ़ावा देने का प्रयास करेगा?

1. अनुच्छेद 36
2. अनुच्छेद 38
3. अनुच्छेद 39
4. अनुच्छेद 40

79. सितंबर 2024 में, भारत का वस्तु एवं सेवा कर (GST) संग्रह कितना था?

1. ₹ 1,65,000 करोड़
2. ₹ 1,73,240 करोड़
3. ₹ 1,70,500 करोड़
4. ₹ 1,80,000 करोड़

70. 1	**71.** 2	**72.** 3	**73.** 1	**74.** 1
75. 3	**76.** 1	**77.** 1	**78.** 2	**79.** 2

80. भारत में उच्च न्यायालय के न्यायाधीश को हटाने के संबंध में निम्नलिखित में से कौन-सा कथन सत्य है?

1. किसी न्यायाधीश को राष्ट्रपति द्वारा तय किए गए किसी भी आधार पर हटाया जा सकता है।
2. उच्च न्यायालय के न्यायाधीश को हटाने की प्रक्रिया सर्वोच्च न्यायालय के न्यायाधीश से भिन्न होती है।
3. किसी न्यायाधीश को संसद में विशेष बहुमत द्वारा समर्थित अभिभाषण के बाद ही हटाया जा सकता है।
4. राष्ट्रपति किसी भी संसदीय हस्तक्षेप के बिना किसी न्यायाधीश को हटा सकते हैं।

81. निवेशकों का विश्वास बढ़ाने और आर्थिक सहयोग बढ़ाने के लिए, 27 सितंबर 2024 को किन दो देशों ने द्विपक्षीय निवेश संधि (Bilateral Investment Treaty-BIT) पर हस्ताक्षर किए?

1. भारत और उज्बेकिस्तान
2. यूएसए और फिलीपींस
3. दक्षिण कोरिया और फ्रांस
4. श्रीलंका और केन्या

82. भारतीय संविधान का कौन-सा अनुच्छेद, नीति निदेशक सिद्धांत के रूप में अंतर्राष्ट्रीय शांति और सुरक्षा को बढ़ावा देने का प्रावधान करता है?

1. अनुच्छेद 44 2. अनुच्छेद 48
3. अनुच्छेद 51 4. अनुच्छेद 41

83. 1857 का विद्रोह कब आरंभ हुआ था?

1. 11 मई 1857 2. 11 जून 1857
3. 10 मई 1857 4. 10 जून 1857

84. सर्दियों के महीनों के दौरान, भारत में मौसम की स्थिति मुख्यतः किस क्षेत्र पर उच्च दाब तंत्र से प्रभावित होती है?

1. मध्य और पश्चिमी एशिया
2. मध्य और पूर्वी एशिया
3. मध्य और पश्चिमी ऑस्ट्रेलिया
4. मध्य और दक्षिणी यूरोप

85. अनुच्छेद 370 के निरस्त होने के बाद जम्मू-कश्मीर के मुख्यमंत्री बने उमर अब्दुल्ला किस राजनीतिक पार्टी से संबंधित है?

1. जम्मू और कश्मीर नेशनल पैंथर्स पार्टी (Jammu and Kashmir National Panthers Party)
2. नेशनल कॉन्फ्रेंस (National Conference)
3. पीपुल्स डेमोक्रेटिक पार्टी (People's Democratic Party)
4. भारतीय राष्ट्रीय कांग्रेस (Indian National Congress)

86. 1906 के कलकत्ता अधिवेशन में, भारतीय राष्ट्रीय कांग्रेस के लक्ष्य के रूप में निम्नलिखित में से किसने सबसे पहले स्वराज या स्व-शासन की मांग की थी?

1. ए.ओ. ह्यूम
2. सुभाष चंद्र बोस
3. बाल गंगाधर तिलक
4. दादाभाई नौरोजी

87. राष्ट्रीय अनुसूचित जनजाति आयोग (NCST) को संवैधानिक दर्जा किस संवैधानिक संशोधन द्वारा प्रदान किया गया?

1. 102वें संशोधन अधिनियम
2. 89वें संशोधन अधिनियम
3. 85वें संशोधन अधिनियम
4. 10वें संशोधन अधिनियम

88. भारत सरकार की स्वर्णिम चतुर्भुज परियोजना वर्ष 2001 में शुरू की गई थी, इस परियोजना का उद्देश्य .... का विकास करना था।

1. राजमार्गों 2. रेलवे
3. हवाई अड्डों 4. जलमार्गों

80. 3	**81.** 1	**82.** 3	**83.** 3	**84.** 1	**85.** 2	**86.** 4	**87.** 2	**88.** 1

89. वास्तविक गैसें अपने अणुओं के बीच अंतर आणविक अन्योन्यक्रियाओं के कारण आदर्श गैस नियम से विचलित हो जाती हैं। आदर्श गैस दाब की तुलना में वास्तविक गैस के दाब के संबंध में निम्नलिखित में से कौन-सा कथन सही है?

1. वास्तविक गैस के दाब में वृद्धि संशोधन पद तक होती है जो आयतन के वर्ग के व्युत्क्रमानुपाती होता है।
2. वास्तविक गैस के दाब में कमी संशोधन पद तक होती है जो आयतन के वर्ग के अनुक्रमानुपाती होता है।
3. वास्तविक गैस के दाब में वृद्धि, संशोधन पद तक होती है जो आयतन के वर्ग के अनुक्रमानुपाती होता है।
4. वास्तविक गैस के दाब में कमी, संशोधन पद तक होती है जो आयतन के वर्ग के व्युत्क्रमानुपाती होता है।

90. बंगाल की खाड़ी से उत्पन्न होने वाले उष्णकटिबंधीय अवदाब की आवृत्ति और मार्ग मुख्यतः निम्नलिखित में से किसकी स्थिति से निर्धारित होते हैं?

1. भूमध्य रेखा
2. कर्क रेखा
3. मकर रेखा
4. अंतः-उष्णकटिबंधीय अभिसरण क्षेत्र (ITCZ)

91. निम्नलिखित में से कौन-सा पवित्र ग्रंथ प्रारंभिक वैदिक काल के सामाजिक और आर्थिक जीवन के बारे में अधिकांश जानकारी प्रदान करता है?

1. उपनिषद
2. रामायण
3. वेद
4. महाभारत

92. भारत की पहली बुलेट ट्रेन परियोजना निम्नलिखित में से किन शहरों के बीच निर्माणाधीन है?

1. अहमदाबाद - मुंबई
2. मुंबई - बैंगलोर
3. दिल्ली - लखनऊ
4. चेन्नई - हैदराबाद

93. निम्नलिखित में से किस युद्ध के बाद भारत में ब्रिटिश कंपनी शासन की औपचारिक शुरुआत हो गई थी?

1. दूसरा कर्नाटक युद्ध
2. पानीपत का तीसरा युद्ध
3. प्लासी का युद्ध
4. बक्सर का युद्ध

94. अगस्त 2024 में, मद्रास उच्च न्यायालय ने निम्नलिखित में से किस धारा को असंवैधानिक घोषित किया?

1. रजिस्ट्रीकरण अधिनियम की धारा 45
2. रजिस्ट्रीकरण अधिनियम की धारा 50
3. रजिस्ट्रीकरण अधिनियम की धारा 77-A
4. रजिस्ट्रीकरण अधिनियम की धारा 123

95. वित्तीय वर्ष 2025 की दूसरी तिमाही (Q2 FY25) के लिए एचडीएफसी (HDFC) बैंक का निवल ब्याज मार्जिन (NIM) कितना था?

1. 3.50%
2. 3.47%
3. 3.46%
4. 3.55%

96. थार मरुस्थल में निम्नलिखित में से किस प्रकार की वनस्पति, सामान्य रूप से पाई जाती हैं?

1. उष्णकटिबंधीय सदाबहार वन
2. मरुद्‌भिद झाड़ियाँ और घास
3. मैंग्रोव
4. सघन शीतोष्ण वन

97. गे-लुसाक के नियम के संबंध में निम्नलिखित में से कौन-सा कथन सही है?

1. स्थिर दाब पर गैस का आयतन, उसके तापमान के अनुक्रमानुपाती होता है।
2. स्थिर तापमान पर गैस का दाब, उसके आयतन के व्युत्क्रमानुपाती होता है।
3. स्थिर आयतन पर गैस के दिए गए द्रव्यमान का दाब, उसके परम ताप के अनुक्रमानुपाती होता है।
4. गैसों के मिश्रण का कुल दाब, अलग-अलग गैसों के आंशिक दाबों के योगफल के बराबर होता है।

89. 4	**90.** 4	**91.** 3	**92.** 1	**93.** 3	**94.** 3	**95.** 3	**96.** 2	**97.** 3

98. मार्च 2024 में केरल के एक स्कूल में लॉन्च किए गए भारत के पहले AI शिक्षक रोबोट (AI teacher robot) को क्या नाम दिया गया है?

1. शालू (Shalu)
2. विद्या (Vidya)
3. सोफिया (Sophia)
4. आईरिस (Iris)

99. ग्लाइकोसिडिक आबंध द्वारा एक साथ जुड़े दस या दस से अधिक मोनोसैकराइड इकाइयों से युक्त एक बृहत्‌अणु (Macromolecule) को .... कहा जाता है।

1. डाइसैकेराइड
2. मोनोसैकराइड
3. ओलिगोसैकेराइड
4. पॉलिसैकेराइड

100. भारतीय संविधान का कौन-सा अनुच्छेद, राज्य को किसी भी सामाजिक और शैक्षिक रूप से पिछड़े वर्ग की उन्नति के लिए विशेष प्रावधान बनाने की अनुमति देता है?

1. अनुच्छेद 17
2. अनुच्छेद 15
3. अनुच्छेद 16
4. अनुच्छेद 18

101. 9 से 18 वर्ष की आयु के स्कूली बच्चों में खेल प्रतिभाओं की खोज करने के उद्देश्य से मार्च 2024 में, खेलो इंडिया राइजिंग टैलेंट आइडेंटिफिकेशन (KIRTI) प्रोग्राम का उद्घाटन कहाँ किया गया?

1. देहरादून
2. लखनऊ
3. चंडीगढ़
4. नई दिल्ली

102. भारतीय संविधान की कौन-सी अनुसूची भाषाओं से संबंधित है?

1. छठी अनुसूची
2. बारहवीं अनुसूची
3. दसवीं अनुसूची
4. आठवीं अनुसूची

103. भारत में उगाई जाने वाली दो मुख्य रेशेदार फसलें (fibre crops) निम्नलिखित में से कौन-सी हैं?

1. कपास और जूट
2. ऊन और रेशम
3. रेयॉन और नायलॉन
4. सन (Flax) और पटसन (Hemp)

104. अगस्त 2024 में 'क्लाइमेट चेंजमेकर्स (Climate Changemakers)' संवाद आयोजित करने के लिए किस संगठन ने NABARD के साथ साझेदारी की?

1. अंतर्राष्ट्रीय मुद्रा कोष (International Monetary Fund)
2. डॉयचे गेसेलशाफ्ट फर इंटरनेशनेल जुसामेनरबीट (GIZ) GmbH (Deutsche Gesellschaft für Internationale Zusammenarbeit (GIZ) GmbH)
3. संयुक्त राष्ट्र (United Nations)
4. विश्व बैंक (World Bank)

105. सितंबर 2024 में आयोजित ग्लोबल बायो-इंडिया (Global Bio-India) में भारतीय स्टार्टअप्स द्वारा कितने बायोटेक उत्पाद लॉन्च किए गए, जो जैव विज्ञान में देश की उभरती प्रतिभा को उजागर करते हैं?

1. 5
2. 7
3. 14
4. 11

106. सांची स्तूप वर्तमान में निम्नलिखित में से किस राज्य में स्थित है?

1. ओडिशा
2. मध्य प्रदेश
3. छत्तीसगढ
4. राजस्थान

107. अगस्त 2024 में, किस राज्य विधानसभा ने अनिवार्य मुस्लिम विवाह एवं तलाक पंजीकरण विधेयक, 2024 पारित किया था?

1. उत्तर प्रदेश
2. हिमाचल प्रदेश
3. असम
4. मेघालय

108. 1 kg L^{-1} = ... g cm^{-3}

1. 1
2. 100
3. 1000
4. 10

98. 4	**99.** 4	**100.** 2	**101.** 3	**102.** 4	**103.** 1
104. 2	**105.** 4	**106.** 2	**107.** 3	**108.** 1	

109. अंतर्राष्ट्रीय मुद्रा कोष (IMF) के अनुसार, वित्त वर्ष 2025-26 में भारत की GDP में कितनी वृद्धि होने का पूर्वानुमान है?

1. 6.5%
2. 6.3%
3. 6.8%
4. 6.0%

110. अक्टूबर 2024 में वित्तीय सेवा विभाग द्वारा शुरू किए गए विशेष अभियान 4.0 का मुख्य उद्देश्य क्या था?

1. लंबित मामलों को कम करना और स्वच्छता को संस्थागत बनाना
2. कर्मचारी उत्पादकता बढ़ाना
3. राजस्व बढ़ाना
4. विदेशी निवेश आकर्षित करना

111. भारत में कौन-सा राज्य, कॉफी की व्यापक कृषि के लिए जाना जाता है?

1. पंजाब
2. असम
3. कर्नाटक
4. महाराष्ट्र

112. भारत में इमानी शंकर शास्त्री को निम्नलिखित में से किस संगीत वाद्ययंत्र को बजाने के लिए जाना जाता है?

1. बीन
2. सितार
3. तबला
4. वीणा

113. 1991 के बाद भारत में आर्थिक सुधारों की मुख्य विशेषता क्या थी?

1. विदेशी निवेश पर सख्त नियंत्रण
2. व्यापार नीतियों का उदारीकरण
3. निजी क्षेत्र की भागीदारी में कमी
4. उद्योगों का राष्ट्रीयकरण

114. निम्नलिखित को सुमेलित कीजिए।

सिंधु घाटी सभ्यता स्थल	उत्खननकर्ता
A. हड़प्पा	I. आर. राव
B. धोलावीरा	II. जे. पी. जोशी
C. सरकोटदा	III. आर. एस. बिष्ट
D. लोथल	IV. दया राम साहनी

1. A-I; B-III; C-II; D-IV
2. A-IV; B-III; C-II; D-I
3. A-III; B-I; C-IV; D-II
4. A-II; B-IV; C-III; D-I

115. भारतीय सेना ने नवंबर 2024 में अहमदाबाद और पोरबंदर में निम्नलिखित में से कौन-सा बहुपक्षीय वार्षिक संयुक्त मानवीय सहायता और आपदा राहत (HADR) अभ्यास आयोजित किया?

1. संयुक्त विमोचन 2024
2. ऑपरेशन कावेरी
3. ऑपरेशन करुणा
4. ऑपरेशन विजय 2024

116. निम्नलिखित में से किसने गुप्त कांग्रेस रेडियो की स्थापना की थी, जिसने स्वतंत्रता और ब्रिटिश विरोधी प्रचार के संदेश प्रसारित किए थे और स्वतंत्रता संग्राम में महत्वपूर्ण योगदान दिया था?

1. सुनीता कृष्णन
2. कल्पना दत्ता
3. उषा मेहता
4. अरुणा रॉय

117. गैसीय चालक का उदाहरण .... है।

1. नाइट्रोजन
2. ऑक्सीजन
3. क्लेदित वायु
4. आर्गन

118. भारतीय संविधान का अनुच्छेद 356 मुख्य रूप से किससे संबंधित है?

1. राज्यों में राष्ट्रपति शासन
2. मौलिक कर्तव्य
3. राष्ट्रीय आपातकाल
4. जम्मू और कश्मीर के लिए विशेष प्रावधान

119. मीरानंदा बारठाकुर एक प्रसिद्ध .... नर्तकी हैं।

1. मणिपुरी
2. सत्रिया
3. कत्थक
4. कुचिपुड़ी

120. भारत सरकार ने पहली बार जेंडर बजट वक्तव्य (Gender budget statement), वर्ष .... में प्रस्तुत किया था।

1. 2001-2002
2. 2002-2003
3. 2004-2005
4. 2005-2006

109. 1	**110.** 1	**111.** 3	**112.** 4	**113.** 2	**114.** 2
115. 1	**116.** 3	**117.** 3	**118.** 1	**119.** 2	**120.** 4

व्याख्यात्मक उत्तर

1. (4): माना आयुषी और अनमोल की आयु क्रमशः $2x$ वर्ष और $7x$ वर्ष है।

तब, 4 वर्ष बाद

$$\frac{2x+4}{7x+4} = \frac{3}{8}$$

$\Rightarrow \quad 8(2x + 4) = 3(7x + 4)$

$\Rightarrow \quad 16x + 32 = 21x + 12$

$\Rightarrow \quad 21x - 16x = 32 - 12$

$\Rightarrow \quad 5x = 20$

$\Rightarrow \quad x = 4$

$\therefore$ उनकी वर्तमान आयु में अंतर $= 7x - 2x$

$= 5x$

$= 5 \times 4$

$= 20$ वर्ष।

2. (1): एक धातु की शीट का आयतन $= 36 \times 6 \times 1 \text{ cm}^3$

$\because$ धातु की शीट को पिघलाकर एक घन बनाया जाता है।

$\therefore$ घन का आयतन $= 36 \times 6 \text{ cm}^3$

$\Rightarrow \quad (\text{भुजा})^3 = (6)^3 \text{ cm}^3$

$\Rightarrow \quad$ भुजा $= 6$ cm

$\therefore$ घन के कोर की लंबाई $= 6$ cm

3. (3): एक दौड़ में, एक एथलीट पहले चक्कर में चाल

$$= \frac{408 \text{ m}}{68 \text{ S}}$$

$= 6$ m/sec

और दूसरे चक्कर में चाल $= \dfrac{408 \text{ m}}{136 \text{ S}}$

$= 3$ m/sec

$\therefore$ एथलीट की औसत चाल $= \dfrac{2xy}{x+y}$

$$= \frac{2 \times 6 \times 3}{6+3}$$

$$= \frac{2 \times 6 \times 3}{9}$$

$= 4$ m/sec.

4. (4): $\sqrt{144} + \sqrt{0.0196} - \sqrt{6.76}$

$= 12 + 0.14 - 2.6$

$= 12.14 - 2.6$

$= 9.54.$

5. (1): माना सुधीर ने x दर्जन सामान खरीदा

तब, सामान का क्रय मूल्य $= x \times ₹\ 7380$

$= ₹\ 7380x$

और सामान का विक्रय मूल्य $= 12x \times ₹\ 575$

$= ₹\ 6900x$

$\therefore$ हानि = क्रय मूल्य – विक्रय मूल्य

$= 7380x - 6900x$

$= ₹\ 480x$

$\therefore$ हानि% $= \dfrac{\text{हानि} \times 100}{\text{क्रय मूल्य}}$

$$= \frac{480x \times 100}{7380x}$$

$= 6.50\%.$

6. (2): $41 - [36 - \{48 \div 2 - (5 - 6 \div 2) \div 2\}]$

$= 41 - [36 - \{48 \div 2 - (5 - 3) \div 2\}]$

$= 41 - [36 - \{48 \div 2 - 2 \div 2\}]$

$= 41 - [36 - \{24 - 1\}]$

$= 41 - [36 - 23]$

$= 41 - 13$

$= 28$

8. (3): कार्य के कुशलता का अनुपात

अभिनव : अर्पण = 3 : 1

कार्य के दिन का अनुपात

अभिनव : अर्पण = 1 : 3

प्रश्नानुसार,

$$3x - x = 34$$

$$\Rightarrow \quad 2x = 34$$

$$\Rightarrow \quad x = 17$$

$$\therefore \quad 3x = 3 \times 17 = 51$$

∴ उसी कार्य को अर्पण 51 दिनों में पूरा कर सकता है।

10. (3): बैंक A की साधारण ब्याज

$$= \frac{\text{मूलधन} \times \text{समय} \times \text{दर}}{100}$$

$$= \frac{₹\, 360000 \times 4 \times 3.5}{100}$$

$$= 3600 \times 14$$

$$= ₹\, 50400$$

और बैंक B की साधारण ब्याज

$$= \frac{₹\, 360000 \times 4 \times 6}{100}$$

$$= 3600 \times 24$$

$$= ₹\, 86400$$

अब, साधारण ब्याज की राशियों के बीच साधारण अंतर

$$= 86400 - 50400$$

$$= ₹\, 36000.$$

11. (2): एक बेलनाकार छड़ का बाह्य वक्र पृष्ठीय क्षेत्रफल $= 1900 \text{ cm}^2$

$$\Rightarrow \quad 2\pi rh = 1900$$

$$\Rightarrow \quad 2 \times \frac{22}{7} r \times 39 \text{ cm} = 1900 \text{ cm}^2$$

$$r = \frac{1900 \times 7}{2 \times 22 \times 39}$$

$$= \frac{13300}{1760}$$

$$= \frac{1330}{176} \text{ cm}$$

∴ छड़ की बाह्य त्रिज्या $= r = 7.75$ cm

12. (3): माना जनरल स्टोर मालिक द्वारा दी गई छूट का प्रतिशत x है।

तब, $$220 \times \frac{(100 - x)}{100} = 200$$

$$\Rightarrow \quad 100 - x = \frac{200 \times 100}{220}$$

$$\Rightarrow \quad 100 - x = \frac{200 \times 10}{22}$$

$$\Rightarrow \quad 100 - x = \frac{100 \times 10}{11}$$

$$\Rightarrow \quad x = 100 - \frac{1000}{11}$$

$$\Rightarrow \quad x = \frac{1100 - 1000}{11}$$

$$\Rightarrow \quad x = \frac{100}{11}$$

$$= 9.09\%.$$

13. (2): चक्रवृद्धि ब्याज $= P\left(1 + \frac{r}{100}\right)^n - P$

$$= P\left[\left(1 + \frac{r}{100}\right)^n - 1\right]$$

$$= 18000\left[\left(1 + \frac{r}{100}\right)^2 - 1\right]$$

और साधारण ब्याज $= \frac{Prt}{100} = \frac{18000 \times r \times 2}{100}$

प्रश्नानुसार,

$$18000\left[\left(1 + \frac{r}{100}\right)^2 - 1\right] - \frac{18000 \times 2r}{100} = 405$$

$$\Rightarrow 18000\left[\left(1 + \frac{r}{100}\right)^2 - 1 - \frac{2r}{100}\right] = 405$$

$$\Rightarrow 18000\left[1 + \frac{r^2}{10000} + \frac{2r}{100} - 1 - \frac{2r}{100}\right] = 405$$

$$\Rightarrow \quad 18000\left[\frac{r^2}{10000}\right] = 405$$

$$\Rightarrow \quad r^2 = \frac{405 \times 10}{18}$$

$$\Rightarrow \quad r^2 = 45 \times 5 = 225$$

$$\Rightarrow \quad r = 15\%.$$

14. (2): $3\frac{1}{2}+4\frac{3}{4}-5\frac{3}{8}+2\frac{1}{4}-3\frac{1}{8}$

$= \frac{7}{2}+\frac{19}{4}-\frac{43}{8}+\frac{9}{4}-\frac{25}{8}$

$= \frac{7}{2}+\frac{19}{4}+\frac{9}{4}-\frac{43}{8}-\frac{25}{8}$

$= \frac{14+19+9}{4}-\frac{43+25}{8}$

$= \frac{42}{4}-\frac{68}{8}$

$= \frac{84-68}{8}$

$= \frac{16}{8}$

$= 2$

15. (3): यहाँ प्रत्येक भाजक तथा संगत शेषफल का अंतर

$= (20 - 14)$
$= (25 - 19)$
$= (35 - 29)$
$= (40 - 34)$
$= 6$

$\therefore$ अभीष्ट संख्या = (20, 25, 35, 40 का ल.स.) − 6
$= 1400 - 6$
$= 1394$

16. (4): 10, 7 और 4 का ल.स.

$10 = 2 \times 5$
$7 = 7$
$4 = 2^2$

$= 2^2 \times 5 \times 7$
$= 140$

17. (4): 1 पुरुष का 1 दिन का कार्य $= \frac{1}{6\times12}=\frac{1}{72}$

और 1 महिला 1 दिन का कार्य $= \frac{1}{4\times18}=\frac{1}{72}$

$\therefore$ (2 महिला + 2 पुरुष) का 1 दिन का कार्य

$= \frac{2}{72}+\frac{2}{72}$: 72

$= \frac{2+2}{72}$

$= \frac{4}{72}$

$= \frac{1}{18}$

अतः 2 महिलाएँ और 2 पुरुष इसे 18 दिनों में पूरा कर सकते हैं।

18. (4): दिया है, पाँच संख्याओं का योगफल = 655 ...(*i*)

पहली दो संख्याओं का योग = 2 × 78 = 156

और तीसरी संख्या = 130

$\therefore$ तीन संख्याओं का योग = 156 + 130
= 286 ...(*ii*)

(*i*) और (*ii*) से

शेष दो संख्याओं का योग = 655 − 286 = 369

$\therefore$ शेष दो संख्याओं का औसत $= \frac{369}{2} = 184.5.$

19. (4): दिया है, एक लड़का के दौड़ की चाल = 9 km/h

$= 9\times\frac{5}{18}$

$= \frac{5}{2}$ m/s

और एक वर्गाकार मैदान की एक भुजा = 51 मीटर

$\therefore$ वर्गाकार मैदान की परिमाप = 4 × 51 = 204 मी.

अतः वर्गाकार मैदान का एक पूर्ण चक्कर लगाने में लिया गया समय

$$= \frac{\text{दूरी}}{\text{चाल}}$$

$$= \frac{204}{\frac{5}{2}} \text{ सेकंड}$$

$$= \frac{204 \times 2}{5}$$

$$= \frac{408}{5}$$

$$= 81.6 \text{ सेकंड}$$

20. (2): एक उबेर ऑटो की चाल $= \frac{\text{दूरी}}{\text{समय}} = \frac{120 \text{ km}}{20 \text{ hr}}$

$$= 6 \text{ km/hr.}$$

21. (2): दिया है, k का 35%

$$= 25 \text{ का } 1200\% - 20$$

$$\Rightarrow \quad k \times \frac{35}{100} = 25 \times \frac{1200}{100} - 20$$

$$\Rightarrow \quad \frac{7}{20}k = 300 - 20$$

$$\Rightarrow \quad k = \frac{280 \times 20}{7}$$

$$\Rightarrow \quad k = 800$$

23. (3): 1 kg मिश्रण का विक्रय मूल्य = ₹ 54.6, लाभ = 40%

$\therefore$ 1 kg मिश्रण का क्रय मूल्य

$$= ₹\ 54.6 \times \frac{100}{140}$$

$$= 54.6 \times \frac{10}{14}$$

$$= ₹\ 39$$

अब, मिश्रण नियम द्वारा

(1 kg सस्ते चीनी का क्र.मू.) ₹ 10   (1 kg महँगे चीनी का क्र.मू.) ₹ 49

औसत मूल्य ₹ 39

10   29

$\therefore$ मिश्रण का अभीष्ट अनुपात = 10 : 29.

24. (1): $14^{-10} \div 14^{13} \times 14^{-7}$

$$= 14^{-10} \times \frac{1}{14^{13}} \times 14^{-7}$$

$$= 14^{-23} \times 14^{-7}$$

$$= 14^{-30}$$

25. (3): माना राकेश और शिवम की मासिक आय क्रमशः ₹ $5x$ और ₹ $7x$ है और व्यय ₹ y और ₹ $3y$ है

तब, $\quad 5x - y = 87000 \quad \ldots(i)$

$\quad 7x - 3y = 87000 \quad \ldots(ii)$

(i) और (ii) से,

$$5x - y = 7x - 3y$$

$$\Rightarrow \quad 7x - 5x = 3y - y$$

$$\Rightarrow \quad 2x = 2y$$

$$\Rightarrow \quad x = y \quad \ldots(iii)$$

(i) और (iii) से

$$5x - x = 87000$$

$$\Rightarrow \quad 4x = 87000$$

$$\Rightarrow \quad x = 21750$$

$\therefore$ राकेश की मासिक आय $= 5x$

$$= 5 \times ₹\ 21750$$

$$= ₹\ 108750$$

26. (2): चक्रवृद्धि ब्याज $= P\left(1+\frac{r}{100}\right)^n - P$

$$= P\left[\left(1+\frac{r}{100}\right)^n - 1\right]$$

$$= 75000\left[\left(1+\frac{10}{100}\right)^2 - 1\right]$$

$$= 75000\left[\left(\frac{11}{10}\right)^2 - 1\right]$$

$$= 75000\left[\frac{121}{100} - 1\right]$$

$$= 75000 \times \frac{21}{100}$$

$$= 750 \times 21$$

= ₹ 15750.

27. (3): अभीष्ट औसत $= \frac{432}{10} = 43.2$

28. (2): दिया है, एक आयताकार मैदान का क्षेत्रफल $= 2400 \text{ m}^2$

⇒ लंबाई × चौड़ाई = 2400

⇒ 80 × चौड़ाई = 2400

⇒ चौड़ाई = 30 m

∴ इसका परिमाप = 2(लंबाई + चौड़ाई)

= 2(80 + 30)

= 220 m.

29. (2): दिया है, संख्या = 3785p

p = 7 अभाज्य संख्या रखने पर, संख्या 3 से पूर्णतः विभाज्य होगी।

∴ 37857 ÷ 3 = 12619

30. (3): माना अंकित मूल्य ₹ x है।

तब, $x \times \frac{100-25}{100} = 660$

$$\Rightarrow \quad x \times \frac{3}{4} = 660$$

$$\Rightarrow \quad x = 660 \times \frac{4}{3}$$

$$= 220 \times 4$$

x = ₹ 880

31. (1): ∵ हानि = क्र.मू. - वि.मू.

= 600 - 540

= ₹ 60

∴ हानि% $= \frac{\text{हानि} \times 100}{\text{क्र.मू.}} = \frac{60 \times 100}{600} = 10\%$

32. (4): यहाँ, a = पहला पद = 2

d = सर्वनिष्ट अंतर = 2

n = पदों की संख्या = 118

n पदों का योग $= S_n = \frac{n}{2}[2a + (n-1)d]$

$$\therefore \quad S_{118} = \frac{118}{2}[2 \times 2 + (118-1) \times 2]$$

$$= \frac{118}{2} \times 2[2 + (117)]$$

$$= 118 \times 119$$

∴ प्रथम 118 सम संख्याओं का योग = 118 × 119

∴ प्रथम 118 सम संख्याओं का औसत $= \frac{118 \times 119}{118}$

= 119

33. (2): $\frac{(3.49)^2 - (1.71)^2}{3.49 - 1.71}$

$$= \frac{(3.49-1.71)(3.49+1.71)}{(3.49-1.71)}$$

= 3.49 + 1.71

= 5.20.

34. (1): परी के लिए ड्रेस का क्रय मूल्य = ₹ 10,000

मिक्की के लिए ड्रेस का क्रय मूल्य $= 10{,}000 \times \frac{120}{100}$

= ₹ 12000

₹ 2000 व्यय के बाद ड्रेस का क्रय मूल्य

$$= 12000 + 2000$$
$$= ₹\ 14000$$

अब, स्नेहा के लिए ड्रेस का क्रय मूल्य

$$= 14000 \times \frac{100-10}{100}$$

$$= 14000 \times \frac{90}{100}$$

$$= ₹12,600$$

∴ ड्रेस के लिए स्नेहा द्वारा भुगतान की गई राशि ₹ 12,600 थी।

35. (4): दोनों पाइपों का 1 घंटे का भराव कार्य

$$= \frac{1}{8} - \frac{1}{72}$$

$$= \frac{9-1}{72}$$

$$= \frac{8}{72}$$

$$= \frac{1}{9}$$

∵ टंकी को पूरा भरने में 9 घंटे लगेगा

∴ टंकी को $\frac{2}{3}$ भाग भरने में $9 \times \frac{2}{3} = 6$ घंटो का समय लगेगा

∴ अभीष्ट समय = 6 घंटे।

36. (4):

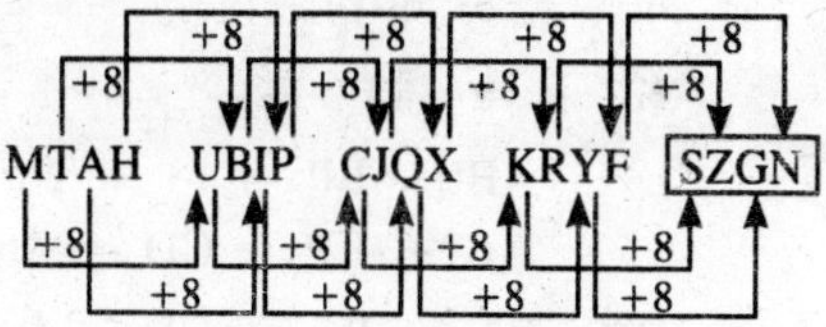

यहाँ शृंखला में प्रश्न-चिह्न के स्थान पर SZGN आना चाहिए।

37. (1): (1)

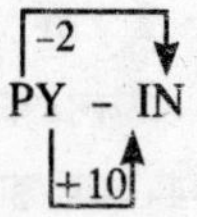

(2)

(3)

(4)

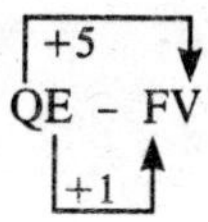

यहाँ, विकल्प (1) का युग्म उस ग्रूप से संबंधित नहीं है।

38. (2): दिया है, 'have a party' = 'ds fg rt' ...(*i*)

और, 'party and enjoy' = 'tr ds gf' ...(*ii*)

(*i*) और (*ii*), से

'party' = ds

∴ दी गई भाषा में 'party' को ds के रूप में कूटबद्ध किया गया है।

39. (4): दिए गए कथन से:

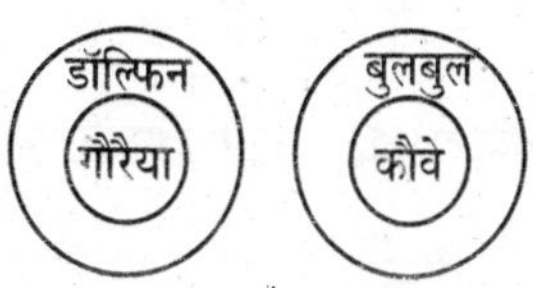

निष्कर्ष: (I) कुछ डॉल्फिन, बुलबुल है। (असत्य)

(II) कोई कौवे, गौरैया नहीं है। (सत्य)

यहाँ, केवल निष्कर्ष (II) अनुसरण करता है।

40. (2): दिए गए शृंखला से:

@ 3?, *7#, *9\

यहाँ 3 संख्याएं ऐसी है, जिनमें से प्रत्येक के ठीक पहले एक प्रतीक और ठीक बाद में भी एक प्रतीक है।

41. (3): दिया है,

'DIME' = '4691' ...(*i*)

और, 'MADE' = '9412' ...(*ii*)

(*i*) और (*ii*) से

I = 6 और A = 2

∴ दी गई कूट भाषा में 'A' के लिए कूट '2' है।

43. (4): दिया है, $+ = \times$

$- = \div$

$\therefore 32 \div 12 - 6 \times 2 + 3$

$= 32 - 12 \div 6 + 2 \times 3$

$= 32 - 2 + 2 \times 3$

$= 32 - 2 + 6$

$= 38 - 2 = 36.$

44. (1): दिया है,

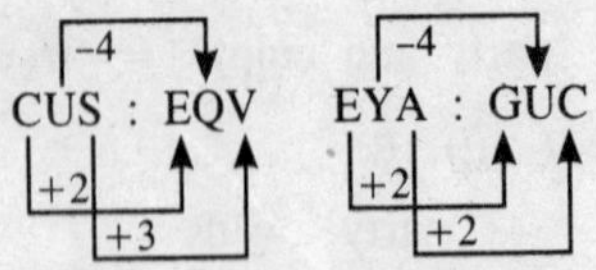

इसी प्रकार,

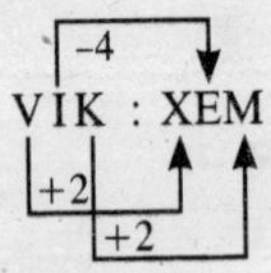

यहाँ, विकल्प (1) दिए गए पैटर्न का अनुसरण करता है।

45. (1): 12, 30

$\Rightarrow 30 - 12 \times 2 = 30 - 24 = 6,$

16, 38

$\Rightarrow 38 - 16 \times 2 = 38 - 32 = 6$

इसी प्रकार,

10, 26

$\Rightarrow 26 - 10 \times 2 = 26 - 20 = 6$

∴ विकल्प (1) उसी संबंध को साझा करती है जो दिए गए संख्या-युग्मों द्वारा साझा किया गया है।

46. (1): दिया है, P, Q, R, S, T, U और V एक गोल मेज के परितः केंद्र की ओर अभिमुख होकर बैठे हैं।

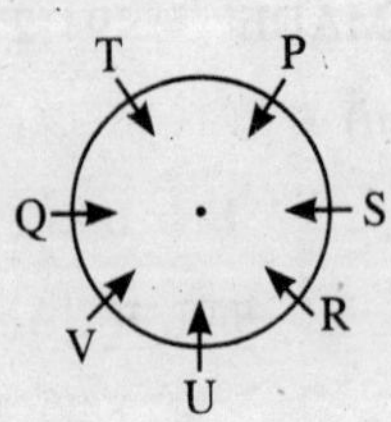

यहाँ, P के दाईं ओर से गिनने पर, R और P के बीच 4 व्यक्ति बैठे हैं।

47. (4):

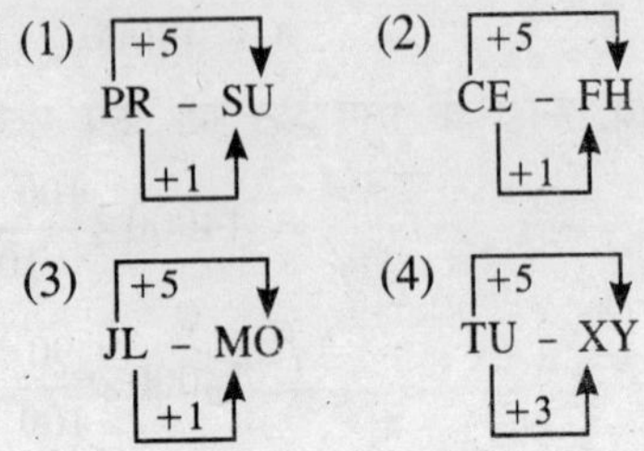

यहाँ, विकल्प (4) का अक्षर-समूह-युग्म उस ग्रूप से संबंधित नहीं है।

48. (1): दिए गए कथन सेः

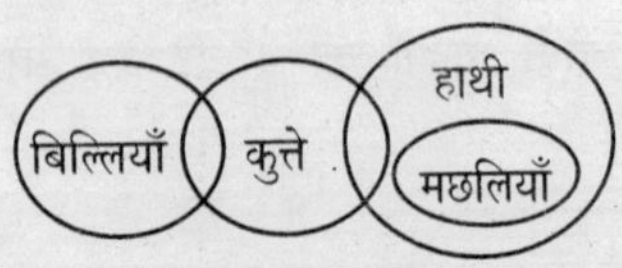

निष्कर्षः I. कुछ हाथी, बिल्लियाँ हो सकते हैं। (सत्य)

II. कम-से-कम कुछ मछलियाँ, कुत्ते हैं। (असत्य)

यहाँ, केवल I, अनुसरण करता है।

49. (1):

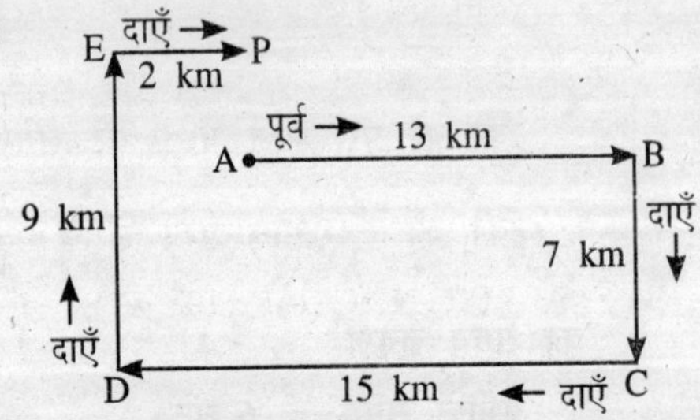

यहाँ, A = प्रारंभिक बिंदु,

और P = अंतिम बिंदु

$\because$ AB + EP = 13 + 2 = 15 km

$\therefore$ AB + EP = CD = 15 km

और PA + BC = CD = 9 km

$\Rightarrow$ PA + 7 = 9

$\Rightarrow$ PA = 9 − 7 = 2 km

$\Rightarrow$ PA = 2 km

∴ बिंदु A पर वापस पहुँचने के लिए कविश को P से 2 km दक्षिण की ओर ड्राइव करना होगा।

50. (3): दिया है, P, Q, R, S, T, U और V एक गोल मेज के परितः केंद्र की ओर अभिमुख होकर बैठे हैं।

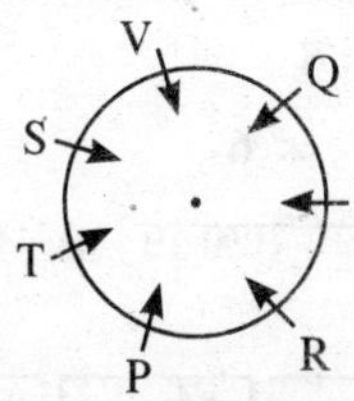

यहाँ, U के दाएं से गिनने पर, P और U के बीच 4 व्यक्ति बैठे हैं।

51. (2):

MNX 62, SRZ 54, YVB 46, EZD 38, KDF 30

(+4, −8, +6, +2 at each step)

∴ शृंखला में अगला पद = ? = KDF 30

52. (1): 919 918 915 910 903 894

(−1, −3, −5, −7, −9)

∴ दी गई शृंखला में प्रश्न-चिह्न के स्थान पर 894 आना चाहिए।

53. (1):

93 182 129 161 165 140 201 119 237

(−21, −21, −21; +36, +36, +36, +36)

∴ शृंखला में प्रश्नवाचक चिह्न के स्थान पर 237 आएगा।

54. (3): दिया है, व्यंजक = E ~ N ? J + O × Y

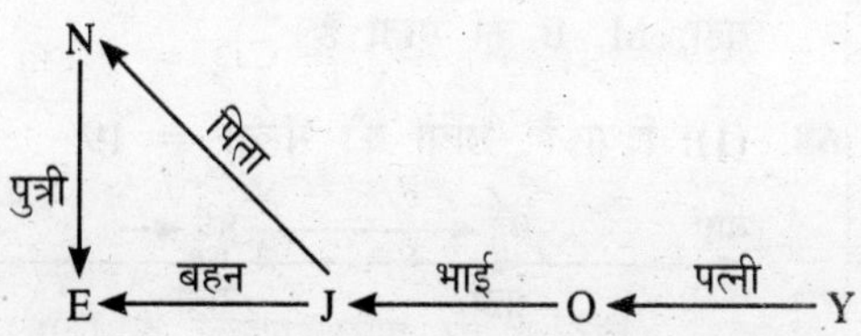

यहाँ, E, Y की पत्नी की बहन है।

55. (3): 21 34 60 99 151 216

(+13, +26, +39, +52, +65)

(+13, +13, +13, +13)

∴ शृंखला में प्रश्न-चिह्न के स्थान पर 216 आएगा।

56. (1): दिया है, + = −, − = ×, × = ÷, ÷ = +

$\therefore$ 63 ÷ 70 × 14 − 12 + 15

= 63 + 70 ÷ 14 × 12 − 15

= 63 + 5 × 12 − 15

= 63 + 60 − 15

= 123 − 45

= 108.

57. (4):

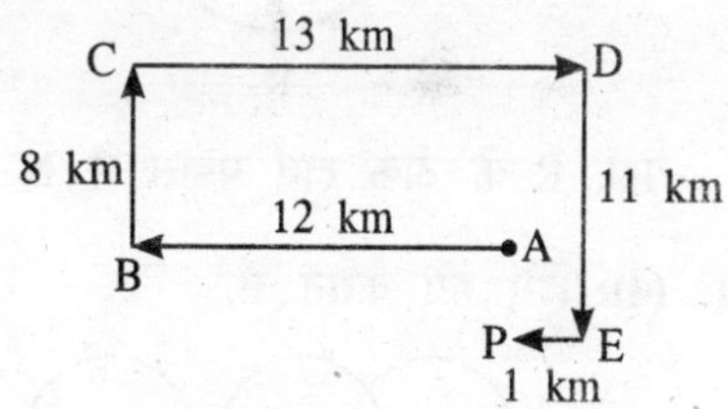

यहाँ, A = प्रारंभिक बिंदु

P = अंतिम बिंदु

$\because$ PA + BC = DE

$\therefore$ PA + 8 = 11

⇒ PA = 11 − 8 = 3

⇒ PA = 3 km

$\therefore$ डैनियल को बिंदु A पर वापस पहुँचने के लिए उसे 3 km उत्तर दिशा में ड्राइव करना होगा।

58. (2): दिया है, XZ 42 का संबंध ZX 41 से है।

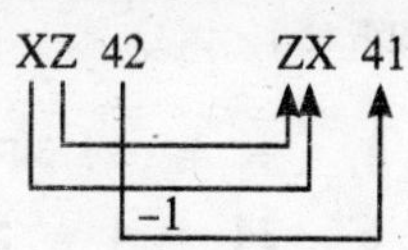

ST 35 का संबंध TS 34 से है।

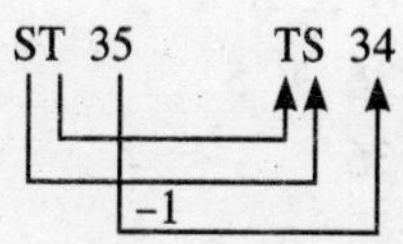

उसी प्रकार,

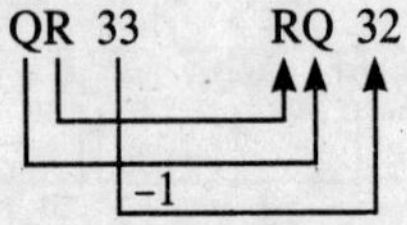

∴ QR 33 का संबंध RQ 32 से है।

59. (3): दिया है, M, N, O, P, Q और R एक गोल मेज के परितः केंद्र की ओर अभिमुख होकर बैठे हैं।

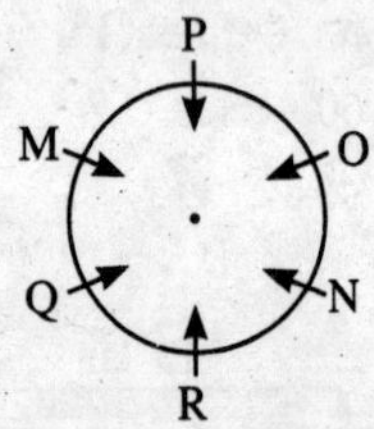

यहाँ, R के ठीक दाएं पड़ोस में N बैठा है।

60. (4): दिए गए कथन से,

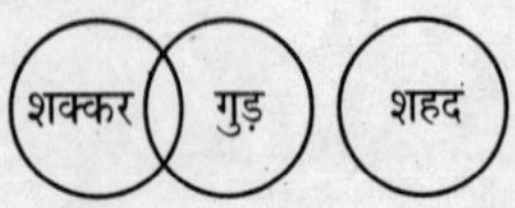

निष्कर्ष: I. कुछ शक्कर, शहद है। (असत्य)

II. कुछ गुड़, शक्कर है। (सत्य)

यहाँ, केवल निष्कर्ष II अनुसरण करता है।

61. (4): दी गई शृंखला से,

814, 414

∴ ऐसे दो विषम अंक है, जिनमें से प्रत्येक के ठीक पहले एक सम अंक है तथा ठीक बाद एक पूर्ण वर्ग अंक है।

62. (4): दिया है, $\div = +$, और $- = \times$

$\therefore 40 \times 6 - 24 + 4 \div 5$

$= 40 - 6 \times 24 \div 4 + 5$

$= 40 - 6 \times 6 + 5$

$= 40 - 36 + 5$

$= 45 - 36$

$= 9.$

63. (3): दिया है, 'ORANGE' = '321965' ...(*i*)

और 'BANANA' = '496969' ...(*ii*)

(*i*) और (*ii*) से

A = 9, N = 6

∴ दी गई कूट भाषा में 'A' के लिए कूट 9 है।

65. (3):

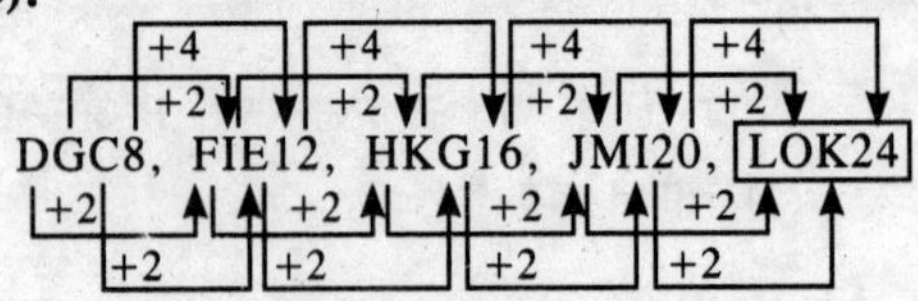

∴ अगला अक्षर-समूह = ? = LOK 24

66. (3): दिया है:

सात बॉक्स एक के ऊपर एक रखे गए हैं।

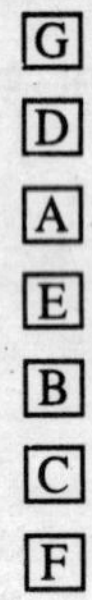

यहाँ, G और E के बीच 2 बॉक्स रखे गए हैं।

67. (1): दिया है, व्यंजक = M/Q × T – B + S

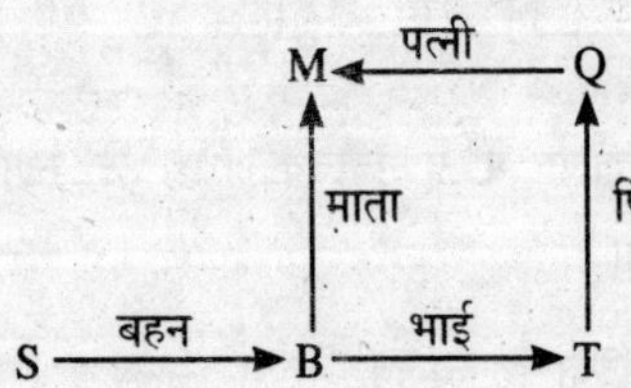

यहाँ, M, B की माता है।

68. (1): दिया है, छात्रों की संख्या = 19

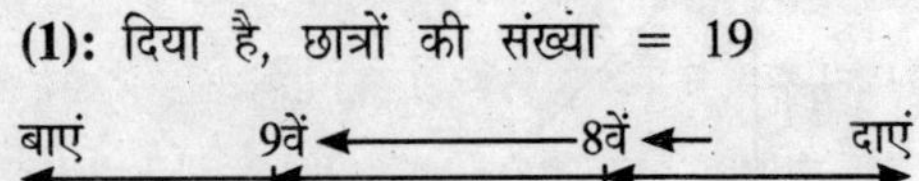

∵ रीना दाएं छोर से 8वें स्थान पर है।

और सुनी, रीना के बाएं से 9वें स्थान पर है।

∴ सुनी का स्थान दाएँ से 8 + 9 = 17वाँ है।

अतः पंक्ति के बाएं छोर से सुनी का स्थान

= 19 − 17 + 1

= 3 (तीसरा)

69. (1): दिए गए श्रृंखला से: @57

यहाँ ऐसी एक संख्या है, जिसमें ठीक पहले एक प्रतीक और ठीक बाद एक अन्य संख्या है।

70. (1): दिया है, युग्मः

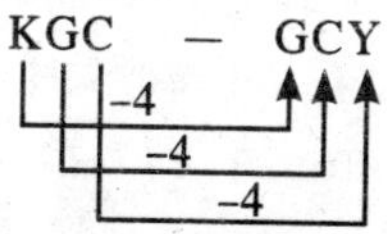

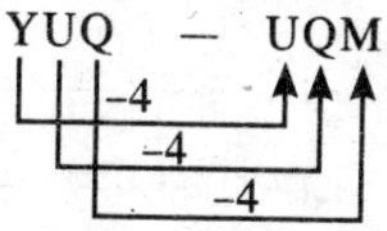

उसी प्रकार,

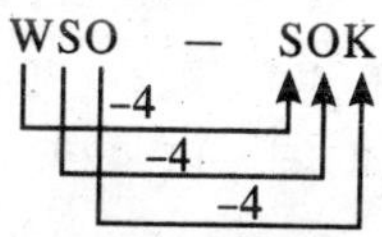

∴ विकल्प (1), दिए गए दो युग्मों के समान पैटर्न का अनुसरण करता है।

71. (2): 2011 की जनगणना के अनुसार, भारत के ग्रामीण क्षेत्रों में लिंग अनुपात 949 महिलाओं प्रति 1000 पुरुषों पर था, जबकि कुल राष्ट्रीय औसत 943 था। ग्रामीण क्षेत्रों में पारंपरिक सामाजिक संरचनाएँ, शहरी क्षेत्रों की तुलना में लिंग चयन की प्रवृत्ति कम होना, और महिलाओं की अधिक सहभागिता इसके कारण माने जाते हैं।

72. (3): चेरापूंजी और मौसिनराम मेघालय की खासी पहाड़ियों में स्थित हैं, जहाँ वार्षिक वर्षा 1080 सेमी. से अधिक होती है। यह अत्यधिक वर्षा बंगाल की खाड़ी से आने वाली आर्द्र मानसूनी हवाओं के खासी पहाड़ियों से टकराने के कारण होती है। पहाड़ियों की ऊँचाई और ढलवां बनावट इस क्षेत्र को विश्व में सबसे अधिक वर्षा वाला क्षेत्र बनाती है।

73. (1): भारत सरकार ने विशेष आर्थिक क्षेत्र (SEZ) नीति की घोषणा वर्ष 2000 में की थी, ताकि देश में निर्यात को बढ़ावा मिले, विदेशी निवेश आकर्षित हो और रोजगार के अवसर बढ़ें। इस नीति के तहत कर में छूट, सरल नियम और बेहतर आधारभूत सुविधाएँ प्रदान की गईं। इससे भारत को एक वैश्विक आर्थिक केंद्र बनाने की दिशा में कदम बढ़ाया गया।

74. (1): 1857 के विद्रोह के दौरान कानपुर में नाना साहेब के नेतृत्व में विद्रोह हुआ, जिसे ब्रिटिश सेना ने सर कॉलिन कैम्पबेल के नेतृत्व में दबाया। उन्होंने नवंबर 1857 में कानपुर को दोबारा अपने कब्जे में लिया। उनके अभियान में विद्रोहियों को कड़ी सजा दी गई और क्षेत्र में ब्रिटिश शासन को फिर से स्थापित किया गया।

75. (3): 'वेद' शब्द की व्युत्पत्ति संस्कृत धातु 'विद्' से मानी जाती है, जिसका अर्थ होता है 'जानना' या 'ज्ञान प्राप्त करना'। वेदों को ज्ञान का स्रोत माना जाता है, इसलिए इन्हें ''श्रुति'' कहा गया है। ऋग्वेद, यजुर्वेद, सामवेद और अथर्ववेद–ये सभी इसी 'विद्' धातु से निकले ज्ञान के भंडार हैं।

76. (1): COP-29, जलवायु परिवर्तन पर संयुक्त राष्ट्र फ्रेमवर्क कन्वेंशन (UNFCCC)का 29वां सत्र, 11-22 नवंबर 2024 के बीच अजरबैजान के बाकू शहर में आयोजित किया गया। यह सम्मेलन जलवायु वित्त पर विशेष ध्यान देने के लिए जाना गया, और इसका उद्देश्य 2025 से आगे के लिए नई वित्त व्यवस्था पर निर्णय लेना था।

77. (1): दलहन फसलें (जैसे चना, मसूर, मूँग आदि) वायुमंडलीय नाइट्रोजन को स्थिर करने की क्षमता रखती हैं। इनकी जड़ों में पाए जाने वाले राइजोबियम जीवाणु नाइट्रोजन स्थिरीकरण की प्रक्रिया द्वारा मृदा

की उर्वरता बढ़ाते हैं। इस कारण ये फसलें फसल चक्र में मिट्टी को सुधारने के लिए महत्वपूर्ण होती हैं।

78. **(2):** भारतीय संविधान के अनुच्छेद 38 के अनुसार, राज्य का यह कर्तव्य है कि वह सामाजिक, आर्थिक और राजनीतिक न्याय को बढ़ावा देने हेतु लोगों के कल्याण की नीति अपनाए। यह अनुच्छेद नीति निदेशक तत्वों में शामिल है और समानता व सामाजिक सुरक्षा को प्रोत्साहित करता है।

79. **(2):** सितंबर 2024 में भारत का कुल GST संग्रह ₹ 1,73,240 करोड़ रहा, जो उस समय तक का तीसरा सबसे अधिक मासिक संग्रह था। यह संग्रह आर्थिक गतिविधियों में वृद्धि और कर अनुपालन में सुधार को दर्शाता है, तथा सरकार के राजस्व को मजबूती प्रदान करता है।

80. **(3):** भारतीय संविधान के अनुच्छेद 217 और 124 के अनुसार, उच्च न्यायालय के न्यायाधीश को हटाने की प्रक्रिया वही है जो सर्वोच्च न्यायालय के न्यायाधीश के लिए है। इसमें संसद के दोनों सदनों में विशेष बहुमत से पारित महाभियोग प्रस्ताव आवश्यक होता है, जिसे बाद में राष्ट्रपति की स्वीकृति मिलती है।

81. **(1):** 27 सितंबर 2024 को भारत और उज्बेकिस्तान ने द्विपक्षीय निवेश संधि (BIT) पर हस्ताक्षर किए, जिसका उद्देश्य दोनों देशों के बीच निवेशकों के अधिकारों की सुरक्षा और आपसी आर्थिक सहयोग को बढ़ावा देना है। इस संधि से निवेश को अधिक पारदर्शी और स्थिर वातावरण मिलने की उम्मीद है, जिससे विदेशी पूंजी आकर्षित होगी।

82. **(3):** भारतीय संविधान का अनुच्छेद 51 अंतर्राष्ट्रीय शांति और सुरक्षा को बढ़ावा देने का निर्देश देता है। यह अनुच्छेद नीति निदेशक तत्वों का भाग है और भारत को युद्ध से परहेज, अंतर्राष्ट्रीय विवादों का समाधान, और अंतर्राष्ट्रीय कानूनों का सम्मान करने के लिए प्रेरित करता है।

83. **(3):** 1857 का विद्रोह मेरठ में 10 मई 1857 को सैनिकों के विद्रोह से शुरू हुआ था। यह विद्रोह ब्रिटिश ईस्ट इंडिया कंपनी के खिलाफ व्यापक असंतोष का परिणाम था, जिसमें धार्मिक, राजनीतिक और सैन्य कारण शामिल थे। बाद में यह विद्रोह दिल्ली, कानपुर, झाँसी और अन्य क्षेत्रों में फैल गया।

84. **(1):** सर्दियों में भारत में मौसम की स्थिति मुख्य रूप से मध्य और पश्चिमी एशिया में बने उच्च दबाव प्रणाली के कारण प्रभावित होती है। वहाँ से ठंडी और शुष्क हवाएँ उत्तर-पश्चिम भारत की ओर चलती हैं, जिन्हें "पश्चिमी विक्षोभ" कहते हैं। ये हवाएँ उत्तर भारत में ठंड और हल्की वर्षा लाती हैं।

85. **(2):** उमर अब्दुल्ला जम्मू और कश्मीर की प्रमुख क्षेत्रीय पार्टी 'नेशनल कॉन्फ्रेंस' से संबंधित हैं। वे राज्य के मुख्यमंत्री रह चुके हैं, और अनुच्छेद 370 के हटाए जाने से पहले तक इस पार्टी की कश्मीर में मजबूत उपस्थिति रही है। पार्टी विशेष राज्य के दर्जे की बहाली की मांग करती रही है।

86. **(4):** 1906 के कलकत्ता अधिवेशन में दादाभाई नौरोजी ने कांग्रेस के उद्देश्य के रूप में पहली बार स्पष्ट रूप से "स्वराज" या स्व-शासन की मांग रखी थी। उन्होंने ब्रिटिश साम्राज्य के अधीन डोमिनियन स्टेटस की मांग की, जिसे बाद में पूर्ण स्वराज के रूप में विकसित किया गया। यह कांग्रेस के नरमपंथी और गरमपंथी नेताओं के बीच एक समझौते का बिंदु भी था।

87. **(2):** 89वें संविधान संशोधन अधिनियम, 2003 द्वारा राष्ट्रीय अनुसूचित जनजाति आयोग (NCST) को एक स्वतंत्र संवैधानिक संस्था का दर्जा प्रदान किया गया। पहले यह आयोग अनुसूचित जातियों और जनजातियों के लिए एक संयुक्त निकाय के रूप में था, जिसे विभाजित कर जनजातियों के लिए अलग आयोग बनाया गया।

88. (1): भारत सरकार की स्वर्णिम चतुर्भुज परियोजना (Golden Quadrilateral Project) की शुरुआत वर्ष 2001 में हुई, जिसका उद्देश्य चार प्रमुख महानगरों—दिल्ली, मुंबई, चेन्नई और कोलकाता—को उच्च गुणवत्ता वाले राजमार्गों से जोड़ना था। यह भारत में सड़क अवसंरचना को सुदृढ़ बनाने की सबसे बड़ी परियोजनाओं में से एक रही।

89. (4): वास्तविक गैसें आदर्श गैस नियम से विचलन करती हैं क्योंकि इनके अणुओं में आपसी आकर्षण बल होते हैं। इस कारण, उनका वास्तविक दाब आदर्श गैस के दाब से कम होता है। यह कमी $aV^2(a/V^2)V^2a$ के रूप में होती है, जहाँ 'a' आकर्षण के लिए सुधार गुणांक और 'V' आयतन होता है, अतः यह आयतन के वर्ग के व्युत्क्रमानुपाती होता है।

90. (4): बंगाल की खाड़ी में बनने वाले उष्णकटिबंधीय चक्रवातों की आवृत्ति और मार्ग मुख्यतः ITCZ की स्थिति से प्रभावित होते हैं। ITCZ वह क्षेत्र है जहाँ उत्तर-पूर्वी और दक्षिण-पूर्वी व्यापारिक पवनें मिलती हैं, और यह क्षेत्र निम्न दाब का निर्माण करता है। इसकी स्थिति बदलने से चक्रवातों की दिशा और समय प्रभावित होते हैं।

91. (3): प्रारंभिक वैदिक काल के सामाजिक और आर्थिक जीवन की सर्वाधिक जानकारी 'ऋग्वेद' से मिलती है, जो चार वेदों में सबसे प्राचीन है। इसमें कबीलाई संगठन, परिवार, पशुपालन, यज्ञ, सामाजिक वर्ग आदि का उल्लेख है। कृषि और व्यापार का प्रारंभिक स्वरूप भी इसमें दर्शाया गया है।

92. (1): भारत की पहली बुलेट ट्रेन परियोजना अहमदाबाद और मुंबई के बीच बनाई जा रही है, जिसे जापान के सहयोग से चलाया जा रहा है। इस हाई-स्पीड रेल कॉरिडोर की कुल लंबाई लगभग 508 किलोमीटर है और यह परियोजना 'शिन्कानसेन' तकनीक पर आधारित है।

93. (3): प्लासी का युद्ध 1757 में ईस्ट इंडिया कंपनी और बंगाल के नवाब सिराजुद्दौला के बीच हुआ था, जिसमें कंपनी की जीत हुई। इसी युद्ध को भारत में ब्रिटिश कंपनी शासन की औपचारिक शुरुआत माना जाता है क्योंकि इसके बाद कंपनी को बंगाल पर नियंत्रण और राजस्व वसूली का अधिकार मिल गया।

94. (3): अगस्त 2024 में मद्रास उच्च न्यायालय ने रजिस्ट्रीकरण अधिनियम की धारा 77 को असवैधानिक घोषित किया। यह धारा अपंजीकृत दस्तावेजों को न्यायालय में मान्य बनाने की प्रक्रिया से संबंधित थी। न्यायालय ने इसे संविधान के अनुच्छेद 14 के तहत समानता के अधिकार का उल्लंघन माना।

95. (3): HDFC बैंक का निवल ब्याज मार्जिन (Net Interest Margin—NIM) वित्त वर्ष 2025 की दूसरी तिमाही (Q2 FY25) में 3.46% रहा। यह बैंक की ब्याज आधारित आय और उसकी कुल परिसंपत्तियों के अनुपात को दर्शाता है। यह आंकड़ा बैंक की लाभप्रदता और कार्यक्षमता का संकेत देता है।

96. (2): थार मरुस्थल एक शुष्क क्षेत्र है, जहाँ वर्षा अत्यंत कम होती है और तापमान में भारी उतार-चढ़ाव होता है। यहाँ की वनस्पति मुख्यतः मरुद्भिद (Xerophytic) झाड़ियों, काँटेदार पौधों और घासों की होती है, जो पानी की कमी में भी जीवित रह सकती हैं। कैक्टस, कीकर, बबूल जैसी प्रजातियाँ यहाँ सामान्य रूप से पाई जाती हैं।

97. (3): स्थिर आयतन पर गैस के दिए गए द्रव्यमान का दाब, उसके परम ताप के अनुक्रमानुपाती होता है। गे-लुसाक का नियम कहता है कि यदि आयतन स्थिर रखा जाए, तो किसी निश्चित मात्रा की गैस का दाब उसके तापमान (केल्विन में) के सीधे

अनुपात में होता है। इसे इस प्रकार व्यक्त किया जाता है :

$$P \propto T$$ (जब V स्थिर हो)

इसका उपयोग गैसों के व्यवहार को समझने में किया जाता है।

98. (4): मार्च 2024 में केरल के एक स्कूल में भारत का पहला AI शिक्षक रोबोट "आईरिस" (Iris) लॉन्च किया गया। यह रोबोट आर्टिफिशियल इंटेलिजेंस आधारित है और शिक्षकों की सहायता के लिए डिजाइन किया गया है, जो छात्रों से संवाद करता है और विषयों को आकर्षक तरीके से सिखाने में सक्षम है।

99. (4): जब कई (10 या अधिक) मोनोसैकराइड इकाइयाँ ग्लाइकोसिडिक बंध द्वारा आपस में जुड़ती हैं, तो जो बड़ा अणु बनता है, उसे पॉलिसैकेराइड कहा जाता है। स्टार्च, सेल्यूलोज और ग्लाइकोजन इसके सामान्य उदाहरण हैं। ये जीवों में ऊर्जा संग्रहण या संरचनात्मक कार्य करते हैं।

100. (2): भारतीय संविधान का अनुच्छेद 15(4) राज्य को यह अधिकार देता है कि वह सामाजिक और शैक्षिक रूप से पिछड़े वर्गों की उन्नति के लिए विशेष प्रावधान बना सके। यह विशेष रूप से अनुसूचित जातियों, अनुसूचित जनजातियों और अन्य पिछड़े वर्गों के लिए आरक्षण जैसी नीतियों का संवैधानिक आधार है।

101. (3): मार्च 2024 में 'खेलो इंडिया राइजिंग टैलेंट आइडेंटिफिकेशन (KIRTI)' प्रोग्राम का उद्घाटन चंडीगढ़ में किया गया। इसका उद्देश्य 9 से 18 वर्ष की आयु के स्कूली बच्चों में छिपी खेल प्रतिभाओं को पहचान कर उन्हें उच्चस्तरीय प्रशिक्षण देना है। यह पहल भारत सरकार के युवा मामले एवं खेल मंत्रालय द्वारा चलाई जा रही है।

102. (4): भारतीय संविधान की आठवीं अनुसूची भाषाओं से संबंधित है, जिसमें वर्तमान में 22 भाषाओं को आधिकारिक मान्यता प्राप्त है। यह अनुसूची इन भाषाओं के विकास और प्रचार-प्रसार को सुनिश्चित करने का दायित्व राज्य पर डालती है। संविधान के अनुच्छेद 344 और 351 इसी से संबद्ध हैं।

103. (1): भारत में कपास और जूट प्रमुख रेशेदार फसलें हैं, जिनका उपयोग वस्त्र उद्योग में बड़े पैमाने पर होता है। कपास शुष्क और गर्म जलवायु में उगाई जाती है, जबकि जूट आर्द्र और दलदली भूमि में। ये दोनों फसलें भारत की कृषि-आधारित अर्थव्यवस्था में महत्वपूर्ण भूमिका निभाती हैं।

104. (2): डॉयचे गेसेलशाफ्ट फर इंटरनेशनेल जुसामेनरबीट (GIZ) GmbH अगस्त 2024 में NABARD ने जलवायु परिवर्तन और सतत विकास पर संवाद आयोजित करने के लिए GIZ (Deutsche Gesellschaft für Internationale Zusammenarbeit GmbH) के साथ साझेदारी की। 'क्लाइमेट चेंजमेकर्स' संवाद के तहत कृषि और ग्रामीण विकास में जलवायु सहनशीलता को बढ़ावा देने के उपायों पर चर्चा हुई।

105. (4): सितंबर 2024 में आयोजित ग्लोबल बायो-इंडिया कार्यक्रम में भारतीय स्टार्टअप्स द्वारा 11 बायोटेक उत्पाद लॉन्च किए गए। ये उत्पाद जैव चिकित्सा, कृषि जैवप्रौद्योगिकी, पर्यावरणीय समाधान आदि क्षेत्रों से जुड़े थे। इससे भारत में जैवविज्ञान के क्षेत्र में नवाचार और युवा प्रतिभा की शक्ति सामने आई।

106. (2): सांची स्तूप मध्य प्रदेश के रायसेन जिले में स्थित है और यह भारत के सबसे प्राचीन बौद्ध स्तूपों में से एक है। इसका निर्माण सम्राट अशोक ने तीसरी शताब्दी ईसा पूर्व में करवाया था। यह स्थल बौद्ध कला और वास्तुकला का एक महत्वपूर्ण प्रतीक है और यूनेस्को विश्व धरोहर स्थल के रूप में भी सूचीबद्ध है।

107. (3): अगस्त 2024 में असम विधानसभा ने "अनिवार्य मुस्लिम विवाह एवं तलाक पंजीकरण विधेयक, 2024" पारित किया। इसका उद्देश्य मुस्लिम समुदाय में विवाह और तलाक की पारदर्शिता और वैधानिकता सुनिश्चित करना है। यह विधेयक विशेष रूप से बाल विवाह और तलाक की अनौपचारिक प्रक्रियाओं पर नियंत्रण के लिए लाया गया।

108. (1): 1 kg L^{-1} का अर्थ है 1 किलोग्राम प्रति लीटर घनत्व, जो कि 1000 ग्राम/1000 cm^3 होता है।

चूँकि 1 लीटर = 1000 cm^3

अतः $$1 \text{ kg/L} = \frac{1000 \text{ g}}{1000 \text{ cm}^3}$$

$$= 1\text{g/cm}^3$$

इसलिए, 1 kg/L^{-1} = 1 g cm^{-3}.

109. (1): अंतर्राष्ट्रीय मुद्रा कोष (IMF) के अनुसार भारत की GDP में वित्त वर्ष 2025-26 के लिए अनुमानित वृद्धि दर 6.5% है। यह अनुमान भारत की मजबूत आर्थिक बुनियाद, उपभोग आधारित बाजार, और उत्पादन क्षेत्र में विस्तार को ध्यान में रखकर लगाया गया है। यह दर वैश्विक औसत से काफी अधिक है।

110. (1): वित्तीय सेवा विभाग द्वारा अक्टूबर 2024 में विशेष अभियान 4.0 की शुरुआत की गई, जिसका उद्देश्य सरकारी कार्यालयों में लंबित कार्यों को समयबद्ध ढंग से समाप्त करना और कार्यालयी स्वच्छता व दक्षता को स्थायी रूप से स्थापित करना था। यह पहल दक्ष भारत और ई-गवर्नेंस की दिशा में एक महत्वपूर्ण कदम है।

111. (3): भारत में कर्नाटक राज्य कॉफी की सबसे व्यापक खेती के लिए जाना जाता है। यहाँ के कोडागु, चिकमगलूर और हसन जिलों में अधिकतर कॉफी उत्पादन होता है। देश के कुल कॉफी उत्पादन में कर्नाटक की हिस्सेदारी लगभग 70% तक होती है, जो इसे भारत का प्रमुख कॉफी उत्पादक राज्य बनाती है।

112. (4): इमानी शंकर शास्त्री भारत के एक प्रसिद्ध वीणा वादक माने जाते हैं। वीणा एक पारंपरिक दक्षिण भारतीय तंतुवाद्य है और यह कर्नाटक संगीत की एक मुख्य धारा में प्रयोग होता है। उन्होंने इस वाद्य यंत्र को अपनी विशिष्ट शैली और प्रस्तुति से वैश्विक स्तर पर पहचान दिलाई।

113. (2): 1991 के बाद भारत में आर्थिक सुधारों की प्रमुख विशेषता उदारीकरण थी, जिसका अर्थ था–नियंत्रणों को हटाना और बाजार को अधिक स्वतंत्र बनाना। सरकार ने व्यापार पर लगे प्रतिबंधों को कम किया, लाइसेंस राज को समाप्त किया और विदेशी निवेश को प्रोत्साहन दिया। इससे भारत की अर्थव्यवस्था वैश्विक प्रतिस्पर्धा के लिए अधिक तैयार हुई।

114. (2): सिंधु घाटी सभ्यता तथा उत्खननकर्ता :

- हड़प्पा की खुदाई दया राम साहनी ने की थी।
- धोलावीरा को आर.एस. बिष्ट ने खोजा।
- सरकोटदा का उत्खनन जे.पी. जोशी ने किया।
- लोथल का उत्खनन आर. राव ने किया।

ये सभी सिंधु घाटी सभ्यता के प्रमुख स्थल हैं और इनके उत्खनन से सभ्यता की विविध विशेषताएँ सामने आई हैं।

अतः सही सुमेलन A-IV, B-III, C-II, D-I है।

115. (1): नवंबर 2024 में भारतीय सेना ने अहमदाबाद और पोरबंदर में "संयुक्त विमोचन 2024" नामक बहुपक्षीय वार्षिक संयुक्त मानवीय सहायता और आपदा राहत (HADR) अभ्यास आयोजित किया।

इस अभ्यास में भारतीय सशस्त्र बलों के साथ-साथ अन्य मित्र देशों ने भी भाग लिया। इसका उद्देश्य आपदा प्रबंधन में अंतर-संस्थागत सहयोग को बढ़ावा देना था।

116. (3): उषा मेहता ने 1942 में भारत छोड़ो आंदोलन के दौरान गुप्त कांग्रेस रेडियो की स्थापना की थी, जो ब्रिटिश सेंसरशिप को चकमा देकर स्वतंत्रता, सत्याग्रह और ब्रिटिश विरोधी संदेशों का प्रसारण करता था। यह भूमिगत रेडियो देशभर में आंदोलन की भावना को फैलाने में बेहद प्रभावशाली रहा और ब्रिटिश शासन के लिए एक चुनौती बना।

117. (3): क्लेदित वायु (Moist air) एक गैसीय चालक का उदाहरण है, क्योंकि उसमें जल वाष्प की उपस्थिति के कारण आयन बनते हैं जो विद्युत धारा का संचार कर सकते हैं। इसके विपरीत शुद्ध गैसें जैसे नाइट्रोजन या ऑक्सीजन विद्युत का सुचालक नहीं होतीं जब तक कि आयनीकरण न हो।

118. (1): भारतीय संविधान का अनुच्छेद 356 उस स्थिति से संबंधित है जब किसी राज्य में संवैधानिक तंत्र विफल हो जाता है। ऐसी स्थिति में राष्ट्रपति उस राज्य में राष्ट्रपति शासन लागू कर सकते हैं। इसे 'राज्य में संविधान के अनुसार शासन न चल पाने की स्थिति' कहा जाता है।

119. (2): मीरानंदा बारठाकुर असम की एक प्रसिद्ध सत्रिया नृत्यांगना हैं। सत्रिया नृत्य असम का एक शास्त्रीय नृत्य रूप है, जिसकी उत्पत्ति 15वीं शताब्दी में संत श्रीमंत शंकरदेव द्वारा भक्ति आंदोलन के अंतर्गत हुई थी। यह नृत्य धार्मिक कथाओं और आध्यात्मिक विचारों को मंचित करता है।

120. (4): भारत सरकार ने पहली बार जेंडर बजट वक्तव्य वर्ष 2005-2006 के केंद्रीय बजट में प्रस्तुत किया था। इसका उद्देश्य यह था कि सरकार की नीतियों और कार्यक्रमों में महिलाओं की भागीदारी और लाभ सुनिश्चित हो। यह लिंग समानता के दृष्टिकोण से बजट आवंटन की समीक्षा का एक औजार है।

पिछले प्रश्न-पत्र (हल सहित)

Railway Protection Force & Railway Protection Special Force

RPF/RPSF—कांस्टेबल, भर्ती परीक्षा–2019*

1. "हवा महल" किस शहर में स्थित है?
A. हंपी B. जयपुर
C. लेह D. एहोले

2. निम्नलिखित में से कौन-सा टेनिस के ग्रैंड स्लैम टूर्नामेंट के अंतर्गत नहीं आता है?
A. कोरिया ओपन B. विंबलडन ओपन
C. फ्रेंच ओपन D. यूएस ओपन

3. सिख धर्म के संस्थापक कौन थे?
A. महावीर B. गौतम बुद्ध
C. मखाली गोशाल D. गुरु नानक

4. खुदाई खिदमतगार के संस्थापक कौन थे?
A. शौकत अली
B. एम ए जिन्ना
C. गुलाम अहमद मिर्जा
D. खान अब्दुल गफ्फार खान

5. 1877 में, महारानी विक्टोरिया को भारत की महारानी के रूप में स्वीकार करने के लिए दरबार का आयोजन किसने किया था?
A. रिपन B. लिटन
C. कर्जन D. डलहौजी

6. 1918 में गांधी ने मिल मजदूरों की हड़ताल का नेतृत्व कहाँ किया था?
A. चंपारण B. बारदोली
C. अहमदाबाद D. खेडा

7. निम्नलिखित में से कौन-सा देश पश्चिम एशिया का सबसे छोटा देश है?
A. यू.ए.ई. B. कतर
C. कुवैत D. बहरीन

8. कठोर परिवर्तनों से गुजरते हुए एक लार्वा के वयस्क में परिवर्तित होने की प्रक्रिया को क्या कहा जाता है?
A. कायांतरण B. वाष्पोत्सर्जन
C. किण्वन D. प्रकाश संश्लेषण

9. 1799 में टीपू सुल्तान की मृत्यु किस लड़ाई में हुई?
A. श्रीरंगपट्टम B. मैंगलोर
C. पाडिचेरी D. मद्रास

10. सुजनी कढ़ाई की उत्पत्ति किस राज में हुई है?
A. हिमाचल प्रदेश B. राजस्थान
C. बिहार D. मणिपुर

11. सधर्मी गुणसूत्र युग्मन की प्रक्रिया को क्या कहा जाता है?
A. सिनाप्सिस (सूत्रयुग्मन) B. डिप्लोटीन
C. लेपटोटीन D. पारगतिक्रम

12. भारत में राष्ट्रीय आपातकाल घोषित करने की शक्ति किसके पास होती है?
A. सर्वोच्च न्यायालय B. राष्ट्रपति
C. मंत्रिमंडल D. प्रधान मंत्री

13. "ध्यान" शब्द किस भाषा से लिया गया है?
A. हिंदी B. बंगाली
C. उर्दू D. कश्मीरी

14. एक वर्ष के दौरान देश में उत्पादित सभी वस्तुओं और सेवाओं का 'बाजार मूल्य' कहलाता है:
A. सकल राष्ट्रीय उत्पाद (जीएनपी)
B. आर्थिक वृद्धि
C. आर्थिक विकास
D. सकल घरेलू उत्पाद (जीडीपी)

15. भारत के नियंत्रक और महालेखा परीक्षक का कार्यकाल .... के लिए होता है।
A. छह साल B. चार साल
C. सात साल D. पांच साल

* *Held on 09-02-2019*

16. निम्नलिखित में से उत्तर-पूर्वी मिस्र में स्वेज के भूडमरूमध्य में उत्तर से दक्षिण की ओर बहने वाला कृत्रिम जल मार्ग कौन-सा है?

A. लाल स्लेज B. रोताज नहर

C. काली नहर D. स्वेज नहर

17. राज्य आपातकाल को .... के रूप में भी जाना जाता है।

A. मुख्यमंत्री का शासन B. राष्ट्रपति शासन

C. राज्यपाल शासन D. प्रधानमंत्री का शासन

18. निम्नलिखित में से भारत में कौन दूसरे सर्वोच्च पद पर आसीन होता है?

A. राज्यपाल B. राष्ट्रपति

C. प्रधानमंत्री D. उपराष्ट्रपति

19. हॉकी के खेल की शुरुआत भारत में .... ने की थी।

A. रुसी लोगों B. ब्रिटिश लोगों

C. अमरिकी लोगों D. श्रीलंकाई लोगों

20. भारतीय सांख्यिकीय संस्थान की स्थापना .... शहर में की गई थी।

A. दिल्ली B. बॉम्बे

C. कलकत्ता D. मद्रास

21. क्रिकेट के मैदान के केंद्र में क्या होता है?

A. पिच B. लॉंग ऑन

C. लॉंग-ऑफ D. स्क्वायर लेग

22. निम्नलिखित में से किस खेल/स्पोर्ट्स में खेलने के लिए गेंद की आवश्यकता होती है?

A. खो-खो B. ऊंची कूद

C. कराटे D. वॉलीबाल

23. तरल अवस्था से गुजरे बिना ठोस अवस्था से सीधे गैस अवस्था में किसी पदार्थ के संक्रमण की प्रक्रिया को क्या कहते हैं?

A. द्रवण B. उर्ध्वपातन (सब्लिमेशन)

C. वाष्पीकरण D. संपीडन

24. फुटबॉल के खेल में किस कार्ड का उपयोग यह बताने के लिए किया जाता है कि किसी खिलाड़ी को खेल के बाहर भेज दिया गया है?

A. हरा कार्ड B. गुलाबी कार्ड

C. श्वेत कार्ड D. लाल कार्ड

25. वर्तमान में भारत की संघ सूची में कितने विषय हैं?

A. 47 विषय B. 97 विषय

C. 100 विषय D. 52 विषय

26. केंद्र सरकार ने .... की अध्यक्षता में केंद्र-राज्य संबंधों पर एक तीन सदस्यीय आयोग को नियुक्त किया था।

A. आर.एस. सरकारिया B. एस.वी.एस. राघवन

C. के एम् बिरला D. जे एस वर्मा

27. प्रसिद्ध भूमार्गीय सिल्क रूट किस देश से यूरोप तक फैला है?

A. चीन

B. कनाडा

C. संयुक्त राज्य अमेरिका

D. ऑस्ट्रेलिया

28. ग्रेट आर्टेसियन बेसिन निम्नलिखित में से किस देश में स्थित है?

A. चीन B. अमेरिका

C. भारत D. ऑस्ट्रेलिया

29. गैस में ध्वनि की गति के निर्धारण के लिए किस पद्धति का उपयोग किया जाता है?

A. अनुनाद तरंग B. कुंट की नली

C. अनुनाद चौड़ाई D. जीएम काउंटर

30. "आईसीसी" ने किस वर्ष पहली बार क्रिकेट विश्व कप में सीमित ओवर की शुरूआत की?

A. 2000 B. 1975

C. 1983 D. 1947

31. निम्नलिखित में से कौन पारंपरिक ऊर्जा का एक उदाहरण है?

A. ज्वार B. प्राकृतिक गैस

C. सौर D. जियोथर्मल

32. भारत में अब तक कितनी बार वित्तीय आपातकाल घोषित किया गया है?

A. 2 बार B. 1 बार

C. कभी नहीं D. 3 बार

33. माल एवं सेवा कर (भारत) .... से लागू हुआ।

A. जून 2016
B. अगस्त 2015
C. अगस्त 2017
D. जुलाई 2017

34. न्यूरॉन्स को समर्थित, संरक्षित और पोषित करने वाली तंत्रिका तंत्र की कोशिकाओं को कहा जाता है:

A. ग्लियान कोशिकाएं
B. ग्लाइको कोशिकाएं
C. ग्लाइसिन कोशिकाएं
D. ग्लाइकोल कोशिकाएं

35. निम्नलिखित में से किस द्वीप में एक सक्रिय ज्वालामुखी है?

A. नारकोंडम द्वीप
B. रीयूनियन द्वीप
C. बैरन (बंजर) द्वीप
D. कार निकोबार

36. एक डायोड के परत के विभवांतर को क्या कहा जाता है?

A. ब्रेक्रडाउन बाधा
B. स्थितिज बाधा
C. चालक बाधा
D. वोल्टेज बाधा

37. भारतीय संविधान लोकसभा के चुनावों के आधार के रूप में सार्वभौमिक वयस्क मताधिकार को अपनाता है। प्रत्येक नागरिक जो .... से कम नहीं है उसे वोट देने का अधिकार है:

A. 21 वर्ष
B. 23 वर्ष
C. 18 वर्ष
D. 25 वर्ष

38. प्रथम विश्व युद्ध किस वर्ष हुआ था?

A. 1927
B. 1914
C. 1905
D. 1935

39. निम्नलिखित में से कौन-सी मिट्टी कश्मीर की घाटी के सरोवर में जमा होने वाली मिट्टी है?

A. खारी मिट्टी
B. लाल मिट्टी
C. करेवा मिट्टी
D. पहाड़ी मिट्टी

40. यूकेलिप्टस पेड़ की प्रजातियों का मूल स्थान निम्नलिखित में से किस महाद्वीप में हैं?

A. यूरोप
B. उत्तरी अमेरिका
C. ऑस्ट्रेलिया
D. अंटार्टिका

41. कैक्टि, बबूल और खजूर के पेड़ किस वनस्पति क्षेत्र की विशेषता है?

A. भूमध्यसागरीय वन
B. उष्णकटिबंधीय घास के मैदान
C. भूमध्यरेखीय वर्षावन
D. मरुस्थलीय क्षेत्र

42. निम्नलिखित में से कौन-सी महत्वपूर्ण विविधता हिमालयी आर्द्र वन में पाई जाती है?

A. ओक (बलूत)
B. महोगनी
C. टीक (सागौन)
D. खैर

43. निम्नलिखित में से कौन-सी नदी महानदी की सहायक नदी नहीं है?

A. ईब
B. मुसी
C. मांड
D. शिवनाथ

44. भारत सरकार के किस मंत्रालय ने ''स्टार्टअप इंडिया योजना'' शुरू की?

A. वाणिज्य और उद्योग मंत्रालय
B. कृषि मंत्रालय
C. वित्त मंत्रालय
D. ग्रामीण विकास मंत्रालय

45. परमाणु और अणु केवल ऊर्जा के असतत पैकेट्स के रूप में ऊर्जा का उत्सर्जन या अवशोषण कर सकते हैं, जिसे कहा जाता है:

A. क्वांटा
B. अजिमुथल
C. प्लैंक स्थिरांक
D. आवर्ती

46. परमाणु के नाभिक में मौजूद प्रोटॉन की कुल संख्या के रूप में किसे परिभाषित किया गया है?

A. द्रव्यमान संख्या
B. समस्थानिक (आइसोमेरिक) संख्या
C. परमाणु संख्या
D. आणविक संख्या

47. ध्वनि के परावर्तन के कारण ध्वनि की पुनरावृत्ति को क्या कहा जाता है?

A. प्रतिध्वनि (इको)
B. ध्वनि का अपवर्तन
C. ध्वनि दोहराव
D. ध्वनि का परावर्तन

48. फरक्का बैराज किस राज्य में स्थित है?

A. पश्चिम बंगाल
B. झारखंड
C. ओडिशा
D. बिहार

49. वर्ष .... में भारतीय संविधान की प्रस्तावना में 'अखंडता' शब्द जोड़ा गया था।

A. 1956 B. 1986

C. 1966 D. 1976

50. निम्नलिखित में से कौन स्वतंत्र भारत के पहले मंत्रिमंडल में श्रम मंत्री थे?

A. जॉन मथाई B. जगजीवन राम

C. आसफ अली D. लियाकत अली खान

51. निम्नलिखित कथनों को पढ़ें और निम्नलिखित प्रश्न का उत्तर दें।

A4B का अर्थ है A, B की माँ है

A3B का अर्थ है A, B के पिता हैं

A5B का अर्थ है A, B की बहन है

A7B का अर्थ हैं A, B का भाई है

निम्नलिखित में से कौन-सा समीकरण दर्शाता है कि P, S का भाई है?

A. P7Q7R5S B. P7Q5R3S

C. P5Q5R3S D. P5Q7R5S

52. प्रथम युग्म में प्रयुक्त तर्क के अनुरूप प्रश्न चिह्न को दिए गए उचित विकल्प के साथ बदलें 2019:36::2559:?? क

A. 62 B. 65

C. 64 D. 63

53. शृंखला में अगली संख्या ज्ञात कीजिए।

10, 19, 37, 64, 100, ?

A. 145 B. 150

C. 140 D. 143

निर्देश (प्र.सं. 54 एवं 55): *इस प्रश्न में एक अवतरण (पैसेज) दिया गया है जिसके बाद में एक कथन दिया गया है। अवतरण को ध्यान से पढ़ें और दिए गए अवतरण के आधार पर कथन का निर्धारण करें।*

माना जाता है कि संत निकोलस उर्फ सांता क्लॉज आधुनिक युग के तुर्की (तब प्राचीन ग्रीस का हिस्सा माना जाता था) में लगभग 300 ई.पू. पतारा में रहते थे। वह मायरा के बड़े पादरी थे, जो गरीबों के बीच अच्छे काम, बच्चों के प्रति प्यार और जरूरतमंदों को उपहार देने के लिए प्रसिद्ध थे। उन्हें आमतौर पर उनके धार्मिक कार्यालय के लाल और सुनहरे पोशाक पहने एक स्लिम फिगर के रूप में चित्रित किया गया है। वे चित्रों में पारंपरिक आभामंडल सहित—जोकि अच्छे कर्मों का सूचक है, छड़ी या एक बाइबल अथवा दोनों के साथ सुशोभित दिखते हैं। यहाँ सांता क्लॉज के एक धार्मिक प्रतिमूर्ति (आइकन) से उत्तरी ध्रुव के दिव्यचारित्र बनने तक की विकास कहानी की एक झलक पेश है।

13वीं सदीः मायरा के बिशप निकोलस को प्रथम सहस्राब्दी में संत घोषित किया गया था। 13वीं शताब्दी तक, इनके सम्मान में, डच लोग गरीबों के घरों के बाहर छोड़े गए जूतों में सिक्के डालने की एक परंपरा मनाया करते थे। ऐसा करने के बाद वे जताया करते कि सेंट निकोलस ने यह सब किया है। कालांतर में सेंट निकोलस सिंटरक्लास बन गए और अब, नीदरलैंड के आधिकारिक सिंटरक्लास सफेद वस्त्र, लाल रंग की घड़ी और शाही लंबे सफेद बाल और दाढ़ी में एक बिशपनुमा दुर्बलकाय आकृति है। संयोग से, यह सफेद घोड़े द्वारा यात्रा करता है।

16वीं शताब्दीः सेंट निकोलस अब पूरे यूरोप में लोकप्रिय हैं। डच सिंटरक्लास कई क्षेत्रों में सांता क्लॉज बन गए हैं। हर साल, सेंट निकोलस या सांता क्लॉज की दावत 6 दिसंबर को मनाई जाती है, जो मायरा के मूल बिशप की पुण्यतिथि है (वर्ष निर्धारित नहीं है, लेकिन तारीख पर कोई विवाद नहीं है)।

54. **कथनः** तेरहवीं शताब्दी में डच सिंटरक्लास कई क्षेत्रों में सांता क्लॉस बन गया।

निम्नलिखित विकल्पों में से एक उपयुक्त विकल्प का चयन करें।

(*a*) कथन निश्चित रूप से सत्य है।

(*b*) कथन संभवतः सत्य है।

(*c*) कथन निर्धारित नहीं किया जा सकता है।

(*d*) कथन निश्चित रूप से असत्य है।

A. (*d*) B. (*a*)

C. (*c*) D. (*b*)

55. **कथनः** 6 दिसम्बर सेंट निकोलस की पुण्यतिथि सांता क्लाज के लिए दावत के रूप में मनाई जाती है।

निम्नलिखित विकल्पों में से एक उपयुक्त विकल्प का चयन करें।

(*a*) कथन निश्चित रूप से सत्य है।

(*b*) कथन संभवतः सत्य है।

(*c*) कथन निर्धारित नहीं किया जा सकता है।
(*d*) कथन निश्चित रूप से असत्य है।

A. (*a*) B. (*c*)
C. (*d*) D. (*b*)

56. दिये गए चित्र से कितने समकोण त्रिभुज बनाये जा सकते हैं?

A. 4 B. 10
C. 7 D. 8

57. इस प्रश्न में, एक कथन के बाद (*i*) और (*ii*) दो निष्कर्ष दिए गए हैं। कथन को सत्य मानते हुए दोनों निष्कर्षों पर एक साथ विचार करें और निर्णय लें कि कथन में दी गई जानकारी के आधार पर इनमें से कौन-सा निष्कर्ष किसी भी संदेह से परे तार्किक रूप से तर्कसंगत है।

कथनः सभी लाइट चार्जर हैं। सभी पंखे लाइट हैं।

निष्कर्षः

(*i*) सभी पंखे चार्जर हैं।
(*ii*) सभी चार्जर लाइट हैं।

निम्न विकल्पों में से उपयुक्त विकल्प का चयन करें:

(*a*) केवल निष्कर्ष (*i*) तर्कसंगत है
(*b*) केवल निष्कर्ष (*ii*) तर्कसंगत है
(*c*) या तो निष्कर्ष (*i*) या (*ii*) तर्कसंगत है
(*d*) न तो निष्कर्ष (*i*) और न ही (*ii*) तर्कसंगत है
(*e*) निष्कर्ष (*i*) और (*ii*) दोनों तर्कसंगत हैं

A. (*a*) B. (*b*)
C. (*e*) D. (*c*)

58. इस प्रश्न में, निश्चित संबंध दिखाने वाले दो कथन दिए गए हैं, जिसके बाद (*i*), (*ii*) और (*iii*) तीन निष्कर्ष दिए गए हैं। कथन को सत्य मानते हुए यह ज्ञात करें कि कौन सा/से निष्कर्ष निश्चित रूप से सत्य है/हैं।

कथनः $D < I \leq S = P; P > U \geq T = E$

निष्कर्षः

(*i*) $D < P$
(*ii*) $S > E$
(*iii*) $S > T$

A. केवल (*i*) और (*ii*)
B. केवल (*ii*) और (*iii*)
C. केवल (*iii*)
D. सभी सत्य हैं

59. इस प्रश्न में, तीन कथन के बाद तीन निष्कर्ष दिए गए हैं। कथन को सत्य मानते हुए दोनों निष्कर्षों पर एक साथ विचार करें और निर्णय लें कि कथन में दी गई जानकारी के आधार पर इनमें से कौन-सा निष्कर्ष किसी भी संदेह से परे तार्किक रूप से तर्कसंगत है।

कथनः सभी कलियाँ फूल हैं। सभी फूल कोंपलें हैं। कुल कलियाँ रंगीन हैं।

निष्कर्षः

(*i*) सभी कलियाँ कोंपलें हैं।
(*ii*) कुछ रंगीन फूल हैं।
(*iii*) कुछ कोंपलें रंगीन हैं।

A. केवल (*i*) और (*ii*)
B. केवल (*i*) और (*iii*)
C. केवल (*ii*) और (*iii*)
D. सभी तर्कसंगत हैं

60. A, B की नीस है, जो C का इकलौता पुत्र है। D, C का पति है। A का पिता C से कैसे संबंधित है?

A. ग्रेंडसन B. सन-इन-लॉ
C. पुत्र D. नेफ्यू

61. दी गई जानकारी को ध्यान से पढ़ें और नीचे दिये गए प्रश्नों के उत्तर दें।

छह छात्र A, B, C, D, E और F उत्तर की ओर मुख करके एक पंक्ति में बैठे हुए हैं (जरूरी नहीं कि इसी क्रम में हो)।

(*i*) C उस व्यक्ति के दाईं ओर बैठा है जो D के बाईं ओर से दूसरे स्थान पर बैठा हुआ है।
(*ii*) F और C के बीच तीन व्यक्ति हैं और E और A के बीच एक व्यक्ति है जो पंक्ति के अंतिम छोर पर बैठा है।
(*iii*) B और C पड़ोसी नहीं हैं।

यदि B, E के साथ और C, A के साथ, तथा D, F के साथ अपनी स्थिति बदलता है तो कौन पंक्ति के दोनों सिरे पर बैठे हैं?

A. E, C B. C, D
C. D, F D. A, F

62. निम्नलिखित पाँच में से चार किसी प्रकार से समान हैं और इसलिए एक समूह बनाते हैं। कौन-सा इस समूह से संबंधित नहीं है?

Liberal, Strict, Easy-going, Tolerant, Lenient

A. Liberal B. Strict
C. Lenient D. Easy-going

63. दी गयी आकृति के सही जल प्रतिबिम्ब का चयन विकल्पों से कीजिए।

HERON

A. HEᴚOИ B. NOЯƎH
C. HEROИ D. HEᴚON

64. प्रथम युग्म में प्रयुक्त तर्क के अनुरूप प्रश्न चिह्न को दिए गए उचित विकल्प के साथ बदलें

J : Q : : S : ??

A. X B. Y
C. Z D. W

65. दिये गए चित्र में कितने वर्ग हैं?

A. 7 B. 9
C. 8 D. 12

66. नीचे चित्र के अनुसार दर्शाये गए एक पासे की सतहों पर 6 अक्षर H, I, J, K, L और M अंकित हैं। J अंकित सतह के विपरीत की सतह पर कौन-सा अक्षर अंकित है?

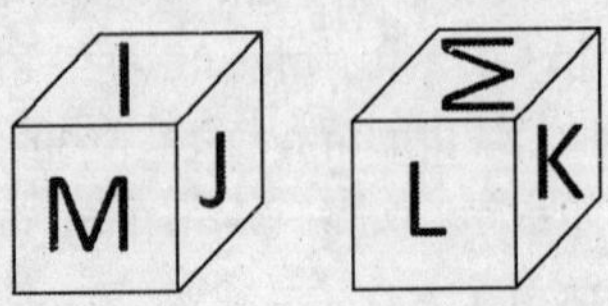

A. K B. M
C. L D. I

67. शृंखला में अगली संख्या ज्ञात कीजिए।

10, 24, 52, 108, 220, ?

A. 443 B. 444
C. 442 D. 440

68. किसी कोड भाषा में, यदि BRING को UEEJQ के रूप में कोड किया गया है, तो उस भाषा में CYCLE का कोड क्या होगा?

A. FBFOH B. FBYOH
C. BFFHO D. BFYHO

69. प्रथम युग्म में प्रयुक्त तर्क के अनुरूप प्रश्न चिह्न को दिए गए उचित विकल्प के साथ बदलें

Sphere : Ball : : Cube : ??

A. Dice B. Dance
C. Eat D. Work

70. निम्नलिखित पांच में से चार किसी प्रकार से समान हैं और इसलिए एक समूह बनाते हैं। कौन-सा इस समूह से संबंधित नहीं है?

B, S, Q, Y, C

A. C B. Y
C. S D. Q

71. निम्न विकल्पों में से उस सही विकल्प का चयन कीजिए जो एक पूर्ण वर्ग बनाता हो (नीचे दिये गए 5 में से तीन चित्र):

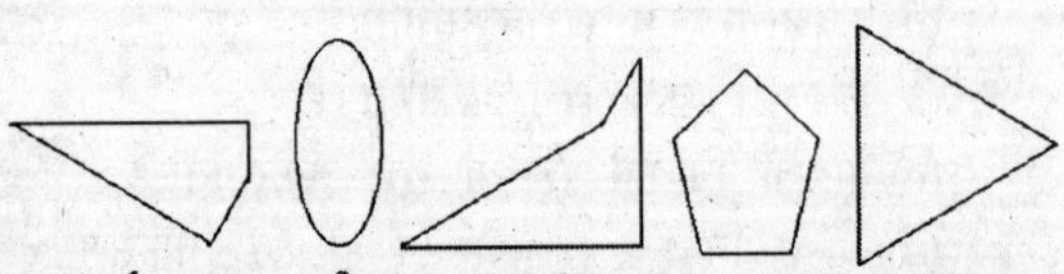

1 2 3 4 5

A. 1, 3 और 5 B. 2, 3 और 5
C. 1, 2 और 4 D. 1, 3 और 4

72. निम्नलिखित पांच में से चार किसी प्रकार से समान हैं और इसलिए एक समूह बनाते हैं। कौन-सा इस समूह से संबंधित नहीं है?

PL, IE, FA, OK, NJ

A. OK B. NJ
C. FA D. PL

73. दी गयी शृंखला में आगे आने वाले उपर्युक्त चित्र का चयन विकल्पों से कीजिए।

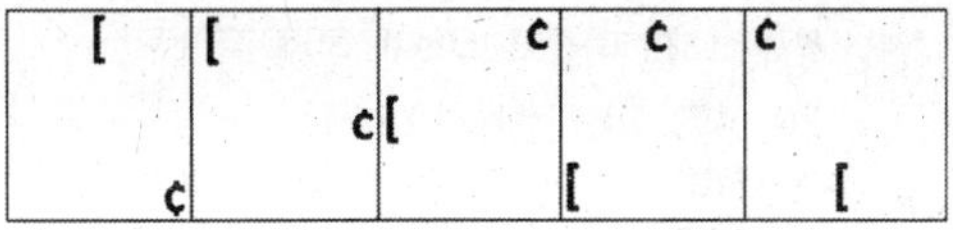

A. 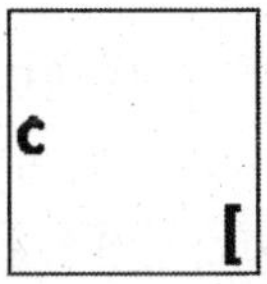　B. 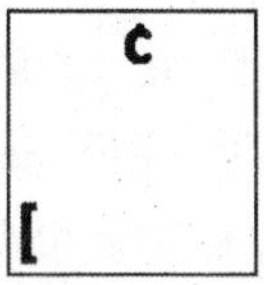

C. 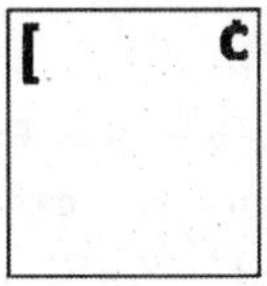　D. 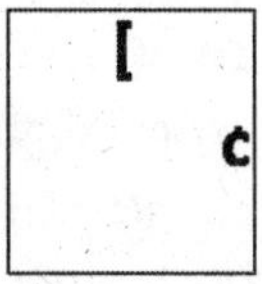

74. एक लड़की की ओर इशारा करते हुए एक महिला ने कहा, "उसका कोई भाई-बहन नहीं है और मैं उसकी मां के पिता के बेटे की बहन हूँ, जिसके दो बच्चे हैं" लड़की उस महिला से कैसे संबंधित है?

A. कजिन　B. ग्रैंडडॉटर
C. पुत्री　D. नीस

75. प्रथम युग्म में प्रयुक्त तर्क के अनुरूप प्रश्न चिह्न को दिए गए उचित विकल्प के साथ बदलें

Jar : Lid : : Bottle : ??

A. Success　B. Charger
C. Luck　D. Cork

76. इस प्रश्न में, विभिन्न तत्वों के बीच संबंध कथन में दिखाया गया है। कथन के बाद दो निष्कर्ष दिए गए हैं:

कथनः $J < U < D = G \leq E < S$

निष्कर्षः

(*i*) $U < S$
(*ii*) $S < D$

निम्न विकल्पों में से उपयुक्त विकल्प का चयन करें।

(*a*) केवल निष्कर्ष (*i*) तर्कसंगत है
(*b*) केवल निष्कर्ष (*ii*) तर्कसंगत है
(*c*) या तो निष्कर्ष (*i*) या (*ii*) तर्कसंगत है
(*d*) न तो निष्कर्ष (*i*) और न ही (*ii*) तर्कसंगत है
(*e*) निष्कर्ष (*i*) और (*ii*) दोनों तर्कसंगत हैं

A. (*b*)　B. (*a*)
C. (*d*)　D. (*c*)

77. दी गई जानकारी को ध्यान से पढ़ें ओर नीचे दिये गए प्रश्नों के उत्तर दें।

छह छात्र A, B, C, D, E और F उत्तर की ओर मुख करके एक पंक्ति में बैठे हुए हैं (जरूरी नहीं कि इसी क्रम में हों)।

(*i*) C उस व्यक्ति के दाईं ओर बैठा है जो D के बाईं ओर से दूसरे स्थान पर बैठा हुआ है।
(*ii*) F और C के बीच तीन व्यक्ति हैं और E तथा A के बीच एक व्यक्ति है।
(*iii*) B और C पड़ोसी नहीं हैं।

निम्नलिखित में से कौन-सा कथन व्यवस्था के संबंध में गलत है?

A. F और A पंक्ति के अंतिम सिरों पर बैठे हुए हैं
B. E, पंक्ति के अंतिम सिरे के दाई ओर से तीसरे स्थान पर बैठा हुआ है
C. B, F के दाएं ओर से दूसरे स्थान पर बैठा है
D. D और C पड़ोसी नहीं हैं

78. दिये गये चित्र को पूरा करने वाली सही आकृति का चयन विकल्पों में से कीजिए:

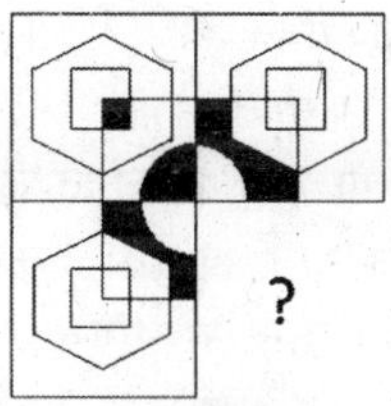

A. 　B. 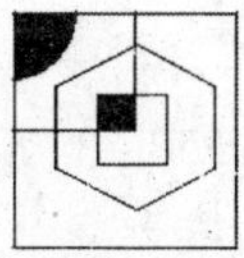

C. 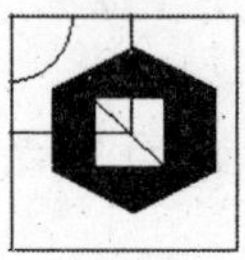　D. 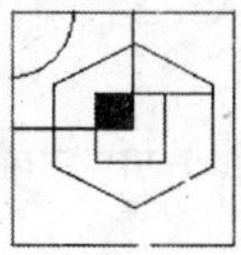

79. यदि दर्पण को छायांकित रेखा पर रखा जाये तो दिये गए चित्र की सही दर्पण छवि होगी:

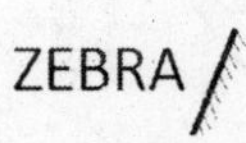

A. AЯBƎƧ　B. AЯBEƧ
C. ƧEBЯA　D. AЯBƎZ

80. किसी कोड भाषा में, यदि DISC को 49193 के रूप में कोड किया गया है, तो उस भाषा में FILE का कोड क्या होगा?

A. 68125 B. 69135
C. 69125 D. 68135

81. इस प्रश्न में, एक कथन के बाद *(i)* और *(ii)* दो निष्कर्ष दिए गए हैं। कथन को सत्य मानते हुए दोनों निष्कर्षों पर एक साथ विचार करें और निर्णय लें कि कथन में दी गई जानकारी के आधार पर इनमें से कौन-सा निष्कर्ष किसी भी संदेह से परे तार्किक रूप से तर्कसंगत है।

कथनः उपस्थिति की बात करें तो विजय अपने कॉलेज में एक उत्कृष्ट छात्र हैं।

निष्कर्षः

(i) विजय का एक उत्कृष्ट अकादमिक रिकॉर्ड होगा।
(ii) विजय को उनके सभी शिक्षकों द्वारा उसकी नियमित उपस्थिति के लिए सराहा जा रहा है।

निम्न विकल्पों में से एक उपयुक्त विकल्प का चयन करें।

(a) केवल निष्कर्ष *(i)* तर्कसंगत है
(b) केवल निष्कर्ष *(ii)* तर्कसंगत है
(c) या तो निष्कर्ष *(i)* या *(ii)* तर्कसंगत है
(d) न तो निष्कर्ष *(i)* और न ही *(ii)* तर्कसंगत है
(e) निष्कर्ष *(i)* और *(ii)* दोनों तर्कसंगत हैं

A. *(a)* B. *(b)*
C. *(d)* D. *(c)*

82. शृंखला में अगली संख्या ज्ञात कीजिए।
10, 27, 61, 78, 112, ?

A. 131 B. 127
C. 129 D. 133

83. दिये गए चित्र में सरल रेखाओं की संख्या कितनी है?

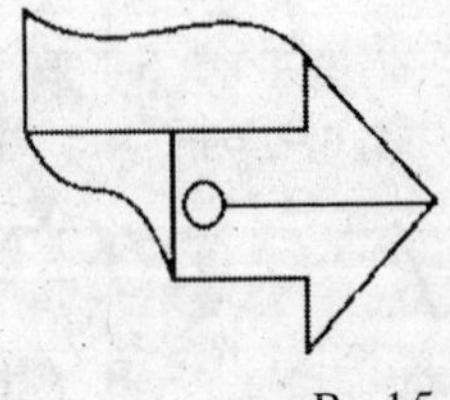

A. 12 B. 15
C. 13 D. 11

84. शृंखला में अगली संख्या ज्ञात कीजिए।
20, 47, 74, 101, 128, ?

A. 160 B. 158
C. 155 D. 165

85. दी गई जानकारी को ध्यान से पढ़ें और नीचे दिये गए प्रश्नों के उत्तर दें।

छह छात्र A, B, C, D, E और F उत्तर की ओर मुख करके एक पंक्ति में बैठे हुए हैं (जरूरी नहीं कि इसी क्रम में हों)।

(i) C उस व्यक्ति के दाईं ओर बैठा है जो D के बाईं ओर से दूसरे स्थान पर बैठा हुआ है।
(ii) F और C के बीच तीन व्यक्ति हैं और E तथा A के बीच एक व्यक्ति है जो पंक्ति के अंतिम छोर पर बैठा है।
(iii) B और C पड़ोसी नहीं हैं।

C के ठीक दाएं और कौन बैठा है?

A. E B. A
C. D D. F

86. 18,300 रुपये पर 10% प्रति वर्ष चक्रवृद्धि ब्याज दर से 2 साल की अवधि के बाद राशि क्या होगी? (रुपये में)

A. 23,143 B. 24,143
C. 22,143 D. 25,143

निर्देशः *निम्नलिखित ग्राफ का अध्ययन करें और इस पर आधारित प्रश्न का उत्तर दें।*

वर्ष 2001 से 2006 तक X और Y कंपनियों द्वारा निर्मित वाहनों की संख्या (हजारों में)

87. दिए गए वर्षों दोनों कंपनियों के कुल उत्पादन के बीच का अंतर ज्ञात कीजिए।

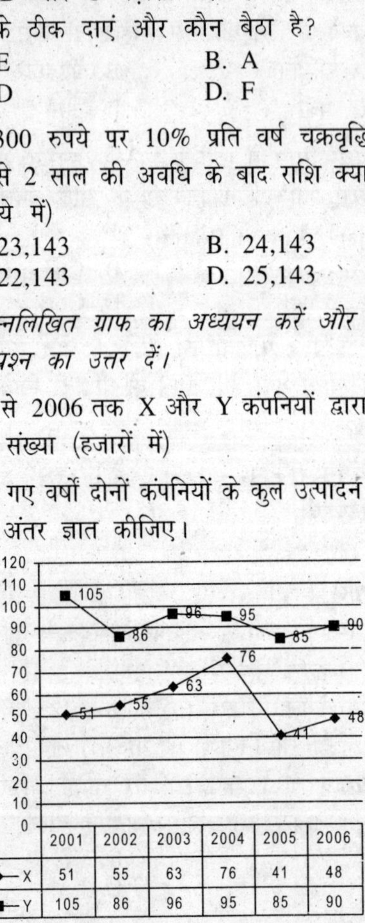

	2001	2002	2003	2004	2005	2006
X	51	55	63	76	41	48
Y	105	86	96	95	85	90

A. 223 B. 227
C. 229 D. 225

88. सरल करें:

$$\sqrt{(91+\sqrt{(76+\sqrt{(45-\sqrt{400})})})}$$

A. 10 B. 29
C. 26 D. 20

89. एक निश्चित राशि पर प्रति वर्ष 12% के साधारण ब्याज पर 5 साल के बाद अर्जित ब्याज ₹ 6,540 है। निवेश की गई राशि ज्ञात करें। (₹ में)

A. 10,800 B. 10,700
C. 10,900 D. 11,000

90. प्रतियोगिता में सफल होने के लिए, गेर्मिलिन को चार परीक्षाओं में 75 का औसत अंक चाहिए। पहली तीन परीक्षाओं में उसका अंक 64, 60 और 56 है। प्रतियोगिता में सफल होने के लिए चौथी परीक्षा में उसे कितना अंक चाहिए?

A. 122 B. 120
C. 124 D. 126

91. X = 0.3477777 ...., X का भिन्न मान ज्ञात करें:

A. $\frac{313}{900}$ B. $\frac{313}{99}$
C. $\frac{337}{900}$ D. $\frac{313}{999}$

92. 79 मीटर/सेकेंड की रफ्तार से चलने वाली ट्रेन 13 सेकंड में एक सिग्नल पार करती हैं। ट्रेन की लंबाई ज्ञात करें। (मीटर में)

A. 1027 B. 1025
C. 1029 D. 1031

93. एक चतुर्भुज क्षेत्र की भुजाओं का अनुपात 2 : 3 : 4 : 5 हैं और परिमाप 770 सेमी है। सबसे छोटी भुजा ज्ञात करें। (सेमी में)

A. 110 B. 120
C. 115 D. 105

94. ग्यारह खिलाड़ियों की राज्य स्तरीय क्रिकेट टीम का औसत वजन 117 किलो है। जब कोच को जोड़ दिया जाता है तो औसत वजन 1 किलो तक बढ़ जाता है। कोच का वजन क्या है? (kg में)

A. 133 B. 129
C. 131 D. 127

95. पुस्तक पर मुद्रित मूल्य ₹ 5,400 है, एक पुस्तक विक्रेता इस पर 10% छूट प्रदान करता है। यदि वह अभी भी 20% का लाभ कमाता है, तो पुस्तक का क्रय मूल्य (₹ में) है

A. 4,050 B. 4,150
C. 4,350 D. 4,250

96. सरल करें:

43 – [10 – (49 ÷ 7 – (15 – 25 ÷ 5) ÷ 10)]

A. 39 B. 45
C. 29 D. 19

97. दो संख्याओं का लघुत्तम समापवर्त्य (एलसीएम) 128 है और उनका महत्तम समापवर्तक (एचसीएफ) 8 है। यदि एक संख्या 128 है, दूसरी संख्या ज्ञात करें।

A. 96 B. 108
C. 8 D. 112

निर्देशः *निम्नलिखित ग्राफ का अध्ययन करें और इस पर आधारित प्रश्न का उत्तर दें।*

वर्ष 2001 से 2006 तक X और Y कंपनियों द्वारा निर्मित वाहनों की संख्या (हजारों में)

98. निम्नलिखित दिए गए वर्षों के दौरान किस वर्ष कंपनी X और कंपनी Y के उत्पादन के बीच का अंतर न्यूनतम था?

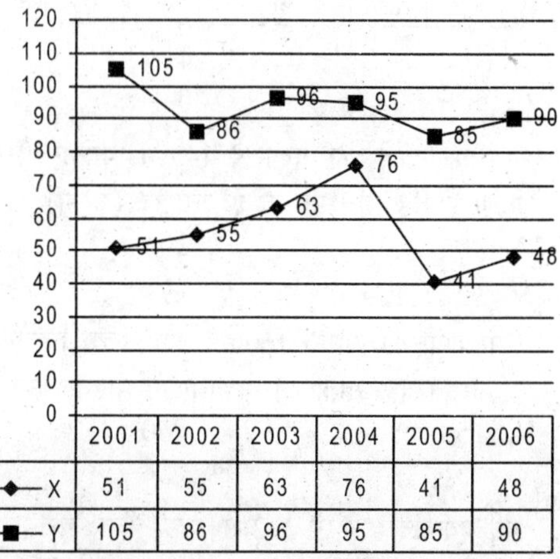

	2001	2002	2003	2004	2005	2006
—◆— X	51	55	63	76	41	48
—■— Y	105	86	96	95	85	90

A. 2004 B. 2003
C. 2002 D. 2005

99. सरल करें:

$$(82 \times 21 \times 82 \times 21) \div \left(\left(2\left(\sqrt{441 \div 2}\right)\right)\right)^2$$

A. 3254 B. 7214
C. 6724 D. 3245

100. निम्नलिखित में से कौन-सी संख्या 12 से विभाज्य है?

A. 18744 B. 19744
C. 17744 D. 16774

निर्देश: *निम्नलिखित ग्राफ का अध्ययन करें और इस पर आधारित प्रश्न का उत्तर दें।*

वर्ष 2001 से 2006 तक X और Y कंपनियों द्वारा निर्मित वाहनों की संख्या (हजारों में)

101. कंपनी द्वारा 2001 और 2002 में निर्मित वाहनों की संख्या में क्या अंतर है?

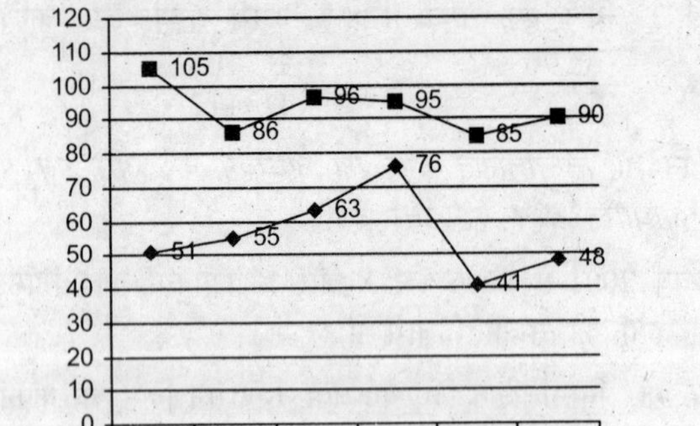

	2001	2002	2003	2004	2005	2006
X	51	55	63	76	41	48
Y	105	86	96	95	85	90

A. 3 B. 4
C. 5 D. 6

102. धातु के टुकड़े का मूल्य ₹ 445 से बढ़कर ₹ 534 हो गया है। प्रतिशत वृद्धि बताएं। (% में)

A. 30 B. 20
C. 15 D. 25

103. 7 संख्याओं का औसत 160 है। एक संख्या निकाल देने से, औसत वही रहता है। निकाली गई संख्या ज्ञात करें।

A. 154 B. 160
C. 156 D. 158

104. एक दुकानदार ने ₹ 272 से एक चीज खरीदी और उसे ₹ 340 में बेच दिया। दुकानदार द्वारा अर्जित लाभ प्रतिशत ज्ञात करें। (% में)

A. 20 B. 35
C. 30 D. 25

105. एलपीजी सिलेंडर की कीमत ₹ 720 से बढ़कर ₹ 900 हो गई है। खपत का कितना प्रतिशत कम किया जाए कि एलपीजी सिलेंडर पर खर्च की गई राशि पूर्ववत् रहे। (% में)

A. 25 B. 30
C. 20 D. 35

106. एक ट्रेन को एक सिग्नल पार करने में 50 सेकंड लगते हैं जोकि 473 मीटर लंबाई के एक पुल के एक छोर पर है। यदि ट्रेन को पुल पार करने में 93 सेकंड लगते हैं, तो ट्रेन की लंबाई ज्ञात करें। (मीटर में)

A. 560 B. 555
C. 550 D. 565

107. एक निश्चित राशि को 6 : 5 के अनुपात में 2 भागों में बांटा गया है। यदि पहला भाग ₹ 330 है तो कुल राशि ज्ञात करें। (₹ में)

A. 605 B. 607
C. 608 D. 606

108. निवेश किए गए ₹ 5,500 पर प्रति वर्ष 13% साधारण ब्याज की दर से 4 वर्षों के बाद कितनी राशि होगी। (₹ में)

A. 8,560 B. 8,660
C. 8,360 D. 8,460

109. फ्रेंक्लिन रेस का प्रथम हिस्सा 700 मील प्रति घंटे की रफ्तार और रेस का दूसरा हिस्सा 1050 मील प्रति घंटे की गति से पूरा करता है। दोनों हिस्सों की औसत गति ज्ञात करें। (mph-मील प्रति घंटे में)

A. 850 B. 860
C. 870 D. 840

110. 124 सेमी की भुजा वाले समबाहु त्रिकोण का क्षेत्रफल Kkr djA (cm^2 में)

A. $3846\sqrt{3}$ B. $3844\sqrt{3}$
C. $3842\sqrt{3}$ D. $3848\sqrt{3}$

111. अल्फा और बीटा की उम्र का अनुपात 2 : 5 है। यदि उनकी आयु का योग 350 है, तो उनकी उम्र के बीच अंतर ज्ञात करें।

A. 146 B. 150
C. 148 D. 144

112. जब एक वस्तु को ₹ 680 पर बेचा जाता है, तो इसमें 15% की हानि होती है। वस्तु का क्रय मूल्य ज्ञात करें। (₹ में)

A. 780 B. 740

C. 800 D. 760

113. एक बॉक्स में पेन, पेंसिल और इरेजर का अनुपात 3 : 2 : 1 है। यदि प्रत्येक पेन, पेंसिल और इरेजर की कीमतें क्रमशः ₹ 3, ₹ 2 और ₹ 2 हैं और बॉक्स पर खर्च की गई राशि ₹ 795 हैं, तो बॉक्स में पेन की संख्या ज्ञात करें।

A. 189 B. 169

C. 159 D. 179

114. एक संख्या के 80% के 75% के 66.67% का 25% 6377 है। उस संख्या का 40% ज्ञात करें।

A. 26508 B. 24508

C. 23508 D. 25508

115. 119 सेमी और 120 सेमी विकर्ण वाले समचतुर्भुज का क्षेत्रफल ज्ञात करें। (cm^2 में)

A. 7150 B. 7120

C. 7130 D. 7140

116. एक दुकानदार ने ₹ 475 में एक चीज खरीदी और उसे ₹ 380 में बेच दिया। दुकानदार को हुई हानि प्रतिशत ज्ञात करें। (% में)

A. 30 B. 25

C. 35 D. 20

117. x का मान प्राप्त करें:

$$\sqrt{(30-x)} = \sqrt{(17+\sqrt{1024})}$$

A. 21 B. 19

C. –21 D. –19

118. 120 डिटर्जेंट साबुन वाले एक बॉक्स में से 84 का उपयोग किया जाता है। बॉक्स में डिटर्जेंट साबुन का कितना प्रतिशत शेष है? (% में)

A. 35 B. 40

C. 30 D. 45

119. एक आयत की चौड़ाई 270 सेमी है और इसका विकर्ण 702 सेमी है। इसका परिमाप ज्ञात करें। (cm में)

A. 1816 B. 1806

C. 1826 D. 1836

120. 15209 को 9 से विभाजित किया जाए तो शेषफल क्या प्राप्त होगा?

A. 5 B. 8

C. 0 D. 2

उत्तरमाला

1	2	3	4	5	6	7	8	9	10
B	A	D	D	B	C	D	A	A	C
11	**12**	**13**	**14**	**15**	**16**	**17**	**18**	**19**	**20**
A	B	C	D	A	D	B	D	B	C
21	**22**	**23**	**24**	**25**	**26**	**27**	**28**	**29**	**30**
A	D	B	D	C	A	A	D	B	B
31	**32**	**33**	**34**	**35**	**36**	**37**	**38**	**39**	**40**
B	C	D	A	C	B	C	B	C	C
41	**42**	**43**	**44**	**45**	**46**	**47**	**48**	**49**	**50**
D	A	B	A	A	C	A	A	D	B
51	**52**	**53**	**54**	**55**	**56**	**57**	**58**	**59**	**60**
A	D	A	A	A	C	A	D	D	B
61	**62**	**63**	**64**	**65**	**66**	**67**	**68**	**69**	**70**
B	B	A	C	A	C	B	D	A	B
71	**72**	**73**	**74**	**75**	**76**	**77**	**78**	**79**	**80**
A	C	A	D	D	B	C	B	A	C
81	**82**	**83**	**84**	**85**	**86**	**87**	**88**	**89**	**90**
C	C	C	C	B	C	A	A	C	B

91	92	93	94	95	96	97	98	99	100
A	A	A	B	A	A	C	A	*	A
101	**102**	**103**	**104**	**105**	**106**	**107**	**108**	**109**	**110**
B	B	B	D	C	C	A	C	D	B
111	**112**	**113**	**114**	**115**	**116**	**117**	**118**	**119**	**120**
B	C	C	D	D	D	D	C	D	B

व्याख्यात्मक उत्तर

51. विकल्पों की जाँच करने पर,

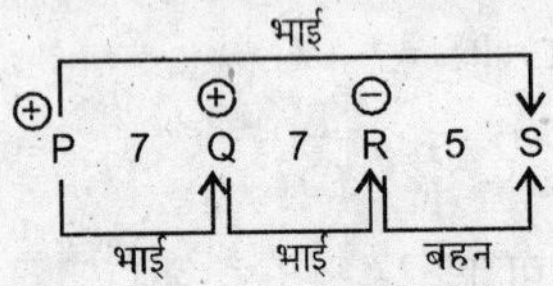

अतः विकल्प (A) सही है।

52. 2019 : 36 : : 2559 : ?

जिस प्रकार,

$2 + 0 + 1 + 9 = 12 \times 3 = 36$

उसी प्रकार,

$2 + 5 + 5 + 9 = 21 \times 3 = 63$

अतः प्रश्नचिह्न के स्थान पर 63 आएगा।

53.

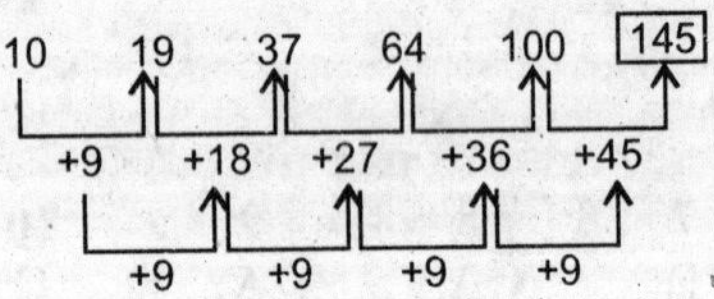

56. दी गई आकृति में निम्नलिखित समकोण त्रिभुज होंगे।

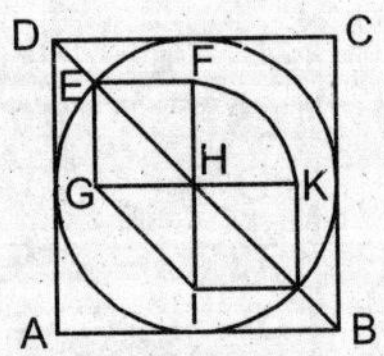

ΔDAB, ΔBCD, ΔEGH, ΔEFH, ΔGHI, ΔHIJ, ΔHKJ

कुल = 7

57.

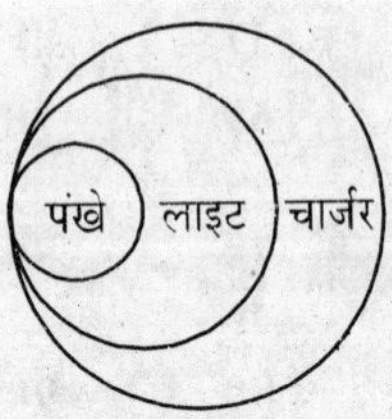

I. सभी पंखे चार्जर हैं।

58.

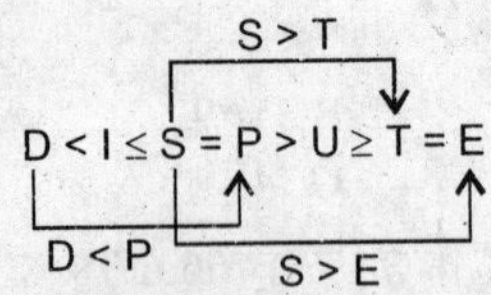

(A) D < P

(B) S > E

(C) S > T

∴ अतः सभी निष्कर्ष सही है।

59.

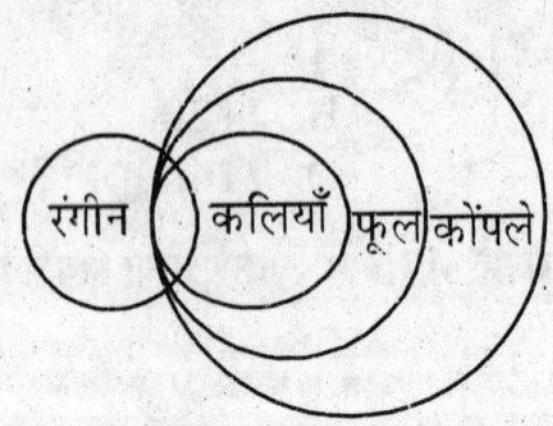

I. सभी कलियाँ कोंपलें है। (✓)

II. कुछ रंगीन फूल है। (✓)

III. कुछ कोपले रंगीन है। (✓)

∴ सभी तर्क संगत है।

60.

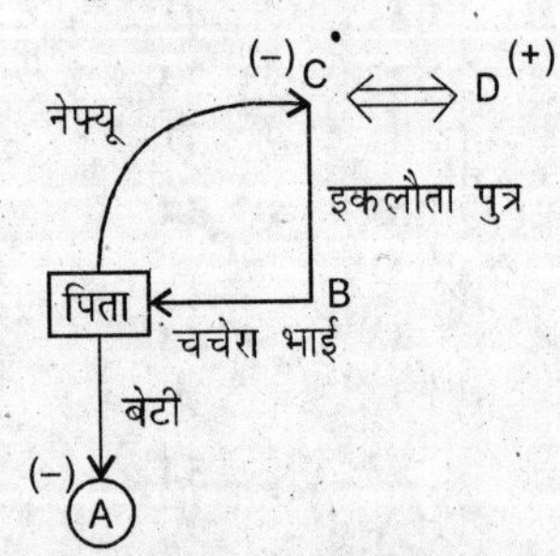

61.

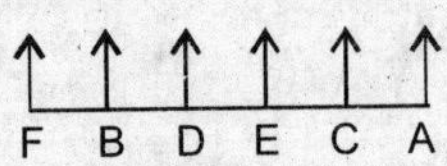

स्थान बदलने पर,

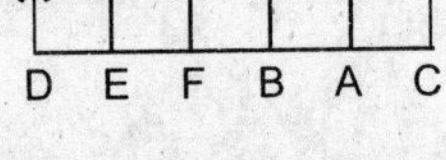

64. J : Q : : S : [Z]

+7   +7

65. दी गई आकृति में निम्नलिखित वर्ग हैं:

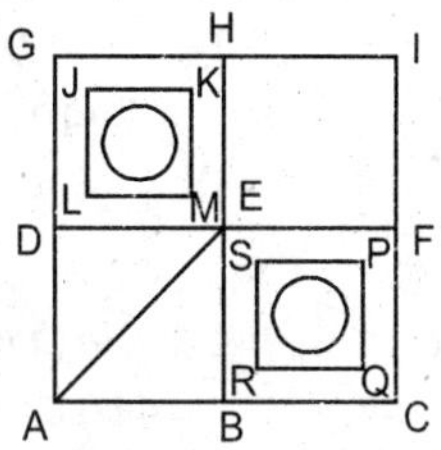

□JKLM, □PQRS, □GDEH, □HEFI, □DEAB, □EFBC, □ACIG

कुल वर्ग = 7

66.

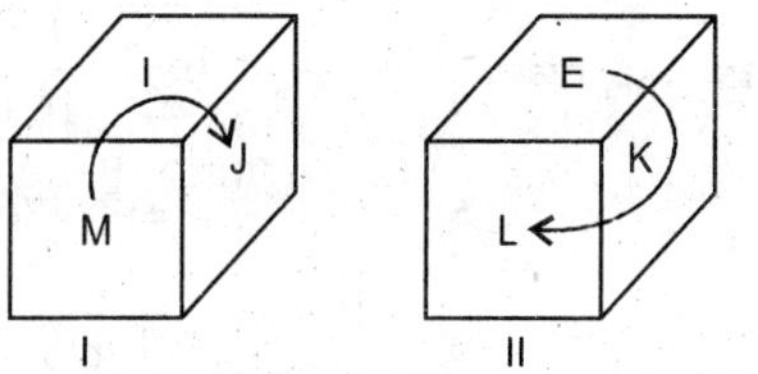

(I) M I J

(II) ~~M~~KL
H

M ↔ H

I ↔ K

J ↔ L

67. 10 → 24 → 52 → 108 → 220 → [444]

×2+4   ×2+4   ×2+4   ×2+4   ×2+4

68. जिस प्रकार,

B R I N G

+3 +3 –4 +3 +3

U E E J Q

उसी प्रकार,

C Y C L E

+3 +3 –4 +3

[B F Y H O]

69. जिस प्रकार गेंद का आकार गोलाकार होता है, उसी प्रकार पासे का आकार घनाकार होता है।

70. B S Q Y C

(2) (19) (17) (25). (3)

Y के अतिक्ति अन्य सभी अक्षर अंग्रेजी वर्णमाला में अभाज्य संख्या वाले स्थान पर आते हैं।

72. P L   I E   F A   O K   N J

–4   –4   –5   –4   –4

दिए गए समूह में, FA के अतिरिक्त अन्य सभी समूह में दूसरा अक्षर पहले अक्षर से 4 स्थान पीछे है।

76. J < U < D = G ≤ E < S

D < S

U < S

(I) U < S (✓)

(II) S < D (✕)

77. F B D E C A

80. जिस प्रकार,

D I S C

4 9 19 3

उसी प्रकार,

F I L E

[6 9 12 5]

82. 10 → 27 → 61 → 78 → 112 → [129]

+17   +34   +17   +34   +17

84. 20 → 47 → 74 → 101 → 128 → [155]

+27   +27   +27   +27   +27

85. F B D E C A

C के ठीक दाएं A बैठा है।

86. $$\text{चक्रवृद्धि ब्याज} = \text{मूलधन}\left[\left(1+\frac{\text{दर}}{100}\right)^{\text{समय}}\right]$$

$$= 18300\left[\left(1+\frac{10}{100}\right)^2\right]$$

$$= 18300\left[\left(\frac{11}{10}\right)^2\right]$$

$$= 18300\left[\frac{121}{100}\right]$$

$$= 22143.$$

87. कम्पनी X का कुल उत्पादन

$= 51 + 55 + 63 + 76 + 41 + 48 = 334$

कम्पनी Y का कुल उत्पादन

$= 105 + 86 + 96 + 95 + 85 + 90 = 557$

अभिष्ट अन्तर $= 557 - 334 = 223$.

88. $\sqrt{(91+\sqrt{(76+\sqrt{45-\sqrt{400}}))})}$

$= \sqrt{(91+\sqrt{(76+\sqrt{45-20}))})}$

$= \sqrt{(91+\sqrt{(76+\sqrt{25}))})}$

$= \sqrt{(91+\sqrt{(76+5)})}$

$= \sqrt{(91+\sqrt{81})}$

$= \sqrt{(91+9)} = \sqrt{100} = 10$

89. माना निवेश की गई रशि ₹ x है।

तब, साधारण ब्याज $= \dfrac{\text{मूलधन} \times \text{दर} \times \text{समय}}{100}$

$6{,}540 = \dfrac{x \times 12 \times 5}{100}$

$x = \dfrac{6540 \times 100}{12 \times 5}$

$x =$ ₹ 10,900.

90. माना चौथी परीक्षा में अंक $= x$

तब $\dfrac{64+60+56+x}{4} = x$

$180 + x = 300$

$x = 300 - 180$

$x = 120.$

91. $X = 0.347777$

$X = 0.34\overline{7}$

$X = \dfrac{347-34}{900} = \dfrac{313}{900}.$

92. माना ट्रेन की लम्बाई $= l$ मीटर

तब, ट्रेन की चाल $= \dfrac{\text{दूरी}}{\text{समय}}$

$79 = \dfrac{l}{13}$

$l = 79 \times 13 = 1027$ मीटर

93. माना चतुर्भुज की चारो भुजाएं क्रमशः $2x$, $3x$, $4x$ और $5x$ है

तब, चतुर्भुज का परिमाप $= 2x + 3x + 4x + 5x$
$= 14x$

$14x = 770$

$x = 55$

सबसे छोटी भुजा $= 2x = 2 \times 55 = 110$ सेमी

94. माना कोच का वजन x किग्रा. है

$11 \times 117 + x = 12 \times (117 + 1)$

$1287 + x = 1416$

$x = 1416 - 1287$

$x = 129$

$\therefore$ कोच का वजन = 129 किग्रा. है।

95. पुस्तक का विक्रय मूल्य $= 5400\left(1-\dfrac{10}{100}\right)$

$= 5400 \times \dfrac{90}{100} =$ ₹ 4860

क्रय मूल्य $= \dfrac{100}{100+\text{लाभ}\%} \times$ विक्रय मूल्य

$= \dfrac{100}{100+20} \times 4860$

$= \dfrac{100}{120} \times 4860$

$=$ ₹ 4050.

96. $43-[10-(49\div7-(15-25\div5)\div10)]$

BODMAS नियमानुसार,

$= 43-[10-(49\div7-(15-5)\div10)]$

$= 43 - [10 - (7 - 1)]$

$= 43 - [10 - 6]$

$= 43 - 4$

$= 39.$

97. पहली संख्या × दूसरी संख्या = एलसीएम × एचसीएम

$128 \times$ दूसरी संख्या $= 128 \times 8$

$\therefore$ दूसरी संख्या $= \dfrac{128 \times 8}{128} = 8.$

98. वर्ष 2001 में, कम्पनी X और कम्पनी Y के उत्पादन में अन्तर

$= 105 - 51 = 54$

वर्ष 2002 में, कम्पनी X और कम्पनी Y के उत्पादन में अन्तर

$= 86 - 55 = 31$

वर्ष 2003 में, कम्पनी X और कम्पनी Y के उत्पादन में अन्तर

$= 96 - 63 = 33$

वर्ष 2004 में, कम्पनी X और कम्पनी Y के उत्पादन में अन्तर

$= 95 - 76 = 19$

वर्ष 2005 में, कम्पनी X और कम्पनी Y के उत्पादन में अन्तर

$= 85 - 41 = 44$

वर्ष 2006 में, कम्पनी X और कम्पनी Y के उत्पादन में अन्तर

$= 90 - 48 = 42$

∴ न्यूनतम अन्तर 2004 में है।

100. 12 से वह संख्या विभाज्य होगी जो 4 और 3 दोनों से विभाज्य होगी।

4 से वह संख्या विभाज्य होगी जिसके अन्तर दो अंक 4 से विभाज्य हो।

3 से वह संख्या विभाज्य होगी जिससे अंकों का योग 3 से विभाज्य हो।

(A) 187<u>44</u>

$\frac{44}{4} = 11$ अतः 4 से विभाज्य है।

$\frac{1+8+7+4+4}{3} = \frac{24}{3} = 8$ अतः यह 3 से विभाज्य है।

101. कंपनी X द्वारा 2001 में निर्मित वाहनों की संख्या $= 51$

कंपनी X द्वारा 2002 में निर्मित वाहनों की संख्या $= 55$

अभिष्ट अन्तर $= 55 - 51 = 4$.

102. प्रतिशत वृद्धि $= \frac{534-445}{445} \times 100$

$= \frac{89}{445} \times 100 = 20\%$

103. माना निकाली गई संख्या x है।

तब, $x = 160 \times 7 - 160 \times 6$

$x = 1120 - 960$

$x = 160.$

104. $\%$ लाभ $= \frac{\text{विक्रय मूल्य} - \text{क्रय मूल्य}}{\text{क्रय मूल्य}} \times 100$

$= \frac{340-272}{272} \times 100$

$= \frac{68}{272} \times 100 = \frac{6800}{272} = 25\%.$

105. माना शुरू में खपत x किग्रा. है

∵ कीमत × खपत = खर्चा

शुरू में, $720 \times 100 = 72{,}000$

कीमत बढ़ने पर,

$900 \times x = 72{,}000$

∴ $x = \frac{72{,}000}{900} = ₹\ 80$

खपत में प्रतिशत कमी $= \frac{100-80}{100} \times 100$

$= \frac{20}{100} \times 100 = 20\%.$

106. माना ट्रेन की लम्बाई $= x$ मीटर

∵ दानों स्थितियों में ट्रेन की चाल बराबर है

∴ चाल $= \frac{\text{दूरी}}{\text{समय}}$

$\frac{x}{50} = \frac{x+473}{93}$

$93x = 50x + 23650$

$43x = 23650$

$x = \frac{23650}{43} = 550$ मी.

∴ ट्रेन की लम्बाई 550 मी. है।

107. माना पहला और दूसर भाग क्रमशः $6x$ और $5x$

तब, $6x = 330$

$x = 55$

∴ कुल राशि $= 5x + 6x$

$= 11x + 11 \times 55 = 605.$

108. साधारण ब्याज $= \frac{\text{मूलधन} \times \text{दर} \times \text{समय}}{100}$

$= \frac{5500 \times 13 \times 4}{100} = 2860$

राशि = मूलधन + सा. ब्याज

$= 5500 + 2860 = 8360.$

109. औसत चाल $= \frac{2S_1S_2}{S_1+S_2} = \frac{2\times700\times1050}{700+1050}$

$= \frac{2\times700\times1050}{1750}$

$= 840$ मील प्रति घंटे

110. समबाहु त्रिभुज की भुजा $= 124$ सेमी

समबाहु त्रिभुज का क्षेत्रफल $= \frac{\sqrt{3}}{4}$ (भुजा)^2

$= \frac{\sqrt{3}}{4}\times 124\times 124 = 3844\sqrt{3}$ सेमी^{2}

111. माना अल्फा और बीटा की आयु क्रमशः $2x$ और $5x$ है

$2x + 5x = 350$

$7x = 350$

$x = 50$

उनकी उम्र के बीच अन्तर $= 5x - 2x = 3x$

$= 3\times 50 = 150.$

112. क्रय मूल्य $= \frac{100}{100-\%\text{ हानि}}\times$ विक्रय मूल्य

$= \frac{100}{100-15}\times 680$

$= \frac{100}{85}\times 680 =$ ₹ 800.

113. माना बॉक्स में पेन, पेंसिल, औरं इरेजर की संख्या क्रमशः $3x$, $2x$ और x है।

तब बॉक्स पर खर्च की कुल राशि

$= 3x\times 3 + 2x\times 2 + x\times 2$

$= 9x + 4x + 2x = 15x$

$15x = 795$

$x = 53$

बॉक्स में पेन की संख्या $= 3x = 3\times 53 = 159.$

115. समचतुर्भुज का क्षेत्रफल $= \frac{1}{2}\times d_1\times d_2$

$= \frac{1}{2}\times 119\times 120 = 7140$ सेमी^{2}

116. हानि प्रतिशत $= \frac{\text{क्रय मूल्य} - \text{विक्रय मूल्य}}{\text{क्रय मूल्य}}\times 100$

$= \frac{475-380}{475}\times 100$

$= \frac{9500}{475} = 20\%$

117. $\sqrt{(30-x)} = \sqrt{17+\sqrt{1024}}$

$\sqrt{(30-x)} = \sqrt{17+32}$

$\sqrt{(30-x)} = \sqrt{49}$

$30 - x = 49$

$x = 30 - 49$

$x = -19.$

118. साबुन का शेष प्रतिशत $= \frac{120-84}{120}\times 100$

$= \frac{36}{120}\times 100 = 30\%$

119. आयत की लम्बाई $= \sqrt{l^2-b^2}$

$= \sqrt{(702)^2-(270)^2}$

$= \sqrt{(702+270)(702-270)}$

$= \sqrt{972\times 432}$

$= \sqrt{419904} = 648$ सेमी

आयत का परिमाप $= 2(l + b)$

$= 2(270 + 648)$

$= 2\times 918 = 1836.$

120.
```
9) 15209 (1689
   9
   62
   54
    80
    72
     89
     81
      8  ← शेषफल
```

पिछले प्रश्न-पत्र (हल सहित)

Railway Protection Force & Railway Protection Special Force

RPF/RPSF—कांस्टेबल, भर्ती परीक्षा–2015*

1. निम्नलिखित में से किस राज्य की अंतर्राष्ट्रीय सीमा सर्वाधिक लम्बी है?

A. नागालैण्ड B. मिजोरम
C. अरुणाचल प्रदेश D. असम

2. निम्न में से किस कपड़े का नाम फ्रांसीसी कपड़ा निर्माता के नाम पर रखा गया?

A. लिनन B. क्रेप
C. जॉर्जजेट D. शिफॉन

3. सिख धर्म के संस्थापक कौन हैं?

A. गुरु गोविंद सिंह B. गुरु रामदास
C. गुरु नानक D. रणजीत सिंह

4. आर्थिक रूप से पिछड़े छात्रों को IIT JEE का कोचिंग प्रदान के लिए पटना के प्रसिद्ध सुपर-30 संस्थान के संस्थापक निम्न में से कौन हैं?

A. अनुराग आनन्द B. सुशील कुमार
C. आनन्द कुमार D. नीतिश कुमार

5. श्री नरेन्द्र मोदी भारत के .... हैं।

A. लोकसभा अध्यक्ष B. प्रधानमंत्री
C. विपक्ष के नेता D. राष्ट्रपति

6. भारत राष्ट्रीय एकता दिवस .... को मनाया जाता है।

A. 30 जनवरी B. 29 अगस्त
C. 31 अक्टूबर D. 2 अक्टूबर

7. जिराफ निम्नलिखित में से किस महाद्वीप का मूल निवासी है?

A. ऑस्ट्रेलिया B. अफ्रीका
C. अमेरिका D. एशिया

8. कुश्ती का पारंपरिक रूप सूमो किस देश से सम्बन्धित है?

A. चीन B. जापान
C. वियतनाम D. दक्षिण कोरिया

9. अमीर खुसरो किसके प्रसिद्ध दरबारी कवि थे?

A. शाहजहाँ B. अलाउद्दीन खिलजी
C. अकबर D. शेरशाह सूरी

10. निम्न में से किस बीमारी को चिकित्सा के आधार पर टाइप-I एवं टाइप-II में वर्गीकृत किया गया है?

A. मधुमेह B. हेपेटाइटिस-बी
C. रतौंधी D. कॉमन कोल्ड

11. भारतीय सशस्त्र बलों के कमांडर-इन-चीफ निम्नलिखित में से कौन होता है?

A. प्रधानमंत्री B. उप-राष्ट्रपति
C. सेना प्रमुख D. राष्ट्रपति

12. निम्नलिखित में से किस ग्रह का सतह ठोस नहीं है?

A. बृहस्पति B. मंगल
C. शुक्र D. बुध

13. बिहार के प्रसिद्ध भोजन लिट्टी (Litti) का प्रमुख घटक है?

A. प्याज B. आलू
C. सब्जी D. सत्तू (Gram flour)

14. निम्नलिखित में से किसकी उपस्थिति में पौधों में कार्बन डाइऑक्साइड की प्रक्रिया होती है?

A. सूर्य के प्रकाश की B. वर्षा
C. गरज D. ब्रह्मांडीय किरणें

15. क्रिकेट के अतिरिक्त निम्न में से किस खेल में स्ट्राइकर का प्रयोग किया जाता है?

A. लूडो B. खो-खो
C. कैरम D. शतरंज

16. इस्लामिक राज्य निम्न में से किसके खिलाफ लड़ाई नहीं लड़ रही है?

A. यूक्रेन B. लेबनान
C. इराक D. सीरिया

17. निम्नलिखित में से कौन-सा स्थान है जो मैंग्रोव वृक्षों के लिए प्रयोग किए जाने वाले स्थानीय शब्द के नाम पर पड़ा है?

A. वृंदावन B. सुंदरबन
C. मसूरी D. मधुबनी

* *Held on 15-02-2015*

18. झारखंड के मुख्यमंत्री का नाम क्या है?
A. बाबूलाल मरांडी B. अर्जुन मुंडा
C. रघुवर दास D. हेमंत सोरेन

19. यदि आप लाल किला में हैं तो निम्न में से किस शहर के भ्रमण पर हैं?
A. आगरा B. हैदराबाद
C. जयपुर D. दिल्ली

20. निम्नलिखित में से कौन बंदरगाह शहर अरब सागर का भाग नहीं है?
A. पणजी B. विशाखापत्तनम
C. मुंबई D. मंगलौर

21. निम्न में से कौन एशियन देशों का भू-आवेष्ठित देश नहीं है?
A. अफगानिस्तान B. लाओस
C. मंगोलिया D. कम्बोडिया

22. भारत में पहली बार किस हिल पैसेन्जर रेलवे की शुरूआत वर्ष 1881 में प्रारंभ किया गया था?
A. कालका शिमला रेलवे
B. माथेरान हिल रेलवे
C. नीलगिरि माउंटेन रेलवे
D. दार्जिलिंग हिमालयन रेलवे

23. CO निरूपित करता है–
A. Carbon B. Carbon monoxide
C. Coal D. Carbon dioxide

24. रासलीला नृत्य निम्न में से किस ईश्वर से सम्बन्धित है?
A. भगवान शिव B. भगवान गणेश
C. भगवान इन्द्र D. भगवान कृष्ण

25. निम्न में से कौन एक भारतीय ऑनलाइन रिटेल कंपनी है?
A. अलीबाबा समूह (Alibaba group)
B. अमेजन (Amazon)
C. (eBay)
D. जबोंग (Jabong)

निर्देश (26-30): *नीचे दी गई श्रेणी को पूरा कीजिए जो एक निश्चित पैटर्न पर आधारित है :*

26. 3, 12, 27, 48, 75, 108, ...?...
A. 162 B. 183
C. 192 D. 147

27. 49, 121, 169, 289, ...?...
A. 361 B. 529
C. 400 D. 441

28. a_ccabc_a_cc_bcc
A. c b c b B. b c b a
C. b a c b D. b b c c

29. _cbacb_dbad_adc_.
A. d a c b B. b c a a
C. c c a a D. c b d d

30. 2, 3, 4, 6, 8, 12, 16, 24, ...?...
A. 36 B. 30
C. 32 D. 40

निर्देश (31-35): *निम्नलिखित प्रश्नों में से विषम को चुनिए :*

31. A. नेपाल B. जर्मनी
C. चीन D. भारत

32. A. BY B. CV
C. DW D. AZ

33. A. 18 B. 27
C. 33 D. 9

34. A. स्नूकर B. शतरंज
C. हॉकी D. बिलियर्ड्स

35. A. IFG B. QOP
C. XVW D. ECD

36. 24 : 36 :: ? : 72
A. 48 B. 60
C. 56 D. 40

37. कैदी : जेल :: वकील : ...?...
A. मैदान B. अस्पताल
C. कार्यालय D. अदालत

38. रैबीज : कुत्ता :: इबोला : ...?...
A. मछली B. मच्छर
C. बिल्ली D. चमगादड़

39. यदि 26 जनवरी, 2015 को सोमवार है तो 26 जनवरी, 2011 को कौन-सा दिन था?
A. मंगलवार B. बुधवार
C. गुरुवार D. सोमवार

40. यदि 'a' का अर्थ गुणा, 'b' का अर्थ घटाव, 'c' का अर्थ जोड़ तथा 'd' का अर्थ भाग हो, तो 5a 3b 2c [4d 4] का मान क्या होगा?
A. 6 B. 0
C. 14 D. 12

41. GTU : JWX :: CMN : ...?...
A. FQR B. FPQ
C. FPR D. FOP

निर्देश (42-45): *नीचे दिए गए चित्र में तीन वृत्त हैं जो एक-दूसरे को स्पर्श करते हैं, खिलाड़ियों से सम्बन्धित हैं। ये खिलाड़ी टेनिस, बैडमिंटन तथा कबड्डी खेलते हैं जिनकी संख्याओं को नम्बर से दर्शाया गया है।*

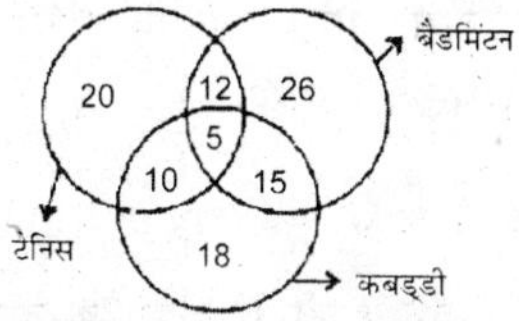

42. कितने खिलाड़ी कबड्डी खेलते हैं?
A. 48 B. 28
C. 38 D. 43

43. सिर्फ टेनिस खेलने वाले खिलाड़ियों को कौन-सी संख्या दर्शाती है?
A. 20 B. 15
C. 5 D. 18

44. खिलाड़ियों में कौन-सी संख्या टेनिस तथा बैडमिंटन दोनों खेलने वाले तथा कबड्डी नहीं खेलने वाले को प्रदर्शित करती है?
A. 10 B. 12
C. 15 D. 5

45. किस खेल में खेलने वाले खिलाड़ियों की संख्या सबसे कम है?
A. टेनिस B. बैडमिंटन
C. कबड्डी D. सभी तीनों

46. 11 संख्याओं का औसत 30 है। यदि प्रथम दस संख्याओं का औसत 22 है, तो 11वीं संख्या का मान कितना है?
A. 8 B. 20
C. 30 D. 110

47. यदि किसी संख्या के वर्ग में 59 जोड़ा जाए तो परिणाम 900 होता है। संख्या ज्ञात कीजिए।
A. 30 B. 28
C. 29 D. 27

48. यदि C, A के पश्चिम में है तथा B, A के दक्षिण दिशा में है तो, C की अपेक्षा B किस दिशा में है?
A. NW B. SE
C. NE D. SW

49. दीपा तथा सीमा एक साथ किसी काम को 6 दिनों में पूरा करती है। दीपा उसी काम को अकेले 9 दिनों में पूरा करती है। सीमा उसी काम को अकेले कितने दिनों में पूरा करेंगी?
A. 18 दिन B. 3 दिन
C. 12 दिन D. 15 दिन

50. एक शहर की जनसंख्या 70,000 है। 8% की वृद्धि के बाद जनसंख्या कितनी है?
A. 76,000 B. 76,500
C. 76,600 D. 75,600

51. 4, 8 तथा 12 का महत्तम समापवर्तक कितना होगा?
A. 1 B. 4
C. 8 D. 2

52. यदि CORRECTION के लिए कूट DPSSFDUJPO का प्रयोग किया जाता है तो EMOTION के लिए क्या कूट होगा?
A. FPNUJPO B. FNPUJOP
C. FNPUPOJ D. FNPUJPO

53. एक मोटर साइकिल 3 घंटे में 60 किमी. की दूरी तय करती है। इसकी गति दोगुनी हो जाती है। अगले एक घंटे में वह कितनी दूरी तय करेगी?
A. 360 किमी. B. 40 किमी.
C. 60 किमी. D. 120 किमी.

54. $\frac{1}{30}$ का $75 \div \frac{1}{2}$ कितना होगा?
A. 1.25 B. 2.5
C. 12.5 D. 5

55. रमेश उत्तर की ओर 25 मीटर चलता है। वह बाँयें मुड़ता है इसके बाद 20 मीटर चलता है। वह फिर बाँयें मुड़ता है इसके बाद 25 मीटर चलता है। वह फिर बाएं मुड़ता है, इसके बाद 50 मीटर चलता है। अब वह प्रारम्भिक बिन्दु से कितना दूर है?
A. 30 मीटर B. 50 मीटर
C. 120 मीटर D. 70 मीटर

56. किस वार्षिक दर से ₹ 400 का 50 वर्ष में मिश्रधन ₹ 520 हो जाएगा?
A. 6% B. 5%
C. 5.5% D. 2.4%

57. एक वृत्ताकार मैदान की त्रिज्या 31.5 मीटर है। इसकी परिधि कितनी होगी?
A. 198 मी. B. 154 मी.
C. 237 मी. D. 110 मी.

58. दो वितत संख्याओं के घनों का अन्तर 127 है। संख्याओं को ज्ञात कीजिए।
A. 5 तथा 6 B. 4 तथा 5
C. 6 तथा 7 D. 7 तथा 8

59. एक आयताकार मैदान की लम्बाई में 20% वृद्धि की जाए तथा चौड़ाई में 20% की कमी कर दी जाए तो उसके क्षेत्रफल में कितना प्रतिशत की वृद्धि या कमी हो जाएगी?

A. 20% की वृद्धि B. 4% की कमी

C. 1% की वृद्धि D. कोई परिवर्तन नहीं

60. अमर का स्थान शुरू से या अन्तिम से 24वाँ है। उसमें कुल कितने व्यक्तियों की संख्या है?

A. 46 B. 49

C. 47 D. 48

61. राम 10 किमी. पूरब दिशा में चलता है। इसके बाद 10 किमी. दाहिनी तरफ चलता है, पुनः 10 किमी. दाहिनी तरफ चलता है। अब वह प्रारम्भिक बिन्दु से किस दिशा में है?

A. उत्तर B. दक्षिण

C. पश्चिम D. पूरब

62. $0.0050 \div 0.05 + 0.05$ का मान है–

A. 0.15 B. 0.05

C. 0.16 D. 0.50

63. एक कमीज का अंकित मूल्य ₹ 1500 है। इसे दो क्रमिक छूट 40% तथा 60% की दी जाती है। छूट के बाद कमीज का मूल्य कितना होगा?

A. ₹ 0 B. ₹ 1400

C. ₹ 540 D. ₹ 360

64. किसी संख्या के दो अंकों का योग 13 है। यदि इस संख्या में से 9 को घटाया जाए तो संख्या के अंकों का स्थान बदल जाते हैं। संख्या क्या है?

A: 76 B. 87

C. 78 D. 67

65. चार वितत धनात्मक संख्याओं का योग 82 है। उनमें से सबसे छोटी संख्या है–

A. 20 B. 19

C. 22 D. 21

66. राहुल पश्चिम दिशा में 8 किमी. चलता है तथा इसके बाद वह पीछे की ओर मुड़कर 6 किमी. चलता है। राहुल प्रारम्भिक बिन्दु से कितना दूर है तथा किस दिशा में है?

A. NE 2 किमी. B. SE 14 किमी.

C. NW 10 किमी. D. SW 10 किमी.

67. 2, 3 तथा 7 का लघुत्तम समापवर्त्य कितना है?

A. 42 B. 21

C. 14 D. 6

68. एक स्कूल में 1500 छात्र हैं। 15% मुसलमान हैं, 7% सिख, 8% ईसाई तथा शेष हिन्दू हैं। उस स्कूल में हिन्दुओं की संख्या कितनी है?

A. 1470 B. 700

C. 1050 D. 1200

69. 20 कुत्ते 20 मुर्गियों को 10 दिनों में खाते हैं। 40 कुत्ते 40 मुर्गियों को कितने दिनों में खाएँगे?

A. 1 B. 20

C. 30 D. 10

70. यदि किसी कूट भाषा में BANGLE को ELGNAB लिखा जाता है तो SANDAL को उसी कूट भाषा में कैसे लिखा जाएगा?

A. LADNSA B. LANDAS

C. LADNAS D. LADANS

71. यदि 26 जनवरी को बुधवार है, तो अन्तिम जनवरी को कौन-सा दिन होगा?

A. शुक्रवार B. सोमवार

C. रविवार D. गुरुवार

72. 60% का मान किसके बराबर हैं?

A. $\frac{6}{9}$ B. $\frac{9}{10}$

C. $\frac{3}{5}$ D. $\frac{7}{9}$

73. 12 छात्रों की एक कक्षा की औसत ऊँचाई 180 सेमी. है। वर्ग-शिक्षक की ऊँचाई को जोड़ने पर उनका औसत घटकर 179 सेमी. हो जाता है। शिक्षक की ऊँचाई कितनी है?

A. 168 सेमी. B. 167 सेमी.

C. 179.5 सेमी. D. 166 सेमी.

74. $3 - 1 + 3 \times 6 \div 3 - 1$ का मान है–

A. 11 B. –3

C. 7 D. 9

75. ऋषि को किसी राशि पर 8% ब्याज की दर से 2 वर्ष का चक्रवृद्धि ब्याज ₹ 83.2 प्राप्त होता है तो उनकी निवेशित राशि क्या है?

A. ₹ 600 B. ₹ 500

B. ₹ 540 D. ₹ 503.2

76. यदि किसी संख्या का तीसरा भाग का $\frac{1}{4}$ पाँच के बराबर होता है तो वह संख्या क्या है?

A. 15　　B. 60
C. 12　　D. 20

77. यदि भाग के लिए '×' लिखा जाए, घटाव के लिए '÷' गुणा के लिए '+' लिखा जाए तथा जोड़ के लिए '–' लिखा जाए तब $6 \times 2 \div 2 - 4 + 2$ का मान कितना होगा?

A. 0　　B. 4
C. 10　　D. 9

78. सात टीमों के एक ग्रुप में, प्रत्येक टीम एक-दूसरे से दो बार खेलती है। ग्रुप में कुल कितने मैच खेले जाएंगे?

A. 49　　B. 42
C. 48　　D. 28

79. एक बस 75 किमी./घंटे की गति से 45 मिनट तक चलती है तथा इसके बाद 90 किमी./घंटे की गति से 45 मिनट तक चलती है। 1½ घंटे में वह कितनी दूरी तय करेगी?

A. 123.75 किमी.　　B. 165 किमी.
C. 125 किमी.　　D. 82.5 किमी.

80. नीचे दिए गए संख्याओं के अनुक्रम में कितनी सम संख्याएँ हैं जिनके ठीक पहले विषम संख्या हो तथा ठीक उसके बाद सम संख्या हो?

5 1 4 7 3 9 8 5 7 2 6 3 1 5 8 6 3 8 5 2 7 4 3 4 9 6

A. दो　　B. एक
C. चार　　D. तीन

81. 0.105 + 1.05 + 0.515 + 0.015 का मान कितना होगा?

A. 1.685　　B. 1.675
C. 1.75　　D. 1.785

82. सबसे बड़ी भिन्न कौन-सी है?

A. $\frac{3}{4}$　　B. $\frac{7}{9}$
C. $\frac{7}{8}$　　D. $\frac{9}{10}$

83. 8 संख्याओं का औसत 42 है। यदि प्रत्येक संख्या में से 9 घटाया जाए तो नया औसत क्या होगा?

A. 33　　B. 34
C. 25　　D. 9

84. 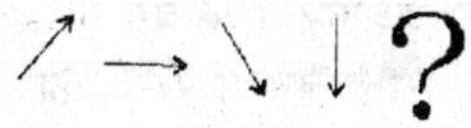

A. 　　B. 
C. 　　D. 

85. 20 पैसे तथा ₹ 4 का अनुपात क्या होगा?

A. 1 : 8　　B. 1 : 16
C. 1 : 20　　D. 1 : 5

86. एक दुकानदार एक कमीज ₹ 728 में बेचा जिसमें उसे 9% का घाटा हुआ। यदि वह इसे ₹ 792 में बेचे तो उसे कितना प्रतिशत लाभ या हानि होगी?

A. 8% हानि　　B. 9% लाभ
C. 1% हानि　　D. 8% लाभ

87. $\frac{9}{10}$ को दशमलव में बदलें।

A. 90　　B. 1.90
C. 0.09　　D. 0.9

88. श्याम एक बैग 13% की लाभ पर ₹ 598.9 में बेचा। इस बैग का क्रय मूल्य कितना था?

A. ₹ 550　　B. ₹ 530
C. ₹ 585　　D. ₹ 500

89. 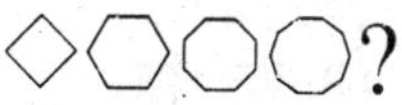

A. 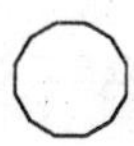　　B. 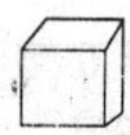
C. 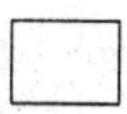　　D. 

90. यदि किसी कूट भाषा में SEAT को RDZS लिखा जाता है तो READ को उसी कूट भाषा में कैसे लिखा जाएगा?

A. QDZC　　B. QDCZ
C. QDZE　　D. QDZD

91. एक धावक को 8 किमी. की दूरी को 15 किमी./घंटा की चाल से दौड़ने में कितना समय लगेगा?

A. 35 मिनट　　B. 33 मिनट
C. 31 मिनट　　D. 32 मिनट

92. यदि किसी कूट भाषा में PERFEC- TION को EFREPNOITC लिखा जाता है तो IMPOSTER को उसी कूट भाषा में कैसे लिखा जाएगा?

A. OPIMRETS　　B. OPMIRETS
C. OPMIERTS　　D. OPMIREST

93. एक वर्गाकार मैदान का क्षेत्रफल 196 वर्ग मी. है। उसे रस्सी से तीन तरफ से घेरा डालने में रस्सी की लम्बाई कितनी होगी?

A. 56 मी.　　B. 42 मी.
C. 52 मी.　　D. 147 मी.

94. यदि एक संख्या का 40%, 184 है, तो उस संख्या का 85% का मान कितना होगा?

A. 333　　B. 391
C. 380　　D. 328

95. एक टी.वी. का क्रय मूल्य ₹ 42,000 है तथा विक्रय मूल्य ₹ 49,140 है। प्रतिशत लाभ कितना है?

A. 9%　　B. 7.14%
B. 17%　　D. 7%

96. तरबूज या सफेद लॉकी को चीनी की चाशनी में भिगोकर बनाई जाने वाली मिठाई कौन-सी है?

A. जलेबी　　B. पेठा
C. गुलाब जामुन　　D. मुरब्बा

97. निम्न में से कौन-सा तत्व एसिड का आवश्यक अवयव है?

A. हाइड्रोजन　　B. ऑक्सीजन
C. हीलियम　　D. नाइट्रोजन

98. सरक्रीक रेखा भारत एवं .... के मध्य विवादित क्षेत्र है?

A. म्यांमार　　B. नेपाल
C. पाकिस्तान　　D. बांग्लादेश

99. हड्डियों को मजबूत रखने के लिए आवश्यक तत्व है?

A. आयोडीन　　B. जिंक
C. वसा　　D. कैल्शियम

100. ज्योतिष के अनुसार राशियों के कितने प्रकार होते हैं?

A. 12　　B. 16
C. 14　　D. 11

101. वर्ष 2014 का नोबेल शांति पुरस्कार निम्नलिखित में से किस व्यक्ति को प्रदान किया गया था?

A. कैलाश सत्यार्थी
B. बराक ओबामा
C. कैलाश सत्यार्थी और तवाकुल कर्मण
D. कैलाश सत्यार्थी और मालाल युसुफजई

102. किस स्वतंत्रता सेनानी के द्वारा पटना के बांकीपुर जेल में 'आत्मकथा' लिखी गई?

A. राजेन्द्र प्रसाद　　B. राम मनोहर लोहिया
C. लाल बहादुर शास्त्री　　D. जय प्रकाश नारायण

103. कृत्रिम रूप से उत्पादन किया जाने वाला प्रथम तत्व का नाम क्या है?

A. Technetium　　B. Francium
C. Einsteinium　　D. Promethium

104. टीवी शो 'बिग बॉस 8' के मेजबान कौन हैं?

A. सलमान खान　　B. अमिताभ बच्चन
C. शाहरूख खान　　D. आमिर खान

105. निम्नलिखित में से कौन-सी एक सामाजिक नेटवर्किंग वेबसाइट नहीं है?

A. फेसबुक　　B. Hi5
C. विकीपीडिया　　D. ट्विटर

106. निम्न में से किस तिथि को उत्तरी गोलार्ध में कर्क संक्रांति होती है?

A. 21 जून　　B. 22 जुलाई
C. 23 मई　　D. 31 मार्च

107. निम्न में से किन फलों में विटामिन C की प्रचुर मात्रा नहीं पाई जाती है?

A. संतरा　　B. कीवी
C. नींबू　　D. सेब

108. दीपिका कुमारी किस खेल से संबंधित है?

A. शूटिंग　　B. कुश्ती
C. तीरंदाजी　　D. फुटबॉल

109. निम्न में से कौन-सा देश द्वीपसमूह है?

A. लाओस　　B. चिली
C. फिलीपींस　　D. अर्जेंटीना

110. कुआलालाम्पुर जाने वाली अंतर्राष्ट्रीय यात्री उड़ान-17 जो यूक्रेन में गिरा दी गई, ने .... से उड़ान भरी थी।

A. एम्सटर्डन　　B. मॉस्को
C. पेरिस　　D. लंदन

111. माणिक सरकार किस राज्य के मुख्यमंत्री है?

A. असम　　B. त्रिपुरा
C. पश्चिम बंगाल　　D. सिक्किम

112. काजीरंगा राष्ट्रीय उद्यान किसके लिए प्रसिद्ध है?

A. दलदली हिरण　　B. जंगली गधा
C. एक सींग वाला गैंडा　　D. एशियाई शेर

113. भारत संघ में शामिल होने वाला अंतिम भूभाग कौन था?

A. पुडुचेरी　　B. सिक्किम
C. दीव　　D. गोवा

114. निम्न में से कौन-सा देश वर्ष 2016 का ग्रीष्मकालीन ओलंपिक खेलों की मेजबानी करेगा?
A. अर्जेंटीना B. रूस
C. जापान D. ब्राजील

115. कच्छ की खाड़ी किस राज्य में अवस्थित है?
A. बिहार B. राजस्थान
C. गुजरात D. महाराष्ट्र

116. प्राचीन समय के अध्ययन केंद्र के संदर्भ में निम्नलिखित में से किस विश्वविद्यालय ने अपना अकादमिक सत्र-2014 शुरू किया है?
A. तक्षशिला B. नालंदा
C. पुष्पगिरि D. विक्रमशिला

117. गणित के किस चिह्न को रेड क्रॉस सोसायटी के प्रतीक चिह्न के लिए प्रयुक्त किया गया है?
A. घटाव B. गुणा
C. भाग D. जमा

118. भारत के उस गवर्नर जनरल का नाम क्या है जो सत्ता को ईस्ट इंडिया कंपनी से ब्रिटिश क्राउन को हस्तांतरित किया?
A. लॉर्ड इरविन B. लॉर्ड कैनिंग
C. लॉर्ड कर्जन D. लॉर्ड माउंटबेटन

119. वांगचुक राजवंश किस देश के शासक हैं?
A. ब्रुनोई B. इंडोनेशिया
C. म्यांमार D. भूटान

120. निम्न में से उस केन्द्रीय मंत्री का नाम क्या है जिसने कभी भी राज्य या केन्द्रशासित प्रदेश के मुख्यमंत्री के रूप में सेवा नहीं की?
A. राम विलास पासवान B. डी.वी. सदानंद गौड़ा
C. राजनाथ सिंह D. सुषमा स्वराज

उत्तरमाला

1	2	3	4	5	6	7	8	9	10
C	C	C	C	B	C	B	B	B	A
11	**12**	**13**	**14**	**15**	**16**	**17**	**18**	**19**	**20**
D	A	D	A	C	A	B	C	D	B
21	**22**	**23**	**24**	**25**	**26**	**27**	**28**	**29**	**30**
D	D	B	D	D	D	A	B	A	C
31	**32**	**33**	**34**	**35**	**36**	**37**	**38**	**39**	**40**
B	B	C	C	A	A	D	D	B	C
41	**42**	**43**	**44**	**45**	**46**	**47**	**48**	**49**	**50**
B	A	A	B	A	D	C	B	A	D
51	**52**	**53**	**54**	**55**	**56**	**57**	**58**	**59**	**60**
B	D	B	D	A	A	A	C	B	C
61	**62**	**63**	**64**	**65**	**66**	**67**	**68**	**69**	**70**
C	A	D	A	B	D	A	C	D	C
71	**72**	**73**	**74**	**75**	**76**	**77**	**78**	**79**	**80**
B	C	B	C	B	B	D	B	A	A
81	**82**	**83**	**84**	**85**	**86**	**87**	**88**	**89**	**90**
A	D	A	B	C	A	D	B	A	A
91	**92**	**93**	**94**	**95**	**96**	**97**	**98**	**99**	**100**
D	B	B	B	C	B	A	C	A	A
101	**102**	**103**	**104**	**105**	**106**	**107**	**108**	**109**	**110**
D	A	A	A	C	A	D	C	C	A
111	**112**	**113**	**114**	**115**	**116**	**117**	**118**	**119**	**120**
B	C	B	D	C	B	D	B	D	A

कुछ चुने हुए प्रश्नों के व्याख्यात्मक उत्तर

27. $(7)^2 = 49$ $(11)^2 = 121$ $(13)^2 = 169$
$(17)^2 = 289$ $(19)^2 = 361$.

31. जर्मनी को छोड़कर सभी एशियाई देश हैं। जर्मनी यूरोप में है।

32. CV को छोड़कर सभी विलोम युग्म अक्षर हैं।
$B \leftrightarrow Y ; D \leftrightarrow W ; A \leftrightarrow Z$
C का विलोम अक्षर X है।

33. 33 को छोड़कर सभी 9 के गुणज हैं।

34. हॉकी को छोड़कर सभी इनडोर खेल हैं। पुनः हॉकी दो टीमों के बीच खेली जाती है जिसमें प्रत्येक टीम में 11 खिलाड़ी होते हैं।

36. $\frac{24 \times 3}{2} = 36$ इसी प्रकार, $\frac{48 \times 3}{2} = 72.$

37. कैदी को जेल में रखा जाता है। इसी प्रकार वकील न्यायालय में वकालत करते हैं।

38. रैबीज कुत्तों से फैलता है। इसी प्रकार इबोला चमगादड़ से फैलता है।

39. 2011 से 2014 तक विषम दिनों की संख्या = 1 + 2 + 1 + 1 = 5 दिन
2012 अधिवर्ष था इसीलिए, 26 जनवरी, 2011 = सोमवार – 5 = बुधवार

42. कबड्डी में खिलाड़ियों की संख्या
$= 5 + 10 + 15 + 18 = 48.$

43. सिर्फ टेनिस खेलने वाले खिलाड़ियों की संख्या = 20.

44. टेनिस तथा बैडमिंटन दोनों खेलने वाले लेकिन कबड्डी नहीं खेलने वाले खिलाड़ियों की संख्या = 12.

45. कबड्डी खेलने वाले खिलाड़ियों की संख्या = 48
बैडमिंटन खेलने वाले खिलाड़ियों की संख्या = 58
टेनिस खेलने वाले खिलाड़ियों की संख्या = 47.

46. ग्यारहवीं संख्या
$= 30 \times 11 - 10 \times 22 = 330 - 220 = 110.$

47. माना कि संख्या x है।
प्रश्नानुसार, $x^2 + 59 = 900$
$\Rightarrow \quad x^2 = 900 - 59 = 841$
$\therefore \quad x = \sqrt{841} = 29.$

49. माना कि सीमा अकेले उस काम को x दिनों में करती है।
प्रश्नानुसार, $\frac{1}{x} + \frac{1}{9} = \frac{1}{6}$
$\Rightarrow \quad \frac{1}{x} = \frac{1}{6} - \frac{1}{9} = \frac{3-2}{18} = \frac{1}{18}$
$\Rightarrow \quad x = 18$ दिन

50. शहर की वर्तमान जनसंख्या
$= P_0\left(1 + \frac{R}{100}\right)^T = 70000\left(1 + \frac{8}{100}\right)$
$= 70000 \times \frac{108}{100} = 75,600.$

51. $4 = 2 \times 2$
$8 = 2 \times 2 \times 2$
$12 = 2 \times 2 \times 3$
$\therefore$ म.स. $= 2 \times 2 = 4.$

53. चाल $= \frac{\text{दूरी}}{\text{समय}} = \frac{60}{3} = 20$ किमी./घंटा
नयी चाल $= 2 \times 20 = 40$ किमी./घंटा
$\therefore$ अभीष्ट दूरी = 40 किमी.

54. $? = 75 \times \frac{1}{30} \times 2 = 5.$

56. साधारण ब्याज = 520 – 400 = ₹ 120
दर $= \frac{\text{ब्याज} \times 100}{\text{मूलधन} \times \text{समय}} = \frac{120 \times 100}{400 \times 5} = 6\%$ प्रति वर्ष।

57. वृत्त की परिधि $= 2\pi r$
$= 2 \times \frac{22}{7} \times 31.5 = 198$ मीटर

58. दिए गए विकल्प से,
$7^3 - 6^3 = 343 - 216 = 127.$

59. अभीष्ट उत्तर
$= \left(x + y + \frac{xy}{100}\right)\% = \left(20 - 20 - \frac{20 \times 20}{100}\right)\%$
$= -4\%$
ऋणात्मक चिह्न घाटे को सूचित करता है।

60. पंक्ति में व्यक्तियों की संख्या = 23 + 23 + 1 = 47.

सामान्य बुद्धिमत्ता एवं तर्कशक्ति
(GENERAL INTELLIGENCE AND REASONING)

भाषिक

श्रृंखला
(Series)

भाग-I अक्षर श्रृंखला (Letter Series)

अक्षर श्रृंखला में निहित अक्षरों का एक निश्चित क्रम होता है। दी गई अक्षर श्रृंखला में अक्षर वर्णमाला के सीधे क्रम में भी हो सकते हैं और वर्णमाला के विपरीत क्रम में भी। यही नहीं, एक ही श्रृंखला में अक्षर वर्णमाला के सीधे क्रम में और वर्णमाला के विपरीत या उल्टे क्रम में अर्थात् दोनों ही अनुक्रमों में भी हो सकते हैं। श्रृंखला में दिए गए क्रम में कुछ अक्षर छोड़े भी गए हो सकते हैं या ऐसा भी हो सकता है कि श्रृंखला में कुछ अक्षरों को एकाधिक बार प्रयुक्त किया गया हो या फिर वे क्रमागत हों। श्रृंखला एकल भी हो सकती है और एक ही श्रृंखला में एकांतर क्रम में दो अलग-अलग श्रृंखलाएं भी निहित हो सकती हैं। अक्षर श्रृंखला पर आधारित प्रश्नों को हल करते समय श्रृंखला के पैटर्न पर ध्यान दिया जाना आवश्यक होता है।

वर्णमाला के सीधे क्रम में अक्षरों की श्रृंखला है :

A B C D E F G H I J K L M N O P Q R S T U V W X Y Z

A ↓ पहला, E ↓ 5वाँ, J ↓ 10वाँ, O ↓ 15वाँ, T ↓ 20वाँ, Y ↓ 25वाँ

वर्णमाला के विपरीत या उल्टे क्रम में अक्षरों की श्रृंखला है :

Z Y X W V U T S R Q P O N M L K J I H G F E D C B A

Z ↓ पहला, V ↓ 5वाँ, Q ↓ 10वाँ, L ↓ 15वाँ, G ↓ 20वाँ, B ↓ 25वाँ

टिप्पणी : Z पर पहुंच कर श्रृंखला A से पुनः शुरू होती है और A पर पहुंच कर श्रृंखला Z से पुनः शुरू होती है।

हल किए गए उदाहरण

निर्देशः *नीचे दी गई श्रृंखला में प्रश्न चिह्न को प्रतिस्थापित करने के लिए दिए गए विकल्पों में से सही अक्षर का चयन करें :*

1. B D F H J ?

(*a*) L (*b*) O (*c*) M (*d*) K

उत्तर (*a*) : श्रृंखला में प्रत्येक दो अक्षरों के बीच वर्णमाला के सीधे क्रम में एक अक्षर छूट गया है।

B →(+2) D →(+2) F →(+2) H →(+2) J →(+2) L

2. A Z B Y C ?

(*a*) D (*b*) X (*c*) U (*d*) E

उत्तर (*b*) : इस शृंखला में बारी-बारी से दो शृंखलाएं अंतर्निहित हैं :

शृंखला *I* : A B C (प्राकृतिक क्रम अर्थात् वर्णमाला के सीधे क्रम में क्रमागत अक्षर)

शृंखला *II* : Z Y X (वर्णमाला के विपरीत क्रम में क्रमागत अक्षर)

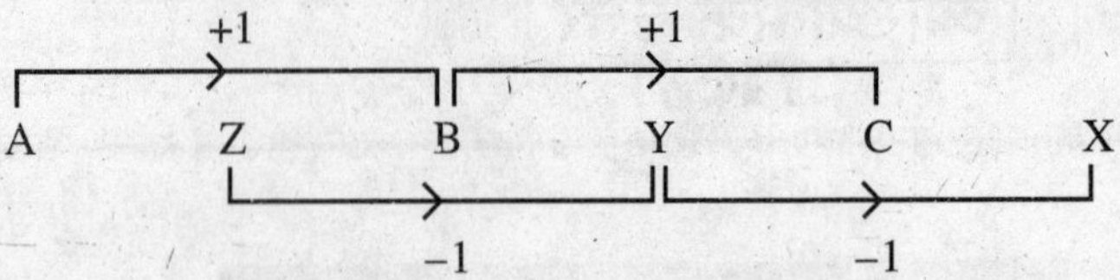

अभ्यास

निर्देश (प्र.सं. 1–20): *नीचे दी गई प्रत्येक शृंखला में अक्षरों का क्रम निर्धारित करें। तत्पश्चात् दिए गए विकल्पों में से उस विकल्प का चयन करें जिससे दी गई शृंखला में प्रश्न चिह्न प्रतिस्थापित होता हो।*

1. B Y C X D W E ?

(*a*) S (*b*) T
(*c*) U (*d*) V

2. A D C G E ?

(*a*) G (*b*) J
(*c*) I (*d*) L

3. L N P R T ?

(*a*) U (*b*) V
(*c*) W (*d*) Y

4. X O I F ?

(*a*) D (*b*) F
(*c*) B (*d*) E

5. B A F E J I Γ O ? U

(*a*) V (*b*) T
(*c*) S (*d*) Q

6. Z A A Y B B X C ?

(*a*) W (*b*) C
(*c*) V (*d*) D

7. A Z Y B X W C V U D T S E ?

(*a*) R S (*b*) S T
(*c*) R Q (*d*) Q R

8. C A B F D E I G H ?

(*a*) J L K (*b*) J K L
(*c*) L K J (*d*) L J K

9. B F K Q ?

(*a*) U (*b*) T
(*c*) X (*d*) Y

10. R K F ? B

(*a*) D (*b*) C
(*c*) E (*d*) B

11. T T S R R Q P P O N ?

(*a*) M (*b*) L
(*c*) O (*d*) N

12. R Z J K S B C ?

(*a*) W (*b*) K
(*c*) L (*d*) X

13. A L W B M X C N ?

(*a*) V (*b*) W
(*c*) Y (*d*) X

14. U R P M K ?

(*a*) G (*b*) E
(*c*) H (*d*) F

15. CFI, IKM, OPQ, ?

(*a*) UUU (*b*) UST
(*c*) VUS (*d*) TUV

16. LAZ, NEX, PIV, ?

(*a*) SLS (*b*) QNS
(*c*) RMT (*d*) RMS

17. VCL, UEI, TGF, ?

(*a*) SJC (*b*) THI
(*c*) SIC (*d*) RHD

18. EJOT, DHLP, CFIL, ?

(*a*) BDFH (*b*) DGKL
(*c*) DEIJ (*d*) BLHM

19. BXJ, ETL, HPN, KLP, ?
(*a*) PHR (*b*) NIR
(*c*) NHR (*d*) MHR

20. JMC, CLT, KND, ?, LOE, GPX
(*a*) ENV (*b*) DMX
(*c*) EOU (*d*) DRX

व्याख्यात्मक उत्तर

1. (*d*) : दी गई शृंखला में बारी-बारी से दो अक्षर शृंखलाएं अंतर्निहित हैं।

+1 +1 +1
B Y C X D W E V
−1 −1 −1

शृंखला I : BCDE (वर्णमला के सीधे क्रम में)

शृंखला II : YXWV (वर्णमाला के विपरीत क्रम में)

2. (*b*) : दी गई शृंखला में बारी-बारी से दो अक्षर शृंखलाएं अंतर्निहित हैं।

+2 +2
A D C G E J
+3 +3

शृंखला I : ACE (शृंखला +2 पैटर्न का अनुपालन करती है)

शृंखला II : DGJ (शृंखला +3 पैटर्न का अनुपालन करती है)

3. (*b*) : शृंखला +2 पैटर्न का अनुपालन करती है, अर्थात्

L N P R T V
+2 +2 +2 +2 +2

4. (*b*) : शृंखला में दो सन्निकट अक्षरों के बीच वर्णमाला के विपरीत क्रम में क्रमशः 3 की कमी होती जाती है, अर्थात्

X O I F F
−9 −6 −3 −0

5. (*a*) : शृंखला में अंग्रेजी वर्णमाला के पांच स्वर (vowel) हैं अर्थात् (AEIOU) जिनमें से प्रत्येक के पहले वर्णमाला के सीधे क्रम में उसके ठीक बाद का क्रमागत अक्षर लिखा गया है।

B A F E J I P O V U

6. (*b*) : शृंखला में बारी-बारी से तीन शृंखलाएं अंतर्निहित हैं जिनमें से दूसरी और तीसरी शृंखलाएं एक जैसी हैं, अर्थात्

−1 −1
Z AA Y BB X CC
+1 +1

शृंखला I : ZYX (वर्णमाला के विपरीत क्रम में)

शृंखला II और III : ABC (वर्णमाला के सीधे क्रम में) अक्षर 'C' शृंखला II और III में उभयनिष्ठ है।

7. (*c*) : शृंखला में बारी-बारी से दो शृंखलाएं अंतर्निहित हैं।

+1 +1 +1 +1
A Z Y B X W C V U D T S E R Q
−1 −1 −1 −1 −1 −1 −1 −1 −1

शृंखला I : ABCDE (वर्णमाला के सीधे क्रम में)

शृंखला II : ZY XW VU TS RQ (वर्णमाला के विपरीत क्रम में एक साथ दो अक्षर)

8. (*d*) : वर्णमाला के सीधे क्रम में 3 अक्षरों के समूह से एक खंड निर्मित होता है। प्रत्येक खंड में 3 अक्षरों के समूह में पहला अक्षर बीच में है जिसकी दाहिनी ओर उसका क्रमागत अक्षर है तथा तीसरा क्रमागत अक्षर बीच के अक्षर की बायीं ओर अवस्थित है।

<u>CAB</u> <u>FDE</u> <u>IGH</u> <u>LJK</u>

9. (*c*) : शृंखला में दो सन्निकट अक्षरों के बीच अंतर में प्रत्येक चरण में एक की वृद्धि होती जाती है।

B F K Q X
+4 +5 +6 +7

10. (*b*) : शृंखला में दो क्रमागत अक्षरों के बीच वर्णमाला के विपरीत क्रम में अंतर में क्रमशः 2 की कमी होती जाती है।

R K F C B
−7 −5 −3 −1

11. (*d*) : शृंखला में विषम स्थान पर अवस्थित अक्षरों की पुनरावृत्ति होती है।

TT S RR Q PP O NN

↓ ↓ ↓ ↓

पहला स्थान तीसरा स्थान पाँचवाँ स्थान सातवाँ स्थान

12. (*b*) : शृंखला में तीन-तीन अक्षरों के समूह अंतर्निहित हैं। समूह का दूसरा और तीसरा अक्षर प्राप्त करने के लिए पहले अक्षर को वर्णमाला के क्रम में 8 चरण क्रमशः आगे और पीछे किया गया है। तीसरे अक्षर का क्रमागत अक्षर तीन अक्षरों के दूसरे समूह का पहला अक्षर है। तत्पश्चात् उपर्युक्त प्रक्रिया एक बार फिर से शुरू होती है।

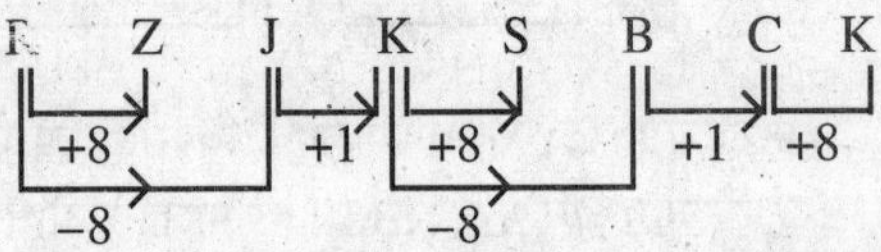

13. (*c*) : शृंखला में बारी-बारी से तीन शृंखलाएं अंतर्निहित हैं:

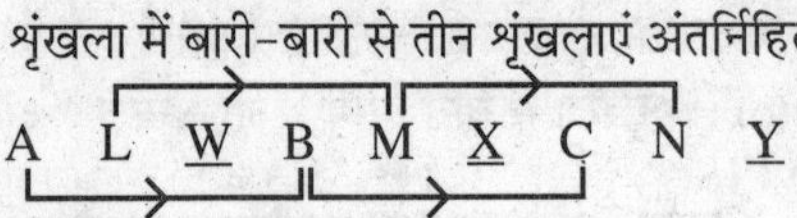

शृंखला I : ABC

शृंखला II : LMN

शृंखला III : WXY

14. (*c*) : शृंखला के अक्षर वर्णमाला के विपरीत क्रम में हैं और दो सन्निकट अक्षरों के बीच बारी-बारी से −3 और −2 का अंतर है।

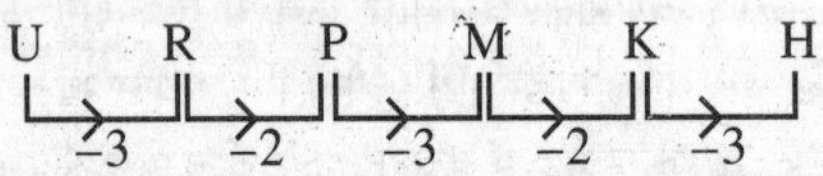

15. (*a*) : शृंखला में तीन अक्षरों के पहले समूह के सभी तीनों अक्षरों को क्रमशः +6, +5, +4 चरण आगे बढ़ाने पर शृंखला का दूसरा अक्षर समूह प्राप्त होता है।

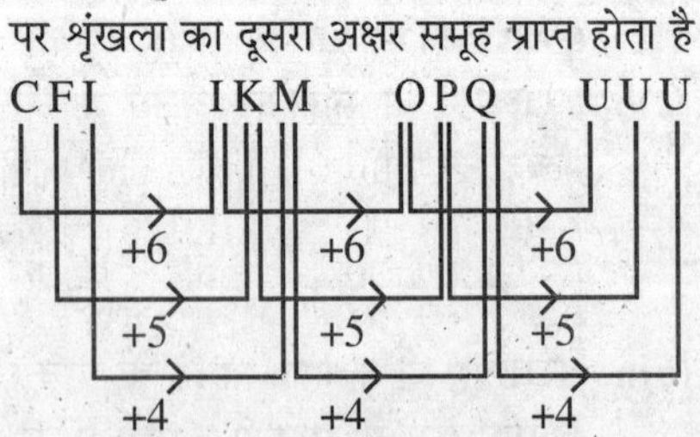

16. (*c*) : शृंखला में तीन अक्षरों के एक समूह और उसके परवर्ती समूह के संगत अक्षरों में क्रमशः +2, +4, −2 का अंतर है।

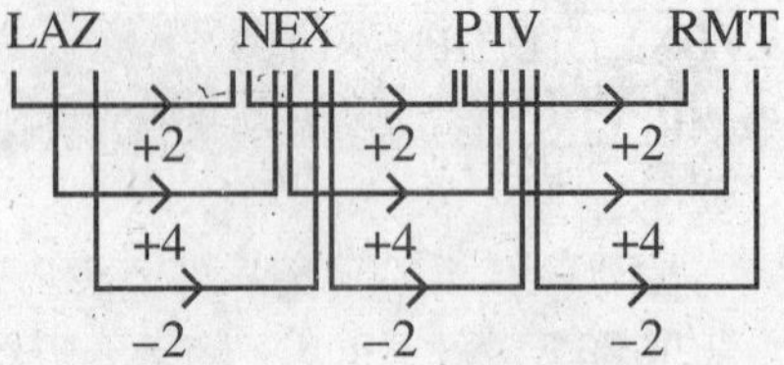

17. (*c*) : शृंखला में तीन अक्षरों के एक समूह और उसके परवर्ती समूह के संगत अक्षरों में क्रमशः −1, +2, −3 का अंतर है।

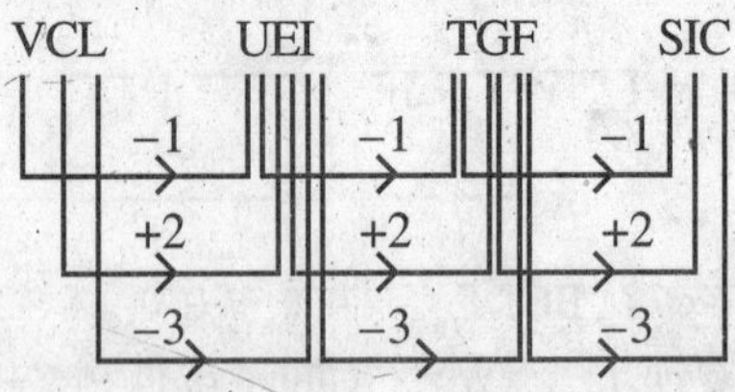

18. (*a*) : शृंखला के एक समूह और उसके परवर्ती समूह के संगत अक्षरों में क्रमशः −1, −2, −3, −4 का अंतर है।

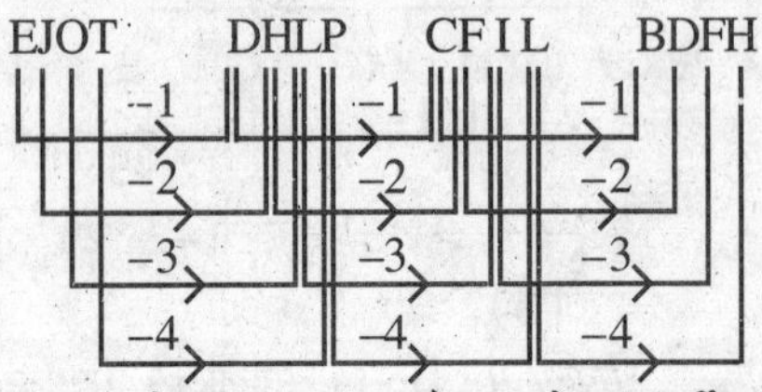

19. (*c*) : शृंखला के एक समूह और उसके परवर्ती समूह के संगत अक्षरों में क्रमशः +3, − 4, +2 का अंतर है।

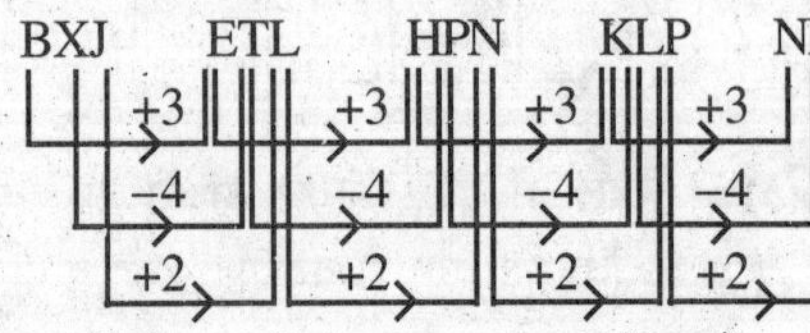

20. (*a*) : दी गई शृंखला में दो शृंखलाएं अंतर्निहित हैं :

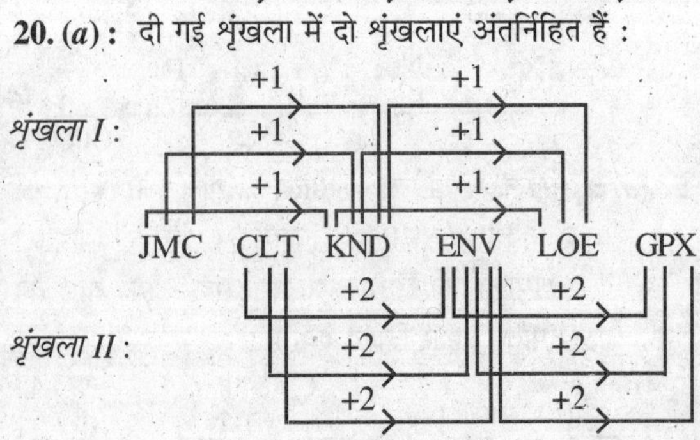

भाग-II गलत या बेमेल अक्षर-शृंखला (Wrong Letter Series)

इस प्रकार के प्रश्नों में दी गई शृंखला में अभ्यर्थियों को ऐसे अक्षर या अक्षर-समूह ज्ञात करने की आवश्यकता नहीं होती जिनसे दी गई शृंखला पूर्ण होती है बल्कि उन्हें ऐसे अक्षर का पता लगाना होता है जो शृंखला में गलत या बेमेल हो।

हल किए गए उदाहरण

दी गई शृंखला में कौन-सा अक्षर गलत या बेमेल है?

J M P T V Y

(*a*) J (*b*) P (*c*) T (*d*) Y

उत्तर (*c*) : शृंखला में दो सन्निकट अक्षरों के बीच वर्णमाला के क्रम में +3 का अंतर है।

J → M → P → S → V → Y

(+3, +3, +3, +3, +3)

अत: अक्षर T के स्थान पर S होना चाहिए।

अभ्यास

निर्देश (प्र.सं. 1–10): *नीचे के प्रत्येक प्रश्न में दी गई अक्षर-शृंखला में कौन-सा अक्षर या अक्षर-समूह गलत या बेमेल है?*

1. AEHOU
(*a*) U (*b*) O
(*c*) H (*d*) E

2. CHMSWB
(*a*) C (*b*) S
(*c*) B (*d*) W

3. XSNICY
(*a*) Y (*b*) C
(*c*) S (*d*) I

4. ZAWBXC
(*a*) D (*b*) C
(*c*) X (*d*) W

5. MLONQPR
(*a*) R (*b*) O
(*c*) Q (*d*) L

6. DKRYFL
(*a*) L (*b*) D
(*c*) R (*d*) Y

7. LNQTWZCF
(*a*) C (*b*) Q
(*c*) L (*d*) F

8. XW, DC, CB, NM, PQ
(*a*) NM (*b*) CB
(*c*) PQ (*d*) XW

9. BEINSAI
(*a*) A (*b*) E
(*c*) S (*d*) I

10. ZTPKHF
(*a*) Z (*b*) P
(*c*) T (*d*) F

व्याख्यात्मक उत्तर

1. (*c*) : शृंखला अंग्रेजी वर्णमाला के केवल स्वरों AEIOU से निर्मित है। अत: H के स्थान पर I होना चाहिए।

2. (*b*) : शृंखला में दो सन्निकट अक्षरों के बीच वर्णमाला के सीधे क्रम में +5 का अंतर है।

C → H → M → R → W → B

(+5, +5, +5, +5, +5)

अत: शृंखला में S के स्थान पर R होना चाहिए।
(शृंखला Z पर पहुंचने के बाद A से पुन: शुरू होती है।)

3. (*b*) : शृंखला में दो सन्निकट अक्षरों के बीच वर्णमाला के उल्टे क्रम में –5 का अंतर है।

X S N I D Y

–5 –5 –5 –5 –5

अत: C के स्थान पर D होना चाहिए।

4. (*d*) : दी गई शृंखला में दो शृंखलाएं अंतर्निहित हैं :

+1 +1

Z A Y B X C

–1 –1

शृंखला I : ZYX (वर्णमाला के विपरीत क्रम में)

शृंखला II : ABC (वर्णमाला के सीधे क्रम में)

अत: शृंखला में W के स्थान पर Y होना चाहिए।

5. (*a*) : शृंखला में दो क्रमागत अक्षर विपरीत क्रम में लिखे गए हैं।

ML ON QP SR

अत: शृंखला में R के स्थान पर S होना चाहिए।

6. (*a*) : शृंखला में दो सन्निकट अक्षरों के बीच +7 का अंतर है।

D K R Y F M

+7 +7 +7 +7 +7

अत: शृंखला में L के स्थान पर M होना चाहिए।

7. (*c*) : शृंखला में दो सन्निकट अक्षरों के बीच +3 का अंतर है।

K N Q T W Z C F

+3 +3 +3 +3 +3 +3 +3

अत: L के स्थान पर K होना चाहिए।

8. (*c*) : शृंखला कोई भी दो क्रमागत अक्षरों को वर्णमाला के विपरीत क्रम में शामिल करके निर्मित की गई है।

XW DC CB NM QP

← ← ← ← ←

अत: शृंखला में P से पहले Q आना चाहिए।

9. (*c*) : शृंखला में प्रत्येक चरण में दो सन्निकट अक्षरों के बीच अंतर में एक की वृद्धि होती जाती है।

B E I N T A I

+3 +4 +5 +6 +7 +8

अत: शृंखला में S के स्थान पर T होना चाहिए।

10. (*b*) : वर्णमाला के विपरीत क्रम में लिखी गई इस शृंखला में प्रत्येक चरण में दो सन्निकट अक्षरों के बीच अंतर में एक की कमी होती जाती है।

Z T O K H F

–6 –5 –4 –3 –2

अत: P के स्थान पर O होना चाहिए।

भाग-III संख्या-शृंखला (Number Series)

इस प्रकार की शृंखला में दी गई संख्याओं के समुच्चय एक दूसरे से एक विशेष पैटर्न या रुप में संबंधित होते हैं। संख्याओं के बीच संबंध *(i)* क्रमागत विषम/सम संख्याओं; *(ii)* क्रमागत अविभाज्य संख्याओं; *(iii)* किसी संख्या (या संख्याओं) का वर्गफल/घनफल जिसमें किसी संख्या को जोड़ने या घटाने पर परिवर्तन होता है/नहीं होता; *(iv)* पूर्ववर्ती संख्याओं का योग/गुणनफल/अंतर; *(v)* किसी संख्या से योग/घटाव/गुणा/भाग; और *(vi)* उपर्युक्त संबंधों के अनेक और भी संयोजनों पर आधारित होता है।

हल किए गए उदाहरण

1. नीचे दी गई संख्या-शृंखला को पूरा करने के लिए कौन-सा विकल्प उपयुक्त है?

4, 8, 12, 16, ?

(*a*) 18 (*b*) 20 (*c*) 22 (*d*) 24

उत्तर (*b*): शृंखला में अंतर्निहित संख्याएं 4 की गुणज (multiples) हैं। शृंखला में अंतर्निहित अवयवों की एक अन्य व्याख्या यह है कि शृंखला की दो आनुक्रमिक संख्याओं के बीच 4 का अंतर है।

4 8 12 16 20

(4 × 2 = 8, 4 × 3 = 12, 4 × 4 = 16, 4 × 5 = 20)

या

4 → 8 → 12 → 16 → 20
(+4, +4, +4, +4)

2. दी गई शृंखला में प्रश्न चिह्न के स्थान पर क्या होगा?

2, 14, 98, 686, ?

(*a*) 1976 (*b*) 2548 (*c*) 980 (*d*) 4802

उत्तर (*d*) : शृंखला में अंतर्निहित संख्याएं 7 की गुणज हैं।

2 → 14 → 98 → 686 → 4802
(×7, ×7, ×7, ×7)

(किसी दी गई संख्या-शृंखला में बारी-बारी से एकाधिक शृंखलाएं भी अंतर्निहित हो सकती हैं।)

अभ्यास

निर्देश (प्र.सं. 1–10): *शृंखलाओं को पूरा करने के लिए दिए गए विकल्पों में से लुप्त पद/संख्या ज्ञात करें।*

1. 3, 9, 27, 81, 243, ?
(*a*) 486 (*b*) 729
(*c*) 972 (*d*) 359

2. 1, 6, 12, 19, 27, ?
(*a*) 38 (*b*) 35
(*c*) 36 (*d*) 54

3. 8, 48, 16, 96, 32, ?
(*a*) 192 (*b*) 150
(*c*) 64 (*d*) 288

4. 2, 3, 6, 18, 108, ?
(*a*) 1944 (*b*) 1658
(*c*) 648 (*d*) 1008

5. 1, 2, 3, 2, 3, 5, 4, 5, ?
(*a*) 9 (*b*) 6
(*c*) 10 (*d*) 7

6. 3, 8, 13, 24, 41, ?
(*a*) 65 (*b*) 75
(*c*) 70 (*d*) 80

7. 0, 8, 24, 48, 80, ?
(*a*) 110 (*b*) 96
(*c*) 120 (*d*) 140

8. 0, 5, 22, 57, ?, 205
(*a*) 198 (*b*) 116
(*c*) 172 (*d*) 92

9. 6, 9, 18, 45, 126, 369, ?
(*a*) 1059 (*b*) 1095
(*c*) 1098 (*d*) 1089

10. 1, 2, 5, 12, 27, 58, 121, ?
(*a*) 246 (*b*) 247
(*c*) 248 (*d*) 249

व्याख्यात्मक उत्तर

1. (*b*) : शृंखला में निहित संख्याओं को अगली संख्या प्राप्त करने के लिए 3 से गुणा किया गया है।

2. (*c*) : शृंखला के आरंभिक पदों अर्थात् 1 और 6 के बीच 5 का अंतर है और तत्पश्चात् शृंखला की आनुक्रमिक संख्याओं के बीच अंतर में क्रमश: 1 की वृद्धि होती जाती है।

1 → 6 → 12 → 19 → 27 → 36
(+5, +6, +7, +8, +9)

3. (*a*) : *व्याख्या I* : शृंखला में पहले 6 से गुणा करने और तत्पश्चात् 3 से भाग करने का पैटर्न अपनाया गया है जिसकी पुनरावृत्ति होती है।

8 48 16 96 32 192

×6 ÷3 ×6 ÷3 ×6

व्याख्या II : शृंखला में बारी-बारी से दो शृंखलाएं अंतर्निहित हैं और प्रत्येक शृंखला में पहले की संख्या को 2 से गुणा करने पर आनुक्रमिक संख्या प्राप्त होती है।

×2 ×2

8 48 16 96 32 192

×2 ×2

शृंखला I : 8, 16, 32

शृंखला II : 48, 96, 192

4. (*a*) : शृंखला में हर तीसरी संख्या पूर्ववर्ती दो संख्याओं का गुणनफल है।

2 3 6 18 108 1944

2 × 3, 3 × 6, 6 × 18, 18 × 108

5. (*a*) : इस शृंखला में तीन संख्याओं से एक समुच्चय निर्मित होता है जिनमें से प्रत्येक समुच्चय में पहली दो संख्याएं सीधे क्रम में हैं तथा तीसरी संख्या पहली और दूसरी संख्याओं का योग है। अगले समुच्चय की पहली संख्या पूर्ववर्ती समुच्चय की पहली संख्या की दोगुनी है।

×2 ×2

1 2 3 2 3 5 4 5 9

1 + 2, 2 + 3, 4 + 5

6. (*c*) : शृंखला में निम्नलिखित पैटर्न का अनुपालन किया जाता है :

(दी गई संख्या + अगली संख्या) +2 से आरंभ करके प्रत्येक चरण में 1 की वृद्धि करते हुए क्रमागत प्राकृतिक संख्या का योग :

3 8 13 24 41 70

(3+8) + 2, (8 + 13) + 3, (13 + 24) + 4, (24 + 41) + 5

7. (*c*) : शृंखला की संख्याएं प्राकृतिक क्रम में दो सम संख्याओं का गुणनफल हैं, अर्थात्

0	8	24	48	80	120
↓	↓	↓	↓	↓	↓
(0 × 2)	(2 × 4)	(4 × 6)	(6 × 8)	(8 × 10)	(10 × 12)

8. (*b*) : शृंखला निम्नलिखित पैटर्न का अनुपालन करती है : 1 से आरंभ करके प्राकृतिक संख्याओं का घनफल घटा 1 से आरंभ करके एकांतर विषम संख्याएं

0	5	22	57	116	205
↓	↓	↓	↓	↓	↓
1^3-1	2^3-3	3^3-5	4^3-7	5^3-9	6^3-11

9. (*c*) : शृंखला की आनुक्रमिक संख्याओं के बीच अंतर 3 की घात में वृद्धि के साथ बढ़ता है।

6 9 18 45 126 369 1098

$+3$, $+9 = 3^2$, $+27 = 3^3$, $+81 = 3^4$, $+243 = 3^5$, $+729 = 3^6$

10. (*c*) : शृंखला में निहित संख्या को 2 से गुणा करके 0 से आरंभ करके प्राकृतिक क्रम में संख्याओं को जोड़ने पर अगली संख्या प्राप्त होती हैं।

1 2 5 12 27 58 121 248

(1 × 2)+0, (2 × 2)+1, (5 × 2)+2, (12 × 2)+3, (27 × 2)+4, (58 × 2)+5, (121 × 2)+6

भाग-IV मिश्रित-शृंखला (Mixed Series)

मिश्रित-शृंखला में अक्षरों और संख्याओं का संयोजन होता है। इस प्रकार की शृंखला में अक्षरों और संख्याओं का एक सर्वनिष्ठ पैटर्न या अलग-अलग अनुक्रम पैटर्न हो सकता है।

हल किए गए उदाहरण

1. निम्नलिखित अक्षर-संख्या संयोजन शृंखला में प्रश्न चिह्न के स्थान पर क्या आएगा?

F6, H8, J10, L12, ?

(*a*) N15 (*b*) O14 (*c*) N14 (*d*) O13

उत्तर *(c)* : श्रृंखला में अक्षर वर्णमाला के सीधे क्रम में दो स्थान आगे की ओर बढ़ते हैं तथा संख्या वर्णमाला में अक्षरों के स्थान को इंगित करती है।

F6 H8 J10 L12 N14

+2 +2 +2 +2

2. दिए गए विकल्पों में से कौन-सा विकल्प निम्नलिखित श्रृंखला को पूरा करता है?
R(2)S, T(4)U, V(6)W, ?
(a) X(8)Y *(b)* Y(10)Z *(c)* Z(8)A *(d)* Y(6)Z

उत्तर *(a)* : अक्षर वर्णमाला के सीधे क्रम में हैं जबकि संख्याएं 2 की आनुक्रमिक गुणज हैं।

अभ्यास

निर्देश (प्र.सं. 1–3): *नीचे की प्रत्येक श्रृंखला में प्रश्न चिह्न के स्थान पर क्या आएगा?*

1. 2B, 4C, 8E, 14H, ?
(a) 20L *(b)* 22L
(c) 21I *(d)* 16K

2. W(1)A, X(4)Z, Y(9)Y, ?, A(25)W
(a) X(11)Z *(b)* Z(21)A
(c) Z(16)X *(d)* Z(14)X

3. D2, I3, N6, S18, ?
(a) V72 *(b)* W36
(c) Y90 *(d)* X108

निर्देश (प्र.सं. 4 और 5): *नीचे की प्रत्येक अक्षर-संख्या श्रृंखला में कौन-सा पद बेमेल/श्रृंखला में उपयुक्त नहीं है?*

4. G4T, J10R, M20P, P43N, S90L
(a) J10R *(b)* S90L
(c) M20P *(d)* G4T

5. B0R, G3U, E3P, J7S, H9N
(a) E3P *(b)* J7S
(c) H9N *(d)* G3U

व्याख्यात्मक उत्तर

1. *(b)* : श्रृंखला में संख्याओं का अनुक्रम +2, +4, +6 +8 का तथा अक्षरों का अनुक्रम +1, +2, +3, +4 का है।

2. *(c)* : श्रृंखला में दिए गए समूहों में बायीं ओर के अक्षर वर्णमाला के विपरीत क्रम में हैं और दाहिनी ओर के अक्षर वर्णमाला के सीधे क्रम में हैं तथा संख्याएं 1 से आरंभ करके प्राकृतिक क्रम में क्रमागत संख्याओं के वर्ग हैं।

3. *(d)* : अक्षर +5 पैटर्न का अनुपालन करते हैं और हर तीसरी संख्या अपनी पूर्ववर्ती दो संख्याओं का गुणनफल है।

4. *(a)* : श्रृंखला में दिए गए समूहों में बायीं ओर के अक्षर +3 पैटर्न का, दायीं ओर के अक्षर –2 पैटर्न का अनुपालन करते हैं तथा संख्याओं द्वारा $(4 \times 2) + 1$, $(9 \times 2) + 2$, $(20 \times 2) + 3$, $(43 \times 2) + 4$ पैटर्न का अनुपालन किया जाता है। अत: J10R के स्थान पर श्रृंखला में J9R होना चाहिए।

5. *(b)* : श्रृंखला के दिए गए समूहों में बायीं ओर के अक्षर +5, –2 (5 चरण आगे, 2 चरण पीछे) पैटर्न का अनुपालन करते हैं जिसकी आगे भी पुनरावृत्ति होती है। समूहों में दायीं ओर +3, –5 (3 चरण आगे, 5 चरण पीछे) पैटर्न का अनुपालन किया जाता है जिसकी पुनरावृत्ति होती है। श्रृंखला की संख्याएं श्रृंखला में अपने पूर्ववर्ती दो संख्याओं के योग के बराबर हैं। अत: J7S के स्थान पर J6S होना चाहिए।

सादृश्य या संबंध
(Analogies or Relationships)

भाग-I शब्द सादृश्य (Word Analogy)

संबंध या सादृश्य परीक्षा में दिए गए दो शब्दों के बीच संबंध स्थापित किया जाता है और उसी संबंध को दिए गए अन्य शब्दों पर अनुप्रयुक्त किया जाता है। दिए गए दो शब्दों के बीच विभिन्न प्रकार के संबंध हो सकते हैं, अत: इस प्रकार के प्रश्नों को हल करते समय सर्वप्रथम यह ज्ञात करना होता है कि दिए गए दो शब्दों के बीच किस प्रकार का संबंध है। शब्दों के बीच विभिन्न संबंधों पर नीचे चर्चा की गई है :

हल किए गए उदाहरण

1. क्रिया-साधन संबंध (Action Object Relationship)

उदाहरण : जैसे गोली चलाना और 'बंदूक' का संबंध है उसी प्रकार 'खाने' से किसका संबंध है?

(*a*) भूख (*b*) प्यास (*c*) रात्रि-भोज (*d*) फल

उत्तर (*d*) : दिए गए शब्दों के बीच संबंध यह है कि गोली चलाना एक क्रिया है और 'बंदूक' उस क्रिया को करने का एक विशिष्ट साधन या उपकरण है। इसी प्रकार 'खाना' एक क्रिया है और 'फल' इस क्रिया को करने अर्थात् खाने का साधन या उपकरण है।

2. साहचर्य संबंध (Association Relationship)

उदाहरण : जो संबंध 'ग्लैमर' और 'प्रसिद्धि' में है, ठीक वैसा ही संबंध 'रंग' का किससे है?

(*a*) इंद्रधनुष (*b*) छाया (*c*) कला (*d*) चित्रकारी

उत्तर (*d*) : जिस प्रकार ग्लैमर से प्रसिद्धि प्राप्त होती है उसी प्रकार 'रंग' से चित्रकारी की जाती है।

3. विपर्याय (विलोम) संबंध (Antonym Relationship)

उदाहरण : अंतर्मुखी : बहिर्मुखी

(*a*) कोण : स्पर्श रेखा (*b*) चरम : अंतरिम (*c*) प्रतिकूल : अनुकूल (*d*) क्रिया : नियम

उत्तर (*c*) : संबंधित शब्द विपरीतार्थक हैं।

4. कार्य-कारण संबंध (Cause and Effect Relationship)

उदाहरण : चोट : दर्द

(*a*) कोटि : योग्यता (*b*) बादल गरजना : बिजली चमकना

(*c*) घूमाना : बिलोना (*d*) धन : परिश्रम

उत्तर (*b*) : जिस प्रकार चोट के कारण दर्द होता है उसी प्रकार बादल गरजने के कारण बिजली चमकती है।

5. कोटि या अंश संबंध (Degree Relationship)

उदाहरण : गुनगुना का जो संबंध 'गरम' से वही संबंध बिलखना या विलाप करने का किससे है?

(*a*) सिसकना (*b*) चिल्लाना (*c*) मुस्कराना (*d*) शांत रहना

उत्तर (*a*) : 'गुनगुना' का अर्थ है 'थोड़ा गरम'। इसी प्रकार बिलखने या विलाप करने की निम्न कोटि है 'सिसकना'।

अभ्यास

निर्देश (प्र.सं. 1–5): *पूछे गए प्रत्येक प्रश्न में पहले दिए गए दो शब्दों के बीच संबंध स्थापित करें। तत्पश्चात् दिए गए विकल्पों में से उस विकल्प का चयन करें जिसके शब्द और प्रश्न में दिए गए तीसरे शब्द के बीच ठीक वैसा ही संबंध या सादृश्य हो जैसा कि पहले के दो शब्दों के बीच है।*

1. जो संबंध 'उन्माद' और 'सनक' में है वही संबंध 'भय' और निम्नलिखित में से किसमें है?

(*a*) इच्छा (*b*) शौक
(*c*) आवश्यकता (*d*) डर

2. 'हकलाना' जिस प्रकार 'वाणी' से संबंधित है उसी प्रकार 'बहरापन' का संबंध निम्नलिखित में से किससे है?

(*a*) कान (*b*) सुनना
(*c*) शोर (*d*) चुप्पी

3. जिस प्रकार 'नेता', 'अनुयायी' से संबंधित है, उसी प्रकार .... संबंधित है सिपाही से।

(*a*) कैप्टन (*b*) यूनिट
(*c*) सेना (*d*) बैरक

4. जिस प्रकार 'चिल्लाहट', 'फुसफुसाहट' से संबंधित है, उसी प्रकार 'मारना' निम्नलिखित में से किससे संबंधित है?

(*a*) थप्पड़ मारने (*b*) छूना
(*c*) क्रोध (*d*) शोरगुल

5. जिस प्रकार 'पंजा', 'बिल्ली' से संबंधित है उसी प्रकार 'खुर' निम्नलिखित में से किससे संबंधित है?

(*a*) घोड़ा (*b*) मेमना
(*c*) हाथी (*d*) शेर

निर्देश (प्र.सं. 6–10): *नीचे दिए गए प्रत्येक प्रश्न में :: चिह्न की बाईं ओर दो शब्द दिए गए हैं। इन दोनों शब्दों में कुछ संबंध है। वैसा ही संबंध :: चिह्न की दाईं ओर के दो शब्दों में है जिनमें से एक शब्द के स्थान पर प्रश्नवाचक चिह्न (?) है। प्रश्नवाचक चिह्न (?) के स्थान पर दिए गए विकल्पों में से एक उपयुक्त विकल्प का चयन करें।*

6. शिकारी : बंदूक :: लेखक : ?

(*a*) पुस्तक (*b*) कलम
(*c*) कविता (*d*) पृष्ठ

7. भोजन : आमाशय :: ईंधन : ?

(*a*) इंजन (*b*) ऑटोमोबाइल
(*c*) रेल (*d*) वायुयान

8. जल : रेत :: महासागर : ?

(*a*) द्वीप (*b*) नदी
(*c*) मरुभूमि (*d*) तरंगें

9. वयस्क : बच्चा :: फूल : ?

(*a*) बीज (*b*) कली
(*c*) फल (*d*) तितली

10. मोती : कंठहार :: फूल : ?

(*a*) पौधा (*b*) बगीचा
(*c*) पँखुड़ी (*d*) गुलदस्ता

निर्देश (प्र.सं. 11–15): *दिए गए विकल्पों में से उस शब्द-युग्म का चयन कीजिए जिसमें युग्म के शब्दों के बीच ठीक उसी प्रकार का संबंध हो जिस प्रकार का संबंध प्रश्न में दिए गए मूल शब्द-युग्म के बीच है।*

11. राज्य : निर्वासन

(*a*) पुलिस : गिरफ्तार
(*b*) न्यायाधीश : अभियुक्त
(*c*) संविधान : संशोधन
(*d*) चर्च : धर्म-बहिष्करण

12. चंचलता : विश्वसनीयता

(*a*) तात्कालिक : भविष्य सूचक

(*b*) अविश्वसनीय : अमानवीय

(*c*) दृढ़निश्चयी : व्यवहार्यता

(*d*) स्वेच्छाचारी : सनकी

13. अनिच्छुक : बल-प्रयोग

(*a*) घृणित : दुलारा

(*b*) चिढ़ना : प्यार करना

(*c*) क्रुद्ध : प्रतिरोध

(*d*) विमुख : मान-मनोव्वल

14. शल्क : मछली

(*a*) महिला : ड्रेस (*b*) पेड़ : पत्तियां

(*c*) पक्षी : पंख (*d*) त्वचा : मुनष्य

15. वृक्ष : बालवृक्ष

(*a*) झोंपड़ी : महल

(*b*) लंबा-तगड़ा : बौना

(*c*) घोड़ा : बछेड़ा

(*d*) चींटी : हाथी

व्याख्यात्मक उत्तर

1. (*d*) : संबंधित शब्द पर्यायवाची हैं।

2. (*b*) : 'वाणी' के दोष से 'हकलाने' की समस्या उत्पन्न होती है जबकि 'सुनने' में कठिनाई से 'बहरापन' उत्पन्न होता है।

3. (*a*) : जिस प्रकार 'अनुयायी' अपने 'नेता' से मार्गदर्शन प्राप्त करते हैं उसी प्रकार 'सिपाही' को अपने 'कैप्टन' से मार्गदर्शन प्राप्त होता है।

4. (*b*) : 'चिल्लाहट' की तीव्रता में अत्यधिक कमी कर दी जाए तो वह 'फुसफुसाहट' का रूप ले लेती है और यदि 'मारने' की तीव्रता कम कर दी जाए तो वैसी क्रिया 'छूना' मात्र रह जाएगी।

5. (*a*) : 'बिल्ली' के 'पैर में' 'पंजा' होता है जबकि 'घोड़ा' के पैर में 'खुर' होता है।

6. (*b*) : 'शिकारी' का हथियार 'बंदूक' है और 'लेखक' का हथियार 'कलम' है।

7. (*a*) : 'भोजन', 'आमाशय' में पचता है और 'ईंधन' की खपत 'इंजन' में होती है।

8. (*c*) : संबंधित शब्द एक दूसरे के लगभग विपरीतार्थक शब्द हैं।

9. (*b*) : 'बच्चा' विकसित होकर 'वयस्क' बनता है और 'कली' खिलकर 'फूल' बनती है।

10. (*d*) : बहुत से मोतियों को मिला कर 'कंठहार' और बहुत से फूलों को मिलाकर 'गुलदस्ता' बनाया जाता है।

11. (*d*) : राज्य से बाहर कर देना 'निर्वासन' और चर्च से बाहर कर देना 'धर्म-बहिष्करण' कहलाता है।

12. (*c*) : संबंधित शब्द विपरीतार्थक हैं।

13. (*d*) : 'अनिच्छुक' व्यक्ति के साथ 'बल प्रयोग' और 'विमुख' व्यक्ति का 'मान-मनौव्वल' करके काम करवाया जाता है।

14. (*d*) : मछली का शरीर 'शल्कों' से ढका होता है और मनुष्य का शरीर उसकी 'त्वचा' से ढका होता है।

15. (*c*) : नवजात वृक्ष को 'बालवृक्ष' कहते हैं और नवजात घोड़े को 'बछेड़ा' कहते हैं।

भाग-II अक्षर सादृश्य (Letter Analogy)

इस प्रकार के सादृश्य में अक्षरों के दो दिए गए समुच्चयों के बीच संबंध स्थापित किया जाता है और तत्पश्चात् अक्षरों के दिए गए तीसरे समुच्चय पर पहले दो अक्षर समुच्चयों के बीच के संबंध को अनुप्रयुक्त करके अक्षरों के चौथे अपेक्षित समुच्चय को ज्ञात किया जाता है। दिए गए दो अक्षर समुच्चयों में से पहले समुच्चय के अक्षरों को कुछ चरण आगे या पीछे करके, संपूर्ण समुच्चय के अक्षरों को या समुच्चय के कुछ अक्षरों को उलटे क्रम में लिखकर दूसरे समुच्चय के अक्षरों को प्राप्त किया जा सकता है।

हल किए गए उदाहरण

निर्देश: *दिए गए विकल्पों में से कौन-सा अक्षर-समूह प्रश्नचिह्न (?) के स्थान पर आएगा?*

1. JILK : KLIJ : : MNPQ : ?

(*a*) QNPM (*b*) MPQN (*c*) QPNM (*d*) PNMQ

उत्तर (*c*) : :: की बायीं ओर के अक्षर-समूहों में से पहले अक्षर-समूह के अक्षरों को विपरीत क्रम में लिखकर दूसरा अक्षर-समूह प्राप्त किया गया है। यही संबंध :: की दाहिनी ओर के दिए गए अक्षर समूह के अक्षरों पर अनुप्रयुक्त करने पर अपेक्षित अक्षर-समूह प्राप्त होता है।

2. FLO : DOL : : RDP : ?

(*a*) PGM (*b*) MGP (*c*) GMP (*d*) MPG

उत्तर (*a*) : पहले और तीसरे अक्षरों को क्रमशः –2 और –3 चरण पीछे खिसका कर और दूसरे अक्षर को +3 चरण आगे बढ़ा कर :: चिह्न की बायीं ओर का दूसरा अक्षर समुच्चय प्राप्त होता है। यही संबंध :: चिह्न की दायीं ओर के पहले अक्षर समुच्चय पर लगाने पर प्रश्न चिह्न के स्थान पर अक्षर समुच्चय प्राप्त होता है।

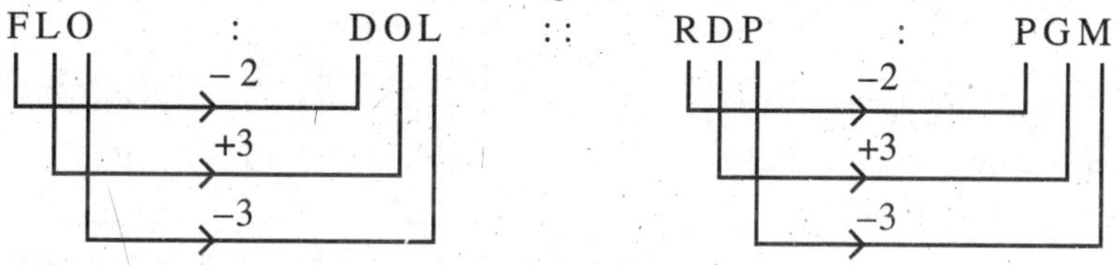

3. DumB : BonD : : RusT : ?

(*a*) MOst (*b*) TeNt (*c*) PaTH (*d*) WorK

उत्तर (*d*) : प्रत्येक समूह में सिरों पर स्थित दो अक्षर अंग्रेजी वर्णमाला के बड़े अक्षर हैं।

अभ्यास

निर्देश (प्र.सं. 1–15): *नीचे के प्रत्येक प्रश्न में एक लुप्त पद है। प्रश्न में :: चिह्न की बायीं ओर के दो अक्षर-समूहों में जो समानता या सादृश्य है वैसी ही समानता या सादृश्य :: चिह्न की दायीं ओर के दो अक्षर समूहों में है जिनमें से एक अक्षर समूह के स्थान पर प्रश्नवाचक चिह्न (?) लगा है। प्रश्नवाचक चिह्न (?) के स्थान पर लुप्त पद ज्ञात करें।*

1. GFC : CFG : : RPJ : ?
   (*a*) JRP (*b*) JPR
   (*c*) PJR (*d*) RJP
2. BCF : DEG : : MNQ : ?
   (*a*) OPR (*b*) PQS
   (*c*) OPP (*d*) QRT
3. NATION : ANITNO : : HUNGRY : ?
   (*a*) HNUGRY (*b*) UNHGYR
   (*c*) YRNGUH (*d*) UHGNYR
4. ACE : FGH : : LNP : ?
   (*a*) QRS (*b*) PQR
   (*c*) QST (*d*) MOQ
5. BOQD : ERTG : : ANPC : ?
   (*a*) DQSF (*b*) FSHU
   (*c*) SHFU (*d*) DSQF
6. BCDA : STUR : : KLMJ : ?
   (*a*) VWXU (*b*) EFHG
   (*c*) SRTU (*d*) QSRP
7. RUX : TRP : : BEH : ?
   (*a*) SQN (*b*) QON
   (*c*) QOM (*d*) QNL

8. BCDE : WVUT : : QRST : ?
(*a*) EFHG (*b*) JIHG
(*c*) POML (*d*) GEDC

9. AKU : AJS : : CRD : ?
(*a*) BQE (*b*) CQB
(*c*) DSB (*d*) APC

10. ODL : LOD : : PWN : ?
(*a*) WNP (*b*) NWP
(*c*) NPW (*d*) NMP

11. ABC : ZYX : : IJK : ?
(*a*) RST (*b*) RQP
(*c*) RTS (*d*) RPQ

12. ABDH : ZYWS : : EFHL : ?
(*a*) USOV (*b*) VOSU
(*c*) VUSO (*d*) TSUV

13. CIRCLE : RICELC : : SQUARE : ?
(*a*) UQSERA (*b*) QUSERA
(*c*) QSUERA (*d*) UQSAER

14. PSQR : CFED : : JMKL : ?
(*a*) UXVW (*b*) WZYX
(*c*) YVXZ (*d*) YZWX

15. FHJL : VTRP : : MOQS : ?
(*a*) JHFD (*b*) IGFD
(*c*) IGED (*d*) JHED

व्याख्यात्मक उत्तर

1. (*b*) : पहले समूह के अक्षरों को उलटे क्रम में लिखने पर दूसरा अक्षर-समूह प्राप्त होता है।

GFC : CFG : : RPJ : JPR

2. (*a*) : पहले और दूसरे समूह के तीनों अक्षरों के बीच वर्णमाला के सीधे क्रम में क्रमशः +2, +2 और +1 चरणों का अंतर है।

BCF : DEG : : MNQ : OPR
(+2, +2, +1) (+2, +2, +1)

3. (*d*) : पहले समूह के अक्षरों को दो-दो अक्षरों के खंडों में विभाजित करके प्रत्येक खंड के अक्षरों को उल्टे क्रम में लिखने पर दूसरा अक्षर-समूह प्राप्त होता है।

NATION : ANITNO : : HUNGRY : UHGNYR

4. (*a*) : पहले और दूसरे समूह के तीनों अक्षरों के बीच वर्णमाला के सीधे क्रम में क्रमशः +5, +4, +3 चरणों का अंतर है।

ACE : FGH : : LNP : QRS
(+5, +4, +3) (+5, +4, +3)

5. (*a*) : प्रत्येक अक्षर समूह में पहले और चौथे अक्षरों के बीच एक अक्षर छूटा हुआ है तथा दूसरे और तीसरे अक्षरों के बीच भी एक अक्षर छूटा हुआ है।

BOQD : ERTG : : ANPC : DQSF
(P, C) (S, F) (O, B) (R, E)

6. (*a*) : प्रत्येक अक्षर समूह में पहले तीन अक्षर क्रमागत हैं और उनके बाद अनुक्रम का आरंभिक चौथा अक्षर लिखा गया है।

ABCD : RSTU : : JKLM : UVWX

7. (*c*) : पहले समूह के अक्षरों में +3 का और दूसरे समूह के अक्षरों में –2 का अंतर है।

RUX : TRP : : BEH : QOM
+3 +3 –2 –2 +3+3 –2 –2

8. (*b*) : पहले अक्षर-समूह के आनुक्रमिक अक्षर वर्णमाला के सीधे क्रम में हैं और दूसरे अक्षर समूह के आनुक्रमिक अक्षर वर्णमाला के उलटे क्रम में हैं।

BCDE → : WVUT ← : : QRST → : JIHG ←

9. (*b*) : पहले अक्षर समूह के तीन अक्षरों में से पहले अक्षर के स्थान को परिवर्तित किए बिना अन्य दो अक्षरों को वर्णमाला के विपरीत क्रम में क्रमशः –1 और –2 चरण पीछे खिसकाने पर दूसरा अक्षर-समूह प्राप्त होता है।

AKU : AJS :: CRD : CQB

(−1, −2)

10. (c) : पहले अक्षर-समूह के पहले और दूसरे अक्षरों को तीसरे अक्षर के बाद रखने पर दूसरा अक्षर समूह प्राप्त होता है।

ODL : LOD :: PWN : NPW

11. (b) : पहले अक्षर समूह में क्रमागत अक्षर वर्णमाला के सीधे क्रम में हैं और दूसरे अक्षर समूह में अक्षर वर्णमाला के विपरीत क्रम में समस्थानिक अक्षर हैं।

ABC : ZYX :: IJK : RQP

12. (c) : अक्षर-समूहों में पहले दो अक्षर क्रमागत हैं, दूसरे और तीसरे अक्षरों के बीच एक अक्षर छूटा हुआ है तथा तीसरे और चौथे अक्षरों के बीच तीन अक्षर छूटे हुए हैं। पहले अक्षर-समूह के अक्षर वर्णमाला के सीधे क्रम में और दूसरे अक्षर-समूह के अक्षर वर्णमाला के विपरीत क्रम में हैं।

A B D H : Z Y W S :: E F H L : V U S O

CEFG → ← X VUT G IJK → ← T RQP

13. (a) : प्रथम अक्षर-समूह को दो बराबर खंडों में विभक्त करके प्रत्येक खंड के अक्षरों को उलटे क्रम में लिखने पर दूसरा अक्षर-समूह प्राप्त होता है।

CIRCLE : RICELC :: SQUARE : UQSERA

14. (b) : पहले अक्षर-समूह में पहले, तीसरे, चौथे और दूसरे स्थानों पर रखे गए अक्षर क्रमागत हैं। दूसरे अक्षर-समूह में पहले, चौथे, तीसरे और दूसरे स्थानों पर रखे गए अक्षर क्रमागत हैं।

PSQR : CFED :: JMKL : WZYX

15. (a) : पहले अक्षर समूह में दो अक्षरों के बीच एक अक्षर छूटा हुआ है और ये अक्षर वर्णमाला के सीधे क्रम में है। दूसरे अक्षर समूह में भी दो अक्षरों के बीच एक अक्षर छूटा हुआ है किंतु ये अक्षर वर्णमाला के विपरीत क्रम में हैं।

F H J L : V T R P :: M O Q S : J H F D

G I K → ← U S Q N P R → ← I G E

भाग-III संख्या सादृश्य (Number Analogy)

संख्या सादृश्य में भी पहले दो दी गई संख्याओं के बीच संबंध स्थापित किया जाता है और तत्पश्चात् इस ज्ञात संबंध को संख्याओं के दूसरे जोड़े पर प्रयुक्त करके उसके लुप्त पद को ज्ञात किया जाता है। संख्याओं के बीच संबंध किसी भी एक पैटर्न पर आधारित हो सकता है, जैसे कि : *(i)* संख्याएं विषम/सम/अभाज्य संख्याएं हो सकती हैं; *(ii)* संख्याएं किसी एक संख्या का गुणज हो सकती हैं; *(iii)* संख्याएं भिन्न-भिन्न संख्याओं का वर्गफल/घनफल हो सकती हैं; *(iv)* दूसरी संख्या प्राप्त करने के लिए पहली संख्या में किसी संख्या को जोड़ा/घटाया/गुणा/ भाग किया जा सकता है; *(v)* दूसरी संख्या पहली संख्या के अंकों का योगफल/गुणनफल/अंतरफल हो सकती है, और *(vi)* दो दी गई संख्याओं के बीच संबंध उपर्युक्त किसी भी गणितीय परिकलनों के संयोजन द्वारा भी ज्ञात किया जा सकता है।

हल किए गए उदाहरण

निर्देश : *निम्नलिखित प्रश्नों में प्रश्न चिह्न (?) के स्थान पर लुप्त पद ज्ञात करें।*

1. 25 : 81 : : 36 : ?

(*a*) 121 (*b*) 93 (*c*) 65 (*d*) 103

उत्तर (a) : सभी संख्याएं भिन्न-भिन्न संख्याओं के वर्गफल को सूचित करती हैं।

25	:	81	::	36	:	121
↓		↓		↓		↓
5^2		9^2		6^2		11^2

2. 36 : 18 : : 72 : ?

(*a*) 164 (*b*) 134 (*c*) 94 (*d*) 14

उत्तर (*d*) : दूसरी संख्या पहली संख्या के अंकों का गुणनफल है।

$36 : 18 :: 72 : 14$

3×6 7×2

अभ्यास

निर्देश (प्र.सं. 1–15): *नीचे के प्रत्येक प्रश्न में चिह्न ': :' के पहले दो संख्याएं दी गई हैं जिनमें आपस में एक संबंध है तथा ': :' चिह्न के बाद में एक तीसरी संख्या दी गई है। दिए गए विकल्पों में से उस संख्या का चयन करें जिसका तीसरी संख्या के साथ वैसा ही संबंध हो जैसा संबंध संख्याओं के पहले जोड़े के बीच है।*

1. 1 : 11 : : 2 : ?
(*a*) 20 (*b*) 22
(*c*) 24 (*d*) 44

2. 18 : 27 : : 22 : ?
(*a*) 42 (*b*) 39
(*c*) 33 (*d*) 54

3. 14 : 20 : : 16 : ?
(*a*) 23 (*b*) 10
(*c*) 48 (*d*) 32

4. 0.16 : 0.0016 : : 1.02 : ?
(*a*) 10.20 (*b*) 0.102
(*c*) 0.0102 (*d*) 1.020

5. 5 : 24 : : 8 : ?
(*a*) 65 (*b*) 63
(*c*) 62 (*d*) 64

6. 65 : 30 : : 44 : ?
(*a*) 79 (*b*) 62
(*c*) 28 (*d*) 16

7. 30 : 42 : : 56 : ?
(*a*) 92 (*b*) 21
(*c*) 38 (*d*) 72

8. 190 : 10 : : 102 : ?
(*a*) 4 (*b*) 7
(*c*) 3 (*d*) 5

9. 6 : 18 : : 4 : ?
(*a*) 2 (*b*) 6
(*c*) 8 (*d*) 16

10. 2 : 11 : : ?
(*a*) 6 : 17 (*b*) 8 : 43
(*c*) 5 : 41 (*d*) 7 : 35

11. 162 : 9 : : 310 : ?
(*a*) 33 (*b*) 27
(*c*) 16 (*d*) 4

12. 411 : 441 : : 755 : ?
(*a*) 705 (*b*) 775
(*c*) 635 (*d*) 665

13. 123 : 149 : : 201 : ?
(*a*) 202 (*b*) 404
(*c*) 401 (*d*) 227

14. 6 : 21 : : 14 : ?
(*a*) 82 (*b*) 75
(*c*) 60 (*d*) 41

15. 31 : 124 : : 103 : ?
(*a*) 98 (*b*) 215
(*c*) 412 (*d*) 517

व्याख्यात्मक उत्तर

1. (*b*) : पहली संख्या के अंक को दो बार लिखने पर दूसरी संख्या प्राप्त होती है।

2. (*c*) : पहले जोड़े की संख्याएं 9 का गुणज हैं और दूसरे जोड़े की संख्याएं 11 का गुणज हैं :

$$\underset{9\times 2}{18} : \underset{9\times 3}{27} :: \underset{11\times 2}{22} : \underset{11\times 3}{33}$$

3. (*a*) : संख्याओं के बीच संबंध निम्नवत् है :

$$\underset{7\times 2}{14} : \underset{(7\times 3)-1}{20} :: \underset{8\times 2}{16} : \underset{(8\times 3)-1}{23}$$

4. (*c*) : पहली दशमलव संख्या को 100 से भाग करने पर दूसरी दशमलव संख्या प्राप्त होती है :

$$0.16 : 0.0016 :: 1.02 : 0.0102$$

$\div 100$ $\div 100$

5. (b) : पहली संख्या के वर्ग से 1 घटाने पर दूसरी संख्या प्राप्त होती है :

5 : 24 :: 8 : 63

$(5^2) - 1$ $(8^2) - 1$

6. (d) : दूसरी संख्या पहली संख्या के अंकों का गुणनफल है :

$\frac{65:30}{(6 \times 5)} :: \frac{44:16}{(4 \times 4)}$

7. (d) : संख्याएं विभिन्न संख्याओं के वर्ग में उन्हीं संख्याओं को जोड़ने पर प्राप्त होती हैं :

30 : 42 :: 56 : 72

↓ ↓ ↓ ↓

$5^2 + 5$ $6^2 + 6$ $7^2 + 7$ $8^2 + 8$

8. (c) : दूसरी संख्या पहली संख्या के अंकों का योगफल है :

$\frac{190 : 10}{(1+9+0)} :: \frac{102 : 3}{(1+0+2)}$

9. (c) : पहली संख्या के वर्ग को 2 से भाग करने पर दूसरी संख्या प्राप्त होती है :

6 : 18 :: 4 : 8

$6^2 \div 2$ $4^2 \div 2$

10. (c) : पहली संख्या दूसरी संख्या के अंकों का योगफल है :

2 : 11 :: 5 : 41

(1 + 1)   (4 +1)

11. (d) : पहली संख्या के अंकों का योगफल दूसरी संख्या के बराबर है :

162 : 9 :: 310 : 4

1 + 6 + 2   3 + 1 + 0

12. (b) : जोड़े की पहली संख्या में दूसरे अंक की और दूसरी संख्या में पहले अंक की पुनरावृत्ति होती है :

4<u>11</u> : <u>44</u>1 :: 7<u>55</u> : <u>77</u>5

13. (c) : पहली संख्या के प्रत्येक अंक का वर्ग दूसरी संख्या के संगत स्थान के अंक के बराबर है :

123 : 149 :: 201 : 401

1^2, 2^2, 3^2 2^2, 0^2, 1^2

14. (a) : पहली संख्या को 2 से गुणा करके गुणनफल के रूप में प्राप्त संख्या को उलटे क्रम में लिखने पर दूसरी संख्या प्राप्त होती है :

6 : 21 :: 14 : 82

←   ←

(6×2) (14×2)

15. (c) : दूसरी संख्या पहली संख्या की चार गुनी है।

31 : 124 :: 103 : 412

$\times 4$ $\times 4$

वर्गीकरण या विजातीय छांटना
(Classification or Odd One Out)

भाग-I विजातीय छांटना – शब्दों पर आधारित समस्याएं

इस प्रकार के वर्गीकरण में चार शब्द दिए जाते हैं जिनमें से तीन शब्द तथ्य या अर्थ की दृष्टि से या अन्य किसी न किसी रूप में आपस में संबंधित होते हुए एक समूह बनाते हैं जबकि शेष केवल एक शब्द अन्य तीनों से भिन्न होता है। परीक्षार्थी को यह पता लगाना होता है कि वह एक कौन-सा शब्द है जो समूह से संबंधित नहीं है और इस कारण विजातीय है।

हल किए गए उदाहरण

निर्देश: *निम्नलिखित चार शब्दों में से उस एक शब्द का चयन करें जो अन्य तीन से भिन्न है :*

1. (*a*) पिता (*b*) माता (*c*) मित्र (*d*) भाई

उत्तर (*c*) : अन्य सभी के बीच रक्त-संबंध है।

2. (*a*) जल (*b*) जेली (*c*) नींबू शरबत (*d*) कॉफी

उत्तर (*b*) : अन्य सभी द्रव पदार्थ हैं।

अभ्यास

निर्देश (प्र.सं. 1–20): *यहां दिए गए प्रत्येक प्रश्न में तीन शब्द किसी न किसी प्रकार से समान हैं और इस कारण वे एक समूह बनाते हैं जबकि एक शब्द अन्य तीनों से भिन्न है। इस भिन्न या विजातीय शब्द को ज्ञात करें।*

1. (*a*) हरा (*b*) लाल
(*c*) रंग (*d*) नारंगी

2. (*a*) अस्तबल (*b*) बिल
(*c*) डोंगी (*d*) सुअर-बाड़ा

3. (*a*) बुध (*b*) चंद्रमा
(*c*) बृहस्पति (*d*) मंगल

4. (*a*) खुश (*b*) उदास
(*c*) प्रसन्नचित्त (*d*) प्रसन्न

5. (*a*) शंकु (*b*) वृत्त
(*c*) त्रिभुज (*d*) आयत

6. (*a*) सीसा (*b*) पारद
(*c*) तांबा (*d*) लोहा

7. (*a*) पतंग (*b*) चिड़िया
(*c*) रेडार (*d*) जेट

8. (*a*) अतिवृष्टि (*b*) अनावृष्टि
(*c*) भूस्खलन (*d*) युद्ध

9. (*a*) सिंहशावक (*b*) चूजा
(*c*) सूअर (*d*) पिल्ला

10. (*a*) खरगोश (*b*) मगरमच्छ
(*c*) केंचुआ (*d*) घोंघा

11. (*a*) पेड़ (*b*) पत्ता
(*c*) झाड़ी (*d*) शाकीय पौधे

12. (*a*) दुलकना (*b*) घुड़सवारी
(*c*) घुड़दौड़ (*d*) घुरघुराहट

13. (*a*) अलंकृत करना (*b*) रमणीय
(*c*) सजाना (*d*) सुंदर बनाना

14. (*a*) पोलो (*b*) शतरंज
(*c*) लूडो (*d*) स्क्वैश रैकेट्स

15. (*a*) ट्यूटर (*b*) प्रिंसिपल
(*c*) छात्र (*d*) प्रोफेसर

16. (*a*) तालाब (*b*) नदी
(*c*) सरिता (*d*) नाला

17. (*a*) निवेदित भाव (*b*) शुल्क
(*c*) कर (*d*) चुंगी

18. (*a*) जड़ (*b*) पत्तियां
(*c*) शाखा (*d*) फूल

19. (*a*) मुंबई (*b*) चंडीगढ़
(*c*) लखनऊ (*d*) हैदराबाद

20. (*a*) अमर (*b*) उत्कर्ष
(*c*) शाश्वत (*d*) चिरस्थायी

व्याख्यात्मक उत्तर

1. (*c*) : अन्य सभी विभिन्न प्रकार के रंग हैं।

2. (*c*) : डोंगी एक छोटी नाव होती है। अन्य सभी पशु-पक्षियों के निवासस्थलों के नाम हैं।

3. (*b*) : अन्य सभी ग्रहों के नाम हैं।

4. (*b*) : अन्य सभी आनन्द की अनुभूति को अभिव्यक्त करते हैं।

5. (*a*) : अन्य सभी आकृतियाँ द्विविमीय आकृतियाँ हैं।

6. (*b*) : अन्य सभी ठोस धातुएं हैं।

7. (*c*) : अन्य सभी हवा में उड़ने वाली वस्तुएं हैं। रेडार हवा में गमन करने वाली वस्तुओं की पहचान करता है।

8. (*d*) : अन्य सभी प्राकृतिक आपदाएं हैं। केवल युद्ध ही मानव द्वारा मानव समाज के समक्ष प्रस्तुत की जाने वाली एक कृत्रिम आपदा है।

9. (*c*) : अन्य सभी शब्द विभिन्न जंतुओं के शिशुओं के नाम हैं।

10. (*a*) : अन्य सभी रेंगने वाले जंतु हैं।

11. (*b*) : अन्य सभी विभिन्न प्रकार की वनस्पतियां हैं।

12. (*d*) : अन्य सभी घोड़े से संबंधित क्रियाकलाप हैं।

13. (*b*) : अन्य सभी शब्द समानार्थक हैं।

14. (*a*) : अन्य सभी घर के भीतर खेले जाने वाले खेल हैं।

15. (*c*) : अन्य सभी शिक्षा प्रदान करते हैं जबकि छात्र इन सभी से शिक्षा प्राप्त करता है।

16. (*a*) : अन्य सभी में जल प्रवाहित होता है।

17. (*a*) : अन्य सभी विभिन्न प्रकार के कर हैं।

18. (*a*) : अन्य सभी पेड़ के पृथ्वी तल से ऊपर स्थित भाग हैं।

19. (*b*) : अन्य सभी विभिन्न राज्यों की राजधानियों के नाम हैं, किंतु केवल चंडीगढ़ ही दो राज्यों की राजधानी है।

20. (*b*) : अन्य सभी समानार्थक शब्द हैं।

भाग-II विजातीय छांटना – अक्षरों पर आधारित समस्याएं

इस कोटि के अंतर्गत विकल्प के रूप में चार अक्षर-समूह या अक्षरों की एक श्रृंखला दी जाती है। परीक्षार्थी को इनमें से ऐसे विकल्प का चयन करना होता है जो अन्यों से भिन्न अर्थात् विजातीय हो।

हल किए गए उदाहरण

निर्देश: *निम्नलिखित अक्षर समूहों में से कौन-सा अक्षर समूह भिन्न या विजातीय स्वरूप का है?*

1. (*a*) NOP (*b*) RTU (*c*) JKL (*d*) EFG

उत्तर (*b*) : प्रत्येक समूह में अक्षर क्रमागत हैं, जबकि विकल्प (*b*) के अक्षर–समूह में पहले दो अक्षरों के बीच एक अक्षर 'S' छूटा हुआ है।

2. (*a*) RUX (*b*) CFI (*c*) BDG (*d*) FIL

उत्तर (*c*) : प्रत्येक समूह में अक्षरों के बीच समान संख्या में अक्षर छूटे हुए हैं जबकि विकल्प (*c*) में पहले दो अक्षरों B और D के बीच एक अक्षर और अंतिम दो अक्षरों D और G के बीच दो अक्षर छूटे हुए हैं।

अभ्यास

निर्देश (प्र.सं. 1–20): *नीचे के प्रत्येक प्रश्न में अक्षर समूहों के रूप में चार विकल्प दिए गए हैं जिनमें से तीन में किसी न किसी प्रकार की समानता है और इस कारण वे एक समूह बनाते हैं। उस अक्षर समूह का चयन करें जो समूह से संबंधित नहीं है।*

1. (*a*) ACE (*b*) LOR (*c*) GIK (*d*) VXZ

2. (*a*) TSR (*b*) LKJ (*c*) PQO (*d*) HGF

3. (*a*) EF LM (*b*) KJ SR (*c*) XW HG (*d*) ED YX

4. (*a*) JOPK (*b*) BOPC (*c*) QOPR (*d*) TOPS

5. (*a*) JKkL (*b*) OPpQ (*c*) DEEf (*d*) VWwX

6. (*a*) BdfH (*b*) FHJL (*c*) RTvX (*d*) uVwX

7. (*a*) DFHEG (*b*) TWXUV (*c*) OQSPR (*d*) JLNKM

8. (*a*) MKGA (*b*) PNID (*c*) RPLF (*d*) VTPJ

9. (*a*) ABJNM (*b*) QRTUZ (*c*) IXYOQ (*d*) WGFPO

10. (*a*) EFGH (*b*) IRST (*c*) ULMN (*d*) JKLO

11. (*a*) CFIL (*b*) ABCD (*c*) ACDF (*d*) EFGH

12. (*a*) SPQR (*b*) MKLN (*c*) WUVX (*d*) FDEG

13. (*a*) HK (*b*) DG (*c*) NK (*d*) UX

14. (*a*) KNOS (*b*) QTUY (*c*) DFGJ (*d*) BEFJ

15. (*a*) USNID (*b*) UPKEA (*c*) OMIDB (*d*) VTOJE

16. (*a*) FKP (*b*) LPU (*c*) HMR (*d*) DIN

17. (*a*) RiGP (*b*) MoRH (*c*) FBlP (*d*) DtJA

18. (*a*) ErIc (*b*) nOtE (*c*) rUIn (*d*) TieD

19. (*a*) TBVD (*b*) JOKQ (*c*) AXCZ (*d*) FRHT

20. (*a*) SYZ (*b*) MRS (*c*) DJK (*d*) QWX

व्याख्यात्मक उत्तर

1. (*b*) : शेष सभी अक्षर समूहों में अगला अक्षर अपने पूर्ववर्ती अक्षर से वर्णमाला के सीधे क्रम में 2 अक्षर आगे का है जबकि विकल्प (*b*) के अक्षर समूह में +3 अनुक्रम का पालन होता है।

A B C D E (+2, +2) L M N O P Q R (+3, +3)

G H I J K (+2, +2) V W X Y Z (+2, +2)

2. (*c*) : प्रत्येक समूह में अक्षर वर्णमाला के उलटे क्रम में हैं। केवल विकल्प (*c*) में अक्षरों का अनुक्रम बाधित हो रहा है।

3. (*a*) : शेष सभी समूहों में क्रमागत अक्षर वर्णमाला के उलटे क्रम में हैं।

KJ SR; XW HG; ED YX
−1 −1 −1 −1 −1 −1

केवल विकल्प (*a*) में ही क्रमागत अक्षर वर्णमाला के सीधे क्रम में है।

E F → +1   L M → +1

4. (*d*) : यहां दिए गए सभी अक्षर समूहों में बीच में 'OP' अक्षर हैं। विकल्प (*d*) में दोनों किनारों पर स्थित अक्षर वर्णमाला के उलटे क्रम में हैं, अर्थात्

TOPS → −1

जबकि शेष सभी अक्षर समूहों में दोनों किनारों पर स्थित अक्षर वर्णमाला के सीधे क्रम में हैं।

JOPK → +1 ; BOPC → +1 ; QOPR → +1

5. (*c*) : शेष समूहों में तीसरे अक्षर के रूप में दूसरे अक्षर की पुनरावृत्ति की गई है और उसे अंग्रेजी वर्णमाला के छोटे अक्षर के रूप में लिखा गया है जबकि विकल्प (*c*) के तीसरे अक्षर के रूप में दूसरे अक्षर की पुनरावृत्ति तो की जाती है किंतु उसे अंग्रेजी वर्णमाला के बड़े अक्षर के रूप में लिखा जाता है।

6. (*d*) : शेष समूहों में अंग्रेजी वर्णमाला के अक्षर चाहे छोटे हों या बड़े, किंतु दूसरे, तीसरे और चौथे स्थान पर स्थित अक्षर अपने पूर्ववर्ती अक्षरों से वर्णमाला के सीधे क्रम में 2 अक्षर आगे के हैं, अर्थात्

B D f H ; F H J L ; R T v X
+2 +2 +2   +2 +2+2   +2 +2 +2

केवल विकल्प (*d*) में अक्षर वर्णमाला के सहज क्रम (+1) में हैं, अर्थात्

u V w X
+1 +1 +1

7. (*b*) : शेष समूहों में पहले, चौथे, दूसरे, पांचवें और तीसरे स्थानों पर स्थित अक्षरों से वर्णमाला का सीधा अनुक्रम बनता है।

विकल्प (*b*), में पहले, चौथे, पांचवें, दूसरे और तीसरे स्थानों पर स्थित अक्षरों के मेल से वर्णमाला का सीधा अनुक्रम बनता है।

8. (*b*) : शेष समूहों में अक्षरों का अनुक्रम −2, −4, −6 के पैटर्न का पालन करता है, अर्थात्

M K G A ; R P L F
−2 −4 −6   −2 −4 −6

V T P J
−2 −4 −6

विकल्प (*b*) में अनुक्रम का निम्नलिखित पैटर्न है :

P N I D
−2 −5 −5

अत: सही पैटर्न होना चाहिए → P N J D
−2 −4 −6

9. (*c*) : शेष समूहों में कम से कम दो जोड़े अक्षर वर्णमाला के क्रम में हैं, अर्थात्

A B J N M ; Q R T U Z ; W G F P O

विकल्प (*c*) में केवल एक जोड़ा अक्षर–ही वर्णमाला के क्रम में है।

I X Y O Q

10. (*d*) : शेष समूहों में पहला अक्षर 'स्वर' है जिसके बाद तीन क्रमागत अक्षर लिखे गए हैं।

11. (*c*) : शेष समूहों में क्रमागत अक्षरों के बीच समान संख्या में अक्षर छूटे हुए हैं।

C F I L ; A B C D ; E F G H
+3 +3 +3   +1 +1 +1   +1 +1 +1

विकल्प (*c*) में निम्नलिखित पैटर्न है :

A C D F
+2 +1 +2

12. (*a*) : शेष समूहों में दूसरे, तीसरे, पहले और अंतिम स्थान पर स्थित अक्षरों से वर्णमाला का सीधा क्रम प्राप्त होता है। विकल्प (*a*) में दूसरे, तीसरे, चौथे और पहले स्थान पर स्थित अक्षर वर्णमाला के सीधे क्रम में है।

13. (*c*) : अन्य सभी समूहों में दो क्रमागत अक्षरों के बीच दो अक्षर छूटे हुए हैं और ये वर्णमाला के सीधे क्रम में हैं। विकल्प (*c*) में अक्षर वर्णमाला के उलटे क्रम में हैं।

14. (c) : शेष समूहों में अक्षरों के बीच +3, +1, +4 का पैटर्न है, अर्थात्

K N O S ; Q T U Y ; B E F J

+3 +1 +4 ; +3 +1 +4 ; +3 +1 +4

विकल्प (*c*) में अनुक्रम बाधित है।

D F G J

+2 +1 +3

15. (b) : शेष समूहों में दो-दो 'स्वर' (vowels) हैं जबकि विकल्प (*b*) में तीन स्वर हैं।

16. (b) : शेष सभी अक्षर समूहों में +5 पैटर्न का अनुपालन होता है।

F K P ; H M R ; D I N

+5 +5 ; +5 +5 ; +5 +5

विकल्प (*b*) में +4, +5 पैटर्न का अनुपालन होता है।

L P U

+4 +5

17. (c) : शेष अक्षर समूहों में दूसरा अक्षर अंग्रेजी वर्णमाला का छोटा अक्षर है।

18. (d) : केवल इसी समूह में स्वर (vowels) अंग्रेजी के छोटे अक्षर हैं।

19. (b) : शेष समूहों में तीसरा अक्षर पहले अक्षर से और चौथा अक्षर दूसरे अक्षर से वर्णमाला के सीधे क्रम में 2 अक्षर आगे का अक्षर है। अर्थात् :

T B V D ; A X C Z ; F R H T

+2 +2 ; +2 +2 ; +2 +2

विकल्प (*b*) में निम्नवत् पैटर्न दिखाई पड़ता है :

J O K Q

+1 +2

20. (b) : शेष समूहों में पहले और दूसरे अक्षरों के बीच पांच अक्षर छूटे हुए हैं। विकल्प (*b*) में पहले और दूसरे अक्षरों के बीच केवल चार अक्षर छूटे हुए हैं।

भाग-III विजातीय छांटना – संख्याओं पर आधारित समस्याएं

इस प्रकार के वर्गीकरण में विकल्पों के रूप में विभिन्न संख्याएं दी जाती हैं। इन संख्याओं में से एक को छोड़कर जो अन्य से भिन्न होती है, शेष किसी न किसी रूप में आपस में संबंधित होती हैं और इस प्रकार एक समूह बनाती हैं। परीक्षार्थी को दी गई संख्याओं में यह समानता ज्ञात करनी होती है और तत्पश्चात् समूह से भिन्न संख्या का चयन करना होता है। विकल्पों के रूप में दी गई संख्याएं विषम/सम/क्रमागत संख्याएं, अभाज्य संख्याएं, किसी संख्या का गुणज, एक अंकीय, विभिन्न संख्याओं का वर्ग या घन, किसी अन्य संख्या का जोड़/घटा या किसी भी गणितीय परिकलन का संयोजन हो सकती है।

हल किए गए उदाहरण

निर्देश: *दिए गए विकल्पों में विषम संख्या ज्ञात करें।*

1. (*a*) 62 (*b*) 121 (*c*) 36 (*d*) 256

उत्तर (a) : अन्य संख्याएं क्रमशः 11, 6 और 16 के वर्ग द्वारा सूचित होती हैं।

2. (*a*) 27 (*b*) 132 (*c*) 93 (*d*) 154

उत्तर (d) : शेष संख्याएं 3 से विभाज्य हैं।

अभ्यास

निर्देश (प्र.सं. 1–10): *यहां प्रत्येक प्रश्न में चार विकल्प दिए गए हैं जिनमें से तीन किसी न किसी रूप में आपस में संबंधित होते हुए एक समूह बनाते हैं, जबकि शेष एक संख्या अन्य से भिन्न है। उस भिन्न संख्या का चयन करें जो समूह से संबंधित नहीं है।*

1. (*a*) 1948 (*b*) 2401 (*c*) 966 (*d*) 1449
2. (*a*) 182 (*b*) 169 (*c*) 130 (*d*) 158
3. (*a*) 3215 (*b*) 9309 (*c*) 4721 (*d*) 2850
4. (*a*) 1776 (*b*) 2364 (*c*) 1976 (*d*) 3776
5. (*a*) 7658 (*b*) 1234 (*c*) 9876 (*d*) 6543
6. (*a*) 18 (*b*) 12 (*c*) 30 (*d*) 20
7. (*a*) 9875432 (*b*) 98765 (*c*) 98756 (*d*) 9876543
8. (*a*) 5243 (*b*) 9251 (*c*) 4256 (*d*) 3257
9. (*a*) 2553 (*b*) 1224 (*c*) 7992 (*d*) 3885
10. (*a*) 3223 (*b*) 4554 (*c*) 6116 (*d*) 9887

व्याख्यात्मक उत्तर

1. (*a*) : शेष संख्याएं 7 से विभाज्य हैं।

2. (*d*) : शेष संख्याएं 13 का गुणज हैं।

3. (*b*) : शेष संख्याओं में किसी भी अंक का दो बार प्रयोग नहीं किया गया है।

4. (*b*) : शेष संख्याओं में आखिरी दो अंक एक से हैं।

5. (*a*) : शेष संख्याओं में उनके अंक गिनती के सीधे या उलटे क्रम में क्रमागत (निरंतर) हैं।

6. (*a*) : शेष सभी संख्याएं $3^2 + 3 = 12$, $5^2 + 5 = 30$, $4^2 + 4 = 20$ हैं।

7. (*c*) : शेष सभी संख्याओं में 987 के बाद अंक अवरोही या घटते हुए क्रम (decreasing order) में हैं।

8. (*a*) : शेष सभी संख्याओं में 25 बीच में है और सिरे के दो अंकों का योग 10 के बराबर है।

9. (*b*) : शेष सभी संख्याओं में दो सिरों पर स्थित अंकों का योग बीच में स्थित अंक के बराबर है जिसे दो बार लिखा गया है।

10. (*d*) : शेष सभी संख्याओं में अंतिम दो अंक पहले दो अंकों को उलटे क्रम में लिखने पर प्राप्त होते हैं।

भाग-IV विजातीय छांटना – शब्द समूहों से संबंधित समस्याएं

शब्दों, अक्षरों या संख्याओं के समूह का वर्गीकरण एकल शब्द, अक्षर या संख्या के वर्गीकरण से अधिक भिन्न नहीं होता। इसमें परीक्षार्थी को दो परस्पर संबंधित शब्दों के बीच संबंध की विशिष्टता या प्रकृति ज्ञात करनी होती है और तत्पश्चात् दिए गए विकल्पों में से उस शब्द युग्म का पता लगाना होता है, जो अन्य शब्द-युग्मों के संबंध पैटर्न का अनुपालन नहीं करता हो। संबंधित शब्द विपरीत या सदृश अर्थ या स्वरूप के हो सकते हैं अथवा उनकी अर्थ छटा और अर्थ निरुपण में भिन्नता हो सकती है या फिर उनमें एक विशेष तुकबंदी हो सकती है।

हल किए गए उदाहरण

निर्देश: *निम्नलिखित में से कौन-सा शब्द-युग्म अन्यों से भिन्न है?*

1. (*a*) अच्छा-बेहतर (*b*) गुनगुना-गरम (*c*) नफा-लाभ (*d*) फुसफुसाना-चिल्लाना

उत्तर (*c*) : अन्य शब्द-युग्मों में युग्म के शब्द सदृश अर्थ वाले हैं किंतु उनमें सादृश्यता या साम्यता की अवस्था या कोटि भिन्न-भिन्न है।

2. (*a*) कैंची-कपड़ा (*b*) चाकू-सब्जी (*c*) कुल्हाड़ी-लकड़ी (*d*) हथौड़ा-कील

उत्तर (*d*) : हालांकि शब्दों के बीच संबंध ठीक है किंतु कील को काटने के लिए हथौड़े का प्रयोग नहीं किया जाता है। शेष तीन युग्मों में बायीं ओर उपकरण का नाम दिया गया है जिसकी सहायता से दायीं ओर लिखी गई वस्तु को काट सकते हैं।

अभ्यास

निर्देश (प्र.सं. 1–25): *नीचे के प्रत्येक प्रश्न में शब्दों के उस जोड़े का चयन करें जो शेष तीन जोड़ों से भिन्न हो।*

1. (*a*) कुर्सी-फर्नीचर (*b*) शर्ट-वस्त्र (*c*) कंठहार-आभूषण (*d*) बोगी-इंजन

2. (*a*) चित्रांकनी-कागज (*b*) पेंसिल-लेड (*c*) कलम-स्याही (*d*) बुरुश-रंग

3. (*a*) युद्ध-शांति (*b*) वास्तविक-सहज (*c*) अग्रगण्य-प्रथम (*d*) क्रोध-गुस्सा

4. (*a*) अंगूली-अंगूठी (*b*) सिर-टोपी (*c*) कमर-मुकुट (*d*) पांव-जूता

5. (*a*) दिन-रात (*b*) चालाक-मूर्ख (*c*) स्पष्ट-धुंधला (*d*) पहुंचना-आना

6. (*a*) क्विंटल-गैलन (*b*) गुलदस्ता-फूल (*c*) पुस्तक-पृष्ठ (*d*) संसद-सांसद

7. (*a*) चिड़िया-चहचहाना (*b*) घोड़ा-भिनभिनाना (*c*) शेर-गरजना (*d*) सांप-फुफकारना

8. (*a*) भतीजी-भतीजा (*b*) भाई-बहन (*c*) पति-पत्नी (*d*) पिता-माता

9. (*a*) पेट्रोल-कार (*b*) तेल-लैम्प (*c*) डीजल-लकड़ी (*d*) मोम-मोमबत्ती

10. (*a*) गंगा-नर्मदा (*b*) थार-गोबी (*c*) आमाशय-हाथ (*d*) एवरेस्ट-पर्वत

11. (*a*) औषधि-चिकित्सक
(*b*) फूल-कलाकार
(*c*) जूता-मोची
(*d*) त्वचा-त्वचारोग विशेषज्ञ

12. (*a*) प्राधिकार-मंजूरी
(*b*) प्रतिकर्षण-आकर्षण
(*c*) तुनकमिजाज-दुस्तोषणीय
(*d*) श्वास-अस्तित्व

13. (*a*) पोलो-बर्फ का मैदान (रिंक)
(*b*) गोल्फ-लॉन
(*c*) टेनिस-कोर्ट
(*d*) शतरंज-बोर्ड

14. (*a*) उमंग-तरंग (*b*) नीड़-पीड़ (*c*) अपराध-रोकथाम (*d*) आन-बान

15. (*a*) सेना-सेनापति (*b*) कॉलेज-प्रिंसिपल (*c*) जहाज-कैप्टन (*d*) नौसेना-लेफ्टिनेंट

16. (*a*) रेलगाड़ी-पटरी
(*b*) पक्षी-उड़ना
(*c*) हवाई जहाज-आकाश
(*d*) पनडुब्बी-समुद्र

17. (*a*) जेली-सौम्य (*b*) पत्थर-कठोर (*c*) रोवां-मुलायम (*d*) कांच-चिकना

18. (*a*) शाखा-पेड़ (*b*) मिनट-घंटा (*c*) वाक्य-पैराग्राफ (*d*) विद्यार्थी-शिक्षक

19. (*a*) कुल-जोड़ (*b*) अभी-वर्तमान (*c*) बड़ी-धारणा (*d*) हां-सहमत

20. (*a*) चार-चौगुना (*b*) तीन-तेरह (*c*) दो-दोगुना (*d*) छह-छहगुना

21. (*a*) रिकेट्स-हड्डी
(*b*) इन्सोम्निया-रक्त
(*c*) मायोपिया-आंख
(*d*) आथ्राइटिस-अस्थिसंधि

22. (*a*) एक्जीमा-विटामिन 'ए'
(*b*) बेरीबेरी-विटामिन 'बी'
(*c*) रक्तहीनता-विटामिन 'ई'
(*d*) स्कर्वी-विटामिन 'सी'

23. (*a*) हैंगर-हवाई जहाज
(*b*) गोदी (डॉक)-समुद्री जहाज
(*c*) अजायबघर-कुत्ता
(*d*) सूअर बाड़ा-सूअर

24. (*a*) स्पेन-मैडिसन
(*b*) नेपाल-काठमांडू
(*c*) संयुक्त राज्य अमेरिका-वाशिंगटन
(*d*) पाकिस्तान-इस्लामाबाद

25. (*a*) सर्जन-चिमटी (*b*) किसान-हल (*c*) रसोइया-चाकू (*d*) लेखक-पुस्तक

व्याख्यात्मक उत्तर

1. (d) : बोगी रेलगाड़ी का एक हिस्सा होता है जो परिवहन का एक साधन है। कुर्सी, शर्ट और कंठहार क्रमशः फर्नीचर, वस्त्र और आभूषण हैं।

2. (a) : पेंसिल, कलम और ब्रुश से लिखने का माध्यम क्रमशः लेड, स्याही और रंग है। चित्रांकनी (क्रेयॉन) से लिखने या चित्र बनाने का माध्यम मोम होता है।

3. (a) : शेष सभी शब्द-युग्म समानार्थक शब्दों के युग्म हैं जबकि विकल्प (*a*) में दिया गया शब्द-युग्म विपरीतार्थक शब्दों का युग्म है।

4. (c) : मुकुट सिर पर पहना जाता है।

5. (d) : शेष शब्द-युग्म एक दूसरे के विपरीतार्थक हैं।

6. (a) : शेष सभी शब्द युग्मों में पहला दूसरे का समेकित रूप हैं।

7. (b) : शेष सभी में दूसरी पहले की बोली है। घोड़े हिनहिनाते हैं।

8. (a) : संबंधित शब्द-युग्मों में पहला पुल्लिंग और दूसरा स्त्रीलिंग है। विकल्प (*a*) में पहले स्त्रीलिंग और तत्पश्चात् पुल्लिग दिया गया है।

9. (c) : पेट्रोल का उपयोग कार चलाने में, तेल का उपयोग लैम्प जलाने में और मोम का उपयोग मोमबत्ती जलाने में किया जाता है। डीजल और लकड़ी का आपस में ऐसा कोई संबंध नहीं है।

10. (d) : संबंधित शब्दों की पहचान एक जैसी है। (*a*) नदियों को, (*b*) मरुभूमि को और, (*c*) शरीर के अंगों को सूचित करते हैं जबकि विकल्प (*d*) में एवरेस्ट एक पर्वत श्रृंखला का नाम है।

11. (b) : चिकित्सक का औषधि, मोची का जूता और त्वचारोग विशेषज्ञ का संबंध त्वचारोग से है। फूलों की देख-रेख करने वाले व्यक्ति को माली कहते हैं।

12. (b) : शेष शब्द युग्म समानार्थक हैं जबकि प्रतिकर्षण और आकर्षण शब्द एक दूसरे के विपरीत अर्थ वाले हैं।

13. (a) : शब्द युग्मों में खेलों और उन्हें खेले जाने वाले स्थानों के बीच संबंध दर्शाया गया है। पोलो मैदान में खेला जाता है।

14. (c) : शेष शब्द-युग्मों में शब्दों के बीच एक विशेष लय है।

15. (d) : नौसेना का प्रमुख कमांडर होता है।

16. (b) : रेलगाड़ी पटरी पर, हवाई जहाज आकाश में और पनडुब्बी समुद्र के जल में चलती है। इसी प्रकार पक्षी हवा में उड़ते हैं और साथ ही ये सजीव प्राणी भी हैं।

17. (a) : शब्द युग्मों का दूसरा शब्द पहले शब्द की विशेषता बताता है। जेली मुलायम या अस्थिर होती है।

18. (d) : शेष समूहों में पहला शब्द दूसरे का हिस्सा है।

19. (c) : शेष समूहों के शब्द परस्पर समानार्थक हैं।

20. (b) : तीन से तिगुना

21. (b) : शेष शब्द-युग्मों में पहला शब्द युग्म के दूसरे शब्द द्वारा इंगित शरीरांगों से जुड़ी बीमारी है। 'इन्सोम्निया' के स्थान पर 'रक्तहीनता' होना चाहिए।

22. (a) : शेष शब्द-युग्मों में पहले रोग का नाम और तब उस विटामिन का नाम लिखा गया है जिसकी कमी से संबंधित रोग होता है। विकल्प (*a*) में उल्लिखित एक्जीमा रोग विटामिन 'बी' की कमी से होता है।

23. (c) : कुत्ता 'कुत्ताघर' में रहता है।

24. (a) : स्पेन की राजधानी मैड्रिड है।

25. (d) : शेष सभी में दूसरा शब्द एक यंत्र हैं जिसे पहले द्वारा प्रयोग में लाया जाता है। लेखक का यंत्र 'कलम' होता है।

सांकेतिक भाषा परीक्षण
(Coding and Decoding)

भाग-I

कूटलेखन या 'कोडिंग' संवाद-संप्रेषण की एक प्रक्रिया है जिसमें एक गुप्त भाषा का प्रयोग वास्तविक तथ्यों शब्दों/मूल्यों की अभिव्यक्ति या प्रस्तुतिकरण को एक ऐसी भाषा में परिवर्तित करने के लिए किया जाता है जिसे संवाद के प्रेषक और प्राप्तकर्ता के अतिरिक्त कोई तीसरा व्यक्ति समझ न सके। कूटभाषा में लिखने के लिए *(i)* शब्दों के अक्षरों के स्थान पर वर्णमाला के सीधे उलटे क्रम में एक या एकाधिक स्थान आगे या पीछे के अक्षरों को लिखा जाता है; *(ii)* अक्षरों के स्थान पर संख्याओं को या संख्याओं के स्थान पर अक्षरों को लिखा जाता है; *(iii)* दिए गए शब्द के कुछ या सभी अक्षरों को उलटे क्रम में लिखा जाता है; और *(iv)* शब्द के अक्षरों के स्थान पर वर्णमाला के उलटे क्रम में समस्थानिक अक्षरों को लिखा जाता है।

वर्णमाला को सीधे क्रम में लिखने पर प्राप्त शृंखला :

A	B	C	D	E	F	G	H	I	J	K	L	M	N	O	P	Q	R	S	T	U	V	W	X	Y	Z
↓				↓					↓					↓					↓					↓	
प्रथम अक्षर				पांचवां अक्षर					दसवां अक्षर					पंद्रहवां अक्षर					बीसवां अक्षर					पच्चीसवां अक्षर	

वर्णमाला को उलटे क्रम में लिखने पर प्राप्त शृंखला :

Z	Y	X	W	V	U	T	S	R	Q	P	O	N	M	L	K	J	I	H	G	F	E	D	C	B	A
↓				↓					↓					↓					↓					↓	
प्रथम अक्षर				पांचवां अक्षर					दसवां अक्षर					पंद्रहवां अक्षर					बीसवां अक्षर					पच्चीसवां अक्षर	

टिप्पणी: Z पर पहुंचने के पश्चात् शृंखला A से पुनः शुरू होती है और A पर पहुंचने के पश्चात् शृंखला Z से पुनः शुरू होती है।

हल किए गए उदाहरण

1. यदि एक विशेष प्रकार की कूट भाषा में शब्द FACE को GBDF की तरह लिखा जाता हो तो इसी कूट भाषा में BADE को कैसे लिखा जाएगा?

(*a*) CBEF (*b*) CEBF (*c*) CFBE (*d*) CBFE

उत्तर *(a)* : शब्द के अक्षरों को वर्णमाला के सीधे क्रम में एक चरण आगे का अक्षर लिखकर कूटबद्ध किया गया है।

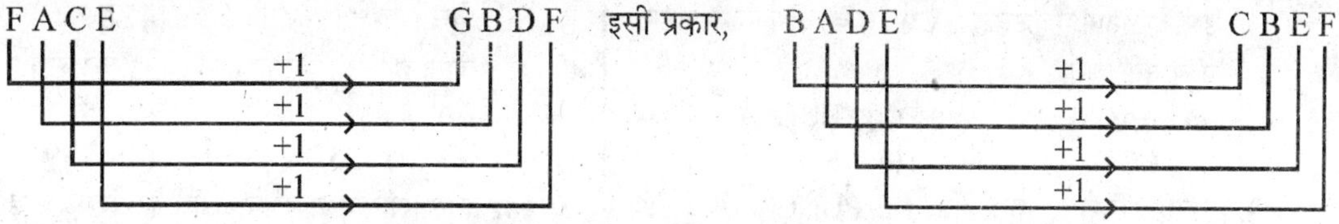

2. यदि किसी कूटभाषा में RESULT को 798206 लिखा गया हो तो उसी कूटभाषा में LET किस प्रकार लिखा जाएगा?
(*a*) 680 (*b*) 092 (*c*) 096 (*d*) 086

उत्तर (*c*) : अक्षरों को संख्याओं द्वारा कूटबद्ध किया गया है। दिए गए शब्द को कूटबद्ध करने के लिए संबंधित कूट संख्याएं ज्ञात करें।

R E S U L T → अक्षर
7 9 8 2 0 6 → कूट

अत: LET के लिए कूट संख्याएं निम्नवत् होगी :

L E T → अक्षर
0 9 6 → कूट

अभ्यास

निर्देश (प्र.सं. 1–20): *निम्नलिखित प्रश्नों में दिए गए शब्दों या अक्षरों के लिए इंगित कूटभाषा के शब्द या अक्षर ज्ञात करें।*

1. यदि किसी कूट भाषा में CHAIR को FKDLU के रूप में लिखा जाए तो उसी कूटभाषा में RAID शब्द को किस प्रकार लिखा जाएगा?
(*a*) ULGD (*b*) ULKG
(*c*) ULDG (*d*) UDLG

2. यदि किसी कूटभाषा में CONDEMN को CNODMEN लिखा जाता है तो उसी कूटभाषा में TEACHER को कैसे लिखा जाएगा?
(*a*) TEACHER (*b*) TAEECHR
(*c*) TCAEEHR (*d*) TAECEHR

3. किसी कूटभाषा में COME को XLNV और ABLE को ZYOV लिखा जाता है। इसी कूटभाषा में MOLLY किस प्रकार लिखा जाएगा?
(*a*) NLOBO (*b*) NLBOO
(*c*) LNOOB (*d*) NLOOB

4. यदि किसी कूटभाषा में ACTION को ZXGRLM लिखा जाता हो तो उसी कूटभाषा में HEALTH को कैसे लिखा जाएगा?
(*a*) SVZOGS
(*b*) TVZOGT
(*c*) RUZPGR
(*d*) QVGOZQ

5. यदि किसी विशेष कूटभाषा में EARTHQUAKE को MOGPENJOSM के रूप में लिखा जाता हो तो उसी कूटभाषा में EQUATE निम्नलिखित में से किस प्रकार लिखा जाएगा?
(*a*) MENOPM
(*b*) MENOMP
(*c*) MJOGPM
(*d*) MNJOPM

6. किसी विशेष सांकेतिक भाषा में COUNTRY शब्द को EMWLVPA के रूप में कूटबद्ध किया जाता है। इसी विशेष भाषा में ELECTORATE किस रूप में लिखा जाएगा?
(*a*) CJCEVQPYWC
(*b*) GJGERQTYVG
(*c*) CNCERQPCRG
(*d*) GJGAVMTYVC

7. यदि PHILOSOPHY को HPLISOPOYH लिखा जाता हो तो ORNAMENTAL कैसे लिखा जाएगा?
(*a*) ROANEMNTLA
(*b*) ONRAMNEALT
(*c*) ROANEMTNLA
(*d*) ROANEMNATL

8. यदि किसी कूटभाषा में लिखे गए शब्द OPFGBCST का अर्थवाचन NEAR के रूप में किया जाता हो तो

उसी कूटभाषा में कूटबद्ध IJVWHI का अर्थ निम्नलिखित में से क्या होगा?

(*a*) HAG (*b*) HUG
(*c*) HUT (*d*) KEG

9. किसी विशेष कूटलिपि में PUNCTUAL को 16598623 के रूप में कूटबद्ध किया जाता है। इसी कूटलिपि में ACTUPULN निम्नलिखित में से किस प्रकार लिखा जाएगा?

(*a*) 29861653 (*b*) 29861635
(*c*) 28916135 (*d*) 29851536

10. यदि OUT को 152120 के रूप में कूटबद्ध किया जाता हो तो इसी नियम का प्रयोग करके IN को निम्नलिखित में से कैसे लिखा जाएगा?

(*a*) 1015 (*b*) 819
(*c*) 1813 (*d*) 914

11. यदि MUSK को 146816 लिखा जाए तो उसी कूट में ZERO को क्या लिखेंगे?

(*a*) 113811 (*b*) 122912
(*c*) 15915 (*d*) 2651815

12. यदि BAD को 7 के रूप में और HIS को 9 के रूप में कूटबद्ध किया जाए तो LOW निम्नलिखित में से किसके द्वारा सूचित किया जाएगा?

(*a*) 50 (*b*) 8
(*c*) 23 (*d*) 5

13. यदि 341782 का कूटवाचन MONKEY और 0596 का कूटवाचन RAGS के रूप में किया जाता हो, तो इसी कूटभाषा में 75195044 का क्या अर्थ होगा?

(*a*) KANGAROO
(*b*) PALMANTT
(*c*) HANGAMEE
(*d*) KARNAGOO

14. किसी विशेष कूटभाषा में REGISTRY को VAKEWPVU लिखा जाता है। इसी कूटभाषा में ENTRY कैसे लिखा जाएगा?

(*a*) IJXNC
(*b*) ARPVW
(*c*) ARPVU
(*d*) IJXMC

15. किसी विशेष कूटभाषा में DAZE को 41265 लिखा जाता है। इसी कूटभाषा में BOY को क्या लिखेंगे?

(*a*) 41425 (*b*) 5120
(*c*) 21525 (*d*) 359

16. निम्नलिखित शब्दों में अक्षरों के संख्या कोड दिए गए हैं : BRAIN–12345, GRADE–72308, DRAIN–02345, STATE–78388। इन शब्दों में 'D' के लिए किस संख्या कोड का प्रयोग किया गया है?

(*a*) 3 (*b*) 2
(*c*) 0 (*d*) 4

17. किसी विशेष कूटभाषा में TODAY को 45738, WROTE को 10542, DATE को 7342 और DIRTH को 79046 लिखा जाता हो, तो कूट '5' से निम्नलिखित में से कौन-सा अक्षर निरूपित होगा?

(*a*) D (*b*) R
(*c*) O (*d*) T

18. किसी विशिष्ट कूटभाषा में कुछ शब्दों को निम्नवत् कूटबद्ध किया गया है : ACTION–014853, FORCE–25916, REGAIN–967083। उपर्युक्त कूटभाषा में संख्या '7' का प्रयोग किस अक्षर के लिए किया गया है?

(*a*) A (*b*) N
(*c*) R (*d*) G

19. किसी कूटभाषा में कुछ शब्दों को निम्नवत् कूटबद्ध किया गया है :

BEAR–9218, DRUM–0863, PRY–485 और DOOR–7998.

उपर्युक्त कूटभाषा में 'R' के लिए किस संख्या कूट का प्रयोग किया गया है?

(*a*) 9 (*b*) 3
(*c*) 8 (*d*) 4

20. यदि किसी कूटभाषा में EXAMINATION को 83690567045 लिखा गया हो तो इस कूटभाषा में 'N' और 'A' के लिए किन संख्या कूटों का प्रयोग किया गया है?

(*a*) 7, 5 (*b*) 5, 6
(*c*) 6, 5 (*d*) 5, 7

व्याख्यात्मक उत्तर

1. (*d*) : शब्द को कूटबद्ध करने के लिए उसके अक्षरों से वर्ण-माला के क्रम में +3 चरण आगे के अक्षर लिए गए हैं।

CHAIR FKDLU

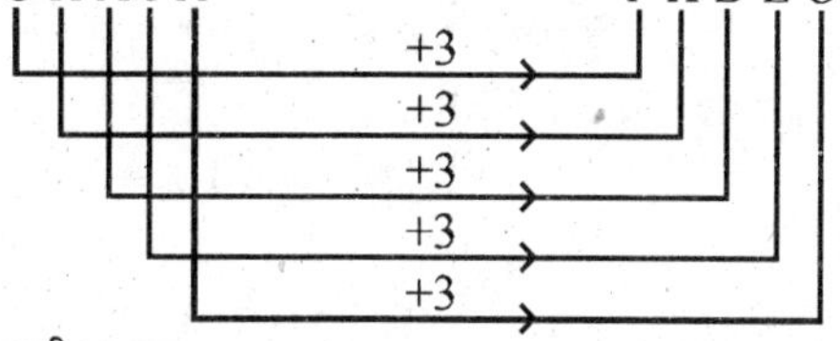

इसी प्रकार,

RAID UDLG

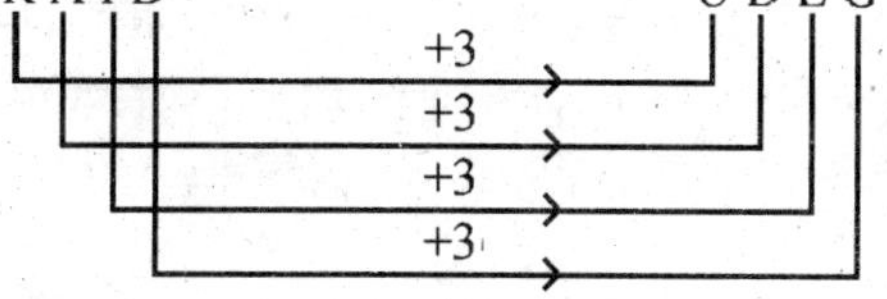

2. (*d*) : इस शब्द में दूसरे और तीसरे अक्षर एक दूसरे के स्थान पर आ जाते हैं और पांचवे और छठे अक्षरों द्वारा भी इसी नियम का पालन किया जाता है। शेष अक्षरों का स्थान अपरिवर्तित रहता है।

CONDEMN CNODMEN

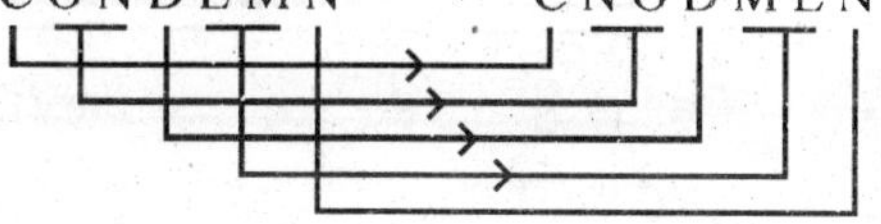

इसी प्रकार,

TEACHER TAECEHR

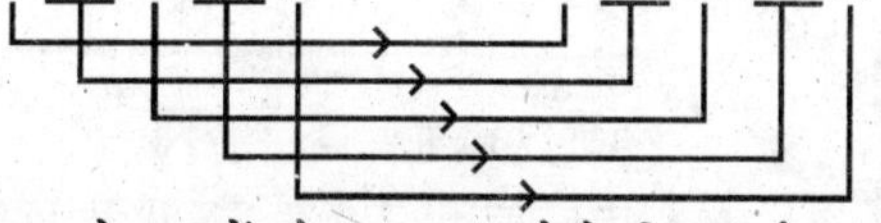

3. (*d*) : शब्द के अक्षरों को कूटबद्ध करने के लिए वर्णमाला के उलटे क्रम में समान स्थान वाले अक्षरों को लिया गया है।

C O M E → वर्णमाला के सीधे क्रम में अक्षर

X L N V → वर्णमाला के उलटे क्रम में समान स्थान वाले अक्षर

↓ ↓ ↓ ↓

3रा 15वां 13वां 5वां → वर्णमाला में अक्षरों का स्थान

A B L E → वर्णमाला के सीधे क्रम में अक्षर

Z Y O V → वर्णमाला के उलटे क्रम में समान स्थान वाले अक्षर

↓ ↓ ↓ ↓

1ला 2रा 12वां 5वां → वर्णमाला के अक्षरों का स्थान

इसी प्रकार,

M O L L Y → वर्णमाला के सीधे क्रम में अक्षर

N L O O B → वर्णमाला के उलटे क्रम में समान स्थान वाले अक्षर

↓ ↓ ↓ ↓ ↓

13वां 15वां 12वां 12वां 25वां → वर्णमाला में अक्षरों का स्थान

4. (*a*) : शब्द के अक्षरों को कूटबद्ध करने के लिए वर्णमाला के उलटे क्रम में समान स्थान वाले अक्षरों को लिया गया है।

A C T I O N → वर्णमाला के सीधे क्रम में अक्षर

Z X G R L M → वर्णमाला के उलटे क्रम में समान स्थान वाले अक्षर

↓ ↓ ↓ ↓ ↓ ↓

1ला 3रा 20वां 9वां 15वां 14वां वर्णमाला में अक्षरों का स्थान

इसी प्रकार,

H E A L T H → वर्णमाला के क्रम में अक्षर

S V Z O G S → वर्णमाला के उलटे क्रम में समान स्थान वाले अक्षर

↓ ↓ ↓ ↓ ↓ ↓

8वां 5वां 1ला 12वां 20वां 8वां → वर्णमाला में अक्षरों का स्थान

5. (*d*) : EQUATE शब्द के अक्षर EARTHQUAKE शब्द से लिए गए हैं।

उत्तर कूट प्राप्त करने के लिए कूटबद्ध शब्द से अक्षरों का मिलान करें।

E A R T H Q U A K E → अक्षर

M O G P E N J O S M → कूट

E QUA T E→ कूटबद्ध किए जाने वाले अक्षर

M N J O PM→ उत्तर कूट

6. *(d)* : शब्द को कूटबद्ध करने के लिए शब्द के अक्षरों से वर्णमाला के क्रम में क्रमश: 2 चरण आगे और दो चरण पीछे के अक्षर लिए गए हैं।

C O U N T R Y   E M W L V P A

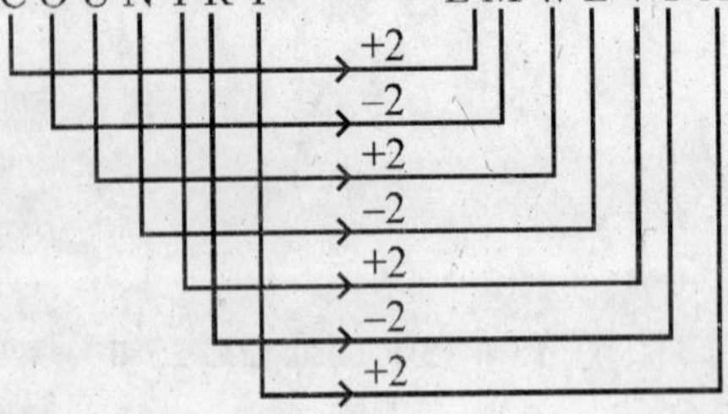

इसी प्रकार,

ELECTORATE   GJGAVMTYVC

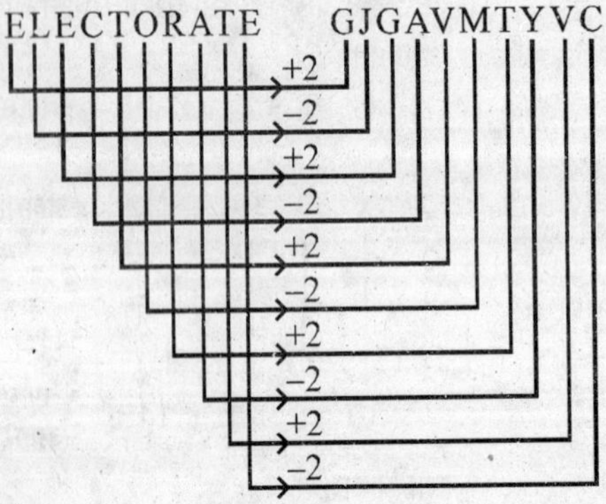

7. *(c)* : शब्द को कूटबद्ध करने के लिए उसके दो क्रमागत अक्षरों को एक दूसरे के स्थान पर लिखा जाता है।

PH IL OS OP HY   HP LI SO PO YH

इसी प्रकार,

OR NA ME NT AL   RO AN EM TN LA

8. *(b)* : कूटबद्ध शब्द का अर्थ-निर्वचन निम्नलिखित रूप में किया गया है :

↓ OP ↓ FG ↓ BC ↓ ST → कूट

N E A R → दिया गया शब्द

अत: कूटबद्ध शब्द का अर्थ-निर्वचन करने के लिए वर्णमाला के अनुक्रम में दो क्रमागत अक्षरों से पहले के अक्षर लिए जाते हैं।

इसी प्रकार,

↓ IJ ↓ VW ↓ HI → दिया गया शब्द

H U G → उत्तर शब्द

9. *(b)* : शब्द PUNCTUAL के अक्षरों को यादृच्छिक क्रम में लेकर ACTUPULN शब्द लिखा गया है। इसी प्रकार संख्या कूट भी लिखा जाएगा

P U N C T U A L → दिया गया शब्द

1 6 5 9 8 6 2 3 → कूट

इसी प्रकार,

A C T U P U L N → कूटबद्ध किया जाने वाला शब्द

2 9 8 6 1 6 3 5 → उत्तर कोड

10. *(d)* : कूट लेखन के लिए प्रयोग में लाई गई संख्याएं वर्णमाला के सीधे क्रम (ABCD...) में अक्षरों के स्थान को सूचित करती है।

O U T → OUT

↓ ↓ ↓

15वां 21वां 20वां → 152120

इसी प्रकार,

I N → IN

↓ ↓

9वां 14वां → 914

11. *(b)* : कूट लेखन के लिए प्रयोग में लाई गई संख्याएं वर्णमाला के उलटे क्रम (ZYXW...) में अक्षरों के स्थान को सूचित करती हैं।

M U S K → MUSK

↓ ↓ ↓ ↓

14वां 6ठा 8वां 16वां → 146816

इसी प्रकार,

Z E R O → ZERO

↓ ↓ ↓ ↓

1ला 22वां 9वां 12वां → 122912

12. (d) : कूटलेखन के लिए प्रयुक्त संख्या वर्णमाला के सीधे क्रम में अक्षरों के स्थान को सूचित करने वाली संख्याओं के योग को सूचित करती है।

B A D
↓ ↓ ↓
2रा 1ला 4था अर्थात् $2+1+4=7$

इसी प्रकार,

H I S
↓ ↓ ↓
8वां 9वां 19वां अर्थात् $8+9+19=36$
तथा, $3+6=9$

और,

L O W
↓ ↓ ↓
12वां 15वां 23वां अर्थात् $12+15+23=50$
तथा $5+0=5$

13. (a) : संख्याएं अक्षरों को निरूपित करती हैं, अतः उत्तर ज्ञात करने के लिए संगत अक्षरों का चयन करें।

3 4 1 7 8 2 0 5 9 6 → कूट
M O N K E Y R A G S → अक्षर

अतः,

7 5 1 9 5 0 4 4 → कूट
K A N G A R O O → उत्तर

14. (a) : शब्द को कूटबद्ध करने के लिए उसके अक्षरों से वर्णमाला के क्रम में बारी-बारी से 4 चरण आगे और 4 चरण पीछे के अक्षर लिए जाते हैं।

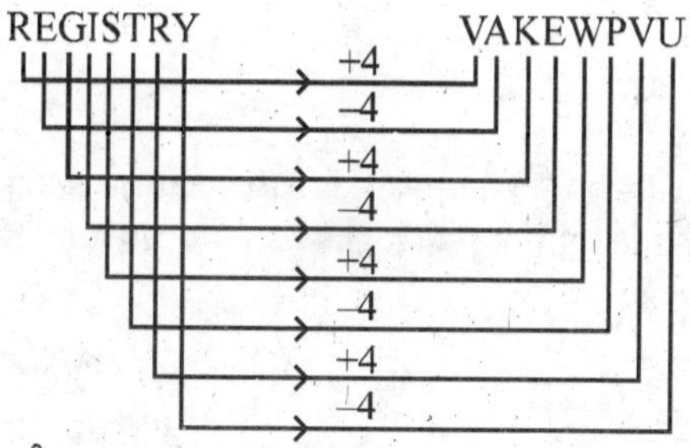

इसी प्रकार,

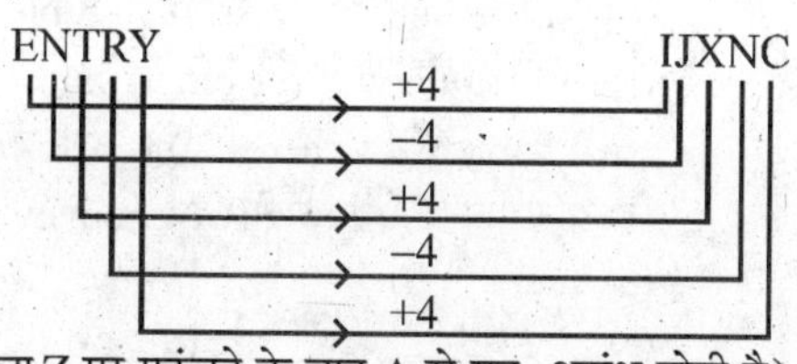

(शृंखला Z पर पहुंचने के बाद A से पुनः आरंभ होती है)

15. (c) : अक्षरों को वर्णमाला के सीधे क्रम में उनके स्थानों द्वारा कूटबद्ध किया गया है।

D A Z E → अक्षर
4 1 26 5 → वर्णमाला के सीधे क्रम में अक्षरों का स्थान

इसी प्रकार, B O Y → अक्षर
2 15 25 → वर्णमाला के सीधे क्रम में अक्षरों का स्थान

16. (c) : जिन शब्दों में D का अक्षर निहित है, वे शब्द हैं :

GRADE और DRAIN → अक्षर
7 2 3 0 8 0 2 3 4 5 → कूट

अतः यह स्पष्ट है कि 'D' का कूट '0' है।

17. (c) : कूटलेखन निम्नवत् किया गया है :

T O D A Y W R O T E D A T E D I R T H
4 5 7 3 8 1 0 5 4 2 7 3 4 2 7 9 0 4 6

TODAY और WROTE इन दोनों शब्दों में 5 की संख्या है और अक्षर 'O' भी। 'T' अक्षर (संख्या कूट 4) हमारा उत्तर नहीं हो सकता क्योंकि यह सभी चारों शब्दों में निहित है।

18. (d) : शब्दों को निम्नवत् कूटबद्ध किया गया है :

ACTION → 014853
FORCE → 25916
REGAIN → 967083

संख्या 7 केवल REGAIN शब्द में ही निरूपित होती है। 'G' को छोड़कर इस शब्द के शेष सभी अक्षर अन्य दोनों शब्दों में दोहराए जाते हैं। अतः G का संख्या कोड 7 है।

19. (c) : शब्दों को निम्नवत् कूटबद्ध किया गया है :

BEAR → 9218
DRUM → 0863
PRY → 485
DOOR → 7998

R के लिए संख्या कूट 8 का प्रयोग हुआ है। R शब्द और संख्या कूट 8 सभी शब्दों में निहित है।

20. (b) : शब्द को निम्नवत् कूटबद्ध किया गया है :

E X A M I N A T I O N
8 3 6 9 0 5 6 7 0 4 5

अतः N के लिए संख्या कूट 5 और A के लिए संख्या कूट 6 का प्रयोग किया गया है।

भाग-II

कूट लेखन विभिन्न प्रकार से किया जाता है। कूटभाषा का प्रयोग न केवल शब्दों और संख्याओं के लिए किया जाता है बल्कि किसी शब्द-समूह, विवरण या कभी-कभी वाक्यों को भी कूटभाषा द्वारा संप्रेषित किया जाता है। इस प्रकार की कूटभाषा से भ्रम की स्थिति उत्पन्न हो सकती है किंतु कुछ प्रश्नों को हल कर लेने के बाद ऐसी कूटभाषा को समझना और हल करना अत्यंत सरल हो जाता है। इस प्रकार की कूटभाषा पर आधारित प्रश्नों को हल करने के लिए अक्षरों को गिनने या छोड़ने अथवा गणितीय परिकलनों की श्रमसाध्य प्रक्रिया को अपनाने की आवश्यकता नहीं होती बल्कि इनके लिए तेजी से मिलान करने या सादृश्यता स्थापित करने की क्षमता ही अपेक्षित होती है। कूट के रूप में अक्षरों या संख्याओं का प्रयोग किया जा सकता है।

हल किए गए उदाहरण

1. यदि किसी कूटभाषा में 'ra mei ket' का अर्थ है 'he is rich'; 'rui pha jeu' का अर्थ है 'run for money'; और 'pha rui ket' का अर्थ है 'money for rich' उस कूटभाषा में 'rich' के लिए निम्नलिखित में से किस कूट का प्रयोग किया गया है?

(*a*) ra (*b*) pha (*c*) ket (*d*) jeu

उत्तर (*c*) : दी गई जानकारी है :

कूट	**वाक्य**
1. ra mei *ket*	he is *rich*
2. rui pha jeu	run for money
3. pha rui *ket*	money for *rich*

कूटों और वाक्यों की तुलना करने पर यह स्पष्ट होता है कि वाक्य 1 और 3 दोनों में 'rich' शब्द है और दोनों ही वाक्यों में इसके लिए 'ket' शब्द का प्रयोग किया गया है।

2. यदि किसी कूटभाषा में 'ni ra ge' का अर्थ है 'who are you'; 'boi wo dur' का अर्थ है 'going far away'; और 'wo ge chi' का अर्थ है 'you went away' तो उस कूटभाषा में 'went' के लिए निम्नलिखित में से किस कूट का प्रयोग किया गया है?

(*a*) ra (*b*) chi (*c*) wo (*d*) boi

उत्तर (*b*) : दी गई सूचना है :

कूट	**वाक्य**
1. ni ra *ge*	who are *you*
2. boi *wo* dur	going far *away*
3. *wo ge* **chi**	*you* **went** *away*

'went' शब्द केवल तीसरे वाक्य में है। 'you' शब्द पहले और तीसरे दोनों वाक्यों में है जिसके लिए इन वाक्यों में 'ge' कूट का प्रयोग किया गया है। शब्द 'away' दूसरे और तीसरे दोनों वाक्यों में है जिसके लिए 'wo' कूट का प्रयोग किया गया है। एकमात्र 'chi' कूट ही ऐसा बचता है जिसका अर्थ 'went' है।

अभ्यास

निर्देश (प्र.सं. 1–13): *नीचे के प्रत्येक प्रश्न में कूटलेखन के पैटर्न को ध्यान से देखें और दिए गए विकल्पों में से सही उत्तर का चयन करें।*

1. यदि किसी कूटभाषा में (a) 'go ju mi' का अर्थ है 'plenty of money'; (b) pao ju go nei vu' का अर्थ है 'money creates lots of problems'; (c) 'kol vu nei' का अर्थ है 'problems create tension'; और (d) 'sol tun ju haw' का अर्थ है 'still money is needed' तो उस कूट भाषा में निम्नलिखित में से किसका अर्थ 'money' है?

(*a*) nei (*b*) ju
(*c*) haw (*d*) go

2. किसी कूटभाषा में (a) 'FOR' का अर्थ है 'old is gold'; (b) 'ROT' का अर्थ है 'gold is pure'; (c) 'ROM' का अर्थ है 'gold is costly'। इसी कूटभाषा में 'pure old gold is costly' कैसे लिखा जाएगा?
(*a*) TFROM (*b*) FOTRM
(*c*) FTORM (*d*) TOMRF

3. यदि किसी कूटभाषा में '415' का अर्थ है 'milk is hot'; '18' का अर्थ है 'hot soup'; और '895' का अर्थ है 'soup is tasty' तो उसी कूटभाषा में 'tasty' शब्द किस संख्या द्वारा निरूपित होगा?
(*a*) 9 (*b*) 8
(*c*) 5 (*d*) 4

4. यदि किसी कूटभाषा में '643' का अर्थ है 'she is beautiful', '593' का अर्थ है 'he is handsome', और '567' का अर्थ है 'handsome meets beautiful' तो उसी कूटभाषा में 'meets' शब्द निम्नलिखित में से किस संख्या द्वारा सूचित होगा?
(*a*) 5 (*b*) 3
(*c*) 7 (*d*) 6

5. किसी कूटभाषा में (a) 'dugo hui mul zo' का अर्थ है 'work is very hard'; (b) 'hui dugo ba ki' का अर्थ है 'Bingo is very smart'; (c) 'nano mul dugo' का अर्थ है 'cake is hard', और (d) 'mul ki qu' का अर्थ है 'smart and hard' इस कूट भाषा में 'Bingo' के लिए किस कूटशब्द का प्रयोग किया गया है?
(*a*) jalu (*b*) dugo
(*c*) ki (*d*) ba

6. किसी कूटभाषा में (a) 'pic vic nic' का अर्थ है 'winter is cold'; (b) 'to nic re' का अर्थ है 'summer is hot'; (c) 're pic boo' का अर्थ है 'winter and summer' और (d) 'vic tho pa' का अर्थ है 'nights are cold' इस कूटभाषा में 'summer' के लिए किस कूटशब्द का प्रयोग किया जाता है?
(*a*) nic (*b*) boo
(*c*) to (*d*) re

7. किसी कूटभाषा में (a) 'mx das sci' का अर्थ है 'good little frock'; (b) 'jm coz sci' का अर्थ है 'girl behaves good'; (c) 'ngv drs coz' का अर्थ है 'girl makes mischief'; और (d) 'das gp coz' का अर्थ है 'little girl fell' इस कूटभाषा में 'frock' के लिए किस कूट शब्द का प्रयोग किया गया है?
(*a*) mx (*b*) das
(*c*) sci (*d*) gp

8. किसी कूटभाषा में 'mu mit es' का अर्थ है 'who is she' और 'elb mu es' का अर्थ है 'where is she' इस कूटभाषा में 'where' के लिए किस कूटशब्द का प्रयोग किया जाता है?
(*a*) es (*b*) elb
(*c*) mu (*d*) mit

9. किसी कूटभाषा में '069' का अर्थ है 'grapes are sweet', '476' का अर्थ है 'very sweet fruit' और '509' का अर्थ है 'grapes are ripe'। इस कूटभाषा में निम्नलिखित में से किस अंक से 'ripe' शब्द सूचित होता है?
(*a*) 0 (*b*) 5
(*c*) 9 (*d*) 7

10. किसी कूटभाषा में 'roi ja kyo twa' का अर्थ है 'Moody is writing letters', 'pok ju ja twa' का अर्थ है 'Woody is writing cards', 'trn kyo pos un' का अर्थ है 'they are writing letters', और 'koi rus pok' का अर्थ है 'gifts and cards'। इसी कूटभाषा में 'Moody' के लिए किस कूटशब्द का प्रयोग किया गया है?
(*a*) ja (*b*) twa
(*c*) roi (*d*) kyo

11. किसी कूटभाषा में 'wre asi amoh kedo' का अर्थ है 'Polo is drinking tea', 'wre epu uki' का अर्थ है 'Polo buys books', और 'buen eld kedo' का अर्थ है 'Libbo drinks tea'। इस कूटभाषा में 'Polo' और 'tea' के लिए किस शब्द का प्रयोग किया गया है?
(*a*) kedo और wre (*b*) asi और buen
(*c*) wre और kedo (*d*) amoh और wre

12. किसी कूटभाषा में (i) 'juka lal mit sut' का अर्थ है 'Hello, how are you?'; (ii) 'mudi sut em nif' का अर्थ है 'Where are they going?'; (iii) 'hu zul met sut' का अर्थ है 'What are their names?'; और (iv) 'lal sut zul pe' का अर्थ है 'Are you going too?' उपर्युक्त कूटभाषा में 'are you' के लिए निम्नलिखित में से किस शब्द का प्रयोग किया गया है?

(*a*) sut mit (*b*) mudi sut
(*c*) juka nif (*d*) sut lal

13. किसी कूटभाषा में 'gri chri' का अर्थ है 'brand new', 'gyp twoh' का अर्थ है 'very old', 'gri bur twoh' का अर्थ है 'old and new' और 'chri deh gyp' का अर्थ है 'old brand car'। इस कूटभाषा में निम्नलिखित में से किसका अर्थ 'new car' है?

(*a*) chri gri (*b*) gri deh
(*c*) deh gyp (*d*) twoh deh

व्याख्यात्मक उत्तर

1. (*b*) :

कूट	वाक्य
1. go *ju* mi	plenty of *money*
2. pao *ju* go nei vu	*money* creates lots of problems
3. kol vu nei	problems create tension
4. sol tun *ju* haw	still *money* is needed

ऊपर के पहले, दूसरे और चौथे कूटों और संबंधित वाक्यों में 'ju' शब्द और उसके लिए 'money' शब्द लिखा गया है।

2. (*a*) : कूट वाक्य

1. FOR old is gold

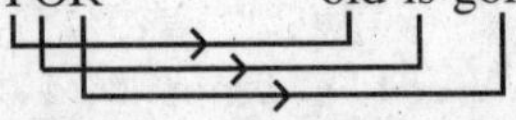

2. ROT gold is pure

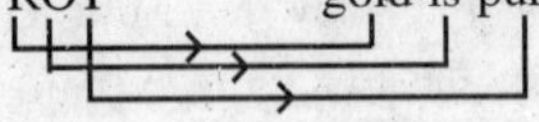

3. ROM gold is costly

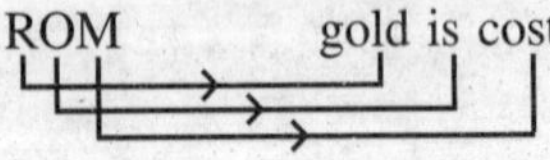

अत:,

F का अर्थ है old
O का अर्थ है is
R का अर्थ है gold
T का अर्थ है pure
M का अर्थ है costly

अत: 'pure old gold is costly' को 'TFROM' द्वारा व्यक्त किया जाएगा।

3. (*a*) :

कूट	वाक्य
1. 415	milk is hot
2. 18	hot soup
3. 895	soup is *tasty*

तीसरे कूट और उससे संबंधित वाक्य में दी गई न तो संख्या '9' और न ही शब्द 'tasty' को किसी अन्य कूट और वाक्य में दोहराया गया है।

4. (*c*) :

कूट	वाक्य
1. 643	she is beautiful
2. 593	he is handsome
3. 567	handsome *meets* beautiful

तीसरे कूट और उससे संबंधित वाक्य में दी गई न तो संख्या '7' और न ही शब्द 'meets' को किसी अन्य कूट और वाक्य में दोहराया गया है।

5. (*d*) :

कूट	वाक्य
1. *dugo hui* mul zo	work *is very* hard
2. *hui dugo* **ba** *ki*	**Bingo** *is very smart*
3. nano mul *dugo*	cake is *hard*
4. mul *ki* qu	*smart* and hard

दूसरे कूट और संबंधित वाक्य में निहित न तो 'ba' और न ही अर्थ शब्द 'Bingo' की पुनरावृत्ति होती है।

(जिन शब्दों की पुनरावृत्ति होती है उन्हें तिरछे अक्षरों में लिखा गया है)

6. (*d*) :

कूट	वाक्य
1. pic vic nic	winter is cold
2. to nic *re*	*summer* is hot
3. *re* pic boo	winter and *summer*
4. vic tho pa	nights are cold

शब्द 'summer' और कूट 're' की दूसरे और तीसरे वाक्यों में पुनरावृत्ति होती है।

7. (*a*) :

कूट	वाक्य
1. **mx** *das sci*	*good little* **frock**
2. jm coz *sci*	girl behaves *good*
3. ngv drs coz	girl makes mischief
4. *das* gp coz	*little* girl fell

शब्द 'frock' केवल पहले वाक्य में है। कूट शब्द 'das' को चौथे वाक्य में और 'sci' को दूसरे वाक्य में दोहराया गया है। अत: स्पष्ट है कि 'frock' के लिए कूट शब्द 'mx' का प्रयोग किया गया है।

8. (*b*) :

कूट	वाक्य
1. *mu* mit *es*	who *is she*
2. **elb** *mu* es	**where** *is she*

कूट शब्दों 'mu' और 'es' को दोनों वाक्यों में दोहराया गया है। केवल कूट शब्द 'elb' ही बचता है जिसका अर्थ 'where' है।

9. (*b*) :

कूट	वाक्य
1. 069	*grapes are* sweet
2. 476	very sweet fruit
3. **5**09	*grapes are* **ripe**

पहले और तीसरे वाक्यों में कूट संख्याओं '0' और '9' की पुनरावृत्ति होती है। अतः स्पष्ट है कि शेष कूट संख्या '5' का ही 'ripe' के लिए प्रयोग किया गया है।

10. (*c*) :

कूट	वाक्य
1. **roi** *ja kyo twa*	**Moody** *is writing letters*
2. pok ju *ja twa*	Woody *is writing* cards
3. trn *kyo* pos un	they are writing *letters*
4. koi rus pok	gifts and cards

'Moody' शब्द केवल पहले वाक्य में है। पहले वाक्य के कूट शब्दों 'ja' और 'twa' की दूसरे वाक्य में पुनरावृत्ति होती है और 'kyo' की तीसरे वाक्य में पुनरावृत्ति होती है। केवल कूट शब्द 'roi' ही बचता है जिसका अर्थ 'Moody' है।

11. (*c*) :

कूट	वाक्य
1. *wre* asi amoh **kedo**	*Polo* is drinking **tea**
2. *wre* epu uki	*Polo* buys books
3. buen eld **kedo**	Libbo drinks **tea**

'Polo' शब्द और 'wre' कूट शब्द पहले और दूसरे दोनों वाक्यों और कूटों में हैं। शब्द 'tea' पहले और तीसरे वाक्यों में है और साथ ही कूट शब्द 'kedo' भी।

12. (*d*) :

कूट	वाक्य
1. juka *lal* mit **sut**	hello, how **are** *you*?
2. mudi **sut** em nif	where **are** they going?
3. hu zul met **sut**	what **are** their names?
4. *lal* **sut** zul pe	**are** *you* going too?

शब्द 'are' सभी चारों वाक्यों में है और इसी प्रकार कूट शब्द 'sut' भी सभी चारों कूट वाक्यों में है। शब्द 'you' का प्रयोग पहले और चौथे वाक्यों में होता है और उसके साथ ही कूट शब्द 'lal' भी पहले और चौथे वाक्यों में उपस्थित है।

13. (*b*):

कूट	वाक्य
1. **gri** chri	brand **new**
2. gyp twoh	very old
3. **gri** bur twoh	old and **new**
4. chri *deh* gyp	old brand *car*

शब्द 'new' पहले और तीसरे वाक्यों में उपस्थित है और उसके साथ ही कूट शब्द 'gri' इन दोनों वाक्यों के संगत कूट वाक्यों में उपस्थित है। शब्द 'car' केवल चौथे वाक्य में है और कूट शब्द 'deh' की किसी अन्य वाक्य में पुनरावृत्ति नहीं होती है।

भाग-III

एक अन्य प्रकार के कूट लेखन में किसी शब्द को कूट नाम दिए जाते हैं जिन्हें आगे भी कूटबद्ध किया जाता है। इस पैटर्न पर आधारित प्रश्न अर्थहीन प्रतीत हो सकते हैं किंतु कूट यथार्थता की बुनियादी बातों से हट कर नहीं होने चाहिए।

हल किए गए उदाहरण

1. यदि किसी कूट भाषा में 'केला' को 'जेली' कहा जाए, 'जेली' को 'हरा' कहा जाए, 'हरा' को 'सेब' कहा जाए, 'सेब' को 'आम' कहा जाए तो उसी कूटभाषा में पत्ते के रंग को क्या कहेंगे?

(*a*) हरा (*b*) आम (*c*) सेब (*d*) केला

उत्तर (*c*) : पत्ता हरे रंग का होता है और प्रश्न में उल्लिखित कूटों के अनुसार 'हरा' को 'सेब' कहा जाता है।

2. यदि 'धूसर' को 'भूरा', 'सफेद' को 'गुलाबी', 'लाल' को 'धूसर', 'काला' को 'लाल' और 'भूरा' को 'सफेद' कहा जाए तो 'कोयला' किस रंग का है?

(*a*) भूरा (*b*) सफेद (*c*) काला (*d*) लाल

उत्तर (*d*) : 'कोयला' काले रंग का होता है और प्रश्न में दिए गए कूटों के अनुसार 'काला' को 'लाल' कहा जाता है।

अभ्यास

निर्देश (प्र.सं. 1–13): *प्रत्येक प्रश्न में दी गई कूटबद्ध सूचना को अच्छी तरह समझें और दिए गए विकल्पों में से सही उत्तर का चयन करें।*

1. यदि किसी कूटभाषा में 'पानी' को 'नीला', 'नीला' को 'लाल', 'लाल' को 'सफेद', 'सफेद' को 'आकाश', 'आकाश' को 'वर्षा', 'वर्षा' को 'हरा', 'हरा' को 'हवा' और 'हवा' को 'मेज' कहा जाए, तो इस कूटभाषा में दूध के रंग को क्या कहेंगे?

(*a*) सफेद (*b*) वर्षा
(*c*) आकाश (*d*) हरा

2. यदि किसी कूटभाषा में 'प्रकाश' को 'अंधकार', 'अंधकार' को 'हरा', 'हरा' को 'नीला', 'नीला' को 'लाल', 'लाल' को 'सफेद' और 'सफेद' को 'पीला' कहा जाता हो तो इस कूटभाषा में रक्त का रंग क्या कहलाएगा?

(*a*) लाल (*b*) अंधकार
(*c*) सफेद (*d*) पीला

3. यदि किसी कूटभाषा में 'आकाश' को 'समुद्र', 'समुद्र' को 'पानी', 'पानी' को 'हवा', 'हवा' को 'बादल' और 'बादल' को 'नदी' कहा जाता हो तो प्यास लगने पर इस कूटभाषा में पीने के लिए किस चीज की मांग करेंगे?

(*a*) आकाश (*b*) हवा
(*c*) पानी (*d*) समुद्र

4. यदि किसी कूटभाषा में 'पीला' का अर्थ 'लाल', 'सफेद' का अर्थ 'हरा', 'लाल' का अर्थ 'नारंगी', 'नीला' का अर्थ 'सफेद' और 'हरा' का अर्थ 'नीला' हो तो उस कूटभाषा में आकाश का रंग क्या है?

(*a*) सफेद (*b*) हरा
(*c*) नीला (*d*) पीला

5. यदि किसी कूटभाषा में 'घर' को 'झोपड़ी', 'झोपड़ी' को 'नहर', 'नहर' को 'स्कूल', 'स्कूल' को 'मैदान', 'मैदान' को 'सुराही' और 'सुराही' को 'तार' कहा जाए तो इस कूटभाषा में छात्रों के पढ़ने की जगह को क्या कहेंगे?

(*a*) मैदान (*b*) सुराही
(*c*) झोपड़ी (*d*) स्कूल

6. यदि किसी कूटभाषा में 'बिल्ली' को 'घोड़ा', 'घोड़ा' को 'चूहा', 'कुत्ता' को 'खरगोश', 'खरगोश' को 'बिल्ली', 'चूहा' को 'कुत्ता' और 'शेर' को 'चींटी' कहा जाए तो इस कूटभाषा मे प्रयुक्त कूटों के आधार पर भौंकने वाले पशु को क्या कहेंगे?

(*a*) कुत्ता (*b*) बिल्ली
(*c*) शेर (*d*) खरगोश

7. यदि 'भूमि' को 'झील', 'झील' को 'पत्थर', 'पत्थर' को 'भारी', 'भारी' को 'स्टेडियम', 'स्टेडियम' को 'महासागर', 'महासागर' को 'वर्षा' और 'वर्षा' को 'आग' कहा जाए तो क्रिकेट के टेस्ट मैच खेले जाने वाले स्थान क्या कहलाते हैं?

(*a*) भारी (*b*) महासागर
(*c*) पत्थर (*d*) भूमि

8. यदि किसी कूटभाषा में 'चिड़िया' को 'राजा', 'राजा' को 'फूल', 'फूल' को 'घन', 'घन' को 'मेज', 'मेज' को 'मनुष्य' और 'मनुष्य' को 'चिड़िया' कहा जाए तो इस कूटभाषा में 'गुलाब' क्या है?

(*a*) मेज (*b*) फूल
(*c*) घन (*d*) मनुष्य

9. यदि किसी कूटभाषा में 'पानी' को 'पत्थर', 'पत्थर' को 'तेल', 'तेल' को 'हवा', 'हवा' को 'लकड़ी', 'लकड़ी' को 'गैस' और 'गैस' को 'द्रव' कहा जाए तो इस कूटभाषा में फर्नीचर किस चीज से बनता है?

(*a*) गैस (*b*) हवा
(*c*) तेल (*d*) द्रव

10. यदि किसी कूटभाषा में 'पिंजड़ा' को 'रॉकेट', 'रॉकेट' को 'फंदा', 'फंदा' को 'ग्रह', 'ग्रह' को 'हवाई जहाज', 'हवाई जहाज' को 'साइकिल' और 'साइकिल' को 'कार' कहा जाए तो इस कूटभाषा में पृथ्वी को क्या कहेंगे?

(*a*) साइकिल (*b*) रॉकेट

(*c*) ग्रह (*d*) हवाई जहाज

11. यदि किसी कूटभाषा में 'लाल' को 'हवा', 'हवा' को 'काला', 'काला' को 'आकाश', 'आकाश' को 'नीला', 'नीला' को 'पवन' और 'पवन' को सफेद कहा जाए तो, इस कूटभाषा में चिड़िया कहां उड़ती हैं?

(*a*) हवा (*b*) आकाश

(*c*) नीला (*d*) पवन

12. यदि किसी कूटभाषा में 'अंधकार' को 'साफ', 'साफ' को 'पवन', 'पवन' को 'प्रकाश', 'प्रकाश' को 'धुंधला', 'धुंधला' को 'भूरा', 'भूरा' को 'भारी' और 'भारी' को 'चमकीला' कहा जाए, तो इस कूटभाषा में बालू के रंग को क्या कहेंगे?

(*a*) धुंधला (*b*) चमकीला

(*c*) प्रकाश (*d*) भारी

13. यदि किसी कूटभाषा में 'नारंगी' को 'राख', 'राख' को 'लाल', 'लाल' को 'नीला', 'नीला' को 'भूरा', 'भूरा' को 'काला', 'काला' को 'सफेद' और 'सफेद' को 'पीला' कहा जाए तो इस कूटभाषा में पेड़ के तने के रंग को क्या कहेंगे?

(*a*) काला (*b*) भूरा

(*c*) नीला (*d*) सफेद

व्याख्यात्मक उत्तर

1. (*c*) : दूध का रंग 'सफेद' होता है और इस कूटभाषा में 'सफेद' को 'आकाश' कहते हैं।

2. (*c*) : रक्त का रंग 'लाल' होता है और इस कूटभाषा में 'लाल' को 'सफेद' कहते हैं।

3. (*b*) : प्यास लगने पर हम 'पानी' पीते हैं और इस कूटभाषा में 'पानी' को 'हवा' कहते हैं।

4. (*a*) : आकाश का रंग 'नीला' होता है और नीला का अर्थ 'सफेद' है।

5. (*a*) : छात्र 'स्कूल' में पढ़ते हैं और 'स्कूल' को इस कूटभाषा में 'मैदान' कहा जाता है।

6. (*d*) : भौंकने वाला पशु 'कुत्ता' है और 'कुत्ता' को इस कूटभाषा में 'खरगोश' कहते हैं।

7. (*b*) : टैस्ट मैच 'स्टेडियम' में खेले जाते हैं और 'स्टेडियम' को इस कूटभाषा में 'महासागर' कहा जाता है।

8. (*c*) : गुलाब एक 'फूल' है और 'फूल' को इस कूटभाषा में 'घन' कहा जाता है।

9. (*a*) : फर्नीचर 'लकड़ी' से बनता है और 'लकड़ी' को इस कूटभाषा में गैस कहते हैं।

10. (*d*) : पृथ्वी एक 'ग्रह' है 'ग्रह' को इस कूटभाषा में हवाई जहाज कहते हैं।

11. (*c*) : चिड़िया 'आकाश' में उड़ती है और 'आकाश' को इस कूटभाषा में 'नीला' कहते हैं।

12. (*d*) : बालू का रंग 'भूरा' होता है और 'भूरा' को इस कूटभाषा में 'भारी' कहते हैं।

13. (*a*) : पेड़ के तने का रंग 'भूरा' होता है और 'भूरा' को इस कूटभाषा में 'काला' कहते हैं।

कथन विश्लेषण
(Statement Analysis)

तर्कबुद्धि परीक्षण से संबंधित इस प्रकार के प्रश्नों में कुछ कथन दिए जाते हैं। इन कथनों में कतिपय तथ्यों को अलग-अलग रूपों में तोड़-मरोड़ कर प्रस्तुत किया जाता है। ऐसे प्रश्नों को हल करने के लिए अभ्यर्थियों से यह अपेक्षा की जाती है कि वे दिए गए कथनों का विश्लेषण करें, दिए गए तथ्यों को सुव्यवस्थित और वर्गीकृत करें तथा तत्पश्चात् दिए गए कथनों से संबंधित प्रश्नों के उत्तर दें।

हल किए गए उदाहरण

1. आइसक्रीम बर्फ के समान ठंडा होता है। बर्फ ओले जितनी ठंडी नहीं होती। हिमकण बर्फ जितने ठंडे नहीं होते किंतु ये आइसक्रीम से अधिक ठंडे होते हैं। इनमें से सर्वाधिक ठंडा क्या है?

(*a*) ओला (*b*) आइसक्रीम (*c*) हिमकण (*d*) हिम

उत्तर (*a*) : ठंडक में वृद्धि को दर्शाने वाला क्रम है–आइसक्रीम, बर्फ, हिमकण, हिम, ओला।

2. नीचे दिए गए कथन को सावधानीपूर्वक पढ़ें और पूछे गए प्रश्नों (*i*) और (*ii*) के उत्तर दें :

पांच आदमी जिनमें से एक वजनी, दूसरा मोटा, तीसरा दुबला-पतला, चौथा नाटा और पांचवां लंबा है, एक दूसरे के पीछे दौड़ रहे हैं। वजनी और लंबे आदमियों में से एक तो कलाकार है और दूसरा बातुनी। दुबला-पतला आदमी जो बुद्धिमान भी है, बीच में दौड़ रहा है। नाटा आदमी काला नहीं है और गोरे रंग का आदमी दुबले-पतले आदमी से आगे दौड़ रहा है। वजनी आदमी जो कलाकार नहीं है, मोटे आदमी के सामने दौड़ रहा है।

(*i*) गोरा कौन है?

(*a*) लंबा आदमी (*b*) मोटा आदमी (*c*) नाटा आदमी (*d*) वजनी आदमी

उत्तर : (*b*)

(*ii*) लंबा आदमी क्या है?

(*a*) बुद्धिमान (*b*) बातुनी (*c*) कलाकार (*d*) काला

उत्तर : (*c*)

पांचों आदमियों के गुणों का चार्ट इस प्रकार है :

वजनी आदमी बातुनी है।
मोटा आदमी गोरा है।
दुबला-पतला आदमी बुद्धिमान है।
नाटा आदमी काला नहीं है।
लंबा आदमी कलाकार है।

अभ्यास

1. A, B, C, D और E पांच मित्र हैं जिनमें से A का वजन B से अधिक है, C का वजन D से कम है, B का वजन D से कम है किंतु E से अधिक है। इनमें से किसका वजन सबसे अधिक है?

(*a*) B (*b*) C
(*c*) A (*d*) कहा नहीं जा सकता

2. झांसी की तुलना में पुणे एक बड़ा शहर है, तथा चित्तौड़ की तुलना में सीतापुर एक बड़ा शहर है। रायगढ़ झांसी जितना बड़ा शहर नहीं है किंतु यह सीतापुर की तुलना में बड़ा शहर है। चित्तौड़ सीतापुर जितना बड़ा शहर नहीं है। इनमें से सबसे छोटा शहर कौन है?

(*a*) झांसी (*b*) पुणे
(*c*) चित्तौड़ (*d*) सीतापुर

3. राम के मुकाबले अजय अधिक काम करता है। आलोक और राजू दोनों एक जितना काम करते हैं। पंकज आलोक के मुकाबले कम काम करता है। राम आलोक के मुकाबले अधिक काम करता है। इनमें से सबसे अधिक काम कौन करता है?

(*a*) अजय (*b*) राम
(*c*) आलोक (*d*) राजू

4. विपुल, हंस से लंबा है। हंस, आनंद से लंबा है। आलोक, अशोक से लंबा है। अशोक, हंस से लंबा है। इन पांचों मित्रों से कौन सबसे अधिक लंबा है?

(*a*) विपुल (*b*) आलोक
(*c*) अशोक (*d*) कहा नहीं जा सकता

5. प्रमोद, गोपाल से लंबा है। गोपाल, मधु से कम लंबा है। यह जानने के लिए कि इनमें सबसे अधिक लंबा कौन है, निम्नलिखित में से कौन–सी अतिरिक्त जानकारी आवश्यक है?

(*a*) मधु, गोपाल से लंबी है
(*b*) मधु, प्रमोद के भाई से कम लंबी है
(*c*) प्रमोद, मधु से लंबा है
(*d*) प्रमोद, मधु के भाई से लंबा है

6. A की आयु B से अधिक है जबकि C और D की आयु E से अधिक है तथा E की आयु A और B की आयुओं के बीच है। यदि C की आयु B की तुलना में अधिक हो तो बताएं कि निम्नलिखित में से कौन–सा कथन अनिवार्यत: सत्य है?

(*a*) E की आयु B से अधिक है
(*b*) A की आयु C से अधिक है
(*c*) C की आयु D से अधिक है
(*d*) D की आयु C से अधिक है

7. विक्रम की लंबाई राजन से अधिक किंतु ऐनी से कम है। जमाल, ऐनी से अधिक लंबा है। सीता, विक्रम से अधिक लंबी है। राजन, सीता से कम लंबा है। इस समूह में सबसे कम लंबाई किसकी है?

(*a*) सीता (*b*) राजन
(*c*) विक्रम (*d*) कहा नहीं जा सकता

8. सुरेश की आयु कमल से उतनी ही अधिक है जितनी कि उसकी आयु प्रबोध से कम है। नवीन और कमल की आयु एक जैसी है। निम्नलिखित में से कौन–सा कथन असत्य है?

(*a*) सुरेश की आयु नवीन से अधिक है
(*b*) कमल की आयु सुरेश से कम है
(*c*) प्रबोध सबसे अधिक आयु का नहीं है
(*d*) नवीन की आयु प्रबोध से कम है

9. प्रमोद आयु में जयेश और सुधीर से बड़ा है। विकास, अनिल से छोटा है। इनमें किसकी आयु सब से अधिक है, यह जानने के लिए निम्नलिखित में से कौन–सी अतिरिक्त जानकारी अपेक्षित है?

(*a*) सुधीर, जयेश से बड़ा है
(*b*) अनिल, जयेश से बड़ा है
(*c*) विकास, प्रमोद से बड़ा है
(*d*) विकास, प्रमोद से छोटा है

10. पांच लड़कों में बसंत, मनोहर से लंबा है किंतु वह राजू जितना लंबा नहीं है। जयंत, दत्ता से लंबा है किंतु मनोहर से उसकी लंबाई कम है। इनमें सबसे अधिक लंबा लड़का कौन है?

(*a*) राजू (*b*) मनोहर
(*c*) बसंत (*d*) कहा नहीं जा सकता

11. A और D एक ही कक्षा में पढ़ते हैं। K और L एक ही कक्षा में पढ़ते हैं। D किस कक्षा में पढ़ता है? इस प्रश्न का उत्तर ज्ञात करने के लिए निम्नलिखित A और B कथनों में से किसमें दी गई सूचना आवश्यक है?

A. D, L से एक कक्षा कम में पढ़ता है
B. A का बड़ा भाई K के साथ पढ़ता है

(*a*) उपर्युक्त A और B दोनों में दी गई सूचनाएं पर्याप्त नहीं हैं
(*b*) उपर्युक्त A और B दोनों में दी गई सूचनाएं अपेक्षित हैं
(*c*) केवल A में दी गई सूचना पर्याप्त है
(*d*) केवल B में दी गई सूचना आवश्यक है

निर्देश (प्र.सं. 12 और 13): (A) गोपाल की लंबाई अशोक से कम किंतु केशव से अधिक है; (B) नवीन की लंबाई केशव से कम है; (C) जयेश की लंबाई नवीन से अधिक है; (D) अशोक की लंबाई जयेश से अधिक है।

12. इनमें सबसे अधिक लंबा कौन है ?
(*a*) गोपाल (*b*) अशोक
(*c*) जयेश (*d*) नवीन

13. उपर्युक्त प्रश्न का उत्तर देने के लिए निम्नलिखित में से कौन-सी सूचना आवश्यक नहीं है ?
(*a*) A (*b*) B
(*c*) C (*d*) D

निर्देश (प्र.सं. 14–16): *नीचे दिए गए कथन को ध्यानपूर्वक पढ़ें और इसमें दी गई सूचना के आधार पर प्रश्न संख्या 14 – 16 में पूछे गए प्रश्नों के उत्तर दें :*

रवि, हरी, मनु और जतिन चार मित्र हैं। इनमें से एक कानपुर में रहता है और उसे लिखने-पढ़ने का शौक है। हरी और जतिन लखनऊ में रहते हैं। हरी को डाक टिकटें एकत्रित करने का शौक है। लखनऊ में रहने वाले दोनों मित्रों में से प्रत्येक को सिक्के एकत्रित करने का शौक है। रवि इलाहाबाद में रहता है। लखनऊ में रहने वाला एक लड़का संगीत सुनना भी पंसद करता है। इलाहाबाद में रहने वाले लड़के को यात्रा करने और कॉमिक्स पढ़ने का शौक है। यदि सभी लड़कों में से प्रत्येक को दो शौक हों तो निम्नलिखित प्रश्नों के उत्तर दें :

14. कानपुर में कौन रहता है ?
(*a*) जतिन (*b*) मनु
(*c*) रवि (*d*) हरी

15. सिक्के एकत्रित करने और संगीत सुनने का शौक निम्नलिखित में से किसे है ?
(*a*) मनु (*b*) रवि
(*c*) हरी (*d*) जतिन

16. निम्नलिखित में से कौन-सा शौक रवि को नहीं है ?
(*a*) कॉमिक्स पढ़ना (*b*) पढ़ना
(*c*) यात्रा करना (*d*) कहा नहीं जा सकता

निर्देश (प्र.सं. 17–19): *नीचे उल्लिखित कथन को ध्यानपूर्वक पढ़ें और पूछे गए प्रश्नों के उत्तर दें :*

एक समूह में A, B, C, D और E पांच व्यक्ति हैं। इनमें से दो पुरुष हैं। केवल तीन व्यक्ति तैरना जानते हैं जिनमें एक पुरुष है। इस समूह में एक विवाहित जोड़ा भी है जिसमें पति को तैरना आता है। A, D की छोटी बहन है और B, E का पति है। C तैराकी का चैम्पियन है।

17. समूह में अविवाहित पुरुष कौन है ?
(*a*) C (*b*) B
(*c*) A (*d*) D

18. निम्नलिखित में से कौन-सी दो महिलाएं तैरना जानती हैं ?
(*a*) A और C (*b*) C और D
(*c*) D और E (*d*) A और E

19. निम्नलिखित में से किन दो व्यक्तियों को तैरना नहीं आता ?
(*a*) B और D (*b*) D और E
(*c*) A और E (*d*) A और D

निर्देश (प्र.सं. 20–24): *निम्नलिखित सूचना को ध्यानपूर्वक पढ़ें और पूछे गए प्रश्नों का उत्तर दें :*

(*i*) P, Q, R, S, T और U किसी परिवार के छह सदस्य हैं जिनमें से दो विवाहित जोड़े हैं।
(*ii*) T एक शिक्षक है और उसका विवाह एक डॉक्टर से हुआ है जो R और U की मां है।
(*iii*) Q एक वकील है औऱ इसका विवाह P से हुआ है।
(*iv*) P का एक पुत्र और एक पोता है।
(*v*) दो विवाहित महिलाओं में से एक गृहिणी है।
(*vi*) परिवार में एक छात्र और एक इंजीनियर भी है जो पुरुष है।

20. निम्नलिखित में से कौन गृहिणी है ?
(*a*) Q (*b*) P
(*c*) S (*d*) T

21. निम्नलिखित में से कौन-सा समूह परिवार की महिलाओं का है ?
(*a*) QTR
(*b*) PSR
(*c*) PSU
(*d*) दी गई सूचना अपर्याप्त है

22. परिवार में पोती के बारे में निम्नलिखित में से कौन-सी सूचना सत्य है ?
(*a*) वह एक छात्रा है
(*b*) वह एक इंजीनियर है
(*c*) वह एक वकील है
(*d*) दी गई सूचना अपर्याप्त है

23. R का U से क्या संबंध है?
(*a*) भाई (*b*) बहन
(*c*) भाई या बहन (*d*) सूचना अपर्याप्त है

24. P, R का कौन है?
(*a*) दादा (*b*) मां
(*c*) बहन (*d*) दादी

निर्देश (प्रश्न 25–29) : *निम्नलिखित सूचना का अध्ययन करें और पूछे गए प्रश्नों के उत्तर दें :*

(*i*) किसी शिक्षण संस्थान में A, B, C, D, E, F, G और H आठ संकाय सदस्य हैं जो अलग-अलग विषय पढ़ाते हैं।
(*ii*) इनमें तीन महिलाएं हैं और चार के पास पी.एच.डी. की उपाधि है।
(*iii*) E मनोविज्ञान पढ़ाता है और उसने पी.एच.डी. की उपाधि प्राप्त की है। A रसायनशास्त्र पढ़ाता है।
(*iv*) अर्थशास्त्र को पढ़ाने वाले संकाय सदस्य के पास पी.एच.डी. की उपाधि नहीं है। संकाय की कोई भी महिला सदस्य कॉमर्स या विधि विषय नहीं पढ़ाती। विधि संकाय पी.एच.डी. की उपाधि प्रदान नहीं करता।
(*v*) D और G में से कोई भी संकाय सदस्य वाणिज्य या भौतिक विज्ञान नहीं पढ़ाता।
(*vi*) H और C महिला सदस्य हैं और इनके पास पी.एच.डी. की उपाधि नहीं है। F को पी.एच.डी. की उपाधि प्राप्त है और वह प्राणिशास्त्र पढ़ाता है।
(*vii*) B और G के पास पी.एच.डी. की उपाधि है और G एक महिला सदस्य है।

25. निम्नलिखित में से किस महिला सदस्य को पी.एच.डी. की उपाधि प्राप्त है?
(*a*) G (*b*) C और D
(*c*) G और H (*d*) कहा नहीं जा सकता

26. निम्नलिखित में से कौन-सा बेमेल है?
(*a*) रसायनशास्त्र – पुरुष सदस्य – पी.एच.डी उपाधि प्राप्त
(*b*) प्राणिशास्त्र – पुरुष सदस्य – पी.एच.डी. की उपाधि प्राप्त
(*c*) भौतिक विज्ञान – महिला सदग्य – पी.एच.डी. की उपाधि प्राप्त
(*d*) अर्थशास्त्र – महिला सदस्य – पी.एच.डी. उपाधि प्राप्त नहीं की है

27. भौतिक विज्ञान कौन पढ़ाता है?
(*a*) C (*b*) H
(*c*) H या C (*d*) C या G

28. निम्नलिखित में से कौन-सा कथन सत्य है?
(*a*) तीन पुरुष सदस्यों को पी.एच.डी. की उपाधि प्राप्त है
(*b*) दो महिला सदस्यों को पी.एच.डी. की उपाधि प्राप्त है
(*c*) अर्थशास्त्र पढ़ाने वाले व्यक्ति के पास पी.एच.डी. की उपाधि नहीं है
(*d*) प्राणिशास्त्र पढ़ाने वाले व्यक्ति को पी.एच.डी. की उपाधि नहीं है

29. G द्वारा कौन-सा विषय पढ़ाया जाता है?
(*a*) प्राणिशास्त्र
(*b*) भौतिक विज्ञान या अर्थशास्त्र
(*c*) भौतिक विज्ञान या प्राणिशास्त्र
(*d*) कहा नहीं जा सकता

व्याख्यात्मक उत्तर

1. (*d*) : वजन के घटते क्रम में इन मित्रों को निम्नवत् श्रेणीबद्ध किया जा सकता है : A/D, B/C, E या A/D, B, C/E अत: इन मित्रों में से A या D का वजन सबसे अधिक है।

2. (*c*) : आकार के घटते क्रम में शहरों के नाम हैं : पुणे, झांसी, रायगढ़, सीतापुर, चित्तौड़।

3. (*a*) : इन व्यक्तियों के नामों का इनके द्वारा किए जाने वाले काम की मात्रा के घटते क्रम में निम्नलिखित अनुक्रम होगा :
अजय, राम, आलोक/राजू, पंकज।

4. (*d*) : लंबाई के घटते क्रम में इन व्यक्तियों के नाम हैं : विपुल/आलोक, अशोक, हंस, आनंद। अत: विपुल या आलोक में से कोई एक सबसे अधिक लंबा है।

5. (*c*) : दी गई सूचना के अनुसार प्रमोद और मधु दोनों ही गोपाल से अधिक लंबे हैं। विकल्प (*c*) में दी गई जानकारी से ही यह पता चलता है कि सबसे अधिक लंबा कौन है।

6. (a) : आयु के घटते क्रम में इन व्यक्तियों को निम्नवत् विन्यस्त किया जा सकता है :
A/C/D, E, B.

7. (b) : लंबाई के घटते क्रम में इन व्यक्तियों को निम्नवत् विन्यस्त किया जा सकता है :
जमाल/सीमा, ऐनी, विक्रम, राजन
या
जमाल, सीता/ऐनी, विक्रम, राजन

8. (c) : आयु के घटते क्रम में इन व्यक्तियों को निम्नवत् विन्यस्त किया जा सकता है :
प्रबोध, सुरेश, कमल/नवीन

9. (c) : आयु के घटते क्रम में इन व्यक्तियों को निम्नवत् विन्यस्त किया जा सकता है :
1. प्रमोद, जयेश/सुधीर
और
2. अनिल, विकास
विकल्प (c) इन दोनों कथनों के बीच संबंध स्थापित करता है।

10. (a) : लंबाई के घटते क्रम में इन लड़कों को निम्नवत् विन्यस्त किया जा सकता है :
राजू, बसंत, मनोहर, जयंत, दत्ता

11. (a) : दोनों में से किसी भी कथन में उपयोगी सूचना नहीं दी गई है।

12. (b) : लंबाई के घटते क्रम में इन व्यक्तियों को निम्नवत् विन्यस्त किया जा सकता है :
अशोक, गोपाल/जयेश, केशव, नवीन
या
अशोक, गोपाल, केशव/जयेश, नवीन

13. (c) **14. (b)** **15. (d)** **16. (b)**

प्रश्न संख्या 17 से 19 तक के प्रश्नों के उत्तर के लिए सूचना चार्ट नीचे दिया गया है :

A. महिला (D की छोटी बहन) : तैराकी जानती है।
B. पुरुष (E का पति) : तैराकी जानता है।
C. महिला : तैराकी की चैम्पियन
D. पुरुष (A का भाई)
E. महिला (B की पत्नी)

विवाहित जोड़े B और E में से पति (B) तैराकी जानता है। C तैराकी की एक चैम्पियन है। तीन व्यक्ति तैरना जानते हैं जिनमें केवल B ही पुरुष है। अतः तैराकी जानने वाली दो महिलाएं C और A (D की छोटी बहन) हैं। पांच व्यक्तियों के इस समूह में दो पुरुष हैं जिनमें एक B है और दूसरा D होगा।

17. (d) **18. (a)** **19. (b)**

20. (b) : एक विवाहित महिला S जो R और U की मां है, डाक्टर है। Q एक वकील है और उसका विवाह P से हुआ है। दो विवाहित महिलाओं में से एक गृहिणी है। चूंकि Q वकील है, अतः इससे जिस महिला का विवाह हुआ है और जो गृहिणी है वह निश्चित रूप से P होगी।

21. (d) : R और U का लिंग नहीं बताया गया है।

22. (a) : P का पुत्र T है और एक पोता है जो R या U है जिसमें से कोई एक इंजीनियर है। अतः परिवार में पोती एक छात्रा है।

23. (c) : R और U का लिंग नहीं बताया गया है किंतु ये दोनों S के बच्चे हैं तथा R और U में से एक पुरुष इंजीनियर है, अतः R,U का भाई या बहन है।

24. (d)

प्रश्न संख्या 25 से 29 के उत्तर के लिए चार्ट

संकाय सदस्य	लिंग	पढ़ाए जाने वाले विषय	पी.एच.डी. की उपाधि प्राप्त या पी.एच.डी. की उपाधि प्राप्त नहीं
A	पुरुष	रसायनशास्त्र	पी.एच.डी. की उपाधि प्राप्त नहीं
B	पुरुष	वाणिज्य	पी.एच.डी. की उपाधि प्राप्त
C	महिला	भौतिक विज्ञान या अर्थशास्त्र	पी.एच.डी. की उपाधि प्राप्त नहीं
D	पुरुष	विधिशास्त्र	पी.एच.डी. की उपाधि प्राप्त नहीं
E	पुरुष	मनोविज्ञान	पी.एच.डी. की उपाधि प्राप्त
F	पुरुष	प्राणिशास्त्र	पी.एच.डी. की उपाधि प्राप्त
G	महिला	X	पी.एच.डी. की उपाधि प्राप्त
H	महिला	भौतिक विज्ञान या अर्थशास्त्र	पी.एच.डी. की उपाधि प्राप्त नहीं

25. (a) **26. (c)** **27. (c)** **28. (a)** **29. (d)**

स्थान व्यवस्थीकरण
(Place Arrangement)

स्थान व्यवस्थीकरण का सामान्य अर्थ है दी गई सूचनाओं के आधार पर व्यक्तियों या वस्तुओं का स्थान-क्रम निर्धारित करना। इसके लिए आवश्यक है कि स्थान-क्रम को अच्छी तरह समझा जाए और तत्पश्चात् दिए गए प्रश्नों को उपलब्ध कराई गई सूचना के आधार पर हल करने का प्रयास किया जाए।

हल किए गए उदाहरण

1. पांच लड़के एक सीढ़ी पर चढ़ रहे हैं। सीढ़ी पर डेविड लड़कों के बीच में है। कार्तिक सबसे पीछे है। अनमोल नीतिन से आगे है जो अनमोल और डैनी दोनों के पीछे है। सीढ़ी पर सबसे आगे कौन है?

(*a*) डैनी
(*b*) अनमोल
(*c*) डैनी या अनमोल
(*d*) कहा नहीं जा सकता

उत्तर (*c*) : लड़कों के सीढ़ी पर चढ़ने का निम्नलिखित क्रम है :

डैनी		अनमोल
अनमोल		डैनी
डेविड	या	डेविड
नीतिन		नीतिन
कार्तिक		कार्तिक

अतः इस बात की पूर्ण संभावना है कि सीढ़ी पर सबसे आगे डैनी या अनमोल है।

2. पांच व्यक्ति किसी पंक्ति में एक दूसरे के पीछे चल रहे हैं। पंक्ति में सबसे आगे और सबसे पीछे चल रहे व्यक्तियों में एक व्यक्ति बुद्धिमान और दूसरा मूर्ख है। एक नाटे व्यक्ति के पीछे एक मजबूत कद काठी का व्यक्ति चल रहा है। मूर्ख व्यक्ति के सामने एक दुबला व्यक्ति चल रहा है। नाटा व्यक्ति बुद्धिमान व्यक्ति और मजबूत कद काठी के व्यक्ति के बीच में है। पंक्ति में बीचों-बीच कौन चल रहा है?

(*a*) नाटा व्यक्ति
(*b*) मजबूत कद-काठी का व्यक्ति
(*c*) दुबला व्यक्ति
(*d*) बुद्धिमान व्यक्ति

उत्तर (*b*) : पांचों व्यक्तियों का पंक्ति में स्थान-क्रम निम्नवत् है :

मूर्ख, दुबला व्यक्ति, मजबूत कद-काठी का व्यक्ति, नाटा व्यक्ति, बुद्धिमान व्यक्ति।

अभ्यास

निर्देश (प्र.सं. 1–10): *निम्नलिखित प्रश्नों में व्यवस्थीकरण के पैटर्न को समझें और तत्पश्चात् दिए गए विकल्पों में से सही उत्तर का चयन करें:*

1. पांच लड़के एक पंक्ति में बैठे हैं। रघु, श्याम या अमित की बगल में नहीं बैठा है। अजय, श्याम की बगल में नहीं बैठा है। रघु, मयंक की बगल में बैठा है। यदि मयंक पंक्ति में बीच में बैठा हो तो अजय निम्नलिखित में से किसकी बगल में बैठा है?

(*a*) अमित (*b*) रघु
(*c*) मयंक (*d*) श्याम

2. मिनी, रजनी के दाएं और अनंता के बाएं बैठी है। सत्या, मिनी के दाएं बैठी है किंतु वह जया के बाएं है। यदि सभी लड़कियां उत्तर दिशा की ओर मुंह किए बैठी हों तो इनमें से सबसे बाएं छोर पर कौन बैठी है?

(*a*) जया (*b*) मिनी
(*c*) रजनी (*d*) सत्या

3. किट्टू, मोहन और सोहन के बीच बैठा है। राजू, सोहन की बायीं ओर और श्याम, मोहन की दाहिनी ओर बैठा है। यदि ये सभी मित्र दक्षिण दिशा की ओर मुंह करके बैठे हों, तो सबसे दाहिने छोर पर कौन बैठा है?

(*a*) मोहन (*b*) सोहन
(*c*) किट्टू (*d*) श्याम

4. A, B, C, D और E एक दूसरे के पीछे दौड़ रहे हैं। C, E के निकट नहीं है और A, D के निकट नहीं है। B, A के पीछे है और E, D के निकट नहीं है। इनके बीच में कौन व्यक्ति है?

(*a*) B (*b*) E
(*c*) A (*d*) कहा नहीं जा सकता

5. O, P, Q, R, S और T एक बेंच पर अपनी लंबाई के घटते क्रम में खड़े हैं। P, O से अधिक लंबा है किंतु S से उसकी लंबाई कम है। केवल S ही T से अधिक लंबा है। R, P से कम लंबा है किंतु वह Q से अधिक लंबा है। इनमें किसकी लंबाई सबसे कम है?

(*a*) O (*b*) Q
(*c*) P (*d*) कहा नहीं जा सकता

6. छह मित्र एक गोल घेरे में बैठ कर ताश खेल रहे हैं। केनी, डैनी की बायीं ओर बैठा है। माइकल, बॉब और जॉन के बीच बैठा है। रॉजर, केनी और बॉब के बीच बैठा है। माइकल की दाहिनी ओर कौन बैठा है?

(*a*) डैनी (*b*) जॉन
(*c*) केनी (*d*) बॉब

7. चार लड़कियां A, B, C और D एक गोल घेरे में बैठी हैं। B और C का मुंह एक दूसरे की ओर है। निम्नलिखित कथनों में से कौन-सा निश्चित रूप से सत्य है?

(*a*) A, C की बायीं ओर बैठी है
(*b*) D, C की बायीं ओर बैठी है
(*c*) A और D एक दूसरे के आमने-सामने बैठी हैं
(*d*) A, B और C के बीच नहीं बैठी है

8. 10 पुस्तकों के एक ढेर में 3 पुस्तकें इतिहास की, 3 हिंदी की, 2 गणित की और 2 अंग्रेजी की पुस्तकें हैं। यदि ऊपर से देखा जाए तो इतिहास और गणित की एक-एक पुस्तकों के बीच अंग्रेजी की एक पुस्तक है, गणित और अंग्रेजी की एक-एक पुस्तकों के बीच इतिहास की एक पुस्तक है, अंग्रेजी और गणित की एक-एक पुस्तकों के बीच एक हिंदी की पुस्तक है, हिंदी की दो पुस्तकों के बीच गणित की एक पुस्तक है तथा गणित और इतिहास की एक-एक पुस्तकों के बीच हिंदी की दो पुस्तकें हैं। इस ढेर में किस विषय की पुस्तक ऊपर से छठे स्थान पर है?

(*a*) अंग्रेजी (*b*) हिंदी
(*c*) इतिहास (*d*) गणित

9. पांच व्यक्ति A, B, C, D और E एक पंक्ति में आपकी ओर मुंह करके इस प्रकार बैठे हैं कि D, C की बायीं ओर बैठा है और B, E की दाहिनी ओर बैठा है। A, C की दाहिनी ओर बैठा है और B, D की बायीं ओर बैठा है। यदि E कोने में बैठा हो तो बीच में कौन बैठा है?

(*a*) A (*b*) B
(*c*) C (*d*) D

10. छह मित्र A, B, C, D, E और F एक गोल घेरे में खड़े हैं। B, F और C के बीच में है, A, E और D के बीच में है, F, D की बायीं ओर है। A और F के बीच कौन है?

(*a*) C (*b*) B
(*c*) D (*d*) E

निर्देश (प्र.सं. 11–13): *नीचे दिए गए कथन को ध्यानपूर्वक पढ़ें और पूछे गए प्रश्नों के उत्तर दें :*

A, B, C, D और E एक पंक्ति में खड़े हैं। पंक्ति के एक छोर पर D और दूसरे छोर पर C है। B, E की दाहिनी ओर खड़ा है। A, C की बायीं ओर खड़ा है तथा E, D और B के बीच खड़ा है।

11. पंक्ति के बीच में कौन खड़ा है?

(*a*) E (*b*) D
(*c*) B (*d*) A

12. A निम्नलिखित में से किसके बीच खड़ा है?

(*a*) B और D (*b*) E और B
(*c*) C और E (*d*) B और C

13. B की दाहिनी ओर कौन खड़ा है?

(*a*) C (*b*) E
(*c*) A (*d*) D

निर्देश (प्र.सं. 14 और 15): *निम्नलिखित कथनों को सावधानी पूर्वक पढ़ें और पूछे गए प्रश्नों के उत्तर दें :*

एक शेल्फ में पांच कमीजें एक ढेर में एक के ऊपर एक रखी हुई हैं। इस ढेर में लाल कमीज नीली कमीज के ऊपर रखी गई है और हरे रंग की कमीज नारंगी रंग की कमीज के नीचे रखी गई है। नीली कमीज नारंगी रंग की कमीज के ऊपर तथा सफेद कमीज हरी कमीज के नीचे रखी गई है।

14. लाल और नारंगी रंग की कमीजों के बीच रखी कमीज किस रंग की है?

(*a*) सफेद रंग की (*b*) हरे रंग की
(*c*) नीले रंग की (*d*) आंकड़े अपर्याप्त हैं

15. सबसे नीचे किस रंग की कमीज है?

(*a*) लाल (*b*) सफेद
(*c*) नारंगी (*d*) कहा नहीं जा सकता

निर्देश (प्र.सं. 16–18): *निम्नलिखित प्रश्नों को ध्यानपूर्वक पढ़ें और पूछे गए प्रश्नों के उत्तर दें :*

(*i*) A, B, C, D और E एक पांच मंजिली इमारत में रहते हैं।
(*ii*) B और E भूतल पर नहीं रहते।
(*iii*) D, A से एक मंजिल ऊपर और C से एक मंजिल नीचे के तल पर रहता है
(*iv*) E सबसे ऊपर वाली मंजिल पर नहीं रहता।

16. D किस मंजिल पर रहता है?

(*a*) दूसरी (*b*) चौथी
(*c*) पांचवीं (*d*) पहली

17. इनमें से कितने व्यक्ति C से ऊपर वाली मंजिल पर रहते हैं?

(*a*) 3 (*b*) 2
(*c*) 4 (*d*) 1

18. उपर्युक्त दोनों प्रश्नों का उत्तर ज्ञात करने के लिए दिए गए चार कथनों में से किसे छोड़ा जा सकता है?

(*a*) केवल (*iv*) (*b*) केवल (*ii*) और (*iii*)
(*c*) कोई नहीं (*d*) केवल (*i*)

निर्देश (प्र.सं. 19 और 20): *निम्नलिखित सूचना को ध्यान से पढ़ें और नीचे पूछे गए प्रश्नों के उत्तर दें :*

(*i*) एक मेज पर एक के ऊपर एक मनोविज्ञान, हिंदी, अंग्रेजी, समाज विज्ञान, अर्थशास्त्र, शिक्षाशास्त्र और लेखाशास्त्र विषयों की सात पुस्तकें रखी हैं।
(*ii*) इनमें समाज विज्ञान की पुस्तक सभी पुस्तकों के ऊपर है।
(*iii*) लेखाशास्त्र की पुस्तक शिक्षाशास्त्र की पुस्तक के ठीक नीचे है जो समाज विज्ञान की पुस्तक के ठीक नीचे रखी गई है।
(*iv*) अर्थशास्त्र की पुस्तक मनोविज्ञान की पुस्तक के ठीक ऊपर किंतु सभी पुस्तकों के बीच में नहीं रखी गई है।
(*v*) हिंदी की पुस्तक मनोविज्ञान की पुस्तक के ठीक नीचे रखी गई है।

19. लेखाशास्त्र और हिंदी की पुस्तकों के बीच किन विषयों की तीन पुस्तकें रखी गई हैं?

(*a*) अर्थशास्त्र, मनोविज्ञान और हिंदी
(*b*) अर्थशास्त्र, मनोविज्ञान और शिक्षाशास्त्र
(*c*) अंग्रेजी, अर्थशास्त्र और मनोविज्ञान
(*d*) कहा नहीं जा सकता

20. अर्थशास्त्र की पुस्तक निम्नलिखित में से किन पुस्तकों के बीच रखी गई है?

(*a*) लेखाशास्त्र और शिक्षाशास्त्र
(*b*) मनोविज्ञान और हिंदी
(*c*) अंग्रेजी और मनोविज्ञान
(*d*) कहा नहीं जा सकता

निर्देश (प्र.सं. 21–25): *नीचे के कथनों को सावधानीपूर्वक पढ़ें और पूछे गए प्रश्नों के उत्तर दें :*

(*i*) P, Q, R, S, T और U को किसी एक तल पर दो पंक्तियों में स्थित छह फ्लैट जिनका मुख्य दरवाजा एक पंक्ति वाले

फ्लैटों का उत्तर की ओर और दूसरी पंक्ति वाले फ्लैटों का दक्षिण की ओर खुलता है, आवंटित किए जाते हैं।

(*ii*) Q के फ्लैट का मुख्य दरवाजा उत्तर दिशा में खुलता है और उसका फ्लैट S के बगल वाला फ्लैट नहीं है।

(*iii*) S और U के फ्लैट विकर्णतः सम्मुख फ्लैट हैं।

(*iv*) U के बगल में R को दक्षिण मुखी फ्लैट मिलता है और T के फ्लैट का मुख्य दरवाजा उत्तर दिशा में खुलता है।

21. निम्नलिखित में से किन व्यक्तियों को आवंटित फ्लैटों का मुख्य दरवाजा दक्षिण दिशा में खुलता है?

(*a*) URP (*b*) UPT
(*c*) QTS (*d*) सूचना अपर्याप्त है

22. SU को छोड़ अन्य किन व्यक्तियों को आवंटित फ्लैट विकर्णतः सम्मुख फ्लैट हैं?

(*a*) PT (*b*) QP
(*c*) QR (*d*) TS

23. Q और S को आवंटित फ्लैटों के बीच में किसका फ्लैट है?

(*a*) T (*b*) U
(*c*) R (*d*) P

24. यदि T और P अपने आवंटित फ्लैटों को आपस में बदल लें तो U के बगल में किसका फ्लैट होगा?

(*a*) Q (*b*) T
(*c*) P (*d*) R

25. उपर्युक्त प्रश्नों का उत्तर ज्ञात करने के लिए निम्नलिखित में से किन कथनों को छोड़ा जा सकता है?

(*a*) कोई नहीं (*b*) केवल (i)
(*c*) केवल (ii) (*d*) केवल (iii)

व्याख्यात्मक उत्तर

1. (*b*) : पांचों लड़कों के पंक्ति में बैठने का निम्नलिखित क्रम है:

अमित, श्याम, मयंक, अजय, रघु

या

अजय, रघु, मयंक, अमित, श्याम

2. (*c*) : इन सभी लड़कियों के बैठने का निम्नलिखित क्रम है:

रजनी, मिनी, अनंता, सत्या, जया

या

सत्या, जया, अनंता

या

सत्या, अनंता, जया

3. (*d*) : दक्षिण दिशा की ओर मुंह करके बैठने पर इन मित्रों के बैठने का निम्नलिखित क्रम होगा :

श्याम, मोहन, किट्टू, सोहन, राजू

4. (*a*) : दौड़ते समय ये व्यक्ति निम्नलिखित क्रम में एक दूसरे के पीछे होंगे :

E E
A A
B या B
C D
D C

5. (*d*) : लंबाई के घटते क्रम में ये व्यक्ति बेंच पर निम्नलिखित विन्यास में खड़े होंगे :

S S
T T
P या P
R R
O Q
Q O

इनमें या तो O या फिर Q सबसे छोटा है। दी गई सूचना उत्तर ज्ञात करने के लिए पर्याप्त नहीं है।

6. (*d*) : इन छह मित्रों के बैठने का निम्नलिखित क्रम है :

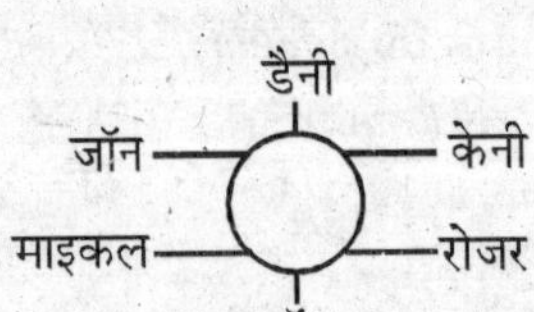

7. (*c*) : इन लड़कियों के बैठने का निम्नलिखित क्रम होगा :

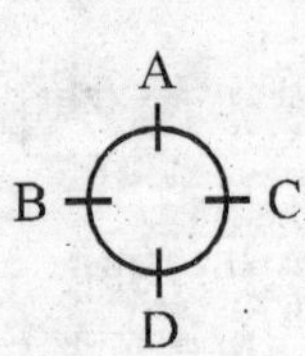

या

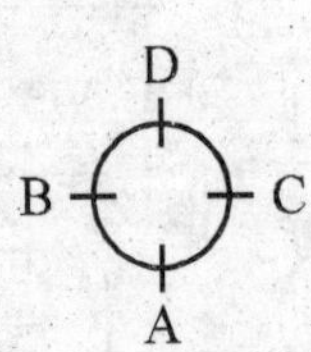

8. *(b)* **:** पुस्तकें निम्नलिखित विषय-क्रम में एक दूसरे के ऊपर रखी गई हैं :

पहला — इतिहास
अंग्रेजी
गणित
इतिहास
अंग्रेजी
छठा — हिंदी
गणित
हिंदी
हिंदी
दसवां — इतिहास

9. *(d)* **:** हमारी ओर मुंह किए बैठे इन व्यक्तियों का निम्नलिखित क्रम होगा :
A, C, D, B, E

10. *(c)* **:** ये मित्र निम्नलिखित क्रम में एक दूसरे की बगल में खड़े हैं

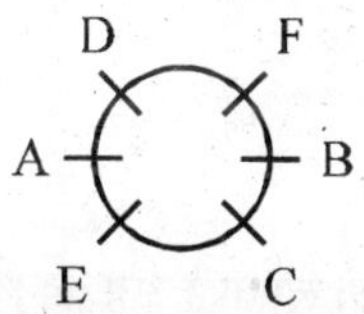

11. *(c)* **:** प्रश्न संख्या 16 से 18 के संदर्भ में बताए गए पांच व्यक्ति पंक्ति में निम्नलिखित क्रम में खड़े हैं :
D, E, B, A, C.

12. *(d)* **13.** *(c)*

14. *(c)* **:** प्रश्न संख्या 14 और 15 के संदर्भ में शेल्फ में कमीजों को निम्नलिखित क्रम में रखा गया है :

लाल कमीज
नीली कमीज
नारंगी रंग की कमीज
हरे रंग की कमीज
सफेद कमीज

15. *(b)*

प्रश्न संख्या 16 से 18 के संदर्भ में दी गई सूचना के अनुसार पांच मंजिली इमारत में A, B, C, D और E निम्नलिखित क्रम में रहते हैं :

B
E
C
D
A भूतल

16. *(d)* **17.** *(b)* **18.** *(c)*

19. *(c)* **:** पुस्तकें निम्नलिखित क्रम में एक दूसरे के ऊपर रखी गई हैं :

समाज विज्ञान
शिक्षाशास्त्र
लेखाशास्त्र
अंग्रेजी
अर्थशास्त्र
मनोविज्ञान
हिंदी

20. *(c)*

प्रश्न संख्या 21 से 25 के संदर्भ में दिए गए कथनों के अनुसार आवंटित किए गए फ्लैटों की अवस्थिति निम्नवत् है :

Q T S ↑N इनका मुख्य दरवाजा उत्तर दिशा में खुलता है
U R P ↓S इनका मुख्य दरवाजा दक्षिण दिशा में खुलता है

21. *(a)* **22.** *(b)* **23.** *(a)*

24. *(d)* **:** नई स्थिति निम्नवत् होगी :

Q P S ↑N उनका मुख्य दरवाजा उत्तर दिशा में खुलता है
U R T ↓S इनका मुख्य दरवाजा दक्षिण द्रिशा में खुलता है

25. *(a)*

दिशा ज्ञान परीक्षण
(Direction Sense)

इस प्रकार के प्रश्न अभ्यर्थियों की सही दिशा-निर्देशों को समझने की योग्यता की जांच करने हेतु पूछे जाते हैं। ऐसे प्रश्न दिशा-चार्ट पर आधारित होते हैं :

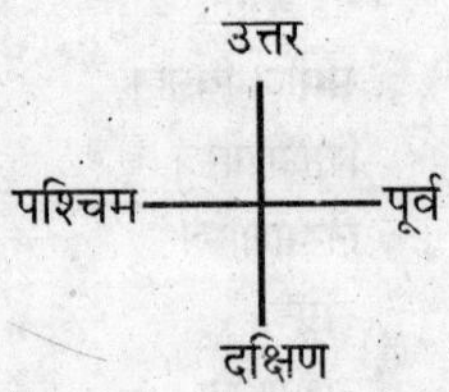

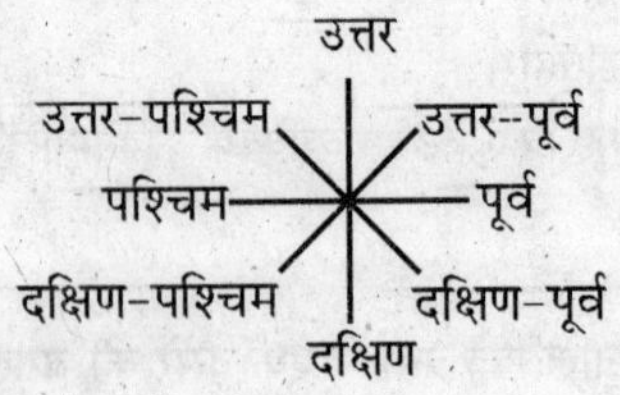

विभिन्न दिशाओं का बोध बाएं या दाएं मोड़ या कोणीय मोड़ों द्वारा निर्देशित होता है।

हल किए गए उदाहरण

1. एक व्यक्ति उत्तर दिशा में चल रहा है। वह दो बार दाहिने मुड़ता है और फिर चलने लगता है अब वह किस दिशा में चल रहा है?

(*a*) उत्तर (*b*) दक्षिण (*c*) पूर्व (*d*) पश्चिम

उत्तर (*b*) :

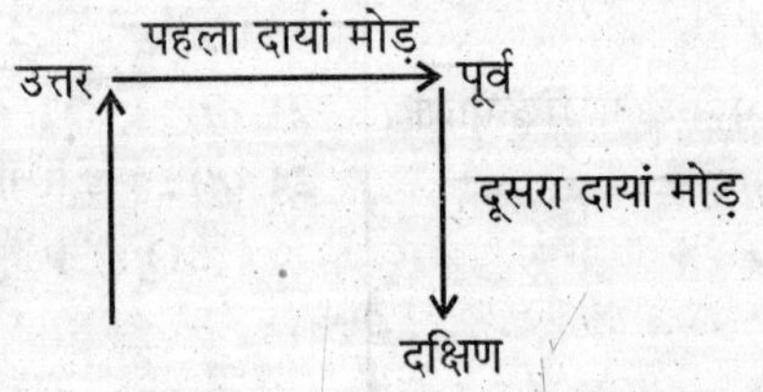

दिशा चार्ट का अनुसरण करने पर यह स्पष्ट होता है कि वह व्यक्ति अब दक्षिण दिशा में चल रहा है।

2. एक व्यक्ति पूर्व दिशा में चल रहा है। वह पहले 45° बाएं और तब 90° दाएं मुड़ता है। अब वह किस दिशा में चल रहा है?

(*a*) उत्तर (*b*) उत्तर-पश्चिम (*c*) उत्तर-पूर्व (*d*) पश्चिम

उत्तर (c) :

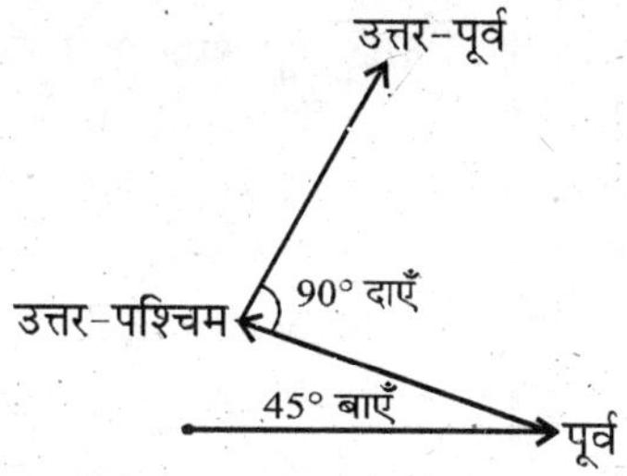

45° मोड़ का अर्थ है, सीधी दिशा न होकर दो दिशाओं के बीच में जाना। 90° मोड़ में भी दो दिशाएं शामिल हैं और व्यक्ति उत्तर-पश्चिम में न जाकर उत्तर-पूर्व दिशा में जाने लगता है।

एक दिशा को छोड़कर दूसरी दिशा में जाने पर व्यक्ति किस दिशा में गति कर रहा है, इसे जानने के लिए सही दिशा-निर्देशों को समझने की आवश्यकता है। साथ ही अभ्यर्थियों को कागज पर दिशा की जानकारी होना भी आवश्यक है। दिशा चार्ट की सहायता से दूरियों को भी सरलतापूर्वक मापा जा सकता है।

अभ्यास

निर्देश (प्र.सं. 1–25): *नीचे के प्रत्येक प्रश्न में सही दिशा/ दूरी दर्शाने के लिए दिए गए विकल्पों से सही उत्तर का चयन करें।*

1. किट्टू पहले पूर्व दिशा में चलता है और तब दक्षिण दिशा में चलता है। दक्षिण दिशा में कुछ दूरी तय करने के बाद वह पश्चिम दिशा में मुड़ जाता है और तब अपने बाएं मुड़ जाता है। अब वह किस दिशा में चल रहा है?

(*a*) उत्तर (*b*) दक्षिण
(*c*) पूर्व (*d*) पश्चिम

2. एक व्यक्ति पश्चिम दिशा में अपनी गाड़ी चला रहा है। वह दक्षिण दिशा में चले इसके लिए उसे निम्नलिखित में से कौन से मोड़ मुड़ने चाहिए?

(*a*) बायीं ओर, दायीं ओर, दायीं ओर
(*b*) दायीं ओर, दायीं ओर, बायीं ओर
(*c*) बायीं ओर, बायीं ओर, बायीं ओर
(*d*) दायीं ओर, दायीं ओर, दायीं ओर

3. ऋचा अपनी गाड़ी से दक्षिण दिशा में 8 किमी आगे चलकर बायीं ओर मुड़ जाती है और 5 किमी. आगे चलती है। वहां वह एक बार फिर से बायीं ओर मुड़कर 8 किमी. आगे चलती है। अब वह अपने शुरु के स्थान से कितनी दूरी पर है?

(*a*) 3 किमी. (*b*) 5 किमी.
(*c*) 8 किमी. (*d*) 13 किमी.

4. डिंगी अपनी गाड़ी से उत्तर की ओर 40 किमी. की दूरी तय करती है, वहां वह दायीं ओर मुड़कर 50 किमी आगे जाती है जहां वह एक बार फिर से दायीं ओर मुड़कर 30 किमी. आगे जाती है, और तब फिर से दायीं ओर मुड़कर 50 किमी. और आगे जाती है। यहां वह अपने आरंभिक बिंदु से कितनी दूरी पर है?

(*a*) 90 किमी. (*b*) 50 किमी.
(*c*) 10 किमी. (*d*) 5 किमी.

5. देबू पहले पूर्व की ओर और तब उत्तर की ओर चलता है तथा वहां वह 45° दायें मुड़कर कुछ देर आगे चलता है और अंततः बायीं ओर मुड़ जाता है। अब वह किस दिशा में चल रहा है?

(*a*) उत्तर (*b*) पूर्व
(*c*) दक्षिण-पूर्व (*d*) उत्तर-पश्चिम

6. यदि उत्तर का उत्तर-पश्चिम, उत्तर-पश्चिम का पश्चिम, पश्चिम का दक्षिण-पश्चिम और इसी प्रकार अन्य दिशाओं का भी नामकरण किया जाए तो दक्षिण पूर्व को क्या कहा जाएगा?

(*a*) पूर्व (*b*) पश्चिम
(*c*) उत्तर-पूर्व (*d*) दक्षिण-पूर्व

7. मैं अपने घर से उत्तर दिशा में 15 मीटर चला, तब पश्चिम दिशा में मुड़कर 10 मीटर और आगे चला, यहां दक्षिण दिशा में मुड़कर मैंने 5 मीटर की एक अन्य दूरी तय की और तब पूर्व की ओर मुड़कर 10 मीटर की दूरी तय की। बताइए कि मैं अपने आरंभिक स्थान से किस दिशा में हूँ?

(*a*) पूर्व (*b*) पश्चिम
(*c*) उत्तर (*d*) दक्षिण

8. मैं अपने घर से उत्तर दिशा में चला और तब बायीं ओर मुड़ गया। अब कुछ देर तक आगे चलने के बाद मैं फिर से बायीं ओर मुड़ा और तब दायीं ओर मुड़ गया। बाद में आगे चलते हुए मैं बायीं ओर और एक बार फिर से बायीं ओर मुड़ा। बताइए कि अब मैं किस दिशा में चल रहा हूँ?

(*a*) उत्तर (*b*) दक्षिण
(*c*) पूर्व (*d*) पश्चिम

9. राज पश्चिम दिशा में चल रहा है। वह आगे चलते हुए अपने दाएं, फिर दाएं और तब बाएं, हर बार 45° के कोण पर मुड़ा। बताइए कि अब वह किस दिशा में चल रहा है?

(*a*) उत्तर-पूर्व (*b*) दक्षिण-पूर्व
(*c*) पूर्व (*d*) पश्चिम

10. जतिन अपने घर से उत्तर दिशा में 12 किमी. चलता है। तब वह अपनी दायीं ओर मुड़कर 12 किमी. की एक अन्य दूरी तय करता है। वह एक बार फिर से दायीं ओर मुड़ता है और 12 किमी. की एक अन्य दूरी तय करके बायीं ओर मुड़ता है ओर तब 5 किमी. आगे चलता है। बताइए कि इस समय वह अपने घर से कितनी दूरी पर है और किस दिशा में है?

(*a*) 7 किमी., पूर्व दिशा
(*b*) 10 किमी., पूर्व दिशा
(*c*) 17 किमी., पूर्व दिशा
(*d*) 24 किमी., पूर्व दिशा

11. एक महिला उत्तर दिशा में 12 किमी. चलती है, तब वह दक्षिण दिशा में 6 किमी. चलती है और तत्पश्चात् पूर्व दिशा में 8 किमी चलती है। इस समय वह अपने आरंभिक बिंदु से कितनी दूरी पर है और किस दिशा में चल रही है?

(*a*) 5 किमी., उत्तर-पूर्व (*b*) 5 किमी., पूर्व
(*c*) 10 किमी., उत्तर-पूर्व (*d*) 10 किमी., पश्चिम

12. दिव्या पूर्व दिशा में 10 किमी. की यात्रा करती है, और तब दक्षिण-पश्चिम दिशा में 10 किमी. की यात्रा करती है। वह एक बार फिर से मुड़कर उत्तर-पश्चिम दिशा में 10 किमी. चलती है। बताइए कि अब वह अपने आरंभिक बिंदु से किस दिशा में चल रही है?

(*a*) दक्षिण (*b*) उत्तर
(*c*) पश्चिम (*d*) पूर्व

13. मनु अपने घर से उत्तर दिशा में 40 किमी. चलती है, फिर दाएं मुड़कर 80 किमी. आगे जाती है जहां वह एक बार फिर से दाएं मुड़कर 30 किमी. आगे चलती है अंत में वह एक बार फिर से दाएं मुड़ती है और इस मार्ग पर वह 80 किमी. आगे की यात्रा करती है। यदि यहां से वह सीधे 50 किमी. आगे बढ़ती है और तब बाएं मुड़कर अंतिम 10 किमी. की एक और दूरी तय करती हो तो बताइए कि अब वह अपने घर से कितनी दूरी पर है?

(*a*) 10 किमी. (*b*) 30 किमी.
(*c*) 40 किमी. (*d*) 50 किमी.

14. मैं अपने घर से 18 किमी. उत्तर की ओर चलता हूं और तब बाईं ओर मुड़कर 4 किमी. की एक अन्य दूरी तय करता हूं जहां से दायीं ओर मुड़कर मैं 12 किमी. की एक अन्य दूरी तय करता हूं। बताइए कि इस समय मैं अपने घर से कितनो दूरी पर और किस दिशा में हूं?

(*a*) 8 किमी. उत्तर (*b*) 10 किमी. पश्चिम
(*c*) 16 किमी. दक्षिण (*d*) 34 किमी. उत्तर

15. रवि अपनी गाड़ी से पश्चिम दिशा में 12 किमी. जाता है। वहां वह दक्षिण दिशा में मुड़कर 3 किमी. आगे की यात्रा करता है, जहां वह पूर्व दिशा में मुड़कर 8 किमी. की यात्रा करता है। बताइए कि इस समय वह अपने आरंभिक बिंदु से कितनी दूरी पर है?

(*a*) 3 किमी. (*b*) 5 किमी.
(*c*) 7 किमी. (*d*) 11 किमी.

16. एक बच्चा अपने घुटनों के बल उत्तर दिशा में 20 फीट आगे बढ़ता है जहां वह दायीं ओर मुड़कर 30 फीट और आगे बढ़ता है और तब फिर से दायीं ओर मुड़कर 35 फीट आगे जाता है। यहां वह बायीं ओर मुड़कर 15 फीट और आगे जाता है। यहां वह एक बार फिर से बायीं ओर मुड़ता है और 15 फीट और आगे बढ़ता है। अंततः वह फिर से बायीं ओर मुड़कर 15 फीट और आगे जाता हैं। बताइए कि इस समय वह अपने आरंभिक स्थान से कितना दूर और किस दिशा में है?

(*a*) 45 फीट, उत्तर-पूर्व (*b*) 30 फीट, पूर्व
(*c*) 30 फीट, पश्चिम (*d*) 15 फीट, पश्चिम

17. एक व्यक्ति अपने घर से दक्षिण दिशा में 100 किमी. की दूरी तय करता है। वहां से वह दायीं ओर मुड़कर 100 किमी. आगे बढ़ता है और एक बार फिर से दायीं

ओर मुड़कर 50 किमी. आगे जाता है। बताइए कि वह अपने घर से अब किस दिशा में है?

(*a*) उत्तर (*b*) उत्तर-पूर्व
(*c*) पूर्व (*d*) दक्षिण-पश्चिम

18. एक रेलगाड़ी अपने आरंभिक स्टेशन से चलकर पश्चिम दिशा में 120 किमी. जाती है, तब दक्षिण दिशा में 30 किमी. और उसके बाद किसी एक स्टेशन पर पहुंचने से पहले पूर्व दिशा में 80 किमी. चलती है। बताइए कि यह स्टेशन ट्रेन के आरंभिक स्टेशन से किस दिशा में है?

(*a*) दक्षिण-पश्चिम (*b*) उत्तर-पश्चिम
(*c*) दक्षिण-पूर्व (*d*) दक्षिण

19. पश्चिम दिशा में मुंह करके प्रिया 20 मीटर आगे जाती है, और तब बायीं ओर मुड़कर आगे 40 मीटर जाती है। वहां वह एक बार फिर से बायीं ओर मुड़कर 20 मीटर और आगे जाती है। तब वह दायीं ओर मुड़कर 20 मीटर आगे स्थित पार्क में पहुंचती है। यह पार्क उसके आरंभिक बिंदु से कितनी दूर और किस दिशा में अवस्थित है?

(*a*) 20 मीटर, दक्षिण (*b*) 40 मीटर, पश्चिम
(*c*) 60 मीटर, दक्षिण (*d*) 100 मीटर, पूर्व

20. यदि सभी दिशाएं घूम जाएं अर्थात् यदि उत्तर दिशा घूमकर पश्चिम दिशा हो जाए और पूर्व दिशा घूमकर उत्तर दिशा हो जाए तथा इसी प्रकार अन्य दिशाएं भी घूम जाएं तो उत्तर-पश्चिम दिशा बदल कर कौन-सी दिशा हो जाएगी?

(*a*) दक्षिण-पश्चिम (*b*) उत्तर-पूर्व
(*c*) पूर्व-उत्तर (*d*) पूर्व-पश्चिम

21. राज की कार का मुंह पश्चिम की ओर है। वह अपनी कार को बायीं ओर मोड़ कर 10 किमी. जाता है, और फिर से बायीं ओर मुड़कर 10 किमी. और आगे जाता है। वहां वह दायीं ओर मुड़ता है और 40 किमी. आगे जाता है। वहां वह एक बार फिर से दायीं ओर मुड़ता है और 30 किमी. आगे जाता है। अंत में वह एक बार फिर दायीं ओर मुड़कर 50 किमी. आगे जाता है। बताइए कि अब वह अपने आरंभिक स्थान से कितनी दूर है?

(*a*) 10 किमी. (*b*) 20 किमी.
(*c*) 40 किमी. (*d*) 60 किमी.

22. A और B किसी एक बिंदु से एक साथ चलना आरंभ करते हैं। वे उत्तर दिशा में 10 किमी. जाते हैं। वहां A बायीं ओर मुड़ कर 5 किमी. आगे जाता है जबकि B दायीं ओर मुड़कर 3 किमी. आगे जाता है जहां से A एक बार फिर से बायीं ओर मुड़कर 15 किमी. आगे जाता है और B दायीं ओर मुड़कर 15 किमी. आगे जाता है। बताइए कि अब A और B एक दूसरे से कितनी दूरी पर हैं?

(*a*) 18 किमी. (*b*) 10 किमी.
(*c*) 5 किमी. (*d*) 8 किमी.

23. तरुण पूर्व दिशा में चल रहा है। यदि वह उत्तर दिशा में चलना चाहता है तो उसे निम्नलिखित से में कौन से मोड़ नहीं मुड़ने चाहिए?

(*a*) दायां, दायां, बायां, दायां, दायां
(*b*) दायां, दायां, बायां, बायां, बायां,
(*c*) दायां, दायां, दायां
(*d*) दायां, बायां, दायां, बायां

24. सोनी और मोनी किसी एक स्थान से चलना शुरू करती हैं। सोनी पश्चिम दिशा में और मोनी दक्षिण दिशा में चलती है। 20 किमी. आगे जाने के बाद सोनी बायीं ओर मुड़ जाती है और 15 किमी. आगे बढ़ती है। मोनी 10 किमी. आगे जाने के बाद बायीं ओर मुड़ती है और तब 5 किमी. आगे जाती है। इसी समय सोनी अपने स्थान से बायीं ओर मुड़कर 25 किमी. आगे जाती है जबकि मोनी अपने स्थान से दाहिनी ओर मुड़ती है और 5 किमी. आगे जाती है। बताइए कि यहां सोनी और मोनी एक दूसरे से कितनी दूरी पर हैं।

(*a*) 5 किमी.
(*b*) वे अपने आरंभिक बिंदु पर वापस पहुंच गए हैं
(*c*) वे अपनी यात्रा समाप्ति पर एक ही स्थान पर पहुंचती हैं
(*d*) दी गई सूचना अपर्याप्त है

25. सीता के घर का मुख्य दरवाजा दक्षिण दिशा में खुलता है। वह अपने घर से निकलकर सामने की दिशा में 10 मीटर जाती है, वहां से बायीं ओर मुड़कर वह 5 मीटर आगे जाती है और तब फिर से बायें मुड़कर 15 मीटर आगे जाती है और तब एक बार फिर से बायें मुड़कर 10 मीटर आगे जाती है। अंततः वह दायें मुड़ती है और 5 मीटर आगे जाकर अपने मित्र के घर पहुंचती है। सीता के मित्र के घर का मुख्य दरवाजा किस दिशा में खुलता है?

(*a*) उत्तर (*b*) दक्षिण
(*c*) पश्चिम (*d*) पूर्व

व्याख्यात्मक उत्तर

1. (b)

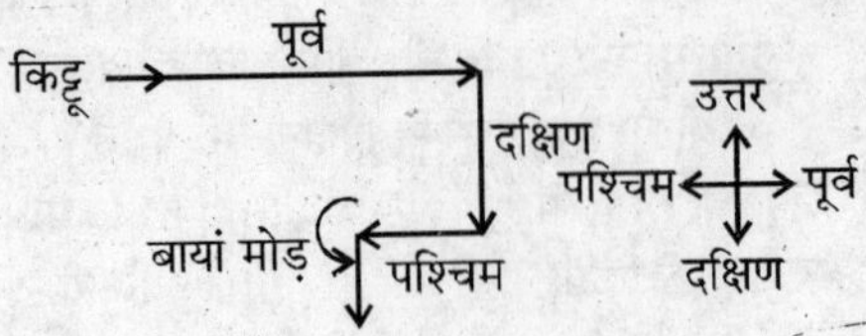

2. (d) :

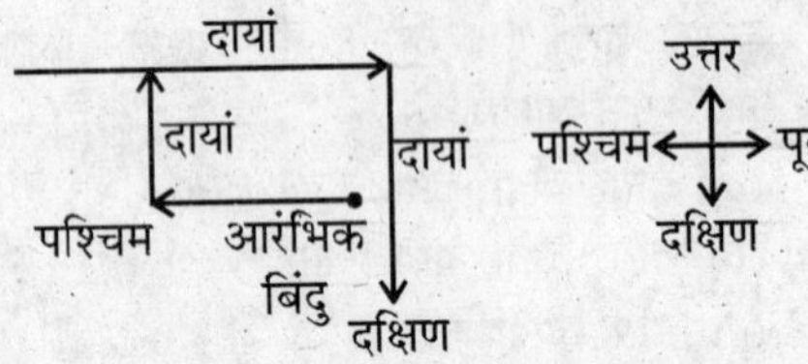

3. (b) :

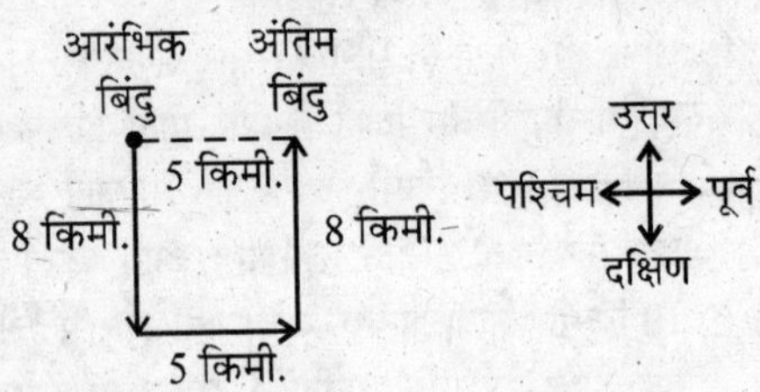

4. (c) :

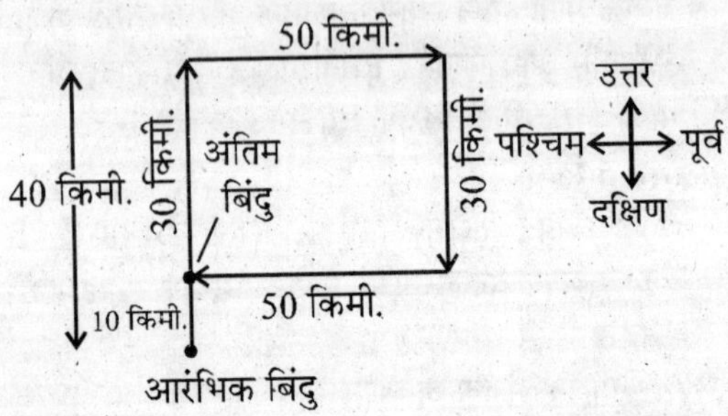

5. (d) :

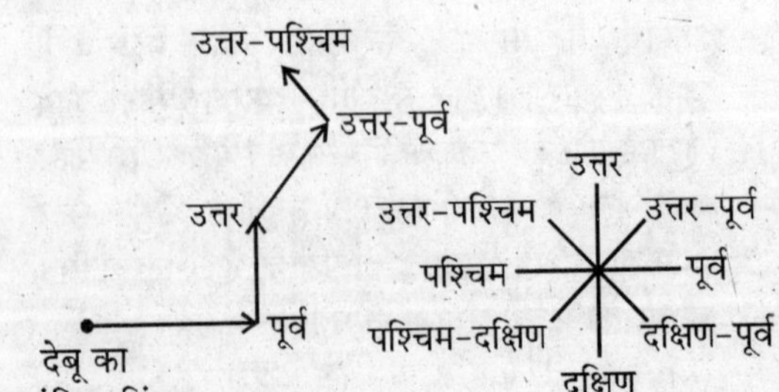

6. (a) :

मूल दिशाएं

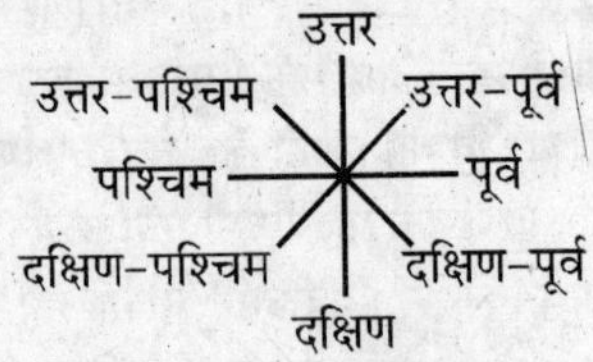

बदली हुई दिशाएं

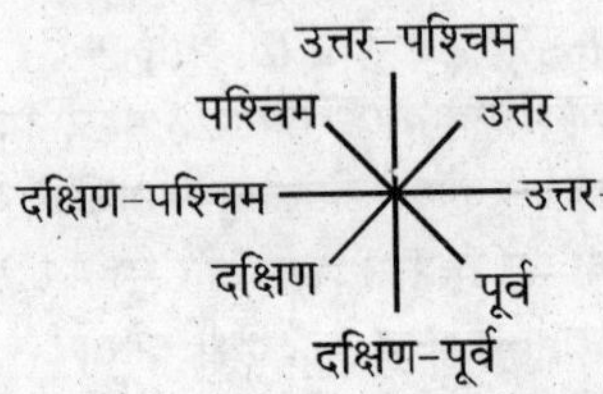

7. (c) :

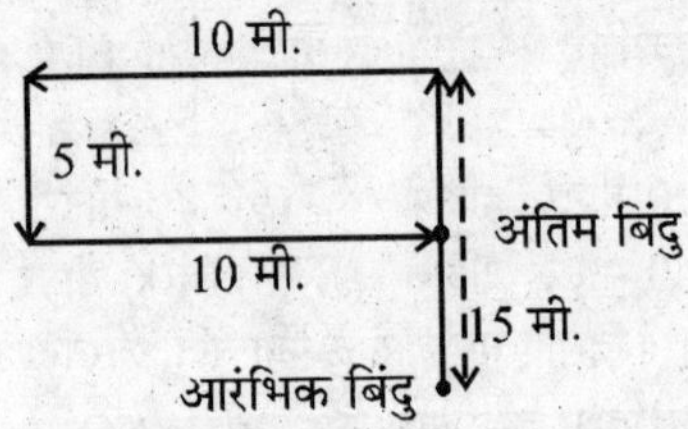

अंतिम बिंदु आरंभिक बिंदु से 10 मीटर उत्तर की ओर है।

8. (c) :

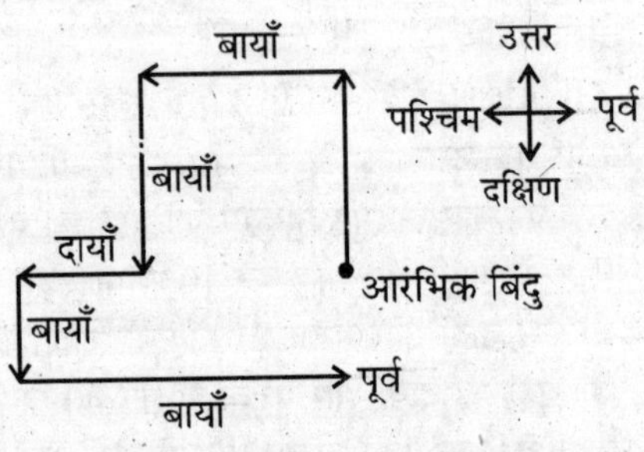

9. (a) :

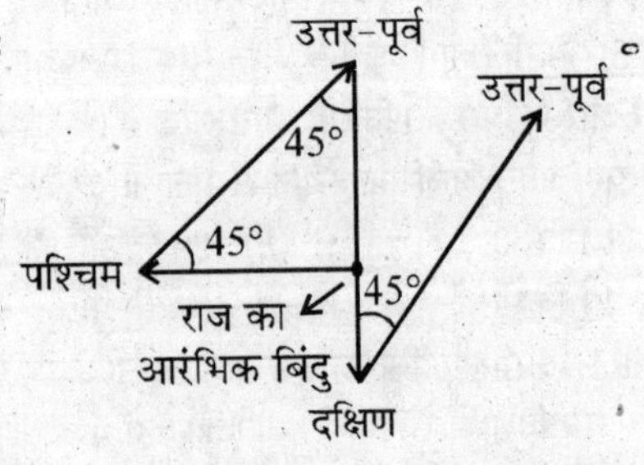

10. (c) : (12 किमी. + 5 किमी. = 17 किमी.)

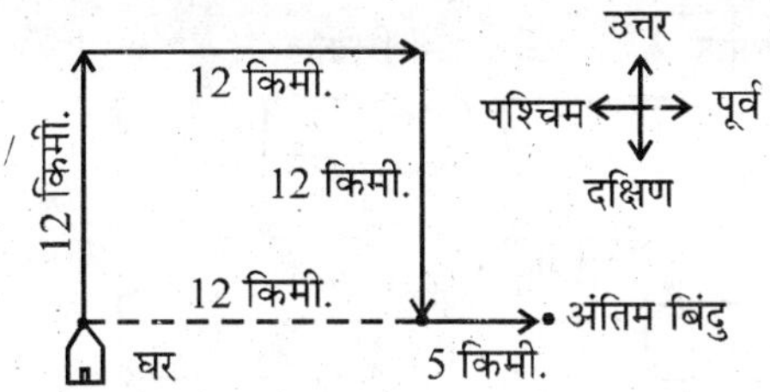

11. (c) : $ab = \sqrt{ac^2 + bc^2}$

$$ab = \sqrt{8^2 + 6^2} = \sqrt{64 + 36} = \sqrt{100} = 10$$

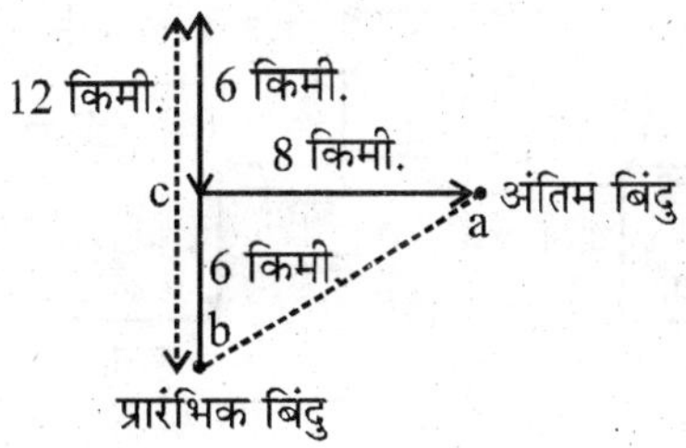

12. (c) :

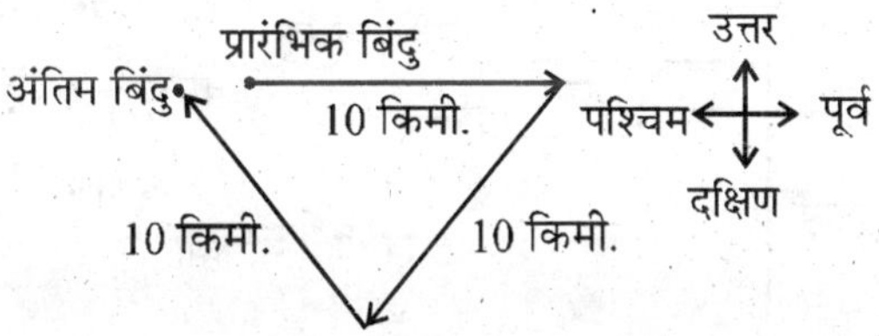

13. (d) :

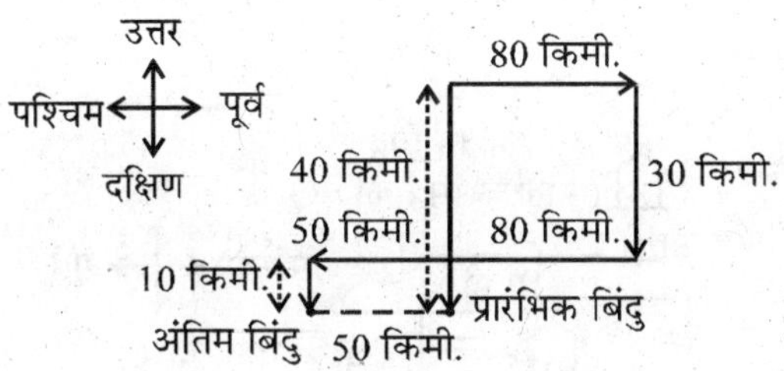

14. (d) :

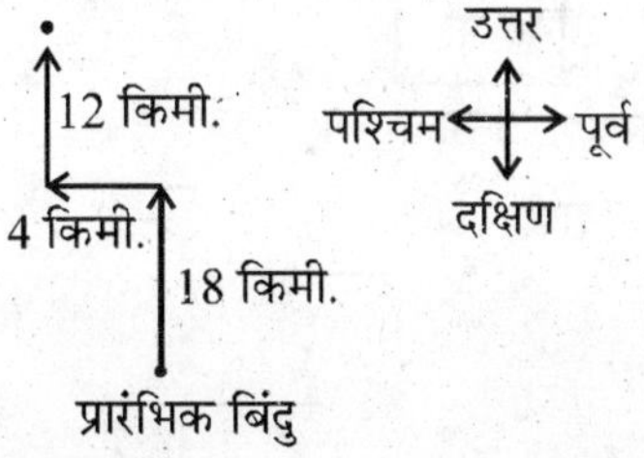

कुल दूरी = 18 + 4 + 12 = 34 किमी.

15. (b) : $ab = \sqrt{bc^2 + ca^2}$

$$ab = \sqrt{3^2 + 4^2} = \sqrt{9 + 16} = \sqrt{25} = 5$$

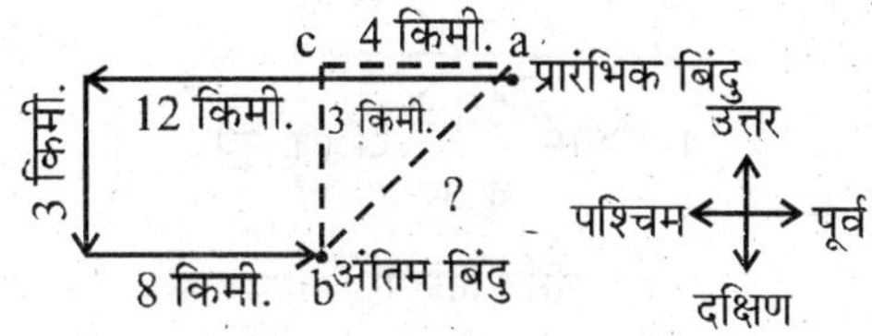

16. (b) :

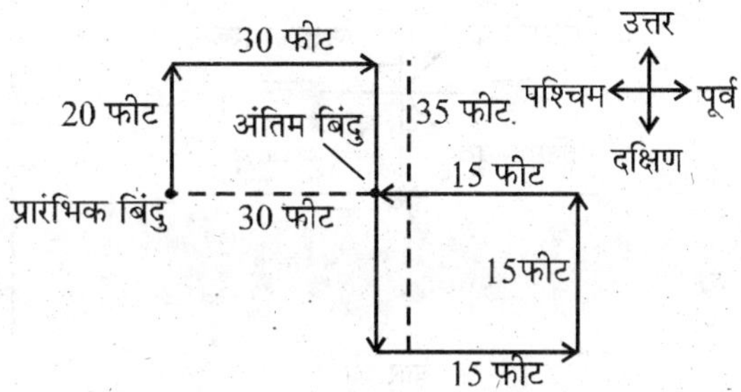

17. (d) :

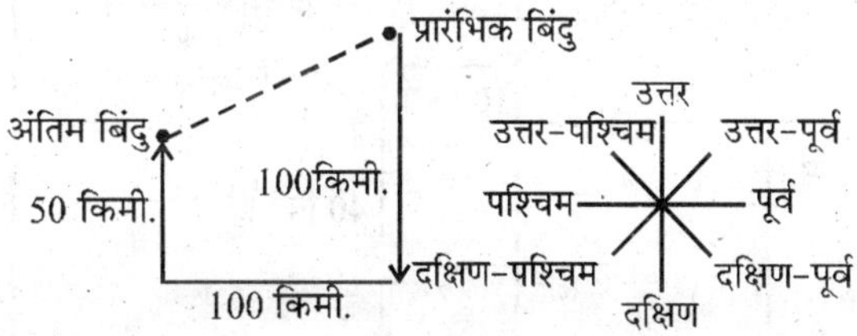

18. (a) :

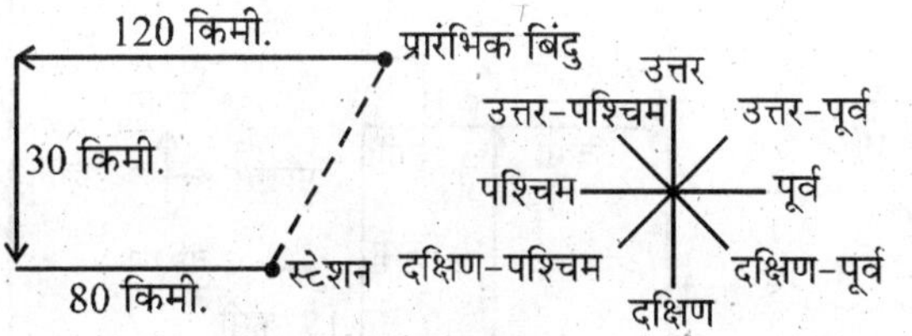

19. (c) : (40 + 20) = 60 मीटर दक्षिण

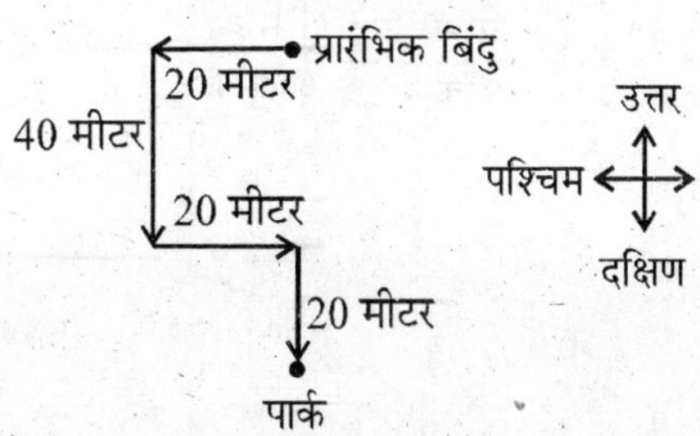

20. (*a*) : मूल दिशाएं

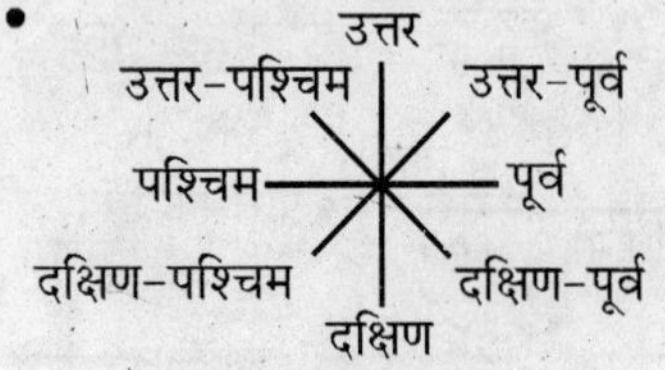

परिवर्तित दिशाएं

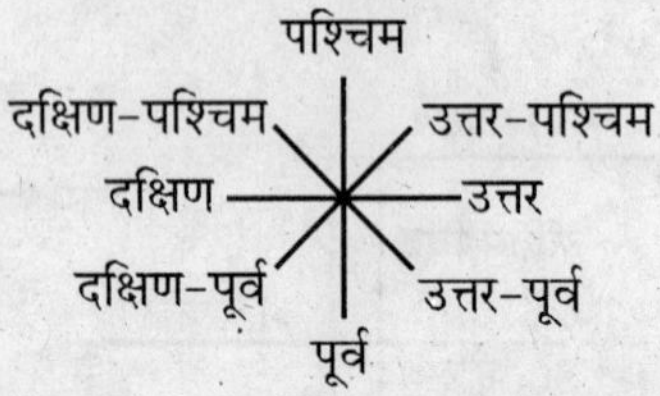

21. (*b*) :

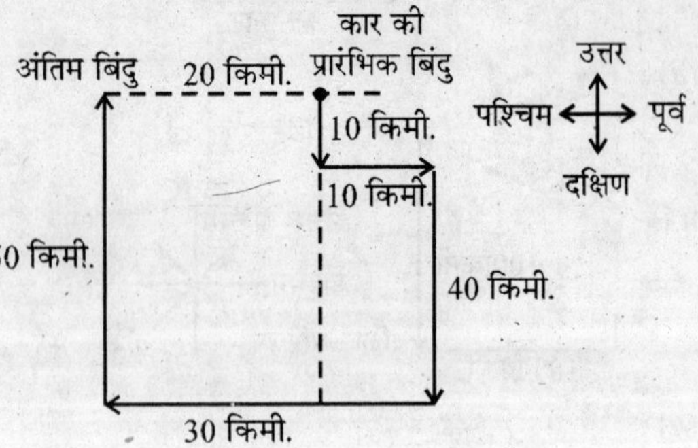

22. (*d*) :

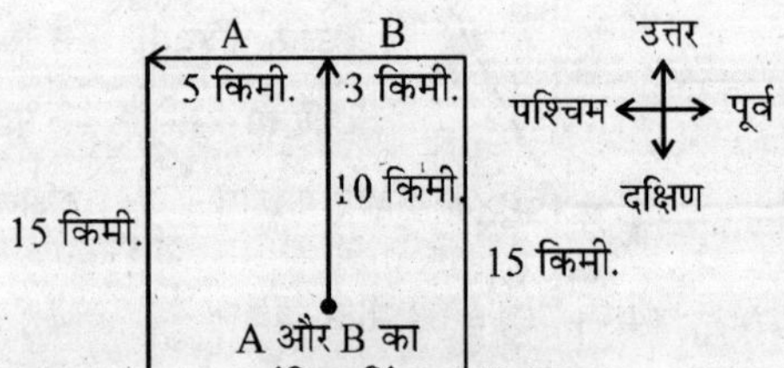

23. (*d*) :

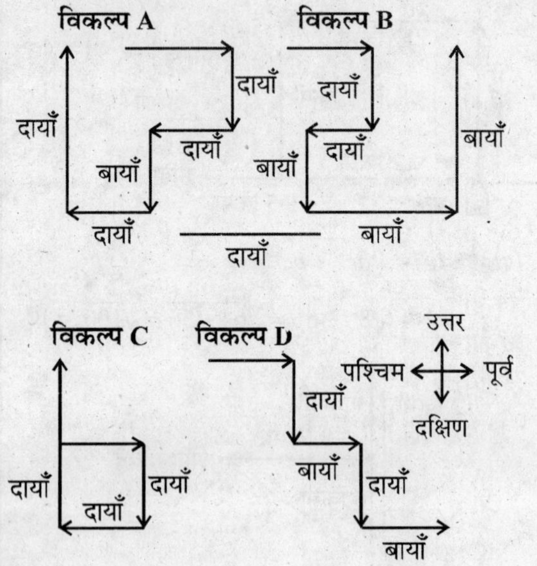

24. (*c*) :

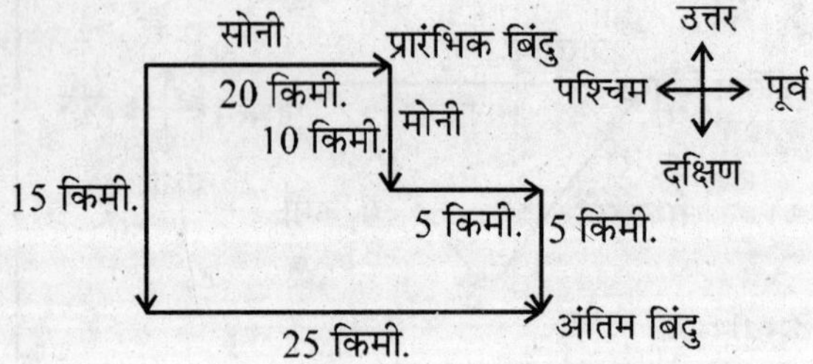

25. (*b*) :

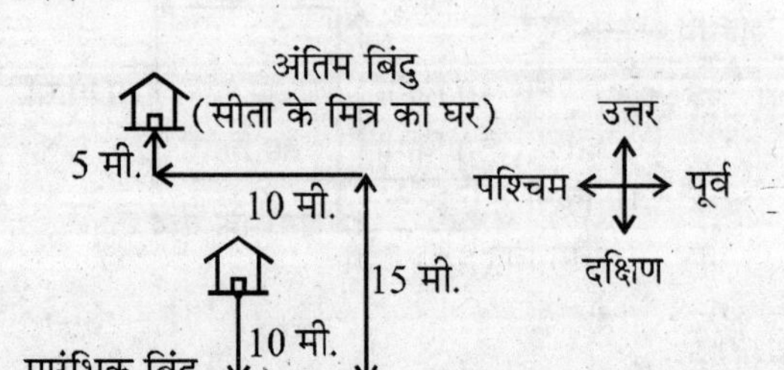

रक्त संबंधी परीक्षण
(Blood Relationships)

रक्त संबंधों पर आधारित प्रश्नों को हल करने के लिए यह आवश्यक है कि परीक्षार्थी रिश्तों की जटिलता को तत्काल समझ सकें और किन्हीं दो व्यक्तियों के बीच किस प्रकार के संबंध हो सकते हैं, इस बारे में उन्हें स्पष्ट जानकारी हो। इस प्रकार के प्रश्नों को पूछने का अभिप्राय मुख्यत: यह सुनिश्चित करना है कि परीक्षार्थी कतिपय जटिल भाषा में व्यक्त रिश्तों को कितनी तत्परता से समझ सकते हैं और उत्तर के रूप में सही विकल्प का चयन कर सकते हैं।

इन प्रश्नों को हल करने में सहायक कुछ संबंधों के पैटर्न नीचे दर्शाए गए हैं :

पिता का पिता	—	दादा
मां का पिता	—	नाना
पिता की मां	—	दादी
मां की मां	—	नानी
पिता या मां का पुत्र	—	भाई
पिता या मां की पुत्री	—	बहन
पिता का भाई	—	चाचा
पिता की बहन	—	बुआ
मां का भाई	—	मामा
मां की बहन	—	मौसी
चाचा या चाची का पुत्र या पुत्री	—	चचेरा भाई, चचेरी बहन
पुत्र की पत्नी	—	पुत्रवधु
पुत्री का पति	—	दामाद
पति का भाई	—	देवर
पत्नी का भाई	—	साला
पति की बहन	—	ननद
पत्नी की बहन	—	साली
भाई की पत्नी	—	भाभी
बहन का पति	—	बहनोई
भाई का पुत्र	—	भतीजा
भाई की पुत्री	—	भतीजी

हल किए गए उदाहरण

1. एक फोटो की ओर संकेत करते हुए एक महिला ने कहा ''इस व्यक्ति के पुत्र की बहन मेरी सास है''। उस महिला के पति का उस व्यक्ति से क्या संबंध है जिसका वह फोटो है?

(*a*) पुत्र (*b*) नाती (*c*) भतीजा (*d*) दामाद

उत्तर (*b*) : दिए गए प्रश्न के अनुसार संबंध चार्ट निम्नवत् दर्शाया जा सकता है :

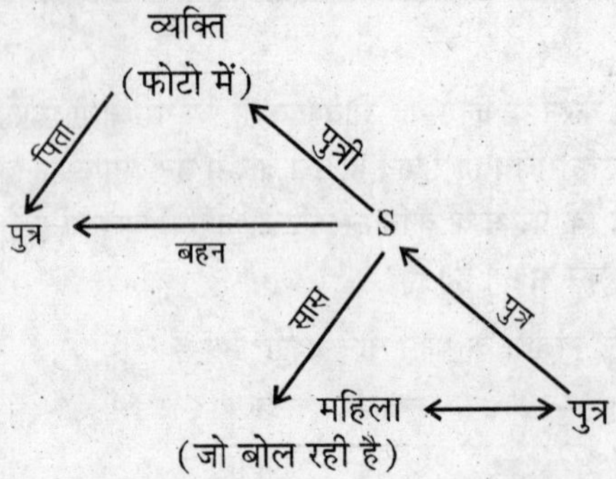

उस व्यक्ति के पुत्र की बहन (मान लें S) उस व्यक्ति की पुत्री है। यदि यह महिला 'S' उस महिला (जो बोल रही है) की सास है तो उसका विवाह 'S' के पुत्र से हुआ है। उस महिला के पति की मां S है और S फोटो वाले व्यक्ति की पुत्री है। अतः उस बोल रही महिला का पति फोटो वाले व्यक्ति का नाती है।

2. 'X', 'Y' की पत्नी है और 'Y', 'Z' का भाई है। 'Z', 'P' का पुत्र है। 'P' का 'X' से क्या संबंध है?

(*a*) बहन (*b*) चाची (*c*) भाई (*d*) श्वसुर

उत्तर (*d*) : दिए गए प्रश्न के अनुसार संबंध चार्ट निम्नवत् दर्शाया जा सकता है :

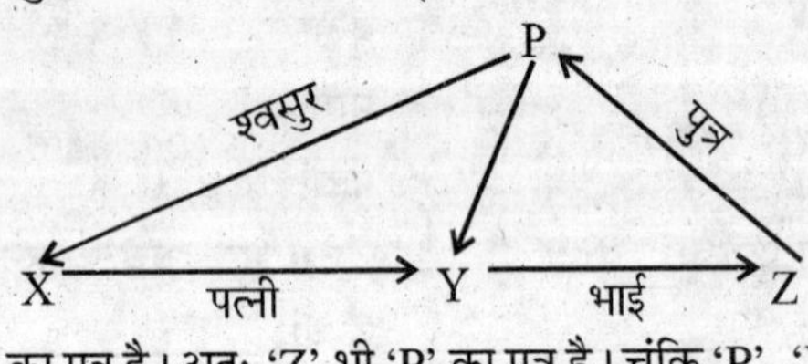

'Y', 'Z' का भाई है जो 'P' का पुत्र है। अतः 'Z' भी 'P' का पुत्र है। चूंकि 'P', 'Y' का पिता है और 'X', 'Y' की पत्नी है अतः 'P', 'X' का श्वसुर है।

अभ्यास

निर्देश (प्र.सं. 1–18): *नीचे के प्रत्येक प्रश्न में व्यक्तियों के बीच उल्लिखित संबंधों को सावधानीपूर्वक समझें और तब दिए गए विकल्पों में से सही उत्तर का चयन करें :*

1. A, B और C का पिता है। B, A का पुत्र है किंतु C, A का पुत्र नहीं है। C का A से क्या संबंध है?

(*a*) पुत्री (*b*) पुत्र
(*c*) भतीजी (*d*) भतीजा

2. एक महिला ने कहा, ''वहां खड़ी लड़की मेरे दादा जी के एकमात्र पुत्र की पुत्री है''। उस महिला का उस लड़की से क्या संबंध है?

(*a*) बहन (*b*) मां
(*c*) चाची (*d*) भतीजा

3. रवि अमित के पुत्र के पुत्र का भाई है। अमित, रवि का क्या है?

(*a*) चचेरा भाई (*b*) पिता
(*c*) दादा (*d*) पुत्र

4. मयंक ने कहा, "मेरी मां रजत के भाई की बहन है"। रजत का मयंक से क्या संबंध है?

(*a*) चचेरा भाई (*b*) मामा

(*c*) चाचा (*d*) साला

5. लिली से परिचय कराते हुए राघव ने कहा, "इसके पिता मेरी मां के एकमात्र पुत्र हैं"। लिली का राघव से क्या संबंध है?

(*a*) चाची (*b*) पुत्री

(*c*) मां (*d*) बहन

6. अजय, विजय का भाई है। शुभा, अजय की बहन है। संजय, राहुल का भाई है और मेहुल विजय की पुत्री है। संजय का चाचा कौन है?

(*a*) राहुल

(*b*) अजय

(*c*) मेहुल

(*d*) दी गई सूचना अपर्याप्त है

7. आदित्य, रवि का भाई है। भरत, जयंत के पिता हैं। ईला, रवि की मां है। आदित्य और जयंत आपस में भाई हैं। ईला का भरत से क्या संबंध है?

(*a*) बहन (*b*) मां

(*c*) पुत्री (*d*) पत्नी

8. एक व्यक्ति ने अपने साथ आ रहे लड़के का परिचय देते हुए कहा, "यह मेरी पत्नी की पुत्री के पिता का पुत्र है।" वह लड़का उस व्यक्ति का क्या है?

(*a*) दामाद (*b*) पुत्र

(*c*) भाई (*d*) पिता

9. A और B दो भाई हैं। C, B की बहन है। D, E की बहन है। E, A का पुत्र है। D का चाचा कौन है?

(*a*) D (*b*) E

(*c*) B (*d*) C

10. वरुण ने अरुण की ओर संकेत करते हुए कहा, "वह मेरी बहन के एकमात्र भाई का पुत्र है।" अरुण का वरूण से क्या संबंध है?

(*a*) पुत्र

(*b*) भाई

(*c*) भतीजा

(*d*) दी गई सूचना अपर्याप्त है

11. एक व्यक्ति की ओर संकेत करते हुए एक महिला ने कहा "उसके भाई के पिता मेरे दादाजी के एकमात्र पुत्र हैं।" वह महिला उस व्यक्ति की क्या लगती है?

(*a*) मां (*b*) बहन

(*c*) पुत्री (*d*) चाची

12. विद्या, गोपी की पत्नी है और गोपी, अखिल का भाई है। अखिल, विजय का चाचा है। विजय, विद्या का कौन है?

(*a*) पुत्र (*b*) भतीजा

(*c*) देवर (*d*) भाई

13. यदि अमित के पिता बिल्लू के पिता के एकमात्र पुत्र हैं और बिल्लू का कोई भी भाई नहीं है और न ही उसकी कोई पुत्री है तो अमित और बिल्लू के बीच क्या संबंध है?

(*a*) चाचा-भतीजा (*b*) पिता-पुत्री

(*c*) पिता-पुत्र (*d*) चचेरा भाई

14. A, B की बहन है। B, C का पुत्र है तथा E, D की पुत्री और A की बहन है। D, C का कौन है?

(*a*) भाई

(*b*) पति

(*c*) पत्नी

(*d*) दी गई सूचना अपर्याप्त है

15. एक व्यक्ति ने एक महिला से कहा, "फागु की मां तुम्हारे पिता की एकमात्र पुत्री है"। वह महिला फागु की क्या लगती है?

(*a*) पुत्री (*b*) बहन

(*c*) पत्नी (*d*) मां

16. यदि $M + N$ का अर्थ है कि 'M', 'N' का भाई है,
$M - N$ का अर्थ है कि 'M', 'N' की बहन है,
$M \times N$ का अर्थ है कि 'M', 'N' की मां है और
$M \div N$ का अर्थ है कि 'M', 'N' का पिता है, तो निम्नलिखित में से किसका अर्थ यह होगा कि E, F की बुआ है?

(*a*) $E - G \div F$ (*b*) $E + G \times F$

(*c*) $E \times F - G$ (*d*) $F \times G + E$

17. यदि $S - T$ का अर्थ है कि 'S', T की पत्नी है, $S + T$ का अर्थ है कि S, T की पुत्री है, और $S \div T$ का अर्थ है कि S, T का पुत्र है, तो $M + J \div K$ का क्या अर्थ होगा?

(*a*) K, M का पिता है (*b*) M, K की पोती है

(*c*) J, K की पत्नी है (*d*) K और M भाई हैं

18. यदि $A \times B$ का अर्थ है कि A, B का भाई है, और $A + B$ का अर्थ है कि A, B का पिता है, तो निम्नलिखित में से किसका यह अर्थ होगा कि M, N का भतीजा है?

(*a*) $N \times K + M$
(*b*) $N + M \times K$
(*c*) $M \times K + N$
(*d*) दी गई सूचना अपर्याप्त है

निर्देश (प्र.सं. 19 और 20): *निम्नलिखित कथनों को पढ़ें और पूछे गए प्रश्नों के उत्तर दें :*

(A) $P + Q$ का अर्थ है कि 'P, Q की मां है'
(B) $P \div Q$ का अर्थ है कि 'P, Q का पिता है'
(C) $P - Q$ का अर्थ है कि 'P, Q की बहन है'

19. निम्नलिखित में से किससे यह सूचित होता है कि M, R की पुत्री है?

(*a*) R $M + N$
(*b*) $R + N \div M$
(*c*) $R - M \div N$
(*d*) दी गई सूचना अपर्याप्त है

20. उपर्युक्त प्रश्न का उत्तर ज्ञात करने के लिए निम्नलिखित में से किस कथन को छोड़ा जा सकता है?

(*a*) केवल A
(*b*) B या C
(*c*) A या B
(*d*) केवल C

व्याख्यात्मक उत्तर

1. (*a*) :

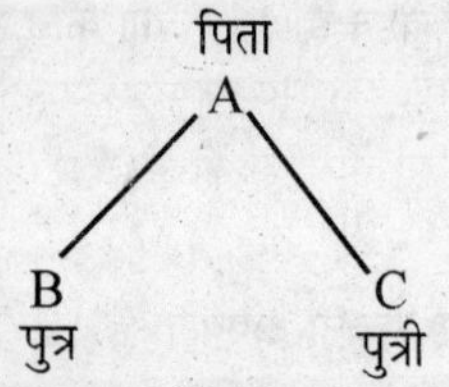

C, A का पुत्र नहीं है किंतु A, C का पिता है। अत: C, A की पुत्री है।

2. (*a*) :

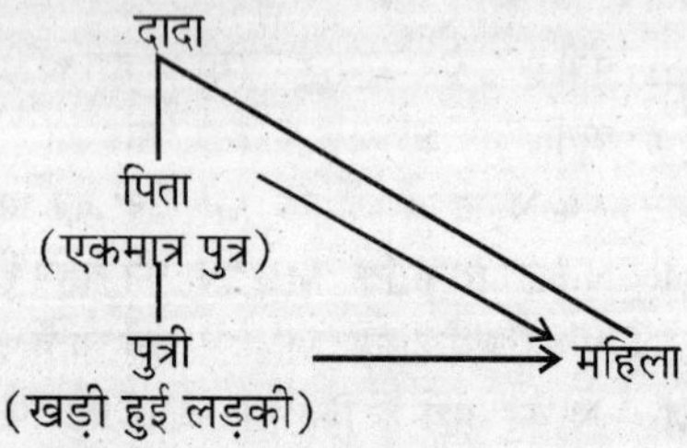

उस महिला के दादा का पुत्र उसके पिता हैं तथा पिता की पुत्री निश्चित ही उस महिला की बहन होगी।

3. (*c*) :

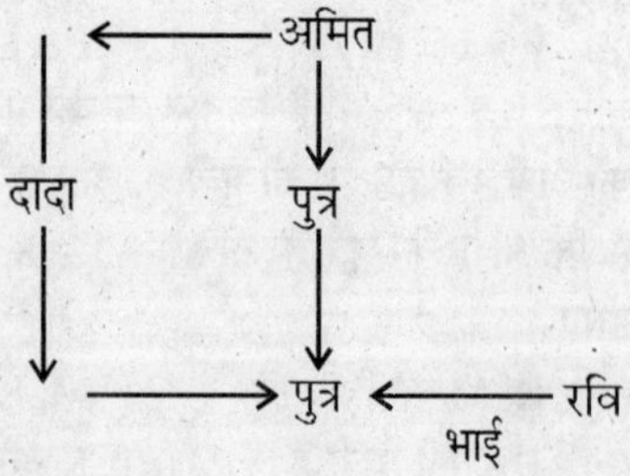

अमित के पुत्र का पुत्र अमित का पोता होगा। रवि अमित के पुत्र के पुत्र का भाई है, अत: अमित रवि के भी दादाजी हैं।

4. (*b*) :

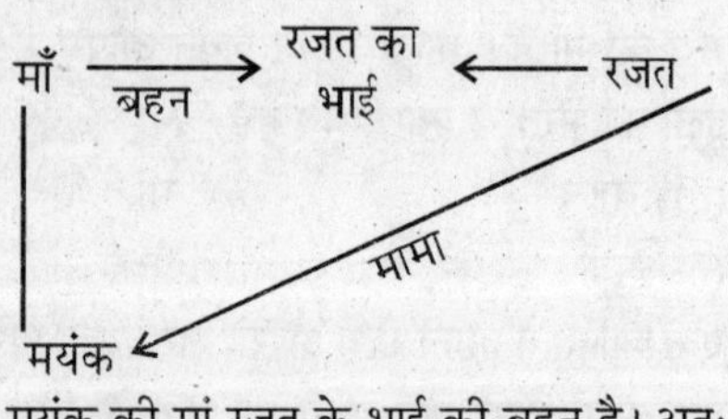

मयंक की मां रजत के भाई की बहन है। अत: रजत भी मयंक की मां का भाई है। इस प्रकार रजत, मयंक का मामा हुआ।

5. (*b*) : संबंध चार्ट निम्नवत् है : माँ
↑ पुत्र
राघव
↓ पिता
लिली (पुत्री)

राघव जब कहता है, ''मेरी मां का एकमात्र पुत्र'' तो वह स्वयं अपने बारे में ही कह रहा होता है। इसके पिता का आशय है, 'लिली के पिता' अर्थात् स्वयं राघव। अत: लिली, राघव की पुत्री है।

6. (*d*) : 1. शुभा ⟶ अजय ⟶ विजय
↓
मेहुल

2. संजय ——→ राहुल (पुत्री)
(भाई)

यहां दो संबंध-समुच्चयों का उल्लेख किया गया है। दी गई सूचना अपर्याप्त है और इन दो भिन्न संबंध-समुच्चयों के बीच कोई संबंध स्थापित नहीं किया जा सकता।

7. (*d*) : प्रश्न पर आधारित संबंध चार्ट है :

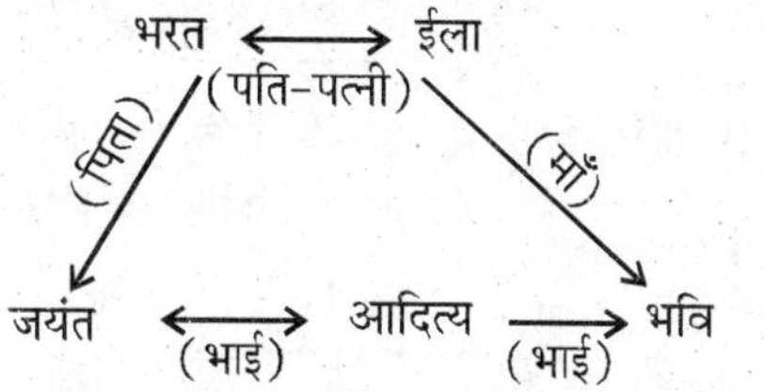

जयंत और आदित्य भाई हैं। यदि आदित्य, रवि का भाई है तो जयंत भी रवि का भाई है। यदि भरत, जयंत का पिता है तो वह आदित्य और रवि का भी पिता है। यदि ईला, रवि की मां है तो वह आदित्य और जयंत की भी मां है। इसका अर्थ है कि भरत और ईला पति-पत्नी हैं और तीनों बच्चों के माता-पिता हैं।

8. (*b*) : प्रश्न पर आधारित संबंध-चार्ट है :

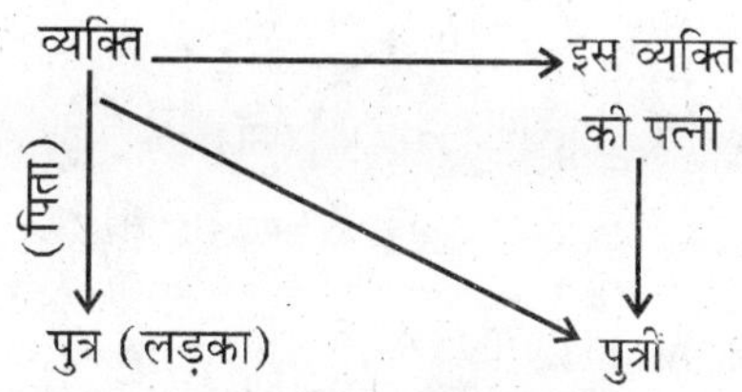

'उस व्यक्ति की पत्नी की पुत्री के पिता' का आशय है कि वह व्यक्ति स्वयं अपने बारे में बात कर रहा है, अतः वह लड़का उस व्यक्ति का पुत्र है।

9. (*c*) : प्रश्न पर आधारित संबंध-चार्ट है :

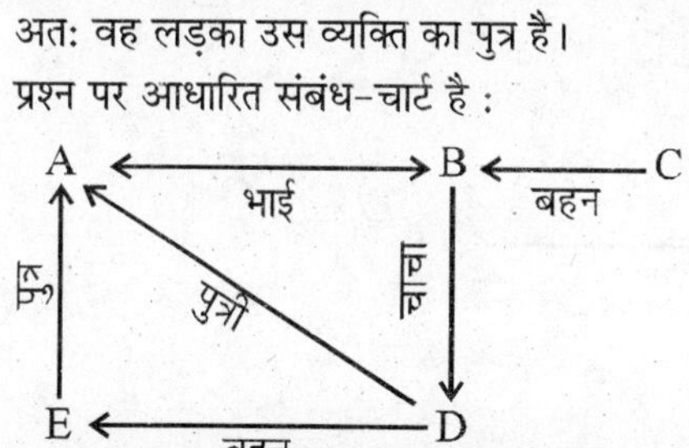

D, E की बहन है और E, A का पुत्र है। अतः D, A की पुत्री है। चूंकि A का भाई B है, अतः B, D का चाचा है।

10. (*a*) :

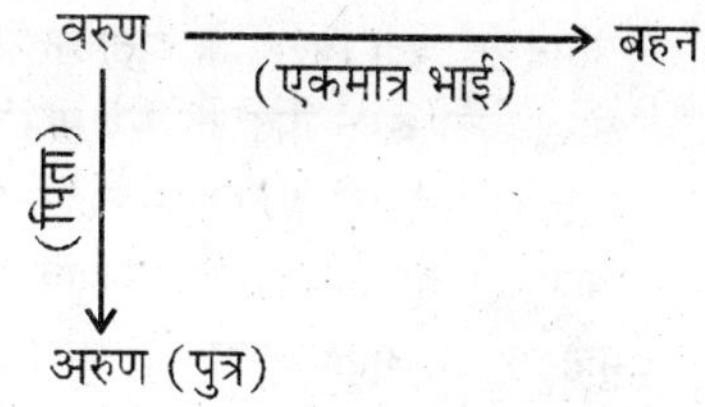

वरुण की बहन का एकमात्र भाई स्वयं वरुण है और उसका पुत्र अरुण है।

11. (*b*) :

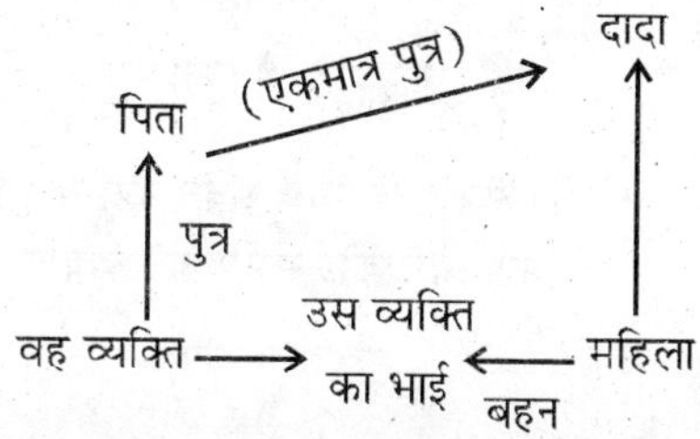

उस व्यक्ति के भाई के पिता उस महिला के भी पिता हैं क्योंकि वे उस महिला के दादाजी के एकमात्र पुत्र हैं। अतः वह महिला उस व्यक्ति की बहन है।

12. (*b*) : प्रश्न पर आधारित संबंध चार्ट है :

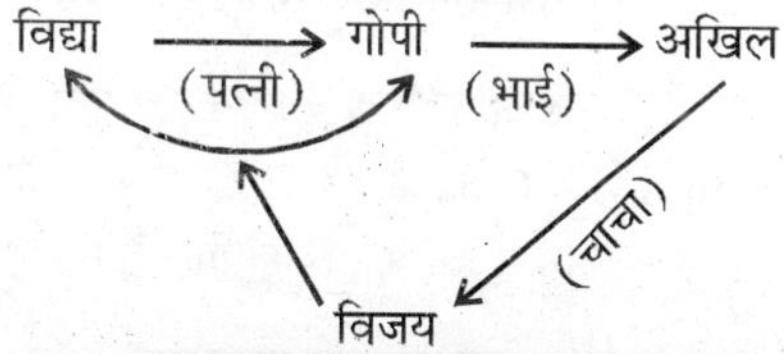

विद्या, गोपी की पत्नी है और गोपी, अखिल का भाई है। अतः विद्या, अखिल की भाभी है। यदि अखिल, विजय का चाचा है, तो स्पष्ट है कि गोपी भी विजय का चाचा ही है क्योंकि प्रश्न में उल्लिखित कथनों में यह नहीं बताया गया है कि अखिल या गोपी में से कोई भी विजय का पिता है। अब यदि विजय गोपी का भतीजा है, तो निश्चित ही वह विद्या का भी भतीजा है।

13. (*c*) : प्रश्न पर आधारित संबंध-चार्ट है :

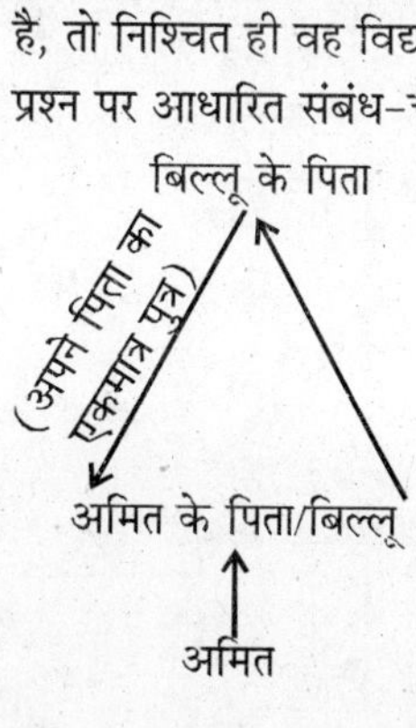

अमित के पिता बिल्लू के पिता के एकमात्र पुत्र हैं, और बिल्लू अपने पिता का एकमात्र पुत्र है (बिल्लू का कोई भाई नहीं है)। इससे यह स्पष्ट होता है कि बिल्लू ही अमित का पिता है। चूंकि बिल्लू की कोई पुत्री नहीं है, अत: अमित ही उसका एकमात्र पुत्र है।

14. (*d*) :

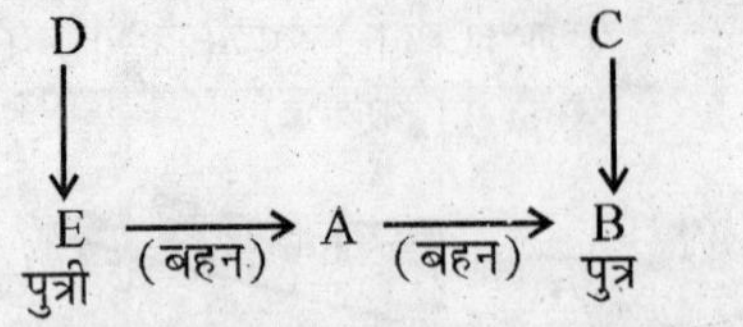

D और C के बीच संबंध नहीं बताया गया है, अत: इनके बीच कोई संबंध नहीं बताया जा सकता है।

15. (*d*) :

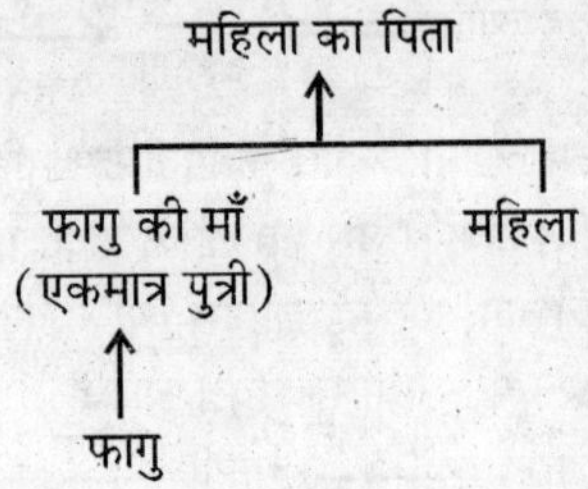

महिला के पिता की एकमात्र पुत्री फागु की मां है।

16. (*a*) : E – G का अर्थ है 'E, G की बहन है' और G ÷ F का अर्थ है कि 'G, F का पिता है।'

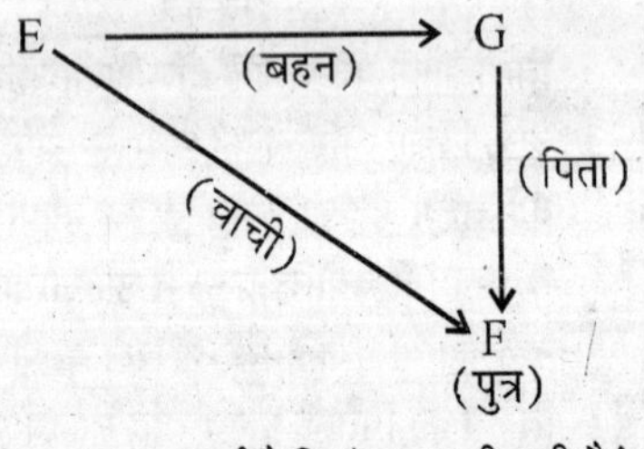

17. (*b*) : M + J का अर्थ है कि 'M, J की पुत्री है'। J ÷ K का अर्थ है कि 'J, K का पुत्र है'।

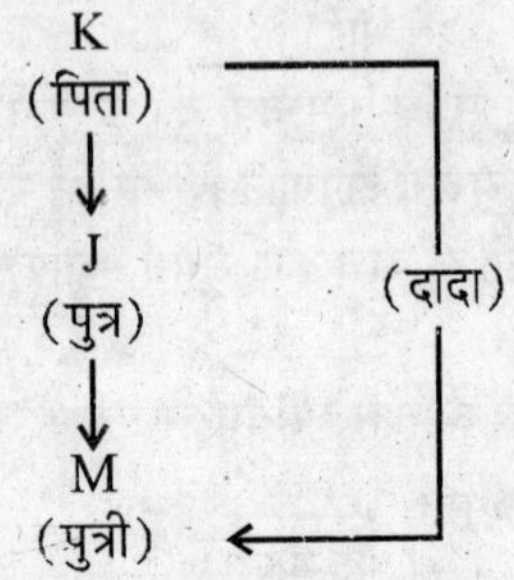

18. (*a*) : N × K का अर्थ है कि 'N, K का भाई है' और 'K + M' का अर्थ है कि 'K, M का पिता है'।

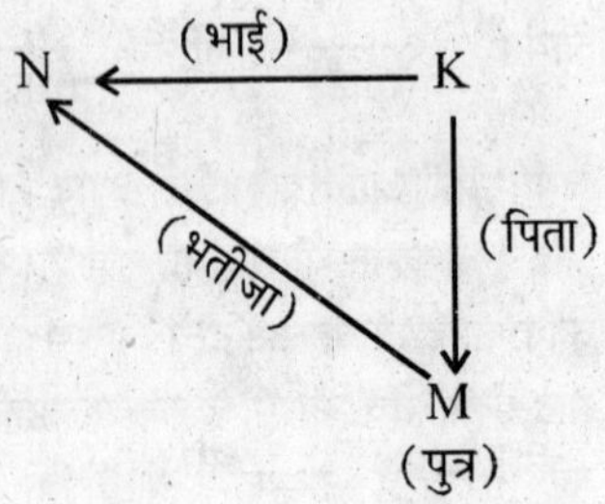

19. (*a*) : R ÷ M का अर्थ है कि 'R, M का पिता है' और M + N का अर्थ है कि M, N की मां है।

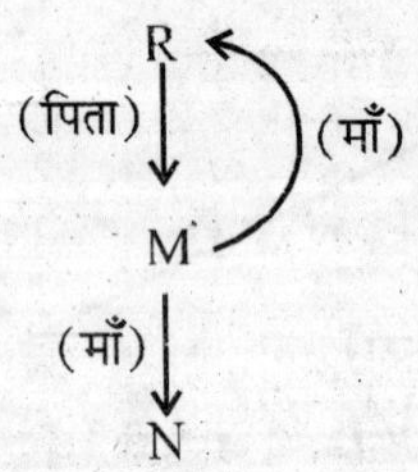

20. (*d*) : बहन के संबंध को व्यक्त करने वाली सूचना अपेक्षित नहीं है।

क्रम व्यवस्था और काल परीक्षण
(Rows and Ranks)

इस प्रकार के प्रश्न किसी पंक्ति या लाइन में व्यवस्थित वस्तुओं की संख्या या कुछ छात्रों की एक कक्षा में किसी छात्र के क्रम-स्थान (कोटि) या कक्षा में छात्रों की कुल संख्या ज्ञात करने के लिए कतिपय सरल गणितीय परिकलनों पर आधारित होते हैं।

हल किए गए उदाहरण

1. पेड़ों की किसी पंक्ति में कोई एक पेड़ किसी एक सिरे से आठवें और दूसरे सिरे से तीसरे स्थान पर है। बताइए कि इस पंक्ति में कुल कितने पेड़ हैं?

(*a*) 11 (*b*) 9 (*c*) 10 (*d*) 12

उत्तर (*c*) : इस पंक्ति में पेड़ों की संख्या

$(8 + 3) - 1 = 10$

2. यदि किसी कक्षा में योग्यता-क्रम में जानकी, पल्लवी से 12 स्थान आगे है और पल्लवी का कक्षा में 15वां स्थान है तथा जानकी का कक्षा में योग्यता-क्रम में चौथा स्थान है तो बताइए कि इस कक्षा में कुल कितने छात्र हैं?

(*a*) 23 (*b*) 27 (*c*) 31 (*d*) 33

उत्तर (*c*) : परिकलन करने पर निम्नलिखित उत्तर प्राप्त होता है :

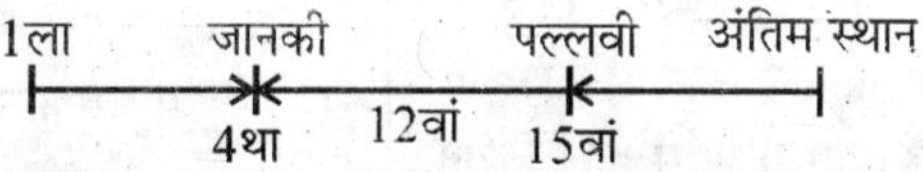

कक्षा में छात्रों की कुल संख्या $= 4 + 12 + 15 = 31$

अभ्यास

1. पेड़ों की एक पंक्ति में कोई एक पेड़ पंक्ति के दोनों छोरों से पांचवें स्थान पर है। इस पंक्ति में कुल कितने पेड़ हैं?

(*a*) 11 (*b*) 8
(*c*) 10 (*d*) 9

2. 53 छात्रों की एक कक्षा में जया का योग्यता-क्रम में 5 वां स्थान है। कक्षा में योग्यता-क्रम में नीचे से उसका क्रम-स्थान क्या है?

(*a*) 49 वां (*b*) 48 वां
(*c*) 47 वां (*d*) 50 वां

3. पैंसठ छात्रों की एक कक्षा में योग्यता-क्रम में मोहन का क्रम स्थान इक्कीसवां है। यदि योग्यता-क्रम में सबसे नीचे के छात्र का क्रम-स्थान 1 माना जाए तो योग्यता-क्रम में नीचे से मोहन का क्रम-स्थान क्या होगा?

(*a*) 44 वां
(*b*) 45 वां
(*c*) 46 वां
(*d*) दी गई सूचना अपर्याप्त है

4. लड़कों की एक पंक्ति में राहुल दाहिने से 12 वें स्थान पर और बाएं से चौथे स्थान पर खड़ा है। इस पंक्ति में और कितने लड़कों को शामिल करने पर पंक्ति में लड़कों की कुल संख्या 28 हो जाएगी?

(*a*) 12 (*b*) 14
(*c*) 20 (*d*) 13

5. लड़कों की एक पंक्ति में राजन दाहिने से दसवें स्थान पर है और सूरज बाएं से दसवें स्थान पर है। यदि राजन और सूरज आपस में अपना स्थान बदल लें तो सूरज बाएं से सताइसवें स्थान पर आ जाएगा। राजन अब पंक्ति में दाहिने से कितने स्थान पर खड़ा है?

(*a*) दसवें (*b*) छब्बीसवें
(*c*) उन्तीसवें (*d*) सताइसवें

6. 41 छात्रों की एक कक्षा में महेश और सुरेश योग्यता-क्रम में ऊपर से क्रमश: 11 वें और 12 वें स्थान पर हैं। योग्यता-क्रम में नीचे से इनका क्रम-स्थान क्या है?

(*a*) 32 वां और 33 वां (*b*) 29 वां और 30 वां
(*c*) 30 वां और 31 वां (*d*) 31 वां और 30 वां

7. किसी कक्षा में उमा योग्यता-क्रम में ऊपर से 8 वें और नीचे से 37 वें स्थान पर है। इस कक्षा में कुल कितने छात्र हैं?

(*a*) 47 (*b*) 46
(*c*) 45 (*d*) 44

8. एक पंक्ति में सादिक सामने से 14 वें स्थान पर और जोसफ अंत से 17 वें स्थान पर खड़ा है जबकि जेन, सादिक और जोसफ के बीच खड़ा है। यदि सादिक, जोसफ से आगे खड़ा है और पंक्ति में कुल 48 व्यक्ति खड़ें हो, तो सादिक और जेन के बीच पंक्ति में कितने व्यक्ति खड़े हैं?

(*a*) 5 (*b*) 6
(*c*) 7 (*d*) 8

9. किसी कक्षा में वार्षिक परीक्षा में उत्तीर्ण हुए छात्रों में योग्यता-क्रम में रोहन नीचे से सताइसवें स्थान पर और ऊपर से ग्यारहवें स्थान पर आया। यदि वार्षिक परीक्षा में इस कक्षा के 12 छात्र अनुत्तीर्ण घोषित किए गए हों तो परीक्षा में इस कक्षा के कितने छात्र शामिल हुए थे?

(*a*) 48 (*b*) 49
(*c*) 50 (*d*) कहा नहीं जा सकता

10. कुछ लड़के एक पंक्ति में बैठे हैं। P पंक्ति में बाएं से चौदहवें स्थान पर और Q दाहिने से सातवें स्थान पर बैठा है। यदि P और Q के बीच चार लड़के बैठे हों, तो इस पंक्ति में कुल कितने लड़के हैं?

(*a*) 19 (*b*) 21
(*c*) 25 (*d*) 23

11. एक पंक्ति में A, B, C, D और E कुल पांच मकान बने हैं। A, B की दाहिनी ओर, E, C की बायीं ओर और A की दाहिनी ओर अवस्थित है तथा B, D की दाहिनी ओर अवस्थित है। इनमें से कौन-सा मकान बीच में है?

(*a*) B (*b*) A
(*c*) D (*d*) E

12. इकतीस छात्रों की एक कक्षा में योग्यता-क्रम में माधव का स्थान सतरहवां है। योग्यता-क्रम में नीचे से उसका स्थान कितना है?

(*a*) 13 (*b*) 14
(*c*) 15 (*d*) 16

13. 182 छात्रों की एक कक्षा में योग्यता-क्रम में वीणा ऊपर से 73 वें स्थान पर है। यदि वार्षिक परीक्षा में 22 छात्र अनुत्तीर्ण घोषित किए गए हों तो योग्यता-क्रम में नीचे से उसका स्थान कितना है?

(*a*) 88 (*b*) 108
(*c*) 110 (*d*) 90

14. किसी कक्षा में योग्यता-क्रम में राकेश का स्थान ऊपर से नौवां और नीचे से 38 वां है। इस कक्षा में कुल कितने छात्र हैं?

(*a*) 47 (*b*) 45
(*c*) 46 (*d*) 48

15. किसी कक्षा में योग्यता-क्रम में जॉन का स्थान ऊपर से 19 वां और नीचे से 36 वां है। इस कक्षा में कुल कितने छात्र हैं?

(*a*) 53 (*b*) 54
(*c*) 51 (*d*) 50

निर्देश (प्र.सं. 16 और 20): *प्रत्येक्र दिए गए विकल्पों से उस एक शब्द का चयन करें जिसे प्रश्न में दिए गए शब्द के अक्षरों का प्रयोग करके लिखा नहीं जा सकता।*

16. ROTATION
(*a*) TORN (*b*) NOTE
(*c*) TART (*d*) RAIN

17. INSUFFICIENT
(*a*) ENTICE (*b*) SCENT
(*c*) SUFFICE (*d*) THENCE

18. CATASTROPHE
(*a*) TASTE (*b*) CHEAP
(*c*) POUCH (*d*) STARE

19. MASTERPIECE
(*a*) MINCE (*b*) TRAMP
(*c*) PESTER (*d*) SPRITE

20. PROGNOSTICATION
(*a*) RONTGEN (*b*) SPITOON
(*c*) ROGATION (*d*) START

निर्देश (प्र.सं. 21 और 25): *यहाँ प्रत्येक प्रश्न में दिए गए विकल्पों से उस एक शब्द का चयन करें जिसे प्रश्न के आरंभ में दिए गए शब्द के अक्षरों का प्रयोग करके लिखा जा सकता है।*

21. INVESTIGATE
(*a*) INVERT (*b*) GLIDE
(*c*) STING (*d*) ACTED

22. ADVENTURE
(*a*) AWARE (*b*) EVENT
(*c*) TRUCE (*d*) DRIED

23. THANKSGIVING
(*a*) AVENGE (*b*) HAUNTS
(*c*) GRAINS (*d*) SAVING

24. BLANDISHMENT
(*a*) BOARD (*b*) METAL
(*c*) SHAPE (*d*) CRASH

25. UNDISCHARGED
(*a*) CHANGED (*b*) DISARMED
(*c*) GROUNDED (*d*) SHARPEN

व्याख्यात्मक उत्तर

1. (*d*):

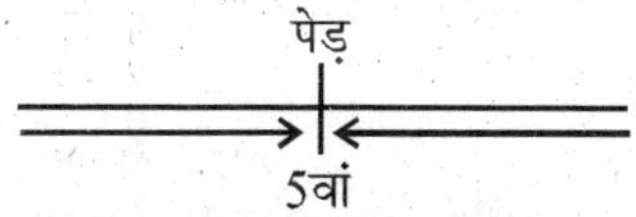

पंक्ति में पेड़ों की कुल संख्या = (5 + 5) –1 = 9

2. (*a*) :

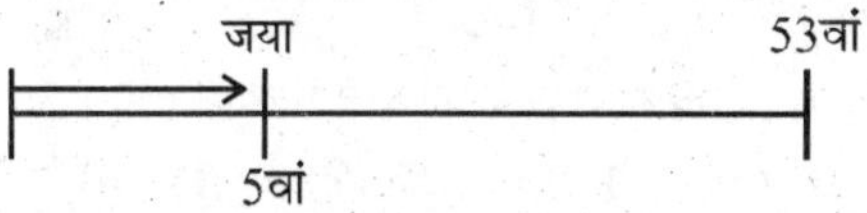

योग्यता-क्रम में नीचे से जया का स्थान
= (53 – 5) +1 = 49 वां

3. (*b*) :

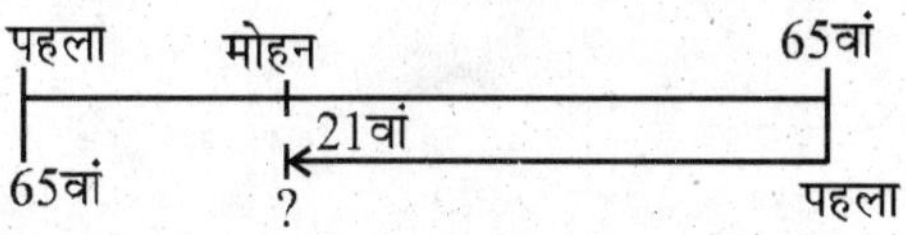

टिप्पणी : प्रश्न पूछने का अभिप्राय है कक्षा में योग्यता-क्रम में नीचे से मोहन का स्थान जानना।

मोहन का स्थान है = (65 – 21) +1 = 45 वां

4. (*d*) :

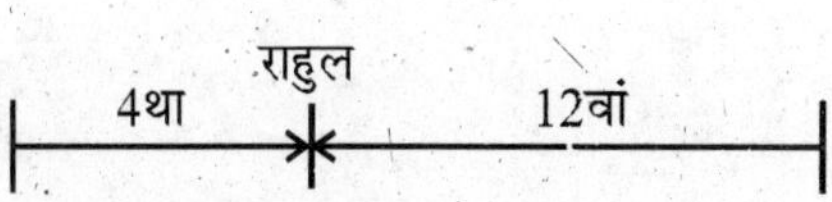

पंक्ति में लड़कों की कुल संख्या :
(4 + 12) – 1 = 15

पंक्ति में लड़कों की कुल संख्या 28 करने के लिए इसमें (28 –15) अर्थात् 13 लड़कों को शामिल करने की आवश्यकता है।

5. (*d*) :

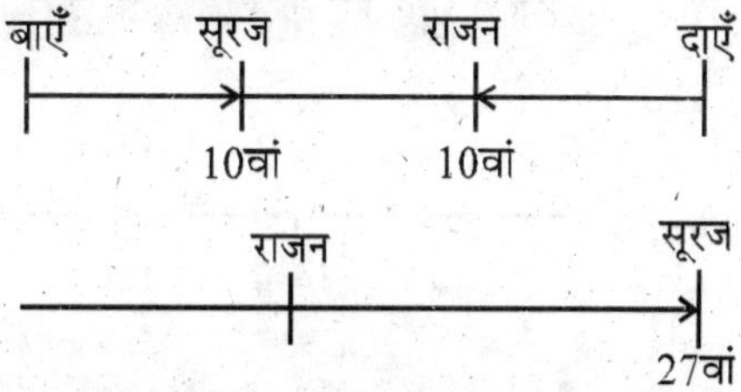

चूंकि लड़कों का क्रम-स्थान दोनों छोरों से समान है, अत: स्थान बदलने के बाद राजन का क्रम स्थान दाहिने से 27 वां होगा।

6. (*d*) :

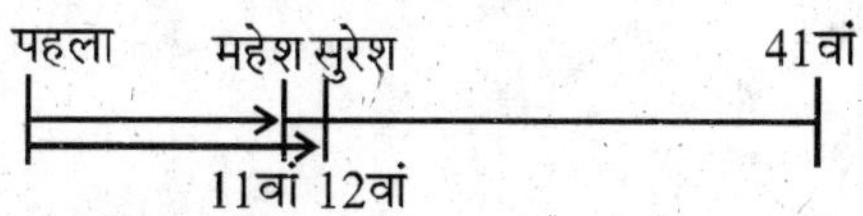

योग्यता-क्रम में नीचे से महेश का स्थान
= (41 – 11) + 1 = 31 वां

योग्यता-क्रम में नीचे से सुरेश का स्थान
= (41 – 12) +1 = 30 वां

7. (*d*) :

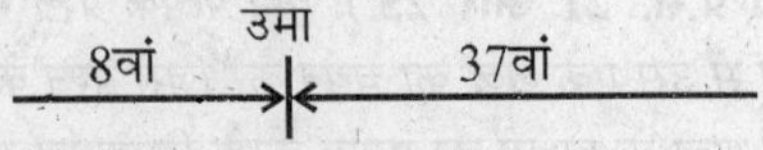

कक्षा में छात्रों की कुल संख्या

$= (8 + 37) - 1 = 44$

8. (*d*) :

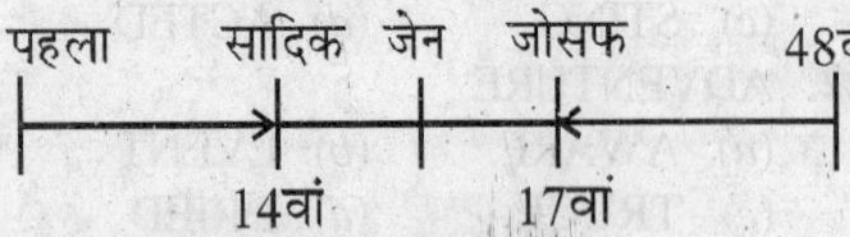

अंत से सादिक का क्रम स्थान :

$(48 - 14) + 1 = 35$ वां

सादिक और जोसफ के बीच व्यक्तियों की संख्या

$= (35 - 17) - 1 = 17$

जेन, सादिक और जोसफ के बीच में है, अर्थात् वह दोनों लड़कों से नौवें स्थान पर है।

∴ सादिक और जेन के बीच 8 व्यक्ति हैं।

टिप्पणी : $(8 + 8) - 1 = 17$

9. (*b*) :

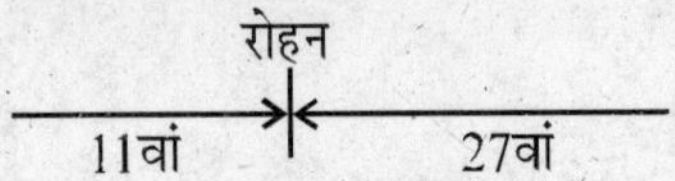

परीक्षा में उत्तीर्ण होने वाले छात्रों की संख्या

$= (11 + 27) - 1 = 37$

परीक्षा में अनुत्तीर्ण हुए छात्रों की संख्या = 12

परीक्षा में भाग लेने वाले छात्रों की कुल संख्या

$= 37 + 12 = 49.$

10. (*c*) :

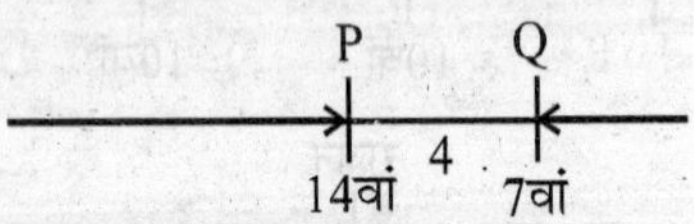

पंक्ति में लड़कों की संख्या

$= (14 + 4 + 7) = 25$

11. (*b*) : पंक्ति में अवस्थित मकान निम्नलिखित क्रम में हैं :
D B A E C

12. (*c*) :

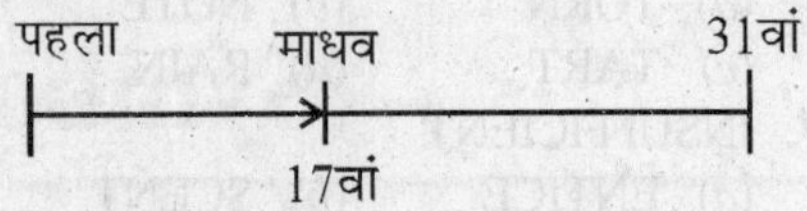

योग्यता-क्रम में नीचे से माधव का स्थान है :

$(31 - 17) + 1 = 15$ वां

13. (*a*) :

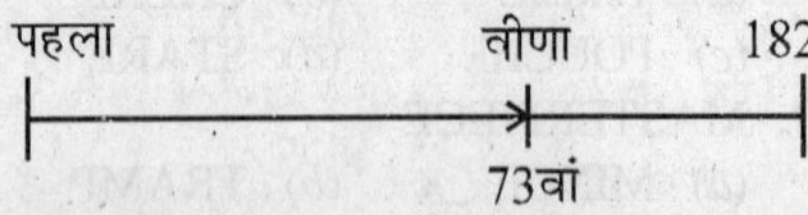

अनुत्तीर्ण हुए छात्रों की संख्या 22 है।

उत्तीर्ण हुए छात्रों की संख्या = 182–22 = 160.

अत: योग्यता-क्रम में नीचे से वीणा का क्रम स्थान है :

$= (160 - 73) + 1 = 88$ वां

14. (*c*) :

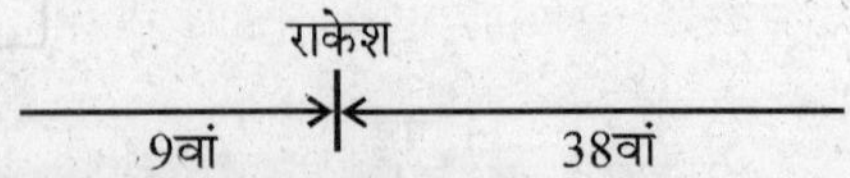

कक्षा में छात्रों की कुल संख्या $= (9 + 38) - 1 = 46$

15. (*b*) :

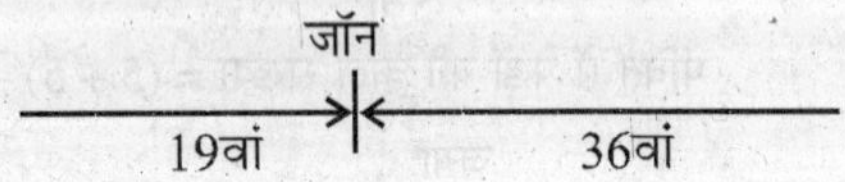

कक्षा में छात्रों की कुल संख्या $= (19 + 36) - 1 = 54$

16. (*b*) **17. (*d*)** **18. (*c*)** **19. (*a*)** **20. (*a*)**
21. (*c*) **22. (*b*)** **23. (*d*)** **24. (*b*)** **25. (*a*)**

प्रतीक (चिह्न) प्रतिस्थापन
(Symbol Substitution)

इस प्रकार के प्रश्नों को हल करना अत्यधिक सरल है। ऐसे प्रश्नों को हल करने की एकमात्र अपेक्षा यह है कि उम्मीदवार दिए गए प्रतीकों या चिह्नों को प्रतिस्थापित करने और परिकलन की विद्या में पारंगत हों और अत्यधिक त्वरित गति से दिए गए प्रश्नों का हल ज्ञात कर सके। इस श्रेणी में पूछे गए कुछ सामान्य प्रकार के प्रश्न नीचे हल किए गए हैं।

हल किए गए उदाहरण

1. यदि '+' का अर्थ '×' हो, '×' का अर्थ '÷' हो, '÷' का अर्थ '–' हो और '–' का अर्थ '+' हो, तो $2 - 8 \times 2 + 6 \div 7$ का मान क्या होगा?

(*a*) 32 (*b*) 19 (*c*) 23 (*d*) 9

उत्तर (*b*) : दिए गए व्यंजक में गणितीय चिह्नों को प्रतिस्थापित करने पर नया व्यंजक होगा :

$2 + 8 \div 2 \times 6 - 7$

इस व्यंजक को हल करने के निम्नलिखित चरण होंगे :

$2 + 4 \times 6 - 7$

$2 + 24 - 7$

$26 - 7 = 19$

2. यदि '▲' का अर्थ '+' हो,

'■' का अर्थ '–' हो,

'●' का अर्थ '÷' हो,

'✱' का अर्थ '×' हो, तो

13 ▲ 5 ✱ 20 ● 10 ■ 9 = ?

(*a*) 26 (*b*) 37 (*c*) 14 (*d*) 55

उत्तर (*c*) : चिह्नों को प्रतिस्थापित करने पर प्राप्त हुआ नया व्यंजक है :

$13 + 5 \times 20 \div 10 - 9$

इस व्यंजक को हल करने के चरण होंगे :

$13 + 5 \times 2 - 9$

$13 + 10 - 9$

$23 - 9 = 14$

अभ्यास

1. यदि "+" का अर्थ "–" हो; "–" का अर्थ "×" हो; "×" का अर्थ "÷" हो और "÷" का अर्थ "+" हो, तो $15 \times 5 \div 10 + 5 - 3 = ?$
(*a*) 9.5 (*b*) 0
(*c*) – 2 (*d*) 24

2. यदि "+" का अर्थ "–" हो; "–" का अर्थ "×" हो; "×" का अर्थ "÷" हो; और "÷" का अर्थ "+" हो, तो $15 \times 3 \div 15 + 5 - 2 = ?$
(*a*) 0 (*b*) 10
(*c*) 20 (*d*) 6

3. यदि "+" का अर्थ "÷" हो; "×" का अर्थ "–" हो; "÷" का अर्थ "+" हो और "–" का अर्थ "×" हो, तो $16 \div 8 \times 6 - 2 + 12 = ?$
(*a*) 22 (*b*) 24
(*c*) 23 (*d*) 20

4. यदि "+" का अर्थ "×" हो; "–" का अर्थ "÷" हो; "×" का अर्थ "–" हो और "÷" का अर्थ "+" हो, तो $5 + 8 - 4 \times 2 \div 9 = ?$
(*a*) 15 (*b*) 13
(*c*) 17 (*d*) 11

5. यदि × का आशय जोड़ की संक्रिया से हो, ÷ का आशय घटाव की संक्रिया से हो, + का आशय गुणा की संक्रिया से हो और – का आशय भाग की संक्रिया से हो तो $(20 \times 6 \div 6 \times 4)$ निम्नलिखित में से किसके बराबर है?
(*a*) 5 (*b*) 24
(*c*) 25 (*d*) 80

6. यदि A + B > C + D, B + E = 2 C और C + D > B + E हो, तो इसका निश्चित अर्थ यह है कि :
(*a*) A > C (*b*) A + B > 2D
(*c*) A + B > 2C (*d*) A + B > 2E

7. यदि A + D > C + E, C + D = 2B और B + E > C + D हो, तो इसका निश्चित अर्थ यह है कि :
(*a*) A + D > B + E (*b*) A + D > B + C
(*c*) A + B > 2D (*d*) B + D > C + E

8. यदि "+" का अर्थ "÷" हो; "÷" का अर्थ "–" हो; "–" का अर्थ "×" हो और "×" का अर्थ "+" हो, तो $10 \div 2 - 15 + 3 \times 5 = ?$
(*a*) 10 (*b*) 15
(*c*) 25 (*d*) 5

9. यदि × का आशय 'जोड़' की संक्रिया से हो, < का आशय 'घटाव' की संक्रिया से हो, + का आशय 'भाग' की संक्रिया से हो, > का आशय 'गुणा' की संक्रिया से हो, – का आशय 'बराबर' हो, ÷ का आशय 'बड़ा होना' हो और = का आशय 'छोटा होना' हो तो बताइए कि निम्नलिखित में से कौन-सा विकल्प सत्य है?
(*a*) $5 \times 3 < 7 \div 8 + 4 \times 1$
(*b*) $3 \times 4 > 2 - 9 + 3 < 3$
(*c*) $5 > 2 + 2 = 10 < 4 \times 8$
(*d*) $3 \times 2 < 4 \div 16 > 2 + 4$

10. यदि → का आशय 'घटाव' की संक्रिया से हो, ← का आशय 'जोड़' की संक्रिया से हो, ↑↑ का आशय 'गुणा' की संक्रिया से हो; ↓↓ का आशय 'भाग' की संक्रिया से हो, ↔ का आशय 'बड़ा होना' हो और ⟷ का आशय 'बराबर' हो तो निम्नलिखित में से कौन-सा विकल्प सत्य है?
(*a*) $4 \leftarrow 6 \uparrow\uparrow 2 \longleftrightarrow 3 \rightarrow 12 \leftarrow 12$
(*b*) $10 \downarrow\downarrow 5 \uparrow\uparrow 5 \longleftrightarrow 9 \rightarrow 3 \leftarrow 4$
(*c*) $15 \uparrow\uparrow 2 \rightarrow 5 \longleftrightarrow 12 \downarrow\downarrow 4 \leftarrow 3$
(*d*) $13 \downarrow\downarrow 13 \leftarrow 1 \leftrightarrow 20 \rightarrow 5 \uparrow\uparrow 2$

11. यदि "+" का अर्थ "÷" हो; "×" का अर्थ "–" हो; "÷" का अर्थ "×" हो और "–" का अर्थ "+" हो, तो निम्नलिखित व्यंजक का मान क्या होगा?
$9 + 3 \div 4 - 8 \times 2 = ?$
(*a*) $6\frac{3}{4}$ (*b*) $-1\frac{3}{4}$
(*c*) $-6\frac{1}{4}$ (*d*) 18

12. यदि "–" का अर्थ "÷" हो; "+" का अर्थ "×" हो; "÷" का अर्थ "–" हो और "×" का अर्थ "+" हो, तो निम्नलिखित में से कौन-सा विकल्प निश्चित ही सत्य है?
(*a*) $1 \div 2 + 3 \times 6 - 8 = 12$
(*b*) $2 + 3 - 5 \times 8 \div 4 = 7$
(*c*) $5 + 6 \times 8 - 2 \div 3 = 31$
(*d*) $6 \div 1 + 2 - 8 \times 4 = 31$

13. निम्नलिखित समीकरण के रिक्त स्थानों में नीचे दिए गए विकल्पों में से किस विकल्प के चिह्नों को प्रतिस्थापित किया जाएगा?

$9 \ldots 8 \ldots 8 \ldots 4 \ldots 9 = 65$

(*a*) $- + \times \div$ (*b*) $\div \times + -$

(*c*) $\div + \times -$ (*d*) $\times + \div -$

14. यदि '✻' का अर्थ '×', 'Δ' का अर्थ '÷', '☐' का अर्थ '–', '●' का अर्थ '+', 'α' का अर्थ '=' और 'β' का अर्थ '≠', हो, तो निम्नलिखित में से कौन-सा समीकरण सही है?

(*a*) 2 ☐ 10 ✻ 4 Δ 5 α 5 ● 12 Δ 6

(*b*) 27 Δ 9 ● 6 β 3 ✻ 6 ☐ 9

(*c*) 4 Δ 2 ✻ 0 α 7 Δ 1 ✻ 0

(*d*) 5 ● 6 Δ 3 ☐ 2 α 8 Δ 4 ✻ 3

15. यदि दिए गए चिह्नों + और – को एक दूसरे के स्थान पर रखा जाए तो निम्नलिखित में से कौन-सा समीकरण सही होगा?

(*a*) $2 + 7 - 8 = 3$

(*b*) $3 - 1 + 4 = 2$

(*c*) $9 + 3 - 5 = 7$

(*d*) $6 + 3 - 8 = 5$

16. नीचे दिए गए समीकरण में किन चिह्नों को एक दूसरे के स्थान पर रखने पर समीकरण सत्य होगा?

$25 \div 5 + 17 \times 2 - 6 = 10$

(*a*) ÷ और – (*b*) + और –

(*c*) × और – (*d*) ÷ और +

17. यदि निम्नलिखित समीकरण में + और × चिह्नों को एक दूसरे के स्थान पर रख दिया जाए, तो निम्नलिखित में से कौन-सा समीकरण सही होगा?

(*a*) $7 \times 5 + 3 = 20$ (*b*) $4 + 9 \times 1 = 42$

(*c*) $6 \times 5 + 8 = 46$ (*d*) $2 + 11 \times 4 = 28$

18. यदि 'a' का आशय '÷' हो, 'b' का आशय '×' हो, 'c' का आशय '+' है और 'd' का आशय '–', हो, तो

5 c 20 a 4 b 2 d 10 = ?

(*a*) 5 (*b*) 10

(*c*) 15 (*d*) 20

19. यदि '☐' का अर्थ '>' हो, 'Δ' का अर्थ '<' हो, 'ϕ' का अर्थ '=' हो, '॥' का अर्थ '≠' हो और दिया गया हो कि

A☐C, BΔD और C☐D, तो

(*a*) B Δ C (*b*) C Δ A

(*c*) A Δ B (*d*) D ϕ C

20. यदि '× और ÷' के चिह्नों को एक दूसरे के स्थान पर रखा जाए और इसी प्रकार '2 और 4' के अंकों को भी एक दूसरे के स्थान पर रखा जाए तो निम्नलिखित में से कौन-सा समीकरण सत्य है?

(*a*) $4 - 6 \times 3 + 1 \div 2 = 7$

(*b*) $2 \times 4 + 5 \div 1 - 6 = 3$

(*c*) $4 \div 3 - 8 + 16 \times 2 = 1$

(*d*) $5 \times 5 + 4 - 8 \div 2 = -29$

व्याख्यात्मक उत्तर

1. (*c*) : $15 \div 5 + 10 - 5 \times 3$
$3 + 10 - 15 = -2$

2. (*b*) : $15 \div 3 + 15 - 5 \times 2$
$5 + 15 - 10 = 10$

3. (*c*) : $16 + 8 - 6 \times 2 \div 12$
$16 + 8 - 1 = 23$

4. (*c*) : $5 \times 8 \div 4 - 2 + 9$
$10 - 2 + 9 = 17$

5. (*b*) : $20 + 6 - 6 + 4 = 24$

6. (*c*) : $A + B > C + D > B + E$ or $2C$
$\therefore A + B > 2C$

7. (*b*) : 1. $A + D > C + E$
2. $B + E > C + D$ or $2B$
चूँकि 1 और 2 के बीच संबंध स्पष्ट नहीं है, तथापि यह निश्चित है कि $A + D > B + C$.

8. (*d*) : $10 - 2 \times 15 \div 3 + 5$
$10 - 10 + 5 = 5$

9. (*c*) : (*a*) $5 + 3 - 7 > 8 \div 4 + 1$
$1 > 3$
(*b*) $3 + 4 \times 2 = 9 \div 3 - 3$
$11 = 0$
(*c*) $5 \times 2 \div 2 < 10 - 4 + 8$
$5 < 14$
(*d*) $3 + 2 - 4 > 16 \times 2 \div 4$
$1 > 8$

10. (*b*) : (*a*) $4 + 6 \times 2 = 3 - 12 + 12$
$16 = 3$
(*b*) $10 \div 5 \times 5 = 9 - 3 + 4$
$10 = 10$
(*c*) $15 \times 2 - 5 = 12 \div 4 + 3$
$25 = 6$
(*d*) $13 \div 13 + 1 > 20 - 5 \times 2$
$2 > 10$

11. (*d*) : $9 \div 3 \times 4 + 8 - 2$
$12 + 8 - 2 = 18$

12. (*c*) : (*a*) $1 - 2 \times 3 + 6 \div 8 = 12$
$\frac{-17}{4} = 12$
(*b*) $2 \times 3 \div 5 + 8 - 4 = 7$
$\frac{26}{5} = 7$
(*c*) $5 \times 6 + 8 \div 2 - 3 = 31$
$31 = 31$
(*d*) $6 - 1 \times 2 \div 8 + 4 = 31$
$\frac{-39}{4} = 31$

13. (*d*) : (*a*) $9 - 8 + 8 \times 4 \div 9 = 65$
($8 \times 4 \div 9$ का उत्तर भिन्न रूप में प्राप्त होता है। चूँकि परिणाम 65 एक पूर्णांक है, अत: आगे परिकलन की आवश्यकता नहीं है।)
(*b*) $9 \div 8 \times 8 + 4 - 9 = 65$
$9 + 4 - 9$ अर्थात् $4 = 65$
(*c*) $9 \div 8 + 8 \times 4 - 9 = 65$
($9 \div 8$ का परिणाम भिन्न रूप में प्राप्त होता है)
(*d*) $9 \times 8 + 8 \div 4 - 9 = 65$
$72 + 2 - 9$ अर्थात् $65 = 65$

14. (*c*) : हल समीकरण होंगे :
(*a*) $2 - 10 \times 4 \div 5 = 5 + 12 \div 6$
$2 - 8 = 5 + 2$
$-6 = 7$ जो गलत है
(*b*) $27 \div 9 + 6 \neq 3 \times 6 - 9$
$3 + 6 \neq 18 - 9$
$9 \neq 9$ जो गलत है
(*c*) $4 \div 2 \times 0 = 7 \div 1 \times 0$
$2 \times 0 = 7 \times 0$
$0 = 0$ जो सही है
(*d*) $5 + 6 \div 3 - 2 = 8 \div 4 \times 3$
$5 = 6$ जो गलत है

15. (*a*) : चिह्नों को एक दूसरे के स्थान पर रखने पर प्राप्त समीकरण होगा :
(*a*) $2 - 7 + 8 = 3$ जो सही है
(*b*) $3 + 1 - 4 = 0$
(*c*) $9 - 3 + 5 = 11$
(*d*) $6 - 3 + 8 = 11$

16. (*c*) : चिह्नों को बदलने पर प्राप्त समीकरण होगा :
(*a*) $25 - 5 + 17 \times 2 \div 6$
$25 - 5 + \frac{17}{3}$ (प्राप्त उत्तर एक भिन्न होगा जबकि 10 एक पूर्णांक है, अत: आगे और परिकलन की आवश्यकता नहीं है।)
(*b*) $25 \div 5 - 17 \times 2 + 6$
$5 - 34 + 6 = -23$ जो गलत है
(*c*) $25 \div 5 + 17 - 2 \times 6$
$5 + 17 - 12 = 10$ जो सही है
(*d*) $25 + 5 \div 17 \times 2 - 6$ ($5 \div 17$ प्राप्त उत्तर (*a*) के समान ही एक भिन्नात्मक संख्या के रूप में होगा)

17. (*c*) : चिह्नों को एक दूसरे के स्थान पर रखने पर दिया गया समीकरण है :
(*a*) $7 + 5 \times 3 = 22$ जो गलत है
(*b*) $4 \times 9 + 1 = 37$ जो गलत है
(*c*) $6 + 5 \times 8 = 46$ जो सही है
(*d*) $2 \times 11 + 4 = 26$ जो गलत है

18. (*a*) : $5 + 20 \div 4 \times 2 - 10$
$5 + 10 - 10 = 5$

19. (*b*) : दिया गया है कि $A > C, B < D$ और $C > D$ अर्थात् $A > C > D$ और $B < D$
(*a*) $B > D$ जो गलत है
(*b*) $C < A$ जो सही है
(*c*) $A < B$ जो सही है या गलत, इसका निर्णय नहीं किया जा सकता
(*d*) $D \neq C$ जो गलत है

20. (*d*) : चिह्नों और संख्याओं को निर्देशानुसार बदलने पर नया समीकरण होगा :
(*a*) $2 - 6 \div 3 + 1 \times 4$
$2 - 2 + 4 = 4$ जो गलत है
(*b*) $4 \div 2 + 5 \times 1 - 6$
$2 + 5 - 6 = 1$ जो गलत है
(*c*) $2 \times 3 - 8 + 16 \div 4$
$6 - 8 + 4 = 2$ जो गलत है
(*d*) $5 \div 5 + 2 - 8 \times 4$
$1 + 2 - 32 = -29$ जो सही है

कृत्रिम मान और लुप्त संख्याएँ
(Artificial Values and Missing Numbers)

इस प्रकार के प्रश्नों को हल करने के लिए संख्या संबंधी प्रश्नों को हल करने में निपुणता और गणितीय कौशल का होना अपेक्षित है। उत्तर प्राप्त करने के लिए अभ्यर्थियों के लिए यह अपेक्षित है कि वे अंकगणितीय चिह्नों या प्रतीकों के सही संयोजन का चयन करें जिसे दिए गए प्रश्नों में प्रश्न चिह्न के स्थान पर प्रतिस्थापित किया जा सके।

हल किए गए उदाहरण

1. यहाँ प्रश्न में दिए गए प्रश्न चिह्न (?) के स्थान पर प्रतिस्थापित करने के लिए सही विकल्प का चयन करें :

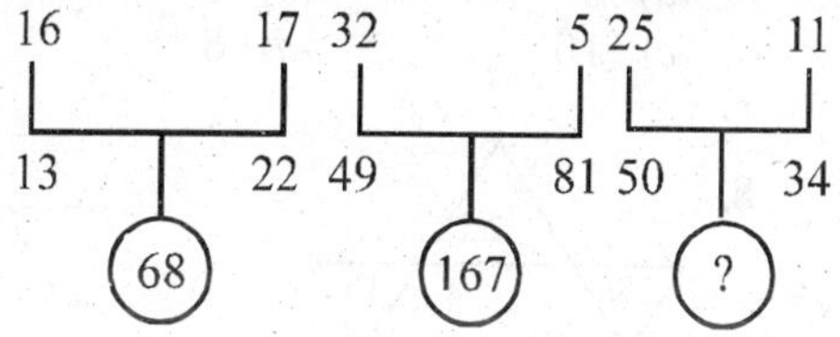

(*a*) 65 (*b*) 120 (*c*) 116 (*d*) 192

उत्तर (*b*) : गोल घेरे के भीतर दी गई संख्या शेष चार संख्याओं का योग है, अर्थात्

$16 + 17 + 13 + 22 = 68$

$32 + 5 + 49 + 81 = 167$, इसी प्रकार

$25 + 11 + 50 + 34 = 120$

2. यहाँ प्रश्न चिह्न के स्थान पर विकल्पों में दी गई कौन-सी संख्या आएगी ?

(*a*) 6 (*b*) 8 (*c*) 7 (*d*) 3

उत्तर (*a*) : दो सम्मुख संख्याओं का अंतर 4 है, अर्थात्

$23 - 19 = 4$ और $16 - 12 = 4$

$14 - 10 = 4$ और $12 - 8 = 4$, इसी प्रकार

$9 - 5 = 4$ और $6 - 2 = 4$.

इस प्रकार के प्रश्नों में सही उत्तर ज्ञात करने का कोई निश्चित नियम नहीं है। सही उत्तर प्राप्त करने के विभिन्न तरीकों के बारे में जानने के लिए नीचे दिए गए अभ्यास में निहित प्रश्नों का हल ज्ञात करने का प्रयास करें।

अभ्यास

निर्देश (प्र.सं. 1–10): *नीचे दिए गए प्रत्येक प्रश्न में बताएँ कि प्रश्न चिह्न (?) के स्थान पर कौन-सी संख्या रखी जा सकती है?*

1. 

(*a*) 693 (*b*) 939
(*c*) 981 (*d*) 993

2. 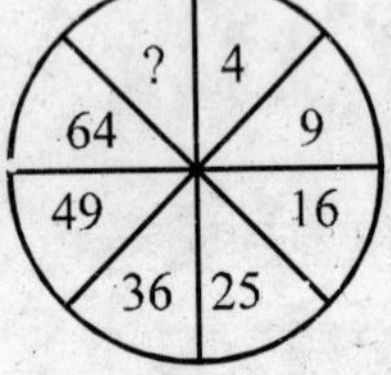

(*a*) 68 (*b*) 100
(*c*) 72 (*d*) 81

3. 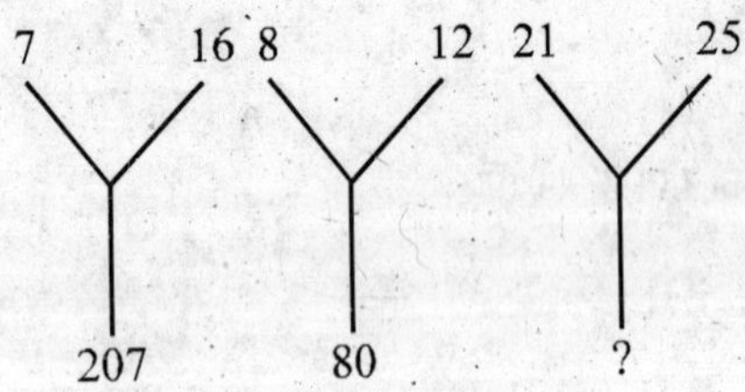

(*a*) 425 (*b*) 184
(*c*) 241 (*d*) 210

4. 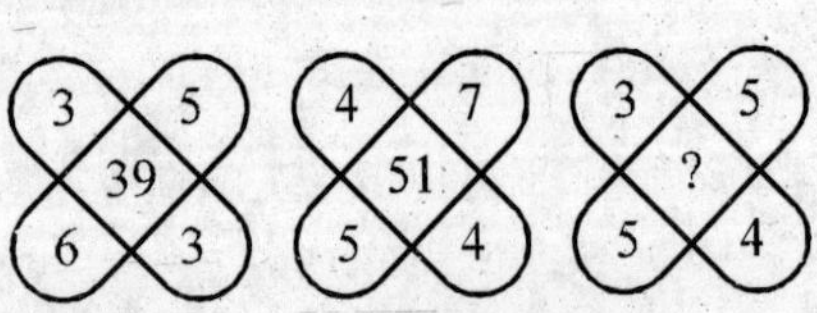

(*a*) 35 (*b*) 37
(*c*) 45 (*d*) 48

5. 

(*a*) 69 (*b*) 49
(*c*) 50 (*d*) 60

6. 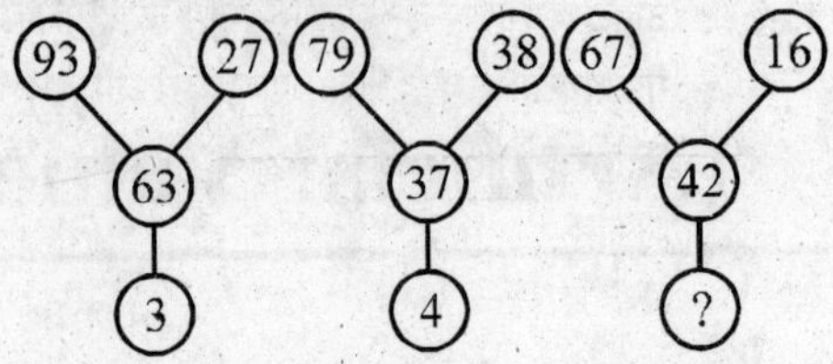

(*a*) 5 (*b*) 6
(*c*) 8 (*d*) 9

7. 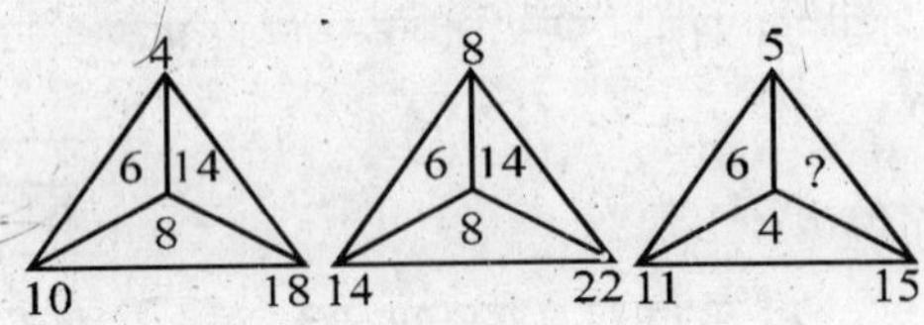

(*a*) 8 (*b*) 14
(*c*) 10 (*d*) 6

8. 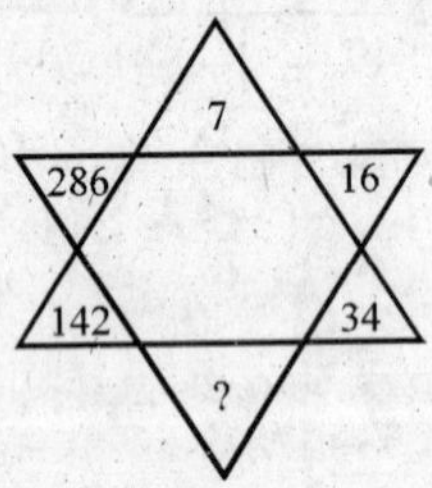

(*a*) 70 (*b*) 68
(*c*) 56 (*d*) 92

9. 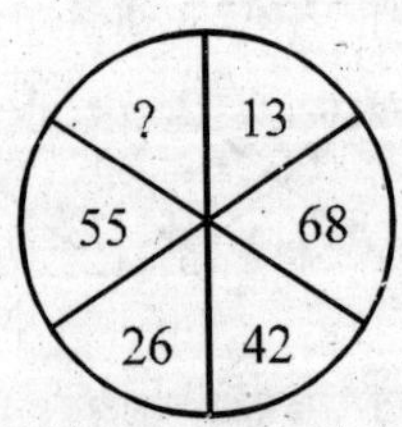

(*a*) 41 (*b*) 37
(*c*) 29 (*d*) 25

10. 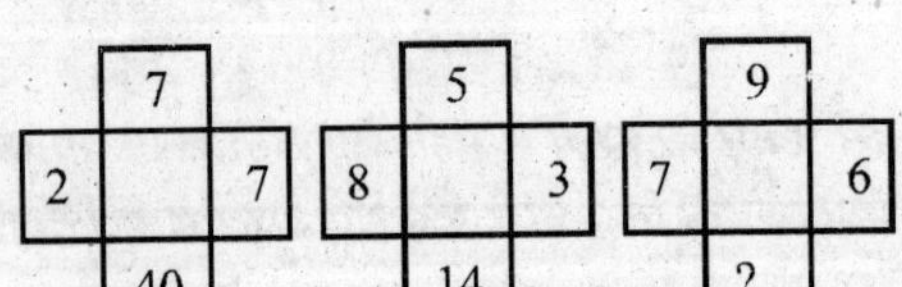

(*a*) 72 (*b*) 68
(*c*) 82 (*d*) 96

व्याख्यात्मक उत्तर

1. (*c*) : उलटे बने त्रिभुज के ऊपरी भाग के दोनों खानों में दी गई संख्याओं के वर्ग को एक दूसरे की बगल में रखने पर त्रिभुज के निचले शीर्ष की संख्या प्राप्त होती है, अर्थात्

6^2 और $3^2 = 369$

2^2 और $5^2 = 425$, इसी प्रकार

3^2 और $9^2 = 981$.

2. (*d*) : 4 से आरंभ करके प्रत्येक अनुवर्ती संख्या क्रमागत प्राकृतिक संख्या का वर्ग है। अर्थात् $2^2 = 4, 3^2 = 9, 4^2 = 16, \ldots 9^2 = 81$

3. (*b*) : नीचे की संख्या ऊपर की दोनों संख्याओं के वर्गों का अंतर है, अर्थात्

$16^2 - 7^2 = 256 - 49 = 207$

$12^2 - 8^2 = 144 - 64 = 80$, इसी प्रकार

$25^2 - 21^2 = 625 - 441 = 184$

4. (*b*) : बीच की संख्या विकर्णतः सम्मुख संख्याओं के गुणनफलों का योग है, अर्थात्

$(3 \times 3) + (5 \times 6) = 39$

$(4 \times 4) + (7 \times 5) = 51$, इसी प्रकार

$(3 \times 4) + (5 \times 5) = 37$

5. (*a*) : किसी भी एक आकृति में सरेखीय तीनों संख्याओं का योगफल समान है, अर्थात्

$29 + 80 + 43$ या $39 + 80 + 33$

या $45 + 80 + 27 = 152$

$29 + 70 + 44$ या $42 + 70 + 31$

या $43 + 70 + 30 = 143$, इसी प्रकार

$59 + 80 + 20$ या $39 + 80 + 40 = 159$.

अतः लुप्त संख्या है :

$159 - (80 + 10) = 69$

6. (*d*) : प्रत्येक आकृति में दाहिने और बीच के घेरों की संख्याओं के योगफल को बायीं ओर के घेरे की संख्या से घटाने पर आकृति में सबसे नीचे के घेरे की संख्या प्राप्त होती है, अर्थात्

$93 - (27 + 63) = 3$

$79 - (38 + 37) = 4$, इसी प्रकार

$67 - (16 + 42) = 9$

7. (*c*) : प्रत्येक त्रिभुजाकार आकृति के भीतर बने प्रत्येक त्रिभुज में आधार पर स्थित संख्याओं का अंतर त्रिभुज के भीतर स्थित संख्या के बराबर है, अर्थात्

$10 - 4 = 6$, $18 - 4 = 14$ और $18 - 10 = 8$

$14 - 8 = 6$, $22 - 8 = 14$ और $22 - 14 = 8$, इसी प्रकार

$11 - 5 = 6$, $15 - 5 = 10$ और $15 - 11 = 4$.

8. (*a*) : दी गई आकृति में 7 की संख्या से आरंभ करके दक्षिणावर्त अगली संख्या पहली संख्या के दोगुने से 2 अधिक है, अर्थात्

$(7 \times 2) + 2 = 16$

$(16 \times 2) + 2 = 34 \ldots$, इसी प्रकार

$(34 \times 2) + 2 = 70$

$(70 \times 2) + 2 = 142$

$(142 \times 2) + 2 = 286$

9. (*c*) : दी गई आकृति में सम्मुख त्रिज्यखंडों में दी गई संख्याओं का अंतर 13 है, अर्थात्

$26 - 13 = 13$

$68 - 55 = 13$, इसी प्रकार

अतः लुप्त संख्या है : $42 - 13 = 29$

($42 + 13 = 55$ विकल्पों में नहीं दिया गया है)

10. (*b*) : प्रत्येक आकृति में मध्यस्थ ग्रिड रेखा में दी गई संख्याओं के योगफल को ऊपर स्थित संख्या के वर्ग से घटाने पर आकृति में नीचे की संख्या प्राप्त होती है, अर्थात्

$7^2 - (2 + 7) = 40$

$5^2 - (8 + 3) = 14$, इसी प्रकार

$9^2 - (7 + 6) = 68$

अक्षर—अंक व्यवस्थापक मशीन संबंधी प्रश्न
(Problems Based on English Alphabet)

अंग्रेजी वर्णमाला पर आधारित प्रश्नों को हल करना अत्यधिक सरल है। इस प्रकार के प्रश्न वर्णमाला के सीधे क्रम में और साथ ही उलटे क्रम में भी दी गई श्रृंखलाओं पर आधारित होते हैं।

अंग्रेजी वर्णमाला का सीधा क्रम (Natural Order)

A B C D E F G H I J K L M N O P Q R S T U V W X Y Z

अंग्रेजी वर्णमाला का उलटा क्रम (Reverse Order)

Z Y X W V U T S R Q P O N M L K J I H G F E D C B A

श्रृंखला Z पर पहुँचने के बाद A से पुनः आरंभ होती है और उलटे क्रम में A पर पहुँचने के बाद Z से पुनः आरंभ होती है। इस श्रृंखला में A E I O U स्वर और शेष अक्षर व्यंजन कहलाते हैं।

हल किए गए उदाहरण

1. यदि वर्णमाला के पहले दस अक्षरों को उलटे क्रम में लिखा जाए तो निम्नलिखित में से कौन–सा अक्षर उस श्रृंखला के दाहिने छोर से बारहवें अक्षर की बायीं ओर का सातवाँ अक्षर होगा?

A B C D E F G H I J K L M N O P Q R S T U V W X Y Z

(*a*) H (*b*) C (*c*) I (*d*) B

उत्तर (*b*) **:** वर्णमाला के सीधे क्रम में दी गई श्रृंखला में पहले दस अक्षरों को उलटे क्रम में लिखने पर निम्नलिखित श्रृंखला प्राप्त होगी :

JIHGFEDCBAKLMNOPQRSTUVWXYZ

7th 12th

'Z' से गिनना आरंभ करने पर दाहिने छोर से बारहवाँ अक्षर 'O' है और 'O' की बायीं ओर का 7वाँ अक्षर 'C' है।

2. अक्षरों की निम्नलिखित सूची में ऐसे कितने D हैं जिनके ठीक बाद F है किंतु ठीक पहले E नहीं है?

X M N D F P R S T D D F O C E D F B T E D K

(*a*) 4 (*b*) 3 (*c*) 2 (*d*) 1

उत्तर (*c*) **:** जिन D के ठीक बाद 'F' है किंतु ठीक पहले 'E' नहीं है, वे हैं :

X M N D F P R S T D D F O C E D F B T E D K

अभ्यास

निर्देश (प्र.सं. 1–20): *निम्नलिखित प्रश्न वर्णमाला के सीधे या उलटे क्रम में लिखी गई शृंखला पर तथा दिए गए शब्द में अक्षरों के स्थान परिवर्तन पर आधारित हैं।*

1. वर्णमाला के सीधे क्रम में लिखी गई शृंखला में बाएँ छोर से छठे अक्षर के ठीक पहले कौन-सा अक्षर होता है?
(*a*) U (*b*) E
(*c*) F (*d*) V

2. वर्णमाला में G और S के ठीक बीच में कौन-सा अक्षर है?
(*a*) L (*b*) N
(*c*) M (*d*) कोई अक्षर नहीं

3. यदि अंग्रेजी वर्णमाला में प्रथम अर्द्धांश के अक्षरों को उलटे क्रम में लिखा जाए तो दायीं ओर से नौंवें अक्षर की बायीं ओर का नौंवाँ अक्षर कौन-सा होगा?
(*a*) I (*b*) D
(*c*) F (*d*) E

4. यदि अंग्रेजी वर्णमाला को उलटे क्रम में लिखा जाए, तो दायीं और से सातवें अक्षर की बायीं ओर का आठवाँ अक्षर कौन-सा होगा?
(*a*) O (*b*) P
(*c*) N (*d*) Q

5. वर्णमाला में दाहिने छोर से तेरहवें अक्षर की दायीं ओर का पाँचवाँ अक्षर क्या होगा?
(*a*) R (*b*) S
(*c*) I (*d*) O

6. यदि अंग्रेजी वर्णमाला को उलटे क्रम में लिखा जाए तो P के दाएँ से छठा अक्षर कौन-सा होगा?
(*a*) J (*b*) W
(*c*) K (*d*) V

7. यदि अंग्रेजी वर्णमाला को दो बराबर हिस्सों में बाँट दिया जाए जिनमें पहले अर्द्धांश में A से M तक के और दूसरे अर्द्धांश में N से Z तक के अक्षर निहित हों, तो बाद वाले अर्द्धांश का कौन-सा अक्षर पहले वाले अर्द्धांश के J अक्षर के संगत होगा?
(*a*) W (*b*) Q
(*c*) V (*d*) R

8. यदि अंग्रेजी वर्णमाला को उलटे क्रम में लिखा जाए तो प्राप्त शृंखला में आपके बाएँ से सोलहवें अक्षर की बायीं ओर का बारहवाँ अक्षर कौन-सा होगा?
(*a*) X (*b*) W
(*c*) D (*d*) V

9. अंग्रेजी वर्णमाला में बाएँ से पाँचवें अक्षर से आरंभ करके यदि बारह अक्षरों को उलटे (विपरीत) क्रम में लिखा जाए तो प्राप्त शृंखला में दाएँ से चौदहवें अक्षर की बायीं ओर का सातवाँ अक्षर कौन-सा होगा?
(*a*) N (*b*) H
(*c*) L (*d*) O

10. यदि वर्णमाला में B से आरंभ करके सभी एकांतर स्थानों पर आने वाले अक्षरों को छोटे अक्षरों में और शेष अक्षरों को बड़े अक्षरों में लिखा जाए तो प्राप्त शृंखला के अक्षरों का प्रयोग करके 'September' माह को किस प्रकार लिखा जाएगा?
(*a*) SEptEMbEr (*b*) sePTemBeR
(*c*) SEptembER (*d*) SEpteMbeR

11. अंग्रेजी वर्णमला को यदि उलटे क्रम में लिखा जाए तो इस शृंखला में J और T अक्षरों के ठीक बीच वाले अक्षर की बायीं ओर का दूसरा अक्षर कौन-सा होगा?
(*a*) P (*b*) N
(*c*) Q (*d*) कोई अक्षर नहीं

12. वर्णमाला में बाएँ से 19वें अक्षर और दाएँ से 18वें अक्षर के बीच में कौन-सा अक्षर होगा?
(*a*) O (*b*) N
(*c*) L (*d*) M

13. यदि अंग्रेजी वर्णमाला को उलटे क्रम में लिखा जाए तो बाएँ से ग्यारहवें अक्षर के दाएँ का दसवां अक्षर कौन-सा होगा?
(*a*) P (*b*) K
(*c*) F (*d*) U

14. अंग्रेजी वर्णमाला में दाएँ से छठे अक्षर और बाएँ से तेरहवें अक्षर के बीच में कौन-सा अक्षर है?
(*a*) Q (*b*) R
(*c*) P (*d*) S

15. यदि अंग्रेजी वर्णमाला को उलटे क्रम में लिखने पर प्राप्त शृंखला से स्वर-अक्षरों (AEIOU) को हटा दिया जाए तो इस शृंखला में बाएँ से इक्कीसवें अक्षर के बाएँ का अठारहवाँ अक्षर कौन-सा होगा?
(*a*) S (*b*) P
(*c*) R (*d*) X

16. यदि 'DISTURBANCE' शब्द के पहले और अंतिम अक्षरों को एक-दूसरे के स्थान पर रख दिया जाए, इसी प्रकार दूसरे और दसवें अक्षरों का स्थान भी परस्पर बदल दिया जाए तथा इसी प्रकार अन्य अक्षरों का स्थान भी एक-दूसरे से बदल दिया जाए तो इस प्रकार व्यवस्थित करने के पश्चात् प्राप्त शब्द में "T" के बाद कौन-सा अक्षर होगा?

(*a*) I (*b*) U
(*c*) N (*d*) S

17. यदि 'CATEGORISATION', शब्द के चौथे, सातवें, ग्यारहवें और तेरहवें अक्षरों से कोई सार्थक शब्द बनाया जाए तो उस शब्द का पहला अक्षर कौन-सा होगा? यदि ऐसा एक भी शब्द बनाना संभव नहीं हो तो अपना उत्तर 'X' दीजिए तथा यदि इस प्रकार के एक से अधिक शब्द बनाए जा सकते हों तो अपना उत्तर 'M' दीजिए।

(*a*) R (*b*) T
(*c*) M (*d*) X

18. 'BUCKET' शब्द में ऐसे कितने अक्षर-युग्म हैं जिनके बीच इस शब्द में भी उतने ही अक्षर हैं जितने अक्षर उनके बीच वर्णमाला के अनुक्रम में हैं?

(*a*) एक (*b*) दो
(*c*) तीन (*d*) चार

19. यदि अंग्रेजी शब्द 'PRISON' में दो अक्षर ऐसे हों कि उनके बीच इस शब्द में भी उतने ही अक्षर हों जितने अक्षर उनके बीच वर्णमला के अनुक्रम में हैं तो वे एक अक्षर-युग्म निर्मित करते हैं। बताइए कि इस शब्द PRISON में से कितने अक्षर-युग्म हैं :

(*a*) शून्य (*b*) 1
(*c*) 2 (*d*) 3 से अधिक

20. अंग्रेजी शब्द 'PRESENTATION' के तीसरे, छठे, नौंवे और ग्यारहवें अक्षरों से यदि कोई अर्थपूर्ण शब्द बन सकता है तो उस शब्द का तीसरा अक्षर कौन-सा होगा? यदि ऐसे एक से अधिक शब्द बनाए जा सकते हैं तो अपना उत्तर 'M' दीजिए।

(*a*) T (*b*) E
(*c*) M (*d*) N

व्याख्यात्मक उत्तर

1. (*b*) :

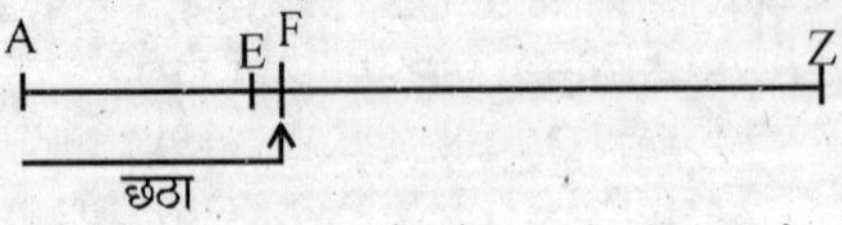

बाएँ से छठा अक्षर 'F' है और 'F' से ठीक पहले का अक्षर 'E' है।

2. (*c*) :

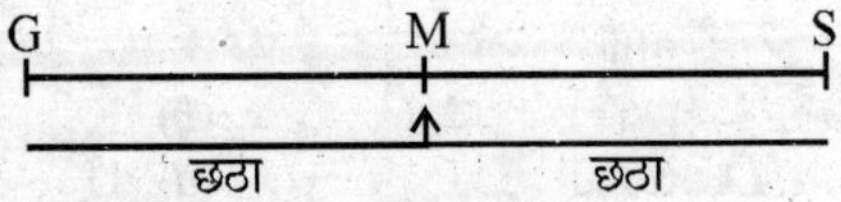

G और S के बीच का अक्षर M है।

3. (*d*) : MLKJIGHFEDCBANOPQRSTUVWXYZ

नौंवाँ नौंवाँ

4. (*a*) : ZYXWVUTSRQPONMLKJIHGFEDCBA

आठवाँ सातवाँ

5. (*b*) :

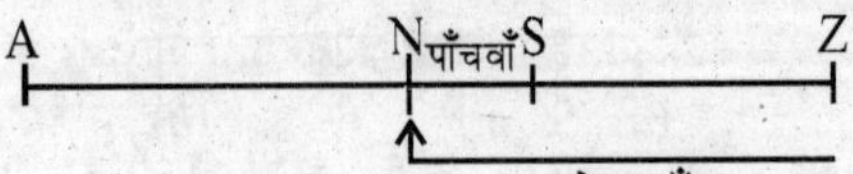

दाहिने छोर से तेरहवाँ अक्षर 'N' है और 'N' की दायीं ओर का पाँचवाँ अक्षर 'S' है।

6. (*a*) :

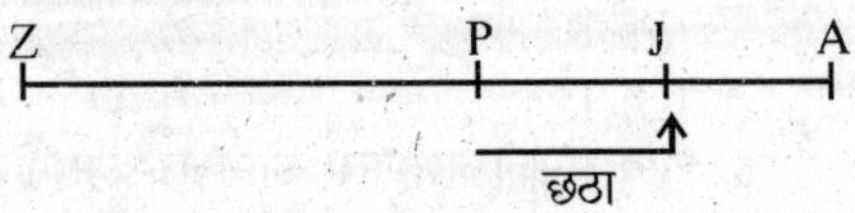

अंग्रेजी वर्णमाला के उलटे क्रम में 'P' के दाएँ से छठा अक्षर 'J' है।

7. (*a*) : A B C D E F G H I J K L M
N O P Q R S T U V W X Y Z

8. (*b*) :

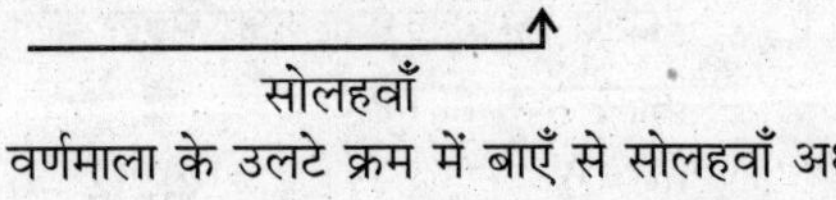

वर्णमाला के उलटे क्रम में बाएँ से सोलहवाँ अक्षर 'K' है और 'K' की बायीं ओर का बारहवाँ अक्षर 'W' है।

9. (*d*) : ABCDPONMLKJIHGFEQRSTUVWXYZ

सातवाँ चौदहवाँ

10. (a) : A b C d E f G h I j K l M n O p Q r S t U v W x Y z

11. (c) : दूसरा

T S R Q P O N M L K J

अंग्रेजी वर्णमाला के उलटे क्रम में J और T के बीच O है और 'O' की बायीं ओर का दूसरा अक्षर Q है।

12. (b) :

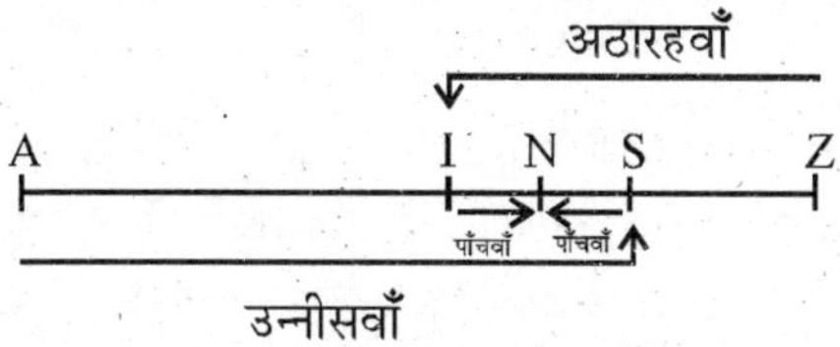

वर्णमाला की शृंखला में बाएँ से उन्नीसवाँ अक्षर S और दाएँ से अठारहवाँ अक्षर 'I' है तथा 'I' और 'S' के ठीक बीच में 'N' है।

13. (c) :

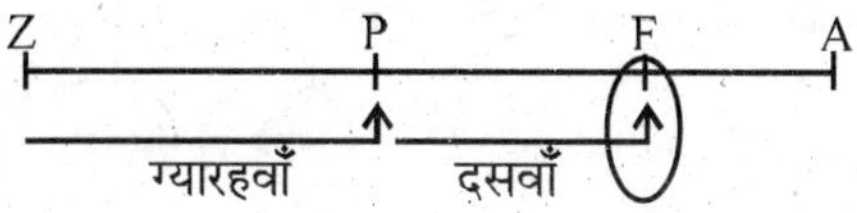

अंग्रेजी वर्णमाला के उलटे क्रम में बाएँ से ग्यारहवाँ अक्षर 'P' है और 'P' के दाएँ से दसवाँ अक्षर 'F' है।

14. (a) :

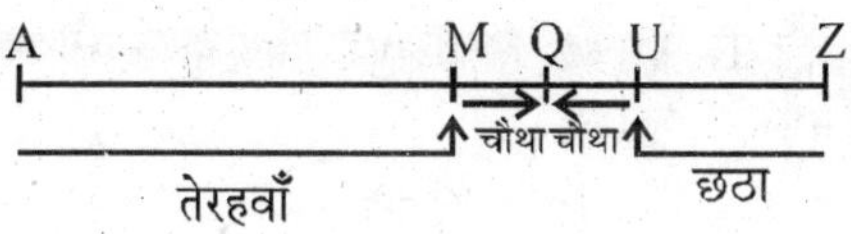

अंग्रेजी वर्णमाला में बाएँ से तेरहवाँ अक्षर 'M' है और दाएँ से छठा अक्षर 'U' है तथा 'M' और 'U' के ठीक बीच में 'Q' अक्षर अवस्थित है।

15. (d) : ZYXWVTSRQPNMLKJHGFDCB

पहला अठारहवाँ इक्कीसवाँ

प्राप्त शृंखला में बाएँ से इक्कीसवाँ अक्षर 'B' है और 'B' के बाएँ का अठारहवाँ अक्षर 'X' है।

16. (d) : E C N A B R U T S I D

17. (c) : CATEGORISATION

चौथा, सातवाँ, ग्यारहवाँ और तेरहवाँ अक्षर क्रमशः E R T O है।

इनसे निर्मित शब्द हैं : TORE और ROTE.

18. (a) : BUCKET : C और E के बीच इस शब्द में एक

D

अक्षर K है और वर्णमाला के अनुक्रम में भी C और E के बीच एक ही अक्षर D होता है।

19. (d) : PRISON : अक्षर 'O' और 'N' इस शब्द में भी और वर्णमाला के अनुक्रम में भी क्रमागत अक्षर हैं।

PRISON : अक्षर R और O के बीच इस शब्द में दो

QP

अक्षर 'IS' हैं तथा वर्णमाला के अनुक्रम में भी दो ही अक्षर 'QP' हैं

PRISON : अक्षर R और N के बीच इस शब्द में

QPO

तीन अक्षर 'ISO' हैं तथा वर्णमाला के अनुक्रम में भी इनके बीच तीन ही अक्षर 'QPO' हैं।

PRISON : अक्षर P और S के बीच इस शब्द में दो

QR

अक्षर 'RI' हैं तथा वर्णमाला के अनुक्रम में भी इनके बीच दो ही अक्षर 'QR' हैं।

20. (c) : P R E S E N T A T I O N

तीसरा, छठा, नौवाँ और ग्यारहवाँ अक्षर क्रमशः E, N, T और O है जिनसे निर्मित शब्द हैं : NOTE और TONE.

कथन एवं वेन आरेख
(Logical Diagrams)

इस प्रकार के प्रश्नों में विकल्प के रूप में पाँच भिन्न-भिन्न आकृतियों का समुच्चय दिया जाता है। प्रत्येक आकृति संबंधित शब्दों के कुछ समूहों का एक तार्किक पैटर्न निरूपित करती है जिनमें प्रत्येक शब्द एक वर्ग को निरूपित करता है। अभ्यर्थी को दिए गए शब्दों के समुच्चय के लिए सर्वाधिक उपयुक्त तार्किक आकृति की पहचान करनी है। नीचे इन आरेखों द्वारा निरूपित कुछ संबंध दर्शाए गए हैं। संबंधित पैटर्नों को समझें और तत्पश्चात् दिए गए प्रश्नों के उत्तर दें।

हल किए गए उदाहरण

1. 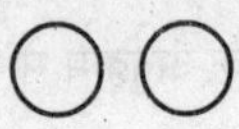 दिए गए वर्गों में कोई सदस्य समान (common) नहीं है।

उदाहरण : दूध, अंडे

2. 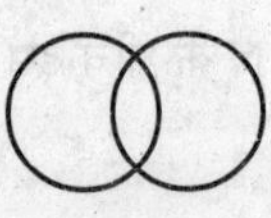 दिया गया आरेख यह दर्शाता है कि दोनों वर्गों में कुछ समान सदस्य हैं किंतु कोई भी वर्ग एक-दूसरे में पूर्णतः समाहित नहीं है।

उदाहरण : रंग, लाल

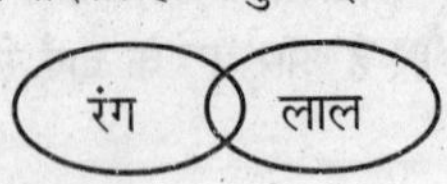

3.  दिया गया आरेख यह दर्शाता है कि एक वर्ग दूसरे में पूर्णतः समाहित है किंतु दूसरा वर्ग पहले वर्ग में समाहित नहीं है अर्थात् ये दोनों वर्ग आपस में मिले-जुले नहीं हैं।

उदाहरण : फल, सेब

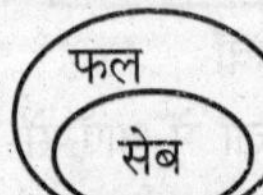

4.  आकृति 2 के समान ही यह आकृति भी दर्शाती है कि तीनों वर्गों में कुछ समान (common) सदस्य हैं किंतु इनमें से कोई भी वर्ग एक-दूसरे में पूर्णतः समाहित नहीं है।

उदाहरण : लंबा, आदमी, शिक्षित

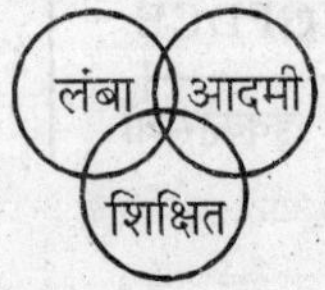

5.  दिए गए तीन वर्गों में से एक वर्ग दूसरे वर्ग में पूर्णतः समाहित है लेकिन मिला-जुला नहीं है जबकि तीसरे वर्ग का कोई भी सदस्य पहले के दोनों वर्गों के किसी भी सदस्य के किसी भी अभिलक्षण के आधार पर समान नहीं है।

उदाहरण : जल, ठोस, द्रव

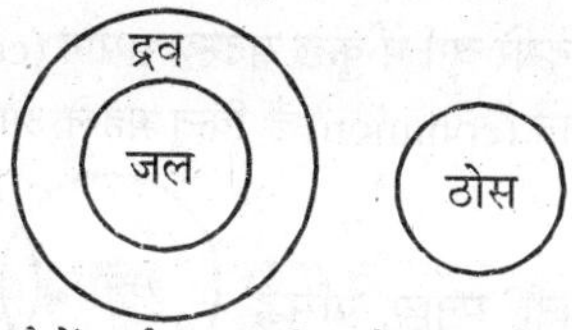

6. 

इस आकृति में दो वर्ग तीसरे वर्ग में पूर्णतः समाहित हैं किंतु तीसरा वर्ग उन दोनों वर्गों में समाहित नहीं है। इसके अतिरिक्त जो दो वर्ग तीसरे वर्ग में समाहित हैं उनका कोई सदस्य समान नहीं है।

उदाहरण : पंजाब, आगरा, भारत

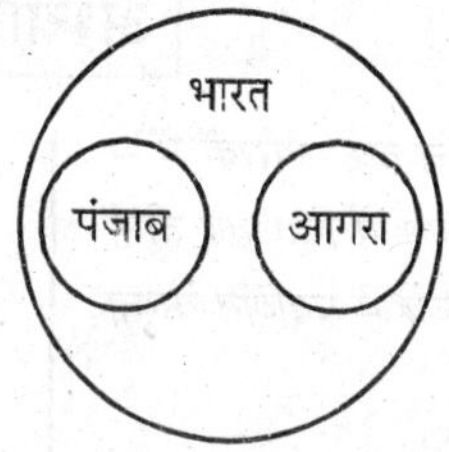

7. 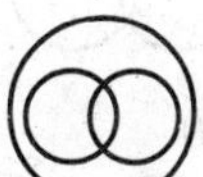

दो वर्ग तीसरे वर्ग में पूर्णतः समाहित हैं किंतु तीसरा वर्ग पहले के दो वर्गों में पूर्णतः समाहित नहीं है। इसके अतिरिक्त तीसरे वर्ग में पूर्णतः समाहित दोनों वर्गों में कुछ सदस्य समान हैं हालाँकि उन दोनों में कोई भी वर्ग एक दूसरे में पूर्णतः समाहित नहीं है।

उदाहरण : माँ, बहन, महिलाएँ

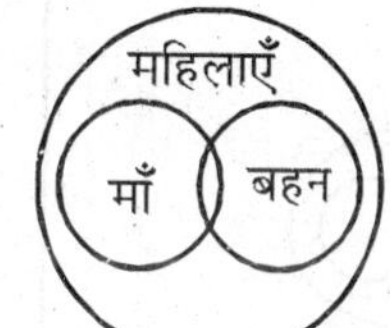

8. 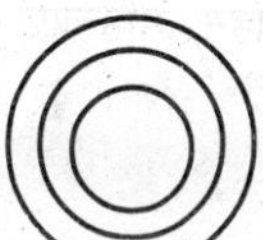

पहला वर्ग शेष दो वर्गों में पूर्णतः समाहित है किंतु शेष दो वर्ग पहले वर्ग में पूर्णतः समाहित नहीं हैं। दूसरा वर्ग तीसरे वर्ग में पूर्णतः और पहले वर्ग में अंशतः समाहित है। तीसरे वर्ग का कुछ अंश दूसरे वर्ग में समाहित है और कुछ अंश पहले वर्ग में समाहित है।

उदाहरण : संज्ञा, राम, व्याकरण

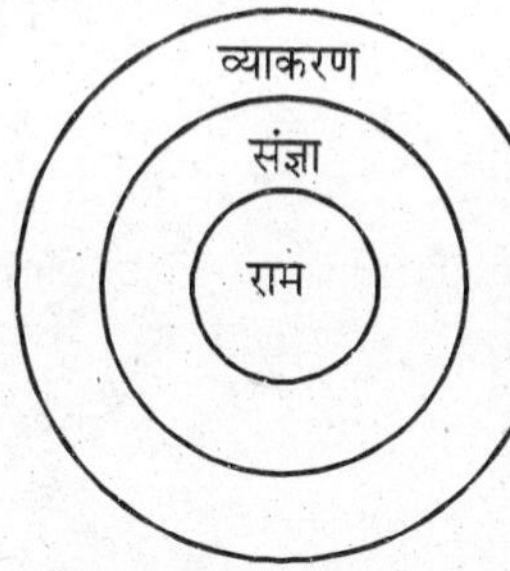

9. 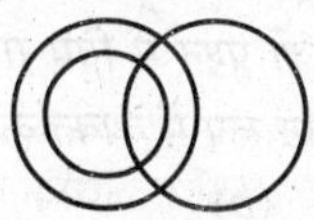

पहला वर्ग दूसरे वर्ग में पूर्णतः समाहित है किंतु दूसरा वर्ग पहले वर्ग में पूर्णतः समाहित नहीं है। तीसरा वर्ग शेष दो वर्गों में अंशतः समाहित है।

उदाहरण : चीनी, मीठा, चाय

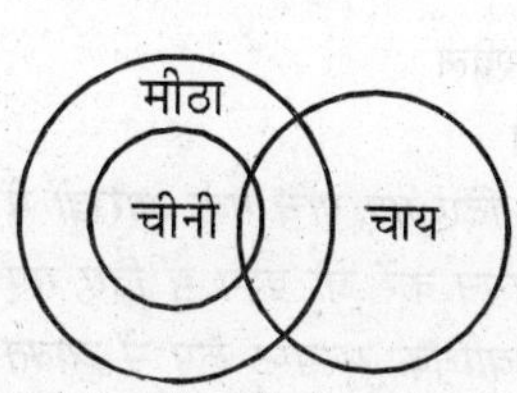

टिप्पणी : कुछ लोग बिना चीनी के चाय पीते हैं।

10. 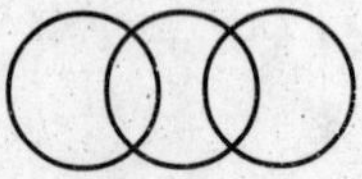 पहले और दूसरे वर्ग में कुछ सदस्य समान (common) हैं और इसी प्रकार दूसरे और तीसरे वर्ग के कुछ सदस्य समान (common) हैं किंतु पहले और तीसरे वर्ग में कुछ भी समान नहीं है।

उदाहरण : धनी, मनुष्य, प्रसिद्ध

अभ्यास

निर्देश (प्र.सं. 1–10): *नीचे दिए गए पाँच तर्क आरेखों में से उस आरेख (आकृति) का चयन करें जो प्रश्न में दिए गए तीनों वर्गों के बीच संबंध को सर्वाधिक सुस्पष्ट रूप में प्रदर्शित करता है।*

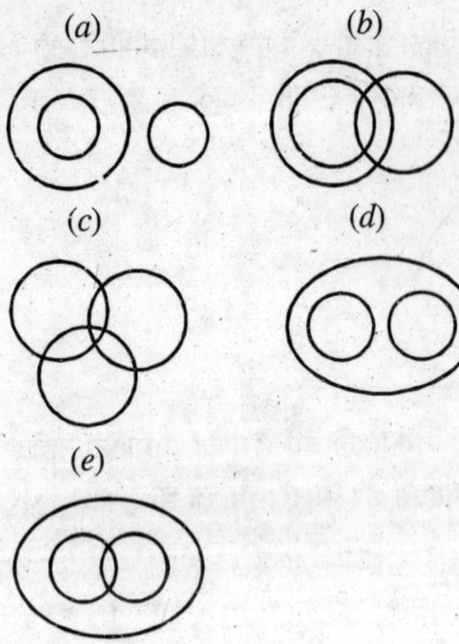

1. पक्षी, फल, आम
2. अपराधी, वकील, डकैत
3. तैराक, कुँआरा, पुरुष
4. स्मार्ट, इंजीनियर, महिला
5. सब्जियाँ, आलू, बैंगन
6. अंगूर, मीठा, फल
7. डॉक्टर, वास्तुकार, मनुष्य
8. विद्वान, व्यक्ति, भारतीय
9. बच्चे, शरारती, अध्ययनशील
10. कलम, पेंसिल, स्टेशनरी

निर्देश (प्र.सं. 11–20): *नीचे दिए गए पाँच तर्क आरेखों में से उस आरेख (आकृति) का चयन करें जो प्रश्न में दिए गए तीनों वर्गों के बीच संबंध को सर्वाधिक सुस्पष्ट रूप में व्यक्त करता है।*

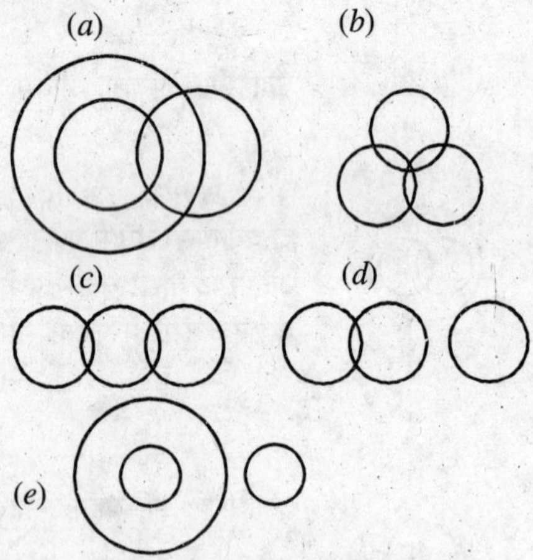

11. बहन, चचेरी–ममेरी–फुफेरी बहन, महिलाएँ
12. तारा, ग्रह, शनि
13. लोग, बुद्धिमान, धनी
14. पालतू पशु, बिल्लियाँ, कुत्ते
15. अभिनेता, मंच, फिल्म
16. कपड़ा, बाल, काला
17. वस्त्र, फूल, कोट
18. लकड़ी, जूता, कुर्सी
19. भौतिकी, जीवविज्ञान, प्राणि विज्ञान
20. पुलिस, अपराधी, चोर

निर्देश (प्र.सं. 21–25): *नीचे दिए गए पाँच तर्क आरेखों में से उस आरेख (आकृति) का चयन करें जो प्रश्न में दिए गए तीनों वर्गों के बीच संबंध को सर्वाधिक सुस्पष्ट रूप में व्यक्त करता है।*

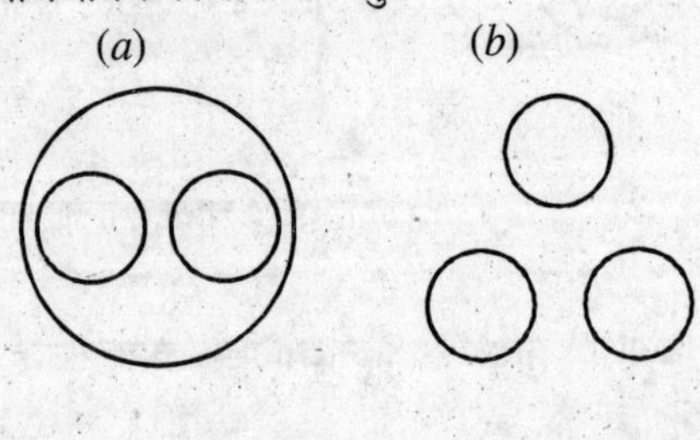

(*c*)

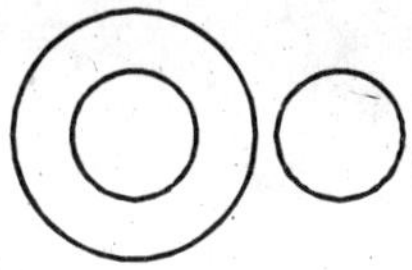

(*d*)

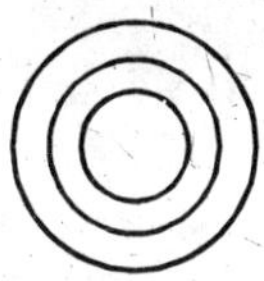

(*e*)

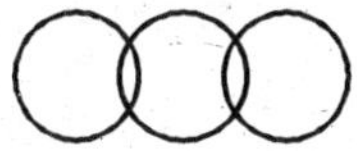

21. देश, नेपाल, भारत

22. शरीर, रक्त, शिरा

23. शतरंज, खेल, हॉकी

24. ट्रैक्टर, वायुयान, बैलगाड़ी

25. ओरिएन्टल, कंटिनेंटल, मुगलई

व्याख्यात्मक उत्तर

1. (*a*) :

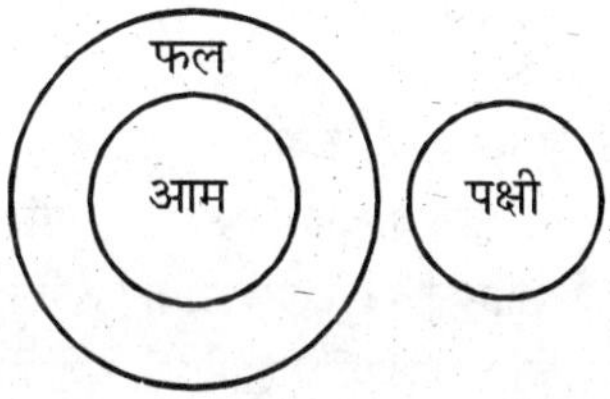

सभी आम फल हैं किंतु फल और आम में से कोई भी पक्षी नहीं है।

2. (*a*) :

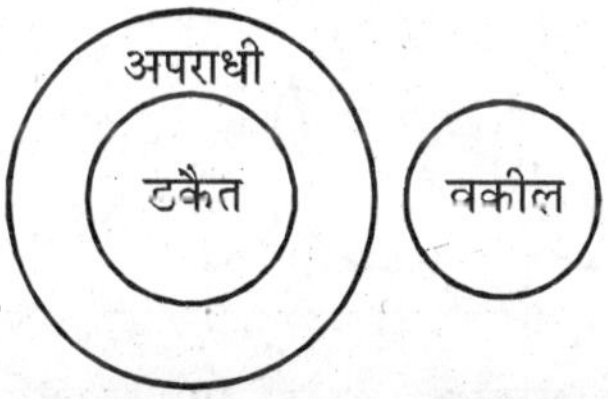

सभी डकैत अपराधी हैं किंतु अपराधी और डकैत में से कोई भी वकील नहीं हो सकता।

3. (*b*) :

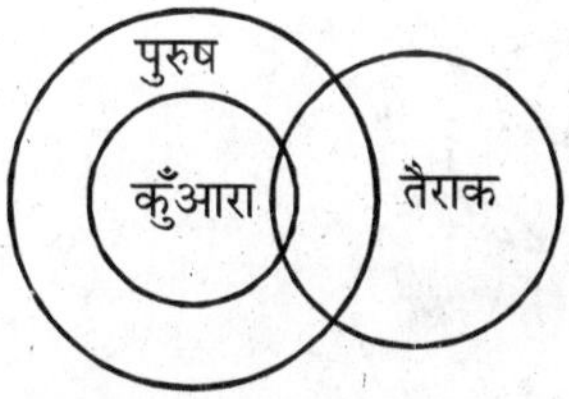

सभी कुँआरे पुरुष होते हैं तथा कुछ पुरुष और कुँआरे तैराक हो सकते हैं।

4. (*c*) :

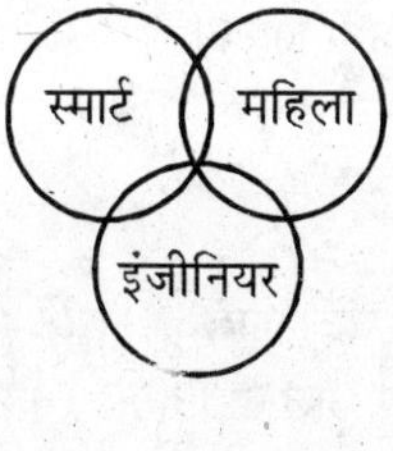

कुछ महिलाएँ स्मार्ट हो सकती हैं और कुछ महिलाएँ इंजीनियर हो सकती हैं तथा कुछ इंजीनियर स्मार्ट भी हो सकते हैं और महिला भी।

5. (*d*) :

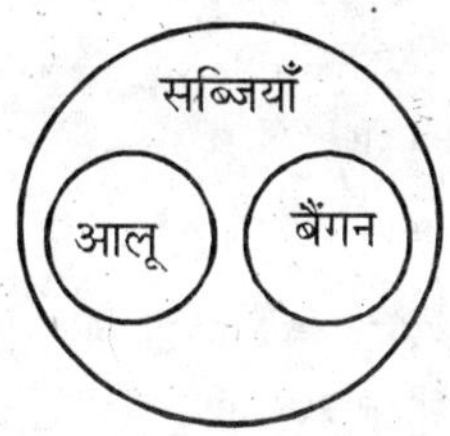

आलू और बैंगन दोनों सब्जियाँ हैं किंतु उनमें कोई समान गुण नहीं है। कुछ सब्जियाँ आलू हैं और कुछ बैंगन।

6. (*b*) :

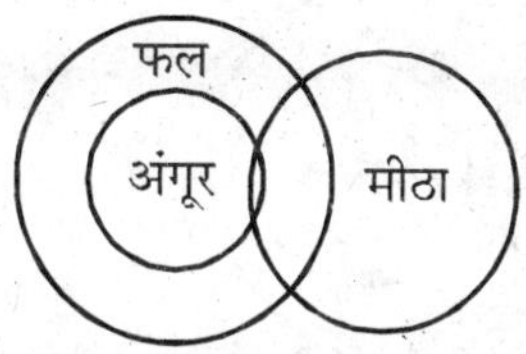

कुछ अंगूर मीठे हैं और सभी अंगूर फल हैं। किंतु सभी मीठी चीजें फल नहीं हैं।

7. (*d*) :

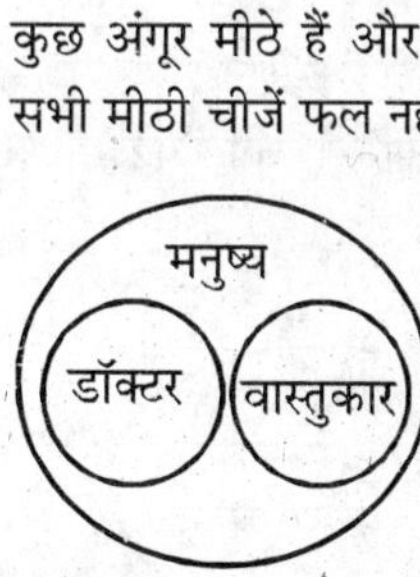

डॉक्टर और वास्तुकार दो अलग-अलग वर्ग हैं किंतु सभी डॉक्टर और वास्तुकार मनुष्य हैं और कुछ मनुष्य या तो डॉक्टर हैं या वास्तुकार हैं।

8. (*e*) :

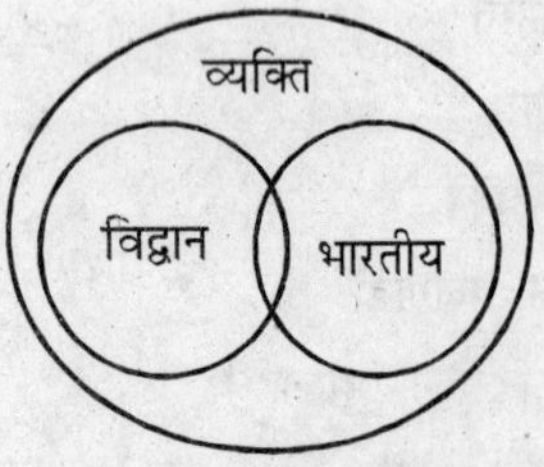

कुछ भारतीय विद्वान हो सकते हैं और कुछ विद्वान भारतीय हो सकते हैं। विद्वान और भारतीय दोनों ही व्यक्ति की श्रेणी में आते हैं।

9. (*c*) :

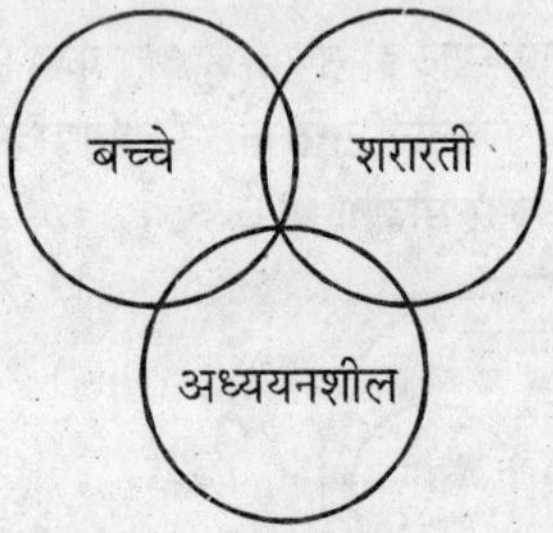

कुछ बच्चे शरारती और कुछ अध्ययनशील हो सकते हैं। कुछ अध्ययनशील बच्चे और कुछ शरारती हो सकते हैं। कुछ शरारती अध्ययनशील और कुछ बच्चे हो सकते हैं।

10. (*d*) :

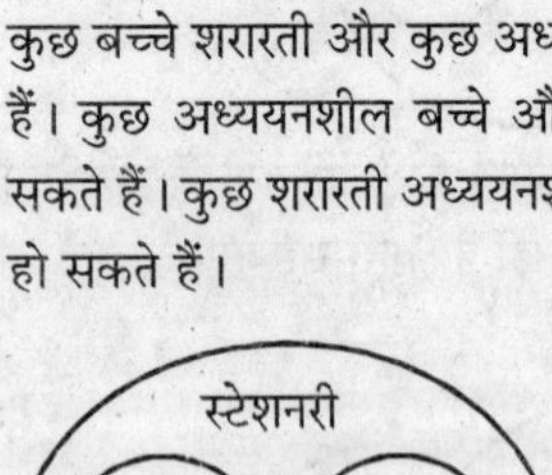

कलम और पेंसिल दोनों स्टेशनरी की मदें हैं। कुछ स्टेशनरी कलम और पेंसिल हैं किंतु कलम और पेंसिल दो अलग–अलग वर्ग हैं।

11. (*a*) :

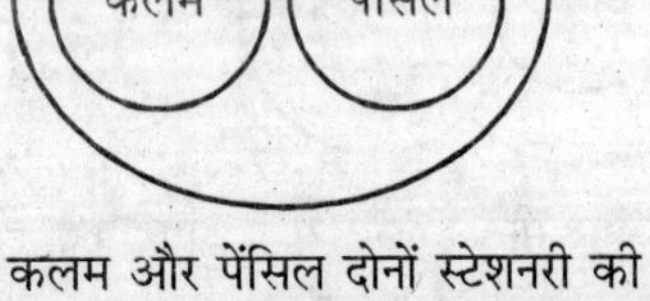

सभी बहनें महिलाएँ होती हैं। कुछ महिलाएँ जो बहनें हैं, चचेरी–ममेरी–फुफेरी बहनें हो सकती हैं या सभी चचेरी–ममेरी–फुफेरी बहनें कुछ महिलाएँ हैं।

12. (*e*) :

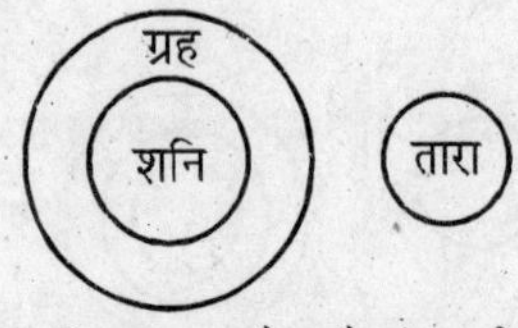

शनि एक ग्रह है। सौरमंडल के ग्रहों में एक ग्रह शनि है। तारा एक भिन्न वर्ग है।

13. (*b*) :

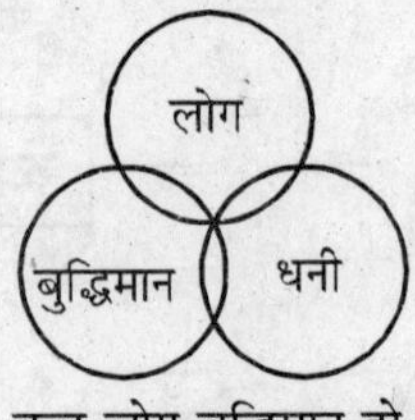

कुछ लोग बुद्धिमान हो सकते हैं और कुछ धनी हो सकते हैं तथा कुछ बुद्धिमान और धनी व्यक्ति लोगों की श्रेणी में शामिल हैं। कुछ बुद्धिमान धनी हो सकते हैं और कुछ बुद्धिमान व्यक्ति लोगों की श्रेणी में शामिल है या कुछ धनी बुद्धिमान हो सकते हैं और कुछ लोगों को बुद्धिमान कहा जा सकता है।

14. (*c*) :

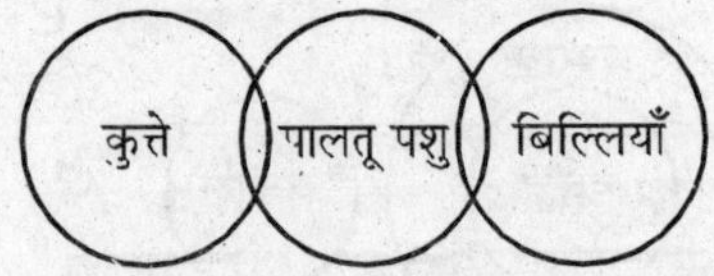

पालतू पशुओं में कुछ कुत्ते और कुछ बिल्लियाँ हो सकती हैं। कुछ कुत्ते और बिल्लियों को पालतू बनाया जा सकता है। किंतु कुत्ते और बिल्लियों का अलग–अलग वर्ग है।

15. (*b*) :

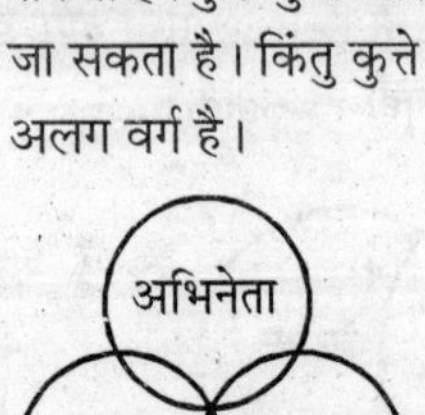

कुछ अभिनेता मंच से जुड़े होते हैं और कुछ फिल्मों से तथा मंच से जुड़े कुछ कलाकार और फिल्म से जुड़े कुछ कलाकार अभिनेता की श्रेणी में आते हैं।

16. (*c*) :

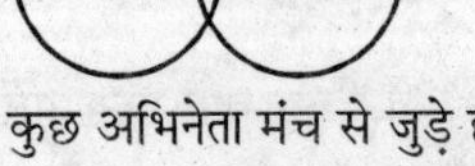

कुछ कपड़े और कुछ बाल काले हो सकते हैं (सभी कपड़े और सभी बाल काले नहीं होते)। कुछ काला

रंग कपड़ों में प्रयुक्त होता है और कुछ काला रंग बालों में है। कपड़ा और बाल भिन्न-भिन्न वर्ग हैं।

17. ***(e)*** **:**

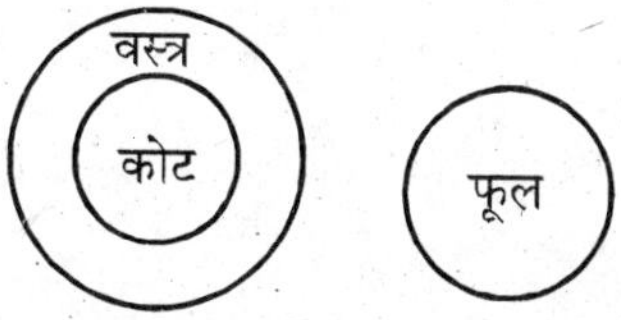

सभी कोट वस्त्र हैं। कुछ वस्त्र कोट हैं। फूल एक भिन्न वर्ग है।

18. ***(d)*** **:**

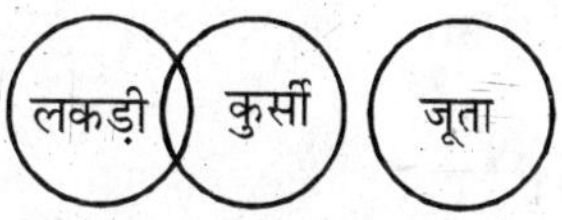

कुछ लकड़ी का प्रयोग कुर्सी बनाने में किया जाता है। कुछ कुर्सियाँ लकड़ी की बनी होती हैं। जूता एक अलग वर्ग है।

19. ***(e)*** **:**

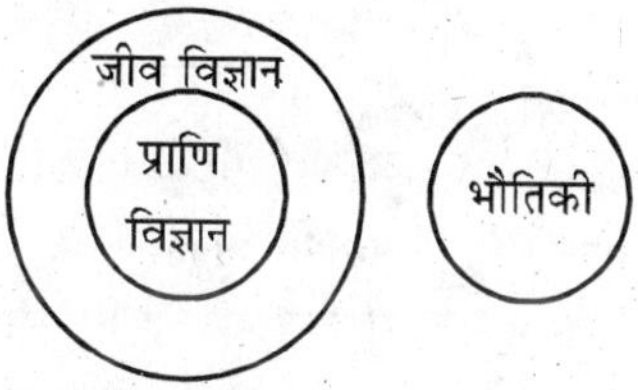

प्राणि विज्ञान जीव विज्ञान का एक भाग है। जीव विज्ञान में प्राणि विज्ञान का अध्ययन समाहित है। भौतिकी विज्ञान की एक अलग शाखा है।

20. ***(e)*** **:**

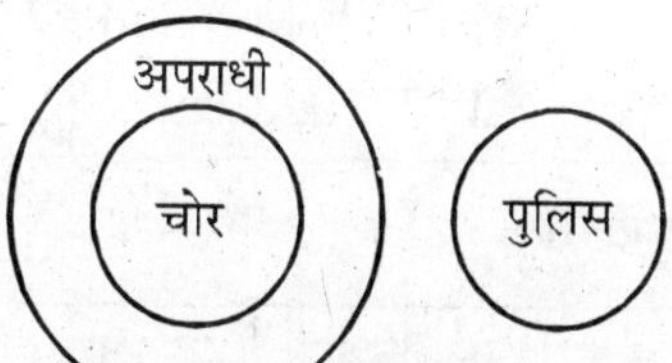

चोर एक अपराधी है। कुछ अपराधी चोर हो सकते हैं। पुलिस एक अलग वर्ग है।

21. ***(a)*** **:**

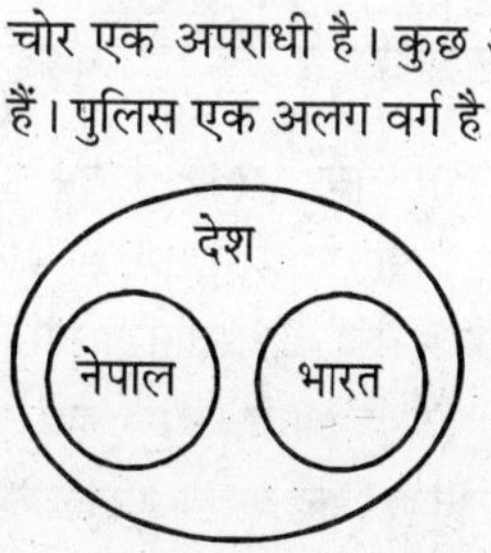

नेपाल और भारत अलग-अलग देशों के नाम हैं किंतु नेपाल और भारत में से कोई भी दूसरे में समाहित नहीं है।

22. ***(d)*** **:**

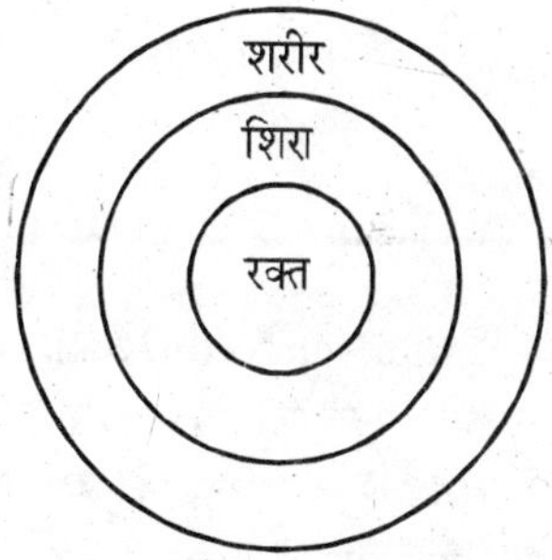

शरीर के भीतर शिराएँ होती हैं और सभी शिराओं के भीतर रक्त होता है।

23. ***(a)*** **:**

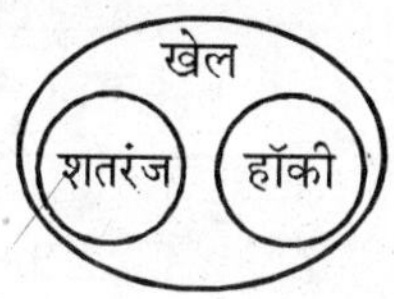

शतरंज और हॉकी दोनों खेल की श्रेणी में समाहित हैं किंतु इनमें से कोई एक दूसरे में समाहित नहीं है।

24. ***(b)*** **:**

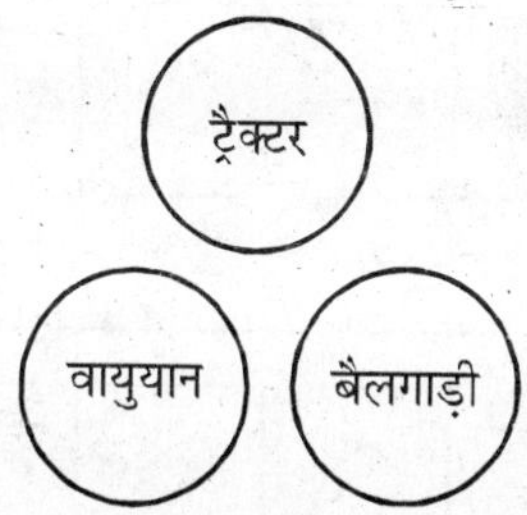

ये सभी तीनों अलग-अलग वर्ग हैं।

25. ***(b)*** **:**

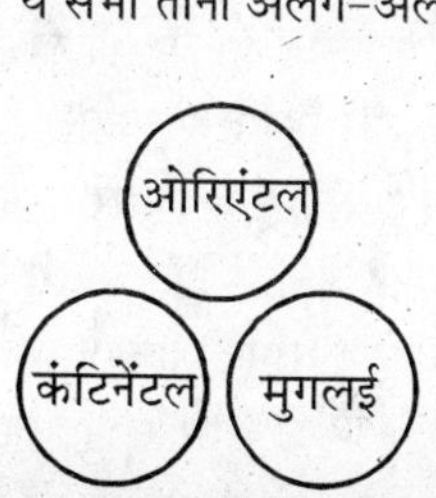

ये सभी तीनों भिन्न-भिन्न वर्ग हैं।

अभाषिक

श्रृंखला
(Series)

इस प्रकार की अभाषिक श्रृंखला (Non-Verbal Series) में, जो सर्वाधिक सामान्य प्रकार की श्रृंखला होती है, चार या पांच आनुक्रमिक प्रश्न आकृतियां एक निश्चित अनुक्रम निर्मित करते हैं और अभ्यर्थियों को दी गई उत्तर आकृतियों के सेट से उस एक आकृति का चयन करना होता है जिससे प्रश्न आकृतियों के समुच्चय की श्रृंखला सतत् हो जाए।

अभ्यर्थियों को प्रश्न आकृतियों के समुच्चय की श्रृंखला सतत् बनाने के लिए विभिन्न क्रियाएं, परिवर्तन, विस्थापन, क्रमावर्तन, पुनरावर्तन और बहुत से अन्य परिवर्तन करने की आवश्यकता होती है। निरंतर अभ्यास द्वारा श्रृंखला विषयक समस्याओं को हल करने में निपुणता प्राप्त की जा सकती है।

हल किए गए उदाहरण

नीचे पूछे गए प्रत्येक प्रश्न में उत्तर आकृतियों के समुच्चय से उस एक आकृति का चयन करें जिसे प्रश्न आकृतियों के बाद में रखने पर प्रश्न आकृतियों के समुच्चय की श्रृंखला सतत् हो जाए।

1. प्रश्न आकृतियां

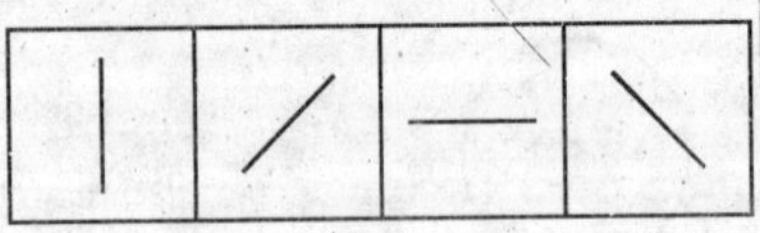

उत्तर आकृतियां

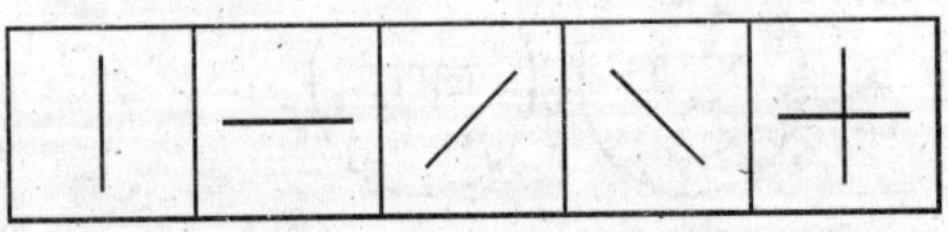

(*a*) (*b*) (*c*) (*d*) (*e*)

उत्तर (*a*): सभी आकृतियों में समान आकार की सीधी सरल रेखाएं दी गई हैं। उनकी दिशाएं और स्थिति परिवर्तित होती हैं। पहली आकृति में रेखा ऊर्ध्वाधर स्थिति में है। दूसरी आकृति में रेखा दक्षिणावर्त 45° के कोण से मुड़ जाती है और तीसरी आकृति में रेखा दक्षिणावर्त और 45° के कोण से मुड़ जाती है तथा चौथी आकृति में रेखा दक्षिणावर्त और 45° के कोण से मुड़ जाती है। अतः दो बातें स्पष्ट होती हैं: (i) रेखा दक्षिणावर्त घूमती है, और (ii) रेखा प्रत्येक चरण पर 45° के कोण से मुड़ती है।

अब चौथी आकृति (प्रश्न आकृति) भी दक्षिणावर्त 45° के कोण से मुड़नी चाहिए। अतः पांचवीं आकृति एक ऊर्ध्वाधर (उदग्र) रेखा होगी। इस प्रकार हमें ज्ञात होता है कि श्रृंखला को सतत् बनाने के लिए अगली आकृति एक ऊर्ध्वाधर या उदग्र सरल रेखा होगी।

2. प्रश्न आकृतियां

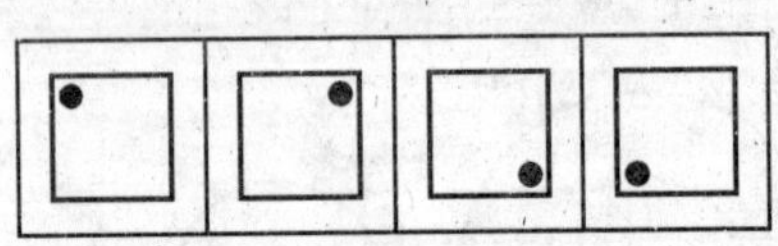

उत्तर आकृतियां

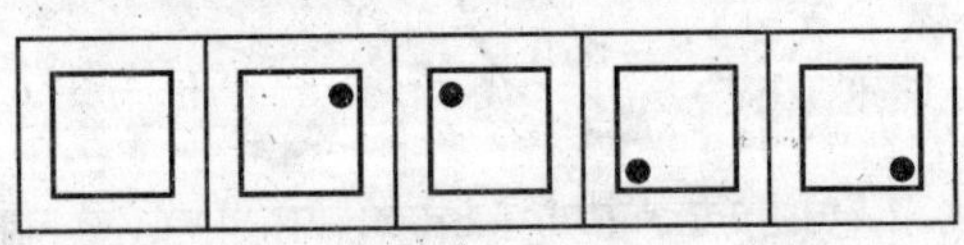

(*a*) (*b*) (*c*) (*d*) (*e*)

उत्तर (*c*): सभी चारों आकृतियां वर्ग हैं। जिनमें से प्रत्येक के भीतर एक काला बिंदु है। आकृतियों में वर्ग की अवस्थिति में परिवर्तन नहीं होता है बल्कि बिंदु की स्थिति परिवर्तित होती है। पहली आकृति में बिन्दु वर्ग के भीतर ऊपरी बाएं कोने पर अवस्थित है और दूसरी आकृति में बिन्दु वर्ग के भीतर ऊपरी दाएं

कोने पर पहुंच जाती है। तीसरी आकृति में बिन्दु निचले दाहिने कोने पर और चौथी आकृति में निचले बाएं कोने पर पहुंच जाती है। अतः दो तथ्यों का पता चलता हैः (i) बिन्दु की अवस्थिति बाएं से दाएं अर्थात् दक्षिणावर्त परिवर्तित होती है, और (ii) यह प्रत्येक चरण पर वर्ग के एक कोने से दूसरे कोने पर पहुंच जाती है।

चौथी आकृति (प्रश्न आकृति) में बिन्दु निचले बाएं कोने पर अवस्थित है। अगले चरण में यह दक्षिणावर्त अगले कोने पर अर्थात् ऊपरी बाएं कोने पर पहुंच जाएगी। अतः प्रश्न आकृति में दी गई श्रृंखला को सतत् बनाने के लिए श्रृंखला की अगली अर्थात् पांचवीं आकृति में एक वर्ग होगा जिसके ऊपरी बाएं कोने पर एक बिन्दु अवस्थित होगा।

अभ्यास

निर्देश (प्र.सं. 1–30): *नीचे के प्रत्येक प्रश्न में आकृतियों के दो समुच्चय दिए गए हैं जिनमें से एक समुच्चय को* **प्रश्न आकृतियों** *का समुच्चय और दूसरे समुच्चय को* **उत्तर आकृतियों** *का समुच्चय कहा गया है। प्रश्न आकृतियों के समुच्चय से किसी न किसी प्रकार से एक श्रृंखला बनती है। उत्तर आकृतियों के समुच्चय से उस एक आकृति का चयन करें जिससे प्रश्न आकृतियों के समुच्चय की श्रृंखला संतत हो जाए।*

1. प्रश्न आकृतियां

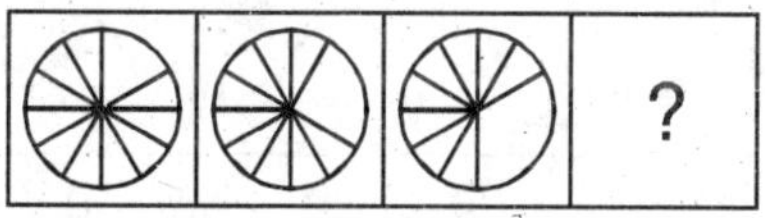

उत्तर आकृतियां

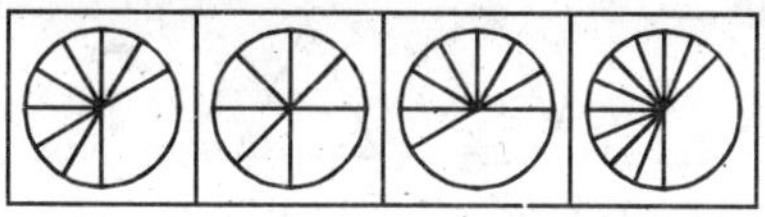

(a) (b) (c) (d)

2. प्रश्न आकृतियां

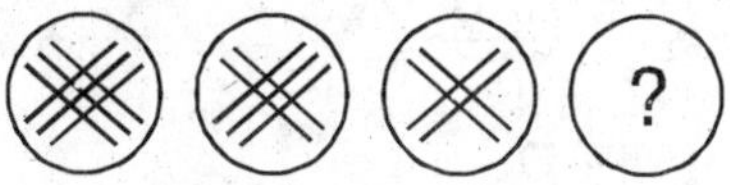

उत्तर आकृतियां

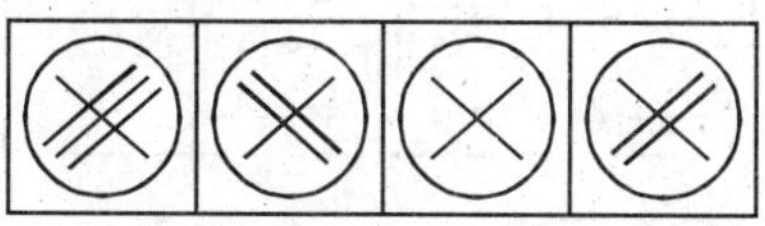

(a) (b) (c) (d)

3. प्रश्न आकृतियां

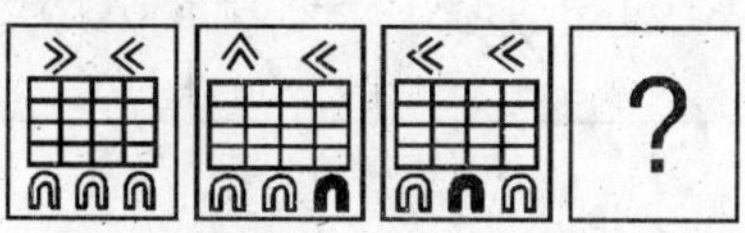

उत्तर आकृतियां

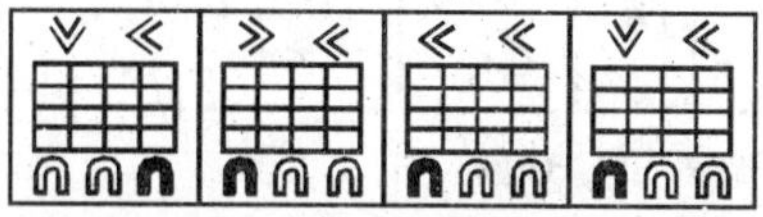

(a) (b) (c) (d)

4. प्रश्न आकृतियां

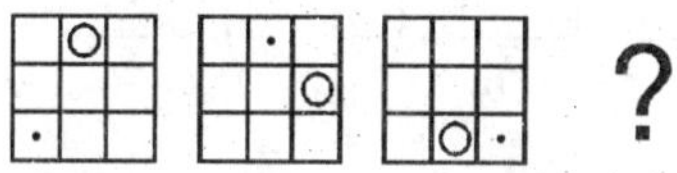

उत्तर आकृतियां

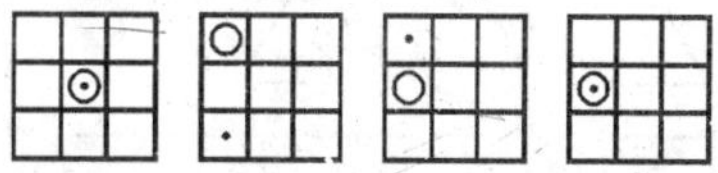

(a) (b) (c) (d)

5. प्रश्न आकृतियां

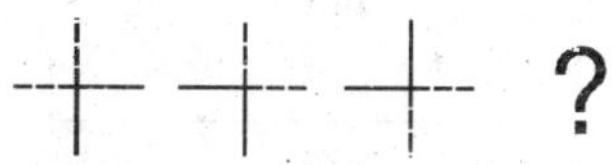

उत्तर आकृतियां

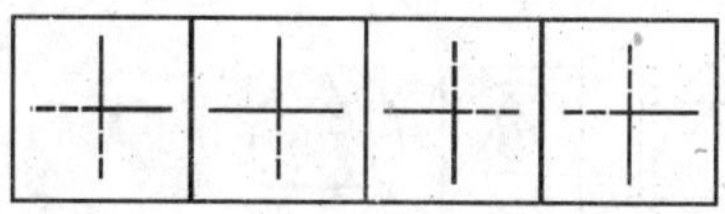

(a) (b) (c) (d)

6. प्रश्न आकृतियां

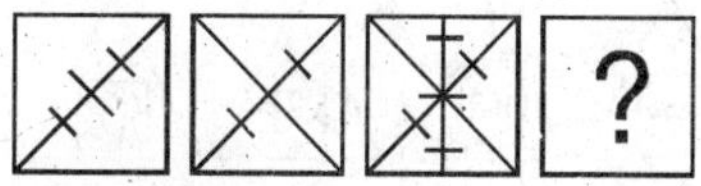

उत्तर आकृतियां

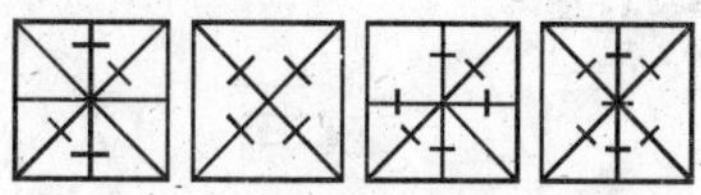

(a) (b) (c) (d)

7. प्रश्न आकृतियां

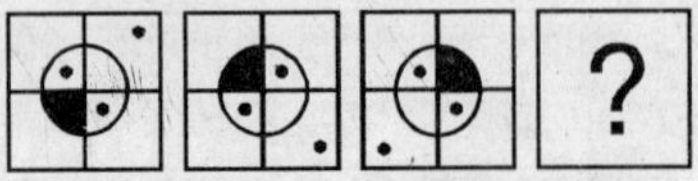

उत्तर आकृतियां

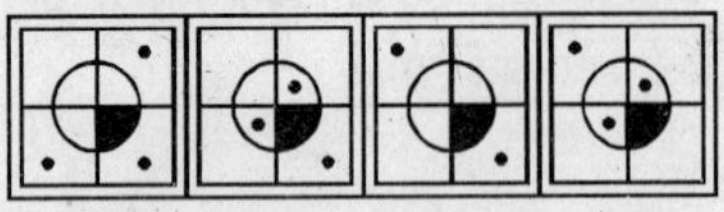

(*a*) (*b*) (*c*) (*d*)

8. प्रश्न आकृतियां

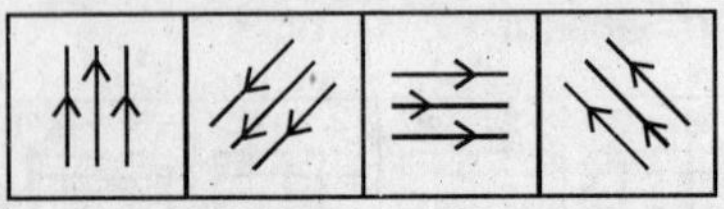

उत्तर आकृतियां

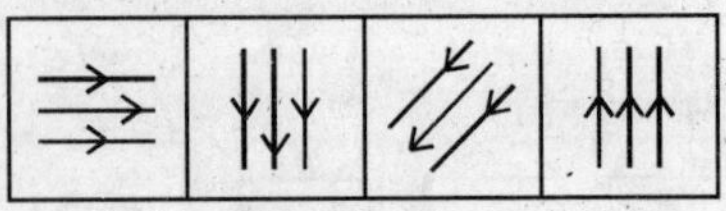

(*a*) (*b*) (*c*) (*d*)

9. प्रश्न आकृतियां

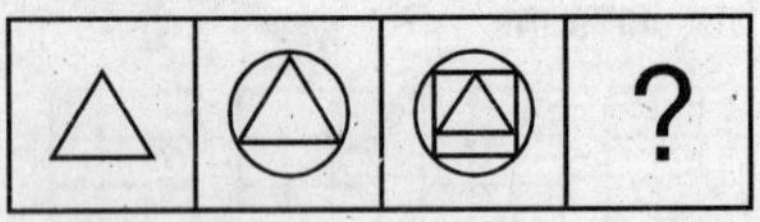

उत्तर आकृतियां

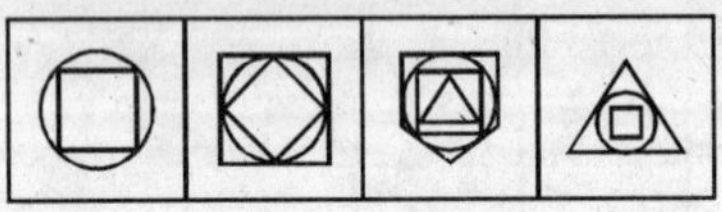

(*a*) (*b*) (*c*) (*d*)

10. प्रश्न आकृतियां

उत्तर आकृतियां

(*a*) (*b*) (*c*) (*d*)

11. प्रश्न आकृतियां

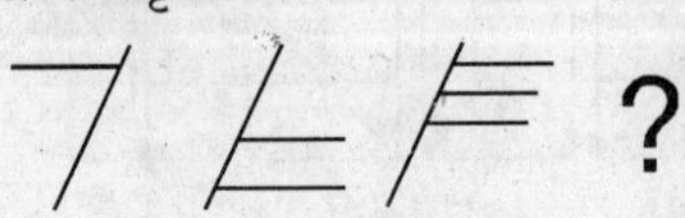

उत्तर आकृतियां

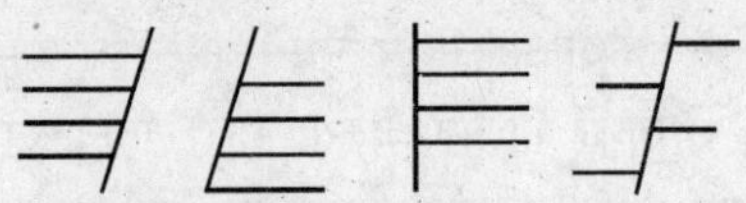

(*a*) (*b*) (*c*) (*d*)

12. प्रश्न आकृतियां

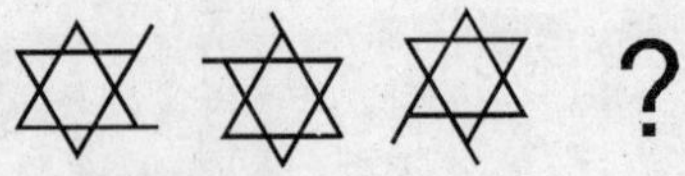

उत्तर आकृतियां

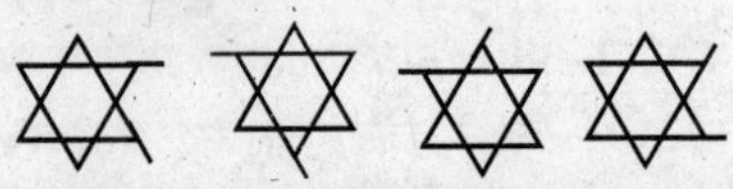

(*a*) (*b*) (*c*) (*d*)

13. प्रश्न आकृतियां

उत्तर आकृतियां

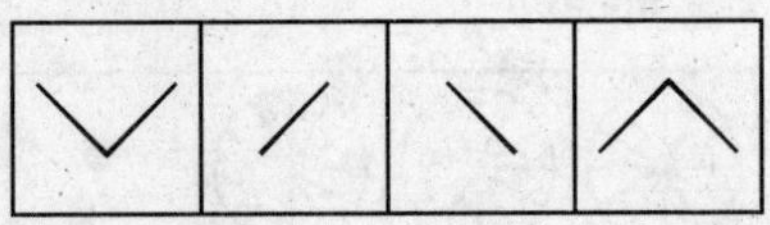

(*a*) (*b*) (*c*) (*d*)

14. प्रश्न आकृतियां

उत्तर आकृतियां

(*a*) (*b*) (*c*) (*d*)

15. प्रश्न आकृतियां

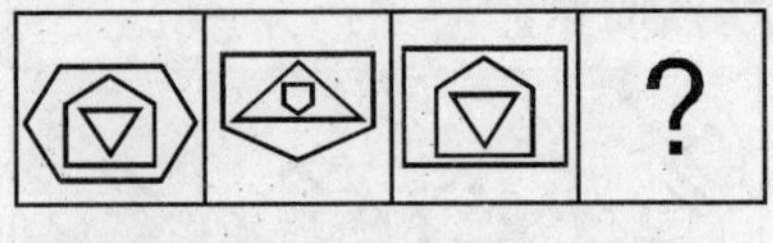

उत्तर आकृतियां

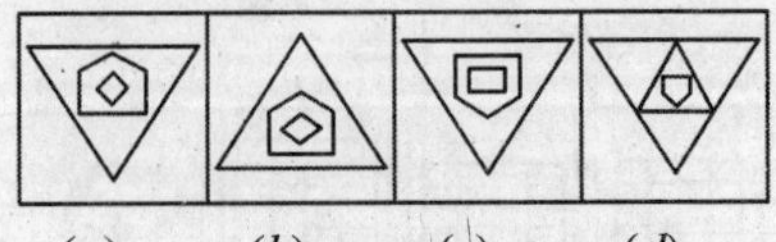

(*a*) (*b*) (*c*) (*d*)

16. **प्रश्न आकृतियां**

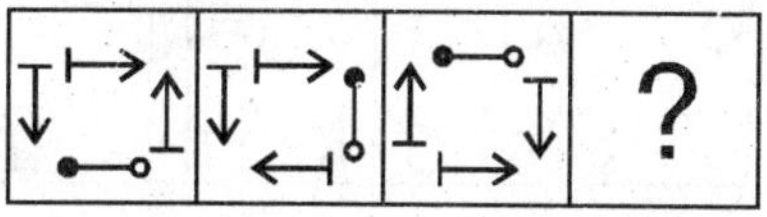

उत्तर आकृतियां

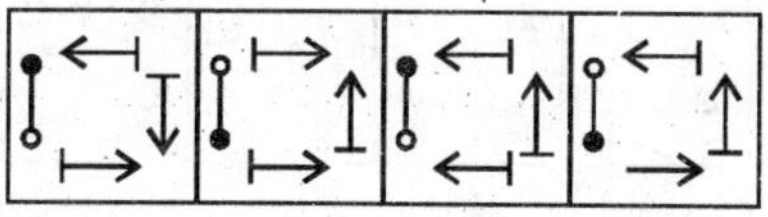

(a) (b) (c) (d)

17. **प्रश्न आकृतियां**

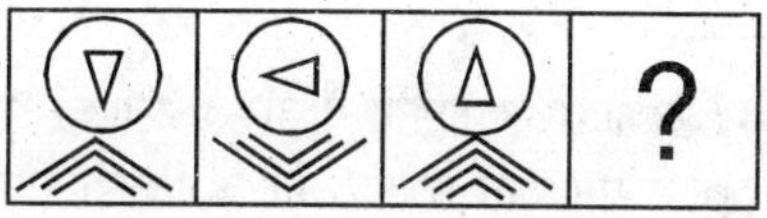

उत्तर आकृतियां

(a) (b) (c) (d)

18. **प्रश्न आकृतियां**

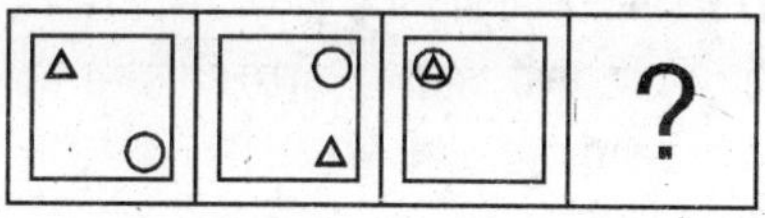

उत्तर आकृतियां

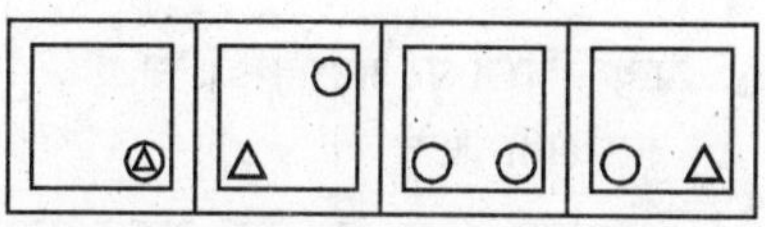

(a) (b) (c) (d)

19. **प्रश्न आकृतियां**

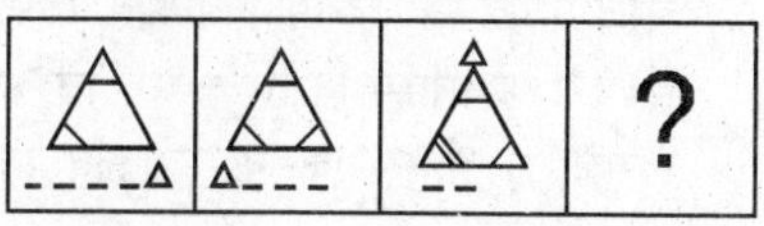

उत्तर आकृतियां

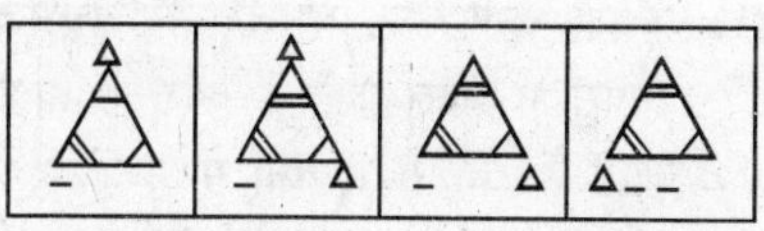

(a) (b) (c) (d)

20. **प्रश्न आकृतियां**

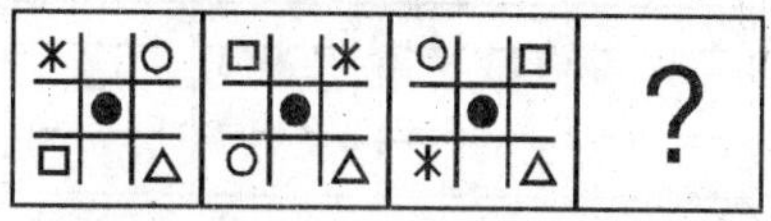

उत्तर आकृतियां

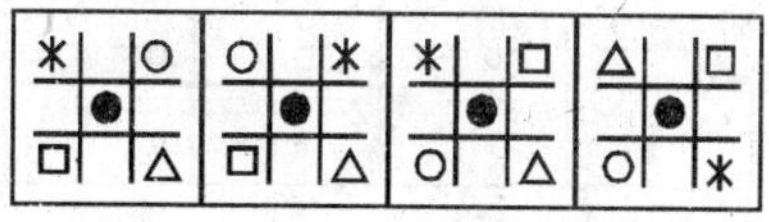

(a) (b) (c) (d)

21. **प्रश्न आकृतियां**

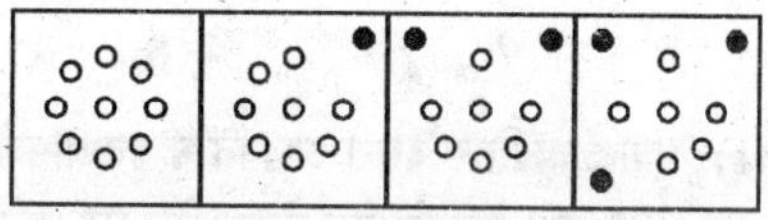

उत्तर आकृतियां

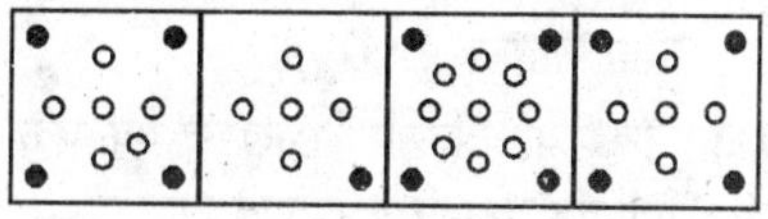

(a) (b) (c) (d)

22. **प्रश्न आकृतियां**

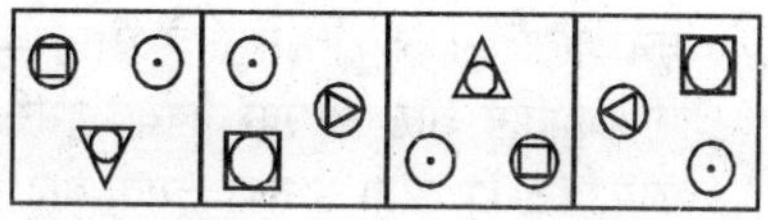

उत्तर आकृतियां

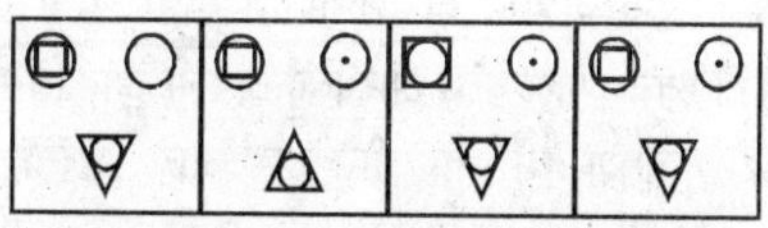

(a) (b) (c) (d)

23. **प्रश्न आकृतियां**

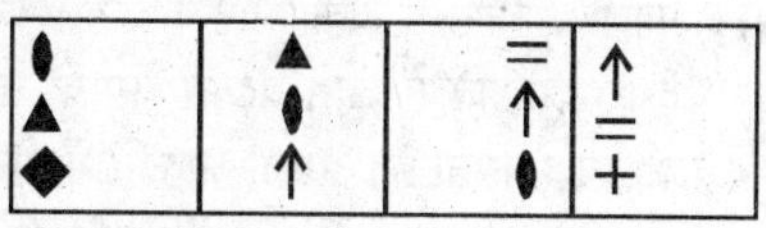

उत्तर आकृतियां

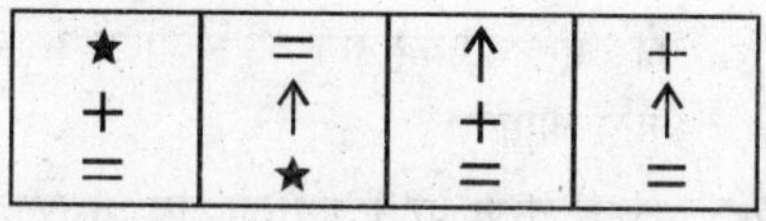

(a) (b) (c) (d)

24. प्रश्न आकृतियां

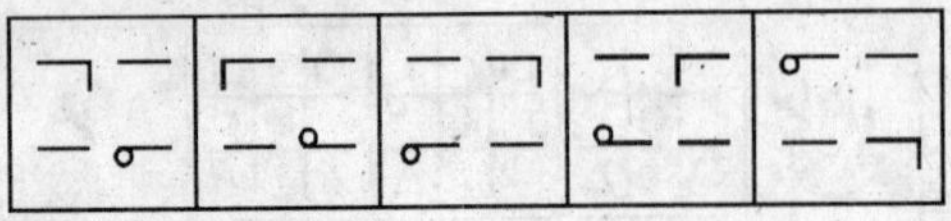

उत्तर आकृतियां

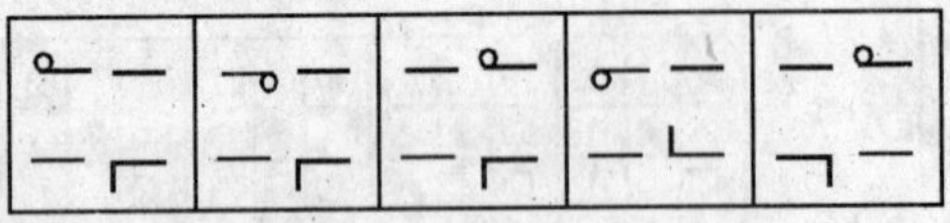

(*a*) (*b*) (*c*) (*d*) (*e*)

25. प्रश्न आकृतियां

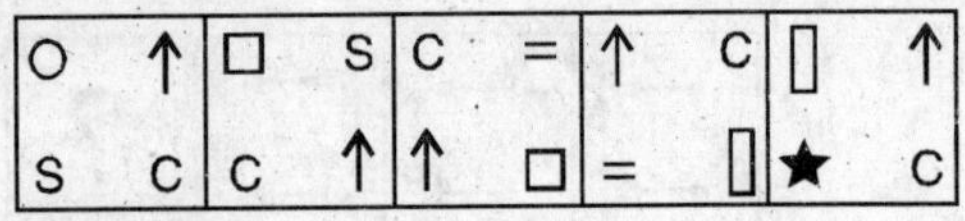

उत्तर आकृतियां

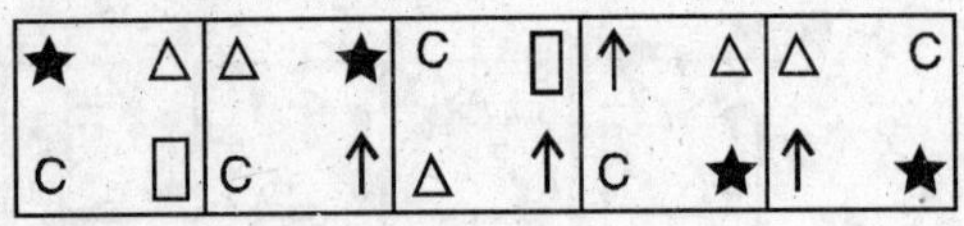

(*a*) (*b*) (*c*) (*d*) (*e*)

व्याख्यात्मक उत्तर

1. (*c*) : एक आकृति से दूसरी आकृति में वृत्त क्रमशः दक्षिणावर्त 30° के कोण से घूम जाता है और प्रत्येक चरण में वृत्त के भीतर स्थित एक त्रिज्यीय रेखाखण्ड लुप्त होता जाता है।

2. (*d*) : तिरछे या विकर्णी रेखाखण्ड एक-एक करके एक निश्चित क्रम में लुप्त होते जाते हैं।

3. (*d*) : पहली आकृति में ऊपर बाएं स्थित >> अवयव क्रमशः अगली आकृति में वामावर्त 90° के कोण से घूम जाता है। आकृति में नीचे स्थित तीन अवयवों में से दाहिने ओर का एक अवयव दूसरी आकृति में छायांकित हो जाता है तथा उसके बाद की आकृति में इन तीनों में से दाहिने से बाएं के क्रम में केवल एक अवयव ही छायांकित होता जाता है।

4. (*d*) : वृत्त (गोल घेरा) और बिंदु अगली आकृति में दक्षिणावर्त क्रमशः दो और तीन खंड आगे खिसक जाते हैं।

5. (*a*) : प्रत्येक चरण में क्रॉस का चिह्न दक्षिणावर्त 90° के कोण से घूम जाता है।

6. (*a*) : पहली आकृति में विकर्ण पर बीच में स्थित रेखाखण्ड दूसरी आकृति में आगे बढ़कर वर्ग के सम्मुख कोनों को स्पर्श करता है। अगली आकृति में तीन रेखाखण्डों से युक्त एक नई रेखा जुड़ जाती है। शृंखला में निरंतरता स्थापित करने के लिए मध्यस्थ रेखाखण्ड को आगे बढ़ाकर वर्ग की भुजाओं से स्पर्श कराया जाना चाहिए।

7. (*d*) : प्रत्येक चरण पर संपूर्ण आकृति दक्षिणावर्त 90° के कोण से घूम जाती है।

8. (*b*) : एकांतर आकृतियों में तीर दक्षिणावर्त 90° के कोण से घूम जाते हैं और तीर के चिह्नों (वाणमुखों) की संस्थिति सामने से पीछे और पीछे से सामने होती जाती है।

9. (*c*) : प्रत्येक चरण पर पूर्ववर्ती आकृति-समुच्चय में एक नई आकृति जुड़ती जाती है।

10. (*a*) : पहली आकृति में सबसे बाहरी संरचना अगली आकृति में सबसे भीतर चली जाती है।

11. (*a*) : एकांतर आकृतियों में क्षैतिज रेखा तिरछी रेखा की दूसरी ओर चली जाती है और तब उनसे दो और क्षैतिज रेखाएं जुड़ जाती हैं।

12. (*d*) : प्रत्येक चरण पर तारे की आकृति वामावर्त 90° के कोण से घूम जाती है।

13. (*c*) : प्रत्येक चरण पर समचतुर्भुज की एक भुजा वामावर्त लुप्त होती जाती है।

14. (*d*) : विद्यमान आकृति के भीतर अगले चरण में एक नई आकृति बना दी जाती है और उसके बाद के अगले चरण में पूर्व की विद्यमान आकृति का लोप हो जाता है। इस शृंखला में निरंतरता स्थापित करने के लिए त्रिभुज के भीतर एक नई आकृति निर्मित करना आवश्यक है।

15. (*d*) : प्रत्येक चरण पर त्रिभुज और पंचभुज के स्थान आपस में बदल जाते हैं और ये आकृतियां उलट जाती हैं। बाहरी संरचना में भुजाओं की संख्या में प्रत्येक चरण पर एक की कमी हो जाती है।

16. (*a*) : एकांतर आकृतियों में सम्मुख अवयवों का स्थान आपस में बदल जाता है अर्थात् सम्मुख अवयव एक-दूसरे के स्थान पर आ जाते हैं।

17. (*d*) : प्रत्येक चरण पर त्रिभुज दक्षिणावर्त 90° के कोण से घूम जाता है। प्रत्येक चरण पर समांतर 'V' रेखाएं उलटी हो जाती हैं और एकांतर आकृतियों में इनमें एक की वृद्धि होती जाती है।

18. (*d*) : प्रत्येक चरण पर त्रिभुज विकर्णतः सम्मुख कोनों पर जाता रहता है और वृत्त एक कोने से दूसरे कोने पर वामावर्त घूमता रहता है।

19. (*c*) : छोटा त्रिभुज दक्षिणावर्त घूमता है और आधार पर स्थित रेखाखंडों में से एक रेखाखण्ड बड़े त्रिभुज के भीतर दक्षिणावर्त जुड़ता जाता है।

20. (*a*) : प्रत्येक चरण पर तारा, वृत्त और वर्ग का स्थान दक्षिणावर्त एक स्थान आगे चला जाता है।

21. (*d*) : एकांतर वृत्त छायांकित होकर वामावर्त कोनों में चले जाते हैं।

22. (*d*) : एकांतर आकृतियों में सम्पूर्ण अवयव 180° के कोण से घूम जाते हैं जिससे अवयवों के दोबारा घूमने पर पहली आकृति प्राप्त होगी।

23. (*a*) : पहली से दूसरी आकृति में तीनों अवयव आकृति के मध्य में आते हैं। ऊपरी दो अवयवों का स्थान आपस में परिवर्तित होता है अर्थात् ये एक दूसरे के स्थान पर आ जाते हैं और तीसरे अवयव के स्थान पर एक नया अवयव आ जाता है। तत्पश्चात् दूसरी से तीसरी आकृति में नीचे के दो अवयवों का स्थान भी आपस में परिवर्तित होता है और तीसरे अवयव के स्थान पर एक नया अवयव आ जाता है तथा सभी तीनों अवयव आकृति के दाहिने छोर पर व्यवस्थित हो जाते हैं। यही प्रक्रिया आगे भी दोहराई जाती है।

24. (*a*) : एकांतर आकृतियों में चारों अवयव एक चरण दक्षिणावर्त खिसक जाते हैं।

25. (*b*) : ऊपरी बाएं अवयव से शुरू करके पहले के अवयव के स्थान पर एक नया अवयव आ जाता है और अन्य तीन अवयव दक्षिणावर्त एक-दूसरे के स्थान पर आ जाते हैं।

सादृश्य या संबंध
(Analogies or Relationships)

अभाषिक सादृश्य के प्रश्नों में दो प्रकार की आकृतियां दी जाती हैं जो (i) प्रश्न आकृतियां और (ii) उत्तर आकृतियां कहलाती हैं। प्रश्न आकृतियां दो भागों में विभाजित होती हैं। प्रश्न आकृतियों के नीचे उत्तर आकृतियां दी जाती है।

हल किए गए उदाहरण

1. प्रश्न आकृतियां

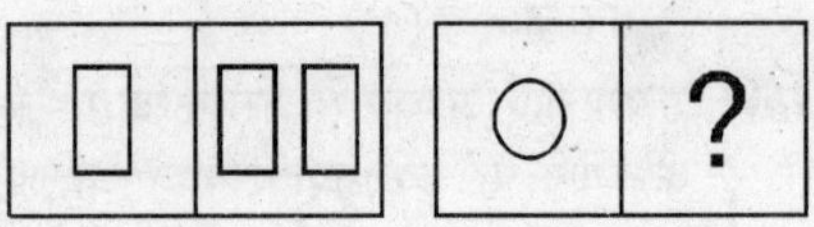

उत्तर आकृतियां

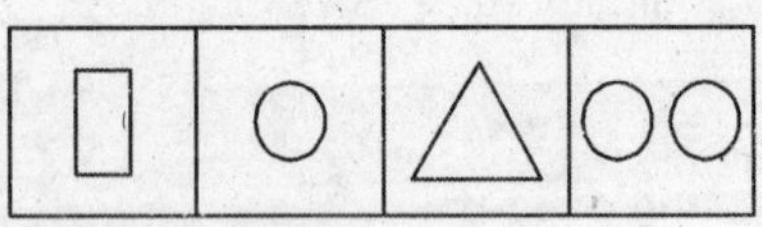

(*a*) (*b*) (*c*) (*d*)

उत्तर (*d*)**:** ऊपर दी गई प्रश्न आकृतियों के दो भाग हैं। पहले भाग में दो आकृतियां हैं जबकि दूसरे भाग में एक आकृति दी गई है जिसके बाद एक प्रश्न चिह्न (?) है। पहले भाग की आकृतियों के बीच एक विशेष संबंध है जिसके आधार पर दूसरे भाग की आकृतियों के बीच संबंध स्थापित किया जाना है।

प्रश्न आकृतियों के पहले भाग की दो आकृतियों में क्रमशः एक और दो आयत निहित हैं। पहली आकृति में एक आयत है जबकि दूसरी आकृति में दो आयत हैं। इसका अर्थ है कि उनके बीच संबंध यह है कि दूसरी आकृति में पहली आकृति में निहित आयत की संख्या की दोगुनी संख्या में आयत हैं।

दूसरे भाग की दोनों प्रश्न आकृतियों के बीच भी ठीक उसी प्रकार का संबंध होना आवश्यक है जैसा संबंध पहले भाग की दो प्रश्न आकृतियों के बीच है अर्थात् इस सादृश्य के आधार पर जबकि दूसरे भाग में पहली प्रश्न आकृति एक वृत्त है तो दूसरी प्रश्न आकृति में वृत्तों की संख्या दोगुनी अर्थात् 2 होगी।

2. प्रश्न आकृतियां

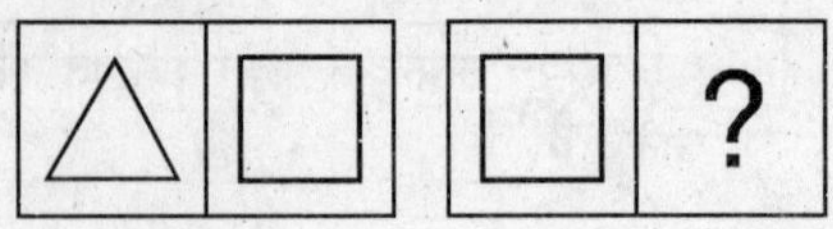

उत्तर आकृतियां

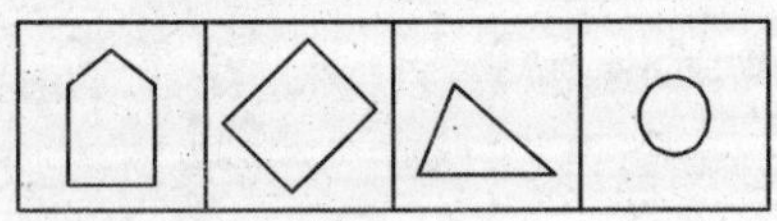

(*a*) (*b*) (*c*) (*d*)

उत्तर (*a*)**:** प्रश्न आकृतियों के पहले भाग में दी गई दोनों आकृतियों को देखें। पहली आकृति में एक त्रिभुज और दूसरी आकृति में एक वर्ग है। पहली आकृति (त्रिभुज) में तीन भुजाएं और तीन कोण हैं जबकि दूसरी आकृति (वर्ग) में चार भुजाएं और चार कोण हैं। इन दोनों आकृतियों के बीच संबंध यह है कि दूसरी आकृति में पहली आकृति की तुलना में एक भुजा और एक कोण अधिक है।

इस सादृश्य संबंध के आधार पर प्रश्न चिह्न (?) के स्थान पर रखी जाने वाली आकृति पाँच भुजाओं और पाँच कोणों वाली आकृति होनी चाहिए (जिसमें प्रश्न आकृतियों के दूसरे भाग की पहली आकृति से एक भुजा और एक कोण अधिक हो)।

अभ्यास

निर्देश (प्र.सं. 1–20): *प्रश्न आकृतियों में :: चिह्न के बाएं दी गई दो आकृतियों में से दूसरी आकृति का पहली आकृति के साथ एक विशेष संबंध है। :: चिह्न की दाईं ओर की दो आकृतियों के बीच भी ऐसा ही संबंध है। दिए गए विकल्पों से उस आकृति का चयन करें जिसे प्रश्न आकृतियों में प्रश्न चिह्न के स्थान पर रखा जा सकता है और जिसका :: चिह्न की दाईं ओर की पहली आकृति के साथ ठीक वैसा ही संबंध है जैसा कि :: चिह्न की बाईं ओर की दो आकृतियों के बीच है।*

1. प्रश्न आकृतियां

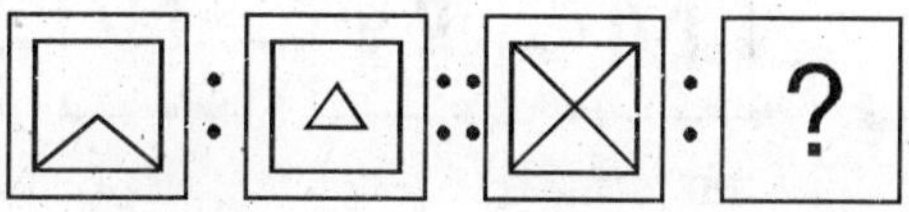

उत्तर आकृतियां

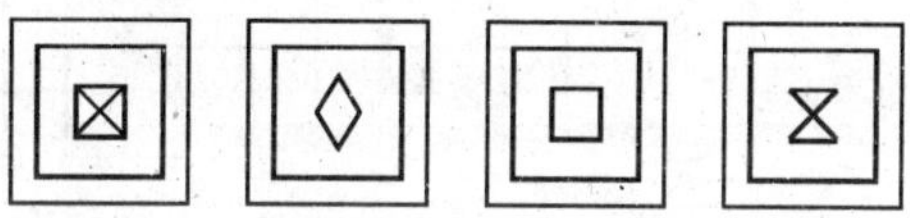

(*a*) (*b*) (*c*) (*d*)

2. प्रश्न आकृतियां

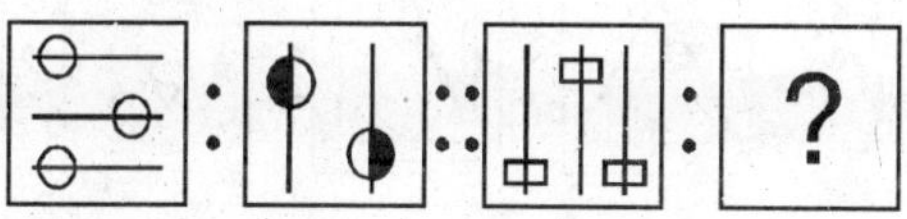

उत्तर आकृतियां

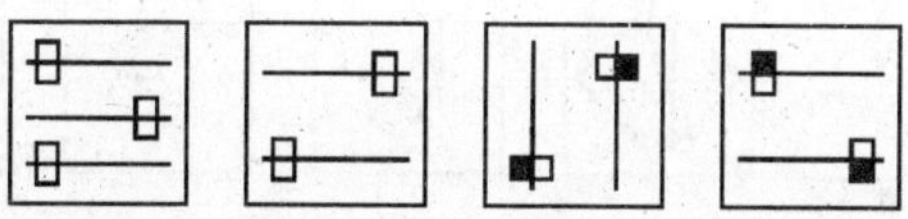

(*a*) (*b*) (*c*) (*d*)

3. प्रश्न आकृतियां

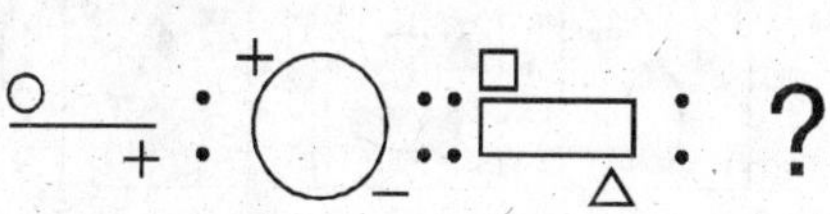

उत्तर आकृतियां

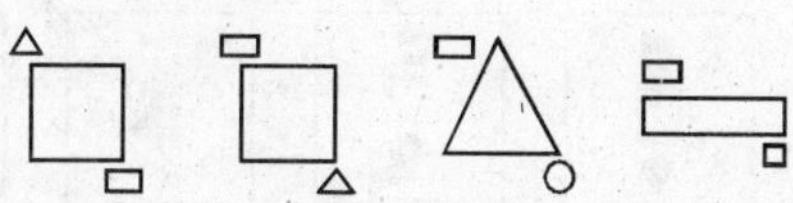

(*a*) (*b*) (*c*) (*d*)

4. प्रश्न आकृतियां

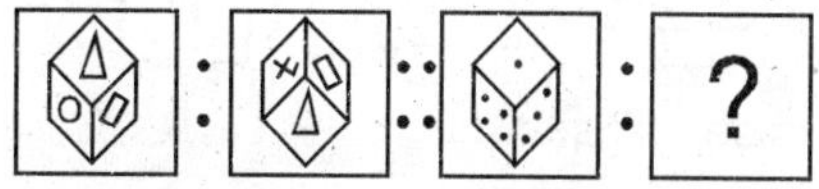

उत्तर आकृतियां

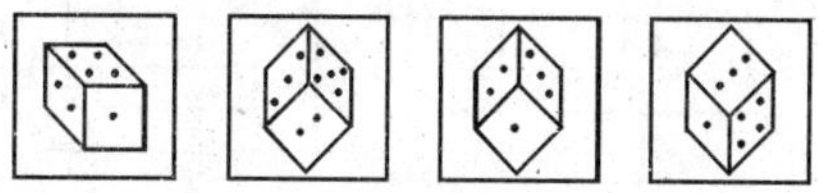

(*a*) (*b*) (*c*) (*d*)

5. प्रश्न आकृतियां

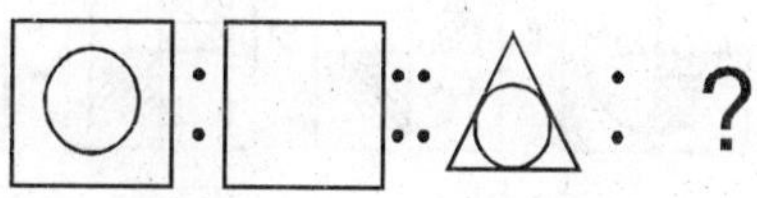

उत्तर आकृतियां

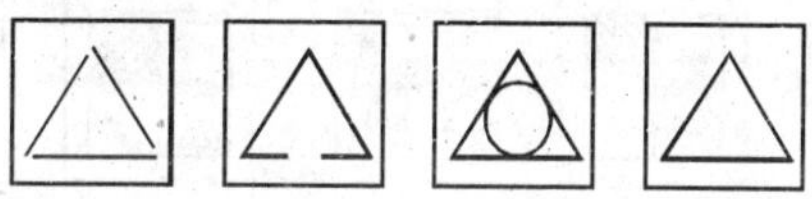

(*a*) (*b*) (*c*) (*d*)

6. प्रश्न आकृतियां

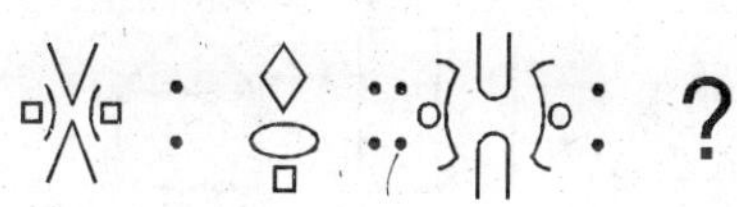

उत्तर आकृतियां

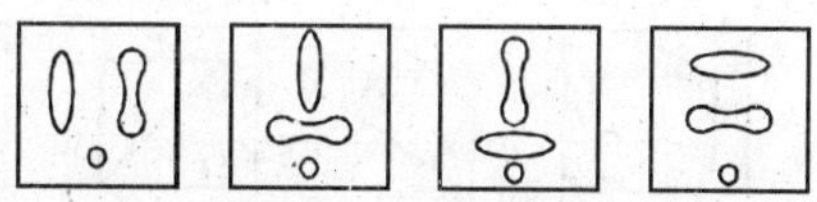

(*a*) (*b*) (*c*) (*d*)

7. प्रश्न आकृतियां

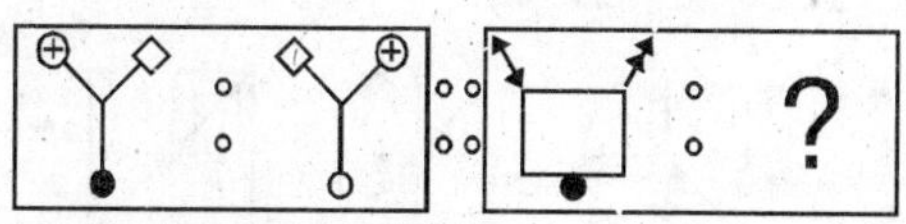

उत्तर आकृतियां

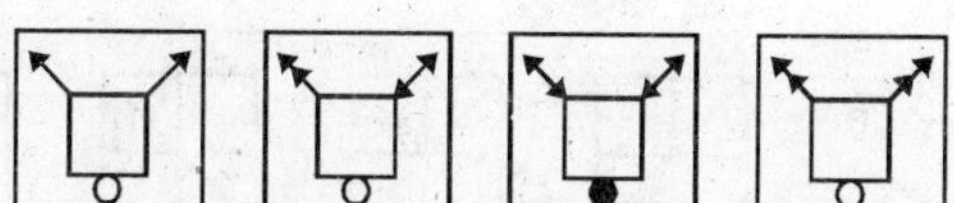

(*a*) (*b*) (*c*) (*d*)

8. प्रश्न आकृतियां

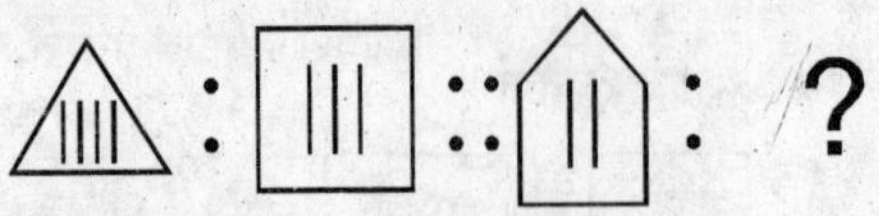

उत्तर आकृतियां

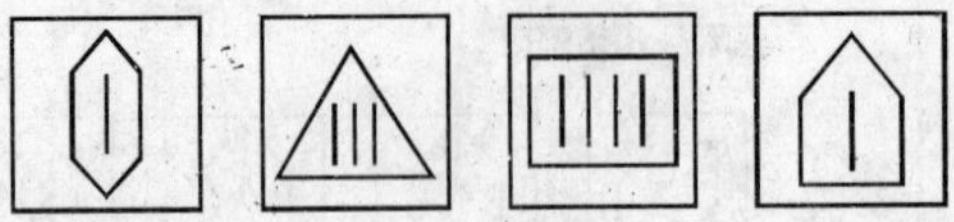

(*a*) (*b*) (*c*) (*d*)

9. प्रश्न आकृतियां

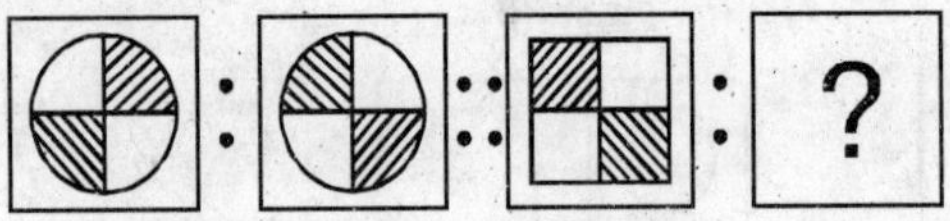

उत्तर आकृतियां

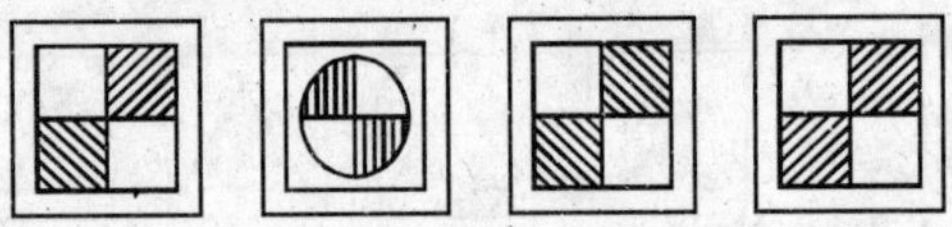

(*a*) (*b*) (*c*) (*d*)

10. प्रश्न आकृतियां

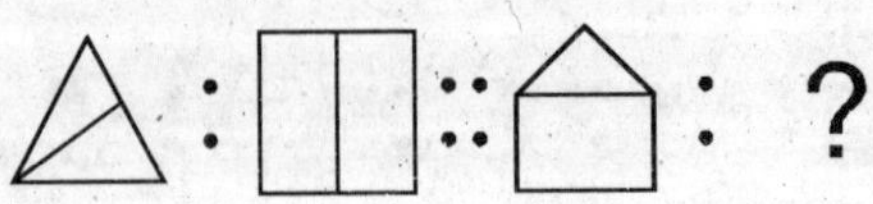

उत्तर आकृतियां

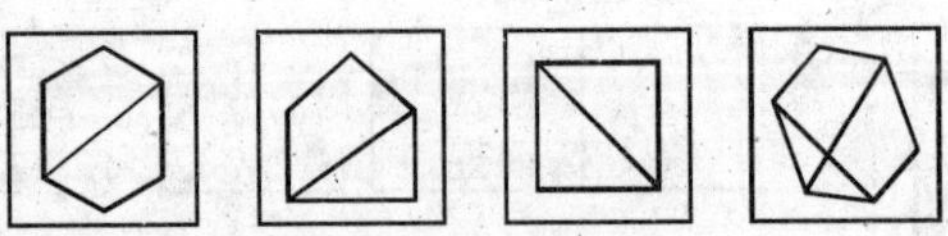

(*a*) (*b*) (*c*) (*d*)

11. प्रश्न आकृतियां

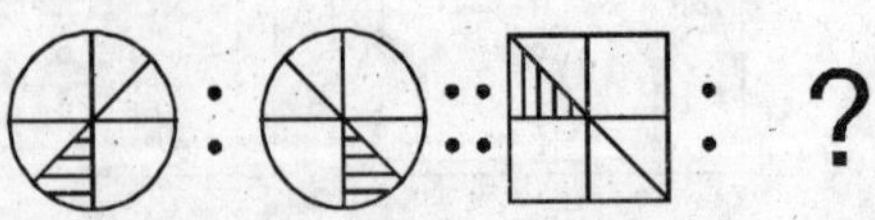

उत्तर आकृतियां

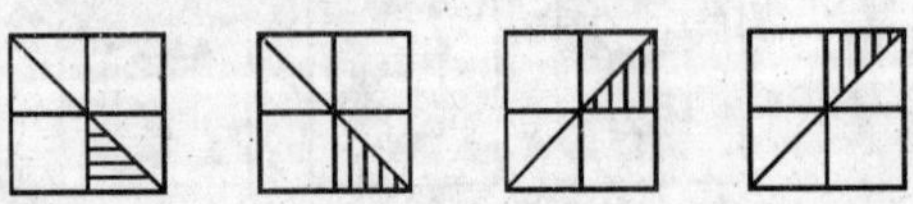

(*a*) (*b*) (*c*) (*d*)

12. प्रश्न आकृतियां

उत्तर आकृतियां

(*a*) (*b*) (*c*) (*d*)

13. प्रश्न आकृतियां

उत्तर आकृतियां

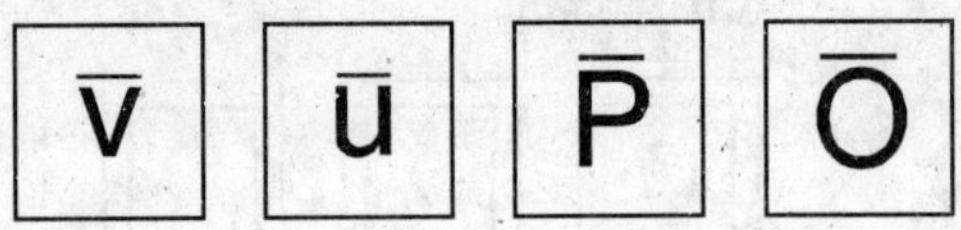

(*a*) (*b*) (*c*) (*d*)

14. प्रश्न आकृतियां

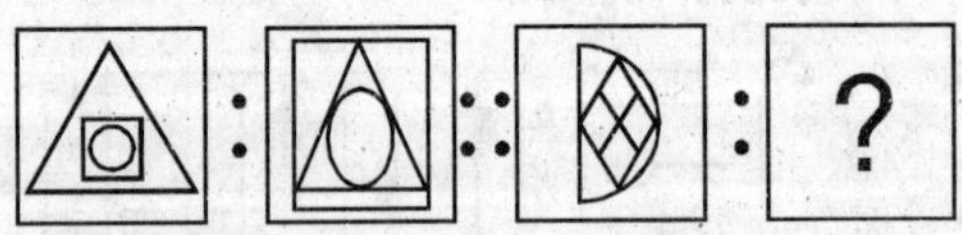

उत्तर आकृतियां

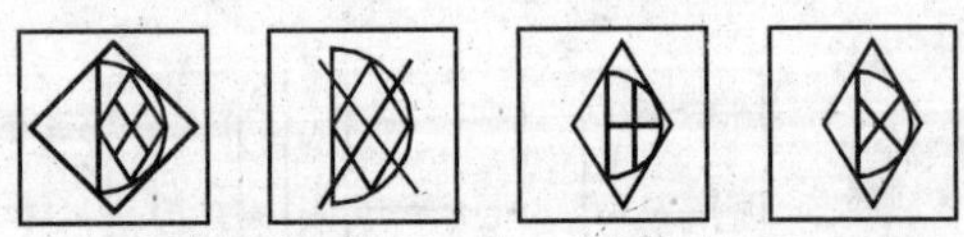

(*a*) (*b*) (*c*) (*d*)

15. प्रश्न आकृतियां

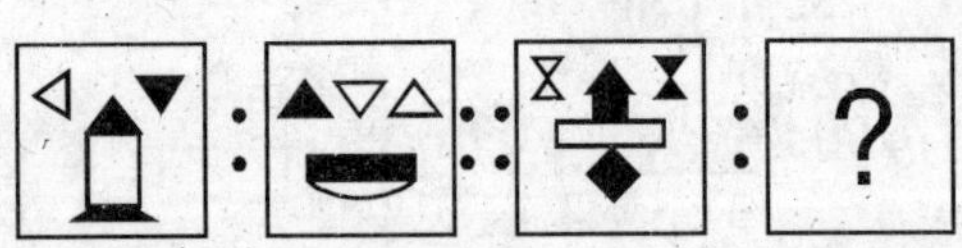

उत्तर आकृतियां

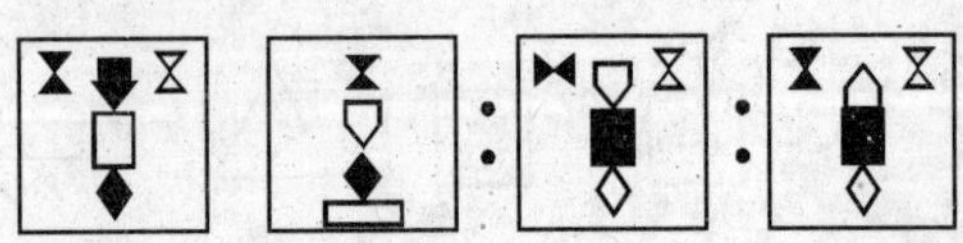

(*a*) (*b*) (*c*) (*d*)

व्याख्यात्मक उत्तर

1. (*d*) : पहली आकृति का त्रिभुज दूसरी आकृति में बीच में आ जाता है। इसी प्रकार शीर्ष पर जुड़े दो त्रिभुज भी उत्तर आकृति में बीच में आ जाते हैं।

2. (*d*) : पहली आकृति का संपूर्ण डिजाइन दूसरी आकृति में दक्षिणावर्त 90° के कोण से घूम जाता है और उसका एक अवयव लुप्त हो जाता है तथा रेखिका से जुड़े अवयब के परस्पर विपरीत दिशा वाले हिस्से छायांकित हो जाते हैं।

3. (*a*) : पहली आकृति से दूसरी आकृति में दाईं ओर नीचे का अवयव विकर्णतः सम्मुख कोने पर चला जाता है, बाईं ओर ऊपर का अवयव बड़ा हो जाता है और बीच में आ जाता है तथा बीच का अवयव छोटा होकर नीचे दाएँ कोने पर आ जाता है।

4. (*c*) : पहली आकृति से दूसरी आकृति में पाशे के फलक पर अंकित आकृति ऊपर से नीचे आ जाती है। दाहिनी ओर का डिजाइन अपरिवर्तित रहता है। जबकि बाईं ओर का डिजाइन बदल जाता है।

5. (*d*) : पहली आकृति में भीतर का अवयव दूसरी आकृति में लुप्त हो जाता है।

6. (*b*) : पहली आकृति के दो आधे अवयव दूसरी आकृति में ऊर्ध्वाधरतः पलट कर आपस में जुड जाते हैं और इस प्रकार निर्मित नया अवयव ऊपर शीर्ष पर पहुँच जाता है। पहली आकृति के दो क्षैतिजतः अवस्थित वक्र परस्पर जुड़कर एक नया अवयव निर्मित करते हैं और दूसरी आकृति में बीच में आ जाते हैं। पहली आकृति में दाएँ और बाएँ छोरों के दो सदृश अवयवों में से एक अवयव दूसरी आकृति में नीचे आ जाता है।

7. (*b*) : दूसरी आकृति में ऊपर के दो अवयव अपना स्थान बदल कर एक दूसरे के स्थान पर आ जाते हैं और वृत्त के भीतर का छायांकित भाग छायारहित हो जाता है।

8. (*a*) : पहली आकृति से दूसरी आकृति में एक ऊर्ध्वाधरतः रेखा कम हो जाती है और आकृति को निर्मित करने वाली रेखाओं की संख्या में एक की वृद्धि होती है।

9. (*a*) : पहली आकृति को वामावर्त 90° के कोण से घुमाने पर दूसरी आकृति प्राप्त होती है।

10. (*a*) : पहली आकृति से दूसरी आकृति में आकृति को निर्मित करने वाली रेखाओं की संख्या में एक की वृद्धि होती है।

11. (*c*) : पहली आकृति से दूसरी आकृति में विकर्णी रेखा 90° के कोण से घूम जाती है और रेखाखण्ड क्षैतिजतया सम्मुख खण्ड में चले जाते हैं।

12. (*a*) : पहली आकृति का डिजाइन दूसरी आकृति में दोगुना हो जाता है।

13. (*b*) : पहली आकृति का डिजाइन दूसरी आकृति में ऊर्ध्वाधरतः उलट जाता है।

14. (*d*) : बीच के और सबसे भीतरी अवयव के आकार में वृद्धि होती है और सबसे बाहरी अवयव छोटा होकर दो बढ़े हुए अवयवों के बीच में आ जाता है।

15. (*c*) : पहली आकृति से दूसरी आकृति में ऊपरी बाईं ओर का अवयव 90° के कोण से घूम जाता है और ऊपरी दाईं ओर का अवयव ऊर्ध्वाधरतः उलट जाता है। ऊर्ध्वाधर डिजाइन का ऊपरी भाग ऊर्ध्वाधरतः उलट जाता है और अलग हो जाता है, बीच का हिस्सा छोटा/बड़ा हो जाता है और 90° के कोण से घूम जाता है तथा निचला हिस्सा ऊर्ध्वाधरतः उलट जाता है। उपर्युक्त सभी परिवर्तनों के अतिरिक्त एक आकृति से दूसरी आकृति में छायांकित भाग छाया रहित हो जाता है और छाया रहित भाग छायांकित हो जाता है।

विजातीय का चयन
(Odd-One Out)

अभाषिक वर्गीकरण संबंधी तर्कबुद्धि परीक्षण विषयक प्रश्नों में आकृतियों का एक समूह दिया जाता है तथा अभ्यर्थियों से यह अपेक्षा की जाती है कि वे दी गई आकृतियों को उनके विशिष्ट गुणों या विशेषताओं के आधार पर अलग-अलग समूहों या वर्गों में वर्गीकृत करें। आकृतियों या मदों को उनकी बनावट, आकार, प्रतिरूप, संरचना, प्रकार, क्रम, रूप-रंग, कोटि, शैली, संघटक अवयवों और अन्य प्रकार की विशेषताओं में समानता के आधार पर समूहों या वर्गों में वर्गीकृत करना होता है और तत्पश्चात् उस समूह से भिन्न अर्थात् विजातीय आकृति की पहचान करनी होती है।

भाग–I

अभाषिक वर्गीकरण के इस प्रकार के प्रश्नों में प्रश्न आकृतियों और उत्तर आकृतियों के रूप में आकृतियों के दो समुच्चय नहीं दिए जाते बल्कि इनमें चार या पाँच आकृतियों का केवल एक ही समुच्चय दिया जाता है जिन्हें प्रश्न आकृतियाँ कहते हैं। इन प्रश्न आकृतियों में से एक आकृति शेष चार आकृतियों के समान या उनके सदृश नहीं होती। दूसरे शब्दों में तीन या चार आकृतियाँ किसी न किसी रूप में आपस में संबंधित होते हुए एक समूह बनाती हैं जबकि शेष केवल एक आकृति ही अन्यों से भिन्न अथवा विजातीय होता है जिसकी पहचान की जानी होती है।

हल किए गए उदाहरण

1. 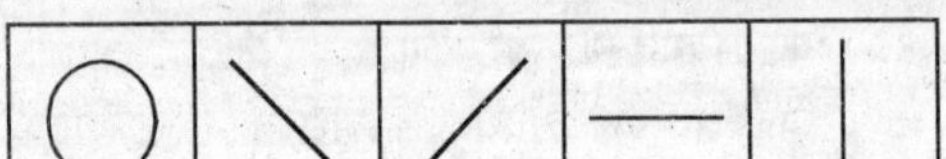

(*a*) (*b*) (*c*) (*d*) (*e*)

उत्तर (*a*)**:** दी गई आकृतियों में (*a*) एक वृत्त है जबकि (*b*), (*c*), (*d*) और (*e*) भिन्न-भिन्न दिशाओं को इंगित करने वाली सरल रेखाएं हैं। यहाँ ध्यान दें कि दी गई पाँच आकृतियों में से चार आकृतियों (*b*), (*c*), (*d*) और (*e*) में से प्रत्येक में एक सामान्य (सर्वनिष्ठ) विशेषता यह है कि ये सभी सरल रेखाएं हैं जो भिन्न-भिन्न दिशाओं को इंगित करती हैं, अतः ये चारों आकृतियां एक समूह या वर्ग निर्मित करती हैं। इन आकृतियों के विपरीत (*a*) एक वृत्त है जो अन्य आकृतियों से भिन्न अथवा विजातीय है।

अतः आकृति (*a*) समूह में शामिल न होने वाली आकृति अर्थात् एक विजातीय आकृति है।

2. 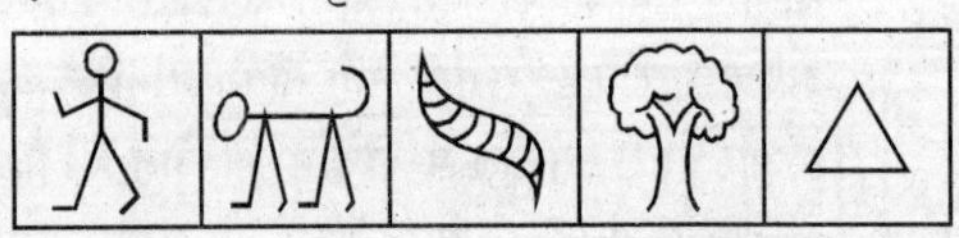

(*a*) (*b*) (*c*) (*d*) (*e*)

उत्तर (*e*)**:** आकृति (*a*) एक मानव आकृति है, (*b*) एक चौपाया पशु की आकृति है, (*c*) एक कीट, (*d*) एक पेड़ और (*e*) एक त्रिभुज है। इन पाँच अवयवों में से चार में एक सर्वनिष्ठ विशेषता है और वह यह है कि (*a*), (*b*), (*c*) और (*d*) (मानव, पशु, कीट और पेड़) सजीव जगत् से संबंधित हैं।

आकृति (*e*) एक त्रिभुज है और यह सजीव जगत् से संबंधित नहीं है। अतः आकृति (*e*) इस समूह में शामिल नहीं है।

अभ्यास

निर्देश (प्र.सं. 1–20): *नीचे के प्रत्येक प्रश्न में एक आकृति को छोड़कर अन्य सभी आकृतियाँ किसी-न-किसी रूप में आपस में संबंधित हैं और इस कारण वे एक समूह बनाती हैं। प्रत्येक प्रश्न में उस एक भिन्न आकृति का चयन करें जो अन्यों से संबंधित नहीं है अर्थात् जो भिन्न अथवा विजातीय है।*

1. 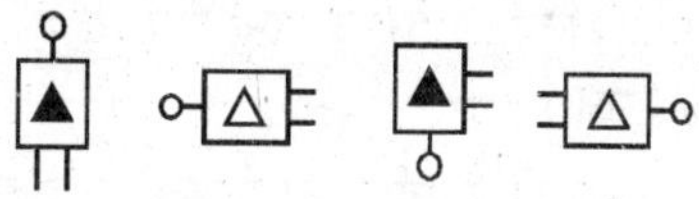

(*a*) (*b*) (*c*) (*d*)

2. 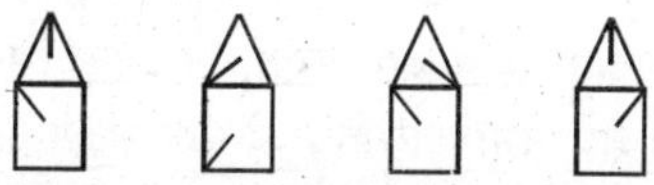

(*a*) (*b*) (*c*) (*d*)

3. 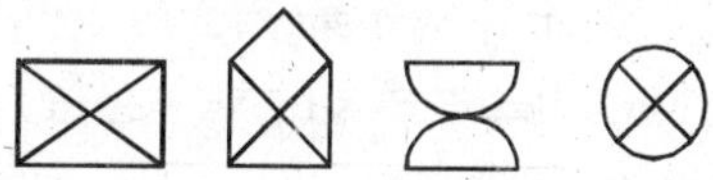

(*a*) (*b*) (*c*) (*d*)

4. 

(*a*) (*b*) (*c*) (*d*)

5. 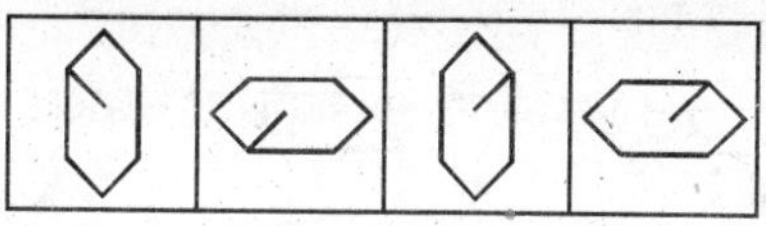

(*a*) (*b*) (*c*) (*d*)

6. 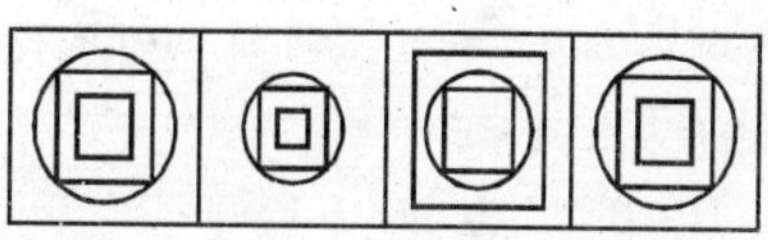

(*a*) (*b*) (*c*) (*d*)

7. 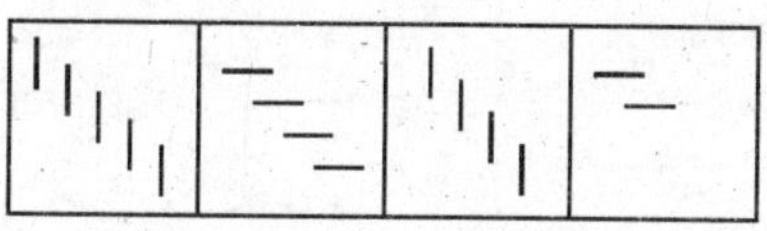

(*a*) (*b*) (*c*) (*d*)

8. 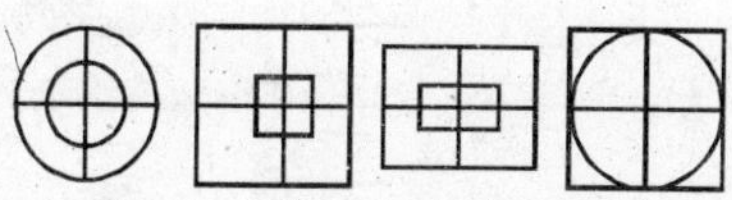

(*a*) (*b*) (*c*) (*d*)

9. 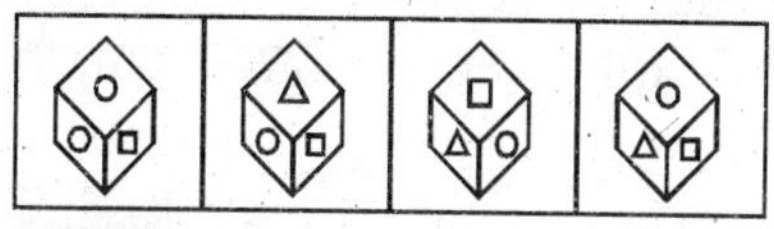

(*a*) (*b*) (*c*) (*d*)

10. 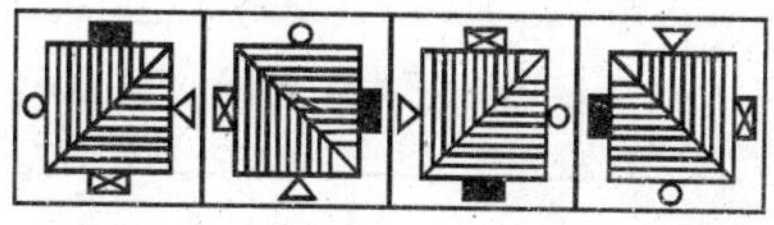

(*a*) (*b*) (*c*) (*d*)

11. 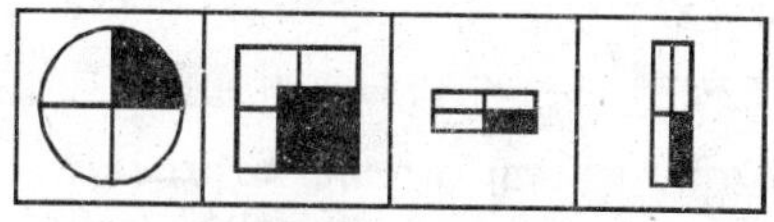

(*a*) (*b*) (*c*) (*d*)

12. 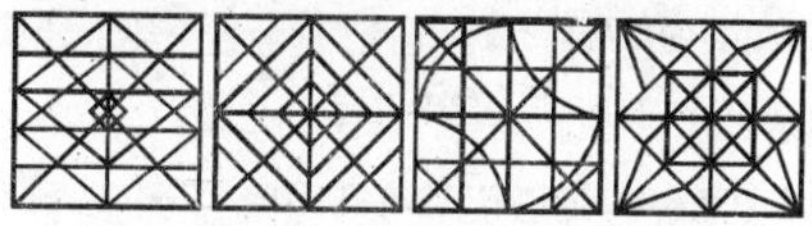

(*a*) (*b*) (*c*) (*d*)

13. 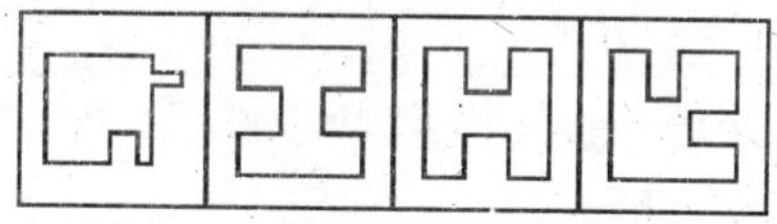

(*a*) (*b*) (*c*) (*d*)

14. 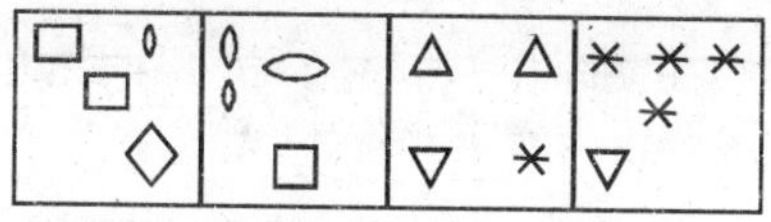

(*a*) (*b*) (*c*) (*d*)

15. 

(*a*) (*b*) (*c*) (*d*) (*e*)

16. 

(*a*) (*b*) (*c*) (*d*) (*e*)

17. 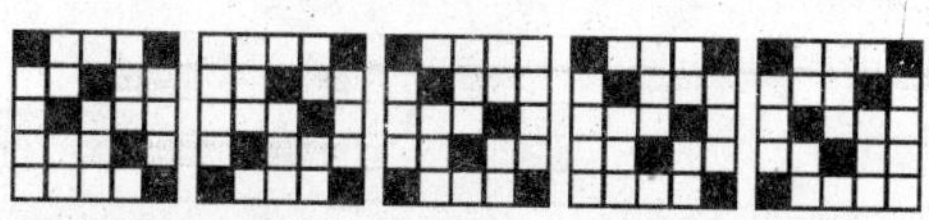

(*a*) (*b*) (*c*) (*d*) (*e*)

18. 

(*a*) (*b*) (*c*) (*d*) (*e*)

19. 

(*a*) (*b*) (*c*) (*d*) (*e*)

20. 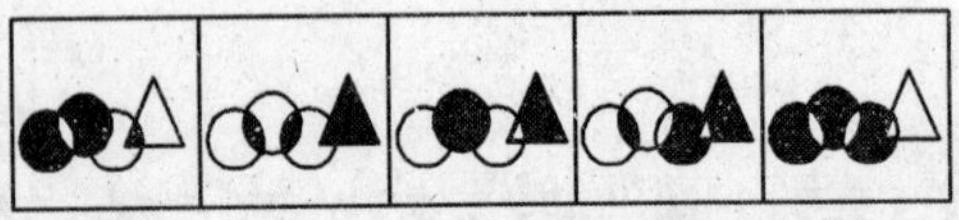

(*a*) (*b*) (*c*) (*d*) (*e*)

व्याख्यात्मक उत्तर

1. (*c*) : अन्य सभी आकृतियों में वृत्त युक्त रेखा और दो रेखाखंड वर्ग की सम्मुख भुजाओं पर अवस्थित हैं।

2. (*c*) : शेष सभी आकृतियों में एक रेखा के सिरों से एक ही दिशा में दो रेखाखंड खींचे जाते हैं। इस आकृति '(*c*)' में दो रेखाखंड दो विपरीत दिशाओं में खींचे जाते हैं।

3. (*c*) : शेष सभी आकृतियाँ चार भागों में विभक्त हैं।

4. (*d*) : केवल इसी आकृति में ही आकृति के मध्य में स्थित अवयव और दो अवयवों के बीच में स्थित अवयव परस्पर विपरीत दिशाओं में हैं।

5. (*c*) : शेष सभी आकृतियों को घुमा कर एक दूसरी आकृतियाँ प्राप्त की जा सकती हैं। इस आकृति में रेखाखंड गलत दिशा में है।

6. (*c*) : शेष सभी आकृतियों में बीच का और मध्यस्थ अवयव एक से हैं।

7. (*a*) : केवल इसी आकृति में रेखाखंडों की संख्या विषम है।

8. (*d*) : केवल इसी आकृति में दो अलग-अलग आकृतियाँ हैं जो दो समान भागों में विभाजित हैं।

9. (*a*) : केवल इसी आकृति में दो सदृश अवयव (वृत्त) निहित हैं।

10. (*c*) : शेष सभी आकृतियों को घुमाकर एक-दूसरी आकृतियाँ प्राप्त की जा सकती हैं।

11. (*b*) : शेष सभी आकृतियों में आकृति का केवल एक चौथाई भाग ही छायांकित है।

12. (*c*) : शेष सभी आकृतियों में वर्ग के सभी चारों खण्डों में एक जैसा पैटर्न है।

13. (*a*) : शेष सभी आकृतियों में वर्ग की दो भुजाओं पर कटान सदृश हैं।

14. (*d*) : केवल इसी आकृति में चार सदृश और एक भिन्न अवयव हैं। शेष सभी आकृतियों में तीन सदृश और एक भिन्न अवयव हैं।

15. (*d*) : आकृतियाँ (*a*) और (*e*) तथा आकृतियाँ (*b*) और (*c*) विपरीत युग्म निर्मित करती हैं। केवल आकृति (*d*) ही अकेला बचा रहता है।

16. (*c*) : अन्य सभी आकृतियाँ दक्षिणावर्त 90° के कोण से घूमी हुई रोमन संख्याएं हैं।

17. (*d*) : अन्य सभी आकृतियों में सदृश वर्ग ही छायांकित है। इस विकल्प में एक छायांकित वर्ग विकर्णतः सम्मुख कोने में है।

18. (*a*) : अन्य सभी आकृतियों में केवल दो रेखाखंड ही छायांकित हैं।

19. (*d*) : शेष सभी आकृतियों में पैटर्न (प्रतिरूप) को निर्मित करने वाली रेखाएं बाहर से भीतर की ओर दक्षिणावर्त खीची जाती हैं।

20. (*c*) : (*a*) और (*d*) तथा (*b*) और (*e*) आकृतियाँ सुमेलित विपरीत युग्म हैं। केवल आकृति (*c*) ही अकेली बच जाती है।

गणित

1

संख्या प्रणाली
(NUMBER SYSTEM)

किसी व्यंजक को हल करते समय अंग्रेजी अक्षर 'BODMAS' का ध्यान रखा जाता है:

B = Bracket (कोष्ठक)

O = Of (का)

D = Division (भाग)

M = Multiplication (गुणा)

A = Addition (जोड़)

S = Subtraction (घटाव)

अर्थात् किसी व्यंजक में बहुत-सी क्रियाएँ एक साथ करनी हो तो इस नियम के अनुसार पहले कोष्ठक, फिर 'का', फिर भाग, फिर गुणा, फिर जोड़, घटाव की जाती है।

कोष्ठक को हल करते समय सर्वप्रथम रेखा कोष्ठक (–) फिर छोटा कोष्ठक, फिर मंझला कोष्ठक, फिर बड़ा कोष्ठक हल किया जाता है।

कुछ महत्त्वपूर्ण सूत्र

(1) $(a+b)^2 = a^2 + 2ab + b^2$

(2) $(a-b)^2 = a^2 - 2ab + b^2$

(3) $a^2 - b^2 = (a+b)(a-b)$

(4) $a^2 + b^2 = (a+b)^2 - 2ab = (a-b)^2 + 2ab$

(5) $a^3 + b^3 = (a+b)(a^2 - ab + b^2)$

(6) $a^3 - b^3 = (a-b)(a^2 + ab + b^2)$

(7) $(a+b)^3 = a^3 + 3ab(a+b) + b^3$

(8) $(a-b)^3 = a^3 - 3ab(a-b) - b^3$

(9) $a^3 + b^3 + c^3 - 3abc = (a+b+c)(a^2 + b^2 + c^2 - ab - bc - ca)$

(10) $(a+b)^2 = (a-b)^2 + 4ab$

(11) $(a-b)^2 = (a+b)^2 - 4ab$

संख्याएँ, जोड़, घटाव, गुणा और भाग

जिन संख्याओं में वस्तुओं की गणना की जाती है, उन्हें प्राकृतिक संख्याएँ कहते हैं। जैसे: 1, 2, 3 आदि । शून्य को प्राकृतिक संख्या नहीं माना जाता है।

जो संख्या 2 से पूर्णतः विभाजित हो जाती हैं, **सम संख्याएँ** कहलाती हैं और जो 2 से विभाजित नहीं होती हैं उनको **विषम संख्या** कहते हैं।

अभाज्य संख्याएँ: वे संख्याएँ जिनके केवल दो ही गुणनखण्ड हो सकें पहला तो 1 और दूसरी वह संख्या स्वयं, **अभाज्य संख्याएँ** कहलाती हैं। जैसे 2, 3, 5, 7 आदि अभाज्य संख्याएँ हैं। परन्तु 1 अभाज्य संख्या नहीं है।

भाज्य संख्याएँ: वे संख्याएँ जिनमें 1 और स्वयं के अतिरिक्त कम-से-कम किसी एक अन्य संख्या का भाग पूरा–पूरा चला जाए, **भाज्य संख्याएँ** कहलाती हैं। जैसे: 4, 6, 8, 9 आदि भाज्य संख्याएं हैं परन्तु 1 भाज्य संख्या नहीं है।

परिमेय संख्याएँ: यदि किसी संख्या को $\frac{a}{b}$ के रूप में दर्शाया जा सके जहाँ a और b पूर्णांक हैं तथा b का मान शून्य नहीं है, तो वह संख्या **परिमेय संख्या** कहलाती है।

जैसे $\frac{2}{3}, \frac{4}{1}$, आदि ।

अपरिमेय संख्याएँ: यदि किसी संख्या को $\frac{a}{b}$ के रूप में न रखा जा सके जबकि a और b पूर्णांक हैं तथा b का

मान शून्य नहीं है, तो वह संख्या **अपरिमेय संख्या** कहलाती है। चूंकि $\sqrt{2}$ का मान 1.414... होता है इसलिए इसको $\frac{a}{b}$ के रूप में नहीं लिखा जा सकता है। अतः $\sqrt{2}$ अपरिमेय संख्या है।

अभ्यास

निर्देशः *निम्नलिखित प्रत्येक प्रश्न के चार संभावित उत्तर दिये हुए हैं। उनमें से एक उत्तर सही है, उसी उत्तर को ज्ञात करो।*

1. $207 \times 781 \times 39 \times 94$ को सरल करने पर गुणनफल में इकाई का अंक क्या होगा?

A. 9 B. 2
C. 1 D. 7

2. 305, 211, 702 तथा 13 का गुणनफल निकाला जाए, तो गुणनफल में इकाई का अंक क्या होगा?

A. 5 B. 0
C. 1 D. 2

3. जब किसी संख्या को 296 से भाग दिया जाता है, तो 75 शेष बचता है। यदि उसी संख्या में 37 से भाग दें तो क्या शेष बचेगा?

A. 3 B. 5
C. 1 D. 6

4. 1 से 32 तक सभी विषम संख्याओं का योग क्या होगा?

A. 256 B. 128
C. 25 D. 16

5. प्रथम 25 सम संख्याओं का योग क्या होगा?

A. 156 B. 204
C. 650 D. 448

6. निम्नलिखित में कौनसी संख्या इकाई के स्थान पर न होगी जबकि किसी संख्या का वर्ग किया जाए?

A. 0 B. 4
C. 1 D. 2

7. यदि किसी संख्या का घन किया जाए तो इकाई के स्थान पर कौनसा अंक होगा?

A. 5
B. 7
C. 0 से 9 तक कोई भी अंक
D. 4

8. 1 से 100 तक संख्या लिखने में कितने अंकों की आवश्यकता होती है?

A. 100 B. 192
C. 99 D. 198

9. तीन अंकों तक की ऐसी कितनी संख्याएँ हो सकती हैं जो 19 से पूर्णतः विभाजित हों?

A. 52 B. 47
C. 25 D. 31

10. चार अंकों की ऐसी छोटी से छोटी संख्या ज्ञात करो जो 13 से पूर्णतः विभाजित हो?

A. 1014 B. 9984
C. 988 D. 1001

11. 3901 में 9 के स्थानीय मान तथा जातीय मान में क्या अंतर है?

A. 900 B. 9
C. 891 D. 40

12. निम्नलिखित में से कौनसी संख्या अभाज्य है?

A. 15 B. 33
C. 21 D. 3

13. 0, 2, 3, 6 और 7 अंकों से बनने वाली 5 अंकों की बड़ी से बड़ी और छोटी से छोटी संख्या का अन्तर क्या है?

A. 50953 B. 35905
C. 55953 D. 95821

14. 3289200000 को वैज्ञानिक पद्धति में किस प्रकार से लिख सकते हैं?

A. 32.892×10^8 B. 3.2892×10^9
C. 328.92×10^7 D. इनमें से कोई नहीं

15. निम्नलिखित संख्या श्रेणी में लुप्त पद के स्थान पर कौनसी संख्या आएगी?

2, 6, 11, 17, ..., 32

A. 24 B. 26
C. 25 D. 28

16. .02040 में कितने सार्थक अंक हैं?

A. 2 B. 3
C. 4 D. 5

17. निम्नलिखित भिन्नों में से सबसे बड़ी भिन्न कौन-सी है?

$$\frac{2}{3}, \frac{3}{5}, \frac{8}{11}, \frac{11}{17}$$

A. $\frac{2}{3}$ B. $\frac{8}{11}$
C. $\frac{3}{5}$ D. $\frac{11}{17}$

18. दी गई भिन्नों $\frac{5}{8}, \frac{21}{35}, \frac{9}{16}, \frac{6}{7}$ में सबसे बड़ी और सबसे छोटी भिन्न के मध्य क्या अन्तर है?

A. $\frac{33}{112}$ B. $\frac{11}{37}$
C. $\frac{13}{15}$ D. $\frac{9}{35}$

19. यदि किसी संख्या तथा उसके $\frac{1}{5}$ भाग में अन्तर 20 है, तो वह संख्या क्या है?

A. 20 B. 40
C. 100 D. 25

20. $\frac{3}{5}$ तथा $\frac{7}{3}$ के व्युत्क्रमों (Reciprocals) के योग का व्युत्क्रम क्या होगा?

A. $\frac{4}{5}$ B. $\frac{36}{5}$
C. $\frac{21}{44}$ D. $\frac{1}{4}$

21. मनमोहन अपनी आय का $\frac{1}{5}$ भाग जेब खर्च में व्यय करता है तथा शेष का $\frac{4}{5}$ भाग अन्य खर्चों में। यदि उसके पास ₹ 48 प्रति माह बचे रहते हैं तो उसकी मासिक आय क्या है?

A. ₹ 360 B. ₹ 400
C. ₹ 320 D. ₹ 300

22. यदि किसी संख्या के $\frac{4}{5}$ और $\frac{3}{4}$ भाग का अन्तर 4 हो, तो वह संख्या क्या है?

A. 60 B. 100
C. 80 D. 40

23. निम्नलिखित में से कौनसा भिन्न समूह अवरोही क्रम में है?

A. $\frac{7}{12}, \frac{9}{17}, \frac{13}{24}$ B. $\frac{7}{12}, \frac{13}{24}, \frac{9}{17}$
C. $\frac{9}{17}, \frac{13}{24}, \frac{7}{12}$ D. $\frac{9}{17}, \frac{7}{12}, \frac{13}{24}$

24. 0.36 को सरलतम भिन्न में लिखने पर अंश और हर का योग कितना होगा?

A. 15 B. 34
C. 45 D. 75

25. $5\frac{1}{3} \times 4\frac{1}{8} + 13\frac{1}{5} \div 8\frac{1}{4} - \frac{3}{5}$ का मान क्या है?

A. $2\frac{1}{3}$ B. $11\frac{1}{5}$
C. 23 D. 10

26. $2 - \left\{3 - \left(4 - \overline{2-3}\right)\right\}$ का मान ज्ञात करो।

A. 3 B. 2
C. 4 D. 6

27. $75 \times (3 + 4 \div 2)$ का मान निम्नलिखित में से कौनसा है?

A. 155 B. 227
C. $262\frac{1}{2}$ D. 375

28. $\dfrac{1}{1-\dfrac{7}{12}}$ का मान निम्नलिखित में से किसके बराबर है?

A. $\frac{5}{12}$ C. $\frac{7}{12}$
C. $2\frac{2}{5}$ D. $\frac{11}{12}$

29. $\frac{3}{7}$ का $\left(2\frac{1}{9}\right.$ का $\left.2\frac{4}{19}\right)$ का मान क्या होगा?

A. 5 B. 2
C. 1 D. $\frac{1}{19}$

30. $$\frac{8.73 \times 8.73 \times 8.73 + 4.27 \times 4.27 \times 4.27}{8.73 \times 8.73 - 8.73 \times 4.27 + 4.27 \times 4.27}$$

A. 11 B. $1\frac{4}{7}$
C. 13 D. $9\frac{1}{11}$

31. 225 मीटर लम्बे तार में से 4.5 मीटर लम्बे कितने टुकड़े कटेंगे?

A. 45 B. 50

C. 90 D. 25

32. 1.234 को 0.007 से गुणा कीजिए।

A. .8638

B. .008638

C. .08638

D. 1.241

33. .002 को .01 से विभाजित कीजिए।

A. .02 B. 2

C. .2 D. .0002

34. $\frac{7}{25}$ इस भिन्नांश को दशमलव में ज्ञात कीजिए।

A. .28 B. .25

C. .8 D. 2.8

35. किसी संख्या को 221 से भाग देने पर 64 शेष बचता है। यदि उसी संख्या को 13 से विभाजित करें तो शेष क्या बचेगा?

A. 0 B. 1

C. 11 D. 12

36. एक संख्या को 28 से विभाजित करने पर शेष 20 रहता है। यदि इस संख्या को 7 से विभाजित करें तो शेष क्या रहेगा?

A. 2 B. 6

C. 3 D. 5

37. ऐसी संख्या ज्ञात कीजिए जिसे 13 से गुणा करने पर उसमें 180 की वृद्धि होती है?

A. 13 B. 12

C. 15 D. 14

38. 0, 1, 2 के व्यवहार के तीन अंक विशिष्ट वृहत्तम संख्या और न्यूनतम संख्या में अन्तर कितना है?

A. 198 B. 108

C. 90 D. 100

39. तीन अंक विशिष्ट वृहत्तम संख्या तीन अंक विशिष्ट न्यूनतम संख्या से कितना अधिक है?

A. 1 B. 99

C. 899 D. 999

40. छः अंक विशिष्ट वृहत्तम संख्या, सात अंक विशिष्ट न्यूनतम संख्या से कितना कम है?

A. 1 B. 99

C. 999 D. 9999

उत्तरमाला

1	2	3	4	5	6	7	8	9	10
B	B	C	A	C	D	C	B	A	D
11	**12**	**13**	**14**	**15**	**16**	**17**	**18**	**19**	**20**
C	D	C	B	A	C	B	A	D	C
21	**22**	**23**	**24**	**25**	**26**	**27**	**28**	**29**	**30**
D	C	B	B	C	C	D	C	B	C
31	**32**	**33**	**34**	**35**	**36**	**37**	**38**	**39**	**40**
B	B	C	A	D	B	C	B	C	A

कुछ चुने हुए प्रश्नों के व्याख्यात्मक उत्तर

1. 207, 781, 39 तथा 94 के इकाई के अंक क्रमशः 7, 1, 9 और 4 हैं तथा $7 \times 1 \times 9 \times 4 = 252$

चूंकि 252 में इकाई का अंक 2 है।

अतः $207 \times 781 \times 39 \times 94$ में भी इकाई का अंक **2** होगा।

3. अभीष्ट संख्या $= 296 \times x + 75$

$= 37 \times 8x + 37 \times 2 + 1$

$= 37(8x + 2) + 1$

अतः अभीष्ट शेष = 1

4. 1 से 32 के बीच सभी विषम संख्याएँ निम्नलिखित हैं:

1, 3, 5, 7, 9, 11, 13, 15, 17, 19, 21, 23, 25, 27, 29 और 31

इनका योग = $(16)^2$ = **256**

नोटः विषम संख्याओं की गिनती ज्ञात करने के लिए अंतिम सम संख्या का आधा कर देते हैं।

यथा 1 से 32 के बीच सभी विषम संख्याओं की गिनती

$$= \frac{1}{2} \times 32 = 16$$

इन विषम संख्याओं का योग ज्ञात करने के लिए प्राप्त गिनती का वर्ग कर देते हैं।

यथाः 1 से 32 तक की विषम संख्याओं का योग = $(16)^2$ = **256**.

5. प्रथम 25 सम संख्याओं का योग = $25 \times 26 =$ **650**

नोटः n सम संख्याओं का योग ज्ञात करने के लिए सम संख्याओं की गिनती n और उससे अगली गिनती $(n+1)$ का गुणा कर लेते हैं। अतः n सम संख्याओं का योग = $n(n+1)$

6. किसी संख्या का वर्ग करते हैं तो इकाई के स्थान पर केवल 0, 1, 4, 5, 6 और 9 हो सकती हैं। अतः 2 ऐसा अंक है जो इकाई के स्थान पर नहीं होगा।

7. चूंकि

$0^3 = 0$	$5^3 = 125$
$1^3 = 1$	$6^3 = 216$
$2^3 = 8$	$7^3 = 343$
$3^3 = 27$	$8^3 = 512$
$4^3 = 64$	$9^3 = 729$

अतः किसी संख्या के घन में 0 से लेकर 9 तक कोई भी अंक हो सकता है।

8. 1 से 9 तक के लिए = 9 अंक

10 से 99 तक के लिए $90 \times 2 =$ 180 अंक

100 के लिए = 3 अंक

1 से 100 तक के लिए = 9 + 180 + 3 = 192 अंक

9. 1 अंक की कोई भी संख्या ऐसी नहीं है जो 19 से पूर्णतः विभाजित हो केवल 2 अंक की संख्याएँ जो 19 से पूर्णतः विभाजित हों = 5

तीन अंकों की संख्याएँ 100 से 999 तक होती हैं इनमें 114, 133, 152 .... 988 संख्याएँ 19 से पूर्णतः विभाजित होती हैं इसकी संख्या यदि n हो, तो

$T_n = a + (n-1)\,19$

या $988 = 114 + (n-1) \times 19$

$$\Rightarrow (n-1) = \frac{988-144}{19} = \frac{874}{19} = 46$$

$n = 47$

∴ तीन अंकों तक उन संख्याओं की गिनती जो 19 से पूर्णतः विभाजित हों = 5 + 47 = **52**

10. चार अंकों तक की छोटी से छोटी संख्या = 1000

1000 को 13 से भाग देने पर 76 बार भाग जाता है और 12 शेष बचते हैं। अब 1000 से बड़ी संख्याओं 1001, 1002 आदि पर विचार करने से पता लगता है कि 1001, 13 से पूर्णतः विभाजित है। अतः अभीष्ट संख्या 1001 है।

11. 3901 में 9 का स्थानीय मान = 900

तथा 3901 में 9 का जातीय मान = 9

∴ अभीष्ट अन्तर = 900 − 9 = **891**

13. 0, 2, 3, 6 और 7 अंकों से बनने वाली पांच अंकों की बड़ी से बड़ी संख्या = 76320

तथा 0, 2, 3, 6 और 7 अंकों से बनने वाली पांच अंकों की छोटी से छोटी संख्या = 20367

∴ अन्तर = 76320 − 20367 = **55953**

(**नोटः** अंकों में 0 भी होता है तो छोटी से छोटी संख्या लिखने के लिए 0 को अगली बड़ी संख्या के बाद लिखा जाता है।)

14. किसी संख्या को 10 की घात के रूप में लिखने को वैज्ञानिक पद्धति से लिखना कहा जाता है। अतः $3289200000 = 3.2892 \times 10^9$

15. दो लगातार पदों के अंतर क्रमशः 4, 5, 6, 7 व 8 हैं।

16. किसी दशमलव बिन्दु के दायीं ओर परन्तु अशून्य अंक के बायीं ओर जितने भी शून्य होते हैं, वे सार्थक अंक नहीं होते हैं। अतः .02040 में केवल चार सार्थक अंक हैं।

17. 3, 5, 11 और 17 का लघुत्तम = 2805

$$\therefore \quad \frac{2}{3} = \frac{2 \times 935}{3 \times 935} = \frac{1870}{2805}$$

$$\frac{3}{5} = \frac{3 \times 561}{5 \times 561} = \frac{1863}{2805}$$

$$\frac{8}{11} = \frac{8 \times 225}{11 \times 225} = \frac{2040}{2805}$$

$$\text{तथा} \quad \frac{11}{17} = \frac{11 \times 165}{17 \times 165} = \frac{1715}{2805}$$

चूंकि इन सभी भिन्नों के हर एक समान हैं परन्तु अंश 2040 सबसे बड़ा है।

$\therefore$ सबसे बड़ी भिन्न $\frac{8}{11}$ है।

19. माना संख्या x है

तो $x-\frac{x}{5}=20$ या, $\frac{4x}{5}=20$

$\therefore\ x=\frac{5\times20}{4}=25$

20. $\frac{3}{5}$ का व्युत्क्रम $=\frac{5}{3}$ तथा $\frac{7}{3}$ का व्युत्क्रम $=\frac{3}{7}$

$\therefore$ $\frac{3}{5}$ और $\frac{7}{3}$ के व्युत्क्रमों का योग $=$ $\frac{5}{3}+\frac{3}{7}=\frac{35+9}{21}=\frac{44}{21}$

$\therefore$ योग का व्युत्क्रम $=\frac{21}{44}$

21. माना उसकी मासिक आय ₹ 1 है।

$\therefore$ जेब खर्च = ₹ 1 का $\frac{1}{5}=\frac{1}{5}$

तथा शेष $=1-\frac{1}{5}=\frac{4}{5}$

अन्य खर्च $=\frac{4}{5}$ का $\frac{4}{5}=\frac{16}{25}$

$\therefore$ बचत $=\frac{4}{5}-\frac{16}{25}=\frac{4}{25}$

$\therefore$ मासिक आय $=48\div\frac{4}{25}$ = ₹ 300

22. माना संख्या 1 है।

1 का $\frac{4}{5}=\frac{4}{5}$ तथा 1 का $\frac{3}{4}=\frac{3}{4}$

$\therefore$ अन्तर $=\frac{4}{5}-\frac{3}{4}=\frac{1}{20}$

$\therefore$ संख्या $=4\div\frac{1}{20}=80$

24. $0.36=\frac{36}{100}=\frac{9}{25}$

$\therefore$ अंश और हर का योग = 9 + 25 = **34**

25. $5\frac{1}{3}\times4\frac{1}{8}+13\frac{1}{5}\div8\frac{1}{4}-\frac{3}{5}$

$=\frac{16}{3}\times\frac{33}{8}+\frac{66}{5}\div\frac{33}{4}-\frac{3}{5}$

$=\frac{16}{3}\times\frac{33}{8}+\frac{66}{5}\times\frac{4}{33}-\frac{3}{5}$

$=\frac{22}{1}+\frac{8}{5}-\frac{3}{5}$

$=\frac{110+8-3}{5}=\frac{115}{5}=23$

27. $75\times(3+4\div2)=75\times(3+2)=75\times5=375$

29. $\frac{3}{7}$ का $\left(2\frac{1}{9}\text{ का }2\frac{4}{19}\right)$

$=\frac{3}{7}$ का $\left(\frac{19}{9}\text{ का }\frac{42}{19}\right)$

$=\frac{3}{7}$ का $\frac{14}{3}=\frac{3}{7}\times\frac{14}{3}=2$

30. $\frac{8.73\times8.73\times8.73+4.27\times4.27\times4.27}{8.73\times8.73-8.73\times4.27+4.27\times4.27}$

$=\frac{(8.73)^3+(4.27)^3}{(8.73)^2-8.73\times4.27+(4.27)^2}$

$=\frac{(8.73+4.27)\left[(8.73)^2-8.73\times4.27+(4.27)^2\right]}{(8.73)^2-8.73\times4.27+(4.27)^2}$

क्योंकि $a^3+b^3=(a+b)(a^2-ab+b^2)$

$=8.73+4.27=$ **13**

35. संख्या $221k+64$

$=13\times17\times k+13\times4+12$

$=13(17k+4)+12$

$\therefore$ 13 से भाग देने पर 12 शेष बचेगा।

36. संख्या $=28k+20$

$=7\times4k+7\times2+6$

$=7(4k+2)+6$

$\therefore$ अभीष्ट शेषफल = 6

37. माना संख्या x है

$\therefore\ 13x-x=180$ या, $12x=180$

$\therefore\ x=\frac{180}{12}=$ **15**

38. अंकों 0, 1 व 2 से बनी वृहत्तम संख्या = 210

तथा अंकों 0, 1 व 2 से बनी न्यूनतम संख्या = 102

$\therefore$ अभीष्ट अन्तर $=210-102=108$

2

महत्तम समापवर्तक एवं लघुत्तम समापवर्त्य (HCF & LCM)

म॰स॰प॰, महत्तम समापवर्तक का संक्षिप्त रूप है।

किन्हीं दो या दो से अधिक संख्याओं का म॰स॰प॰ वह बड़ी से बड़ी संख्या है जिससे वे संख्याएँ पूरी-पूरी विभाजित हो जाएँ।

ल॰स॰प॰, लघुत्तम समापवर्त्य का संक्षिप्त रूप है।

किन्हीं दो या दो से अधिक संख्याओं का ल॰स॰प॰ वह छोटी से छोटी संख्या है जिसमें दी हुई संख्याओं का पूरा-पूरा भाग चला जाए।

प्रमुख सूत्रः

1. दो संख्याओं का ल॰स॰प॰ तथा म॰स॰प॰ का गुणनफल = दोनों संख्याओं का गुणनफल

2. भिन्नों का ल॰स॰प॰ = $\frac{\text{अंशों का ल.स.प.}}{\text{हरों का म.स.प.}}$

3. भिन्नों का म॰स॰प॰ = $\frac{\text{अंशों का म.स.प.}}{\text{हरों का ल.स.प.}}$

अभ्यास

निर्देशः निम्नलिखित प्रत्येक प्रश्न में चार संभावित उत्तर दिए हुए हैं जिनमें से एक उत्तर सही है, उसी सही उत्तर को ज्ञात कीजिए।

1. 12, 36, 6 और 9 का ल॰स॰प॰ हैः

A. 108 B. 144
C. 72 D. 36

2. 70 और 245 का महत्तम समापवर्तक हैः

A. 35 B. 55
C. 45 D. 30

3. वह छोटी से छोटी संख्या जिसमें 3 जोड़ दिया जाए, तो वह 21, 25, 27 और 35 से पूर्णतया भाज्य हो जाती है, होगीः

A. 4735 B. 4635
C. 4725 D. 4722

4. 15, 30, 45, 60 और 75 का महत्तम समापवर्तक हैः

A. 15 B. 30
C. 45 D. 40

5. 4, 8, 12 और 16 का ल॰स॰प॰ होगाः

A. 8 B. 12
C. 16 D. 48

6. दो संख्याओं का लघुत्तम समापवर्त्य एवं महत्तम समापवर्तक क्रमशः 48 एवं 8 है। यदि उनमें से एक संख्या 16 है, तो दूसरी संख्या होगीः

A. 12 B. 18
C. 24 D. 36

7. चार घंटे 3, 4, 5 तथा 8 सेकण्डों के अन्तर से बजते हैं। कितने मिनटों के बाद वे एक साथ पुनः बजेंगे?

A. 2 मिनट B. 120 मिनट
C. 5 मिनट D. 4 मिनट

8. किन्हीं दो संख्याओं का गुणनफल 1000 है। यदि उनका म॰स॰प॰ 5 हो, तो ल॰स॰प॰ ज्ञात कीजिए:

A. 200 B. 300
C. 400 (5) 5000

9. दो संख्याओं का गुणफल 1400 है तथा उन्हीं संख्याओं का महत्तम समापवर्तक 5 है, तो लघुत्तम समापवर्त्य होगाः

A. 260 B. 7000
C. 5/1400 D. 280

10. एक आयताकार मैदान की लम्बाई 90 मीटर और चौड़ाई 60 मीटर है। बड़ी से बड़ी कितने मीटर लम्बी रस्सी मंगाई जाए कि मैदान की लम्बाई व चौड़ाई को उससे पूरा-पूरा नापा जा सके?

A. 180 मीटर B. 15 मीटर
C. 30 मीटर D. 45 मीटर

11. तीन अंकों की ऐसी दो संख्याएँ ज्ञात करो जिनका महत्तम समापवर्तक 80 व लघुत्तम समापवर्त्य 5760 हो?

A. 540, 960 B. 720, 640
C. 630, 540 D. 580, 800

12. वह छोटी से छोटी संख्या जो 8, 9, 12, 15 तथा 18 से पूर्णतया विभाजित हो तथा पूर्ण वर्ग हो, होगीः

A. 3600 B. 2500
C. 1800 D. 900

13. 5 अंकों की वह छोटी से छोटी संख्या, जिसे 52, 56, 78 तथा 91 से भाग देने पर शेष कुछ न बचे, होगीः

A. 10,000 B. 11,264
C. 10,920 D. 12,188

14. 5 अंकों की वह छोटी से छोटी संख्या, जिसे 52, 56, 78 तथा 91 से भाग देने पर शेषफल क्रमशः 28, 32, 54 तथा 67 बचे, होगीः

A. 10,896 B. 11,264
C. 10,920 D. 110,018

15. वह बड़ी से बड़ी संख्या जिससे 590, 908 तथा 1014 को भाग देने पर प्रत्येक दशा में समान शेष बचे, होगीः

A. 104 B. 105
C. 108 D. 106

16. चार अंकों की बड़ी से बड़ी संख्या जो 12, 15, 18 और 27 से पूर्णतया विभाज्य हो, होगीः

A. 9720 B. 9840
C. 9460 D. 9802

17. 7 का छोटे से छोटा गुणज, जब 6, 9, 15 तथा 18 से विभाजित किया जाता है, तो प्रत्येक अवस्था में 4 शेष रहता है, वह हैः

A. 74 B. 94
C. 184 D. 364

18. $\frac{2}{3}, \frac{3}{5}, \frac{4}{7}, \frac{9}{13}$ का ल॰स॰प॰ हैः

A. 36 B. $\frac{1}{36}$
C. $\frac{1}{1365}$ D. $\frac{12}{455}$

19. वह छोटी से छोटी संख्या ज्ञात कीजिए जो 6, 10, 15 तथा 18 से पूर्णतया विभाजित हो तथा एक पूर्ण वर्ग भी होः

A. 900 B. 90
C. 600 D. 360

20. एक फल विक्रेता के पास 20 केले तथा 70 आम हैं। वह इन्हें अलग-अलग समान संख्या में पेटियों में रखना चाहता है, बताओ उसे कम से कम कितनी पेटियाँ चाहिए?

A. 14 B. 9
C. 5 D. 6

21. दो व्यंजकों का म॰स॰प॰ H है तथा ल॰स॰प॰ L है। यदि उनमें से एक व्यंजक K हो, तो दूसरे का मान होगाः

A. $\frac{H \times L}{K}$ B. $\frac{H \times K}{L}$
C. $\frac{L}{H \times K}$ D. $\frac{H}{L \times K}$

22. दो संख्याओं का म॰स॰प॰ 25 है तथा ल॰स॰प॰ 1050 है। यदि एक संख्या 150 हो, दूसरी संख्या हैः

A. 200 B. 125
C. 150 D. 175

23. दो संख्याओं का अनुपात 3 : 4 है व ल॰स॰प॰ 180 है, तो पहली संख्या हैः

A. 15 B. 20
C. 45 D. 60

24. दो संख्याओं का ल॰स॰प॰ 72 तथा म॰स॰प॰ 12 है। यदि पहली संख्या 24 है, तो दूसरी संख्या होगी:

A. 18 B. 36
C. 48 D. 30

25. 3 संख्याओं का म॰स॰प॰ 12 है। यदि उनका अनुपात 1 : 2 : 3 है, तो संख्याएँ हैं:

A. 12, 24, 36 B. 10, 20, 30
C. 5, 10, 15 D. 4, 8, 12

उत्तरमाला

1	**2**	**3**	**4**	**5**	**6**	**7**	**8**	**9**	**10**
D	A	D	A	D	C	A	A	D	C
11	**12**	**13**	**14**	**15**	**16**	**17**	**18**	**19**	**20**
B	A	C	A	D	A	D	A	A	B
21	**22**	**23**	**24**	**25**					
A	D	C	B	A					

कुछ चुने हुए प्रश्नों के व्याख्यात्मक उत्तर

3. 21, 25, 27, 35 से पूर्णतया भाज्य संख्या इनका ल॰स॰प॰ होगा जो कि **4725** आता है।
∵ इसमें 3 जोड़ा गया है, अतः अभीष्ट संख्या 4722 होगी।

6. दूसरी संख्या $= \frac{48 \times 8}{16} =$ **24**

7. 3, 4, 5 और 8 का लघुत्तम = 120 सेकण्ड = **2 मिनट**

8. संख्या का ल॰स॰प॰ $= \frac{1000}{5} =$ **200**

9. ल॰स॰ × म॰स॰ = संख्याओं का गुणनफल
ल॰स॰ × 5 = 1400
या ल॰स॰ $= \frac{1400}{5} =$ **280**

10. लम्बाई और चौड़ाई को पूरा-पूरा नापने के लिए इनके म॰स॰प॰ के बराबर लम्बाई की रस्सी चाहिए।
∵ 60, 90 का म॰स॰प॰ = 30। अतः 30 मीटर रस्सी मंगाई जाएगी।

13. ∵ 5 अंकों की सबसे छोटी संख्या 10000 है।
52, 56, 78, 91 का ल॰स॰प॰ = 2184
इन चारों संख्याओं से पूर्णतः भाज्य संख्या 2184 या इसका गुणज 10000 को 2184 से भाग देने पर 4 बार भाग जाता है और 1264 शेष बचता है।
2184 की गुणज संख्या जो 10000 से बड़ी व सबसे छोटी हो, 2184 × 5 = 10920 होगा।

17. 6, 9, 15, 18 का लघुत्तम समापवर्त्य = 90
माना अभीष्ट संख्या (90K + 4) है जो 7 का गुणज है।
K का न्यूनतम मान, जिससे 90K + 4, 7 से भाज्य हो, K = 4 होगा।
अतः वह संख्या 90 × 4 + 4 = **364**

23. अनुपात 3 : 4
अतः संख्याएँ $3x$ तथा $4x$ तथा इसका मान ल॰स॰प॰ $12x$ होगा।
$\therefore\ 12x = 180$
$\Rightarrow x = \frac{180}{12} = 15$
अतः पहली संख्या $= 3x = 3 \times 15 = 45$

3

वर्गमूल एवं घनमूल
(SQUARE ROOT AND CUBE ROOT)

किसी संख्या को उसी संख्या से गुणा करने पर जो गुणनफल प्राप्त होता है, उस गुणनफल की वह संख्या **वर्गमूल** कहलाती है। किसी संख्या के वर्गमूल को $(\sqrt{\ })$ चिह्न द्वारा प्रदर्शित करते हैं। जैसे: $5 \times 5 = 25$ होता है। अतः 25 का वर्गमूल 5 है।

किसी भिन्न का वर्गमूल, भिन्न के अंश के वर्गमूल को हर के वर्गमूल से भाग देने से प्राप्त होता है।

वर्गमूल के संबंध में कुछ ध्यान देने योग्य बातें

1. जिस संख्या के अंत में शून्यों की संख्या विषम होती है वह संख्या पूर्ण वर्ग नहीं होती है।
2. जिस संख्या के अन्त में 2, 3, 7 या 8 आए, तो वह संख्या पूर्ण वर्ग नहीं होती है।
3. किसी सम संख्या का वर्गमूल सदैव सम संख्या होता है।
4. किसी विषम संख्या का वर्गमूल सदैव विषम संख्या होता है।

किसी संख्या को यदि परस्पर तीन बार गुणा किया जाए तो जो गुणनफल प्राप्त होता है, उस गुणनफल की वह संख्या, **घनमूल** कहलाती है। जैसे $6 \times 6 \times 6 = 216$ होता है। अतः 216 का घनमूल 6 है।

अभ्यास

निर्देशः निम्नलिखित प्रत्येक प्रश्न के चार संभावित उत्तर दिए हुए हैं जिनमें से एक उत्तर सही है, उस सही उत्तर को ज्ञात करो।

1. 1681 का वर्गमूल क्या है?

A. 51 B. 61
C. 49 D. 41

2. 564001 का वर्गमूल है:

A. 731 B. 781
C. 751 D. 701

3. 1.3924 का वर्गमूल है:

A. 1.38 B. 1.18
C. 1.48 D. 1.08

4. 20.25 का वर्गमूल है:

A. 4.50 B. 0.45
C. 0.045 D. 45.0

5. 0.6241 का वर्गमूल है:

A. 7.90 B. 0.79
C. .079 D. 0.71

6. यदि $\frac{2592}{\sqrt{?}} = 324$ हो, तो ? के स्थान पर कौनसी संख्या होगी?

A. 16 B. 8
C. 144 D. 64

7. $\frac{\sqrt{121}}{11} \times \frac{45}{\sqrt{169}} \times \frac{13}{\sqrt{225}}$ का मान है:

A. 3　　B. 35.96
C. 10.83　　D. 5.36

8. $\sqrt{128+\sqrt{260-\sqrt{16}}}$ का मान है:

A. 16　　B. 12
C. 32　　D. 24

9. यदि $\sqrt{0.00000676}$ = 0.0026 हो, तो 6760000 का वर्गमूल कितना होगा?

A. 2600　　B. 260
C. 26　　D. $\frac{1}{26}$

10. एक कुएँ को बनवाने के लिए लोगों ने तय किया कि प्रत्येक व्यक्ति उतने ही रुपए चन्दे में देगा जितने कि व्यक्तियों की कुल संख्या है। यदि कुल चन्दा ₹ 34969 प्राप्त हुआ, तो प्रत्येक व्यक्ति ने कितने रुपये दिए?

A. 183　　B. 58
C. 583　　D. 187

11. 256×10^{50} का वर्गमूल होगा:

A. 1.15×10^{25}　　B. 16×10^{25}
C. 0.16×10^{25}　　D. 1.6×10^{24}

12. एक वर्ग का विकर्ण 130 सेमी॰ है, वर्ग की भुजा की लम्बाई दशमलव के दो स्थानों तक होगी:

A. 91.79 सेमी॰　　B. 65 सेमी॰
C. 91.97 सेमी॰　　D. 97.19 सेमी॰

13. $\frac{\sqrt{.9}}{\sqrt{9}}$ का मान होगा:

A. $\sqrt{0.1}$　　B. 0.3
C. 3.16　　D. 0.316

14. एक कमरा जो वर्गाकार है, उसका क्षेत्रफल 73.96 वर्गमीटर है। उसकी भुजा की लम्बाई होगी:

A. 36.98 मीटर　　B. 8.6 मीटर
C. 6.8 मीटर　　D. 8.48 मीटर

15. वह सबसे छोटी संख्या जिसे 438867 से घटाने पर एक पूर्ण वर्ग संख्या शेष रहती है?

A. 511　　B. 533
C. 621　　D. 623

16. $\sqrt[3]{9261}$ का मान होगा:

A. 9258　　B. 21
C. 378　　D. 7

17. 0.000729 का घनमूल बराबर है:

A. 0.027　　B. 0.009
C. 0.09　　D. 0.729

18. 85184000 का घनमूल बराबर है:

A. 660　　B. 4400
C. 440　　D. 2800

19. यदि $3^3 + 4^3 = x^3 - 5^3$, तो x का मान होगा:

A. 12　　B. 2
C. 9　　D. 6

20. 8 के वर्ग के घनमूल का वर्गमूल होगा:

A. 2　　B. 4
C. 8　　D. 6

21. $\sqrt[3]{25+\sqrt[3]{8}}$ का मान होगा:

A. 2　　B. 3
C. 7　　D. 9

22. यदि $\sqrt[3]{19683}$ = 27 हो, तो

$\sqrt[3]{19.683}+\sqrt[3]{.019683}+\sqrt[3]{19683}$ का मान होगा:

A. 27.97
B. 29.79
C. 29.97
D. 27.54

23. एक संदूक में सेब इस प्रकार रखे हैं कि प्रत्येक तह की हर पंक्ति में उतने ही सेब हैं, जितनी उस तह में कुल पंक्तियां हैं। यदि कुल तहों की संख्या भी पंक्तियों की संख्या के बराबर हो और संदूक में 1728 सेब हों, तो हर पंक्ति में सेबों की संख्या होगी:

A. 12　　B. 18
C. 21　　D. 26

24. $\sqrt[3]{\sqrt{4096}}$ का मान होगा:

A. 4
B. 8
C. 12
D. 6

25. 675 को किस छोटी से छोटी संख्या से गुणा किया जाए कि गुणनफल पूर्ण घन हो जाए?

A. 5　　B. 6
C. 7　　D. 8

उत्तरमाला

1	2	3	4	5	6	7	8	9	10
D	C	B	A	B	D	A	B	A	D
11	**12**	**13**	**14**	**15**	**16**	**17**	**18**	**19**	**20**
B	C	A	B	D	B	C	C	D	A
21	**22**	**23**	**24**	**25**					
B	C	A	A	A					

कुछ चुने हुए प्रश्नों के व्याख्यात्मक उत्तर

1.

	41
4	1681
	16
81	81
	81
	×

$\therefore$ 1681 का वर्गमूल = 41

4.

	4.5
4	20.25
	16
85	425
	425
	×

6. $\frac{2592}{\sqrt{?}} = 324$

$\therefore \sqrt{?} = \frac{2592}{324} = 8 \quad \therefore ? = 64$

7. $\frac{\sqrt{121}}{11} \times \frac{45}{\sqrt{169}} \times \frac{13}{\sqrt{225}} = \frac{11}{11} \times \frac{45}{13} \times \frac{13}{15} = 3$

8. $\sqrt{128+\sqrt{260-\sqrt{16}}} = \sqrt{128+\sqrt{260-4}}$

$= \sqrt{128+\sqrt{256}} = \sqrt{128+16} = \sqrt{144} = \mathbf{12}$

10. प्रत्येक व्यक्ति द्वारा दिए गए रुपए

$= \sqrt{34969} = \mathbf{187}$

12. माना वर्ग की भुजा = x सेमी।

पाइथागोरस प्रमेय से,

$x^2 + x^2 = (130)^2$

या $2x^2 = 16900$

या $x^2 = 8450$

$\therefore x = \sqrt{8450} = 91.97$

$\therefore$ भुजा = 91.97 सेमी।

14. भुजा = $\sqrt{\text{क्षेत्रफल}} = \sqrt{73.96} = 8.6$ मीटर

15.

	662
6	438867
6	36
126	788
6	756
1322	3267
	2644
	623

अतः वह छोटी से छोटी संख्या 623 है।

16. $\because 9261 = 3 \times 3 \times 3 \times 7 \times 7 \times 7$

$\therefore \sqrt[3]{9261} = 3 \times 7 = 21$

18. $\because 85184 = 2 \times 2 \times 2 \times 11 \times 11 \times 11 \times 2 \times 2 \times 2$

$\therefore \sqrt[3]{85184} = 2 \times 11 \times 2 = 44$

$\therefore \sqrt[3]{85184000} = 440$

[**विशेष टिप्पणी–** पूर्ण घन संख्या के अंत में जितने शून्य होते हैं, घनमूल में उसके एक तिहाई शून्य लिख देते हैं।]

19. $3^3 + 4^3 = x^3 - 5^3$

या $27 + 64 = x^3 - 125$

या $27 + 64 + 125 = x^3$

या $216 = x^3$ या $x = \sqrt[3]{216} = 6$

21. $\sqrt[3]{25+\sqrt[3]{8}} = \sqrt[3]{25+2} = \sqrt[3]{27} = 3$

25. $\because 675 = 3 \times 3 \times 3 \times 5 \times 5$

$\because$ यहाँ 5×5 का तीन समान गुणनखण्डों का समूह पूर्ण नहीं है।

$\therefore$ इसे पूर्ण घन बनाने लिए 5 से गुणा किया जाएगा।

4

प्रतिशत
(PERCENTAGE)

प्रतिशत से तात्पर्य है कि प्रत्येक 100 पर 1 अर्थात् प्रतिशत एक विशेष प्रकार की भिन्न है जिसका हर 100 होता है और अंश प्रतिशत को दर्शाता है।

प्रतिशत के नियम

(*i*) किसी प्रतिशत को भिन्न में परिवर्तित करने हेतु 100 का भाग दिया जाता है।

(*ii*) किसी भिन्न को प्रतिशत में परिवर्तित करने हेतु 100 से गुणा किया जाता है।

(*iii*) किसी राशि x को अन्य राशि y के प्रतिशत के रूप में प्राप्त करने हेतु $\frac{x}{y} \times 100$ का मान ज्ञात किया जाता है।

नोटः प्रतिशत की कोई इकाई नहीं होती।

अभ्यास

1. रमेश अपनी आय का 3/4 भाग व्यय करता है, तो उसकी बचत कितने प्रतिशत होगी?

A. 20% B. 25% C. 30% D. 35%

2. 25 सेमी. 1 मीटर का कितने प्रतिशत है?

A. 20% B. 25% C. 30% D. 50%

3. 150 ग्राम एक किलोग्राम का कितने प्रतिशत है?

A. 12% B. 15% C. 20% D. 25%

4. एक व्यापारी को अपने धन का 125% लाभ हुआ। अब उसका धन ₹ 27000 हो गया। उसके पास आरम्भ में धन था:

A. ₹ 10000 B. ₹ 11000 C. ₹ 12000 D. ₹ 13000

5. एक गांव की जनसंख्या 1500 है। उसमें 40% पुरुष, 30% स्त्रियां तथा शेष बच्चे हैं। बच्चों की संख्या होगी:

A. 450 B. 600 C. 480 D. 520

6. एक व्यापारी 1 किलोग्राम की जगह 800 ग्राम तौलता है। वह कितने प्रतिशत की गलती करता है?

A. 20% B. 25% C. 40% D. 80%

7. A की तनख्वाह B से 50% ज्यादा है। B की तनख्वाह A से कितना प्रतिशत कम है?

A. 50% B. 150% C. $33\frac{1}{3}$% D. 100%

8. किसी वस्तु पर 15% कम कर दिया गया। इससे उसकी खपत 10% बढ़ जाती है। प्राप्त राजस्व पर क्या प्रभाव पड़ेगा?

A. $6\frac{1}{2}$% बढ़ोतरी B. $6\frac{1}{2}$% कमी C. 5% बढ़ोतरी D. कोई परिवर्तन नहीं

9. एक कक्षा में 15 लड़के और 10 लड़कियां हैं। लड़कियों का प्रतिशत कितना है?

A. 25%　　B. 40%

C. 80%　　D. $55\frac{1}{2}\%$

10. ₹ 16 का 125% बराबर है:

A. ₹ 20　　B. ₹ 30

C. ₹ 25　　D. ₹ 141

11. 24, 64 का कितना प्रतिशत है?

A. $37\frac{1}{4}\%$　　B. 37.75%

C. $37\frac{1}{2}\%$　　D. 44%

12. एक परीक्षा में 70% परीक्षार्थी अंग्रेजी में पास हुये, 65% गणित में और 27% दोनों में फेल हुये। पास विद्यार्थियों का प्रतिशत है:

A. 73%　　B. 38%

C. 62%　　D. 80%

13. एक विद्यार्थी को पास होने के लिए 33% अंकों की आवश्यकता होती है। वह 220 अंक प्राप्त करने पर 11 अंकों से फेल हो जाता है, तो अधिकतम अंक का मान है:

A. 500　　B. 689

C. 700　　D. 711

14. अगर चाय की कीमत 20% बढ़ा दी जाये, तो एक गृहणी को इसकी खपत कितने प्रतिशत कम कर देनी चाहिये ताकि उसका खर्च न बढ़े?

A. 20%　　B. 25%

C. $16\frac{2}{3}\%$　　D. 40%

15. एक कोयला खान में 24% बर्बादी के बाद अगर कुल उत्पादन 60800 टन है, तो खान का सकल उत्पादन कितना है?

A. 80000 टन　　B. 75322 टन

C. 800000 टन　　D. 8000 टन

16. एक परीक्षा में 80% छात्र गणित में और 70% छात्र विज्ञान में सफल हुये परन्तु 10% छात्र दोनों विषयों में फेल थे। यदि 144 छात्र दोनों विषयों में सफल हुये, तो कुल छात्र संख्या कितनी थी?

A. 200　　B. 250

C. 230　　D. 240

17. A को B से 35% कम धन प्राप्त होता है, तो B को A से कितना प्रतिशत अधिक धन प्राप्त होगा?

A. $53\frac{13}{11}\%$　　B. $53\frac{11}{13}\%$

C. $43\frac{11}{13}\%$　　D. $43\frac{13}{11}\%$

18. एक विद्यालय $7\frac{1}{2}\%$ छात्रों को छात्रवृत्ति देता है। यदि 18 छात्र छात्रवृत्ति पाते हैं, तो विद्यालय में कुल छात्र हैं:

A. 200 छात्र　　B. 240 छात्र

C. 225 छात्र　　D. 230 छात्र

19. एक व्यक्ति अपने पैसों का $12\frac{1}{2}\%$ खर्च कर देता है। बाकी बचे पैसों का 75% खर्च करने के बाद उसके पास ₹ 175 बचे थे। शुरू में उसके पास कितने पैसे थे?

A. ₹ 2800　　B. ₹ 1750

C. ₹ 800　　D. ₹ 700

20. एक आयत की लम्बाई तीन गुनी और चौड़ाई दूनी कर दी जाये, तो क्षेत्रफल कितना बढ़ जायेगा?

A. 500%　　B. 600%

C. 300%　　D. 900%

21. 30%, 20% व 10% के समतुल्य एकल छूट का मान है?

A. 40%　　B. 46%

C. 49.6%　　D. 46.9%

22. किसी वर्ग की एक भुजा को 50% कम कर दिया जाय, तो परिमिति कितना % कम हो जायेगी?

A. 100%　　B. 50%

C. 25%　　D. 30%

23. नाथूमल ने अपने कुल धन का 10% अपने लड़के को दिया और शेष का 60% अपनी पत्नी को दिया। अब यदि उसके पास ₹ 360 शेष हों, तो प्रारम्भ में उसका धन था:

A. ₹ 1200　　B. ₹ 1100

C. ₹ 1150　　D. ₹ 1000

24. संजीव को विवेक से 10% अधिक लाभ और विवेक को महेश से 15% अधिक लाभ मिला। बताओ संजीव को महेश से कितना प्रतिशत धन अधिक मिला?

A. 26% B. 27.5%
C. 27% D. 26.5%

25. रमेश अपने वेतन का 25% बचाता है। यदि उसका व्यय महंगाई के कारण 16% बढ़ जाये, तो केवल ₹ 260 मासिक बचत होगी। उसका मासिक वेतन कितना है?

A. ₹ 2000 B. ₹ 2200
C. ₹ 2500 D. ₹ 1800

26. एक परीक्षा में अजय ने नवीन से 50% कम, नवीन ने भूपेन्द्र से 20% अधिक तथा भूपेन्द्र ने महावीर से 15% कम अंक प्राप्त किये। यदि अजय ने 510 अंक प्राप्त किये हों, तो महावीर ने कितने अंक प्राप्त किये?

A. 750 अंक B. 1000 अंक
C. 800 अंक D. 900 अंक

27. ₹ 2500 के माल पर $1\frac{1}{2}$% कमीशन देना पड़ा, तो प्राप्त आय होगी:

A. ₹ 2460 B. ₹ 2462.50
C. ₹ 2458.60 D. ₹ 2461.75

28. सुभाष अपने धन का 50% अपनी पत्नी को देता है। शेष का 50% अपने बड़े लड़के को देता है तथा शेष भाग अपने छोटे लड़के को दे देता है, तो छोटे लड़के का प्रतिशत है:

A. 25% B. $12\frac{1}{2}$%
C. 20% D. $22\frac{1}{2}$%

29. एक विद्यालय में 700 छात्र में से 27% द्वितीय श्रेणी में, 30% तृतीय श्रेणी में उत्तीर्ण हुये। द्वितीय श्रेणी में उत्तीर्ण छात्रों की संख्या है:

A. 189 B. 188
C. 178 D. 162

30. लोकेश अपने मासिक वेतन का 20% खाने पर, शेष का 40% धन किराये पर और शेष धनराशि अन्य रुटीन कामों पर खर्च करता है। उसकी वार्षिक आमदनी क्या होगी, अगर वह हर माह ₹ 8760 अन्य रुटीन कामों पर खर्च करता है?

A. ₹ 122000 B. ₹ 219000
C. ₹ 200000 D. ₹ 188000

31. एक आयत की लम्बाई 10% बढ़ा दी जाये व चौड़ाई 10% घटा दी जाये, तो उसके क्षेत्रफल में प्रतिशत कमी अथवा वृद्धि होगी?

A. 1% वृद्धि B. 1% कमी
C. 2% वृद्धि D. 2% कमी

32. एक गाँव की जनसंख्या 176400 है। इसमें 5% वार्षिक दर से वृद्धि हो, तो 2 वर्ष पूर्व इस कस्बे की जनसंख्या थी?

A. 170000 B. 194481
C. 160000 D. 150000

33. एक छात्र 20% अंक लाने पर 30 अंकों से अनुत्तीर्ण रहता है। दूसरा छात्र 39% अंक लाता है। उसे आवश्यक अंकों से 46 अंक अधिक प्राप्त होते हैं। परीक्षा के कुल अंक कितने हैं?

A. 500 B. 550
C. 400 D. 650

34. चुनाव में एक उम्मीदवार जिसको 30% मत मिले, 15000 मतों से हार गया। जीतने वाले प्रत्याशी को मिलने वाले मतों की संख्या होगी?

A. 26000 B. 26500
C. 26250 D. 27000

35. एक नगर की जनसंख्या प्रतिवर्ष 20% की दर से घट रही है। यदि 2 वर्ष पूर्व में इसकी जनसंख्या 10,000 हो, तो वर्तमान जनसंख्या क्या होगी?

A. 6000 B. 6600
C. 6400 D. 6500

36. शराब और पानी के 70 लीटर मिश्रण में 10% पानी है। इसमें कितना पानी मिलाया जाए कि पानी $12\frac{1}{2}$% हो जाये?

A. 2 लीटर B. 5 लीटर
C. 10 लीटर D. 12 लीटर

37. केले के भाव में 25% कमी होने से एक व्यक्ति ₹ 120 में 5 किलो केले अधिक खरीद सकता है। कमी आने से पहले केले का भाव था:

A. ₹ 5 प्रति किलो B. ₹ 8 प्रति किलो
C. ₹ 10 प्रति किलो D. ₹ 7 प्रति किलो

38. एक नगर की जनसंख्या 35000 है। पुरुषों की संख्या में 6% तथा स्त्रियों की संख्या में 4% वृद्धि होने से जनसंख्या 36760 हो जाती है। प्रारम्भ में पुरुषों की संख्या होगी?

A. 17000
B. 18000
C. 19000
D. 20000

39. एक गाँव की आबादी का 60% निरक्षर है। साक्षर आबादी की 28% महिलाएँ हैं। यदि साक्षर पुरुषों की संख्या 4320 हो, तो गाँव की कुल आबादी है?

A. 14000 B. 14550
C. 15000 D. 15500

40. 850 लड़कियों के एक स्कूल में 44% मुसलमान हैं, 28% हिन्दू हैं, 10% सिख और बाकी दूसरे समुदायों के हैं। दूसरे समुदायों की कितनी लड़कियाँ हैं?

A. 143 B. 153
C. 163 D. 157

उत्तरमाला

1	2	3	4	5	6	7	8	9	10
B	B	B	C	A	A	C	B	B	A
11	**12**	**13**	**14**	**15**	**16**	**17**	**18**	**19**	**20**
C	C	C	C	A	D	B	B	C	A
21	**22**	**23**	**24**	**25**	**26**	**27**	**28**	**29**	**30**
C	B	D	D	A	B	B	A	A	B
31	**32**	**33**	**34**	**35**	**36**	**37**	**38**	**39**	**40**
B	C	C	C	C	A	B	B	C	B

कुछ चुने हुए प्रश्नों के व्याख्यात्मक उत्तर

12. अंग्रेजी में फेल होने वाले छात्रों का प्रतिशत
$= 30\%$
गणित में फेल होने वाले छात्रों का प्रतिशत
$= (100 - 65) = 35\%$
दोनों विषयों में फेल होने वाले छात्रों का प्रतिशत
$= 27\%$
एक या दोनों विषयों में फेल होने वाले छात्रों का प्रतिशत $= (35 + 30 - 27)\% = 38\%$
पास % $= (100 - 38) = 62\%$

17. माना B का धन = ₹ 100
$\therefore$ A का धन $= 100 - 35 =$ ₹ 65
$\therefore$ A का धन ₹ 65 तो B का धन = ₹ 100
$\therefore$ A का धन ₹ 100 तो B का धन
$$= \frac{100}{65} \times 100 = 153\frac{11}{13}$$
अर्थात् B का धन
$\left(153\frac{11}{13} - 100\right) = 53\frac{11}{13}\%$ अधिक है।

22. माना वर्ग की भुजा = x मीटर
वर्ग की परिमिति = $4x$ मीटर
प्रश्नानुसार अन्तिम भुजा $= \frac{x}{2}$
वर्ग की परिमिति $= 4 \times \frac{x}{2} = 2x$ मीटर
परिमिति में कमी $= 4x - 2x = 2x$ मीटर
प्रतिशत कमी $= \frac{2x}{4x} \times 100 = 50\%$ कमी

24. माना महेश का भाग = ₹ 100
प्रश्नानुसार विवेक का हिस्सा = ₹ 115
संजीव का हिस्सा
$$= 115 \times \frac{110}{100} = \frac{1265}{10} = ₹\ 126.5$$
अतः संजीव का महेश से अधिक लाभ
$= (126.5 - 100) = 26.5\%$

25. माना मासिक वेतन ₹ 100

25% बचत से उसका व्यय = ₹ 75

व्यय 16% बढ़ने पर उसका व्यय

$= 75 \times \frac{116}{100} =$ ₹ 87

उसकी बचत = ₹ 13

∴ बचत ₹ 13 तो मासिक वेतन = ₹ 100

∴ बचत ₹ 260 तो मासिक वेतन

$= \frac{100}{13} \times 260 =$ ₹ 2000

31. माना आयत की प्राथमिक लम्बाई व चौड़ाई क्रमशः x व y मीटर है।

आयत का प्राथमिक क्षेत्रफल = $x \times y$ वर्ग मीटर

प्रश्नानुसार आयत की अन्तिम लम्बाई

$= \frac{x \times 110}{100} = 1.1x$ व चौड़ाई $\frac{y \times 90}{100} = .9y$ होगी

अन्तिम क्षेत्रफल = $1.1x \times .9y = .99xy$ वर्ग मीटर

प्रतिशत कमी

$= \frac{xy - .99xy}{xy} \times 100 = .01 \times 100 = 1\%$ कमी

35. नगर की वर्तमान जनसंख्या

$$= 10000\left(1 - \frac{20}{100}\right)^2 = 10000 \times \left(\frac{4}{5}\right)^2$$

$$= 10000 \times \frac{16}{25} = 6400$$

37. माना पहले केले का भाव था = ₹ x प्रति किलो

पहले केले की मात्रा = $\frac{120}{x}$ किलो

केले का नया मूल्य

$= \frac{x \times 75}{100} =$ ₹ $.75x$ प्रति किलो

प्रश्नानुसार $\frac{120}{.75x} = \frac{120}{x} + 5$

$$\frac{120}{.75x} = \frac{120 + 5x}{x}$$

$$120 = .75(120 + 5x)$$

$$120 = 90 + 3.75x$$

$$3.75x = 30$$

$x = \frac{30}{3.75} =$ ₹ 8 प्रति किलो

38. माना प्रारम्भ में पुरुषों की संख्या = x

प्रारम्भ में स्त्रियों की संख्या = $(35000 - x)$

प्रश्नानुसार

$$x \times \frac{106}{100} + (35000 - x) \times \frac{104}{100} = 36760$$

$$106x + 35000 \times 104 - 104x = 3676000$$

$$2x = 3676000 - 3640000$$

$$2x = 36000$$

$$x = 18000$$

39. माना आबादी x

प्रश्नानुसार,

$$x \times \left(\frac{100 - 60}{100}\right) \times \left(\frac{100 - 28}{100}\right) = 4320$$

$$x \times \frac{40}{100} \times \frac{72}{100} = 4320$$

$$x = \frac{4320 \times 100 \times 100}{40 \times 72}$$

$$x = 15000$$

6

लाभ तथा हानि
(PROFIT & LOSS)

क्रय मूल्य (C.P.): जिस मूल्य पर वस्तु को खरीदा जाता है। वह उस वस्तु का क्रय मूल्य (Cost Price) कहलाता है।

विक्रय मूल्य (S.P.): जिस मूल्य पर वस्तु बेची जाती है। वह उस वस्तु का विक्रय मूल्य (Selling Price) कहलाता है।

अंकित मूल्य (M.P.): दुकानदार वस्तुओं पर मूल्य को कुछ बढ़ाकर अंकित करता है तथा बट्टा काटकर फिर ग्राहक को किसी मूल्य पर बेचता है। वह बढ़ा हुआ मूल्य ही अंकित मूल्य (Marked Price) कहलाता है।

बट्टा (Discount): अंकित मूल्य पर दुकानदार द्वारा दिया जाने वाला कमीशन ही बट्टा कहलाता है। बट्टा अंकित मूल्य पर कुछ प्रतिशत के रूप में प्रदर्शित किया जाता है।

कुछ प्रमुख सूत्रः

(i) लाभ = विक्रय मूल्य – क्रय मूल्य

(ii) हानि = क्रय मूल्य – विक्रय मूल्य

(iii) लाभ प्रतिशत $= \dfrac{\text{वास्तविक लाभ} \times 100}{\text{क्रय मूल्य}}$

(iv) हानि प्रतिशत $= \dfrac{\text{वास्तविक हानि} \times 100}{\text{क्रय मूल्य}}$

नोटः लाभ प्रतिशत अथवा हानि प्रतिशत हमेशा क्रयमूल्य पर ही ज्ञात किये जाते हैं।

(v) लाभ प्रतिशत में ज्ञात होने पर विक्रय मूल्य

$$= \frac{\text{क्रय मूल्य} \times (100 + \text{लाभ}\%)}{100}$$

(vi) हानि प्रतिशत में ज्ञात होने पर विक्रय मूल्य

$$= \frac{\text{क्रय मूल्य} \times (100 - \text{हानि}\%)}{100}$$

(vii) लाभ प्रतिशत ज्ञात होने पर क्रय मूल्य

$$= \frac{\text{विक्रय मूल्य} \times 100}{(100 + \text{लाभ}\%)}$$

(viii) हानि प्रतिशत ज्ञात होने पर क्रय मूल्य

$$= \frac{\text{विक्रय मूल्य} \times 100}{(100 - \text{हानि}\%)}$$

(ix) बट्टा = अंकित मूल्य – विक्रय मूल्य

(x) विक्रय मूल्य = अंकित मूल्य – बट्टा

(xi) *(a)* यदि दो क्रमागत बट्टे दिये हों, तो इनके तुल्य एक बट्टा

$$= 100 - \frac{(100 - r_1)(100 - r_2)}{100}$$

जहाँ r_1, r_2 बट्टों की दरें है।

(b) क्रमागत बट्टों की संख्या तीन होने पर तुल्य बट्टा

$$= 100 - \frac{(100 - r_1)(100 - r_2)(100 - r_3)}{10000}$$

अभ्यास

1. एक किताब ₹ 80 में खरीदा गया और 20% लाभ पर बेची गयी। किताब का विक्रय मूल्य होगा:
A. ₹ 90 B. ₹ 94
C. ₹ 96 D. ₹ 100

2. अगर 8 वस्तुओं का क्रयमूल्य 10 वस्तुओं के विक्रय मूल्य के बराबर हो, तो लाभ अथवा हानि प्रतिशत होगी:
A. 10% लाभ B. 10% हानि
C. 20% लाभ D. 20% हानि

3. एक व्यापारी नगद भुगतान पर 5% छूट देता है। उसे 14% लाभ कमाने के लिये अपने सामानों का मूल्य कितने प्रतिशत ज्यादा लिखना होगा?
A. 15% B. 20%
C. 25% D. 30%

4. राहुल को एक छाता ₹ 75 में बेचने पर उसको उसके क्रय मूल्य के बराबर प्रतिशत लाभ हुआ। घड़ी का क्रयमूल्य क्या है?
A. ₹ 40 B. ₹ 45
C. ₹ 50 D. ₹ 60

5. रामस्वरुप ने दो भैंसें कुल ₹ 5200 में खरीदी। उसने एक भैंस को 15% हानि पर और दूसरी को 36% लाभ पर बेचा, तो इस प्रकार दोनों का विक्रय मूल्य समान था। प्रत्येक भैंस का मूल्य होगा:
A. ₹ 1400; ₹ 2400
B. ₹ 2000; ₹ 3200
C. ₹ 3500; ₹ 1400
D. ₹ 3200; ₹ 2000

6. यदि किसी वस्तु की कीमत 25% कम कर दी जाये तथा उसकी बिक्री 20% बढ़ा दी जाये, तो बताओ प्राप्त धन पर क्या प्रभाव पड़ेगा?
A. 5% कम B. समान रहेगा
C. 10% कम D. 5% वृद्धि

7. यदि एक आदमी एक साइकिल 12% छूट के बाद ₹ 330 में खरीदता है, तो साइकिल का लिखित मूल्य ज्ञात कीजिए:
A. ₹ 375 B. ₹ 380
C. ₹ 369.60 D. ₹ 342

8. एक दुकानदार ₹ 250 प्रति किग्रा० की दर से काजू खरीदता है और ₹ 10 प्रति 50 ग्राम की दर से बेचता है, तो उसको कितने प्रतिशत लाभ या हानि होगी?
A. 20% लाभ B. 20% हानि
C. 25% लाभ D. 25% हानि

9. एक दुकानदार ₹ 6.60 में चाय बेचकर 10% लाभ प्राप्त करता है। यदि वह उसे ₹ 9 में बेचे, तो उसको कितना प्रतिशत लाभ मिलेगा?
A. 30% B. 40%
C. 50% D. 60%

10. केले ₹ 6 प्रति दर्जन के भाव से खरीदकर 60 पैसे प्रति नग के हिसाब से बेचे जायें, तो लाभ % होगा:
A. 20% B. 22%
C. 10% D. 8%

11. 30 किताबों का क्रय मूल्य 25 किताबों के विक्रय मूल्य के समान हो, तो % लाभ होगा:
A. 25% B. 23%
C. 22% D. 20%

12. एक गाय को ₹ 560 में बेचने पर क्रय मूल्य का $\frac{1}{6}$ की हानि होती है। गाय का क्रय मूल्य है:
A. ₹ 672 B. ₹ 650
C. ₹ 682 D. ₹ 670

13. एक दुकानदार मशीन के अंकित मूल्य पर 5% कमीशन देता है। यदि कमीशन 7% कर देता है, तो ₹ 15 कम लाभ होता है। मशीन का अंकित मूल्य क्या है?
A. ₹ 735 B. ₹ 750
C. ₹ 785 D. ₹ 705

14. दुकानदार एक टी.वी. ₹ 6000 में खरीदता है तथा इसको 15% हानि पर बेचता है, तो टी.वी. का विक्रय मूल्य होगा:
A. ₹ 5100 B. ₹ 5600
C. ₹ 5900 D. ₹ 5910

15. किसी वस्तु को ₹ 19 में बेचने पर उतनी ही हानि होती है जितना कि 5% लाभ पर बेचने पर लाभ होता है। वस्तु को 5% लाभ पर बेचने पर वस्तु का विक्रय मूल्य क्या होगा?

A. ₹ 20 B. ₹ 20.50
C. ₹ 19.95 D. इनमें से कोई नहीं

16. एक व्यापारी अंकित मूल्य पर 15% कमीशन काटता है। वह क्रय मूल्य से कितने अधिक प्रतिशत मूल्य अंकित करे कि उसे 19% लाभ हो?
A. 20% B. 35%
C. 45% D. 40%

17. एक गाय को ₹ 510 में बेचने से 15% हानि होती है। यदि उसे ₹ 575 में बेचा जाय, तो कितने % लाभ अथवा हानि होगी?
A. $6\frac{1}{4}$% हानि B. $4\frac{1}{6}$% लाभ
C. $6\frac{1}{4}$% लाभ D. $4\frac{1}{6}$% हानि

18. वाजपेयी किसी वस्तु पर सूची मूल्य लागत से 40% अधिक रखता है। वह सूची मूल्य पर 10% व्यापारिक बट्टा काटता है, तो लाभ % होगाः
A. 26% B. 36%
C. 14% D. 10%

19. यदि एक फल विक्रेता ₹ 8 के 24 केले की दर से खरीदता है तथा उसको ₹ 5 प्रति दर्जन की दर से बेचता है, तो उसको प्रतिशत लाभ होगाः
A. 20% B. 25%
C. 30% D. 35%

20. आलू बेचने पर किसी व्यापारी को $7\frac{1}{2}$% क्षति पहुँची। यदि वह इस विक्रय मूल्य से ₹ 24 अधिक में विक्रय करता, तो उसको $12\frac{1}{2}$% लाभ हुआ होता। आलू का क्रय मूल्य ज्ञात कीजिए।
A. ₹ 120. B. ₹ 96
C. ₹ 90 D. ₹ 88

21. A 20% लाभ पर एक साइकिल B को बेचता है और B इसे 25% लाभ पर C को बेच देता है। अगर C ने इसके लिए ₹ 225 दिये हों, तो A ने कितने रुपये दिये थे?
A. ₹ 100 B. ₹ 125
C. ₹ 150 D. ₹ 175

22. एक राशन विक्रेता 2 रुपये किलो की 26 किलो चीनी ₹ 3.60 की 30 किलो चीनी में मिला देता है। मिश्रण को वह ₹ 3.00 किलो के भाव से बेच देता है। उसे कितने प्रतिशत का लाभ होता है?
A. 5% B. 8%
C. 10% D. 12%

23. एक व्यक्ति अपनी कार ₹ 5000 में बेच देता है और कुछ नुकसान उठाता है। अगर वह इसे ₹ 5600 में बेचता, तो उसे पिछले नुकसान का दुगुना लाभ होता। कार का क्रय मूल्य कितना है?
A. ₹ 5000 B. ₹ 5200
C. ₹ 5300 D. ₹ 5500

24. एक रुपये में 12 के भाव संतरे बेचने पर किसी व्यक्ति को 4% की हानि हुई। 44% लाभ कमाने के लिये वह एक रुपये में कितने संतरे बेचे?
A. 7 B. 8
C. 10 D. 9

25. एक लिखे हुए मूल्य पर 20% की छूट दी जाये, तो लाभ 60% होता है। अगर छूट बढ़ाकर 25% कर दी जाये, तो लाभ का प्रतिशत क्या होगा?
A. 40% B. 50%
C. 25% D. 30%

26. एक शराब व्यापारी शराब के 10 पीपे खरीदता है। अगर वह इस शराब को ₹ 5 लीटर के भाव से बेचे तो उसे ₹ 200 का नुकसान होता है जबकि ₹ 6 लीटर बेचने से उसे पूरे पर ₹ 150 का लाभ होता है। प्रत्येक पीपे में कितनी शराब है?
A. 40 लीटर B. 35 लीटर
C. 45 लीटर D. 30 लीटर

27. किसी सामान को 77 पैसे में बेचने से एक व्यक्ति को अपने पूरे धंधे का $\frac{1}{10}$ लाभ हुआ। अगर वह इसे 68 पैसे में बेचता, तो उसे क्या लाभ या हानि होती?
A. 20% लाभ B. 10% लाभ
C. 20% हानि D. 10% हानि

28. एक व्यापारी चाय की एक किस्म में 4% नुकसान उठाने का दावा करता है। पर वास्तव में एक किलो की जगह 840 ग्राम तोलता है। उसे कितना प्रतिशत वास्तविक लाभ होता है?
A. $14\frac{2}{7}$% लाभ B. $14\frac{2}{7}$% हानि
C. 15% हानि D. 14% लाभ

29. 120 सेब बेचने से एक फल विक्रेता को 20 सेब के क्रय मूल्य के बराबर लाभ होता है। उसे कितने प्रतिशत का लाभ हुआ?

A. 8% B. 15%

C. 20% D. $16\frac{2}{3}\%$

30. चीनी के मूल्य में 10% की कमी होने पर आरती ₹ 225 में 25 किग्रा॰ चीनी अधिक खरीद सकती है। चीनी का घटा मूल्य प्रति किग्रा॰ में है:

A. 30 पैसे B. 90 पैसे

C. 95 पैसे D. 97 पैसे

31. कोई वस्तु यदि 10% हानि की जगह 10% लाभ पर बेची जाती है, तो ₹ 10 अधिक मिलते हैं। वस्तु का क्रय मूल्य है:

A. ₹ 55 B. ₹ 50

C. ₹ 45 D. ₹ 60

32. चुन्नू ने ₹ 20 में 21 पेन खरीदे तथा उन्हें ₹ 21 में 20 की दर से बेच दिया। लाभ % है:

A. $10\frac{2}{4}\%$ B. $10\frac{2}{3}\%$

D. $10\frac{1}{4}\%$ D. $10\frac{3}{4}\%$

33. एक व्यापारी ने ₹ 500 का गेहूँ खरीदकर आधा 20% लाभ पर और शेष 10% हानि पर बेच दिया। बताओ कुल कितने प्रतिशत लाभ हुआ?

A. 4% B. 6%

C. 5% D. 7%

34. मुकेश एक वस्तु को 25% हानि पर बेचता है, यदि वह उसे 60 रुपये अधिक में बेचता, तो 5% लाभ होता। वस्तु का क्रय मूल्य होगा:

A. ₹ 200 B. ₹ 120

C. ₹ 220 D. ₹ 150

35. किसी वस्तु के मूल्य में 10% कमी कर दी गयी है। उस वस्तु का मूल्य पहले जितना लाने के लिये कितने प्रतिशत की बढ़ोत्तरी करनी होगी?

A. $9\frac{1}{11}\%$ B. 9%

C. $11\frac{1}{9}\%$ D. 10%

36. मोहनदास 10 किग्रा॰ तेल ₹ 15 प्रति किलो दर से तथा 5 किग्रा॰ तेल ₹ 10 प्रति किग्रा॰ की दर से खरीदकर दोनों को मिलाता है। यदि वह मिश्रण पर 12.5% लाभ उठाये, तो मिश्रण का विक्रय मूल्य प्रति किग्रा॰ कितना होगा?

A. ₹ 14 B. ₹ 15

C. ₹ 11.50 D. ₹ 15.75

37. एक व्यक्ति ने अपने दो मकानों में से प्रत्येक को ₹ 467 व ₹ 958 का बेचा। एक पर उसे 12% लाभ तथा दूसरे पर 12% हानि हुई। पूरे लेनदेन में उसे कुल कितने प्रतिशत लाभ या हानि हुई?

A. 1.04% लाभ

B. 1.04% हानि

C. 1.44% लाभ

D. 1.44% हानि

38. एक दुकानदार ने ₹ 60 में 1 क्विन्टल नमक खरीदा। इसे वह प्रति किलो किस भाव से बेचे कि 20% लाभ हो?

A. ₹ 72 B. 72 पैसे

C. ₹ 7.20 D. ₹ 36

39. एक रुपये में 9 की दर से खरीदी गयी नारंगी और एक रुपये में 7 की दर से खरीदी गयी इतनी ही नारंगी को मिलाकर एक रुपये में 8 के भाव से बेचने से % लाभ या हानि होगी:

A. न लाभ न हानि

B. लाभ $1\frac{9}{16}\%$

C. हानि $1\frac{9}{16}\%$

D. इनमें से कोई नहीं

40. एक व्यापारी ग्राहक को चीनी बेचने में खराब बाट का इस्तेमाल करता है और इससे $11\frac{1}{9}\%$ लाभ कमाता है। वह एक किलो की जगह कितना तोलता है?

A. 800 ग्राम

B. 900 ग्राम

C. 850 ग्राम

D. 950 ग्राम

उत्तरमाला

1	2	3	4	5	6	7	8	9	10
C	D	B	C	D	C	A	B	C	A
11	**12**	**13**	**14**	**15**	**16**	**17**	**18**	**19**	**20**
D	A	B	A	D	D	D	A	B	A
21	**22**	**23**	**24**	**25**	**26**	**27**	**28**	**29**	**30**
C	A	B	B	B	B	D	A	D	B
31	**32**	**33**	**34**	**35**	**36**	**37**	**38**	**39**	**40**
B	C	C	A	C	B	D	B	C	B

कुछ चुने हुए प्रश्नों के व्याख्यात्मक उत्तर

2. माना 8 वस्तुओं का क्रय मूल्य = ₹ 100

प्रश्नानुसार $\because$ 10 वस्तुओं का विक्रय मूल्य = ₹ 100

$\therefore$ 8 वस्तुओं का विक्रय मूल्य = $\frac{100 \times 8}{10}$ = ₹ 80

हानि = 100 − 80 = ₹ 20

प्रतिशत हानि = $\frac{\text{हानि} \times 100}{\text{क्रय मूल्य}}$

$= \frac{20 \times 100}{100} = 20\%$ हानि

4. माना क्रयमूल्य = ₹ x

प्रश्नानुसार $x + x$ का $x\% = 75$

[क्रयमूल्य + लाभ = विक्रय मूल्य]

$$x + \frac{x \times x}{100} = 75$$
$$100x + x^2 = 7500$$
$$x^2 + 100x - 7500 = 0$$
$$x^2 + 150x - 50x - 7500 = 0$$
$$x(x + 150) - 50(x + 150) = 0$$
$$(x + 150)(x - 50) = 0$$

$(x - 50) = 0$ से $x = 50$

5. माना प्रथम भैंस का क्रय मूल्य = ₹ x

प्रश्नानुसार द्वितीय भैंस का क्रय मूल्य = $(5200 - x)$

15% हानि पर प्रथम भैंस का विक्रय मूल्य

$$= \frac{x \times (100 - 15)}{100} = \frac{85x}{100}$$

36% लाभ से द्वितीय भैंस का विक्रय मूल्य

$$= (5200 - x) \times \frac{136}{100}$$

प्रश्नानुसार, $(5200 - x) \times \frac{136}{100} = \frac{85x}{100}$

$$(5200 - x) \times 136 = 85x$$
$$5200 \times 136 - 136x = 85x$$
$$5200 \times 136 = 136x + 85x$$
$$221x = 5200 \times 136$$
$$x = \frac{5200 \times 136}{221}$$
$$x = \frac{707200}{221}$$
$$= ₹\ 3200$$

द्वितीय भैंस का क्रय मूल्य = 5200 − 3200

= ₹ 2000

9. 6.60 रुपये विक्रय मूल्य तथा 10% लाभ वाली वस्तु का क्रयमूल्य

$$= \frac{\text{विक्रय मूल्य} \times 100}{(100 + \text{लाभ\%})}$$

$$= \frac{6.60 \times 100}{(100 + 10)} = \frac{6.60 \times 100}{110} = ₹\ 6$$

वस्तु को ₹ 9 में बेचने पर लाभ = 9 − 6 = ₹ 3

% लाभ = $\frac{3}{6} \times 100 = 50\%$ लाभ

13. माना मशीन का अंकित मूल्य = ₹ 100

कमीशन = 5% = ₹ 5

विक्रय मूल्य = ₹ 95

अब नया कमीशन = 7% = ₹ 7

विक्रय मूल्य = ₹ 93

विक्रय मूल्य का अन्तर = 95 – 93 = ₹ 2

∴ जब ₹ 2 अन्तर तो अंकित मूल्य = ₹ 100

∴ जब ₹ 15 अन्तर तो अंकित मूल्य

$$= \frac{100}{2} \times 15 = ₹\ 750$$

15. माना वस्तु का क्रय मूल्य = ₹ x है।

∴ यथार्थ हानि = $x - 19$

तथा 5% लाभ पर लाभ = $\frac{5 \times x}{100} - \frac{5x}{100}$

प्रश्नानुसार $\frac{5x}{100} = x - 19$

$$5x = 100x - 1900$$

$$95x = 1900$$

$$x = \frac{1900}{95} = ₹\ 20$$

∴ 20% क्रय मूल्य वाली वस्तु पर 5% लाभ के पश्चात् विक्रय मूल्य

$$= 20 \times \frac{105}{100} = ₹\ 21$$

20. $12\frac{1}{2}\% - \left(7\frac{1}{2}\%\right) = 20\%$

∵ 20% = ₹ 24

∴ $100\% = \frac{24 \times 100}{20} = ₹\ 120$

∴ आलू का क्रय मूल्य = ₹ 120 होगा।

26. माना एक पीपे में x लीटर शराब है, तो 10 पीपे में शराब की मात्रा होगी = $10x$ लीटर

प्रश्नानुसार,

दोनो विक्रय मूल्यों का अन्तर = (150 + 200)

$$= 10x \times 6 - 10x \times 5 = 350$$

$$= 10x = 350 \Rightarrow x = 35 \text{ लीटर}$$

28. माना एक किलो चाय का क्रय मूल्य = ₹ 100

प्रश्नानुसार दुकानदार के लिये 1 किलो चाय का विक्रय मूल्य 4% हानि पर = ₹ 96

परन्तु 1 किलो = 1000 ग्राम पर वह 840 ग्राम तोलता है।

∵ 1000 ग्राम का क्रय मूल्य = ₹ 100

∴ 840 ग्राम का क्रय मूल्य $= \frac{100}{1000} \times 840$

= ₹ 84

अर्थात् वह ₹ 84 के माल को ₹ 96 में बेचता है, तो उसका प्रतिशत लाभ

$$= \frac{96 - 84}{84} \times 100$$

$$= \frac{12 \times 100}{84} = \frac{100}{7} = 14\frac{2}{7}\% \text{ लाभ}$$

37. ऐसे प्रश्नों में हमेशा हानि होती है

$$\text{हानि\%} = \left(\frac{\text{उभय निष्ठ लाभ अथवा हानि\%}}{10}\right)\%$$

$$= \left(\frac{12}{10}\right)^2 \%$$

$$= \frac{144}{100}\%$$

$$= 1.44\%$$

7

मिश्रण
(ALLIGATION)

जब दो या दो से अधिक वस्तुएँ किसी विशेष अनुपात में मिलायी जायें तो बनने वाले पदार्थ को मिश्रण कहते हैं।

मिश्रण पर आधारित सूत्रः

यदि ₹ a प्रति किग्रा॰ वाली महंगी वस्तु की मात्रा A को ₹ b प्रति किग्रा॰ वाली सस्ती वस्तु की मात्रा B के साथ मिलाया जाये और प्राप्त मिश्रण C, ₹ c प्रति किग्रा॰ वाली वस्तु बने तो

$$\frac{\text{महंगी वस्तु की मात्रा}}{\text{सस्ती वस्तु की मात्रा}} = \frac{\text{मिश्रण का मूल्य} - \text{सस्ती वस्तु का मूल्य}}{\text{महंगी वस्तु का मूल्य} - \text{मिश्रण का मूल्य}}$$

अर्थात् $\frac{A}{B} = \frac{c-b}{a-c}$

अभ्यास

1. ₹ 3.50 प्रति किग्रा वाले बाजरे में ₹ 2.25 प्रति किग्रा वाले बाजरे को मिलाकर मिश्रित बाजरे को एक दुकानदार ₹ 2.75 प्रति किग्रा में बेचता है, तो मिश्रण में पहले तथा दूसरे बाजरे का अनुपात होगाः

A. 2 : 3 B. 3 : 2
C. 1 : 2 D. 2 : 1

2. ₹ 10 प्रति किलो की 15 किलो चाय में ₹ 4 प्रति किलो की कितनी चाय मिलायी जाये कि चाय ₹ 6.50 प्रति किलो की हो जाये?

A. 21 किग्रा B. 16 किग्रा
C. 4 किग्रा D. 14 किग्रा

3. दूध और पानी के 20 किग्रा मिश्रण में 10% पानी है। इसमें कितना पानी और मिलाया जाये कि मिश्रण में पानी की मात्रा 25% हो जाये?

A. 5 किग्रा B. 4 किग्रा
C. 7 किग्रा D. 8 किग्रा

4. ₹ 11 प्रति लीटर की शराब को ₹ 6 प्रति लीटर की शराब के साथ किस अनुपात में मिलाया जाये कि वह ₹ 8 प्रति लीटर की हो जाये?

A. 2 : 3 B. 8 : 2
C. 5 : 7 D. 1 : 3

5. 54 पैसे लीटर के 14 लीटर दूध में कितना पानी मिलाया जाये कि मिश्रण का भाव 42 पैसा लीटर हो जाये?

A. 4 लीटर B. 7 लीटर
C. 5 लीटर D. 3 लीटर

6. 80 किग्रा मिश्रण में दूध और पानी का अनुपात 3 : 2 है। इसमें कितना पानी मिलाया जाये कि नये मिश्रण में दूध और पानी का अनुपात 2 : 3 हो जाये?

A. 40 किग्रा B. 25 किग्रा
C. 35 किग्रा D. 20 किग्रा

7. एक पीपे में 3 हिस्सा दूध और 1 हिस्सा पानी है। इसमें से कितना मिश्रण निकालकर पानी डाल दिया जाये कि मिश्रण में आधा पानी और आधा दूध हो जाये?

A. $\frac{1}{2}$ B. $\frac{1}{3}$

C. $\frac{2}{3}$ D. $\frac{1}{4}$

8. ₹ 16 प्रति लीटर की लागत से मिलने वाले दूध को ₹ 18 प्रति लीटर में बेचा जाना हो, तो उसमें किस अनुपात में पानी मिलाया जाय कि 25 प्रतिशत का लाभ हो?

A. 9 : 2 B. 9 : 1

C. 1 : 9 D. 2 : 9

9. सुहास ने 20 किग्रा चावल ₹ 7.50 प्रति किग्रा की दर से और 30 किग्रा चावल ₹ 7.75 प्रति किग्रा की दर से खरीदकर मिश्रण तैयार किया। उसको 45% लाभ अर्जित करने हेतु प्रति किग्रा चावल को आसन्नतः किस दर से बेचना चाहिये?

A. ₹ 10 प्रति किग्रा B. ₹ 11 प्रति किग्रा

C. ₹ 12 प्रति किग्रा D. ₹ 12.50 प्रति किग्रा

10. एक चिड़ियाघर में कुछ कबूतर व खरगोश हैं। यदि सिरों की संख्या 200 तथा पैरों की संख्या 580 हो, तो वहाँ पर कितने कबूतर हैं?

A. 100 B. 95

C. 105 D. 110

11. किसी बर्तन में 90 लीटर मदिरा है। उस बर्तन में से प्रतिदिन 30 लीटर मदिरा निकाली जाती है और उतनी ही मात्रा में पानी मिलाया जाता है। 3 दिन के अन्त में बर्तन में मदिरा की मात्रा लगभग होगी?

A. 26 लीटर B. 60 लीटर

C. 42 लीटर D. 30 लीटर

12. शराब और पानी के 125 गैलन मिश्रण में 20% पानी है। इसमें कितना प्रतिशत पानी मिलाया जाये कि नये मिश्रण में पानी 25% हो जाये?

A. 8 गैलन B. 7 गैलन

C. $8\frac{1}{3}$ गैलन D. 5 गैलन

13. ₹ 56 प्रति किग्रा की चाय ₹ 82 प्रति किग्रा की चाय के साथ किस अनुपात में मिलायी जाये कि मिश्रण का क्रय मूल्य ₹ 67 प्रति किग्रा हो जाये?

A. 15 : 11 B. 11 : 15

C. 12 : 13 D. 13 : 12

14. तीन बराबर के बर्तन में शराब और पानी का अनुपात क्रमशः 3 : 4, 4 : 5 व 5 : 6 है। तीनों बर्तनों के पानी को एक बड़े बर्तन में उड़ेल देने पर नये मिश्रण में शराब व पानी का अनुपात होगाः

A. 900 : 1159 B. 920 : 1159

C. 1152 : 920 D. 1159 : 900

15. सोने और ताँबे की मिश्रधातुओं में क्रमशः सोने और ताँबे का अनुपात 7 : 2 व 7 : 11 है। दोनों धातुओं की समान मात्रा मिलाने पर मिश्रित धातु में सोने और ताँबे का अनुपात होगाः

A. 7 : 6 B. 6 : 7

C. 7 : 5 D. 5 : 7

16. एक खेत में मुर्गी व भेड़ हैं। यदि उनके सिरों व पैरों की कुल संख्या क्रमशः 38 व 100 हो, तो मुर्गियों व भेड़ों की संख्या का अनुपात होगा?

A. 13 : 6 B. 6 : 13

C. 7 : 9 D. 9 : 7

17. चांदी व स्टील की दो मिश्रधातुओं को क्रमशः 5 : 3 और 8 : 5 के अनुपात में मिलाकर बनाया गया। दोनों मिश्रधातुओं की समान मात्रा मिलाने पर मिश्रित मिश्रधातु में चांदी व स्टील का अनुपात होगाः

A. 120 : 35 B. 35 : 120

C. 129 : 79 D. 79 : 129

18. एक मिश्रण में 3 भाग शराब तथा एक भाग पानी से बना है। 12 लीटर पानी और डालने पर मिश्रण में शराब पानी की दोगुनी हो जाती है। मिश्रण में शराब की मात्रा कितनी है?

A. 65 लीटर B. 70 लीटर

C. 72 लीटर D. 80 लीटर

19. 150 बच्चों के बीच ₹ 67.50 इस तरह बांटे गये कि हर लड़के को 50 पैसे और हर लड़की को 35 पैसे मिले। तो इनमें लड़कों की संख्या होगीः

A. 80 B. 100

C. 90 D. इनमें से कोई नहीं

20. शराब और पानी के दो मिश्रण में शराब व पानी का अनुपात क्रमशः 1 : 3 व 3 : 1 है। अगर पहले का

2 गैलन व दूसरे का 3 गैलन मिला दिया, जाय तो मिश्रण में पानी व शराब का अनुपात होगा:

A. 2 : 7 B. 11 : 9
C. 9 : 11 D. 7 : 2

21. एक बर्तन में स्पिरिट और पानी का मिश्रण भरा है। इसमें 18% स्पिरिट है। इसमें से 8 लीटर मिश्रण निकालकर पानी भर दिया जाता है। अब अगर मिश्रण में 15 प्रतिशत स्पिरिट है, तो बर्तन में कितना मिश्रण है?

A. 30 लीटर B. 48 लीटर
C. 35 लीटर D. 40 लीटर

22. दूध और पानी के मिश्रण में दूध और पानी 3 : 2 के अनुपात में है। यदि मिश्रण में 4 लीटर पानी और मिला दिया जाय, तो दूध और पानी समान मात्रा में हो जाते हैं तो मिश्रण में दूध की मात्रा है:

A. 10 लीटर B. 12 लीटर
C. 15 लीटर D. 20 लीटर

23. 15 किग्रा चीनी ₹ 10 प्रति किग्रा की दर से तथा 10 किग्रा चीनी ₹ 14 प्रति किग्रा के भाव से खरीदकर मिश्रण को ₹ 16 प्रति किग्रा की दर से बेचने पर कितना लाभ होगा?

A. ₹ 100 B. ₹ 90
C. ₹ 110 D. ₹ 120

24. 30 किलो चीनी ₹ 20 प्रति किग्रा के भाव से तथा 20 किग्रा चीनी ₹ 15 प्रति किग्रा से खरीदकर मिश्रण को ₹ 21.60 प्रति किग्रा से बेचने पर कितने प्रतिशत लाभ होगा?

A. 10% B. 12%
C. 15% D. 20%

25. 549 लीटर दूध और पानी के मिश्रण में दूध और पानी का अनुपात 7 : 2 है। इसमें कितना पानी और डाला जाये कि दूध और पानी का अनुपात 7 : 3 हो जाये?

A. 60 लीटर B. 61 लीटर
C. 62 लीटर D. 63 लीटर

उत्तरमाला

1	2	3	4	5	6	7	8	9	10
A	A	B	A	A	A	B	B	B	D
11	**12**	**13**	**14**	**15**	**16**	**17**	**18**	**19**	**20**
A	C	A	B	C	A	C	C	B	C
21	**22**	**23**	**24**	**25**					
B	B	C	D	B					

कुछ चुने हुए प्रश्नों के व्याख्यात्मक उत्तर

5. 14 लीटर दूध का मूल्य = $54 \times 14 = 756$ पैसे

∵ पानी का मूल्य शून्य माना जाता है। अतः 756 पैसे में 42 पैसा प्रति लीटर के दूध की मात्रा होगी = $\frac{756}{42}$

= 18 लीटर

अतः पानी की मात्रा = $18 - 14 = 4$ लीटर

7. माना पीपे में 1 लीटर दूध है, तो

प्रश्नानुसार दूध की मात्रा 3/4 लीटर और पानी की मात्रा 1/4 लीटर होगी

माना मिश्रण में से x लीटर भाग निकाला, तो

प्रश्नानुसार,

$$\frac{\frac{3}{4} - \frac{3}{4} \times x}{\left(\frac{1}{4} - \frac{1}{4} \times x\right) + x} = \frac{1}{1}$$

$$\frac{3-3x}{1+3x} = \frac{1}{1}$$

$$3 - 3x = 1 + 3x$$

$$2 = 6x \Rightarrow x = \frac{1}{3}$$

10. माना कबूतर व खरगोश की संख्या क्रमशः x व y है।

प्रश्नानुसार, $x + y = 200$ ...(i)

$2x + 4y = 580$

या $x + 2y = 290$ ...(ii)

(ii) – (i) $y = 90$

(i) में मान रखने पर $x = 110$

11. प्रत्येक x लीटर द्रव में से y लीटर द्रव निकालकर उसमें y लीटर पानी मिलाने पर तथा यह क्रिया n बार दोहराने पर मिश्रण में शुद्ध द्रव की मात्रा शेष

$$= x\left(1-\frac{y}{x}\right)^n \text{ लीटर}$$

$$= 90\left(1-\frac{30}{90}\right)^3$$

$$= \frac{90 \times 60 \times 60 \times 60}{90 \times 90 \times 90} = 26 \text{ लीटर}$$

12. अभीष्ट अनुपात $= \dfrac{\frac{3}{3+4}+\frac{4}{4+5}+\frac{5}{5+6}}{\frac{4}{7}+\frac{5}{9}+\frac{6}{11}} = \dfrac{\frac{3}{7}+\frac{4}{9}+\frac{5}{11}}{\frac{4}{7}+\frac{5}{9}+\frac{6}{11}}$

$$= \frac{920}{1159} = 920 : 1159$$

18. माना मिश्रण की मात्रा = x लीटर

प्रश्नानुसार,

$$\frac{x \times \frac{3}{3+1}}{\left(x \times \frac{1}{4}+12\right)} = \frac{2}{1}$$

$$\frac{3x}{4} = \frac{x}{2}+24 \Rightarrow \frac{x}{4} = 24 \Rightarrow x = 24 \times 4$$

शराब की मात्रा $= \dfrac{3x}{4} = \dfrac{3 \times 24 \times 4}{4} = 72$ लीटर

20. मिश्रण में, $\dfrac{\text{पानी}}{\text{शराब}} = \dfrac{2 \times \frac{3}{4}+3 \times \frac{1}{4}}{2 \times \frac{1}{4}+3 \times \frac{3}{4}}$

$$= \frac{6+3}{2+9} = \frac{9}{11} = 9 : 11$$

21. माना मिश्रण x लीटर है

प्रश्नानुसार, $x \times \dfrac{18}{100} - \dfrac{8 \times 18}{100} = x \times \dfrac{15}{100}$

$\Rightarrow \quad 18x - 144 = 15x$

$\Rightarrow \quad 3x = 144 \Rightarrow x = 48$ लीटर

22. माना मिश्रण की मात्रा = x लीटर

प्रश्नानुसार, $\dfrac{x \times \frac{3}{3+2}}{x \times \frac{2}{5}+4} = \dfrac{1}{1} \Rightarrow \dfrac{3x}{5} = \dfrac{2x}{5}+4$

$\Rightarrow \quad \dfrac{x}{5} = 4 \Rightarrow x = 20$

मिश्रण में शराब की मात्रा $= \dfrac{3x}{5} = \dfrac{3 \times 20}{5}$

= 12 लीटर

24. चीनी का कुल क्रय मूल्य $= 30 \times 20 + 20 \times 15$

$= 600 + 300 =$ ₹ 900

चीनी का प्रति किग्रा क्रय मूल्य $= \dfrac{900}{30+20} = \dfrac{900}{50}$

= ₹ 18 प्रति किग्रा

प्रति किग्रा लाभ = 21.60 – 18 = ₹ 3.60

प्रतिशत लाभ $= \dfrac{3.60}{18} \times 100 = 20\%$

25. 549 लीटर में दूध की मात्रा $= 549 \times \dfrac{7}{9} = 61 \times 7$

= 427 लीटर

पानी का भाग = 549 – 427

= 122 लीटर

माना x लीटर पानी मिलाया गया

प्रश्नानुसार, $\dfrac{427}{122+x} = \dfrac{7}{3}$

$427 \times 3 = 122 \times 7 + 7x$

$7x = 1281 - 854$

$7x = 427$

$x = \dfrac{427}{7} = 61$ लीटर

8

साधारण और चक्रवृद्धि ब्याज
(SIMPLE AND COMPOUND INTEREST)

साधारण ब्याजः जब कोई व्यक्ति किसी अन्य व्यक्ति अथवा बैंक से कोई राशि उधार लेकर प्रयोग में लेता है और उस राशि को लौटाते समय दूसरे व्यक्ति द्वारा उस राशि के ऊपर अतिरिक्त धन मांगा जाता है जिसे ब्याज कहा जाता है। उधार ली गयी राशि मूलधन कहलाती है। जब मूलधन आगे के प्रत्येक वर्ष के लिये समान हो तथा ब्याज की राशि भी आगे के प्रत्येक वर्ष के लिये समान हो, तो उसे साधारण ब्याज कहते हैं। मूलधन व ब्याज का योग मिश्रधन कहलाता है।

साधारण ब्याज से संबंधित कुछ सूत्र

(1) $\text{साधारण ब्याज} = \dfrac{\text{मूलधन} \times \text{दर} \times \text{समय}}{100}$

(2) $\text{दर} = \dfrac{\text{साधारण ब्याज} \times 100}{\text{मूलधन} \times \text{समय}}$

(3) $\text{समय} = \dfrac{\text{साधारण ब्याज} \times 100}{\text{मूलधन} \times \text{दर}}$

(4) $\text{मूलधन} = \dfrac{\text{साधारण ब्याज} \times 100}{\text{दर} \times \text{समय}}$

(5) मिश्रधन = मूलधन + साधारण ब्याज

नोट : सूत्र में दर % वार्षिक व समय वर्ष में होना चाहिए।

चक्रवृद्धि ब्याजः यदि प्रत्येक वर्ष का ब्याज उसके प्रारम्भिक मूलधन में जोड़ दिया जाय, तो प्रत्येक वर्ष के अंत का मिश्रधन दूसरे वर्ष के लिये मूलधन के समान होगा और इस प्रकार इस नये मूलधन पर अगले वर्ष का ब्याज दिया जाता है। ब्याज गणना की यह पद्धति चक्रवृद्धि ब्याज कहलाती है। चक्रवृद्धि ब्याज की गणना में प्रत्येक वर्ष का मूलधन व ब्याज परिवर्तित होता रहता है। अतः समान दर व समय मूलधन पर चक्रवृद्धि ब्याज साधारण ब्याज से अधिक होता है।

चक्रवृद्धि ब्याज से संबंधित सूत्र

(1) $\text{चक्रवृद्धि ब्याज} = \text{मूलधन} \left[\left(1+\dfrac{\text{दर}}{100}\right)^{\text{समय}} - 1\right]$

(2) $\text{चक्रवृद्धि मिश्रधन} = \text{मूलधन} \left(1+\dfrac{\text{दर}}{100}\right)^{\text{समय}}$

महत्त्वपूर्ण टिप्पणियाँ

(a) यदि ब्याज प्रति छमाही जोड़ा जाता है। अर्थात् वर्ष में दो बार ब्याज की गणना होने की अवस्था में दर को आधा व समय को दुगुना कर दिया जाता है:
सूत्र के रूप में:

$$\text{मिश्रधन} = \text{मूलधन} \left(1+\dfrac{\text{दर}/2}{100}\right)^{2\times n}$$

n = समय वर्ष में

(b) यदि ब्याज प्रति तिमाही जोड़ा जाता है। अर्थात् वर्ष में चार बार ब्याज की गणना होने की अवस्था में दर को चौथाई व समय को चौगुना कर दिया जाता है
सूत्र के रूप में:

$$\text{मिश्रधन} = \text{मूलधन}\left(1+\frac{\text{दर}/4}{100}\right)^{4\times n}$$

(c) यदि दर समान न होकर प्रतिवर्ष परिवर्तित होती है। माना प्रथम, द्वितीय व तृतीय वर्ष दर क्रमशः R_1, R_2 व R_3 है, तो

अन्तिम मूल्य = प्रारम्भिक मूल्य

$$\left(1+\frac{R_1}{100}\right)\left(1+\frac{R_2}{100}\right)\left(1+\frac{R_3}{100}\right)$$

जहाँ R_1, R_2 व R_3 का चिह्न + अथवा – हो सकता है। वृद्धि दर पर + चिह्न व ह्रास दर होने पर R_1, R_2, R_3 क्रमशः (–) में होंगे।

अभ्यास

1. कितने % दर से ₹ 1500 का ब्याज, 5 वर्ष में ₹ 300 होगा?

A. 5% B. $5\frac{1}{2}$%
C. $4\frac{1}{2}$% D. 4%

2. किस धन का 4% वार्षिक ब्याज की दर से 5 वर्ष में ब्याज ₹ 120 हो जायेगा?

A. ₹ 600 B. ₹ 620
C. ₹ 610 D. ₹ 650

3. अगर कोई राशि 7 वर्षों में दुगुनी हो जाती है तो 5 गुनी कितने वर्षों में हो जायेगी?

A. 24 वर्ष B. 28 वर्ष
C. 32 वर्ष D. 35 वर्ष

4. A ने B के 2 वर्षों के लिए ₹ 600 और C को ₹ 150 4 वर्षों के लिये दिये। A ने B व C से कुल ₹ 90 बतौर ब्याज प्राप्त किये हों, तो दर प्रतिशत क्या होगा?

A. 5% B. 7%
C. 8% D. 10%

5. 10% प्रतिवर्ष के साधारण ब्याज पर कोई राशि कितने वर्षों में दूनी हो जायेगी?

A. 5 वर्ष B. 10 वर्ष
C. 20 वर्ष D. 40 वर्ष

6. 2 पैसे प्रतिमाह दर से ₹ 471 पर 7 माह का साधारण ब्याज क्या होगा?

A. 6500 पैसे B. 6594 पैसे
C. 7000 पैसे D. 7200 पैसे

7. किसी धन का $6\frac{1}{2}$% वार्षिक ब्याज की दर से 6 वर्ष का मिश्रधन ₹ 5560 है, तो उस धन का 7% वार्षिक ब्याज की दर से $5\frac{1}{2}$ वर्ष का मिश्रधन क्या होगा?

A. ₹ 5540 B. ₹ 5440
C. ₹ 5600 D. ₹ 5500

8. कितने समय में किसी धन का साधारण ब्याज उस धन का 2/3 गुना हो जायेगा जबकि दर 5% वार्षिक हो।

A. $13\frac{1}{3}$ वर्ष B. $14\frac{1}{3}$ वर्ष
C. 15 वर्ष D. $13\frac{2}{3}$ वर्ष

9. ₹ 600 का 5% वार्षिक सरल ब्याज की दर से 5 वर्ष का मिश्रधन होगा:

A. ₹ 720 B. ₹ 750
C. ₹ 770 D. ₹ 780

10. एक व्यक्ति ₹ 5000 4% वार्षिक ब्याज पर डाकखाने में तथा ₹ 3000 6% ब्याज वार्षिक दर से बैंक में जमा कराता है। बताओ उसे कुल जमा राशि पर कितने प्रतिशत ब्याज मिलता है?

A. $4\frac{1}{2}$% B. $4\frac{2}{3}$%
C. $4\frac{2}{5}$% D. $4\frac{3}{4}$%

11. किसी धन राशि पर 6% वार्षिक ब्याज की दर से दूसरे और चौथे वर्षों के अन्त में प्राप्त होने वाले साधारण ब्याजों का अन्तर ₹ 600 है। वह धनराशि कितनी है?

A. ₹ 3000 B. ₹ 4000
C. ₹ 5000 D. ₹ 6000

12. यदि कोई धन साधारण ब्याज की दर से 2 वर्ष में ₹ 2500 तथा 4 वर्ष में ₹ 3200 हो जाता है, तो वार्षिक ब्याज की दर क्या है? (लगभग)

A. 16% B. 19%
C. 20% D. 21%

13. ₹ 850 का, $4\frac{1}{3}$ वर्ष में, 6% वार्षिक की दर से साधारण ब्याज होगा:

A. ₹ 250 B. ₹ 221
C. ₹ 315 D. ₹ 360

14. कितने समय में 12.5% वार्षिक साधारण ब्याज की दर से कोई धन अपने से दुगुना हो जायेगा?

A. 6 वर्ष
B. 8 वर्ष
C. 10 वर्ष
D. ज्ञात नहीं किया जा सकता।

15. ₹ 150 का कितने समय में 8% वार्षिक ब्याज की दर से वही ब्याज होगा जो ₹ 800 का 3 वर्ष का $4\frac{1}{2}$% की दर से मिलता है?

A. 9 वर्ष B. 8 वर्ष
C. 12 वर्ष D. 6 वर्ष

16. राम ₹ 8000 धन का कुछ भाग 4% वार्षिक तथा शेष 5% वार्षिक की दर से ब्याज पर उठाता है। यदि उसकी कुल ₹ 350 वार्षिक ब्याज की आय हो, तो दोनों भागों का अनुपात होगा:

A. 4 : 5 B. 5 : 4
C. 3 : 5 D. 5 : 3

17. कोई धन 4 वर्ष में $11\frac{1}{2}$% ब्याज की दर से ₹ 1460 हो जाये, तो वह धन ज्ञात कीजिए:

A. ₹ 564 B. ₹ 790
C. ₹ 1000 D. ₹ 1200

18. किस दर से ₹ 2000 की राशि 3 वर्ष में ₹ 2240 होगी?

A. 3% B. 4%
C. $5\frac{3}{4}$% D. 6%

19. ₹ 5000 का 5 वर्ष का मिश्रधन ₹ 6375 हो जाता है तो वार्षिक ब्याज की दर है।

A. 5% B. $5\frac{1}{2}$%
C. 2% D. 5%

20. कितना धन 3 वर्ष में 4% साधारण ब्याज की दर से ₹ 560 हो जायेगा?

A. ₹ 490 B. ₹ 500
C. ₹ 510 D. ₹ 501

21. कोई राशि 5% वार्षिक ब्याज की दर से कितने समय में अपने से $\frac{5}{4}$ गुना हो जायेगी?

A. 3 वर्ष B. 5 वर्ष
C. $5\frac{1}{2}$ वर्ष D. 6 वर्ष

22. कोई धन साधारण ब्याज की दर से 2 वर्ष में ₹ 4000 तथा 3 वर्ष में ₹ 4500 हो जाता है। ब्याज की दर होगी:

A. 16% B. $16\frac{1}{3}$%
C. $16\frac{2}{3}$% D. $16\frac{3}{4}$%

23. ₹ 1550 की राशि में से कुछ हिस्सा 5% पर कर्ज दिया गया और कुछ 8% पर। 3 साल का साधारण ब्याज ₹ 300 प्राप्त किये, तो 8% पर कितने रुपये दिये गये थे?

A. ₹ 900 B. ₹ 600
C. ₹ 800 D. ₹ 750

24. एक राशि पर साधारण ब्याज मूलधन का 4/9 है और वर्षों की संख्या दर प्रतिशत के बराबर है। दर प्रतिशत क्या है?

A. 5% B. 6%
C. $6\frac{1}{3}$% D. $6\frac{2}{3}$%

25. किसी राशि पर 5% की दर से 2 वर्ष में चक्रवृद्धि ब्याज ₹ 328 है। इसी दर पर इतने ही समय में साधारण ब्याज क्या होगा?

A. ₹ 300 B. ₹ 350
C. ₹ 320 D. ₹ 315

26. एक व्यक्ति ने घर बनाने के लिए ₹ 1000 का कर्ज लिया। वह 5% की दर से साधारण ब्याज देता है। वह घर को किराये पर चढ़ा देता है। जिससे उसे ₹ 12.50

6. तीन संख्याओं का औसत 77 है। पहली संख्या दूसरी संख्या की दोगुनी है तथा दूसरी संख्या, तीसरी संख्या की दोगुनी है, वह संख्याएँ ज्ञात करो:

A. 22, 44, 48 B. 24, 48, 96
C. 33, 66, 132 D. 35, 70, 140

7. A, B और C की औसत आयु 7 वर्ष है। A और B की औसत आयु 6 वर्ष तथा B और C की औसत आयु 8 वर्ष है। B की आयु बताइये:

A. 6 वर्ष B. 7 वर्ष
C. 8 वर्ष D. 9 वर्ष

8. किसी हफ्ते सोमवार, मंगलवार और बुधवार का औसत तापमान 45° था और मंगलवार, बुधवार और गुरूवार का औसत तापमान 46° था। यदि गुरूवार का तापमान 47° था, तो सोमवार का तापमान कितना था?

A. 44° B. 45°
C. 46° D. 47°

9. किसी कक्षा के 30 लड़कों की औसत आयु 10 वर्ष है। यदि उनके अध्यापक की आयु और जोड़ दी जाये, तो औसत आयु 1 वर्ष बढ़ जाती है। अध्यापक की आयु ज्ञात करो:

A. 38 वर्ष B. 40 वर्ष
C. 30 वर्ष D. 41 वर्ष

10. एक वाहन A से B तक की दूरी 60 किमी/घंटा की चाल से तय करता है। परन्तु B से A तक की यात्रा 90 किमी/घण्टा की चाल से तय करता है। पूरी यात्रा की औसत चाल क्या है?

A. 60 किमी/घंटा B. 72 किमी/घंटा
C. 94 किमी/घंटा D. 80 किमी/घंटा

11. 6 व्यक्तियों के औसत भार में, एक 80 किग्रा० वाले व्यक्ति के स्थान पर नया व्यक्ति आने पर 3 किग्रा की कमी हो जाती है, तो नये व्यक्ति का भार क्या है?

A. 58 किग्रा० B. 60 किग्रा०
C. 62 किग्रा० D. 70 किग्रा०

12. 30 विद्यार्थियों की औसत आयु 9 वर्ष है। यदि उनके अध्यापक की आयु भी सम्मिलित कर ली जाये, तो औसत आयु 10 वर्ष है। अध्यापक की आयु होगी:

A. 30 वर्ष B. 35 वर्ष
C. 40 वर्ष D. 45 वर्ष

13. चार संख्याओं में से पहली तीन का औसत 16 तथा अन्तिम तीन का 15 है। यदि अन्तिम संख्या 18 है, तो प्रथम संख्या क्या होगी?

A. 20 B. 21
C. 18 D. 22

14. किसी परीक्षा में 60 विद्यार्थियों का औसत अंक 25 है। उत्तीर्ण होने वाले विद्यार्थियों का औसत अंक 27 है और अनुत्तीर्ण होने वालों के औसत अंक 15 हैं। उत्तीर्ण होने वाले छात्रों की संख्या ज्ञात कीजिये।

A. 40 B. 50
C. 45 D. 35

15. 11 संख्याओं का औसत 30 है। प्रथम 6 संख्याओं का औसत 35 है तथा आखिरी 6 संख्याओं का औसत 28 होने पर छठी संख्या होगी:

A. 38 B. 48
C. 32 D. 36

16. राजू, शशि और महेश का औसत वेतन ₹ 800 है। शशि, प्रमोद व महेश का औसत वेतन ₹ 900 है। यदि प्रमोद का वेतन ₹ 900 है, तो राजू का वेतन क्या होगा?

A. ₹ 600
B. ₹ 300
C. ₹ 1700
D. ज्ञात नहीं किया जा सकता।

17. तीन व्यक्तियों की औसत आयु 45 वर्ष है। उनकी उम्रों का अनुपात 2 : 3 : 4 है। सबसे बड़े व सबसे छोटे की आयु का अन्तर कितना होगा?

A. 15 वर्ष B. 20 वर्ष
C. 30 वर्ष D. 45 वर्ष

18. एक कक्षा के पाँच विद्यार्थियों का कुल वजन क्रमशः 49.6 किग्रा०, 39.8 किग्रा०, 40.8 किग्रा०, 45.2 किग्रा० तथा 24.6 किग्रा है, तो उनका औसत वजन है:

A. 38 किग्रा० B. 40 किग्रा०
C. 42 किग्रा० D. 45 किग्रा०

19. यदि 10 विद्यार्थियों के समूह की औसत आयु 15 वर्ष है। जब 5 विद्यार्थी और आ गये, तो समूह की औसत आयु 1 वर्ष बढ़ जाती है। नए विद्यार्थियों की औसत आयु कितनी होगी?

A. 17 वर्ष B. 18 वर्ष
C. 19 वर्ष D. 20 वर्ष

20. 7 के प्रथम पांच गुणकों का औसत क्या होगा?
A. 20 B. 21
C. 22 D. 23

21. किसी स्टोर में काम करने वाले 5 कर्मचारियों की औसत आयु 36 वर्ष है। एक नये कर्मचारी के आने से औसत आयु 37 वर्ष हो जाती है, तो नये कर्मचारी की आयु होगी:
A. 40 वर्ष B. 41 वर्ष
C. 42 वर्ष D. 43 वर्ष

22. 8 व्यक्तियों में से दो जिनकी उम्र 20 और 24 वर्ष है, की जगह दो महिलाएँ आ जाएँ, तो पुरुषों की औसत आयु 2 वर्ष बढ़ जाती है। महिलाओं की औसत आयु क्या है?
A. 28 वर्ष B. 30 वर्ष
C. 32 वर्ष D. 34 वर्ष

23. एक बल्लेबाज ने 17वीं पारी में 85 का स्कोर बनाया और इसमें अपना औसत 3 बढ़ा लिया। 17वीं पारी से पहले उसका औसत क्या था?
A. 34 B. 37
C. 38 D. 47

24. एक पिता और उसके छः बच्चों की औसत आयु 12 वर्ष है। अगर पिता को छोड़ दिया जाय, तो औसत आयु 5 वर्ष कम हो जाती है। पिता की आयु कितनी है?
A. 42 वर्ष B. 40 वर्ष
C. 48 वर्ष D. 50 वर्ष

25. 40 लड़कों की एक कक्षा में औसत आयु 16.95 वर्ष है, पर एक नये लड़के के दाखिले से औसत आयु 17 वर्ष हो जाती है। नये लड़के की आयु होगी?
A. 15 वर्ष B. 19 वर्ष
C. 18 वर्ष D. 17.5 वर्ष

26. तीन साल पहले 5 सदस्यों के एक परिवार की औसत आयु 17 वर्ष थी। एक बच्चा होने पर भी परिवार की औसत आयु वही है। बच्चे की आयु कितनी है?
A. 1 वर्ष B. 2 वर्ष
C. 6 माह D. 9 माह

27. रमेश स्थान A से 40 किमी०/घंटा की चाल से चलकर 2 घंटे में आधी दूरी तय करता है। B स्थान पर जाने के लिये अब वह किस चाल से चले कि अगले चार घण्टे में B स्थान पर पहुँच जाये?
A. 15 किमी०/घण्टा B. 20 किमी०/घंटा
C. 25 किमी०/घंटा D. 30 किमी०/घंटा

28. चार क्रमिक सम संख्याओं का औसत 29 है। यदि पहले की चार संख्याओं में उसके तुरन्त की दो और क्रमिक संख्याओं को जोड़ दिया जाये, तो नया औसत कितना बढ़ जायेगा?
A. 1 B. 2
C. 3 D. 4

29. किसी कारखाने के कुल 660 कारीगरों व अधिकारियों के वेतन का औसत मान प्रतिमाह ₹ 380 हो तथा अधिकारियों के वेतन का औसत मान प्रतिमाह ₹ 2100 तथा कारीगरों का औसत मान ₹ 340 हो तो कारीगरों की संख्या होगी:
A. 600 B. 560
C. 645 D. 625

30. यदि दो संख्याओं का औसत 88.5 हो और एक संख्या औसत से 5.5 कम हो, तो दूसरी संख्या क्या होगी?
A. 94 B. 96
C. 98 D. 100

उत्तरमाला

1	2	3	4	5	6	7	8	9	10
A	D	D	B	A	C	B	A	D	B
11	**12**	**13**	**14**	**15**	**16**	**17**	**18**	**19**	**20**
C	C	B	B	B	A	C	B	B	B
21	**22**	**23**	**24**	**25**	**26**	**27**	**28**	**29**	**30**
C	B	A	A	B	B	B	B	C	A

कुछ चुने हुए प्रश्नों के व्याख्यात्मक उत्तर

23. माना 17वीं पारी से पहले का औसत x था

प्रश्नानुसार $\frac{16 \times x + 85}{17} = (x+3)$

$16x + 85 = 17x + 51$

$x = 85 - 51 = 34$

24. माना पिता की आयु = x वर्ष

प्रश्नानुसार $\frac{7 \times 12 - x}{6} = (12-5)$

$84 - x = 42$

$x = 84 - 42 = 42$ वर्ष

26. तीन वर्ष बाद परिवार के सभी सदस्यों की आयु

$= 17 \times 5 + 5 \times 3$

$= 85 + 15 = 100$ वर्ष

माना बच्चे की आयु = x वर्ष

प्रश्नानुसार $\frac{100 + x}{6} = 17$

$\Rightarrow \quad x = 102 - 100 = 2$ वर्ष

27. माना A से B की आधी दूरी x किमी०

प्रश्नानुसार $\frac{x}{40} = 2 \Rightarrow x = 80$ किमी०

शेष आधी 80 किमी० दूरी 4 घंटे में तय करती है, तो औसत चाल

$= \frac{80}{4} = 20$ किमी०/घंटा

28. $\frac{(x)+(x+2)+(x+4)+(x+6)}{4} = 29$

$4x + 12 = 29 \times 4$

$4x = 116 - 12$ या, $x = \frac{116-12}{4}$ या, $x = 26$

प्रश्नानुसार छ क्रमिक सम संख्या का औसत

$\frac{26+28+30+32+34+36}{6} = 31$

अतः अभीष्ट अन्तर $31 - 29 = 2$

29. माना कारीगरों की संख्या = x

प्रश्नानुसार

$\frac{(660-x) \times 2100 + 340x}{660} = 380$

$660 \times 2100 - 2100x + 340x = 250800$

$1386000 - 250800 = 1760x$

$x = \frac{1135200}{1760} = 645$

12

आयु
(AGES)

आयु संबंधी प्रश्नों को हल करने हेतु पहले समीकरण बनाये जाते हैं फिर समीकरण में अज्ञात राशियों को ज्ञात किया जाता है।

अभ्यास

1. 10 बच्चों के एक समूह की औसत आयु 14 वर्ष है। इस समूह में पांच बच्चे और सम्मिलित कर लिये जाते हैं, तो औसत आयु में 1 वर्ष की वृद्धि होती है, तो नये बच्चों की औसत आयु क्या होगी?

A. 15 वर्ष B. 16 वर्ष
C. 17 वर्ष D. 18 वर्ष

2. A तथा B की आयु का अन्तर 25 वर्ष है तथा दोनों की आयु का अनुपात 9 : 4 है, तो C की आयु क्या होगी यदि वह B से 15 वर्ष बड़ा है?

A. 35 वर्ष B. 40 वर्ष
B. 45 वर्ष D. 50 वर्ष

3. रंजन तथा शुभ की आयु का अनुपात क्रमशः 4 : 5 है। अब से चार वर्षों में उनकी आयु का अनुपात 5 : 6 हो जाता है, शुभ की वर्तमान आयु क्या है?

A. 18 वर्ष B. 20 वर्ष
C. 22 वर्ष D. 25 वर्ष

4. तरुण तथा उसकी माता की आयु का योग 49 वर्ष है। 7 वर्ष पूर्व माता की आयु वरुण की आयु से चार गुनी थी। वरुण की माता की वर्तमान आयु ज्ञात कीजिये।

A. 35 वर्ष B. 38 वर्ष
C. 39 वर्ष D. 40 वर्ष

5. पिता तथा उसके पुत्र की आयु का वर्तमान योग 50 वर्ष है, 5 वर्ष पूर्व पिता की आयु पुत्र की आयु की 7 गुनी थी। पिता तथा पुत्र की वर्तमान आयु क्या है?

A. 10, 40 B. 15, 35
C. 20, 30 D. 12, 38

6. पिता की आयु पुत्र से पांच गुनी है। 15 साल में वह अपने बेटे की आयु का $2\frac{1}{2}$ गुणा हो जायेगा। पिता की अभी की आयु निकालिये।

A. 40 वर्ष B. 42 वर्ष
C. 45 वर्ष D. 50 वर्ष

7. पिता अपने पुत्र से तीन गुना बड़ा है। 8 वर्ष पूर्व वह अपने पुत्र से चार गुनी उम्र का था। पिता की वर्तमान आयु क्या है?

A. 70 वर्ष B. 72 वर्ष
C. 78 वर्ष D. 80 वर्ष

8. पिता तथा पुत्र की आयु मिलाकर 46 वर्ष है। 5 वर्ष पूर्व पिता की आयु पुत्र की आयु से 11 गुनी थी। 5 वर्ष बाद पुत्र की आयु कितनी होगी?

A. 12 वर्ष B. $12\frac{1}{2}$ वर्ष
C. 13 वर्ष D. $13\frac{1}{2}$ वर्ष

9. यदि 15 वर्ष बाद किसी आदमी की आयु 15 वर्ष पूर्व की आयु की चार गुनी हो, तो उसकी वर्तमान आयु कितनी है?

A. 25 वर्ष B. 27 वर्ष
C. 28 वर्ष D. 30 वर्ष

10. जयेश अनिल से उतना छोटा है जितना वह प्रशान्त से बड़ा है। यदि अनिल तथा प्रशान्त की आयु का योग 48 वर्ष हो, तो जयेश की आयु क्या है?

A. 22 वर्ष B. 23 वर्ष
C. 24 वर्ष D. 25 वर्ष

11. 5 वर्ष पूर्व विनय की आयु विकास की आयु का एक-तिहाई थी तथा अब विनय की आयु 17 वर्ष है। विकास की वर्तमान आयु क्या है?

A. 40 वर्ष B. 41 वर्ष
C. 42 वर्ष D. 44 वर्ष

12. एक व्यक्ति के दो बच्चे हैं। इन बच्चों की उम्र के योग के तिगुनी उस व्यक्ति की उम्र है। पांच वर्ष बाद बच्चों की उम्र के योग से दोगुनी उसकी उम्र होगी। यह बताइये कि उस व्यक्ति की वर्तमान उम्र क्या है?

A. 45 वर्ष B. 55 वर्ष
C. 60 वर्ष D. 65 वर्ष

13. सुरेश की उम्र किरण की उम्र की दो गुनी है। यदि दोनों की उम्र का जोड़ 24 वर्ष हो, तो सुरेश की उम्र क्या होगी?

A. 15 वर्ष B. 16 वर्ष
C. 18 वर्ष D. 20 वर्ष

14. 10 वर्ष पहले गीता और नीता की आयु में 3 : 5 का अनुपात था। यदि उनकी वर्तमान आयु में 2 : 3 का अनुपात है, तो 20 वर्ष बाद उनकी आयु का अनुपात क्या होगा?

A. 3 : 4 B. 4 : 5
C. 5 : 6 D. 2 : 3

15. पंद्रह वर्ष बाद एक आदमी उससे चार गुना बड़ा हो जायेगा जितना वह 15 वर्ष पूर्व था। वर्तमान आयु ज्ञात कीजिये।

A. 20 वर्ष B. 25 वर्ष
C. 30 वर्ष D. 40 वर्ष

उत्तरमाला

1	2	3	4	5	6	7	8	9	10
C	A	B	A	A	C	B	C	A	C
11	**12**	**13**	**14**	**15**					
B	A	B	A	B					

कुछ चुने हुए प्रश्नों के व्याख्यात्मक उत्तर

6. बेटे की मौजूदा आयु = x वर्ष

पिता की मौजूदा आयु = $5x$ वर्ष

15 साल बाद बेटे की आयु = $(x + 15)$ वर्ष

पिता की आयु = $(5x + 15)$ वर्ष

प्रश्नानुसार $5x + 15 = 2\frac{1}{2}(x + 15)$

$$5x + 15 = \frac{5}{2}(x + 15)$$

$$10x + 30 = 5x + 75$$

$$5x = 45;\ x = 9 \text{ वर्ष}$$

पिता की आयु = $5x = 9 \times 5 = 45$ वर्ष

10. प्रश्नानुसार

$A - J = J - P$ $\quad A + P = 2J$

$A + P = 48$ $\quad 2J = 48$

$$J = \frac{48}{2} = 24 \text{ वर्ष}$$

12. माना उसकी उम्र x वर्ष और उसके दोनों बच्चों की उम्र क्रमशः p व q वर्ष है।

प्रश्नानुसार $x = 3(p + q)$

$$p + q = \frac{x}{3} \quad ...(1)$$

प्रश्नानुसार $x + 5 = 2\{(p + 5) + (q + 5)\}$

$= 2(p + q + 10)$

समीकरण (1) से मान रखने पर

$$(x + 5) = 2\left(\frac{x}{3} + 10\right)$$

$$x + 5 = 2\left(\frac{x + 30}{3}\right)$$

$$3x + 15 = 2x + 60$$

$$x = 45 \text{ वर्ष}$$

13

कार्य तथा समय (टंकी पर आधारित प्रश्न)
(WORK & TIME [CISTERN BASED QUESTION])

कार्य करने की क्षमता सभी व्यक्तियों की समान नहीं होती। कोई आदमी कार्य को जल्दी समाप्त कर लेता है तो कोई कार्य को धीमी गति से करता है। ऐसे प्रश्नों को हल करने के लिये सभी व्यक्तियों द्वारा एक दिन में किया गया कार्य अलग-अलग ज्ञात किया जाता है। फिर कुल एक दिन का कार्य ज्ञात किया जाता है। उसका व्युत्क्रम ही काम में लगा समय दिनों में प्रदान करता है।

जैसेः यदि लतेश एक कार्य को 10 दिन में समाप्त करता है, तो उसका प्रत्येक दिन का कार्य $= \frac{1}{10}$ भाग होगा।

अभ्यास

1. यदि तीन आदमी या चार औरतें एक काम को 9 दिन में कर सकते हैं, तो उसी काम को 6 आदमी और 4 औरतें मिलकर कितने दिन में समाप्त करेंगे?

A. 2 दिन B. 3 दिन

C. $3\frac{1}{2}$ दिन D. 4 दिन

2. 8 पुरुष या 12 लड़के किसी कार्य को 25 दिन में पूरा करते हैं, तो उसी कार्य को 6 पुरुष तथा 11 लड़के कितने दिनों में पूरा करेंगे?

A. 12 दिन में B. 14 दिन में

C. 15 दिन में D. 16 दिन में

3. यदि 3 आदमी या 5 औरतें या 8 लड़के एक काम को 38 दिन में कर सकते हैं, तो 6 आदमी, 10 औरतें तथा 6 लड़के उस काम को कितने दिन में करेंगे?

A. 6 दिन B. 8 दिन

C. 10 दिन D. 12 दिन

4. A अकेला किसी कार्य को 15 दिन में समाप्त कर सकता है तथा B अकेला उस कार्य को 12 दिन में समाप्त कर सकता है। दोनों मिलकर इस कार्य को समाप्त कितने दिनों में करेंगे?

A. $6\frac{1}{3}$ दिन B. $6\frac{2}{3}$ दिन

C. $6\frac{3}{4}$ दिन D. $6\frac{4}{5}$ दिन

5. A एक काम को 2 दिन में, B 4 दिन में और C 8 दिन में कर सकता है। यदि तीनों मिलकर उस काम को करें, तो कितने दिन में पूरा कर लेंगे?

A. 7/8 दिन B. 8/7 दिन

C. $1\frac{3}{4}$ दिन D. $1\frac{1}{2}$ दिन

6. A एक काम को 24 दिन में कर सकता है तथा B उसी का 2/3 भाग 12 दिन में कर सकता है। यदि दोनों मिलकर उससे दो गुना काम करें, तो कितने दिन में कर लेंगे?

A. $5\frac{1}{7}$ दिन B. $10\frac{2}{7}$ दिन

C. $17\frac{2}{7}$ दिन D. $20\frac{4}{7}$ दिन

7. X किसी काम को 12 दिन में तथा Y उसी काम को 18 दिन में कर सकते हैं। यदि वे दोनों मिलकर उसी काम को करें, तो काम कितने दिनों में पूरा हो जायेगा?

A. 30 दिन B. 15 दिन

C. $7\frac{1}{2}$ दिन D. $7\frac{1}{5}$ दिन

8. राम और मोहन मिलकर एक काम को 6 दिन में कर सकते हैं। पहले राम ने 4 दिन तक अकेले काम किया। फिर वह चला गया। तब मोहन ने बचे काम को 9 दिन में समाप्त कर लिया। राम अकेला उस काम को कितने दिन में समाप्त कर सकता था?

A. 10 दिन B. 16 दिन

C. 14 दिन D. 15 दिन

9. A और B दोनों मिलकर 10 घंटों में एक खेत जोतते हैं, किन्तु A अकेला 15 घंटों में उसे जोत सकता है। B अकेला उसी खेत को जोतने में कितना समय लेगा?

A. 10 घंटे B. 20 घंटे

C. 30 घंटे D. 40 घंटे

10. आनन्द व संजीव मिलकर कोई कार्य 8 दिन में समाप्त करते हैं। आनन्द अकेला कार्य करे तो 12 दिन लेता है। संजीव अकेला कार्य करे तो कितने दिन लेगा?

A. 16 दिन B. 24 दिन

C. 4 दिन D. 8 दिन

11. A और B कोई काम 18 दिन में कर सकते हैं। B और C, 24 दिन में। A और C, 36 दिन में। सब एक साथ मिलकर इस काम को कितने दिन में समाप्त करेंगे?

A. 16 दिन B. 14 दिन

C. 15 दिन D. 12 दिन

12. A, B और C कोई काम क्रमशः 24, 30 और 40 दिन में कर सकते हैं। तीनों ने काम एक साथ शुरू किया पर C कार्य पूरा होने के चार दिन पहले काम छोड़ देता है। काम कितने दिन में पूरा हुआ?

A. 10 दिन B. 11 दिन

C. 12 दिन D. 13 दिन

13. A कोई काम 40 दिन में कर सकता है। उसने 5 दिन तक काम किया फिर B ने उसे 21 दिन में पूरा किया। A और B मिलकर इस काम को कितने दिन में पूरा करेंगे?

A. 15 दिन B. 20 दिन

C. 21 दिन D. 24 दिन

14. A कोई काम 15 दिन में तथा B 20 दिनों में कर सकता है। वे C की मदद से ये काम 5 दिन में पूरा कर लेते हैं। C अकेला इस काम को कितने दिन में पूरा करेगा?

A. 10 दिन, B. 12 दिन

C. 15 दिन D. 20 दिन

15. A एक काम को 18 दिन में और B उसी काम को 24 दिन में समाप्त कर सकता है। उन्होंने एक साथ मिलकर 8 दिन तक काम किया और तब A काम छोड़कर चला गया। शेष काम को B कितने दिन में पूरा करेगा?

A. 5 दिन B. $5\frac{1}{3}$ दिन

D. 8 दिन D. 10 दिन

16. A, B व C मिलकर एक काम को $5\frac{7}{13}$ दिन में कर सकते हैं। A अकेले उस काम को 12 दिन में और B अकेले उस काम को 18 दिन में करता है। बताइये C अकेला उस काम को कितने दिन में करेगा?

A. 20 दिन B. 22 दिन

C. 24 दिन D. 30 दिन

17. रमेश एक काम को 25 दिन में कर सकता है। 14 दिन काम करने के बाद उसने श्याम को भी साथ ले लिया और दोनों ने मिलकर शेष काम 6 दिन में समाप्त किया। बताइये कि श्याम अकेला उस काम को कितने दिन में समाप्त कर सकता है?

A. 20 दिन B. 25 दिन

C. 30 दिन D. 35 दिन

18. A अकेला कोई काम 10 दिन में कर सकता है। B अकेला उसी काम को 15 दिन में कर सकता है। अगर A व B समान दिन कार्य करके कार्य को खत्म करते हैं, तो ₹ 50 में से A की मजदूरी होगी:

A. ₹ 20 B. ₹ 30

C. ₹ 35 D. ₹ 25

19. ₹ 200 की मज़दूरी पर A व B कोई कार्य करना कबूल करते हैं। A अकेला उसे 6 दिन में व B अकेला इसे

8 दिन में कर सकता है। C की मदद से वे इस कार्य को 3 दिन में समाप्त कर लेते हैं। C को कितने पैसे दिये गये?

A. ₹ 25 B. ₹ 50
C. ₹ 60 D. ₹ 75

20. अशोक एक काम को करने में अरुण से दुगुना और आलोक से तिगुना समय लेता है। वे तीनों मिलकर एक दिन में काम समाप्त कर लेते हैं। आलोक उस काम को अकले कितने दिन में समाप्त कर लेगा?

A. 1 दिन B. 2 दिन
C. 3 दिन D. 4 दिन

21. यदि किसी कार्य को राम, श्याम तथा मोहन क्रमशः अकेले, अकेले 2, 4, 8 दिन में समाप्त कर सकते हैं तथा वे एक कार्य कुल ₹ 6335 के ठेके पर लेते हैं, तो श्याम को कितनी मजदूरी मिलेगी?

A. ₹ 1810 B. ₹ 2810
C. ₹ 2850 D. ₹ 1850

22. 2 व्यक्ति और 3 लड़के कोई काम 8 दिन में कर सकते हैं और 3 व्यक्ति व 2 लड़के इसे 7 दिनों में समाप्त कर सकते हैं। अगर एक लड़के को ₹ 3 दिये जाते हैं, तो एक व्यक्ति को क्या मिलेगा?

A. ₹ 6 B. ₹ 7
C. ₹ 5 D. ₹ 7.50

23. A अकेला किसी कार्य को 24 दिनों में कर सकता है। और B अकेला उसी काम को 30 दिनों में। एक लड़के की मदद से वे इसे 12 दिन में पूरा कर लेते हैं। कुल ₹ 200 मजदूरी में लड़के को क्या मिलेगा?

A. ₹ 40 B. ₹ 50
C. ₹ 75 D. ₹ 20

24. A काम करने में B से दूना अच्छा है। दोनों मिलकर कोई काम 14 दिन में पूरा करते हैं। A अकेला इसे कितने दिनों में पूरा कर सकता हैं?

A. 16 दिन B. 32 दिन
C. 21 दिन D. 42 दिन

25. दो पाइप A और B किसी हौज को कितने मिनट में भर सकते हैं यदि A व B क्रमशः उसे अलग-अलग 30 व 60 मिनट में भर सकते हैं?

A. 10 मिनट B. 20 मिनट
C. 15 मिनट D. 12 मिनट

26. एक हौज दो पाइपों द्वारा क्रमशः 10 और 15 घंटों में भर दिया जाता है। एक तीसरा पाइप इसको 8 घंटे में खाली कर देता है। यदि तीनों नल एक साथ खोल दिये जायें, तो हौज कितने घंटे में भर जायेगा?

A. 13 घंटे B. 24 घंटे
C. 33 घंटे D. कभी नहीं भरेगा

27. एक हौज 9 घंटे में भरता है और दूसरे पाइप से 7 घंटे में खाली हो जाता है। जब दोनों पाइप खोल दिये जायें, तो पता कीजिये कि हौज कब भर जायेगा?

A. 63 घंटे B. 16 घंटे
C. 2 घंटे D. कभी नहीं भर सकता

28. अगर 3 नल एक साथ खोल दिये जायें, तो एक हौज 12 घंटे में भर सकता है। तीन नलों में से, एक हौज को 10 घंटे में भर सकता है और दूसरा 15 घंटे में। तीसरा नल किस तरह काम करता है?

A. यह हौज को 5 घंटे में भर देगा।
B. यह हौज को 12 घंटे में खाली कर देगा।
C. यह हौज को 5 घंटे में खाली कर देगा।
D. यह हौज को $12\frac{1}{2}$ घंटे में भर देगा।

29. एक हौज 9 घंटे में भरता है, किन्तु इसकी तली में छेद होने के कारण यह 1 घंटा अधिक समय लेता है। यदि हौज भरा हो, तो यह कितनी देर में खाली हो जायेगा?

A. 30 घंटे B. 40 घंटे
C. 45 घंटे D. 90 घंटे

30. एक नल किसी टंकी को 60 मिनट में भर सकता है। दूसरा नल उस भरी टंकी को 50 मिनट में खाली कर सकता है। यदि टंकी भरी हो और दोनों नल खुले हों, तो टंकी खाली होने में कितने मिनट लगेंगे?

A. 60 मिनट B. 180 मिनट
C. 300 मिनट D. 170 मिनट

31. दो नल किसी हौज को क्रमशः 10 और 12 मिनट में भर सकते हैं। हौंज के पेंदे में लगा निकास नल 5 लीटर प्रति मिनट पानी बाहर निकालता है। यदि हौज खाली हो और तीनों नल खोल दिये जायें, तो यह $7\frac{1}{2}$ मिनट में भर जाता है। हौज में कितने लीटर पानी आता है?

A. 90 लीटर B. 80 लीटर
C. 100 लीटर D. 120 लीटर

32. एक हौज में तीन पाइप A, B व C लगे हैं। पाइप A और B हौज को क्रमशः 4 और 5 घंटे में भर सकते हैं और C इसे 2 घंटे में खाली कर सकता है। अगर ये पाइप क्रमशः 1, 2 व 3 बजे क्रमशः सुबह खोले जायें, तो हौज कितने बजे खाली हो जायेगा?

A. 5 बजे सवेरे B. 5 बजे शाम
C. कभी नहीं D. 6 बजे सवेरे

33. P और Q दो पाइप एक हौज को 24 घंटे में व 32 घंटे में भर सकते हैं। दोनों पाइप खोल दिये जायें तो पता कीजिये कि पहले पाइप को कब बंद कर देना चाहिये ताकि हौज 16 घंटे में पूरा भर जाये।

A. 12 घंटे बाद B. 8 घंटे बाद
C. 28 घंटे बाद D. कोई नहीं

34. दो नल एक हौज को क्रमशः 8 घंटे व 12 घंटे में भर सकते हैं। एक तीसरा नल इसको 3 घंटे में खाली कर सकता है। अगर तीनों नल एक साथ खोल दिये जायें, तो हौज को खाली होने में कितना समय लगेगा?

A. 7 घंटे B. 5 घंटे
C. 6 घंटे D. 8 घंटे

35. एक मजदूर 30 दिन के लिये इस शर्त पर रखा गया कि जिस दिन वह काम करेगा उस दिन उसको ₹ 15 मजदूरी मिलेगी और जिस दिन वह काम नहीं करेगा उस दिन उसे दैनिक मजदूरी का 40% का जुर्माना भरना होगा। यदि अन्त में उसे ₹ 345 मिले, तो बताइये वह कितने दिन उपस्थित रहा?

A. 20 दिन B. 25 दिन
C. 30 दिन D. 35 दिन

36. दो पाइप A व B एक टंकी को भरने में क्रमशः 24 और 30 मिनट लेते हैं। दोनों नल खुले हुए हैं, परन्तु 8 मिनट बाद पहला नल बन्द कर दिया जाता है। टंकी को भरने में दूसरा पाइप कितना समय लेगा?

A. 10 मिनट B. 12 मिनट
C. 15 मिनट D. 20 मिनट

37. दो नल एक हौज को क्रमशः 6 व 7 मिनट में भरते हैं। यदि दोनों नल बारी-बारी से एक-एक मिनट के लिये खोले जायें, तो हौज को भरने में कितना समय लगेगा?

A. $6\frac{3}{7}$ मिनट B. $6\frac{4}{7}$ मिनट
C. $6\frac{5}{7}$ मिनट D. $6\frac{6}{7}$ मिनट

38. दो नल A और B एक हौज को क्रमशः 30 मिनट व 40 मिनट में भर सकते हैं। तीसरा नल C हौज से 15 लीटर प्रति मिनट की दर से पानी बाहर निकालता है। यदि तीनों नल एक साथ खोले जायें और हौज 30 मिनट में भर जाये, तो बताइये कि हौज में कितना पानी आता है?

A. 400 लीटर B. 500 लीटर
C. 600 लीटर D. 1000 लीटर

39. तीन नल A, B व C एक हौज को क्रमशः 20 मिनट, 30 मिनट और 40 मिनट में भर सकते हैं। तीनों नल एक साथ खोल दिये जायें, तो बताइये दूसरा नल कितने समय बाद बन्द कर दिया जाये कि हौज 10 मिनट में पूरा भर जाये?

A. 7 मिनट B. $7\frac{1}{2}$ मिनट
C. 8 मिनट D. 9 मिनट

40. एक टंकी एक बहाव के कारण 8 घंटे में खाली होती है। एक नल को खोलने पर प्रति मिनट 6 लीटर पानी भरता है और टंकी तब 12 घंटे में खाली होती है। टंकी में पानी की क्षमता ज्ञात करो?

A. 8500 लीटर B. 8640 लीटर
C. 7540 लीटर D. 7960 लीटर

उत्तरमाला

1	2	3	4	5	6	7	8	9	10
B	C	B	B	B	D	D	A	C	B
11	**12**	**13**	**14**	**15**	**16**	**17**	**18**	**19**	**20**
A	B	A	B	B	C	C	B	A	B
21	**22**	**23**	**24**	**25**	**26**	**27**	**28**	**29**	**30**
A	A	D	C	B	B	D	B	D	C
31	**32**	**33**	**34**	**35**	**36**	**37**	**38**	**39**	**40**
C	B	A	D	B	B	A	C	B	B

कुछ चुने हुए प्रश्नों के व्याख्यात्मक उत्तर

3. 1 आदमी का प्रतिदिन का कार्य $= \frac{1}{38\times 3}$

1 औरत का प्रतिदिन का कार्य $= \frac{1}{38\times 5}$

1 लड़के का प्रतिदिन का कार्य $= \frac{1}{38\times 8}$

(6 आदमियों + 10 औरतें + 6 लड़कों) का प्रतिदिन का कार्य

$$= \left[6\times\frac{1}{38\times 3}+10\times\frac{1}{38\times 5}+6\times\frac{1}{38\times 8}\right]$$

$$= \frac{1}{38}\left[2+2+\frac{3}{4}\right]=\frac{1}{38}\times\frac{19}{4}=\frac{1}{8}$$ भाग

अर्थात सभी को कार्य समाप्त करने में समय लगेगा = 8 दिन

15. दोनों का एक दिन का कार्य $= \frac{1}{18}+\frac{1}{24}=\frac{4+3}{72}=\frac{7}{72}$

दोनों का 8 दिन का काम $= 8\times\frac{7}{72}=\frac{7}{9}$ भाग

$\therefore$ शेष काम $= \left(1-\frac{7}{9}\right)=\frac{2}{9}$ भाग

$\because$ B 1 काम करता है = 24 दिन में

$\therefore$ B 2/9 काम करता है $= 24\times\frac{2}{9}=\frac{16}{3}=5\frac{1}{3}$ दिन

19. A का प्रतिदिन का कार्य $= \frac{1}{6}$

B का प्रतिदिन का कार्य $= \frac{1}{8}$

माना C का प्रतिदिन का कार्य $= \frac{1}{C}$

प्रश्नानुसार $\left(\frac{1}{6}+\frac{1}{8}+\frac{1}{C}\right)\times 3=1$

$$\frac{1}{C}=\frac{1}{3}-\left(\frac{1}{6}+\frac{1}{8}\right)$$

$$\frac{1}{C}=\frac{8-4-3}{24}=\frac{1}{24}$$

$\because$ तीनों ही तीन दिन कार्य करते हैं अतः मजदूरी उनको प्रतिदिन के कार्य के अनुपात में बांटी जायेगी।

$\therefore A:B:C=\frac{1}{6}:\frac{1}{8}:\frac{1}{24}=4:3:1$

C का हिस्सा $= \frac{1}{(4+3+1)}\times 200=\frac{200}{8}=$ ₹ 25

22. माना व्यक्ति का प्रतिदिन का कार्य M व एक लड़के का प्रतिदिन का कार्य B है, तो

प्रश्नानुसार $2M+3B=\frac{1}{8}$ ...(i)

$3M+2B=\frac{1}{7}$ ...(ii)

(i) × 3 $6M+9B=\frac{3}{8}$ ...(iii)

(ii) × 2 $6M+4B=\frac{2}{7}$ ...(iv)

(iii) में से (iv) घटाने पर

$$5B=\frac{3}{8}-\frac{2}{7}=\frac{21-16}{56}=\frac{5}{56}$$

$$B=\frac{1}{56}$$

B का मान (i) में रखने पर $2M+3\times\frac{1}{56}=\frac{1}{8}$

$$2M=\frac{1}{8}-\frac{3}{56}=\frac{4}{56}$$

$$M=\frac{2}{56}=\frac{1}{28}$$

प्रश्नानुसार $M:B=\frac{1}{28}:\frac{1}{56}=2:1$

अर्थात् एक व्यक्ति को एक लड़के से दुगुनी मजदूरी मिलेगी। एक लड़के को ₹ 3 मिलने पर एक व्यक्ति को ₹ 6 मिलेगा।

31. माना तीसरा नल हौज को C मिनट में खाली कर सकता है, तो

प्रश्नानुसार $\left(\frac{1}{10}+\frac{1}{12}\right)-\frac{1}{C}=\frac{1}{15/2}$

$$\frac{1}{C}=\frac{1}{10}+\frac{1}{12}-\frac{2}{15}$$

$$\frac{12+10-16}{120}=\frac{6}{120}=\frac{1}{20}$$

$$C=20$$

अर्थात् तीसरा नल भरे हौज को 20 मिनट में खाली करेगा।

$\because$ 1 मिनट में पानी बाहर निकलता है = 5 लीटर

$\therefore$ 20 मिनट में पानी बाहर निकलता है $= 5 \times 20$

= 100 लीटर

अर्थात् हौज की क्षमता 100 लीटर है।

32. A के हौज भरने की प्रति घण्टा क्षमता $= \frac{1}{4}$ भाग

B के हौज भरने की प्रति घण्टा क्षमता $= \frac{1}{5}$ भाग

C के हौज खाली करने की प्रति घण्टा क्षमता $= \frac{1}{2}$ भाग

1 से दो बजे तक पाइप A द्वारा हौज भरेगा $= \frac{1}{4}$ भाग

2 से 3 बजे तक पाइप (A+ B) द्वारा हौज भरेगा

$$= \frac{1}{4}+\frac{1}{5}=\frac{5+4}{20}=\frac{9}{20} \text{ भाग}$$

कुल हौज भरा $= \frac{1}{4}+\frac{9}{20}=\frac{5+9}{20}=\frac{14}{20}=\frac{7}{10}$ भाग

3 बजे के बाद तीनों नल खुले हैं।

$\therefore$ तीनों नल द्वारा प्रति घंटे में हौज भरेगा

$$= \frac{1}{4}+\frac{1}{5}-\frac{1}{2}=\frac{5+4-10}{20}=-\frac{1}{20} \text{ भरेगा}$$

अर्थात् 1 घंटे में हौज का $\frac{1}{20}$ भाग खाली रहेगा।

$\because$ $\frac{1}{20}$ भाग खाली होता है = 1 घंटे में

$\therefore$ $\frac{7}{10}$ भाग खाली होता है $= \frac{1}{1/20} \times \frac{7}{10}$

= 14 घंटे में

सुबह 3 बजे + 14 घंटे

(सुबह 3 बजे + 12 घंटे) + 2 घंटे

शाम 3 बजे + 2 घंटे

शाम 5 बजे

33. माना पाइप P को T घंटे बाद बन्द किया जा रहा है, तो प्रश्नानुसार

$$\left(\frac{1}{32}+\frac{1}{24}\right)\times T+\frac{1}{32}(16-T)=1$$

$$\frac{T}{32}+\frac{T}{24}+\frac{1}{2}-\frac{T}{32}=1 \text{ या } \frac{T}{24}=1-\frac{1}{2}=\frac{1}{2}$$

$$\frac{T}{24}=\frac{1}{2} \Rightarrow T=12 \text{ घंटे}$$

35. माना वह x दिन उपस्थित रहा, तो

प्रश्नानुसार, $15 \times x-(30-x)\times 15 \times \frac{40}{100}=345$

$$15x-180+6x=345$$

$$21x=345+180$$

$$x=\frac{525}{21}=25 \text{ दिन}$$

37. दो मिनट में दोनों नल द्वारा टंकी भरी जायेगी

$$=\left(\frac{1}{6}+\frac{1}{7}\right) \text{ भाग } = \frac{7+6}{42}=\frac{13}{42} \text{ भाग}$$

पहले 6 मिनट में दोनों नल द्वारा टंकी भरी जायेगी

$$=\frac{13}{42}\times 3=\frac{39}{42} \text{ भाग}$$

शेष भाग $= 1-\frac{39}{42}=\frac{3}{42}=\frac{1}{14}$ भाग

अब टंकी पहले नल द्वारा भरी जायेगी।

$\because$ $\frac{1}{6}$ भाग भरने में लगा समय = 1 मिनट

$\therefore$ $\frac{1}{14}$ भाग भरने में लगा समय $= \frac{1}{1/6}\times\frac{1}{14}=\frac{3}{7}$ मिनट

अतः कुल लगा समय $= 6+\frac{3}{7}=6\frac{3}{7}$ मिनट

40. टंकी बहाव द्वारा प्रति घंटे खाली होती है $= \frac{1}{8}$ भाग

जब दूसरा नल खुला हो, तो टंकी प्रति घण्टे खाली होती है $= \frac{1}{12}$ भाग

अर्थात् भरने वाले नल से टंकी प्रति घंटे भरी जाती है

$$=\frac{1}{8}-\frac{1}{12}=\frac{1}{24} \text{ भाग}$$

$\therefore$ नल द्वारा पूरी टंकी को भरने में लगा समय = 24 घंटे

$\because$ 1 मिनट में टंकी में पानी आता है = 6 लीटर

$\therefore$ 24 घण्टे $= 24 \times 60$ मिनट में पानी आता है

$= 6 \times 24 \times 60 = 8640$ लीटर

14

समय, चाल और दूरी
(TIME, SPEED AND DISTANCE)

नियम एवं प्रमुख सूत्र

समय, चाल और दूरी से संबंधित प्रश्नों को हल करते समय निम्नलिखित सूत्र ध्यान में रखने चाहिए:

1. चाल = कुल दूरी ÷ समय
2. समय = कुल दूरी ÷ चाल
3. कुल दूरी = समय × चाल
4. यदि दो गाड़ियाँ एक ही दिशा में चल रही हों, तो उनकी सापेक्ष चाल, दोनों गाड़ियों की चाल के अन्तर के बराबर होती है।
5. यदि दो गाड़ियाँ विपरीत दिशा में चल रही हों, तो उनकी सापेक्ष गति, दोनों गाड़ियों की गतियों के योग के बराबर होती है।
6. धारा के बहने की दिशा में किसी नाव की चाल = नाव की स्थिर जल में चाल + नदी की चाल
7. धारा के बहने की विपरीत दिशा में किसी नाव की चाल = नाव की स्थिर जल में चाल − नदी की चाल।

अभ्यास

1. यदि 100 मीटर लम्बी एक रेलगाड़ी जो 50 किमी प्रति घंटे की गति से चल रही है, एक दूसरी रेलगाड़ी को जो 120 मीटर लम्बी है तथा विपरीत दिशा में चल रही है, 6 सेकंड में पार कर जाती है, तो दूसरी रेलगाड़ी की गति क्या है?

   A. 40 किमी/घंटा B. 82 किमी/घंटा
   C. 120 किमी/घंटा D. 60 किमी/घंटा

2. यदि एक रेलगाड़ी 40 किमी॰ प्रति घंटा की चाल से चल रही है। एक आदमी भी उसी ओर रेल की पटरी के समान्तर 25 किमी/घंटा की चाल से जा रहा है। यदि रेलगाड़ी उस आदमी को 48 सेकंड में पार कर ले, तो रेलगाड़ी की लम्बाई क्या है?

   A. 200 मीटर B. 50 मीटर
   C. 100 मीटर D. 150 मीटर

3. एक रेलगाड़ी और एक मोटर एक स्थान से एक साथ रवाना हुईं। मोटर की रफ्तार 40 किमी/घंटा तथा रेलगाड़ी की रफ्तार 50 किमी/घंटा है। यदि अगला स्टेशन 100 किमी दूरी पर है, तो रेलगाड़ी मोटर से कितनी जल्दी पहुँचेगी?

   A. 33 मिनट B. 50 मिनट
   C. 40 मिनट D. 30 मिनट

4. यदि एक रेलगाड़ी की लम्बाई 150 मीटर है तथा वह एक खम्भे को 12 सेकेंड में पार कर जाती है, तो रेलगाड़ी की चाल किमी/घंटा में क्या है?

   A. 60 किमी/घंटा B. 50 किमी/घंटा
   C. 45 किमी/घंटा D. 75 किमी/घंटा

5. एक रेलगाड़ी आगरा से मथुरा के लिए 60 किमी॰/घंटा से चलती है और 45 मिनट में पहुँच जाती है। यदि लौटते समय उसकी चाल 10% कम हो जाती है, तो वह मथुरा से आगरा आने में कितना समय लेगी?

   A. 1 घंटा 10 मिनट B. 50 मिनट
   C. 1 घंटा D. 1 घंटा 20 मिनट

6. दो घुड़सवार दो अलग-अलग स्थानों पर से जो एक दूसरे से 30 किमी की दूरी पर हैं, एक-दूसरे की ओर चलते हैं। यदि उनकी गतियाँ क्रमशः 15 किमी/घण्टा और 12 किमी/घंटा हों, तो वे कितने समय के बाद मिलेंगे?

A. 2 घंटा 40 मिनट B. 1 घंटा
C. 45 मिनट D. 1 घंटा 6 मिनट 40 सेकंड

7. यदि 600 मीटर लम्बे एक प्लेटफार्म को पार करने में 30 मी०/सेकंड से चलने वाली कोई रेलगाड़ी 30 सेकंड लेती है, तो गाड़ी की लम्बाई क्या है?

A. 120 मीटर B. 200 मीटर
C. 300 मीटर D. 150 मीटर

8. यदि 150 मीटर लंबी एक रेलगाड़ी जो 30 मी०/सेकंड की चाल से चल रही है, किसी आदमी को जो विपरीत दिशा में 5 मी०/सेकंड की चाल से चल रहा है, पार कर जाती है, तो पार करने में कितने सेकंड लगेंगे?

A. 3 B. $4\frac{2}{7}$
C. 4 D. 6

9. किसी गाड़ी का पहिया 1 सेकंड में 4 चक्कर लगाता है। यदि पहिए का व्यास 84 सेमी० हो, तो पहिए की चाल किमी/घंटा में क्या होगी? $\left(\pi = \frac{22}{7}\right)$

A. 38.016 B. 38.00
C. 31.16 D. 39

10. दो स्टेशन P व Q के बीच की दूरी 220 किमी० है। एक रेलगाड़ी P स्टेशन से Q की तरफ 80 किमी०/घंटा की चाल से चलती है। यदि उसके आधा घण्टा बाद दूसरी रेलगाड़ी Q स्टेशन से P की ओर 100 किमी०/घंटा की चाल से चलती है, तो दोनों रेलगाड़ी P स्टेशन से कितनी दूरी पर मिलेंगी?

A. 110 किमी० B. 80 किमी०
C. 120 किमी० D. 100 किमी०

11. 10 किमी०/घण्टा की चाल से चलने वाला कोई साइकिल चालक 100 मीटर कितने सेकंड में चलेगा?

A. 25 B. 36
C. 40 D. 42

12. यदि 100 मीटर लम्बी एक रेलगाड़ी प्लेटफार्म पर खड़े एक आदमी को 10 सेकंड में पार कर लेती है, तो गाड़ी की चाल क्या है?

A. 38 किमी/घंटा B. 72 किमी/घंटा
C. 75 किमी/घंटा D. 36 किमी/घंटा

13. 1.2 किमी० लम्बी एक रेलगाड़ी 72 किमी०/घण्टा की चाल से एक पुल के ऊपर से जा रही है। यदि पुल की लम्बाई 1.2 किमी० हो, तो पुल पार करने में कितना समय लगेगा?

A. 30 सेकंड B. 1 मिनट
C. 1 मिनट 30 सेकंड D. 2 मिनट

14. एक आदमी स्थिर जल में 3 किमी०/घंटा की चाल से तैर सकता है। यदि धारा की चाल 2 किमी०/घंटा हो, तो वह आदमी 6 किमी० धारा के विपरीत जाने और वापस आने में कितना समय लेगा?

A. 4 घंटे 12 मिनट B. 7 घंटे 12 मिनट
C. 6 घंटे 48 मिनट D. 6 घंटे

15. 4 किमी० प्रति घंटा की चाल से चलकर एक क्लर्क अपने दफ्तर 5 मिनट देर से पहुँचता है। यदि वह 5 किमी० प्रति घंटा की चाल से चलने लगे, तो 2.5 मिनट जल्दी पहुँचता है। घर से दफ्तर की दूरी क्या है?

A. 2 किमी० B. 3 किमी०
C. 4 किमी० D. 2.5 किमी०

16. एक मनुष्य अपनी वास्तविक चाल की तीन-चौथाई चाल से चलने पर अपने कार्यालय पहुंचने में वास्तविक समय से 20 मिनट अधिक लेता है। वह वास्तविक समय कितना लेता है?

A. 30 मिनट B. 60 मिनट
C. 75 मिनट D. 90 मिनट

17. एक रेलगाड़ी 86.4 किमी० प्रति घंटा की चाल से जा रही है। 10 मिनट में उसके द्वारा तय की गई दूरी होगी:

A. .014 किमी० B. 144 किमी०
C. 1.44 किमी० D. 14.4 किमी०

18. एक मनुष्य किसी स्थान तक 16 किमी० प्रति घंटे की चाल से जाता है और वह 28 किमी० प्रति घंटे की चाल से लौटता है। उसकी औसत चाल, किमी० प्रति घंटा होगी:

A. 32 B. 56

C. $20\frac{4}{11}$ D. 21

19. दो स्थान A और B एक-दूसरे से 22 किमी॰ दूर हैं। एक साइकिल चालक A से B की ओर 8 किमी॰ प्रति घंटे की चाल से रवाना होता है और दूसरा B से A की ओर 10 किमी/घंटे की चाल से आधा घण्टे बाद रवाना होता है। वे दोनों जिस स्थान पर मिलेंगे, वह स्थान A से दूर होगा:

A. 12 किमी॰ B. 14 किमी॰

C. 16 किमी॰ D. 18 किमी॰

20. तमिलनाडु एक्सप्रेस नई दिल्ली से चेन्नई तक के 33 घंटे लेती है और 12 घंटे वहीं रुकने के बाद उसी दिन वापस चलती है। यदि वह नई दिल्ली से सोमवार की रात को 11 बजे चलती है, तो वापस नई दिल्ली पहुँचने का दिन और समय होगा:

A. शुक्रवार, सायं 5 बजे

B. शुक्रवार, प्रातः 5 बजे

C. शुक्रवार, दोपहर 11 बजे

D. गुरुवार, सायं 5 बजे

21. एक व्यक्ति शहर A से शहर B तक 360 किमी॰ की दूरी इस प्रकार तय करता है कि यात्रा का एक तिहाई भाग 2 घंटे में तथा शेष यात्रा 40 किमी प्रति घंटे की चाल से पूरी करता है। सम्पूर्ण यात्रा में औसत चाल थी:

A. 45 किमी/घंटा B. 50 किमी॰/घंटा

C. 60 किमी॰/घंटा D. 40 किमी॰/घंटा

22. 36 किमी॰ प्रति घंटे की चाल से गतिशील 100 मीटर लंबी रेलगाड़ी कितने सेकंड में एक निश्चित टेलीग्राफ पोस्ट को पार कर लेगी?

A. 50 B. 10

C. 20 D. 15

23. दो रेलगाड़ियाँ कानपुर और दिल्ली से एक साथ रवाना होती हैं और एक-दूसरे की ओर चलती हैं। उनकी गति क्रमशः 16 किमी॰/घंटा तथा 21 किमी॰/घंटा है। जब वे मिलती हैं तब पता चलता है कि एक ने दूसरे से 60 किमी॰ अधिक दूरी तय की है। दोनों स्टेशनों के बीच की दूरी है:

A. 445 किमी॰ B. 444 किमी॰

C. 440 किमी॰ D. 450 किमी॰

24. एक गाड़ी का पहिया एक सेकण्ड में 4 चक्कर लगाता है। यदि पहिये की व्यास 84 सेमी॰ हो, तो उसकी गति है:

A. 39 किमी/घंटा B. 38.016 किमी॰/घंटा

C. 84 किमी॰/घण्टा D. 38.16 किमी॰/घंटा

25. एक रेलगाड़ी 60 किमी॰ की दूरी 45 मिनट में तय करती है। यदि इसकी गति 5 किमी॰/घंटा कम कर दी जाए, तो उसी दूरी को वह कितने समय में तय करेगी?

A. 50 मिनट B. 55 मिनट

C. 48 मिनट D. 52 मिनट

उत्तरमाला

1	2	3	4	5	6	7	8	9	10
B	A	D	C	B	D	C	B	A	C
11	**12**	**13**	**14**	**15**	**16**	**17**	**18**	**19**	**20**
B	D	D	B	D	B	D	C	A	B
21	**22**	**23**	**24**	**25**					
A	B	B	B	C					

कुछ चुने हुए प्रश्नों के व्याख्यात्मक उत्तर

1. माना दूसरी गाड़ी की गति x किमी/घंटा है।

चूंकि दोनों गाड़ियां एक-दूसरे की विपरीत दिशा में चल रही हैं

$\therefore$ सापेक्ष चाल = $(50 + x)$ किमी॰/घंटा

दोनों गाड़ियों की लम्बाई = $100 + 120 = 220$ मीटर

$= \frac{220}{1000}$ किमी॰

तथा पार करने में लगा समय 6 सेकंड = $\frac{6}{3600}$ घंटे

$$\therefore 50+x=\frac{\frac{220}{1000}}{\frac{6}{3600}}=\frac{220\times3600}{6\times1000}=132$$

$\therefore x=132-50=82$ किमी॰/घंटा

2. चूंकि रेलगाड़ी और आदमी एक ही ओर जा रहे हैं।

$\therefore$ सापेक्ष चाल = $40-25=15$ किमी॰/घंटा

$\therefore$ $15=\frac{\text{गाड़ी की लम्बाई}}{\frac{48}{3600}\text{ घण्टे}}$

$\therefore$ गाड़ी की लम्बाई = $15\times\frac{48}{3600}$ किमी॰

$=\frac{15\times48\times1000}{3600}$ मीटर

$=200$ मीटर

5. लौटते समय गाड़ी की चाल = $\frac{90}{100}\times60$

$=54$ किमी॰/घंटा

60 किमी॰/घंटा से समय लगता है $\frac{3}{4}$ घंटा

$\therefore$ 1 किमी॰/घंटा से समय लगता है = $\frac{3}{4}\times60$

$\therefore$ 54 किमी॰/घंटा से समय लगता है

$=\frac{3}{4}\times\frac{60}{54}=\frac{5}{6}$ घंटा = 50 मिनट

7. चाल = कुल दूरी / समय

$\therefore$ 30 = कुल दूरी / 30

$\therefore$ कुल दूरी = $30\times30=900$ मीटर

8. सापेक्ष चाल = $30+5=35$ मी॰/से॰

$\therefore$ पार करने में लगा समय = $\frac{150}{35}=4\frac{2}{7}$ सेकंड

9. पहिए की परिधि = $\frac{22}{7}\times84=264$ सेमी॰

$\therefore$ 1 सेकंड में चली हुई दूरी = $4\times264=1056$ सेमी॰

$\therefore$ चाल किमी॰/घंटा में = $\frac{1056}{100\times1000}\times\frac{60\times60}{1}$

$=38.016$

16. नई चाल = वास्तविक चाल का $\frac{3}{4}$

$\therefore$ नया समय जो लिया गया = वास्तविक समय का $\frac{4}{3}$

वास्तविक समय का $\frac{4}{3}$ − वास्तविक समय = 20 मिनट

$\therefore$ वास्तविक समय $\left(\frac{4}{3}-1\right)=20$

$\therefore$ वास्तविक समय = $20\times\frac{3}{1}=60$ मिनट

19. प्रथम साइकिल द्वारा A स्थान से आधा घण्टे में तय की गई दूरी = $\frac{1}{2}\times8=4$ किमी॰

$\therefore$ A और B के मध्य बची दूरी = $22-4=18$ किमी॰

दोनों की सापेक्ष चाल = $8+10=18$ किमी॰/घंटा

समय = दूरी / चाल = $\frac{18}{18}=1$ घंटा

23. माना कानपुर से चलने वाली गाड़ी ने x किमी॰ व दिल्ली से चलने वाली गाड़ी ने $(x+60)$ किमी॰ की दूरी तय की।

दोनों ने क्रमशः समय लिया $\frac{x}{16}$ घंटा और $\frac{x+60}{21}$ घंटा

प्रश्नानुसार, $\frac{x}{16}=\frac{x+60}{21}$

या $21x=16x+960$ या $x=192$

अतः कुल दूरी $192+192+60=444$ किमी॰

25. दूरी = 60 किमी॰, समय 45 मिनट = $\frac{3}{4}$ घंटा

$\therefore$ चाल = $\frac{60\times4}{3}=80$ किमी॰/प्रति घंटा

5 किमी॰/घंटा, कम होने पर चाल = 75 किमी॰/घंटा

$\therefore$ समय = $\frac{60}{75}=\frac{4}{5}$ घंटा = 48 मिनट

15

क्षेत्रफल
(AREA)

वर्ग, आयत, त्रिभुज, चतुर्भुज, वृत्त

किसी द्विविमीय आवृत्ति द्वारा जितना स्थान घेरा जाता है वह उसका क्षेत्रफल कहलाता है। क्षेत्रफल की इकाई वर्ग इकाई है।

क्षेत्रफल से संबंधित प्रमुख सूत्र

1. आयत का क्षेत्रफल = लम्बाई × चौड़ाई
2. वर्ग का क्षेत्रफल = $(\text{भुजा})^2 = \frac{1}{2}(\text{विकर्ण})^2$
3. आयत का परिमाप = 2(लम्बाई + चौड़ाई)
4. वर्ग का परिमाप = 4 × भुजा
5. त्रिभुज का क्षेत्रफल = $\frac{1}{2}$ × आधार × ऊँचाई
6. कमरे की चारदीवारी का क्षेत्रफल = 2 × ऊँचाई (लम्बाई + चौड़ाई)
7. समबाहु त्रिभुज का क्षेत्रफल = $\frac{\sqrt{3}}{4}(\text{भुजा})^2$
8. त्रिभुज का क्षेत्रफल जिसकी तीनों भुजाएं क्रमशः a, b, c हों

   $= \sqrt{s(s-a)(s-b)(s-c)}$

   जहाँ $s = \frac{a+b+c}{2}$
9. समान्तर चतुर्भुज का क्षेत्रफल = आधार × ऊँचाई
10. समचतुर्भुज का क्षेत्रफल = $\frac{1}{2}$ × विकर्णों का गुणनफल
11. समलम्ब चतुर्भुज का क्षेत्रफल = $\frac{1}{2}$ × समान्तर भुजाओं का योग × समान्तर भुजाओं के बीच लम्बवत् दूरी
12. वृत्त का क्षेत्रफल = πr^2 जहाँ r वृत्त की त्रिज्या है
13. त्रिज्या खण्ड का क्षेत्रफल = $\frac{\theta \times \pi r^2}{360°}$

    जहाँ θ त्रिज्या खण्ड द्वारा केन्द्र पर आन्तरिक कोण (डिग्री में) है।
14. वृत्त की परिधि = $2\pi r$
15. किसी समकोण त्रिभुज में पाइथोगोरस प्रमेय से

    $(\text{कर्ण})^2 = (\text{लम्ब})^2 + (\text{आधार})^2$

    जहाँ कर्ण समकोण के सामने की भुजा व लम्ब व आधार समकोण की आसन्न भुजाएं हैं।

    अथवा

    $(\text{लम्ब})^2 = (\text{कर्ण})^2 - (\text{आधार})^2$

अभ्यास

1. एक समकोण त्रिभुज की समकोण वाली भुजाओं का अनुपात 1 : 2 है, और त्रिभुज का क्षेत्रफल 36 वर्ग इकाई है। त्रिभुज के कर्ण की लम्बाई है:

A. 3 इकाई　　B. $\sqrt{3}$ इकाई

C. $\sqrt{5}$ इकाई　　D. $6\sqrt{5}$ इकाई

2. यदि एक वृत्त का क्षेत्रफल पूर्ण संख्या (Whole Number) है, तो निम्न में से उसकी त्रिज्या है:

A. 4　　B. 4π

C. $\frac{2}{\pi}$　　D. $\frac{2}{\sqrt{\pi}}$

3. साथ में दिए गए वृत्त की त्रिज्या 5 सेमी। है। छायांकित भाग का क्षेत्रफल कितने वर्ग सेमी। है?

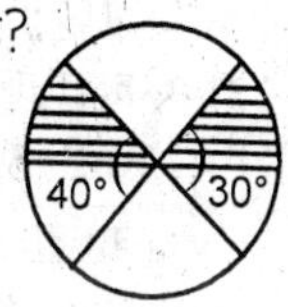

A. $\frac{37}{36}\pi^2$　　B. $\frac{175}{36}\pi$

C. $\frac{125}{28}\pi$　　D. $\frac{75}{18}\pi^2$

4. यदि किसी समबाहु त्रिभुज की एक भुजा पूर्ण संख्या (Whole Number) है, तो निम्नलिखित में से कौनसा क्षेत्रफल हो सकता है?

A. 6　　B. $\frac{25\sqrt{3}}{4}$

C. $2\sqrt{2}$　　D. $8\sqrt{3}$

5. 5.3 सेमी। भुजा वाले वर्ग का क्षेत्रफल कितना कम हो जाएगा, यदि उसकी भुजा 3 सेमी छोटी हो जाए?

A. 2.3 वर्ग मीटर　　B. 12.8 वर्ग मीटर

C. 22.8 वर्ग मीटर　　D. 2.28 वर्ग मीटर

6. एक वर्ग का विकर्ण 6 इंच लंबा है। उसका क्षेत्रफल कितने वर्ग इंच होगा?

A. 9　　B. 12

C. 18　　D. 36

7. यदि किसी वृत्त की त्रिज्या दुगुनी कर दी जाए, तो उसके क्षेत्रफल में परिवर्तन होगा:

A. आठ गुना बड़ा　　B. चार गुना बड़ा

C. दुगुना बड़ा　　D. उतना ही रहेगा

8. यदि एक समद्विबाहु त्रिभुज का आधार 'a' है और उसकी समान भुजाएँ प्रत्येक b है, तो उसका क्षेत्रफल होगा:

A. $\frac{a}{4}\sqrt{4b^2 - a^2}$　　B. $\frac{a}{4}\sqrt{4b^2 + a^2}$

C. $\frac{a}{4} \div \sqrt{4b^2 + a^2}$　　D. $\frac{a}{4}\sqrt{b^2 - 4a^2}$

9. 7 सेमी। त्रिज्या वाले वृत्त की परिधि है:

A. 96 सेमी।　　B. 48 सेमी।

C. 140 सेमी।　　D. 44 सेमी।

10. एक समान्तर चतुर्भुज का आधार और ऊँचाई क्रमशः 12 सेमी व 8 सेमी है। इसका क्षेत्रफल है:

A. 96 वर्ग सेमी　　B. 48 वर्ग सेमी।

C. 140 वर्ग सेमी।　　D. 192 वर्ग सेमी

11. एक 10 मीटर लम्बे व 5 मीटर चौड़े बरामदे में 10 सेमी। भुजा वाली कितनी टाइलें लगेंगी?

A. 10,000　　B. 1

C. 2,500　　D. 5,000

12. 21 मीटर त्रिज्या के वृत्ताकार बगीचे के चारों ओर 2 किमी/घंटे की चाल से एक चक्कर लगाने में कितना समय लगेगा?

A. 132 घंटे　　B. .132 घंटे

C. 500/33 घंटे　　D. .066 घंटे

13. 10 सेमी। भुजा वाले दो वर्गों का कुल क्षेत्रफल एक बड़े वर्ग के क्षेत्रफल के बराबर है। बड़े वर्ग की भुजा होगी:

A. $10\sqrt{2}$ सेमी।　　B. 10 सेमी।

C. 20 सेमी।　　D. 50 सेमी।

14. एक कमरे की लम्बाई, चौड़ाई की डेढ़ गुनी है। यदि कमरे का क्षेत्रफल 121.5 वर्ग फुट है। कमरे की लम्बाई है :

A. 9 फुट　　B. 13.5 फुट

C. 11.5 फुट　　D. 11.25 फुट

15. एक कमरे की चारों दीवारों का क्षेत्रफल 200 वर्गमीटर है। यदि कमरे की लम्बाई 12 मीटर और चौड़ाई 8 मीटर हो, तो उसकी ऊँचाई होगी:

A. 5 मीटर B. 10 मीटर
C. 7.5 मीटर D. 20 मीटर

16. 12 मीटर × 10 मीटर नाप के एक बगीचे में लम्बाई के समान्तर 3 मीटर चौड़ा और चौड़ाई के समान्तर 2 मीटर चौड़ा मार्ग बना हुआ है। मार्गों का कुल क्षेत्रफल है:

A. 56 वर्ग मीटर B. 50 वर्ग मीटर
C. 51 वर्ग मीटर D. 48 वर्ग मीटर

17. एक त्रिभुज की तीनों भुजाएँ क्रमशः 6 सेमी., 8 सेमी. व 10 सेमी. हैं। त्रिभुज का क्षेत्रफल वर्ग सेमी. में होगा:

A. 36 वर्ग सेमी. B. 24 वर्ग सेमी.
C. 48 वर्ग सेमी. D. 72 वर्ग सेमी.

18. एक वृत्त के अन्दर बड़े से बड़े आकार का एक वर्ग खींचा गया है। यदि वर्ग का क्षेत्रफल 98 वर्ग सेमी. हो, तो वृत्त का क्षेत्रफल होगा:

A. 98 वर्ग सेमी. B. 196 वर्ग सेमी.
C. 154 वर्ग सेमी. D. 88 वर्ग सेमी.

19. एक समलम्ब चतुर्भुज की समान्तर भुजाएँ क्रमशः 12 डेसीमीटर व 10 डेसीमीटर हैं तथा उनके बीच की दूरी 6 डेसीमीटर है। उनका क्षेत्रफल होगा:

A. 66 वर्ग सेमी.
B. 66 वर्ग डेसीमीटर
C. 132 वर्ग डेसीमीटर
D. 66 वर्ग मीटर

20. दो वृत्तों के व्यास क्रमशः 10 सेमी. और 8 सेमी. हैं; उनके क्षेत्रफलों का अनुपात होगा:

A. 5 : 4 B. 25 : 16
C. 4 : 5 D. 16 : 25

21. एक ही केंद्र से दो वृत्त खींचे गए हैं, जिनकी त्रिज्याएं क्रमशः 4 सेमी. व 3 सेमी. हैं। दोनों वृत्तों के बीच के भाग का क्षेत्रफल होगा:

A. $\frac{550}{7}$ वर्ग सेमी B. 44 वर्ग सेमी.
C. $\frac{22}{7}$ वर्ग सेमी D. 22 वर्ग सेमी.

22. एक वृक्ष का तना इस प्रकार टूटा कि यह बिल्कुल अलग नहीं हुआ। यदि उसका ऊपरी सिरा वृक्ष के तल से 8 मीटर दूर जमीन को स्पर्श कर रहा है और टूटे हुए उस भाग की लम्बाई 10 मीटर हो, तो वृक्ष की पूरी ऊँचाई है:

A. 14 मीटर B. 18 मीटर
C. 16 मीटर D. 24 मीटर

23. एक समान्तर चतुर्भुज का क्षेत्रफल 75 वर्ग सेमी. तथा ऊँचाई 5 सेमी. है। इसी आधार पर स्थित दुगुने क्षेत्रफल वाले आयत का परिमाप होगा:

A. 15 सेमी. B. 50 सेमी.
C. 25 सेमी. D. 30 सेमी.

24. 20 मीटर लम्बा और 15 मीटर चौड़ा एक हॉल है। इसके फर्श पर 75 सेमी. चौड़ाई की दरी पट्टी बिछाई गई है। दरी पट्टी की लम्बाई होगी:

A. 4 मीटर B. 40,000 मीटर
C. 400 मीटर D. 4,000 मीटर

25. एक विद्यालय के सभा भवन में 80 सेमी. भुजा के वर्गाकार 100 चौके लगे हैं। सभा भवन की लम्बाई 10 मीटर हो, तो चौड़ाई होगी:

A. 64 मीटर B. 80 मीटर
C. 640 मीटर D. 6.4 मीटर

उत्तरमाला

1	2	3	4	5	6	7	8	9	10
D	D	B	B	C	C	B	A	D	B
11	**12**	**13**	**14**	**15**	**16**	**17**	**18**	**19**	**20**
D	D	A	B	A	B	B	C	B	B
21	**22**	**23**	**24**	**25**					
D	C	B	C	D					

कुछ चुने हुए प्रश्नों के व्याख्यात्मक उत्तर

1. माना दो भुजाएँ x व $2x$ हैं।

$\frac{1}{2}\times x\times 2x = 36$ या $x^2 = 36$ या $x = 6$

$\therefore$ दो भुजाएँ 6 व 12 हैं।

कर्ण $= \sqrt{6^2+12^2} = \sqrt{36+144} = \sqrt{180} = 6\sqrt{5}$

4. माना भुजा $= x$

$\therefore$ समबाहु त्रिभुज का क्षेत्रफल $= \frac{\sqrt{3}}{4}x^2 = \frac{25\sqrt{3}}{4}$

$\therefore$ $x = \sqrt{25} = 5$ अर्थात् भुजा = 5

यहाँ विकल्प B से ही भुजा पूर्ण संख्या आती है।

8. त्रिभुज की तीनों भुजाएं a, b, c हैं।

$\therefore s = \frac{a+b+c}{2} = \frac{a+2b}{2}$, यहाँ $b = c$ है।

त्रिभुज का क्षेत्रफल $= \sqrt{s(s-a)(s-b)(s-c)}$

$$= \sqrt{\frac{a+2b}{2}\left(\frac{a+2b}{2}-a\right)\left(\frac{a+2b}{2}-b\right)\left(\frac{a+2b}{2}-b\right)}$$

$$= \sqrt{\frac{a+2b}{2}\left(\frac{2b-a}{2}\right)\left(\frac{a}{2}\right)\left(\frac{a}{2}\right)}$$

$$= \sqrt{\frac{a^2}{16}\left(4b^2-a^2\right)}$$

$$= \frac{a}{4}\sqrt{4b^2-a^2}$$

12. परिधि $= 2\pi r = 2\times\frac{22}{7}\times 21$

$= 132$ मीटर $= 0.132$ किमी।

चाल = 2 किमी॰/घंटा

समय $= \frac{\text{दूरी}}{\text{चाल}} = \frac{0.132}{2} = 0.066$ घंटे

15. कमरे की ऊँचाई $= \frac{\text{चारों दीवारों का क्षेत्रफल}}{2(\text{लम्बाई} + \text{चौड़ाई})}$

$= \frac{200}{2(12+8)} = 5$ मीटर

18. $\because$ वर्ग का क्षेत्रफल $= \frac{1}{2}\times$ (विकर्ण)^2 = 98

$\therefore$ (विकर्ण)$^2 = 98\times 2 = 196$

$\therefore$ विकर्ण $= \sqrt{196}$

$= 14$ सेमी॰

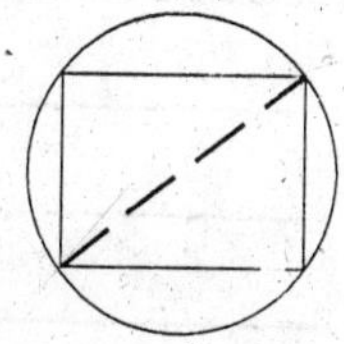

$\therefore$ वृत्त का व्यास = 14 सेमी॰

त्रिज्या = 7 सेमी॰

वृत्त का क्षेत्रफल $= \frac{22}{7}\times(7)^2$

$= 154$ वर्ग सेमी॰

23. समान्तर चतुर्भुज का आधार $= \frac{\text{क्षेत्रफल}}{\text{ऊंचाई}}$

$= \frac{75}{5} = 15$ सेमी॰

आयत का क्षेत्रफल $= 2\times 75 = 150$ वर्ग सेमी॰

$\therefore$ आयत की ऊँचाई $= \frac{150}{15} = 10$ सेमी॰

आयत का परिमाप $= 2(15+10)$

$= 2\times 25 = 50$ सेमी॰

25. एक चौके का क्षेत्रफल $= .80\times .80 = .64$ वर्ग मीटर

$\therefore$ 100 चौकों का क्षेत्रफल $= .64\times 100$

$= 64$ वर्गमीटर

अर्थात् सभा भवन का क्षेत्रफल = 64 वर्गमीटर

लम्बाई = 10 मीटर

$\therefore$ चौड़ाई $= \frac{64}{10} = 6.4$ मीटर

YOUR SPACE

सामान्य सचेतता
(GENERAL AWARENESS)

1

भारतीय इतिहास

प्राचीन भारत

सिंधु घाटी सभ्यता

- सिंधु सभ्यता की ख़ोज 1921 ई. में दयाराम साहनी ने की।
- सिंधु घाटी की सभ्यता का नामकरण, हड़प्पा नामक स्थान, जहाँ यह संस्कृति पहली बार खोजी गई थी, के नाम पर हड़प्पा संस्कृति भी किया गया है।
- रेडियोकार्बन C^{14} जैसी नवीन विश्लेषण पद्धति के द्वारा सिंधु सभ्यता की सर्वमान्य तिथि 2400 ई.पू. से 1700 ई.पू. के बीच निर्धारित की गई है।
- हड़प्पा सभ्यता प्राक्ऐतिहासिक अथवा कांस्ययुगीन थी। इस सभ्यता के मुख्य निवासी भूमध्यसागरीय एवं द्रविड़ थे।

हड़प्पा सभ्यता : एक वस्तुनिष्ठ अध्ययन

प्रमुख स्थल	उत्खननकर्ता	वर्ष	नदी	भौगोलिक स्थल	प्राप्त अवशेष
हड़प्पा	दयाराम साहनी	1921	रावी	मोण्टगोमरी (पाकिस्तान)	मुहरों पर एक शृंगी पशु, तांबे की इक्कागाड़ी
मोहनजोदड़ो	राखालदास बनर्जी	1922	सिंधु	लरकाना (पाकिस्तान)	कांसे की नर्तकी, अन्नागार, विशाल स्नानागार तथा पशुपतिनाथ के अंकन वाली मुहरें
चन्हूदड़ो	गोपाल मजूमदार	1931	सिंधु	सिंध (पाकिस्तान)	मनके निर्माण के कारखाने
कालीबंगा	बी.बी. लाल एवं बी.के. थापर	1953	घग्घर	श्रीगंगानगर (राजस्थान)	जुते हुए खेत, नक्काशीदार ईंट, अग्निवेदिका, मिट्टी का हल
कोटदीजी	फजल अहमद	1953	सिंधु	खैरपुर (पाकिस्तान)	पत्थर के बाणाग्र
रंगपुर	एस.आर. राव	1953-54	भादर	काठियावाड़ (गुजरात)	चावल की भूसी, गेहूँ की खेती
रोपड़	यज्ञदत्त शर्मा	1953-56	सतलज	रोपड़ (पंजाब)	कृषि-कार्य
लोथल	रंगनाथ राव	1955 एवं 1962	भोगवा	अहमदाबाद (गुजरात)	बंदरगाह, युग्म शवाधान, नाव, चावल के दाने
बनावली	रविंद्र सिंह बिष्ट	1974	रंगोई	हिसार (हरियाणा)	मिट्टी से बना हल, जौ
धौलावीरा	रविन्द्र सिंह बिष्ट	1990-91	–	कच्छ (गुजरात)	जलाशय

प्रमुख सैन्धव स्थल एवं खुदाई में प्राप्त वस्तुएँ

- **मोहनजोदड़ो**–सीप निर्मित पैमाना, सूती एवं ऊनी कपड़े के अवशेष, महास्नानागार, विशाल जलाशय, ईंट के भट्ठे, फियांस की बनी एक गिलहरी, चमकता हुआ एक बंदर का चित्र, मशहूर कांस्य नर्तकी की प्रतिमा, पुजारी का सिर, मातृदेवी की मृण्मूर्ति, विशाल अन्नागार, पशुपति की मुहर, लिंगीय प्रस्तर, एक सभागार, 16 कमरों का बैरक, दाढ़ी वाले साधु की मूर्ति आदि।
- **चन्हूदड़ो**–मनका बनाने का कारखाना, खिलौना बनाने का कारखाना, फियांस का बना चार खानों वाला बर्तन, तांबे की बनी दो गाड़ियों के मॉडल, चार पहियों वाली गाड़ी (अगले दो पहिये, पिछले पहियों की अपेक्षा बड़े), दवात (Inkpot), बिल्ली का पीछा करता हुआ कुत्ता का साक्ष्य, लिपिस्टिक आदि।
- **कालीबंगा**–हल से जुते खेत के साक्ष्य, मिट्टी की काले रंग की चूड़ियाँ, पकी मिट्टी का पैमाना, दो फसलों को एक साथ बोने के साक्ष्य, अग्निकुंड, ऊँट की अस्थियाँ, हल का चिह्न, बेलनाकार मुहरें, जौ, चना, सरसों, लकड़ी की पाइप, अलंकृत ईंट, कब्रिस्तान, कच्चे ईंट का प्रयोग आदि।
- **लोथल**–युगल शवाधान, बंदरगाह (गोदी बाड़ा), फारस की मुहरें, चावल और बाजरा के साक्ष्य, सूती-वस्त्र, रंगाई के कुण्ड, मनका बनाने का कारखाना, हाथी दाँत, कांसे की बनी एक सुई, एक वरमा (Drill), अनाज पीसने की चक्की, हाथी दांत का एक पैमाना, अग्निकुंड, बैल, खरगोश और कुत्ते की आकृति, मिट्टी की बनी नाव आदि।
- **हड़प्पा**–अन्नागार, श्रमिक आवास, प्रसाधन मंजूषा, ठोस पहियों वाली गाड़ी के अवशेष, आर (R)-37 कब्रिस्तान, तांबे का पैमाना, कांसे की बनी एक नर्तकी की मूर्ति, लाल बालू पत्थर का नग्न पुरुष का धड़ (जैन या यक्ष की मूर्ति के समान), स्लेटी चूने पत्थर की नृत्य मुद्रा वाली मूर्ति (नर्तकी), ताबूत, गेहूँ और जौ, अभिलेख युक्त मुहर, शंख का बैल, मछुआरे का चित्र (बर्तन) आदि।
- **सुरकोतदा**–घोड़े का जीवाश्म, एण्टीमनी की एक छड़, अनोखी कब्र, गोदी बाड़ा आदि।

वैदिक काल

- आर्यों की सामाजिक-सांस्कृतिक तथा आर्थिक व्यवस्था वैदिक संस्कृति के रूप में जानी जाती है। आर्यों के बारे में जानकारी मुख्यतः वेदों–ऋग्वेद, यजुर्वेद, सामवेद एवं अथर्ववेद से मिलती है।
- वैदिक काल को दो भागों में विभाजित किया जाता है–ऋग्वैदिक काल (1500-1000 ई.पू.) और उत्तर वैदिक काल (1000-600 ई.पू.)।

ऋग्वैदिक काल (1500-1000 ई.पू.)

- आर्यों के निवास के विस्तृत क्षेत्र को 'सप्तसैन्धव' प्रदेश कहा गया। इस क्षेत्र में सात प्रमुख नदियाँ प्रवाहित हैं। ये नदियाँ हैं–सिंधु, सतलज, रावी, चिनाब, झेलम, व्यास तथा सरस्वती।
- ऋग्वैदिक समाज ग्रामीण कबीलाई समाज था; सामाजिक संरचना समतावादी तथा वर्णविहीन थी।
- परिवार के मुखिया को कुलप कहा जाता था।
- आर्यों की प्रशासनिक इकाई आरोही क्रम से अग्रलिखित पाँच भागों में बंटी थी–कुल, ग्राम, विश, जन, राष्ट्र।
- जन के अधिपति को राजा कहा जाता था।
- ग्राम के प्रधान को ग्रामणी एवं विश के प्रधान को विशपति कहा जाता था।
- ऋग्वेद के 7वें मंडल में दाशराज्ञ युद्ध का वर्णन है जिसमें भरत जन के स्वामी सुदास ने रावी नदी के तट पर दस राजाओं के संघ को हराया था।
- इन्द्र ऋग्वैदिक आर्यों का सबसे महत्वपूर्ण देवता था जिसे पुरन्दर कहा गया है। वरुण, सूर्य, मित्र, अग्नि, इत्यादि अन्य प्रमुख देवता थे।
- ऋग्वेद में सर्वाधिक पवित्र नदी के रूप में 'सरस्वती' का वर्णन हुआ है। ऋग्वेद में गंगा का एक बार, यमुना का तीन बार तथा सिंधु नदी का सर्वाधिक बार उल्लेख किया गया है।
- गायत्री-मंत्र का उल्लेख ऋग्वेद के तृतीय मंडल में मिलता है।
- ऋग्वेद के 10वें मंडल के पुरुषसूक्त में चतुर्वर्णों–ब्राह्मण, क्षत्रिय, वैश्य और शूद्र की उत्पत्ति के उल्लेख मिलते हैं।
- आर्यों के मनोरंजन के मुख्य साधन संगीत, रथदौड़, घुड़दौड़ एवं द्यूतक्रीड़ा थे।

उत्तर वैदिक काल (1000-600 ई.पू.)

- उत्तर वैदिक काल में आर्यों ने स्थायी जीवन व्यतीत करना प्रारंभ कर दिया था। इस समय आर्य मुख्य रूप से गंगा-यमुना दोआव में फैल गए थे।
- इस काल में इन्द्र के स्थान पर प्रजापति सर्वाधिक महत्वपूर्ण देवता हो गए थे। विभिन्न कर्मकाण्डों तथा अंधविश्वासों का विस्तार हुआ जिनका उल्लेख अथर्ववेद में मिलता है।
- गोत्र नामक संस्था का उदय उत्तर वैदिक काल में हुआ।

- अथर्ववेद में 'सभा' एवं 'समिति' को प्रजापति की दो पुत्रियां कहा गया है। अथर्ववेद के मंत्रों का उच्चारण करने वाले पुरोहित को 'ब्रह्मा' कहा जाता था।
- अथर्ववेद में मगध एवं अंग महाजनपद का उल्लेख है।
- उत्तरवैदिक काल में हल को सिरा और हल रेखा को सीता कहा जाता था।
- महाभारत का पुराना नाम जयसंहिता है। यह विश्व का सबसे बड़ा महाकाव्य है।

जैन धर्म

- जैन धर्म के संस्थापक ऋषभदेव थे।
- जैन परंपरा के अनुसार जैन धर्म में कुल 24 तीर्थंकर हुए। जैन धर्म के 23वें तीर्थंकर पार्श्वनाथ थे।
- जैन धर्म के मुख्य प्रवर्तक तथा 24वें तीर्थंकर महावीर स्वामी थे।
- वर्धमान महावीर का जन्म 540 ई.पू. में वैशाली के निकट कुण्डग्राम (ज्ञातृक कुल) में हुआ था। इनके पिता का नाम सिद्धार्थ जो ज्ञातृक कुल के सरदार थे तथा माता का नाम त्रिशला जो लिच्छवी राजा चेतक की बहन थी।
- महावीर स्वामी, सत्य की खोज के लिए 30 वर्ष की आयु में गृह-त्याग कर संन्यासी हो गए थे।
- महावीर स्वामी को 12 वर्ष की गहन तपस्या के पश्चात् जम्भिकग्राम के निकट ऋजुपालिका नदी के तट पर एक वृक्ष के नीचे सर्वोच्च ज्ञान (कैवल्य) की प्राप्ति हुई।
- जैन धर्मग्रन्थों की रचना मुख्यतया प्राकृत भाषा में हुई।
- जैन धर्म दो पंथों में बँटा–श्वेताम्बर एवं दिगम्बर।
- श्वेताम्बर पंथ को मानने वाले श्वेत वस्त्र धारण करते हैं।
- दिगम्बर पंथ को मानने वाले वस्त्रों का परित्याग करते हैं।

जैन संगीतियाँ

क्रम/समय	*स्थान*	*अध्यक्ष*	*शासक*	*कार्य*
प्रथम 322-298 ई.पू.	पाटलिपुत्र	स्थूलभद्र	चन्द्रगुप्त मौर्य	जैन धर्म के महत्वपूर्ण 12 अंगों का प्रणयन, जैन धर्म का दो भागों– श्वेताम्बर एवं दिगम्बर में विभाजन।
द्वितीय 512 ई.	वल्लभी	देवर्धि क्षमा श्रमण	–	धर्म ग्रंथों को अंतिम रूप से संकलित कर लिपिबद्ध किया गया।

जैन तीर्थंकर और उनके प्रतीक चिह्न

क्र.	जैन तीर्थंकर	प्रतीक चिह्न
1.	ऋषभदेव	सांड़ (वृषभ)
2.	अजितनाथ	हाथी
3.	नेमिनाथ	शंख
4.	पार्श्वनाथ	सर्प फण
5.	महावीर	सिंह
6.	शांतिदेव	हिरण

बौद्ध धर्म

- महात्मा बुद्ध का जन्म 563 ई.पू. में कपिलवस्तु के निकट लुम्बिनी में हुआ था। महात्मा बुद्ध को एशिया का ज्योति पुञ्ज (Light of Asia) कहा जाता है।
- बुद्ध के पिता शुद्धोधन शाक्य गणराज्य के शासक थे। उनकी माता का नाम महामाया था। माता की मृत्यु के बाद मौसी महाप्रजापति ने उनका पालन-पोषण किया।
- गौतम बुद्ध का विवाह 16 वर्ष की आयु में यशोधरा से हुआ था। इनके पुत्र का नाम राहुल था।
- आलार कलाम बुद्ध के प्रथम गुरू थे। निरंजना नदी (गया) के तट पर उरूवेला नामक स्थान पर वैशाख पूर्णिमा के दिन सिद्धार्थ को ज्ञान की प्राप्ति हुई जिसके बाद वे बुद्ध कहलाए।

महात्मा बुद्ध के जीवन से जुड़े प्रतीकात्मक पशु

पशु	प्रतीक	पशु	प्रतीक
हाथी	गर्भ में आने का	घोड़ा	गृह त्याग का
सांड	यौवन का	शेर	समृद्धि का

बुद्ध के जीवन से संबंधित 5 महाचिह्न अथवा प्रतीक

घटना	चिह्न/प्रतीक	घटना	चिह्न/प्रतीक
जन्म	कमल व सांड़	गृहत्याग	घोड़ा
ज्ञान	पीपल (बोधि वृक्ष)	निर्वाण	पद चिह्न
मृत्यु	स्तूप		

गौतम बुद्ध के जीवन की महत्वपूर्ण घटनाएँ

क्र.	घटना	सम्बन्ध
1.	महाभिनिष्क्रमण	गौतम बुद्ध का गृहत्याग
2.	धम्मचक्रप्रवर्तन	गौतम बुद्ध द्वारा दिया गया प्रथम उपदेश
3.	संबोधि/निर्वाण	गौतम बुद्ध द्वारा ज्ञान की प्राप्ति
4.	महापरिनिर्वाण	गौतम बुद्ध की मृत्यु

त्रिपिटक

- **सुत्तपिटक**–इसमें बौद्ध धर्म के सिद्धांतों का उल्लेख है।
- **विनयपिटक**–इसमें बौद्ध संघ के नियमों की व्याख्या की गई है।
- **अभिधम्मपिटक**–इसमें बौद्ध दर्शन पर प्रकाश डाला गया है।
- महात्मा बुद्ध के महापरिनिर्वाण के बाद बौद्ध धर्म कई सम्प्रदायों में विभक्त हो गया। इनमें प्रमुख हैं–हीनयान तथा महायान।

बौद्ध संगीतियाँ

संगीति	काल	स्थान	शासक	अध्यक्ष
प्रथम संगीति	483 ई.पू.	राजगृह	अजातशत्रु	महाकश्यप
द्वितीय संगीति	383 ई.पू.	वैशाली	कालाशोक	साबाकामी
तृतीय संगीति	250 ई.पू.	पाटलिपुत्र	अशोक	मोग्गलिपुत्र तिस्स
चतुर्थ संगीति		कुण्डलवन (कश्मीर)	कनिष्क	वसुमित्र/ अश्वघोष

महाजनपद काल

- आरंभिक भारतीय इतिहास में छठी शताब्दी ई.पू. में 16 महाजनपदों का उदय हुआ। बौद्ध ग्रंथ अंगुत्तर निकाय में पहली बार 16 महाजनपदों की चर्चा मिलती है।

महाजनपदों की स्थिति

क्र.स.	महाजनपद	राजधानी	क्र.स.	महाजनपद	राजधानी
1.	मगध	राजगृह	9.	वत्स	कौशाम्बी
2.	अवन्ति	उज्जयिनी	10.	कुरू	हस्तिनापुर
3.	वज्जि	वैशाली	11.	मत्स्य	विराटनगर
4.	कोसल	श्रावस्ती	12.	पांचाल	अहिच्छत्र
5.	काशी	वाराणसी	13.	शूरसेन	मथुरा
6.	अंग	चम्पा	14.	गान्धार	तक्षशिला
7.	मल्ल	कुशीनारा	15.	कम्बोज	राजपुर
8.	चेदि	शुक्तिमती	16.	अश्मक	पोतन

हर्यक वंश

- बिम्बिसार (544-492 ई.पू.) हर्यक वंश का प्रथम शक्तिशाली शासक था। इनकी राजधानी गिरिव्रज (राजगृह) थी।
- उसने अपनी स्थिति मजबूत करने के लिए कोसल, वैशाली एवं मद्र राजवंशों से वैवाहिक सम्बन्ध स्थापित किए।
- बिम्बिसार के पुत्र अजातशत्रु (492-460 ई.पू.) ने उसकी हत्या कर सिंहासन प्राप्त किया।
- अजातशत्रु बौद्ध धर्म का अनुयायी था एवं उसकी राजधानी में प्रथम बौद्ध महासभा हुई।

शिशुनाग वंश

- हर्यक वंश के एक सेनापति शिशुनाग ने मगध के सिंहासन पर अधिकार करके शिशुनाग वंश की स्थापना की।
- शिशुनाग वंश के शासन काल में राजधानी पाटलिपुत्र से बदलकर वैशाली ले जायी गई। इस वंश के शासक 'कालाशोक' के शासन में दूसरी बौद्ध महासभा का आयोजन राजधानी वैशाली में हुआ।

नन्द वंश

- इस वंश का संस्थापक महापद्मनन्द को माना जाता है।
- नन्द वंश का अन्तिम शासक घनानन्द था।
- इसी के शासन काल में सिकन्दर ने भारत पर आक्रमण किया।

चन्द्रगुप्त मौर्य

- चन्द्रगुप्त मौर्य चाणक्य की सहायता से अन्तिम नन्दवंशीय शासक घनानन्द को पराजित कर 25 वर्ष की आयु में (322 ई.पू.) मगध के सिंहासन पर आसीन हुआ और मौर्य साम्राज्य की स्थापना की। चन्द्रगुप्त मौर्य ने व्यापक विजय करके प्रथम अखिल भारतीय साम्राज्य की स्थापना की।
- सेल्यूकस ने मेगास्थनीज को अपने राजदूत के रूप में चन्द्रगुप्त मौर्य के दरबार में भेजा।
- वृद्धावस्था में चन्द्रगुप्त मौर्य से जैन मुनि भद्रबाहु से जैन दीक्षा ली थी और श्रवणबेलगोला में 297 ई. पू. में उपवास द्वारा अपना शरीर त्याग दिया था।

बिन्दुसार

- चन्द्रगुप्त मौर्य की मृत्यु के पश्चात उसका पुत्र बिन्दुसार उसका उत्तराधिकारी बना।

अशोक

- यद्यपि अशोक ने 273 ई. पू. में ही सिंहासन प्राप्त कर लिया था परन्तु 4 साल तक गृहयुद्ध में रत रहने के कारण अशोक का वास्तविक राज्याभिषेक 269 ई.पू. में हुआ।
- अपने राज्याभिषेक के आठवें वर्ष अर्थात् 261 ई.पू. में अशोक ने कलिंग पर आक्रमण किया और उसे जीत लिया।
- कलिंग युद्ध में हुए व्यापक नरसंहार ने अशोक को विचलित कर दिया, जिसके परिणामस्वरूप उसने बौद्ध धर्म स्वीकार कर लिया। अशोक ने साँची स्तूप का निर्माण भी कराया।

अशोक के प्रमुख शिलालेख एवं उनमें उल्लिखित विषय

शिलालेख	विषय
पहला शिलालेख	पशुबलि की निंदा की गई है।
दूसरा शिलालेख	अशोक ने मनुष्य एवं पशु दोनों की चिकित्सा-व्यवस्था का उल्लेख किया है। चोल, चेर, पाण्ड्य, ताम्रपर्णि, केरलपुत्र व सतियपुत्र राज्यों का उल्लेख है।
तीसरा शिलालेख	राजकीय अधिकारियों को यह आदेश दिया गया है कि वे हर पांचवें वर्ष के उपरान्त दौरे पर जाएं। इस शिलालेख में कुछ धार्मिक नियमों का भी उल्लेख किया गया है।
चौथा शिलालेख	इस अभिलेख में भेरीघोष की जगह धम्मघोष की घोषणा की गई है।
पांचवां शिलालेख	धर्म-महामात्रों की नियुक्ति के विषय में जानकारी मिलती है।
छठा शिलालेख	इसमें आत्म नियंत्रण की शिक्षा दी गई है। प्रजा सदैव राजा से मिल सकती है।
सातवां एवं आठवां शिलालेख	अशोक की तीर्थ-यात्राओं का वर्णन किया गया है।
नौवां शिलालेख	सच्ची भेंट तथा सच्चे शिष्टाचार का उल्लेख किया गया है।
दसवां शिलालेख	अशोक ने आदेश दिया है कि राजा तथा उच्च अधिकारी हमेशा प्रजा के हित में सोचें।
ग्यारहवां शिलालेख	धम्म की व्याख्या की गई है।
बारहवां शिलालेख	इसमें स्त्री महामात्रों की नियुक्ति एवं सभी प्रकार के विचारों के सम्मान की बात कही गई है।
तेरहवां शिलालेख	कलिंग युद्ध का वर्णन एवं अशोक के हृदय- परिवर्तन की बात कही गई है। इसी में पड़ोसी राजाओं का वर्णन है।
चौदहवां शिलालेख	इसमें अशोक ने जनता को धार्मिक जीवन बिताने के लिए प्रेरित किया।

शुंग वंश

- अन्तिम मौर्य सम्राट बृहद्रथ की हत्या करके उसके सेनापति पुष्यमित्र शुंग ने 184 ई.पू. में शुंग वंश की स्थापना की।
- शुंग काल में ही भागवत धर्म का उदय एवं विकास हुआ तथा वासुदेव विष्णु की उपासना हुई।

कण्व वंश

- वासुदेव इस वंश का संस्थापक था।
- कण्व वंश में कुल चार शासक हुए।
- अन्तिम शासक सुशर्मा को हटाकर सिमुक ने सातवाहन वंश की स्थापना की।

आन्ध्र-सातवाहन वंश

- इस वंश का संस्थापक सिमुक था।
- गौतमी पुत्र शातकर्णी (106 ई.पू.–130 ई.) इस वंश का सर्वाधिक महान् शासक था।
- इस काल में तांबे तथा कांसे के अलावा सीसे के सिक्के काफी प्रचलित हुए।

गुप्त वंश

चन्द्रगुप्त प्रथम

- गुप्त अभिलेखों से ज्ञात होता है कि चन्द्रगुप्त प्रथम ही गुप्त वंश का प्रथम स्वतन्त्र शासक था, जिसकी उपाधि 'महाराजाधिराज' थी।
- चन्द्रगुप्त प्रथम ने 'गुप्त सम्वत्' की स्थापना 319-20 ई. में की थी।

समुद्रगुप्त

- समुद्रगुप्त पर प्रकाश डालने वाली अत्यन्त प्रामाणिक सामग्री 'प्रयाग प्रशस्ति' के रूप में उपलब्ध है।
- समुद्रगुप्त गुप्त वंश का एक महान योद्धा तथा कुशल सेनापति था, इसी कारण उसे 'भारत का नेपोलियन' कहा जाता है।

चन्द्रगुप्त द्वितीय 'विक्रमादित्य'

- चन्द्रगुप्त द्वितीय का काल साहित्य और कला का स्वर्ण युग कहा जाता है। इसने रजत मुद्राओं का सर्वप्रथम प्रचलन करवाया था।
- चन्द्रगुप्त द्वितीय के दरबार में विद्वानों एवं कलाकारों को आश्रय प्राप्त था। उसके दरबार में नौ रत्न थे–कालिदास, धन्वन्तरि,

क्षपणक, अमरसिंह, शंकु, बैताल भट्ट, घटकर्पर, वराहमिहिर और वररुचि।

- चन्द्रगुप्त द्वितीय के शासनकाल में चीनी यात्री फाह्यान (399 ई.–412 ई.) भारत यात्रा पर आया था।

कुमारगुप्त प्रथम

- गुप्त शासकों में सर्वाधिक अभिलेख कुमारगुप्त के ही प्राप्त हुए हैं। कुमारगुप्त प्रथम के शासनकाल में नालन्दा विश्वविद्यालय की स्थापना की गई थी।

स्कन्दगुप्त

- स्कन्दगुप्त ने मौर्यों द्वारा निर्मित सुदर्शन झील का जीर्णोद्धार करवाया था।
- हूणों का गुप्त साम्राज्य पर आक्रमण स्कन्दगुप्त के शासनकाल की महत्वपूर्ण घटना थी।

गुप्तकाल के रचनाकार

रचनाकार	रचना
कालिदास	मेघदूतम, ऋतुसंहारम्, विक्रमोर्वशीयम्, मालविकाग्निमित्रम्, अभिज्ञानशाकुन्तलम्, कुमारसम्भवम्
विष्णु शर्मा	पंचतंत्र
नारायण पंडित	हितोपदेश
वराहमिहिर	वृहत्संहिता, लघुजातक
विशाखदत्त	मुद्राराक्षस, देवीचन्द्रगुप्तम्
पालाकाप्य	हस्तायुर्वेद
शुद्रक	मृच्छकटिकम्
भास	स्वप्नवासवदत्ता
दण्डी	दशकुमारचरित
अमरसिंह	अमरकोष

गुप्तकालीन प्रसिद्ध मंदिर

मंदिर	स्थान
विष्णु मंदिर	तिगवा (जबलपुर, मध्य प्रदेश)
शिव मंदिर	भूमरा (नागौर, मध्य प्रदेश)
पार्वती मंदिर	नचना कुठार (मध्य प्रदेश)
दशावतार मंदिर	देवगढ़ (झांसी, उत्तर प्रदेश)
भितरगांव मंदिर	भितरगांव (कानपुर, उत्तर प्रदेश)
लक्षमण मंदिर (ईंटों द्वारा निर्मित)	कानपुर (उत्तर प्रदेश)

हर्षवर्धन (पुष्यभूति वंश)

- हर्ष ने अपनी राजधानी थानेश्वर से कन्नौज स्थानान्तरित की थी। हर्षवर्धन एक उच्चकोटि का कवि भी था। उसने संस्कृत में नागानन्द, रत्नावली तथा प्रियदर्शिका नामक नाटकों की रचना की थी।
- हर्षवर्धन ने अपने राजदरबार में कादम्बरी और हर्षचरित के रचयिता बाणभट्ट, सुभाषितवलि के रचयिता मयूर और चीनी विद्वान ह्वेनसांग (सी-यू-की का रचयिता) को आश्रय प्रदान किया था।

पाल वंश

- पाल वंश की स्थापना बौद्ध धर्म के अनुयायी गोपाल (750-770 ई.) ने की थी।
- धर्मपाल (गोपाल के पुत्र) ने विक्रमशिला विश्वविद्यालय की स्थापना की तथा नालन्दा विश्वविद्यालय का जीर्णोद्धार कराया।

बादामी के चालुक्य

- इस वंश का संस्थापक पुलकेशिन प्रथम (535-566 ई.) था।
- इस वंश की राजधानी वातापी (आधुनिक बादामी) थी।
- ह्वेनसांग पुलकेशिन द्वितीय के शासनकाल में चालुक्य साम्राज्य की यात्रा पर आया।

राष्ट्रकूट वंश

- इस वंश का संस्थापक दन्तिदुर्ग था।
- इस वंश का प्रसिद्ध शासक कृष्ण प्रथम एक महान निर्माता भी था। उसने एलोरा के प्रसिद्ध कैलाश मन्दिर का निर्माण करवाया।
- अमोघवर्ष (814 ई.–876 ई.) धर्म और साहित्य में विशेष रुचि रखता था। वह विद्वानों एवं कलाकारों का आश्रयदाता था। उसने अपनी कन्नड़ कविता 'कविराज मार्ग' तथा 'प्रश्नोत्तर मल्लिका' लिखी।
- इस वंश के शासक कृष्ण तृतीय ने एक विजय स्तम्भ तथा रामेश्वरम् में एक मन्दिर का निर्माण करवाया।

पल्लव वंश

- नरसिंहवर्मन (630 ई.–668 ई.) पल्लव वंश का सर्वाधिक यशस्वी शासक था।
- नरसिंहवर्मन ने महाबलिपुरम नगर की स्थापना की तथा महाबलिपुरम के प्रसिद्ध एकात्मक रथों (सात पैगोडा) का निर्माण भी उसी ने करवाया।

गंग वंश

- गंग शासक नरसिंह देव ने कोणार्क का प्रसिद्ध सूर्य मन्दिर बनवाया। गंग वंश के ही शासक अनन्तवर्मन ने पुरी के प्रसिद्ध जगन्नाथपुरी मन्दिर का निर्माण करवाया।

चोल वंश

- इस वंश का संस्थापक विजयालय (846 ई–871 ई.) था।
- राजराज प्रथम को इस वंश का वास्तविक संस्थापक माना जाता है। उसने सम्पूर्ण दक्षिण भारत में अपना विजय परचम लहराया।
- उसने तंजौर में प्रसिद्ध 'राजराजेश्वर मन्दिर' (बृहदेश्वर शिव मन्दिर) का निर्माण करवाया।
- चोलों के शासनकाल में ही कला की 'गोपुरम' शैली का जन्म हुआ।

मध्यकालीन भारत

भारत पर अरबों का आक्रमण

- भारत पर आक्रमण करने वाला प्रथम मुस्लिम शासक मुहम्मद बिन कासिम था।
- मुहम्मद बिन कासिम के आक्रमण के समय सिन्ध का शासक दाहिर था। कासिम ने 712 ई. में सिंध पर विजय प्राप्त की। इसने मुल्तान को भी जीता।

महमूद गजनवी

- महमूद गजनवी अपने पिता की मृत्यु के बाद 997 ई. में गजनी के सिंहासन पर बैठा।
- महमूद गजनवी ने भारत पर 1001 ई. से 1027 ई. के बीच 17 आक्रमण किए।
- 1025 ई. में उसका सोमनाथ के शिव मन्दिर पर आक्रमण सबसे प्रसिद्ध है।

मोहम्मद गोरी (1175 ई.–1206 ई.)

- महमूद गजनवी के विपरीत, मोहम्मद गोरी के भारत पर आक्रमण का उद्देश्य भारत में मुस्लिम राज्य की स्थापना करना था।
- 1206 ई. में गोरी, कुतुबुद्दीन ऐबक को भारत का नेतृत्व सौंपकर वापस अपने गृहप्रान्त की ओर चला। रास्ते में कुछ विद्रोहियों ने अचानक हमला कर उसकी हत्या कर दी।

दिल्ली सल्तनत के प्रमुख सुल्तान और उनकी उपलब्धियाँ

गुलाम वंश

- **कुतुबुद्दीन ऐबक (1206-1210)**–गुलाम वंश का संस्थापक, कुतुबमीनार का निर्माण प्रारंभ करना; अजमेर में अढ़ाई दिन का झोंपड़ा बनवाना।
- **इल्तुतमिश (1210-1236)**–गुलाम वंश का वास्तविक प्रथम सुल्तान, लाहौर की जगह दिल्ली को अपनी राजधानी बनायी, इक्ता प्रणाली का प्रचलन किया, टका एवं जीतल सिक्के चलाये, कुतुबमीनार का निर्माण सम्पूर्ण कराया, 40 गुलामों के दल की स्थापना की तथा चंगेज खाँ के आक्रमण से देश को बचाया।
- **रज़िया सुल्तान (1236-1240)**–प्रथम महिला सुल्तान, इल्तुतमिश द्वारा सुल्तान घोषित, अल्तुनिया सहित मौत के घाट उतार दी गई, अंतिम गुलाम सुल्तान।
- **नसीरुद्दीन महमूद (1246-1266)**–बलबन की सहायता से 20 वर्ष तक शासन किया तथा मंगोलों के आक्रमण से राज्य को बचाया।
- **बलबन (1266-1286)**–रक्त और लौह की नीति अपनाकर विद्रोहियों का दमन किया, मंगोलों के आक्रमणों से राज्य को बचाये रखा। सवार-ए-कल्ब में वृद्धि कर सेना का पुनर्गठन किया।

अमीर खुसरो

अमीर खुसरो का मूल नाम अबुल हसन था। उनका जन्म पटियाली (बदायूँ) में 1253 ई. में हुआ था। खुसरो प्रसिद्ध सूफी संत शेख निजामुद्दीन औलिया के शिष्य थे। वह बलबन से लेकर मुहम्मद तुगलक तक दिल्ली सुल्तानों के दरबार में रहे। इन्हें तुति-ए-हिन्द (भारत का तोता) के नाम से भी जाना जाता है। सितार एवं तबले के आविष्कार का श्रेय खुसरो को दिया जाता है।

खिलजी वंश

- **अलाउद्दीन खिलजी (1296-1316)**–खिलजी वंश का दूसरा परन्तु सर्वशक्तिशाली सुल्तान, दक्षिण भारत को विजित करने

वाला प्रथम मुस्लिम सुल्तान, भूमि की नाप कराने वाला प्रथम सुल्तान, आर्थिक सुधार करके स्थायी सेना का संगठन करने वाला प्रथम तुर्की सुल्तान।

तुगलक वंश

- **मुहम्मद बिन तुगलक (1325-1351)**–सुल्तानों में सर्वोच्च विद्वान, अर्थशास्त्री, स्वर्ण भंडार समाप्त होने पर तांबा का सिक्का चलाया, राजधानी साम्राज्य के मध्य में सुरक्षित स्थान पर होनी चाहिए इसको क्रियान्वयन करने का प्रयास किया, सम्पूर्ण साम्राज्य में समान राजस्व व्यवस्था लागू की, किसानों को तकावी व ऋण प्रदान किया।
- **फिरोजशाह तुगलक (1351-1388)**–उदार होने के साथ-साथ कट्टर धार्मिक था, इस कारण मुसलमानों के हित में कार्य अधिक किया। राजकीय पदों को पैतृक बना दिया, कई कृषि कर समाप्त कर दिए, केवल चार कर रखे जो केवल हिन्दुओं को देने होते थे, दास प्रथा एवं जागीर प्रथा पुनः प्रचलित कर दी, कृषि की उन्नति के लिए नहरें निकलवाई, कई नगर बसाये आदि।

सैय्यद वंश

- **खिज्र खाँ (1414-1421)**–सैय्यद वंश का संस्थापक, परन्तु उसने शाह की उपाधि धारण नहीं की।

लोदी वंश

- **बहलोल लोदी (1451-1489)**–लोदी वंश का संस्थापक, अफगानों के प्रति सदैव उदार रहा तथा समानता का व्यवहार किया, जौनपुर के महमूद शाह शर्की का दमन किया।
- **सिकंदर लोदी (1489-1517)**–लोदी वंश का सबसे प्रतापी सुल्तान, सख्ती से अमीरों एवं डाकुओं को दबाकर राज्य में शांति स्थापित की, आवश्यक वस्तुओं के दाम कम करा दिए।
- **इब्राहिम लोदी (1517-1526)**–लोदी वंश का अंतिम और दिल्ली सल्तनत का भी अंतिम सुल्तान, जिद्दी व अहंकारी होने के कारण अफगानों को मिलाकर नहीं रख सका, इस कारण 21 अप्रैल, 1526 को बाबर से परास्त होकर वह अपना साम्राज्य खो बैठा।

धार्मिक आंदोलन

सूफी आंदोलन

- 1192 ई. में मुहम्मद गोरी के साथ ख्वाजा मुइनुद्दीन चिश्ती भारत आये। इन्होंने यहां 'चिश्तिया परंपरा' की स्थापना की।
- चिश्ती सिलसिला का प्रमुख केन्द्र अजमेर था।
- बख्तियार काकी, शेख सलीम चिश्ती तथा निजामुद्दीन औलिया चिश्ती संप्रदाय के प्रमुख संत थे।
- हजरत निजामुद्दीन औलिया ने अपने जीवनकाल में दिल्ली के सात सुल्तानों का शासन देखा।
- सूफियों के सुहरावर्दी सिलसिले की स्थापना शेख शिहाबुद्दीन उमर सुहरावर्दी ने की।
- सत्तारी सिलसिले की स्थापना शेख अब्दुल सत्तारी ने की। इसका मुख्य केन्द्र बिहार था।
- 'शेख अहमद सरहिन्दी' नक्शबंदी सिलसिले के प्रमुख संत थे।
- फिरदौसी सुहरावर्दी सिलसिले की एक शाखा थी। इस सिलसिले को शेख शरीफउद्दीन याह्या ने लोकप्रिय बनाया।

भक्ति आंदोलन

- छठी शताब्दी में भक्ति आंदोलन की शुरुअात तमिल क्षेत्र में हुई जो महाराष्ट्र एवं कर्नाटक में फैल गई।
- मध्यकाल में भक्ति आंदोलन की शुरुआत सर्वप्रथम दक्षिण के आलवार भक्तों द्वारा की गई।
- उत्तर भारत में भक्ति आंदोलन को लाने का श्रेय 12वीं सदी में रामानंद को है।
- रामानुजाचार्य ने विशिष्टाद्वैत दर्शन दिया।
- रामानंद ने जातिवाद पर कड़ा प्रहार किया। उनके शिष्यों में कबीर (जुलाहा), सेना (नाई), रैदास (चमार), पीपा (राजपूत) आदि थे। रामानंद ने एकेश्वरवाद पर बल दिया।
- कबीर ने निर्गुण भक्ति का प्रसार किया। यह एक महान समाज सुधारक थे जिनकी साहित्यिक कृतियां बीजक ग्रंथ में संकलित हैं।
- गुरुनानक ने सिख धर्म की स्थापना की। इनकी वाणी 'गुरुग्रंथ साहिब' में संकलित हैं। इन्होंने बाह्य आडंबर, मूर्तिपूजा आदि का विरोध किया।

मुगल साम्राज्य

- भारत में मुगल वंश की स्थापना बाबर ने 1526 ई. में की। बाबर ने पद- पादशाही की स्थापना की जिसके तहत शासक को बादशाह कहा जाता था।
- बाबर को अपनी उदारता के लिए 'कलन्दर' की उपाधि दी गई।

मुगल शासक एवं उनके शासन काल

क्र.	शासक	शासनकाल
1.	बाबर	1526-1530 ई.
2.	हुमायूं	1530-1556 ई.
3.	अकबर	1556-1605 ई.
4.	जहाँगीर	1605-1627 ई.
5.	शाहजहाँ	1627-1658 ई.
6.	औरंगजेब	1658-1707 ई.
7.	बहादुरशाह प्रथम	1707-1712 ई.
8.	जहाँदार शाह	1712-1713 ई.
9.	फर्रुखसियर	1713-1719 ई.
10.	मुहम्मद शाह	1719-1748 ई.
11.	अहमदशाह	1748-1754 ई.
12.	आलमगीर द्वितीय	1754-1759 ई.
13.	शाहआलम द्वितीय	1759-1806 ई.
14.	अकबर द्वितीय	1806-1837 ई.
15.	बहादुरशाह द्वितीय	1837-1857 ई.

मुगलकालीन स्थापत्य

स्थापत्य	स्थान	निर्माणकर्ता
हुमायूँ का मकबरा	दिल्ली	हाजी बेगम
किला-ए-कुहना मस्जिद	दिल्ली	शेरशाह
आगरा का किला	आगरा	अकबर
फतेहपुर सीकरी महल	फतेहपुर सीकरी	अकबर
जोधाबाई महल	फतेहपुर सीकरी	अकबर
मरियम की कोठी	फतेहपुर सीकरी	अकबर
बुलंद दरवाजा	फतेहपुर सीकरी	अकबर
सलीम चिश्ती का मकबरा	फतेहपुर सीकरी	अकबर
अकबर का मकबरा	सिकन्दरा	जहाँगीर
एत्मादुदौला का मकबरा	आगरा	नूरजहाँ
जहाँगीर का मकबरा	शाहदरा (लाहौर)	नूरजहाँ
मोती मस्जिद	आगरा	शाहजहाँ
जामा मस्जिद	आगरा	शाहजहाँ
ताजमहल	आगरा	शाहजहाँ
लाल किला	दिल्ली	शाहजहाँ
जामा मस्जिद	दिल्ली	शाहजहाँ
बीबी का मकबरा	औरंगाबाद	औरंगजेब
बादशाही मस्जिद	लाहौर	औरंगजेब

अकबर के कुछ महत्वपूर्ण कार्य

कार्य	वर्ष
दास प्रथा का अन्त	1562 ई.
अकबर को हरम से मुक्ति	1562 ई.
तीर्थयात्रा कर समाप्त	1563 ई.
जजिया कर समाप्त	1564 ई.
फतेहपुर सीकरी की स्थापना एवं राजधानी का आगरा से फतेहपुर सीकरी स्थानांतरण	1571 ई.
इबादतखाने की स्थापना	1575 ई.
दीन-ए-इलाही की स्थापना	1582 ई.
इलाही संवत् की शुरुआत	1583 ई.
राजधानी लाहौर स्थानांतरित	1585 ई.

मुगलकालीन साहित्य

रचना	रचनाकार
हुमायूँनामा	गुलबदन बेगम
पादशाहनामा	मुहम्मद वारिस
आइन-ए-अकबरी	अबुल फजल
मज्म-उल-बहरीन	दारा शिकोह
अकबरनामा	अबुल फजल
रक्कत-ए-आलमगिरी	औरंगजेब
मुन्तखब-उत-तवारीख	बदायूँनी
तबकात-ए-अकबरी	निजामुद्दीन अहमद
आलमगीरनामा	मुहम्मद काजिम
तुजुक-ए-जहाँगीरी	जहाँगीर
फतुहात-ए-आलमगिरी	ईश्वरदास नागर
पादशाहनामा	अब्दुल हमीद लाहौरी

फारसी में अनुवाद ग्रंथ

अनुवादित ग्रंथ	अनुवादक
महाभारत	नकीब खां, बदायूंनी, अबुल फजल, फैजी
रामायण	बदायूंनी, नकीब खां
अथर्ववेद	बदायूंनी, हाजी इब्राहिम सरहिन्दी
लीलावती	फैजी
राजतरंगिणी	मौलाना शेरी
कालिय दमन	अबुल फजल
नल दमयन्ती	फैजी
भागवत गीता	दारा शिकोह
योग वशिष्ठ	दारा शिकोह
तुजुक-ए-बाबरी	अब्दुर्रहीम खानखाना

मध्यकालीन भारत के महत्वपूर्ण युद्ध

युद्ध	समय	जिनके मध्य युद्ध हुआ	विजयी
तराइन युद्ध-I	1191 ई.	पृथ्वीराज चौहान एवं मुहम्मद गौरी	पृथ्वीराज चौहान
तराइन युद्ध-II	1192 ई.	पृथ्वीराज चौहान एवं मुहम्मद गौरी	मुहम्मद गौरी
चन्दावर का युद्ध	1194 ई.	मुहम्मद गौरी एवं जयचन्द	मुहम्मद गौरी
पानीपत का युद्ध-I	1526 ई.	बाबर एवं इब्राहीम लोदी	बाबर
खानवा का युद्ध	1527 ई.	बाबर एवं राणा सांगा	बाबर
चंदेरी का युद्ध	1528 ई.	बाबर एवं राणा सांगा	बाबर
घाघरा का युद्ध	1529 ई.	बाबर एवं अफगान	बाबर
चौसा का युद्ध	1539 ई.	शेरशाह एवं हुमायूं	शेरशाह
बिलग्राम का युद्ध	1540 ई.	शेरशाह एवं हुमायूं	शेरशाह
पानीपत का युद्ध-II	1556 ई.	अकबर एवं हेमू	अकबर
तालीकोटा का युद्ध	1565 ई.	विजयनगर की सेना एवं बहमनी संयुक्त सेना	बहमनी संयुक्त सेना
हल्दी-घाटी का युद्ध	1576 ई.	अकबर एवं महाराणा प्रताप	*
असीरगढ़ का युद्ध	1601 ई.	अकबर एवं दक्षिण भारत के शासक	अकबर
धरमट का युद्ध	1658 ई.	औरंगजेब, मुराद बख्श एवं दारा शिकोह के मध्य	औरंगजेब
सामूगढ़ का युद्ध	1658 ई.	औरंगजेब एवं दारा शिकोह	औरंगजेब

* कुछ इतिहासकारों के अनुसार यह युद्ध अनिर्णायक रहा लेकिन कुछ के अनुसार इसमें अकबर विजयी हुआ।

मराठा साम्राज्य

- मराठा साम्राज्य के संस्थापक शिवाजी थे। इनका जन्म 19 फरवरी, 1630 ई. में शिवनेर दुर्ग (जुन्नार के समीप) में हुआ था।
- शिवाजी के पिता शाहजी भोंसले और माता जीजाबाई थीं।
- शिवाजी के आध्यात्मिक गुरु समर्थ रामदास थे।
- 1674 ई. में शिवाजी ने रायगढ़ के दुर्ग में स्वतंत्र मराठा शासक के रूप में अपना राज्याभिषेक वाराणसी (काशी) के प्रसिद्ध विद्वान श्री गंगाभट्ट द्वारा कराया और छत्रपति की उपाधि ली।
- शिवाजी को औरंगजेब ने मई, 1666 ई. में जयपुर भवन में कैद कर लिया, जहाँ से वे 16 अगस्त, 1666 ई. में भाग निकले।
- शिवाजी के प्रशासन की प्रमुख विशेषता उनके आठ मंत्री थे जिन्हें 'अष्ट प्रधान' कहा जाता था।
- शिवाजी की आय का मुख्य साधन चौथ था। यह आय का ¼ होता था। आय का दूसरा साधन 'सरदेशमुखी' था जो आय का 1/10 भाग होता था।
- शिवाजी के उत्तराधिकारी शम्भाजी की 1689 ई॰ में औरंगजेब ने हत्या करवा दी।
- शाहू ने बालाजी विश्वनाथ को पेशवा बनाया। पेशवा का पद आगे मराठा साम्राज्य में सर्वाधिक महत्वपूर्ण हो गया।
- बालाजी विश्वनाथ के बाद बाजीराव प्रथम पेशवा बना जिसने मराठा राज्य का अत्यधिक विस्तार किया।
- 1740 ई. में बाजीराव प्रथम का पुत्र बालाजी बाजीराव पेशवा बना। पानीपत का तृतीय युद्ध (1761 ई॰) बालाजी बाजीराव के समय ही लड़ा गया था जिसमें अहमदशाह अब्दाली के द्वारा मराठे बुरी तरह पराजित हुए।
- पालखेड़ा का युद्ध 7 मार्च, 1728 ई. में बाजीराव प्रथम एवं निजामुल मुल्क के बीच हुआ जिसमें निजाम की हार हुई।
- दिल्ली पर आक्रमण करने वाला प्रथम पेशवा बाजीराव प्रथम था, जिसने 29 मार्च, 1737 ई. को दिल्ली पर आक्रमण किया था।

अष्ट प्रधान

पेशवा	*प्रधानमंत्री*
अमात्य	*वित्तमंत्री*
सर-ए-नौबत	*सैन्य प्रधान*
सुमन्त	*विदेश मंत्री*
पण्डित राव	*धर्म एवं दान विभाग का प्रधान*
वाकयानवीस	*सूचना एवं गुप्तचर विभाग का प्रधान*
न्यायाधीश	*न्याय विभाग*
चिटनिस	*सामान्य पत्र व्यवहार*

सिख धर्म गुरु और उनके कार्य

समय (गुरु-काल)	सिख गुरु	कार्य
1469 ई. से 1539 ई.	गुरु नानक देव	सिख धर्म की स्थापना, 'आदि ग्रंथ' की रचना
1539 ई. से 1552 ई.	गुरु अंगद	गुरुमुखी लिपि के जनक
1552 ई. से 1574 ई.	गुरु अमरदास	धर्म प्रसार हेतु 22 गद्दियों की स्थापना
1574 ई. से 1581 ई.	गुरु रामदास	अमृतसर की स्थापना (1577 ई.)
1581 ई. से 1606 ई.	गुरु अर्जुन देव	'श्री हरमन्दिर साहिब' या 'स्वर्ण मन्दिर' की नींव रखी, 'गुरु ग्रंथ साहब' का संकलन
1606 ई. से 1645 ई.	गुरु हरगोविन्द सिंह	'अकाल तख्त' की स्थापना, सिखों को लड़ाकू जाति में बदला।
1645 ई. से 1661 ई.	गुरु हरराय	उत्तराधिकार (मुगलों के) युद्ध में भाग
1661 ई. से 1664 ई.	गुरु हरकिशन	अल्पव्यस्क अवस्था में ही मृत्यु
1664 ई. से 1675 ई.	गुरु तेग बहादुर	इस्लाम कुबूल न करने के कारण औरंगजेब द्वारा फाँसी
1675 ई. से 1708 ई.	गुरु गोविन्द सिंह	'खालसा' सेना की स्थापना, अन्तिम गुरु

आधुनिक भारत

यूरोपीय कम्पनियों का भारत आगमन

- 1498 ई. में वास्को-डि-गामा ने भारत के समुद्री मार्ग की खोज की और कालीकट के समुद्र तट पर उतरा।
- पुर्तगालियों ने अपनी पहली व्यापारिक कोठी कोचीन में खोली।
- डचों ने 1605 ई. में मसुलीपट्टनम में अपनी पहली फैक्ट्री स्थापित की। इसके बाद पुलीकट, चिनसुरा, पटना, सूरत, नागपट्टनम, बालासोर तथा कासिम बाजार में डचों ने अपनी फैक्ट्री स्थापित की।
- अंग्रेजों ने 1608 ई. में अपनी पहली फैक्ट्री सूरत में स्थापित की।
- 1664 ई. में फ्रेंच ईस्ट इंडिया कम्पनी की स्थापना हुई।
- 1632 ई. में गोलकुण्डा के सुल्तान ने अंग्रेजों को एक सुनहला फरमान (Golden Farman) दिया।

भारत में यूरोपीय कम्पनियां

कम्पनी	स्थापना वर्ष
पुर्तगाली ईस्ट इण्डिया कम्पनी	1498 ई.
अंग्रेजी ईस्ट इण्डिया कम्पनी	1600 ई.
डच ईस्ट इण्डिया कम्पनी	1602 ई.
डैनिश ईस्ट इण्डिया कम्पनी	1616 ई.
फ्रांसीसी ईस्ट इण्डिया कम्पनी	1664 ई.

- 1661 ई. में पुर्तगाली राजकुमारी 'कैथरीन ऑफ ब्रेगेन्जा' एवं ब्रिटेन के राजकुमार चार्ल्स द्वितीय का विवाह हुआ। इस अवसर पर पुर्तगालियों ने दहेज के रूप में चार्ल्स द्वितीय को बम्बई प्रदान किया।

भूराजस्व व्यवस्था

- मुख्य रूप से अंग्रेजों ने भारत में तीन प्रकार की भू-राजस्व व्यवस्था अपनाई अर्थात् स्थायी बन्दोबस्ती, महालवाड़ी तथा रैयतवाड़ी।
- लॉर्ड कार्नवालिस के द्वारा स्थायी बन्दोबस्त व्यवस्था को लागू किया गया था।
- स्थायी बन्दोबस्त बंगाल, बिहार, उड़ीसा, उत्तर प्रदेश के वाराणसी एवं गाजीपुर क्षेत्र तथा उत्तरी कर्नाटक के क्षेत्रों में लागू किया गया।
- महाल शब्द का तात्पर्य जागीर अथवा गाँव होता है। इस पद्धति में राजस्व व्यवस्था प्रत्येक महाल के साथ स्थापित की गई, कृषक के साथ नहीं। इस पद्धति के जन्मदाता हाल्ट मैकेन्जी थे।
- इस व्यवस्था के अंतर्गत उत्तर प्रदेश, मध्य प्रांत और पंजाब प्रांत आते थे जो ब्रिटिश के कुल भू-भाग का 30 प्रतिशत था।
- किसानों के साथ व्यक्तिगत रूप से किए गए लगान समझौते को रैयतवाड़ी कहा गया।

- 1792 ई. में रैयतवाड़ी व्यवस्था बारामहल जिले में पहली बार कर्नल रीड के द्वारा लागू की गई।
- यह व्यवस्था मद्रास, बम्बई, पूर्वी बंगाल, असम और कुर्ग में लागू की गई। इस व्यवस्था के अंतर्गत ब्रिटिश भारत की 51 प्रतिशत भूमि आई।

आधुनिक उद्योगों का विकास

- भारत में आधुनिक उद्योगों को आरम्भ करने का श्रेय पारसी समुदाय को ही जाता है।
- भारत की पहली सूती मिल 1854 ई. में कावसजी नानाजी दादाभाई द्वारा स्थापित की गई।
- लोहा और इस्पात के क्षेत्र में कदम रखने वाले प्रथम भारतीय पूँजीपति जमशेदजी टाटा थे जिन्होंने 1907 ई॰ में टाटा आयरन एण्ड स्टील कम्पनी की स्थापना की।
- 1884 में भारत का प्रथम श्रमिक संघ 'बम्बई मिल हैण्ड एसोसिएशन' की स्थापना एन॰एस॰ लोखण्डे के नेतृत्व में की गई।
- 'मुम्बई मिल हैण्ड एसोसिएशन' ने मराठी भाषा में 'दीनबन्धु' अखबार प्रकाशित किया।
- 1929 ई॰ में 'अखिल भारतीय ट्रेड यूनियन कांग्रेस' (AITUC) में विभाजन हुआ और साम्यवादियों ने लाल ट्रेड यूनियन कांग्रेस का गठन किया।
- 1938 ई॰ में सुभाषचन्द्र बोस के सहयोग से 'हिन्द मजदूर सेवक संघ' की स्थापना हुई।
- 1940 ई॰ में एम॰एन॰ राय ने अपने को अखिल भारतीय ट्रेड यूनियन कांग्रेस से अलग कर 'इंडियन फेडरेशन ऑफ लेबर' की स्थापना की।
- राष्ट्रवादी नेता बल्लभभाई पटेल ने मई 1947 ई॰ में भारतीय राष्ट्रीय ट्रेड यूनियन (INTUC) की स्थापना की थी।
- भारत में प्रथम क्रान्तिकारी ट्रेड यूनियन की स्थापना 1928 ई॰ में श्रीपाद अमृत डांगे एवं वेन ब्रेडले के सहयोग से बम्बई में 'लाला बावटा गिरनी कामगार यूनियन' के नाम से की गई थी।

शैक्षिक विकास तथा नीति

- 1781 ई॰ में गवर्नर वारेन हेस्टिंग्स ने कलकत्ता में मुस्लिम शिक्षा विकास के लिए 'प्रथम मदरसा' की स्थापना की।
- 1784 ई॰ में सर विलियम जोंस ने एशियाटिक सोसाइटी ऑफ बंगाल की स्थापना की।
- ब्रिटिश रेजीडेण्ट जोनाथन डंकन ने 1791 ई॰ में वाराणसी में संस्कृत कॉलेज की स्थापना की।
- 1800 ई॰ में लार्ड वेलेजली ने फोर्ट विलियम कॉलेज की स्थापना की।
- 1882 में हंटर शिक्षा आयोग आया। इसने प्राथमिक शिक्षा में सुधार तथा उपयोगी विषयों पर स्थानीय भाषा में शिक्षा की वकालत किया।
- 21 फरवरी 1913 ई॰ को नवीन शिक्षा-नीति पारित तथा सरकारों को निःशुल्क प्राथमिक शिक्षा देने का निर्देश।
- राधाकृष्णन आयोग (1948 ई॰) के सुझावों पर भारत सरकार ने 1953 ई॰ में विश्वविद्यालय अनुदान आयोग की स्थापना की।

सामाजिक एवं धार्मिक सुधार आन्दोलन

- हिन्दू धर्म में पहला सुधार आन्दोलन ब्रह्म समाज था, जिसकी स्थापना 1828 ई॰ में कलकत्ता में राजा राममोहन राय ने की।
- राजा राममोहन राय ने 1821 में 'संवाद कौमुदी' (बंगाली) तथा 1822 में 'मिरातुल अखबार' (फारसी) प्रकाशित किया।
- सतीप्रथा के विरुद्ध संघर्ष तथा 1829 में विलियम बैंटिक के हाथों 'सती प्रथा अवैध' विधेयक को पारित करवाया।
- देवेंद्र नाथ टैगोर ने 1839 में कलकत्ता में 'तत्वबोधिनी सभा' की स्थापना की तथा 'तत्वबोधिनी पत्रिका' नामक बंगाली मासिक पत्रिका निकाली।
- केशव चन्द्र सेन ने एक 'नवीन ब्रह्म समाज' का गठन किया जिसे 'आदि ब्रह्म समाज' या 'भारत का ब्रह्म समाज' का नाम दिया गया।
- प्रार्थना समाज द्वारा स्थापित 'दलित जाति मंडल', 'समाज सेवा संघ', 'दक्कन शिक्षा सभा' ने प्रशंसनीय कार्य किये।
- स्वामी दयानन्द सरस्वती ने सबसे पहली बार 'स्वराज्य' शब्द का प्रयोग किया।
- 1875 में दयानन्द सरस्वती ने बम्बई में 'आर्य समाज' की स्थापना की।
- यंग बंगाल आन्दोलन के प्रवर्तक एंग्लो इंडियन 'हेनरी विलियम डेरेजिओ' थे।
- स्वामी विवेकानन्द ने 1893 में शिकागो में हुई धर्मों की संसद में भाग लिया।

- वेलूर में 1897 में विवेकानन्द ने 'रामकृष्ण मिशन' की स्थापना की।
- 1875 में अमेरिका के न्यूयार्क में रूसी महिला श्रीमती एच॰पी॰ ब्लाट्व्स्की (1811-91) और अमेरिकी कर्नल एच॰एस॰ ऑल्काट ने 'थियोसोफिकल सोसायटी' की स्थापना की।
- ऐनी बेसेंट ने 1898 ई॰ में बनारस में 'सेंट्रल हिन्दू कॉलेज' की नींव डाली। यही कॉलेज आगे चलकर 1916 में 'बनारस हिन्दू विश्वविद्यालय' (मदन मोहन मालवीय द्वारा स्थापित) बन गया।
- 1916 में ऐनी बेसेंट ने 'होमरूल लीग' की स्थापना की। 1914 में ऐनी बेसेंट ने एक अंग्रेजी पत्रिका 'न्यू इंडिया' बम्बई से तथा 'कॉमनवील' पत्रिका भी प्रकाशित की।
- सर सैयद अहमद खाँ (1817-98) मुस्लिम सुधारकों में विशेष स्थान रखते थे और इन्होंने ही 'अलीगढ़ आन्दोलन' को चलाया। इन्होंने 'पीरी मुरादी प्रथा' को समाप्त करने का प्रयत्न किया।
- 1875 ई॰ में उन्होंने अलीगढ़ में एक 'मुस्लिम एंग्लो ओरिएंटल स्कूल' प्रारम्भ किया।
- 1851 में नौरोजी फरदोनजी, दादाभाई नौरोजी तथा एस॰एस॰ बंगाली ने मिलकर एक पारसी संस्था 'रहनुमाई मजदायान सभा' गठित की।
- इस सभा के संदेश को पारसियों तक पहुँचाने के लिए दादा भाई नौरोजी ने 'रस्ट गोफ्तार' (सत्यवादी) नामक पत्रिका छपवाई।
- ज्योतिबा फुले– 1873 में ज्योतिबा फुले ने 'सत्यशोधक समाज' की स्थापना की।
- 1872 में ज्योतिबा फुले ने 'गुलामगिरि' ग्रन्थ की रचना की।

सामाजिक सुधार अधिनियम

अधिनियम	गवर्नर जनरल	वर्ष
शिशुवध प्रतिबंध	वेलेजली	1798-1805
सती प्रथा प्रतिबंध	लॉर्ड विलियम बेंटिंक	1829
दास प्रथा पर प्रतिबंध	एलनबरो	1843
हिन्दू पुनर्विववाह	लॉर्ड केनिंग	1856
नैटिव मैरिज एक्ट	नॉर्थ ब्रुक	1872
एज ऑफ कन्सेंट एक्ट	लैंस डाउन	1891
शारदा एक्ट	इरविन	1930

1857 की क्रांति

- 1857 की क्रांति का प्रारंभ 29 मार्च, 1857 को मंगल पाण्डे ने बैरकपुर छावनी में किया। इसे सिपाही विद्रोह भी कहा गया। विद्रोहियों ने 11 मई, 1857 को बहादुरशाह जफर को भारत का बादशाह घोषित किया।
- 1857 की क्रांति के समय भारत का गवर्नर जनरल लॉर्ड कैनिंग एवं इंग्लैंड के प्रधानमंत्री पार्मस्टोन (लिबरल) थे।

1857 की क्रांति के संदर्भ में इतिहासकारों का मत

इतिहासकार	मत
डिजरायली	यह राष्ट्रीय विद्रोह था।
बी.डी. सावरकर	यह भारत का प्रथम स्वतंत्रता संग्राम था।
टी.आर. होम्स	बर्बरता एवं सभ्यता के बीच युद्ध था।
सर जॉन लॉरेन्स एवं सीले	यह पूर्णतया सिपाही विद्रोह था।
जेम्स आउट्रम, डब्ल्यू. टेलर	यह अंग्रेजों के विरुद्ध हिन्दू एवं मुसलमानों का षड्यंत्र था।
एल.ई.आर. रीज	यह धर्मान्धों का ईसाइयों के विरुद्ध युद्ध था।

1857 के विद्रोह के प्रमुख केन्द्र

केन्द्र	विद्रोही नायक	विद्रोह की तिथि	ब्रिटिश सेनापति
दिल्ली	बहादुरशाह द्वितीय, बख्त खाँ	11 मई, 1857	निकलसन, हडसन
कानपुर	नाना साहब, तात्याँ टोपे	5 जून, 1857	कॉलिन कैम्पबेल
लखनऊ	बेगम हजरत महल, बिरजिस कादर	4 जून, 1857	कॉलिन कैम्पबेल
झाँसी	रानी लक्ष्मीबाई	4 जून, 1857	जनरल ह्यूरोज
जगदीशपुर	कुँवर सिंह	12 जून, 1857	विलियम टेलर, विंसेट आयर
फैजाबाद	मौलवी अहमदुल्ला	जून 1857	जनरल रेनॉर्ड
इलाहाबाद	लियाकत अली	जून 1857	कर्नल नील
बरेली	खान बहादुर	जून 1857	विंसेंट आयर

भारत का राष्ट्रीय आंदोलन

- 'लैंड होल्डर्स एसोसिएशन' तथा 'बंगाल ब्रिटिश एसोसिएशन' का गठन 1852 ई. में किया गया। इस एसोसिएशन की नीतियाँ रूढ़िवादी तथा जमींदार परस्त थीं।
- भारत के प्रश्न पर विचार करने तथा भारत के हित के लिए दादाभाई नौरोजी ने लंदन में ईस्ट इंडिया एसोसिएशन की स्थापना की।
- 19वीं सदी के 8वें दशक में 'पूना सार्वजनिक सभा', 1885 में 'मद्रास महाजन सभा', 1885 में बंबई प्रेसिडेंसी एसोसिएशन की स्थापना की गई।
- सुरेन्द्रनाथ बनर्जी ने जुलाई 1876 में कलकत्ता में 'इण्डियन एसोसिएशन' की स्थापना की। इस संगठन के दो लक्ष्य थे–प्रथम, राजनीतिक प्रश्नों पर देश में जनरल तैयार करना तथा द्वितीय, एक समान राजनीतिक कार्यक्रम के आधार पर जनता को एक सूत्रबद्ध करना।
- अवकाश प्राप्त ब्रिटिश अधिकारी ए.ओ. ह्यूम ने 1885 में भारतीय राष्ट्रीय कांग्रेस की स्थापना की।
- औपनिवेशिक ढंग के स्वराज्य की माँग कांग्रेस के मंच से 1905 में गोपालकृष्ण गोखले ने रखा तथा 1906 में दादाभाई नौरोजी ने। लार्ड कर्जन द्वारा 20 जुलाई, 1905 को बंगाल विभाजन की घोषणा।
- सन् 1911 ई. में दिल्ली में दरबार लगा। उसमें ब्रिटेन का राजा जॉर्ज पंचम और उसकी रानी ने भाग लिया और 1905 ई. का बंगाल विभाजन रद्द हुआ तथा राजधानी कलकत्ता से दिल्ली स्थानांतरित कर दी गई।
- 1906 ई. में मुस्लिम लीग की स्थापना हुई। इसकी स्थापना में प्रमुख भूमिका मुसलमानों के एक संप्रदाय के प्रमुख आगा खान और ढाका के नवाब सलीमुल्ला ने अदा की।
- मई 1913 में काशीराम के घर में हिन्दी एसोसिएशन की पहली बैठक में भाई परमानंद, सोहन सिंह भाक्खना, लाला हरदयाल ने मिलकर एक साप्ताहिक अखबार 'गदर' निकालने का निर्णय लिया। 1 नवम्बर 1913 ई. में गदर नामक उर्दू साप्ताहिक (बाद में मासिक) पत्र का प्रकाशन प्रारंभ तथा बाद में हिन्दी, गुरुमुखी, उर्दू एवं गुजराती भाषा में निकलने लगा।
- गुरुदीप सिंह द्वारा 376 यात्रियों को जल मार्ग द्वारा बैंकवूर ले जाने पर कामागाटामारू घटना घटित हुई।
- सर्वप्रथम आयरलैंड में आयरिश नेता रेडमाण्ड के नेतृत्व में 'होमरूल लीग' की स्थापना हुई।
- भारत में इसके संस्थापक तिलक और ऐनी बेसेंट थे।
- ऐनी बेसेंट ने अपने पत्र 'न्यू इंडिया' तथा साप्ताहिक पत्र 'कॉमन विल' द्वारा होमरूल आंदोलन का प्रचार किया।
- 1919 के इस अधिनियम द्वारा रॉलेट एक्ट प्रशासन को किसी भी भारतीय को गिरफ्तार करने तथा बिना मुकद्दमा चलाए उसे बंदीगृह में रखने का आदेश दे दिया गया।
- 13 अप्रैल, 1919 को बैसाखी के दिन सायंकाल जलियाँवाला बाग में नेताओं की गिरफ्तारी के विरोध में शांतिपूर्ण सभा पर जनरल डायर ने बिना कोई चेतावनी दिए सिपाहियों को भीड़ पर गोली चलाने के आदेश दिए।
- जलियाँवाला कांड के विरोध में रवीन्द्रनाथ टैगौर ने अपनी 'सर', महात्मा गाँधी ने 'कैसर-ए-हिन्द' तथा जमनालाल बजाज ने 'राय बहादुर' की उपाधि लौटा दी थी। 19 अक्टूबर, 1919 ई. को समूचे देश में 'खिलाफत दिवस' मनाया गया।
- 5 फरवरी, 1922 को उत्तर प्रदेश के गोरखपुर जिले में चौरी-चौरा नामक स्थान पर पुलिस ने एक शांतिपूर्ण जुलूस पर गोली चलाई।
- 1926 ई. में भगत सिंह ने पंजाब में नौजवान भारत सभा तथा लाहौर स्टूडेंट्स यूनियन की स्थापना की।
- 1928 में भगत सिंह, भगवती चरण बोहरा, विजय सिन्हा, यशपाल, राजगुरु तथा सुखदेव द्वारा फिरोज शाह कोटला दिल्ली में हिन्दुस्तान सोशलिस्ट रिपब्लिकन एसोसिएशन की स्थापना की गई।
- 1928 में भगतसिंह, राजगुरु तथा सुखदेव द्वारा सांडर्स की हत्या। 1929 में केंद्रीय विधानमंडल पर भगतसिंह तथा बटुकेश्वर दत्त ने बम फेंका। 23 मार्च, 1931 को बटुकेश्वर दत्त, भगत सिंह एवं राजगुरु को फाँसी पर लटका दिया गया।
- 8 नवंबर, 1927 को ब्रिटिश सरकार द्वारा भारतीय संवैधानिक आयोग की नियुक्ति। 10 मई, 1928 ई. को बंबई में हुई एक सर्वदलीय बैठक में 8 सदस्यों की एक समिति का गठन भावी संविधान की रूपरेखा तैयार करने हेतु किया गया। इस समिति के अध्यक्ष मोतीलाल नेहरू थे।
- महात्मा गाँधी ने 6 अप्रैल, 1930 ई. को गुजरात के समुद्रतट पर स्थित डांडी की 78 अनुयायियों के साथ यात्रा की तथा वहाँ नमक बनाकर सविनय अवज्ञा आंदोलन आरंभ किया।
- 8 अगस्त, 1942 को कांग्रेस ने ग्वालियर टैंक बम्बई में अहिंसक संघर्ष चलाने हेतु भारत छोड़ो प्रस्ताव पास किया।
- 8 अगस्त को आंदोलन आरंभ करते हुए गाँधी जी ने भारतीयों को करो या मरो का नारा देकर ललकारा तथा 8-9 अगस्त को कांग्रेस के सभी बड़े नेताओं को गिरफ्तार कर लिया गया।

- अनेक जगहों पर समानांतर सरकारों का गठन हुआ जैसे—बलिया में चितु पांडे के नेतृत्व में, बंगाल में तामूलक जातीय सरकार सतीश सामंत के नेतृत्व में तथा सतारा में प्रतिसरकार की स्थापना नाना पाटिल के नेतृत्व में की गई।
- इसी दौरान 28-30 मार्च, 1942 को टोकियो में रह रहे भारतीय रासबिहारी बोस ने इंडियन नेशनल आर्मी के गठन पर विचार के लिए सम्मेलन बुलाया।
- 4 जुलाई, 1943 को सुभाषचंद्र बोस ने आजाद हिंद फौज एवं इंडियन लीग की कमान संभाली।
- 14 जून, 1945 को वेवल ने एक योजना प्रस्तुत की। इसका उद्देश्य 1935 के भारत शासन अधिनियम के अधीन आगे संवैधानिक परिवर्तनों की रूपरेखा प्रस्तुत करना था।
- एटली ने भारत के संवैधानिक गतिरोध को दूर करने के लिए तीन सदस्यीय कैबिनेट मिशन भारत भेजा। 24 मार्च, 1946 को कैबिनेट मिशन दिल्ली पहुँचा।
- 2 सितंबर, 1946 को नेहरू के नेतृत्व में कांग्रेस की अंतरिम सरकार का गठन हुआ। 9 दिसंबर, 1946 को संविधान निर्मात्री परिषद का पहला अधिवेशन हुआ।
- भारतीय स्वतंत्रता अधिनियम, 1947 द्वारा घोषणा की गई कि 15 अगरत, 1947 को भारतीय राज्यों पर से ब्रिटिश संप्रभुता समाप्त हो जाएगी।

भारतीय राष्ट्रीय आंदोलन से सम्बन्धित महत्वपूर्ण संगठन एवं संस्थाएं

संस्थाएं	स्थापना वर्ष	संस्थापक
एशियाटिक सोसाइटी	1784	विलियम जोन्स
आत्मीय सभा	1815	राजा राममोहन राय
वेदान्त कॉलेज	1825	राजा राममोहन राय
युवा बंगाल आंदोलन	1826	हेनरी विवियन डेरोजियो
ब्रह्म समाज	1828	राजा राममोहन राय
तत्वबोधिनी सभा	1839	देवेन्द्रनाथ ठाकुर
परमहंस मंडली	1840	गोपाल हरिदेशमुख
रहनुमाई माजदायान सभा	1851	दादाभाई नौरोजी
साइंटिफिक सोसाइटी	1864	सर सैय्यद अहमद खाँ
पूना सार्वजनिक सभा	1867	एम.जी. रानाडे
वेद समाज	1867	आचार्य केशवचंद्र सेन
सत्यशोधक समाज	1873	ज्योतिबा फुले
अलीगढ़ मोहम्मडन एंग्लो ओरिएन्टल कॉलेज	1875	सर सैय्यद अहमद खाँ
इण्डियन लीग	1875	शिशिर कुमार घोष
आर्य समाज	1875	स्वामी दयानंद सरस्वती
इण्डियन एसोसिएशन	1876	आनंद मोहन बोस, सुरेन्द्रनाथ बनर्जी
थियोसोफिकल सोसाइटी	1882	मैडम ब्लाट्स्की एवं कर्नल अल्काट
भारतीय राष्ट्रीय कांग्रेस	1885	ए.ओ. ह्यूम
बॉम्बे प्रेसीडेन्सी एसोसिएशन	1885	फिरोजशाह मेहता, तैलंग एवं तैय्यबजी
रामकृष्ण मिशन	1897	स्वामी विवेकानन्द
अभिनव भारत	1904	विनायक दामोदर सावरकर
सर्वेन्ट्स ऑफ इंडिया सोसाइटी	1905	गोपाल कृष्ण गोखले
मुस्लिम लीग	1906	आगा खाँ एवं सलीम उल्ला
अनुशीलन समिति	1907	बारीन्द्र घोष, भूपेन्द्र दत्त
गदर पार्टी	1913	लाला हरदयाल, काशीराम
हिन्दू महासभा	1915	मदन मोहन मालवीय
होमरूल लीग	1916	तिलक एवं ऐनी बेसेन्ट
खिलाफत आंदोलन	1919	अली बन्धु
अखिल भारतीय ट्रेड यूनियन	1920	एन.एम. जोशी
स्वराज पार्टी	1923	मोतीलाल नेहरू एवं चितरंजन दास
हिन्दुस्तान रिपब्लिकन एसोसिएशन	1924	शचीन्द्र सान्याल
बहिष्कृत हितकारिणी सभा	1924	बी.आर. अम्बेडकर
राष्ट्रीय स्वयंसेवक संघ	1925	डॉ. हेडगवार
खुदाई खिदमतगार	1930	अब्दुल गफ्फार खाँ
हरिजन सेवक संघ	1932	महात्मा गांधी
फॉरवर्ड ब्लॉक	1939	सुभाष चन्द्र बोस

स्वतंत्रता संग्राम से सम्बन्धित पत्र/पत्रिकाएं एवं पुस्तकें

पुस्तकें/पत्र	लेखक/संस्थापक
अभ्युदय, लीडर, हिन्दुस्तान	मदन मोहन मालवीय
इंडियन मिरर, वाम बोधिनी	केशवचंद्र सेन
इंडिपेन्डेन्ट	मोतीलाल नेहरू
काल	परांजपे
कॉमरेड, हमदर्द	मुहम्मद अली
केसरी (मराठी), द मराठा (अंग्रेजी), गीता-रहस्य	बाल गंगाधर तिलक
कर्मयोगी, युगान्तर, वन्देमातरम् लाइफ डिवाइन, सावित्री	अरविंद घोष
बंगाली, ए नेशन इन मेकिंग	सुरेंद्र नाथ बनर्जी
यंग-इंडिया, हरिजन, नवजीवन, हिंदू स्वराज्य, माई एक्सपेरीमेंट विथ ट्रूथ	महात्मा गांधी
संवाद कौमुदी	राजा राममोहन राय
सोम प्रकाश	ईश्वरचंद्र विद्यासागर
अमृत बाजार पत्रिका	शिशिर कुमार घोष
कॉमनवील, न्यू इंडिया	एनी बेसेंट
फ्री हिन्दुस्तान	तारकनाथ दास
द रिवोल्युशनरी	शचींद्रनाथ सन्याल
पावर्टी एंड अन-ब्रिटिश रूल इन इंडिया, रस्ट गोफ्तार	दादाभाई नौरोजी
इंडिया डिवाइडेड	डॉ. राजेन्द्र प्रसाद
अनहैपी इंडिया	लाला लाजपत राय
इंडिया विन्स फ्रीडम, गुबारे खातिर, अल हिलाल	अबुल कलाम आजाद
डिस्कवरी ऑफ इंडिया, ग्लिम्प्सेज ऑफ वर्ल्ड हिस्ट्री	जवाहर लाल नेहरू
इंडियन अनरेस्ट	सर वैलेंटाइन शिरॉल
इंडिया फॉर-इंडियन्स	चितरंजन दास
वॉर ऑफ इंडियन इंडिपेन्डेन्स	वीर सावरकर
गीतांजलि, होम एंड द वर्ल्ड	रवीन्द्रनाथ टैगोर
नील दर्पण	दीनबंधु मित्र
सोजे वतन, कर्मभूमि, शतरंज के खिलाड़ी	प्रेमचंद
भारत भारती	मैथिलीशरण गुप्त
भारत दुर्दशा	भारतेंदु हरिश्चन्द्र
सत्यार्थ प्रकाश	दयानंद सरस्वती
इंडियन स्ट्रगल	सुभाष चंद्र बोस
आनंद मठ, देवी चौधुरानी	बंकिमचंद्र चट्टोपाध्याय

भारतीय स्वतंत्रता आंदोलन के प्रमुख वचन एवं नारे

वचन एवं नारे	नाम
करो या मरो	महात्मा गाँधी
हें राम	महात्मा गाँधी
भारत छोड़ो	महात्मा गाँधी
दिल्ली चलो	सुभाष चन्द्र बोस
जय हिन्द	सुभाष चन्द्र बोस
तुम मुझे खून दो, मैं तुम्हें आजादी दूँगा	सुभाष चन्द्र बोस
पूर्ण स्वराज्य	जवाहरलाल नेहरू
हू लिव्स इफ इंडिया डाइज	जवाहरलाल नेहरू
वेदों की ओर लौटो	दयानन्द सरस्वती
आराम हराम है	जवाहरलाल नेहरू
जय जवान, जय किसान	लाल बहादुर शास्त्री
मेरे सिर पर लाठी का एक-एक प्रहार अंग्रेजी शासन के ताबूत की कील साबित होगा	लाला लाजपत राय
सारे जहाँ से अच्छा हिन्दोस्तां हमारा	इकबाल
सरफरोशी की तमन्ना, अब हमारे दिल में है	राम प्रसाद बिस्मिल
स्वराज हमारा जन्मसिद्ध अधिकार है	बाल गंगाधर तिलक
मारो फिरंगी को	मंगल पांडे
जन-गण-मन अधिनायक जय हो	रवीन्द्र नाथ टैगोर
वेदों की ओर लौटो	दयानंद सरस्वती
मारो फिरंगी को	मंगल पांडे
हिन्दी-हिन्दू-हिन्दुस्तान	भारतेन्दु हरिश्चन्द

उपाधि, प्राप्तकर्ता एवं दाता

उपाधि	प्राप्तकर्ता	दाता
गुरुदेव	रवीन्द्रनाथ टैगोर	महात्मा गाँधी
कायदे आजम	मोहम्मद अली जिन्ना	महात्मा गाँधी
विवेकानन्द	स्वामी विवेकानन्द	महाराजा खेतड़ी
राजा	राजा राममोहन राय	अकबर द्वितीय
महात्मा	महात्मा गाँधी	रवीन्द्र नाथ टैगोर
सरदार	बल्लभ भाई पटेल	बारदोली की महिलाएँ
नेताजी	सुभाष चन्द्र बोस	एडोल्फ हिटलर
देशरत्न/अजातशत्रु	डॉ. राजेन्द्र प्रसाद	महात्मा गाँधी
राष्ट्रपिता	महात्मा गाँधी	सुभाष चन्द्र बोस
देशनायक	सुभाष चन्द्र बोस	रवीन्द्रनाथ टैगोर

कांग्रेस अधिवेशन : कब और कहाँ

अधिवेशन	वर्ष	स्थान	अध्यक्ष	विशेष
पहला	1885	बंबई	व्योमेशचन्द्र बनर्जी	72 प्रतिनिधियों ने भाग लिया
दूसरा	1886	कलकत्ता	दादाभाई नौरोजी	
तीसरा	1887	मद्रास	बदरुद्दीन तैय्यबजी	प्रथम मुस्लिम अध्यक्ष
चौथा	1888	इलाहाबाद	जॉर्ज यूल	प्रथम अंग्रेज अध्यक्ष
पांचवां	1889	बंबई	सर विलियम वेडरबर्न	
छठा	1890	कलकत्ता	सर फिरोजशाह मेहता	
सातवां	1891	नागपुर	पी. आनंद चार्लू	
आठवां	1892	इलाहाबाद	व्योमेशचंद्र बनर्जी	
नौवां	1893	लाहौर	दादाभाई नौरोजी	
दसवां	1894	मद्रास	अल्फ्रेड वेब	
ग्यारहवां	1895	पूना	सुरेन्द्रनाथ बनर्जी	
बारहवां	1896	कलकत्ता	रहीमतुल्ला सयानी	पहली बार वंदे मातरम् गाया गया
तेरहवां	1897	अमरावती	सी. शंकरन नायर	
चौदहवां	1898	मद्रास	आनंदमोहन दास	
पंद्रहवां	1899	लखनऊ	रमेशचंद्र दत्त	
सोलहवां	1900	लाहौर	एन.जी. चंद्रावरकर	
सत्रहवां	1901	कलकत्ता	दिनशा इदुलजी वाचा	
अठारहवां	1902	अहमदाबाद	सुरेन्द्रनाथ बनर्जी	
उन्नीसवां	1903	मद्रास	लालमोहन घोष	
बीसवां	1904	बंबई	सर हेनरी काटन	
इक्कीसवां	1905	बनारस	गोपाल कृष्ण गोखले	
बाइसवां	1906	कलकत्ता	दादाभाई नौरोजी	पहली बार 'स्वराज' शब्द का प्रयोग
तेइसवां	1907	सूरत	डॉ. रासबिहारी बोस	कांग्रेस का प्रथम विभाजन
चौबीसवां	1908	मद्रास	डॉ. रासबिहारी घोष	कांग्रेस संविधान का निर्माण
पच्चीसवां	1909	लाहौर	पं. मदनमोहन मालवीय	
छब्बीसवां	1910	इलाहाबाद	विलियम वेडरबर्न	
सत्ताइसवां	1911	कलकत्ता	पं. विशननारायण धर	पहली बार जन गण मन गाया गया
अट्ठाइसवां	1912	बांकीपुर	आर.एन. माधोलकर	
उन्नतीसवां	1913	कराची	नवाब सैयद मो. बहादुर	
तीसवां	1914	मद्रास	भूपेन्द्रनाथ बसु	
इकतीसवां	1915	बंबई	सर सत्येन्द्र प्रसन्न सिन्हा	
बत्तीसवां	1916	लखनऊ	अंबिकाचरण मजूमदार	मुस्लिम लीग से समझौता

अधिवेशन	वर्ष	स्थान	अध्यक्ष	विशेष
तैंतीसवां	1917	कलकत्ता	श्रीमती एनी बेसेंट	प्रथम महिला अध्यक्ष
विशेष अधिवेशन	1918	बंबई	हसन इमाम	कांग्रेस का दूसरा विभाजन
चौंतीसवां	1918	दिल्ली	पं. मदनमोहन मालवीय	
पैंतीसवां	1919	अमृतसर	पं. मोतीलाल नेहरू	
छत्तीसवां	1920	नागपुर	सी.वि. राघवाचारियर	कांग्रेस संविधान में परिवर्तन
विशेष अधिवेशन	1920	कलकत्ता	लाला लाजपत राय	
सैंतीसवां	1921	अहमदाबाद	हकीम अजमल खां	
अड़तीसवां	1922	गया	देशबंधु चितरंजन दास	
उनतालीसवां	1923	काकीनाडा	मौलाना मोहम्मद अली	
विशेष अधिवेशन	1923	दिल्ली	अबुल कलाम आजाद	सबसे युवा अध्यक्ष
चालीसवां	1924	बेलगाम	महात्मा गांधी	
इकतालीसवां	1925	कानपुर	श्रीमती सरोजिनी नायडू	प्रथम भारतीय महिला अध्यक्ष
बयालीसवां	1926	गुवाहाटी	एस. श्रीनिवास आयगार	सदस्यों के लिए खादी वस्त्र अनिवार्य
तैंतालीसवां	1927	मद्रास	डॉ. एम.ए. अंसारी	पूर्ण स्वाधीनता की माँग
चौवालीसवां	1928	कलकत्ता	पं. मोतीलाल नेहरू	
पैंतालीसवां	1929	लाहौर	पं. जवाहरलाल नेहरू	पूर्ण स्वराज की माँग
छियालीसवां	1931	कराची	सरदार वल्लभ भाई पटेल	मौलिक अधिकार की माँग
सैंतालीसवां	1932	दिल्ली	अमृत रणछोड़दास सेठ	
अड़तालीसवां	1933	कलकत्ता	श्रीमती नेल्ली सेनगुप्ता	
उनचासवां	1934	बंबई	डॉ. राजेन्द्र प्रसाद	
पचासवां	1936	लखनऊ	पं. जवाहरलाल नेहरू	
इक्यावनवां	1937	फैजपुर	पं. जवाहरलाल नेहरू	गांव में आयोजित प्रथम अधिवेशन
बावनवां	1938	हरिपुरा	सुभाष चंद्र बोस	
तिरपनवां	1939	त्रिपुरी	सुभाष चंद्र बोस	
चौवनवां	1940	रामगढ़	अबुल कलाम आजाद	
पचपनवां	1946	मेरठ	आचार्य जे.बी. कृपलानी	आजादी के समय अध्यक्ष
छप्पनवां	1948	जयपुर	बी. पट्टाभि सीतारमैय्या	
सत्तावनां	1950	नासिक	पुरुषोत्तम दास टंडन	

●●●

2

सामान्य भूगोल

सौरमंडल

सबसे प्रमुख सदस्य	सूर्य
ग्रहों की कुल संख्या	8
सबसे छोटा ग्रह	बुध
सबसे छोटा उपग्रह	डिमॉस
सबसे ठंडा ग्रह	वरुण
सूर्य से सबसे निकट ग्रह	बुध
पृथ्वी से सबसे निकट ग्रह	शुक्र
सर्वाधिक घनत्व वाला ग्रह	पृथ्वी
सबसे चमकीला ग्रह	शुक्र
बिना उपग्रहों वाला ग्रह	बुध एवं शुक्र
चंद्रमा के सदृश ग्रह	बुध
सर्वाधिक तापान्तर वाला ग्रह	बुध
वरुण ग्रह के खोजकर्ता	जॉन गैले
शनि का सबसे बड़ा उपग्रह	टाइटन
वरुण ग्रह का सहोदर	अरुण
हरा ग्रह	वरुण
जलीय ग्रह	पृथ्वी
पृथ्वी की बहन	शुक्र
भोर का तारा	शुक्र
सांझ का तारा	शुक्र
पृथ्वी का सहचर	चन्द्रमा
सौरमंडल का जन्मदाता	सूर्य
सबसे बड़ा ग्रह	बृहस्पति
सबसे बड़ा उपग्रह	गैनीमिड
सबसे गर्म ग्रह	शुक्र
सूर्य से सबसे दूर ग्रह	वरुण
पृथ्वी से सबसे दूर ग्रह	वरुण
न्यूनतम घनत्व वाला ग्रह	शनि
सर्वाधिक भारी ग्रह	बृहस्पति
अरुण ग्रह के खोजकर्ता	विलियम हर्शेल
यम के खोजकर्ता	क्लाइड टॉमवे
वलय युक्त ग्रह	शनि व अरुण
लाल ग्रह	मंगल
नीला ग्रह	पृथ्वी
सर्वाधिक चमकीला तारा	सायरस

- आकार के अनुसार ग्रहों का क्रम (घटते क्रम में)–बृहस्पति, शनि, अरुण, वरुण, पृथ्वी, शुक्र, मंगल एवं बुध।
- सूर्य से दूरी के अनुसार ग्रहों का क्रम (बढ़ते दूरी के क्रम में)–बुध, शुक्र, पृथ्वी, मंगल, बृहस्पति, शनि, अरुण एवं वरुण।
- पृथ्वी से दूरी के अनुसार ग्रहों का क्रम (बढ़ती दूरी के क्रम में)–शुक्र, मंगल, बुध, बृहस्पति, शनि, अरुण एवं वरुण।

चन्द्रमा : कुछ तथ्य

- पृथ्वी से माध्य दूरी–**3,82,200 किमी.**
- व्यास–**3.475 किमी.**
- चन्द्रमा का द्रव्यमान पृथ्वी के द्रव्यमान के अनुपात में–**1:8.1**
- चन्द्रमा तथा पृथ्वी के गुरुत्वाकर्षण बलों में अनुपात–**1 : 6**
- चन्द्रमा की सतह का अदृश्य भाग–**41%**
- चन्द्रमा की पृथ्वी से अधिकतम दूरी (अपभू दूरी)–**4,06,000 किमी.**

- चन्द्रमा की पृथ्वी से न्यूनतम दूरी (उपभू दूरी)–**3,64,000 किमी.**
- चन्द्रमा की पृथ्वी के चारों ओर घूमने की अवधि (परिभ्रमण काल)–**27 दिन 7 घंटे 43 मिनट 11.47 सेकण्ड**
- चन्द्रमा की घूर्णन अवधि (अपने अक्ष पर)–**27 दिन 7 घंटे 43 मिनट 11.47 सेकण्ड**
- चन्द्रमा के उच्चतम पर्वत की ऊँचाई–**35,000 फीट (लीबनिट्ज पर्वत जो कि चन्द्रमा के दक्षिणी ध्रुव पर स्थित है)**
- चन्द्रमा के प्रकाश को पृथ्वी तक पहुँचने में लगा समय–**1.3 सेकण्ड**

पृथ्वी : कुछ तथ्य

- पृथ्वी की अनुमानित आयु–**4,60,00,00,000 वर्ष**
- सम्पूर्ण धरातलीय क्षेत्रफल–**51,01,00,500 वर्ग किमी.**
- भूमि क्षेत्रफल (29.08%)–**14,89,50,800 वर्ग किमी.**
- जलीय क्षेत्रफल (सम्पूर्ण धरातल का 70.92%)–**36,11,49,700 वर्ग किमी.**
- औसत घनत्व–**5.52 ग्राम प्रति घन सेमी.**
- विषुवत रेखीय व्यास–**12,755 किमी.**
- ध्रुवीय व्यास–**12,712 किमी.**
- गुरुत्वाकर्षण से बाहर निकले के लिए आवश्यक निर्गमन गति–**11.2 किमी./सेकण्ड**
- पृथ्वी का द्रव्यमान–**5.880×10^{24} किलोग्राम**
- पृथ्वी का आयतन–**10,83,20,88,40,000 घन किमी.**
- समुद्रतल से पृथ्वी की सर्वाधिक ऊँचाई–**8,852 मीटर (माउंट एवरेस्ट)**
- समुद्रतल से सागर की सर्वाधिक गहराई–**11,033 मीटर (मेरियाना ट्रेन्च) प्रशान्त महासागर, फिलीपीन्स के पूर्व में**
- पृथ्वी के धरातल का सर्वाधिक निचला स्थान–**396 मीटर मृत सागर (इजरायल, जोर्डन)**
- पृथ्वी द्वारा अपने अक्ष पर घूर्णन अवधि–**23 घंटे, 56 मिनट, 40.91 सेकण्ड**
- पृथ्वी द्वारा सूर्य की परिक्रमा अवधि–**356 दिन, 5 घंटे, 48 मिनट, 45.51 सेकण्ड**
- पृथ्वी का उपग्रह–**चन्द्रमा**
- अक्ष का कक्षा के तल से झुकाव–**23°27′**
- सूर्य से माध्य दूरी पर–**14,94,07,000 किमी.**
- भूमध्य रेखा पर परिधि–**40,075 किमी.**
- ध्रुवीय परिधि–**40,024 किमी.**
- सूर्य के सबसे नजदीक की अवस्था (Perihelion) उपसौर–**3 जनवरी**
- सूर्य से सबसे ज्यादा दूरी की अवस्था (Aphelion) सूर्योच्च या अपसौर–**4 जुलाई**

चट्टान के प्रकार

- **आग्नेय चट्टान**–तप्त एवं तरल मैग्मा के शीतल होने से निर्मित, प्राथमिक या पैतृक चट्टान क्योंकि सर्वप्रथम इसी चट्टान का निर्माण हुआ, चट्टानें कठोर, रवेदार, दानेदार, परतहीन तथा जीवाश्महीन, ज्वालामुखी क्षेत्रों में अधिक विस्तार।

  उदाहरण–ग्रेनाइट, बेसाल्ट, गैब्रो, आब्सीडियन, डायोराइट, डोलोराइट, एण्डेसाइट, पेरिडोटाइट, फेलसाइट, पिचस्टोन, प्यूमिस, परलाइट आदि।
- **अवसादी चट्टान**–चट्टान चूर्ण, जीवावशेषों एवं वनस्पतियों के एकत्रीकरण से निर्मित, भूपृष्ठ के लगभग 75% भाग पर विस्तारित, चट्टानें परतदार, रवाहीन, संधि तथा जोड़युक्त, मुलायम तथा कोमल, अपरदन की क्रियाओं से शीघ्र प्रभावित, भू-पृष्ठ की बनावट में योगदान मात्र 5%।

  उदाहरण–बालुका पत्थर, कांग्लोमेरेट या गोलाश्म, चिकनी मिट्टी, शेल, लोयस, चूने का पत्थर, कोयला, पीट, खड़िया मिट्टी, शैलखड़ी या जिप्सम, नमक की चट्टान आदि।
- **रूपांतरित चट्टान**–आग्नेय तथा परतदार चट्टानों में ताप, दाब तथा रासायनिक परिवर्तनों से उनकी संरचना, रूप, रंग तथा आकृति बदलने से निर्मित, कभी-कभी अति रूपांतरण की घटना। उदाहरण–संगमरमर, स्लेट, क्वार्ट्जाइट, नीस, सिस्ट, एम्फीबोलाइट, फाइलाइट, सरपेण्टाइन आदि।

ज्वालामुखी

- ज्वालामुखी मुख्य रूप से एक विवर या छिद्र होता है जिसका संबंध पृथ्वी के आंतरिक भाग से होता है तथा जिसके माध्यम से लावा, राख, गैस, जलवाष्प आदि का निर्गमन होता है।
- बाहर हवा में उड़ा हुआ लावा शीघ्र ही ठंडा होकर छोटे ठोस टुकड़ों में परिवर्तित हो जाता है, जिसे सिंडर कहते हैं।
- ज्वालामुखी के द्वारा पृथ्वी का पिघला पदार्थ लावा, राख, भाप तथा अन्य गैसें बाहर निकलती हैं।
- सक्रियता के आधार पर ज्वालामुखी तीन प्रकार के होते हैं–

  1. सक्रिय ज्वालामुखी, 2. प्रसुप्त ज्वालामुखी, 3. शांत ज्वालामुखी

विश्व के महाद्वीप

नाम	क्षेत्रफल (वर्ग किमी.)	स्थल के कुल क्षेत्रफल का %	भौगोलिक उपनाम
एशिया	4,43,91,000	29.5	महाद्वीपों का महाद्वीप, मानव घर, भविष्य का भण्डारगृह, विषमताओं का महाद्वीप
अफ्रीका	3,03,43,910	20.0	अन्ध महाद्वीप
उत्तरी अमेरिका	2,42,46,930	16.3	नई दुनिया
दक्षिणी अमेरिका	1,78,20,950	11.8	पक्षियों का महाद्वीप
अंटार्कटिका	1,40,00,000	9.6	श्वेत महाद्वीप, विज्ञान को समर्पित महाद्वीप
यूरोप	1,03,55,000	6.5	प्रायद्वीपों का महाद्वीप
ऑस्ट्रेलिया	76,86,849	5.2	द्वीपीय महाद्वीप, प्यासी भूमि का महाद्वीप

महाद्वीपों के सर्वोच्च शिखर एवं गहनतम बिन्दु

महाद्वीप	सर्वोच्च शिखर	ऊँचाई	गहनतम बिन्दु	गहराई
एशिया	माउण्ट एवरेस्ट	8,848 मी.	मृत सागर	397 मी.
यूरोप	माउण्ट एल्ब्रूस	5,642 मी.	कैस्पियन सागर	28 मी.
अफ्रीका	माउण्ट किलिमंजारो	5,895 मी.	असाई झील	156 मी.
उत्तरी अमेरिका	माउण्ट मैकिन्ले	6,194 मी.	मृत घाटी	86 मी.
दक्षिण अमेरिका	माउण्ट एकांकागुआ	7,084 मी.	वाल्ड्स पेनिन	40 मी.
ऑस्ट्रेलिया	माउण्ट कोस्यूस्को	2,228 मी.	आयर झील	16 मी.
अंटार्कटिका	माउण्ट विन्सन मैसिफ	5,140 मी.	बेंटल ट्रेंच	2,853 मी.

महाद्वीपों के सबसे बड़े और सबसे छोटे देश

महाद्वीप	बड़ा देश	छोटा देश
एशिया	चीन	मालदीव
यूरोप	रूस	वेटिकन सिटी
अफ्रीका	सूडान	मेंओटो
उत्तरी अमेरिका	कनाडा	सेंट पीरे
दक्षिण अमेरिका	ब्राजील	फाकलैंड
ऑस्ट्रेलिया	ऑस्ट्रेलिया	नीरू

महाद्वीपों की सबसे लंबी नदी एवं सबसे बड़ी झील

महाद्वीप	सबसे लम्बी नदी	सबसे बड़ी झील
एशिया	यांगटिसीक्यांग	कैस्पियन सागर
यूरोप	डेन्यूब	लैडोगा झील
अफ्रीका	नील	विक्टोरिया झील
उत्तरी अमेरिका	मिसीसिपी-मिसौरी	सुपीरियर झील
दक्षिणी अमेरिका	अमेजन	टिटीकाका झील
ऑस्ट्रेलिया	मर्रे-डार्लिंग	आयर झील

महासागरों की प्रमुख जलधाराएं

जलधारा का नाम	प्रकृति	महासागर का नाम
उत्तरी विषुवत्‌रेखीय जलधारा	गर्म अथवा उष्ण	प्रशान्त महासागर
क्यूरोसियो जलधारा	गर्म अथवा उष्ण	प्रशान्त महासागर
सुशीमा जलधारा	गर्म अथवा उष्ण	प्रशान्त महासागर
अलास्का जलधारा	गर्म अथवा उष्ण	प्रशान्त महासागर
एलनीनो जलधारा	गर्म अथवा उष्ण	प्रशान्त महासागर
क्यूराइल जलधारा	ठंडी	प्रशान्त महासागर
हम्बोल्ट या पेरूवियन जलधारा	ठंडी	प्रशान्त महासागर
फ्लोरिडा जलधारा	गर्म	अटलांटिक महासागर
ब्राजील जलधारा	गर्म	अटलांटिक महासागर
लेब्राडोर जलधारा	ठंडी	अटलांटिक महासागर
फॉकलैंड जलधारा	ठंडी	अटलांटिक महासागर
कनारी जलधारा	ठंडी	अटलांटिक महासागर
अगुलहास जलधारा	गर्म	हिन्द महासागर
मोजाम्बिक जलधारा	गर्म	हिन्द महासागर

विश्व के महत्वपूर्ण द्वीप

द्वीप	क्षेत्रफल (वर्ग किमी)	स्थिति
ग्रीनलैण्ड	2,175,600	आर्कटिक महासागर (उत्तरी ध्रुव)
न्यू गिनी	7,77,000	पश्चिमी प्रशान्त महासागर
बोर्नियो	7,25,545	हिन्द महासागर
मेडागास्कर	5,90,000	हिन्द महासागर
बैफीन द्वीप	4,76,065	उत्तरी ध्रुव महासागर (कनाडियन)
सुमात्रा	4,73,600	हिन्द महासागर (इण्डोनेशिया)
होन्शू	2,28,000	उत्तरी-पश्चिमी प्रशान्त महासागर (जापान)
ग्रेट ब्रिटेन	2,18,041	उत्तरी अटलाण्टिक महासागर (इंग्लैंड, स्कॉटलैंड, वेल्स)
इंलिसमेयर	2,12,061	आर्कटिक महासागर (उत्तरी ध्रुव महासागर)
विक्टोरिया	2,12,197	आर्कटिक महासागर (उत्तरी ध्रुव महासागर)
सेलेबीज (सुलावेसी)	1,89,035	हिन्द महासागर (इण्डोनेशिया)
दक्षिणी द्वीप (न्यूजीलैंड)	1,50,004	दक्षिणी-पश्चिमी प्रशांत महासागर
जावा द्वीप	1,26,295	हिन्द महासागर
लूजोन द्वीप	1,20,790	पश्चिमी प्रशांत महासागर
उत्तरी द्वीप (न्यूजीलैंड)	114,690	दक्षिणी-पश्चिमी प्रशांत महासागर
न्यू फाउण्डलैण्ड	1,10,680	उत्तरी अटलांटिक महासागर
क्यूबा	1,07,830	कैरेबियन सागर
आइसलैण्ड	1,02,820	उत्तरी अटलांटिक महासागर
मिण्डानाओ	1,01,500	पश्चिमी प्रशांत महासागर
आयरलैण्ड	82,460	उत्तरी अटलांटिक महासागर
हेकिडो द्वीप	77,720	उत्तरी-पश्चिमी प्रशांत महासागर
हिस्पानिओला डामरेप एवं हैती	76,480	कैरेबियन सागर
सखालिन द्वीप	74,060	उत्तरी-पश्चिमी प्रशांत महासागर
तस्मानिया	62,900	दक्षिणी-पश्चिमी प्रशांत महासागर
श्रीलंका	65,600	हिन्द महासागर

विश्व के प्रमुख मरुस्थल

मरुस्थल	क्षेत्र (किमी^{2})	विस्तार क्षेत्र
सहारा	84,00,000	अल्जीरिया, चाड, लीबिया, माली, मारितानिया, नाइजर, सूडान, ट्यूनीशिया, मिस्र और मोरक्को
ऑस्ट्रेलियन	15,50,000	ग्रेट सैण्ड्री, ग्रेट विक्टोरिया, सिम्पसन, गिब्सन तथा स्टुअर्ट रेगिस्तानी क्षेत्र
अरब	13,00,000	द. अरब, सऊदी अरब, यमन, सीरिया, खाली क्षेत्र एवं नाफुद क्षेत्र के रेगिस्तान
गोबी	10,40,000	मंगोलिया और चीन
कालाहारी	5,20,000	बोत्सवाना (मध्य अफ्रीका)
तकलामाकन	3,20,000	सीक्यांग (चीन)
सोनोरन	3,10,000	एरीजोना एवं कैलीफोर्निया (यू.एस.ए. तथा मैक्सिको)
नामीब	3,10,000	दक्षिण अफ्रीका (नामीबिया)
काराकुम	2,70,000	तुर्कमेनिस्तान
थार	2,60,000	उत्तरी-पश्चिमी भारत और पाकिस्तान
सोमाली	2,60,000	सोमालिया गणराज्य
अटाकामा	1,80,000	उत्तरी चिली (दक्षिणी अमेरिका)
काजिल-कुम	1,80,000	उज्बेकिस्तान, कजाकिस्तान
दस्त-ए-लुट	52,000	पूर्वी ईरान
मोहाबे	35,000	दक्षिणी कैलीफोर्निया (सं. रा. अमेरिका)

चक्रवातों के विभिन्न नाम एवं उनकी भौगोलिक स्थिति

चक्रवात	भौगोलिक स्थिति
टॉरनेडो	संयुक्त राज्य अमेरिका, चीन एवं जापान
टाइफून	दक्षिणी चीन सागर
हरिकेन	कैरीबियन द्वीप समूह
ट्विस्टर	अमेरिका
विली-विली	ऑस्ट्रेलिया

विश्व की प्रमुख स्थानीय पवनें

स्थानीय पवन	प्रकृति	क्षेत्र
• फॉन	शीत एवं शुष्क	आल्पस पर्वतीय क्षेत्र (इस पवन का सर्वाधिक प्रभाव स्विट्ज़रलैंड में होता है।)
• चिनूक	गर्म एवं आर्द्र	उत्तरी अमेरिका में रॉकी पर्वतमाला के पूर्वी ढाल (इस पवन को हिमहारिणी कहते हैं।)
• सिमूम	गर्म एवं शुष्क	सहारा तथा अरब का मरुस्थल (धूल से भरी ये पवनें दृश्यता को कम कर देती हैं।)
• काराबुरान	गर्म एवं शुष्क	सीक्यांग का तारिम बेसिन
• खमसिन	गर्म एवं शुष्क	मिस्र
• गिबली	गर्म एवं शुष्क	लीबिया
• हरमटन	गर्म एवं शुष्क	सहारा मरुस्थल (गिनी तट के समीप इन हवाओं को डॉक्टर कहते हैं।)
• ब्लैक रोलर	गर्म एवं शुष्क	उ. अमेरिका के विशाल मैदान
• शामल	गर्म एवं शुष्क	इराक तथा फारस की खाड़ी
• नार्वेस्टर	गर्म एवं शुष्क	न्यूजीलैण्ड
• ब्रिक फील्डर	गर्म एवं शुष्क	विक्टोरिया, ऑस्ट्रेलिया
• सिरॉको	गर्म एवं शुष्क	भूमध्यसागरीय क्षेत्र विशेषकर स्पेन तथा कनारी द्वीप समूह
• सान्ता आना	गर्म एवं शुष्क	कैलिफोर्निया, सं.रा. अमेरिका
• योमा	गर्म एवं शुष्क	जापान
• जोन्डा	गर्म एवं शुष्क	अर्जेन्टीना
• लू	गर्म एवं शुष्क	पाकिस्तान एवं उ.प. भारत
• ब्लिजार्ड	ठंडी एवं शुष्क	कनाडा एवं अण्टार्कटिका महाद्वीप
• बुरान	ठंडी एवं शुष्क	रूस तथा मध्य साइबेरिया
• विलीबाब	ठंडी एवं शुष्क	अलास्का
• बोरा	ठंडी एवं शुष्क	एड्रियाटिक सागर का उत्तरी तट
• मिस्ट्रल	ठंडी एवं शुष्क	स्पेन एवं फ्रांस
• बाइज	ठंडी एवं शुष्क	दक्षिणी फ्रांस
• लेवान्तर	ठंडी एवं शुष्क	दक्षिणी-स्पेन
• पैम्पीरो	ठंडी एवं शुष्क	अर्जेन्टीना एवं उरूग्वे
• पापागायो	ठंडी एवं शुष्क	मैक्सिको

विश्व की प्रमुख नहरें

नाम	स्थान	स्थिति
ईरी	अमेरिका	ईरी झील और मिशीगन झील को जोड़ती है।
सू नहर	अमेरिका	सुपीरियर झील और ह्यूरन झील को जोड़ती है।
कील नहर	जर्मनी	उत्तरी सागर को बाल्टिक सागर से जोड़ती है।
पनामा नहर	पनामा	कैरीबियन सागर और प्रशांत महासागर
स्वेज नहर	मिस्र	लाल सागर और भूमध्य सागर
मैनचेस्टर नहर	ग्रेट ब्रिटेन	मैनचेस्टर एवं लिवरपूल के बीच

विश्व के प्रमुख घास के मैदान

उष्णकटिबंधीय घास की भूमि

- कम्पोज – ब्राजील
- सवाना – अफ्रीका
- लानोस – वेनेजुएला एवं कोलम्बिया

शीतोष्ण कटिबन्धीय घास भूमि

- प्रेयरीज – अमेरिका एवं कनाडा
- पम्पास – अर्जेंटीना
- वेल्ड – दक्षिण अफ्रीका
- डाउन्स – ऑस्ट्रेलिया
- स्टेपीज – एशिया, यूक्रेन, रूस एवं चीन

विश्व के प्रमुख जलडमरूमध्य/जलसंधियाँ

जलडमरूमध्य	सम्बन्धित सागर	सम्बन्धित देश
• बेरिंग जलसंधि	बेरिंग सागर एवं चुकसी सागर	अलास्का-रूस
• डेविस जलसंधि	बेफिन खाड़ी एवं अटलांटिक महासागर	ग्रीनलैण्ड-कनाडा
• डेनमार्क जलसंधि	उत्तरी अटलांटिक एवं आर्कटिक महासागर	इंग्लैंड-फ्रांस
• डोवर जलसंधि	इंगलिश चैनल एवं उत्तरी सागर	इंग्लैंड-फ्रांस
• फ्लोरिडा जलसंधि	मैक्सिको की खाड़ी एवं अटलांटिक महासागर	सं.रा. अमेरिका-क्यूबा
• हॉरमुज जलसंधि	फारस की खाड़ी एवं ओमान की खाड़ी	ओमान-ईरान
• हडसन जलसंधि	हडसन की खाड़ी एवं अटलांटिक महासागर	कनाडा
• जिब्राल्टर जलसंधि	भूमध्य सागर एवं अटलांटिक महासागर	स्पेन-मोरक्को
• मलक्का जलसंधि	अण्डमान सागर एवं दक्षिण चीन सागर	इंडोनेशिया-मलेशिया
• पाक जलसंधि	मन्नार एवं बंगाल की खाड़ी	भारत-श्रीलंका
• सुण्डा जलसंधि	जावा सागर एवं हिंद महासागर	इंडोनेशिया
• लुजोन जलसंधि	दक्षिण चीन एवं फिलीपीन्स सागर	ताइवान-फिलीपीन्स
• मैगलन जलसंधि	प्रशान्त एवं दक्षिणी अटलांटिक महासागर	चिली
• बॉस जलसंधि	तस्मान सागर एवं दक्षिणी सागर	ऑस्ट्रेलिया
• ओरण्टो जलसंधि	एड्रियाटिक सागर एवं आयोनियन सागर	इटली-अल्बानिया
• बाव अल मंडव जलसंधि	लाल सागर एवं अरब सागर	यमन-जिबूती
• मकास्सार जलसंधि	जावा सागर एवं सेलीबीज सागर	इण्डोनेशिया

विश्व के प्रमुख जल प्रपात

जल प्रपात	स्थान	ऊँचाई (मी॰)
एंजिल	वेनेजुएला	979 (यह कैरो नदी पर स्थित संसार का सबसे ऊँचा जल प्रपात है।
योसेमाइट	कैलिफोर्निया	739
दक्षिण-मर्डाल्फोसेन	नार्वे	655
तुगेला	द॰अफ्रीका	614
कुकवेनन	वेनेजुएला	610
सूथरलैंड	न्यूजीलैंड	580
रिब्बोन	कैलिफोर्निया	491
ग्रेट-कामारना	गुयाना	488
कुंचिकल	भारत	455
डेल्ला	कनाडा	440
गवार्नी	फ्रांस	422
नियाग्रा	कनाडा एवं अमेरिका की सीमा	120

विश्व की प्रमुख जनजातियाँ

	जनजाति	सम्बन्धित क्षेत्र/देश
•	माओरी	न्यूजीलैंड
•	यूकाधिर	साइबेरिया
•	खिरगीज	मध्य एशिया
•	बुशमैन	कालाहारी मरुस्थल (बोत्सवाना)
•	एस्कीमो	ग्रीनलैंड, कनाडा
•	रेड इंडियन	उ॰ अमेरिका
•	मसाई	पूर्वी अफ्रीका
•	पिग्मीज	कांगो बेसिन
•	वेद्दास	श्रीलंका
•	बोरो	ब्राजील
•	नीग्रो	मध्य एशिया
•	बद्दू	अरब
•	सेमांग	मलेशिया
•	याइ	टुण्ड्रा प्रदेश
•	आइनू	जापान
•	जूलू	नेटाल (दक्षिण अफ्रीका)

विश्व की प्रमुख झीलें

झील का नाम	भौगोलिक क्षेत्र	क्षेत्रफल (वर्ग.किमी.)	विशेष तथ्य
• कैस्पियन सागर	पूर्व सोवियत संघ तथा ईरान	3,71,000	खारे पानी की सबसे बड़ी झील
• सुपीरियर झील	संयुक्त राज्य अमेरिका एवं कनाडा	82,100	ताजे पानी की सबसे बड़ी झील
• विक्टोरिया झील	केन्या, युगाण्डा तथा तंजानिया	69,000	
• अरल सागर झील	कजाकिस्तान एवं उज्बेकिस्तान	64,500	
• ह्यूरन झील	संयुक्त राज्य अमेरिका तथा कनाडा	59,600	
• मिशीगन झील	संयुक्त राज्य अमेरिका	57,800	
• बैकाल झील	रूस	31,500	यह सबसे गहरी (1940 मी.) झील है।
• ग्रेट बेरियर झील	कनाडा	31,200	
• ग्रेट स्लेव झील	कनाडा	28,438	
• विनीपेग झील	कनाडा	24,341	
• ओण्टेरियो झील	सं.रा. अमेरिका तथा कनाडा	19,529	
• टिटिकाका	पेरू-बोलीविया	9,065	यह विश्व की सबसे ऊँची (3811 मी.) झील है।
• आयर झील	ऑस्ट्रेलिया	9,583	

विश्व की प्रमुख नदियाँ

नाम	उद्गम स्थल	गिरने का स्थान	लम्बाई (किमी)	प्रमुख स्थान
नील (विश्व की सबसे लम्बी नदी)	विक्टोरिया झील	भूमध्य सागर	6,650	आस्वान बाँध व नासिर झील स्थित है।
अमेजन (आयतन की दृष्टि से विश्व की सबसे बड़ी नदी)	एण्डीज पर्वत	अटलांटिक महासागर	6,428	
मिसीसिपी मिसौरी	अलास्का झील	मैक्सिको की खाड़ी	6,020	पक्षीपाद डेल्टा बनाती है।
यांग्टिसीक्यांग	तिब्बत का पठार	चीन सागर	5,494	
ह्वांग हो	कुललुन पर्वत	चीन की खाड़ी	4,344	
कांगो/जायरे	लुआलिया और लुआपुआ का संगम	अटलाण्टिक महासागर	3,700	विषुवत् रेखा को दो बार काटती है।
अमूर	शिल्का रूस, आरगून का संगम	टार्टइ स्ट्रेट	4,352	चीन और रूस की सीमा बनाती है।
वोल्गा	बल्डाई पठार	कैस्पियन सागर	3,690	यूरोप की सबसे लम्बी नदी
डेन्यूब	ब्लैक फॉरेस्ट	काला सागर	2,840	बेलग्रेड, बुखारेस्ट, बुडापेस्ट और वियंना शहर स्थित है।
सेंट लारेंस	आण्टेरियो झील	सेंट-लॉरेंस की खाड़ी	3,058	नियाग्रा जल प्रपात स्थित है।
कोलोरेडो	ग्रैण्ड कंट्री	कैलीफोर्निया की खाड़ी	2,333	ह्यूबर बाँध स्थित
नाइजर	गिनी	गिनी की खाड़ी	4,180	तेल नदी कहलाती है।
मेकांग	तिब्बत का पठार	दक्षिण चीन सागर	4,023	द.पू. एशिया की सबसे लम्बी नदी।
सिन्धु	मानसरोवर झील के पास	अरब सागर	2,900	
ब्रह्मपुत्र	मानसरोवर झील	बंगाल की खाड़ी	3,058	
डार्लिंग-मरे	ऑस्ट्रेलिया आल्पस	हिन्द महासागर	2,740	ऑस्ट्रेलिया की सबसे बड़ी नदी।

प्रमुख अंतर्राष्ट्रीय सीमाएँ

नाम	सम्बन्धित राष्ट्र
• डूरण्ड रेखा	पाकिस्तान एवं अफगानिस्तान
• मैकमेहोन रेखा	भारत एवं चीन
• रेडक्लिफ रेखा	भारत एवं पाकिस्तान
• मैगीनॉट रेखा	जर्मनी एवं फ्रांस
• हिण्डनबर्ग रेखा	जर्मनी और पोलैंड
• 17वीं समान्तर रेखा	उत्तरी और दक्षिणी वियतनाम
• 38वीं समान्तर रेखा	उत्तरी और दक्षिणी कोरिया
• 49वीं समान्तर रेखा	कनाडा और सं.रा. अमेरिका
• मेनरहीम रेखा	रूस एवं फिनलैंड

विश्व की प्रमुख वनस्पतियाँ

वनस्पति का नाम	भौगोलिक क्षेत्र
हाइग्रोफाइट	दलदली एवं भूमध्यरेखीय उष्ण आर्द्रता वाली वनस्पति
ट्रोपोफाइट	उष्ण कटिबंधीय जलवायु वाली घास एवं वनस्पति
जेरोफाइट	उष्ण कटिबंधीय मरुस्थलीय क्षेत्रों की वनस्पति
हाइड्रोफाइट	जलप्लावित क्षेत्रों की वनस्पति
मेसोफाइट	शीतोष्ण कटिबंध क्षेत्र की वनस्पति
क्रायोफाइट	टुण्ड्रा एवं शीत प्रधान क्षेत्रों की वनस्पति
लिथोफाइट	कड़ी चट्टानों में उगने वाली वनस्पति
हैलोफाइट	नमकीन क्षेत्रों में पाई जाने वाली वनस्पति

विश्व के प्रसिद्ध स्थान

1. झुकी हुई मीनार : पीसा (इटली)
2. मर्डेका पैलेस : जकार्ता (इण्डोनेशिया)
3. रेड स्क्वायर, क्रेमलिन : मास्को
4. स्फिंक्स, पिरामिड : मिस्र
5. पोर्सलिन टावर : नानकिंग (चीन)
6. लोवर, एफिल टावर : पेरिस (फ्रांस)
7. पोटाला : ल्हासा (तिब्बत)
8. श्वेत डेगेन पैगोडा : यंगून
9. ओपेरा हाउस : सिडनी
10. ब्राडवे स्ट्रीट, स्टेच्यू ऑफ लिबर्टी, एंपायर स्टेट बिल्डिंग : न्यूयार्क (सं. रा. अमेरिका)
11. अल अक्सा, वेलिंग वाल, टेंपल माउंट : जेरूसलम (इजरायल)

विश्व की प्रमुख भौगोलिक खोजें

- क्रिस्टोफर कोलम्बस : प. द्वीप समूह (1492), द. अमेरिका (1498 ई.)
- जॉन कैवेट : न्यूफाउण्डलैण्ड (1497 ई.)
- कोपरनिकस : सौरमंडल (1540 ई.)
- केपलर : ग्रहों की गति नियम (1600 ई.)
- मैगलन : विश्व का भ्रमण, अटलांटिक के दक्षिण से प्रशांत महासागर की खोज (1519 ई.)
- वास्को-डि-गामा : केप ऑफ गुड होप होकर भारत आगमन (1498 ई.)
- कैप्टन कुक : हवाई द्वीप समूह (1770 ई.)
- फ्रिड्टजौफ नानसेन : ग्रीनलैंड एवं उत्तरी ध्रुव का पहाड़ी भाग (1888 ई.)
- आर. एमण्डसन : दक्षिणी ध्रुव पर पहुँचने वाला प्रथम व्यक्ति (1911 ई.)
- रॉबर्ट पियरे : उत्तरी ध्रुव की खोज (1909 ई.)

देशों/शहरों के नये नाम

प्राचीन	नवीन
अबीसीनिया	इथियोपिया
बनारस	वाराणसी
कम्पूचिया	कम्बोडिया
कोन्सटेनटिनोपल	इस्तांबुल
ब्रिटिश गुयाना	गुयाना
फॉरमोसा	ताइवान
नॉर्दन रोडेशिया	जाम्बिया
डच गुयाना	सूरीनाम
दक्षिण पश्चिम अफ्रीका	नामीबिया
इलाहाबाद	प्रयागराज
बर्मा	म्यांमार
यूनाइटेड प्रॉविन्स	उत्तर प्रदेश
जायरे	कांगो (डेमोक्रेटिक रिपब्लिक)
डच ईस्ट इण्डीज	इंडोनेशिया
गोल्ड कोस्ट	घाना
पीकिंग	बीजिंग
मेडागास्कर	मालागासी
न्यासालैण्ड	मलावी
निप्पन	जापान
तुर्की	तुर्किए

विश्व के प्रमुख भौगोलिक उपनाम

उपनाम	देश
• एण्टीलीज का मोती	क्यूबा
• शुगर बाऊल ऑफ द वर्ल्ड	क्यूबा
• गगनचुम्बी इमारतों का नगर	न्यूयॉर्क (सं.रा.अमेरिका)
• सात पहाड़ियों का नगर	रोम (इटली)
• पर्ल ऑफ दी ऑरियण्ट	सिंगापुर
• हवा वाला शहर/गार्डन सिटी	शिकागो (सं.रा. अमेरिका)
• चीन का शोक	ह्वांगहो नदी (पीली नदी)
• हिन्द महासागर का मोती/ पूर्व का मोती	श्रीलंका
• लैंड ऑफ मॉर्निंग काम	कोरिया
• लैंड ऑफ थाउजेण्ड लेक्स	फिनलैंड
• लैंड ऑफ मिडनाइट सन	नार्वे
• भूमध्यसागर का द्वार	जिब्राल्टर
• अरब सागर की रानी/ पूर्व का वेनिस	कोच्चि (भारत)
• लैंड ऑफ दी थाउजैंड एलीफैन्ट्स	लाओस
• आंसुओं का प्रवेश द्वार	बाब-अल-मंडब जलडमरूमध्य
• लैंड ऑफ ह्वाइट एलीफैंट्स	थाइलैंड
• स्वर्णिम पैगोडा का देश	म्यांमार
• दक्षिण का ब्रिटेन	न्यूजीलैंड
• सिटी ऑफ गोल्डन गेट	सेन फ्रांसिस्को
• वेनिस ऑफ द वर्ल्ड	स्टॉकहोम (स्वीडन)
• क्वीन ऑफ एड्रियाटिक	वेनिस (इटली)
• पिलर्स ऑफ हरक्यूलिस	स्ट्रेट ऑफ जिब्राल्टर
• पवनचक्कियों की भूमि	नीदरलैण्ड
• श्वेत शहर	बेलग्रेड
• आइलैंड ऑफ क्लोव्ज	जंजीबार (तंजानिया)
• पूर्व का मैनचेस्टर	ओसाका (जापान)
• लिली का देश	कनाडा
• नील नदी का देश	मिस्र
• होली लैंड	जेरूसलम (इजरायल)
• एमराल्ड द्वीप	आयरलैंड
• सूर्योदय का देश	जापान
• लैंड ऑफ थंडरवोल्ट	भूटान
• मोतियों का द्वीप	बहरीन

नदियों के तट पर बसे विश्व के प्रमुख नगर

नगर	नदी
• लन्दन (इंग्लैंड)	टेम्स
• कैन्टन (चीन)	सीक्यांग
• मास्को (रूस)	मस्कोवा
• न्यूयार्क (सं.रा.अ.)	हडसन
• बर्लिन (जर्मनी)	स्प्री
• बेलग्रेड	डेन्यूब
• पेरिस (फ्रांस)	सीन
• बुडापेस्ट (हंगरी)	डेन्यूब
• पर्थ (ऑस्ट्रेलिया)	स्वान
• वाशिंगटन	पोटोमेक
• बगदाद (इराक)	टाइग्रिस
• वियाना (ऑस्ट्रिया)	डेन्यूब
• आस्वान (मिस्र)	नील
• टोकियो (जापान)	अराकावा
• सेंट लुईस (अमेरिका)	मिसिसिपी
• शंघाई (चीन)	यांग्टिसीक्यांग
• रोम (इटली)	टाइबर
• यंगून (म्यांमार)	इरावदी
• प्राग	वितावा
• ओटावा (कनाडा)	सेंट लारेंस
• सिडनी (ऑस्ट्रेलिया)	डार्लिंग
• मैड्रिड (स्पेन)	मैजेनसेस
• अंकारा (तुर्किए)	किजिल
• लाहौर (पाकिस्तान)	रावी
• मॉण्ट्रियल (कनाडा)	सेंट लारेंस
• कराची (पाकिस्तान)	सिंधु
• बोन (जर्मनी)	राइन
• डबलिन (आयरलैंड)	लीफें
• काहिरा (मिस्र)	नील
• दिल्ली (भारत)	यमुना
• ब्यूनस आयर्स (अर्जेंटीना)	लाप्लाटा
• शिकागो (सं.रा.अ.)	शिकागो
• लिवरपुल (इंग्लैंड)	मर्सी
• ब्रिस्टल (इंग्लैंड)	एवन्
• कीव (यूक्रेन)	नीपर
• बसरा (इराक)	दजला और फरात

भारत का भूगोल

- भारत उत्तरी गोलार्द्ध में स्थित है। ग्लोब में यह 8°4'–37°6' उत्तरी अक्षांश और 68°7'–97°25' पूर्वी देशांतर के बीच स्थित है।
- भारत का क्षेत्रफल 32 लाख 87 हजार 263 वर्ग किमी. है। यह विश्व के क्षेत्रफल का 2.24% है।
- क्षेत्रफल की दृष्टि से भारत से बड़े छह देश हैं–रूस, कनाडा, चीन, सं.रा. अमेरिका, ब्राजील एवं ऑस्ट्रेलिया।
- भारत की पूर्व से पश्चिम की लम्बाई 2933 किमी. तथा उत्तर से दक्षिण की लम्बाई 3214 किमी है।
- भारत का पूर्वी बिन्दु वांलुग (अरुणाचल प्रदेश) और पश्चिमी बिन्दु ओखा (गुजरात) है। इसका उत्तरी बिन्दु इंदिरा कॉल (जम्मू-कश्मीर) तथा दक्षिणतम बिन्दु वृहत निकोबार द्वीप के पास स्थित इन्दिरा प्वाइंट है।
- भारत विश्व में जनसंख्या की दृष्टि से चीन के बाद दूसरा सबसे बड़ा देश है।
- गुजरात राज्य की तटरेखा सर्वाधिक लम्बी (1200 किमी) है। इसके बाद आन्ध्र प्रदेश की तटरेखा सबसे ज्यादा लम्बी है। भारत के कुल नौ राज्य तट रेखा से लगे हैं।
- भारत भूमध्य रेखा के उत्तर में स्थित है और कर्क रेखा भारत के मध्य से होकर गुजरती है। कर्क रेखा पर भारत के कई राज्य स्थित हैं, जैसे–मिजोरम, त्रिपुरा, पं॰ बंगाल, झारखंड, छत्तीसगढ़, मध्य प्रदेश, राजस्थान और गुजरात।

भारत के पड़ोसी देश

पड़ोसी देश	सीमा पर अवस्थित भारतीय राज्य
पाकिस्तान	गुजरात, राजस्थान, पंजाब, जम्मू और कश्मीर, लद्दाख
अफगानिस्तान	जम्मू और कश्मीर (पाकिस्तान अधिकृत कश्मीर)
चीन	लद्दाख, हिमाचल प्रदेश, उत्तराखंड, सिक्किम, अरुणाचल प्रदेश
नेपाल	उत्तर प्रदेश, उत्तराखंड, बिहार, पश्चिम बंगाल, सिक्किम
भूटान	सिक्किम, पश्चिम बंगाल, असम, अरुणाचल प्रदेश
बांग्लादेश	पश्चिम बंगाल, असम, मेघालय, मिजोरम, त्रिपुरा
म्यांमार	अरुणाचल प्रदेश, नगालैंड, मणिपुर, मिजोरम

भारत की महत्वपूर्ण झीलें

झीलें	राज्य/केंद्र शासित प्रदेश
• चिल्का	ओडिशा
• कोलेरू, पुलीकट	आन्ध्र प्रदेश
• लोकटक	मणिपुर
• सुकना	चण्डीगढ़
• लोनार	महाराष्ट्र
• निजाम सागर	तेलंगाना
• वुलर, डल	जम्मू-कश्मीर
• उमियम झील	मेघालय
• नैनीताल, भीमताल	उत्तराखंड
• पुल्ह झील	उत्तर प्रदेश
• अष्टमुदी	केरल
• परशुराम कुण्ड	अरुणाचल प्रदेश
• पोगांग शो	लद्दाख

- भारत में हिमालय की ऊँची चोटी कंचनजंघा है, जो सिक्किम और नेपाल की सीमा पर है।
- भारत का सर्वोच्च पर्वत शिखर माउण्ट K_2 (गॉडविन ऑस्टिन) है। यह कराकोरम श्रेणी में है।
- अरावली की पहाड़ियाँ विश्व की सबसे प्राचीन वलित पर्वतमाला है। यह पश्चिम में गुजरात तक है। राजस्थान के माउण्ट आबू की पहाड़ी पर स्थित 'गुरू शिखर' इसका सर्वोच्च शिखर है।
- नीलगिरि का सर्वोच्च शिखर डोडाबेट्टा है जो दक्षिण भारत का दूसरा सर्वोच्च शिखर है।
- **अंडमान-निकोबार के द्वीप समूहः** यह द्वीप-समूह बंगाल की खाड़ी में स्थित है। इसमें लगभग 247 छोटे-छोटे द्वीप हैं। निकोबार में 19 द्वीप हैं। अंडमान-निकोबार द्वीप समूह का सबसे उत्तरी द्वीप लैंडफॉल द्वीप है। इस द्वीप समूह को 10° चैनल दो भागों में बाँटती हैं। भारत का एकमात्र सक्रिय ज्वालामुखी 'बैरन' इसी द्वीप समूह में है। भारत का सबसे दक्षिणी बिन्दु 'इन्दिरा प्वाइन्ट' ग्रेट निकोबार में स्थित है।
- अंडमान-निकोबार द्वीप समूह की सबसे ऊँची पर्वत चोटी सैडल पीक है जिसकी ऊँचाई 730 मी. है।

- **अरब सागर समूहः** इस समूह में 47 द्वीप हैं। इसमें तीन द्वीप मुख्य हैं–लक्षद्वीप, मिनीकॉय एवं कवारत्ती। मिनीकॉय लक्षद्वीप समूह का सबसे बड़ा द्वीप है।
- गंगा एवं ब्रह्मपुत्र नदी बंगाल की खाड़ी में गिरने से पूर्व एक विशाल डेल्टा का निर्माण करती हैं। इस डेल्टा का नाम 'सुन्दरवन' का डेल्टा है।
- चिल्का झील भारत की सबसे बड़ी झील है।
- चिल्का, पेरियार, पुलीकट झीलें लैगून झीलें हैं।
- वुलर झील भारत की मीठे पानी की सबसे बड़ी झील है।
- चोलामू झील (सिक्किम) भारत की सबसे अधिक ऊँचाई पर स्थित झील है।

भारत के महत्वपूर्ण जल प्रपात

जल प्रपात	ऊँचाई (मी.)	स्थिति
• कुंचिकल	455	वरही नदी
• शिवसमुद्रम	90	कावेरी नदी
• जोग/गरसोप्पा	225	शरावती नदी
• धुआँधार	10	नर्मदा नदी
• पुनासा	12	चम्बल नदी
• चूलिया	18	चम्बल नदी
• गोकक	55	गोकक
• येन्ना	183	नर्मदा नदी
• हुंडरू	74	स्वर्णरिखा नदी

भारत में नदियों के किनारे बसे प्रमुख नगर

नगर	नदी	नगर	नदी
• दिल्ली	यमुना	• गुवाहाटी	ब्रह्मपुत्र
• आगरा	यमुना	• जबलपुर	नर्मदा
• बद्रीनाथ	अलकनंदा	• कोटा	चम्बल
• प्रयागराज	गंगा, यमुना	• कटक	महानदी
• हरिद्वार	गंगा	• नासिक	गोदावरी
• कानपुर	गंगा	• श्रीरंगपट्टनम	कावेरी
• पटना	गंगा	• जौनपुर	गोमती
• श्रीनगर	झेलम	• हैदराबाद	मूसी
• अयोध्या	सरयु	• मथुरा	यमुना
• सूरत	ताप्ती	• जमशेदपुर	स्वर्णरिखा
• कोलकाता	हुगली	• भागलपुर	गंगा
• लखनऊ	गोमती	• वाराणसी	गंगा
• उज्जैन	क्षिप्रा		

भारत की प्रमुख बहुउद्देशीय नदी घाटी परियोजनाएँ

परियोजना का नाम	नदी	लाभान्वित राज्य
• दामोदर घाटी परियोजना	दामोदर	झारखंड, पश्चिम बंगाल
• टिहरी बाँध परियोजना	भागीरथी	उत्तराखंड
• नागार्जुन सागर परियोजना	कृष्णा	आन्ध्र प्रदेश
• कोसी परियोजना	कोसी	बिहार तथा नेपाल
• हीराकुड बाँध परियोजना	महानदी	ओडिशा
• व्यास परियोजना	व्यास	राजस्थान, पंजाब, हरियाणा, हिमाचल प्रदेश
• चम्बल परियोजना	चम्बल	राजस्थान, मध्य प्रदेश
• मयूराक्षी परियोजना	मयूराक्षी	पश्चिम बंगाल
• तुंगभद्रा परियोजना	तुंगभद्रा	आन्ध्र प्रदेश, कर्नाटक
• गण्डक परियोजना	गण्डक	बिहार, नेपाल
• फरक्का परियोजना	गंगा, भागीरथी	पश्चिम बंगाल
• काकड़ापारा परियोजना	ताप्ती	गुजरात
• नागपुर शक्तिगृह परियोजना	कोराडी	महाराष्ट्र
• इन्दिरा गाँधी नहर परियोजना	सतलज	राजस्थान, पंजाब तथा हरियाणा
• रिहन्द परियोजना	रिहन्द	उत्तर प्रदेश
• महानदी डेल्टा परियोजना	महानदी	ओडिशा
• कुण्डा परियोजना	कुण्डा	तमिलनाडु
• इडुक्की परियोजना	पेरियार	केरल
• कोयना परियोजना	कोयना	महाराष्ट्र
• सतलज परियोजना	चिनाब	जम्मू-कश्मीर
• रंजीत सागर बाँध परियोजना	रावी	पंजाब
• नाथपा-झाकरी परियोजना	सतलज	हिमाचल प्रदेश
• शरावती परियोजना	शरावती	कर्नाटक
• नर्मदा सागर परियोजना	नर्मदा	मध्य प्रदेश, गुजरात
• जवाहर सागर परियोजना	चम्बल	राजस्थान
• तुलबुल परियोजना	झेलम	जम्मू कश्मीर
• सरदार सरोवर परियोजना	नर्मदा	गुजरात, मध्य प्रदेश, महाराष्ट्र एवं राजस्थान
• दुलहस्ती परियोजना	चिनाब	जम्मू-कश्मीर
• तिलैया परियोजना	बराकर	झारखंड

भारत की प्रमुख नदियाँ

नदी	उद्गम	मुहाना	लम्बाई (किमी.)
सिन्धु	मानसरोवर झील (तिब्बत)	अरब सागर	2880 (भारत में 1114)
सतलज	राक्षसताल	चिनाब	1500 (भारत में 1050)
गंगा	गंगोत्री के पास गोमुख से	बंगाल की खाड़ी	2525
यमुना	यमुनोत्री के पास बंदरपूंछ से	गंगा	1375
चम्बल	महूँ (जानपाव पहाड़ी)	यमुना	1050
गण्डक	धौलाधार पर्वत	गंगा	300
सोन	अमरकंटक पहाड़ी	गंगा	425
ब्रह्मपुत्र	मानसरोवर झील (तिब्बत)	बंगाल की खाड़ी	2900 (भारत में 916)
नर्मदा	अमरकंटक	अरब सागर	1312
ताप्ती	मुलताई (बैतूल)	खम्भात की खाड़ी	724
महानदी	सिहावा के समीप	बंगाल की खाड़ी	815
कृष्णा	पश्चिमी घाट की पहाड़ी (महाबलेश्वर के पास)	बंगाल की खाड़ी	1401
गोदावरी	त्रयम्बक गाँव की पहाड़ी	बंगाल की खाड़ी	1465
कावेरी	ब्रह्मगिरि की पहाड़ी	बंगाल की खाड़ी	800
तुंगभद्रा	कर्नाटक के पश्चिम घाट	कृष्णा	331
माही	विन्ध्याचल पर्वत	खम्भात की खाड़ी	585

भारत की प्रमुख नदियाँ एवं उनकी सहायक नदी

नदी	सहायक नदी
सिन्धु	सतलज, रावी, व्यास, झेलम, चिनाब आदि
गंगा	यमुना, गण्डक, घाघरा, कोसी, गोमती, सोन, रामगंगा, बूढ़ी गंडक, बागमती, अलकनंदा, भागीरथी आदि।
यमुना	चम्बल, बेतवा, केन, टोंस आदि
गोदावरी	वैनगंगा, पैनगंगा, इन्द्रावती, प्राणहिता, वर्धा, मंजरी आदि
कृष्णा	भीमा, तुंगभद्रा, पंचगंगा, दूधगंगा, घाटप्रभा, मालप्रभा, मूसी, कोयना आदि
नर्मदा	तवा, ओरसन आदि
महानदी	ब्राह्मणी, वैतरणी, शिवनाथ, हंसदेव, जोंक आदि
ब्रह्मपुत्र	लोहित, दिहांग, मानस, कामेंग, तिस्ता, स्वर्णसीरी, धनसीरी, डिबोंग आदि
तापी	पूर्णा, गिरना आदि
झेलम	किशनगंगा, पूँछ आदि
चम्बल	काली सिंध, पार्वती, बनास, क्षिप्रा आदि
दामोदर	बराकर
कावेरी	हेमवती, सुवर्णवती, लक्ष्मणतीर्थ, शिमला, अमरावती आदि
चिनाब	रावी, चन्द्रा, भागा आदि
सोन	रिहन्द, कोयल, महानदी आदि

भारत के प्रमुख राष्ट्रीय उद्यान एवं वन्य जीव अभयारण्य

राज्य	उद्यान व अभयारण्य
• असम	कांजीरंगा राष्ट्रीय उद्यान, मानस राष्ट्रीय उद्यान, डिब्रू सैखोवा राष्ट्रीय स्थल, सोनाई रूपा वन्य जीव अभयारण्य।
• आंध्र प्रदेश/ तेलंगाना	श्री वैंकटेश्वर राष्ट्रीय उद्यान, नागार्जुन सागर-श्री शैलम टाइगर रिजर्व, इंदिरा गांधी प्राणी उद्यान, मृगवनी राष्ट्रीय उद्यान, परवाल वन्य जीव अभयारण्य, मालापट्टी पक्षी विहार।
• उत्तर प्रदेश	चन्द्रप्रभा अभयारण्य, दुधवा राष्ट्रीय उद्यान, नवाबगंज राष्ट्रीय उद्यान, सुल्तानपुर पक्षी विहार, कैम्पवेल राष्ट्रीय उद्यान।
• अरुणाचल प्रदेश	नामदाफा वन्य जीव अभयारण्य, पक्कुई वन्य जीव अभयारण्य, मौलिका राष्ट्रीय उद्यान।
• जम्मू-कश्मीर	सलीम अली राष्ट्रीय उद्यान, दाचीगाम राष्ट्रीय उद्यान।
• कर्नाटक	बाँदीपुर राष्ट्रीय उद्यान, साइलेंट वैली राष्ट्रीय उद्यान, कुद्रेमुख राष्ट्रीय उद्यान, सोमेश्वर वन्य जीव अभयारण्य।
• अण्डमान निकोबार द्वीप समूह	महात्मा गाँधी राष्ट्रीय उद्यान, सैडल पीक राष्ट्रीय उद्यान, नार्थ बटन द्वीप राष्ट्रीय उद्यान।
• झारखण्ड	पलामू वन्य जीव अभयारण्य, बेतला राष्ट्रीय उद्यान।
• मध्य प्रदेश	पंचमढ़ी राष्ट्रीय उद्यान, बान्धवगढ़ राष्ट्रीय उद्यान, कान्हा किसली राष्ट्रीय उद्यान।
• राजस्थान	सरिस्का वन्य जीव अभयारण्य, रणथम्भौर वन्य जीव अभयारण्य, केवलादेव राष्ट्रीय उद्यान, दर्राह राष्ट्रीय उद्यान।
• उत्तराखंड	जिम कार्बेट राष्ट्रीय उद्यान।
• छत्तीसगढ़	कांगेर राष्ट्रीय उद्यान, इंद्रावती राष्ट्रीय उद्यान।
• बिहार	बाल्मीकि राष्ट्रीय उद्यान।
• हरियाणा	कलेसर राष्ट्रीय उद्यान।
• गुजरात	गिर राष्ट्रीय उद्यान, वेसन्दा राष्ट्रीय उद्यान।
• ओडिशा	भितरकणिका राष्ट्रीय उद्यान, सिमलीपाल राष्ट्रीय उद्यान।
• महाराष्ट्र	तंसा राष्ट्रीय उद्यान, पेंच राष्ट्रीय उद्यान, वोरीविली राष्ट्रीय उद्यान।
• केरल	पेरम्बीकुलम वन्य जीव अभयारण्य, पेरियार वन्य जीव अभयारण्य, इरविकुलम वन्य जीव अभयारण्य।
• नगालैंड	इन्टकी राष्ट्रीय उद्यान।
• तमिलनाडु	वेदान्तगल पक्षी विहार, मुदुमलाई वन्य जीव अभयारण्य, गल्फ ऑफ मन्नार राष्ट्रीय उद्यान, गिण्डी राष्ट्रीय उद्यान।
• हिमाचल प्रदेश	कुगती वन्य जीव अभयारण्य, ग्रेट हिमालय राष्ट्रीय उद्यान, पिन वैली राष्ट्रीय उद्यान, रोहला राष्ट्रीय उद्यान।
• मिजोरम	डाम्फा वन्य जीव अभयारण्य।
• पश्चिम बंगाल	सुन्दरवन टाइगर रिजर्व, जलदापाड़ा वन्य जीव अभयारण्य।
• तेलंगाना	कासू ब्रह्मानंद रेड्डी राष्ट्रीय उद्यान, महावीर हरिण वनस्थली राष्ट्रीय उद्यान, मंजिरा वन्यजीव अभयारण्य।

प्रमुख बाघ आरक्षित क्षेत्र

नाम	स्थान	नाम	स्थान
• जिम कार्बेट	उत्तराखण्ड	• सुन्दरवन	पश्चिम बंगाल
• बांधवगढ़	मध्य प्रदेश	• बोरी सतपुड़ा	मध्य प्रदेश
• दुधवा राष्ट्रीय उद्यान	उत्तर प्रदेश	• कान्हा किसली	मध्य प्रदेश
• सरिस्का	राजस्थान	• नामदाफा	अरुणाचल प्रदेश
• बाँदीपुर	कर्नाटक	• नन्दन-कानन	ओडिशा
• रणथम्भौर	राजस्थान	• पीलीभीत	उत्तर प्रदेश
• पेंच	महाराष्ट्र	• नागार्जुन सागर	आंध्र प्रदेश

हाथी संरक्षण परियोजना

नाम	स्थान
• पेरियार	केरल
• राजाजी पार्क	उत्तराखण्ड
• शान्त घाटी	केरल
• अन्नामलाई-पेरम्बीकुलम	तमिलनाडु
• काजीरंगा	असम

भारतीय कृषि

- डॉ॰ एम.एस. स्वामीनाथन को भारत में हरित क्रांति का जनक माना जाता है। इसकी शुरुआत 1966-67 में हुई थी।

ऋतुओं के आधार पर भारत में फसलों का वर्गीकरण–

- **खरीफ फसलः** यह दक्षिणी-पश्चिमी मानसून के आने पर जून-जुलाई के महीने में बोई जाती है एवं नवम्बर-दिसम्बर में काट ली जाती है। उदाहरणस्वरूप–ज्वार, बाजरा, धान, जूट, मक्का, तिल, गन्ना, मूंगफली, कपास आदि।
- **रबी की फसलः** यह नवम्बर में बोई जाती है एवं मार्च-अप्रैल में काटी जाती है। उदाहरणतः गेहूँ, सरसों, जौ, चना, मटर, राई आदि।
- **जायद की फसलः** यह फसल अप्रैल-मई में बोई जाती है तथा जून-जुलाई में काट ली जाती है। उदाहरणस्वरूप–उड़द, मूँग, राई, तरबूज, खीरा आदि।

सम्बन्धित क्रांतियाँ

- हरित क्रांति खाद्यान्न
- श्वेत क्रांति दुग्ध
- नीली क्रांति मछली
- पीली क्रांति तिलहन
- भूरी क्रांति उर्वरक
- कृष्ण क्रांति बायोडीजल
- बादामी क्रांति मसाला
- रजत क्रांति अंडा
- लाल क्रांति टमाटर/मांस
- गुलाबी क्रांति झींगा मछली
- सुनहरी क्रांति फलों के उत्पादन
- अमृत क्रांति नदी जोड़ो परियोजनाएं

भारत की मिट्टी

मृदा विज्ञान (Pedology): मिट्टी के अध्ययन के विज्ञान को मृदा विज्ञान कहा जाता है। भारत में पाई जाने वाली प्रमुख मिट्टियां निम्नलिखित हैं–

1. जलोढ़ मिट्टी (Alluvial Soil)

- भारत में लगभग 22% क्षेत्र पर पाई जाती है।
- यह मिट्टी नदियों द्वारा लाई जाती है।
- इसमें नाइट्रोजन, फास्फोरस तथा ह्यूमस की मात्रा कम होती है तथा पोटाश की अधिकता होती है।

2. काली मिट्टी (Black Soil)

- भारत में लगभग 16.6% भाग पर पाई जाती है।
- इसमें आयरन, चूना, एल्युमिनियम एवं मैग्नेशियम की बहुलता होती है। इस मिट्टी का काला रंग टिटेनीफेरस मैग्नेटाइट एवं जीवांश की उपस्थिति के कारण होता है।

3. लाल मिट्टी (Red Soil)

- यह अम्लीय प्रकृति की मिट्टी होती है। इसमें नाइट्रोजन, फास्फोरस एवं ह्यूमस की कमी होती है। यह मिट्टी उर्वरताविहीन एवं बंजर भूमि के रूप में पाई जाती है।
- भारत में यह मिट्टी आंध्र प्रदेश, मध्य प्रदेश के पूर्वी भाग, छोटा नागपुर के पठारी क्षेत्र एवं गारो, खासी, जयंतिया के पठारी क्षेत्रों में पाई जाती है।

4. लेटेराइट मिट्टी (Laterite Soil)

- इसमें आयरन, पोटाश एवं सिलिका की बहुलता होती है। इसकी उर्वरता कम होती है।
- लैटेराइट मिट्टी चाय की खेती के लिए सर्वाधिक उपयुक्त है।

भारत में खनिज उत्पादन

खनिज पदार्थ	उत्पादक राज्य	विशेष तथ्य
• लौह अयस्क	कर्नाटक, छत्तीसगढ़, ओडिशा, गोवा, झारखंड	कर्नाटक भारत का लगभग एक-चौथाई लोहा उत्पादन करता है। हेमाटाइट (68%) सर्वोत्कृष्ट लौह अयस्क है।
• कोयला	झारखंड, छत्तीसगढ़, ओडिशा, महाराष्ट्र, मध्य प्रदेश, प. बंगाल	झारखंड कोयला उत्पादन की दृष्टि से भारत में प्रथम स्थान पर है। ऐंथ्रासाइट (90%) सर्वोच्च कोटि का कोयला है।
• मैंगनीज	ओडिशा, मध्य प्रदेश, महाराष्ट्र, कर्नाटक	मैंगनीज का दूसरा सबसे बड़ा संचित भंडार है। ओडिशा भारत में मैंगनीज के उत्पादन में अग्रणी राज्य है।
• बॉक्साइट	ओडिशा, गुजरात, झारखंड, महाराष्ट्र, छत्तीसगढ़	ओडिशा भारत के कुल उत्पादन का 42% बॉक्साइट उत्पादन करता है।

खनिज पदार्थ	उत्पादक राज्य	विशेष तथ्य
• तांबा	मध्य प्रदेश, राजस्थान, झारखंड, छत्तीसगढ़, आंध्र प्रदेश, कर्नाटक	झारखंड के पूर्वी एवं पश्चिमी सिंहभूम जिले ताँबे के प्रमुख उत्पादक हैं।
• अभ्रक	आंध्र प्रदेश, बिहार, झारखंड, राजस्थान	सबसे ज्यादा अभ्रक आन्ध्र प्रदेश में पाया जाता है।
• चूना-पत्थर	मध्य प्रदेश, छत्तीसगढ़, आंध्र प्रदेश, गुजरात, राजस्थान	देश का 35 प्रतिशत चूना-पत्थर मध्य प्रदेश में पाया जाता है।
• पेट्रोलियम	महाराष्ट्र, असम, गुजरात	भारत विश्व का मात्र 1 प्रतिशत पेट्रोलियम उत्पादन करता है।
• थोरियम	राजस्थान	
• यूरेनियम	झारखंड	
• हीरा	मध्य प्रदेश	
• जस्ता	राजस्थान, ओडिशा, जम्मू-कश्मीर	

- भारत में पहले जूट उद्योग की स्थापना जॉर्ज आकलैंड द्वारा 1859 में रिशरा में की गई थी। देश में सर्वाधिक जूट मिलें पश्चिम बंगाल में हैं।
- भारत में आधुनिक चीनी उद्योग की शुरुआत 1903 में बिहार में पहली चीनी मिल की स्थापना के साथ हुई।
- भारत में एल्युमिनियम का पहला कारखाना 1937 ई. में पं. बंगाल में आसनसोल के निकट जे.के. नगर में स्थापित किया गया था। भारत में पहला सीमेंट कारखाना 1904 में मद्रास (चेन्नई) में स्थापित किया गया।
- एसोसिएट सीमेंट कम्पनी लि. (A.C.C.) की स्थापना 1936 में की गई थी। 1951 ई. में भारतीय उर्वरक निगम की स्थापना की गई, जिसके तहत एशिया का सबसे बड़ा उर्वरक संयंत्र सिन्दरी में स्थापित किया गया।
- भारत में पहली रेलगाड़ी 16 अप्रैल, 1853 को मुंबई और थाणे के बीच (34 कि.मी.) चली। देश में सबसे लम्बी दूरी तय करने वाली रेलगाड़ी विवेक एक्सप्रेस है जो डिब्रूगढ़ (असम) से कन्याकुमारी (तमिलनाडु) जाती है।
- श्री सिद्धारूढ़ा स्वामीजी हुब्बल्लि (हुबली) रेलवे स्टेशन का प्लेटफार्म विश्व का सबसे लम्बा प्लेटफॉर्म है। इसकी लम्बाई 1507 मीटर है।
- भारतीय रेल की सबसे लम्बी सुरंग जम्मू कश्मीर के खारी एवं सम्बेर सेक्शन के मध्य स्थित टी-50 सुरंग है। इसकी लंबाई 12.77 किमी. है।
- भारत का सबसे लम्बा राष्ट्रीय राजमार्ग-44 है। यह श्रीनगर से कन्याकुमारी तक विस्तृत है। राष्ट्रीय राजमार्ग 47-A भारत का सबसे छोटा राष्ट्रीय राजमार्ग है जिसकी लम्बाई मात्र 6 किमी. है। यह केरल के बेम्बानद झील में स्थित वेलिंटन द्वीप में है।
- देश का सबसे बड़ा बन्दरगाह मुम्बई में है। बड़े बन्दरगाहों का नियंत्रण केन्द्र सरकार करती है जबकि छोटे बन्दरगाह संविधान के समवर्ती सूची में शामिल हैं।
- विशाखापत्तनम बन्दरगाह भारत का सर्वश्रेष्ठ प्राकृतिक बन्दरगाह तथा सबसे गहरा है। 1 अप्रैल, 1995 को भारतीय विमानपत्तनम प्राधिकरण का गठन किया गया।

भारत के वन

- राष्ट्रीय वन नीति के अनुसार देश के 33% भाग पर वन होने चाहिए। परन्तु वन रिपोर्ट 2021 के अनुसार वर्तमान में भारत के वनों का प्रतिशत 21.71 ही है।

वन रिपोर्ट 2021 की प्रमुख विशेषताएँ

- इसने पहली बार टाइगर रिजर्व, टाइगर कॉरिडोर और गिर के जंगल जिसमें एशियाई शेर रहते हैं, में वन आवरण का आकलन किया है।
- भारत का वन क्षेत्र अब 7,13,789 वर्ग किलोमीटर है, यह देश के भौगोलिक क्षेत्र का 21.71% है जो वर्ष 2019 में 21.67% से अधिक है।
- वनावरण में सबसे अधिक वृद्धि दर्शाने वाले राज्यों में तेलंगाना (3.07%), आंध्र प्रदेश (2.22%) और ओडिशा (1.04%) हैं।
- वनावरण में सबसे अधिक कमी पूर्वोत्तर के पाँच राज्यों— अरुणाचल प्रदेश, मणिपुर, मेघालय, मिजोरम और नगालैंड में हुई है।
- क्षेत्रफल की दृष्टि से मध्य प्रदेश देश का सबसे बड़ा वन क्षेत्र है, इसके बाद अरुणाचल प्रदेश, छत्तीसगढ़, ओडिशा और महाराष्ट्र हैं।
- कुल भौगोलिक क्षेत्र के प्रतिशत के रूप में वन आवरण के मामले में शीर्ष पाँच राज्य मिजोरम, अरुणाचल प्रदेश, मेघालय, मणिपुर और नगालैंड हैं।

भारत वन रिपोर्ट-2021 (क्षेत्रफल वर्ग किमी. में)

राज्य/संघ शासित क्षेत्र	भौगोलिक क्षेत्र (जी.ए.)	आकलन-2021			कुल वनावरण	भौगोलिक क्षेत्र का प्रतिशत
		अ.स.व.	सा.स.व.	खु.व.		
आंध्र प्रदेश	1,62,968	1,994	13,929	13,861	29,784	18.28
अरुणाचल प्रदेश	83,743	21,058	30,176	15,197	66,431	79.33
असम	78,438	3,017	9,991	15,304	28,312	36.09
बिहार	94,163	333	3,286	3,762	7,381	7.84
छत्तीसगढ़	1,35,192	7,068	32,279	16,370	55,717	41.21
दिल्ली	1,483	6.72	56.60	131.68	195.00	13.15
गोवा	3,702	538	576	1,130	2,244	60.62
गुजरात	1,96,244	378	5,032	9,516	14,926	7.61
हरियाणा	44,212	28	445	1,130	1,603	3.63
हिमाचल प्रदेश	55,673	3,163	7,100	5,180	15,443	27.73
झारखंड	79,716	2,601	9,689	11,431	23,721	29.76
कर्नाटक	1,91,791	4,533	20,985	13,212	38,730	20.19
केरल	38,852	1,944	9,472	9,837	21,253	54.70
मध्य प्रदेश	3,08,252	6,665	34,209	36,619	77,493	25.14
महाराष्ट्र	3,07,713	8,734	20,589	21,475	50,798	16.51
मणिपुर	22,327	905	6,228	9,465	16,598	74.34
मेघालय	22,429	560	9,160	7,326	17,046	76.00
मिजोरम	21,081	157	5,715	11,948	17,820	84.53
नगालैंड	16,579	1,272	4,449	6,530	12,251	73.90
ओडिशा	1,55,707	7,213	20,995	23,948	52,156	33.50
पंजाब	50,362	11	793	1,043	1,847	3.67
राजस्थान	3,42,239	78	4,369	12,208	16,655	4.87
सिक्किम	7,096	1,102	1,551	688	3,341	47.08
तमिलनाडु	1,30,060	3,593	11,034	11,792	26,419	20.31
तेलंगाना	1,12,077	1,624	9,119	10,471	21,214	18.93
त्रिपुरा	10,486	647	5,212	1,863	7,722	73.64
उत्तर प्रदेश	2,40,928	2,627	4,029	8,162	14,818	6.15
उत्तराखंड	53,483	5,055	12,768	6,482	24,305	45.44
पश्चिम बंगाल	88,752	3,037	4,208	9,587	16,832	18.96
अंडमान एवं निकोबार द्वी. स.	8,249	5,678	683	383	6,744	81.75
चंडीगढ़	114	1.36	13.51	8.01	22.88	20.07
दादरा एवं नगर हवेली और दमन एवं दीव	602	1.40	85.56	140.79	227.75	37.83
जम्मू और कश्मीर शेप फाइल क्षेत्र* (54,624)	2,22,236	4,155	8,117	9,115	21,387	39.15
लद्दाख शेप फाइल क्षेत्र* (1,68,055)		2	512	1,758	2,272	1.35
लक्षद्वीप	30	0.00	16.09	11.01	27.10	90.33
पुदुचेरी	490	0.00	17.53	35.77	53.30	10.88
योग	**32,87,469**	**99,779**	**3,06,890**	**3,07,120**	**7,13,789**	**21.71**

**भारत सर्वेक्षण द्वारा उपलब्ध करवाया गया शेप फाइल क्षेत्र (अगस्त 2021), भारतीय सर्वेक्षण से अधिसूचित प्रतीक्षित है।*

भारत के दस सर्वाधिक लम्बे राष्ट्रीय राजमार्ग

राष्ट्रीय राजमार्ग	कहाँ से कहाँ तक	कुल लम्बाई (किमी)
NH-44	श्रीनगर से कन्याकुमारी	3745
NH-27	पोरबंदर से सिलचर	3507
NH-48	दिल्ली से चेन्नई	2807
NH-52	संगरूर से अंकोला	2317
NH-30	सितारगंज से इब्राहिमपट्टनम	2040
NH-6	जोरावाट से सीलिंग	1873
NH-53	हजीरा से पारादीप	1781
NH-16	पूर्वी जट (पं. बंगाल) से चेन्नई	1711
NH-66	पनवेल से कन्याकुमारी	1622
NH-19	दिल्ली से कोलकाता	1435

राष्ट्रीय जलमार्ग

जलमार्ग	लम्बाई	विस्तार	नदी
एन डब्ल्यू-1	1620 किमी	प्रयागराज से हल्दिया तक	गंगा
एन डब्ल्यू-2	891 किमी	सादिया से धुबरी पट्टी तक	ब्रह्मपुत्र
एन डब्ल्यू-3	205 किमी	कोल्लम से कोट्टापुरम तक	चम्पाक्कारा
एन डब्ल्यू-4	1095 किमी	काकीनाडा से मरक्कानम तक	कृष्णा-गोदावरी
एन डब्ल्यू-5	623 किमी	तलचर से धमरा तक	ब्राह्मणी एवं मताई

देश के प्रमुख बड़े बन्दरगाह

नाम	राज्य/संघ शासित प्रदेश	नदी/खाड़ी एवं समुद्र
विशाखापत्तनम	आंध्र प्रदेश	बंगाल की खाड़ी
वी.ओ. चिदंबरनार (तूतीकोरिन)	तमिलनाडु	बंगाल की खाड़ी
पारादीप	ओडिशा	बंगाल की खाड़ी
कामाराजार (एन्नौर)	तमिलनाडु	बंगाल की खाड़ी
चेन्नई	तमिलनाडु	बंगाल की खाड़ी
मार्मुगाओं	गोवा	अरब सागर
जवाहर लाल नेहरू (न्हावाशेवा)	महाराष्ट्र	अरब सागर
न्यू मंगलुरु	कर्नाटक	अरब सागर
दीनदयाल (कांडला)	गुजरात	अरब सागर
मुम्बई	महाराष्ट्र	अरब सागर
कोच्चि	केरल	अरब सागर
श्यामा प्रसाद मुखर्जी (कोलकाता)	प. बंगाल	हुगली नदी

भारत के प्रमुख अंतर्राष्ट्रीय हवाई अड्डे

अंतर्राष्ट्रीय हवाई अड्डा	स्थान
इंदिरा गांधी अंतर्राष्ट्रीय हवाई अड्डा	नई दिल्ली
छत्रपति शिवाजी अंतर्राष्ट्रीय हवाई अड्डा	मुम्बई
नेताजी सुभाषचन्द्र बोस अंत. हवाई अड्डा	कोलकाता
अन्ना अंतर्राष्ट्रीय हवाई अड्डा	चेन्नई
त्रिवेन्द्रम अंतर्राष्ट्रीय हवाई अड्डा	तिरूअनंतपुरम
श्री गुरु रामदास जी अंत. हवाई अड्डा	अमृतसर
राजीवगांधी अंतर्राष्ट्रीय हवाई अड्डा	हैदराबाद
कोचिन अंतर्राष्ट्रीय हवाई अड्डा	कोच्चि
लोकप्रिय गोपीनाथ बोरदोलोई अंतर्राष्ट्रीय हवाई अड्डा	गुवाहाटी
सरदार वल्लभभाई पटेल अंतर. हवाई अड्डा	अहमदाबाद
दाबोलिम अंतर्राष्ट्रीय हवाई अड्डा	पणजी
श्रीनगर अंतर्राष्ट्रीय हवाई अड्डा	श्रीनगर
जयपुर अंतर्राष्ट्रीय हवाई अड्डा	जयपुर

●●●

3

भारतीय अर्थव्यवस्था

जनसंख्या

- देश की कुल जनसंख्या (2011)–**1,21,08,54,977 करोड़**
- जनसंख्या का विश्व में प्रतिशत–**17.7 प्रतिशत**
- लिंगानुपात (प्रति हजार पुरुषों पर महिलाएं)–**943**
- सर्वाधिक स्त्री-पुरुष अनुपात वाला राज्य–**केरल (1084)**
- जन्मसंख्या का घनत्व (2011)–**382 प्रति वर्ग किमी.**
- जन्म दर (2016)–**20.4 प्रति हजार जनसंख्या**
- मृत्यु दर (2016)–**6.4 प्रति हजार जनसंख्या**
- शिशु मृत्यु दर (2016)–**34 प्रति हजार जीवित जन्म**
- प्रत्याशित आयु (जन्म के समय) (2011-15)—**68.3 वर्ष**
  पुरुष (2011-15)—**66.9 वर्ष**
  महिला (2011-15)—**70.0 वर्ष**
- बाल मृत्यु दर (0-5 वर्ष) (प्रति 1,000 बच्चे) (2016)–**39**
- मातृत्व मृत्यु दर (प्रति 1,000 जीवित जन्म) (2011-13) –**167**
- सर्वाधिक साक्षरता वाला राज्य (2011)–**केरल (94.0%)**
- सबसे कम साक्षरता वाला राज्य (2011)–**बिहार (61.8%)**
- ग्रामीण जनसंख्या (2011)–**83.37 करोड़**
- शहरी जनसंख्या (2011)–**37.71 करोड़**
- कुल जनसंख्या से शहरी जनसंख्या का प्रतिशत (2011) –**31.16%**
- सर्वाधिक शहरी जनसंख्या वाला राज्य (2011)–**गोवा (62.17%)**
- सबसे कम शहरी जनसंख्या वाला राज्य (2011)–**हिमाचल प्रदेश (10.03%)**
- सर्वाधिक जनसंख्या वृद्धि वाला राज्य (2011)–**मेघालय (27.9%)**
- सर्वाधिक जनसंख्या वाला राज्य (2011)–**उत्तर प्रदेश (19.98 करोड़)**
- न्यूनतम जनसंख्या वाला राज्य (2011)–**सिक्किम (6.11 लाख)**
- सर्वाधिक जनसंख्या घनत्व वाला राज्य (2011)–**बिहार (1106)**
- न्यूनतम जनसंख्या घनत्व वाला राज्य (2011)–**अरुणाचल प्रदेश (17)**
- कुल आबादी में हिन्दू जनसंख्या प्रतिशत (2011)– **79.8%**
- कुल आबादी में मुस्लिम जनसंख्या प्रतिशत (2011)– **14.2%**
- कुल आबादी में ईसाई जनसंख्या प्रतिशत (2011)– **2.3%**
- कुल आबादी में सिख जनसंख्या प्रतिशत (2011)**– 1.7%**
- सर्वाधिक जनसंख्या वृद्धि वाला धर्म (2001-2011)–**मुस्लिम (24.6%)**
- न्यूनतम जनसंख्या वृद्धि वाला धर्म (2001-2011)–**जैन (5.4%)**
- सर्वाधिक साक्षरता वाला धर्म (2011)–**जैन (95%)**
- न्यूनतम साक्षरता वाला धर्म (2011)–**मुस्लिम (69%)**

जनगणना-2011 के राज्यवार अंतिम आंकड़े

क्र. सं.	राज्य/केन्द्र शासित प्रदेश	जनसंख्या	लिंगानुपात प्रति 1000 पुरुष दर	जनघनत्व (व्यक्ति/ वर्ग किमी.)	साक्षरता दर	दशकीय वृद्धि प्रतिशत में) (2001-2011)
1.	जम्मू-कश्मीर	1,25,41,302	889	124	67.2	23.6
2.	हिमाचल प्रदेश	68,64,602	972	123	82.8	12.9
3.	पंजाब	2,77,43,338	895	551	75.8	13.9
4.	चंडीगढ़	10,55,450	818	9258	86.0	17.2
5.	उत्तराखंड	1,00,86,292	963	189	78.8	18.8
6.	हरियाणा	2,53,51,462	879	573	75.6	19.9
7.	दिल्ली	1,67,87,941	868	11320	86.2	21.2
8.	राजस्थान	6,85,48,437	928	200	66.1	21.3
9.	उत्तर प्रदेश	19,98,12,341	912	829	66.7	20.2
10.	बिहार	10,40,99,452	918	1106	61.8	25.4
11.	सिक्किम	6,10,577	890	86	81.4	12.9
12.	अरुणाचल प्रदेश	13,83,727	938	17	65.4	26.0
13.	नागालैंड	19,78,502	931	119	79.6	–0.6
14.	मणिपुर	28,55,794	985	128	79.2	24.50
15.	मिजोरम	10,97,206	976	52	91.3	23.5
16.	त्रिपुरा	36,73,917	960	350	87.2	14.8
17.	मेघालय	29,66,889	989	132	74.4	27.9
18.	असम	3,12,05,576	958	398	72.2	17.1
19.	पश्चिम बंगाल	9,12,76,115	950	1028	76.3	13.8
20.	झारखंड	3,29,88,134	949	414	66.4	22.4
21.	ओडिशा	4,19,74,218	979	270	72.9	14.0
22.	छत्तीसगढ़	2,55,45,198	991	189	70.3	22.6
23.	मध्य प्रदेश	7,26,26,809	931	236	69.3	20.3
24.	गुजरात	6,04,39,692	919	308	78.0	19.3
25.	दमन एवं दीव	2,43,247	618	2191	87.1	53.8
26.	दादरा एवं नगर हवेली	3,43,709	774	700	76.2	55.9
27.	महाराष्ट्र	11,23,74,333	929	365	82.3	16.0
28.	आंध्र प्रदेश	4,93,86,799	993	308	67.0	11.0
29.	कर्नाटक	6,10,95,297	973	319	75.4	15.6
30.	गोवा	14,58,545	973	394	88.7	8.2
31.	लक्षद्वीप	64,473	947	2149	91.8	6.3
32.	केरल	3,34,06,061	1084	860	94.0	4.9
33.	तमिलनाडु	7,21,47,030	996	555	80.1	15.6
34.	पुदुचेरी	12,47,953	1037	2546	85.8	28.1
35.	अंडमान व निकोबार	3,80,581	876	46	86.6	6.9
36.	तेलंगाना	3,51,93,978	988	307	66.4	13.58
	भारत	**1,21,08,54,977**	**943**	**382**	**73.0**	**17.7**

ग्रामीण-नगरीय जनसंख्या 2011 (अंतिम आंकड़े)

क्र. सं.	राज्य/केन्द्रशासित प्रदेश	ग्रामीण जनसंख्या	नगरीय जनसंख्या	ग्रामीण जनसंख्या का %	नगरीय जनसंख्या का %
1.	जम्मू-कश्मीर	91,08,060	34,33,242	72.6	27.4
2.	हिमाचल प्रदेश	61,76,050	6,88,552	90.0	10.0
3.	पंजाब	1,73,44,192	1,03,99,146	62.5	37.5
4.	चंडीगढ़	28,991	10,26,459	2.7	97.3
5.	उत्तराखंड	70,36,954	30,49,338	69.8	30.2
6.	हरियाणा	1,65,09,359	88,42,103	65.1	34.9
7.	दिल्ली	4,19,042	1,63,68,899	2.5	97.5
8.	राजस्थान	5,15,00,352	1,70,48,085	75.1	24.9
9.	उत्तर प्रदेश	15,53,17,278	4,44,95,063	77.7	22.3
10.	बिहार	9,23,41,436	1,17,58,016	88.7	11.3
11.	सिक्किम	4,56,999	1,53,578	74.8	25.2
12.	अरुणाचल प्रदेश	10,66,358	3,17,369	77.1	22.9
13.	नागालैंड	14,07,536	5,70,966	71.1	28.9
14.	मणिपुर	20,21,640	8,34,154	70.8	29.2
15.	मिजोरम	5,25,435	5,71,771	47.9	52.1
16.	त्रिपुरा	27,12,464	9,61,453	73.8	26.2
17.	मेघालय	23,71,439	5,95,450	79.9	20.1
18.	असम	2,68,07,034	43,98,542	85.9	14.1
19.	पश्चिम बंगाल	6,21,83,113	2,90,93,002	68.1	31.9
20.	झारखंड	2,50,55,073	79,33,061	76.0	24.0
21.	ओडिशा	3,49,70,562	70,03,656	83.3	16.7
22.	छत्तीसगढ़	1,96,07,961	59,37,237	76.8	23.2
23.	मध्य प्रदेश	5,25,57,404	2,00,69,405	72.4	27.6
24.	गुजरात	3,46,94,609	2,57,45,083	57.4	42.6
25.	दमन और दीव	60,396	1,82,851	24.8	75.2
26.	दादरा नगर हवेली	1,83,114	1,60,595	53.3	46.7
27.	महाराष्ट्र	6,15,56,074	5,08,18,259	54.8	45.2
28.	आंध्र प्रदेश	3,99,70.761	1,46,10,410	66.6	33.4
29.	कर्नाटक	3,74,69,335	2,36,25,962	61.3	38.7
30.	गोवा	5,51,731	9.06,814	37.8	62.2
31.	लक्षद्वीप	14,141	50,332	21.9	78.1
32.	केरल	1,74,71,135	1,59,34,926	52.3	47.7
33.	तमिलनाडु	3,72,29,590	3,49,17,440	51.6	48.4
34.	पुडुचेरी	3,95,200	8,52,753	31.7	68.3
35.	अं.नि. द्वीप समूह	2,37,093	1,43,488	62.3	37.7
36.	तेलंगाना	2,15,85,313	1,36,08,665	61.33	38.64
	भारत	83,37,48,852	37,71,06,125	68.9	31.1

मुद्रा, बैंकिंग एवं पूँजी बाजार

- यूरोपीय बैंकिंग प्रणाली पर आधारित देश में पहला बैंक एलेक्जेण्डर एंड कम्पनी द्वारा सन् 1770 में कलकत्ता (कोलकाता) में 'बैंक ऑफ हिन्दुस्तान' नाम से प्रारम्भ किया गया था। यह बैंक सफल न हो सका।
- सरकार के वित्तीय सहयोग से निजी अंशधारियों द्वारा 1806 में बैंक ऑफ बंगाल, 1840 में बैंक ऑफ बॉम्बे तथा 1843 में बैंक ऑफ मद्रास की स्थापना की गई। यह तीनों बैंक प्रेसीडेन्सी बैंक कहलाते थे। प्रेसीडेन्सी बैंकों को 1862 तक कागजी नोट निर्गमन का अधिकार भी प्राप्त था।
- 1921 में तीनों प्रेसीडेन्सी बैंकों को मिलाकर इम्पीरियल बैंक ऑफ इंडिया की स्थापना की गई।
- 1 जुलाई, 1955 को इम्पीरियल बैंक का आंशिक राष्ट्रीयकरण करके उसका नाम स्टेट बैंक ऑफ इंडिया कर दिया गया।
- वर्तमान में स्टेट बैंक देश का सबसे बड़ा व्यापारिक बैंक है।
- पूर्णरूप से पहला भारतीय बैंक 'पंजाब नेशनल बैंक' था। इसकी स्थापना 1894 में की गई थी।
- रिजर्व बैंक ऑफ इंडिया भारत का केन्द्रीय बैंक (Central Bank) है। इसकी स्थापना 1 अप्रैल, 1935 को की गई थी। इसका मुख्यालय मुम्बई में है। रिजर्व बैंक का राष्ट्रीयकरण 1 जनवरी, 1949 को किया गया था।
- देश के 14 बड़े व्यापारिक बैंकों का राष्ट्रीयकरण 19 जुलाई, 1969 को किया गया था। भारतीय औद्योगिक साख एवं निवेश निगम लि. (Industrial Credit and Investment Corporation of India Ltd.) का नाम बदलकर सितम्बर 1998 में ICICI Ltd. कर दिया गया था।
- क्षेत्रीय ग्रामीण बैंकों की स्थापना 1975 से की गई। सिक्किम और गोवा को छोड़कर देश के सभी राज्यों में क्षेत्रीय ग्रामीण बैंक कार्यरत हैं। देश में किसी गैर बैंकिंग कम्पनी द्वारा पहला एटीएम (ह्वाइट लेबल एटीएम) महाराष्ट्र के ठाणे जिले में 27 जून, 2013 को खोला गया है। इंडिकैश नाम से स्थापित यह एटीएम (Automated Teller Machine) देश में पहला ह्वाइट लेबल एटीएम है।
- देश में औद्योगिक वित्त की शिखर संस्था भारतीय औद्योगिक विकास बैंक (Industrial Development Bank of India–IDBI) है। इसकी स्थापना जुलाई 1964 में की गई थी।
- लघु औद्योगिक इकाइयों के लिए वित्त व्यवस्था करने के उद्देश्य से 2 अप्रैल, 1990 को भारतीय लघु औद्योगिक विकास बैंक (Small Industrial Development Bank of India–SIDBI) की स्थापना की गई थी। इसका मुख्यालय लखनऊ में है। भारतीय औद्योगिक पुनर्निर्माण बैंक (Industrial Recons-truction Bank of India–IRBI) की स्थापना 20 मार्च, 1985 को की गई थी।
- भारतीय यूनिट ट्रस्ट (UTI) की स्थापना 1964 में लोगों की लघु बचतें एकत्रित करके उनके उचित एवं लाभदायक विनियोजन के उद्देश्य से की गई थी।
- भारतीय जीवन बीमा निगम (Life Insurance Corporation of India) की स्थापना 1 सितम्बर, 1956 को की गई थी।
- देश में कृषि एवं ग्रामीण विकास के लिए वित्त व्यवस्था करने हेतु शिखर संस्था नाबार्ड (NABARD–National Bank for Agricultural and Rural Development) है। नाबार्ड की स्थापना 12 जुलाई, 1982 को की गई थी।
- सुविधाजनक शर्तों पर आवास वित्त उपलब्ध कराने के उद्देश्य से राष्ट्रीय आवास बैंक (National Housing Bank–NHB) की स्थापना एक शिखर संस्था के रूप में जुलाई 1988 में की गई थी।
- आयात-निर्यात के लिए वित्त व्यवस्था हेतु देश में शिखर संस्था निर्यात-आयात बैंक (EXIM Bank) है। इसकी स्थापना 1 जनवरी, 1982 को की गई थी।
- पर्यटन से सम्बन्धित परियोजनाओं के लिए वित्त व्यवस्था करने हेतु भारतीय पर्यटन वित्त निगम (Tourism Finance Corporation of India–IFCI) की स्थापना 1989 में की गई थी।
- प्रधानमंत्री नरेन्द्र मोदी ने 8 अप्रैल, 2015 को मुद्रा बैंक (MUDRA–Micro Units Development and Refinance Agency–Bank) का शुम्भारम्भ किया।
- निजी क्षेत्र के नए बैंकों में सर्वप्रथम यू.टी.आई. बैंक ने 2 अप्रैल, 1994 से कार्य करना प्रारम्भ किया था। इस बैंक का मुख्यालय अहमदाबाद में है। इस बैंक का नाम बदलकर 'एक्सिस' बैंक कर दिया गया है।
- निवेशकों के हितों की सुरक्षा व पूँजी बाजार के समुचित विनियमन के उद्देश्य से भारतीय प्रतिभूति एवं विनिमय बोर्ड (Securities and Exchange Board of India–SEBI) की स्थापना अप्रैल 1988 में की गई थी। 30 जनवरी, 1992 को राष्ट्रपति के एक अध्यादेश द्वारा इसे वैधानिक दर्जा प्रदान किया गया।

- 1970-71 से भारत में मुद्रा आपूर्ति की माप के लिए M_0, M_1, M_2, M_3 तथा M_4 का प्रयोग किया जाता है। M_0 को आरक्षित मुद्रा कहा जाता है। चलन में करेंसी, भारतीय रिजर्व बैंक के पास बैंकों की जमाएं तथा अन्य जमाएं रिजर्व मुद्रा का हिस्सा है। सरकारी प्रतिभूतियों का द्वितीयक बाजार विकसित करने के उद्देश्य से मई 1994 में भारतीय प्रतिभूति व्यापार निगम (Securities Trading Corporation of India–STCI) का गठन किया गया।
- एशिया में पहला फूड पार्क कोलकाता (कलकत्ता) के निकट दानकुनी (Dankuni) में दो विदेशी कम्पनियों द्वारा संयुक्त रूप से स्थापित किया जा रहा है। सब्जियों के उत्पादन में भारत का विश्व में पहला स्थान है। आम और केले के उत्पादन में भारत का विश्व में पहला स्थान है।
- भारत में पहला जल विद्युत शक्ति गृह 1897 ई. में दार्जिलिंग में प्रारम्भ हुआ।
- भारत में मनीऑर्डर प्रणाली की शुरूआत सर्वप्रथम 1880 ई. में हुई थी। भारत में पहला डाक टिकट 1854 ई. में कराची से जारी किया गया। भारत में डाकघर बचत बैंक 1882 ई. में प्रारम्भ की गई।
- भारत का प्रथम पूर्णतः कम्प्यूटरीकृत (Fully Computerised) डाकघर नई दिल्ली में स्थापित किया गया। इसका उद्घाटन 10 अक्टूबर, 1994 को किया गया था।
- अन्तर्राष्ट्रीय मुद्रा कोष (IMF) की स्थापना 27 दिसम्बर, 1945 को की गई थी, किन्तु इसने वास्तविक रूप में कार्य 1 मार्च, 1947 से प्रारम्भ किया था।
- एशियाई देशों के आर्थिक विकास को प्रोत्साहित करने हेतु दिसम्बर 1966 में एशियाई विकास बैंक (ADB) की स्थापना की गई थी। 1 जनवरी, 1967 से इस बैंक ने कार्य करना प्रारम्भ कर दिया था। इसका मुख्यालय फिलीपीन्स की राजधानी मनीला में है।
- सार्वजनिक क्षेत्र के आन्ध्रा बैंक ने 22 सितम्बर, 2014 को कृषकों को कृषि एवं खेतीबाड़ी जानकारी त्वरित रूप से प्रदान करने के लिए 'आन्ध्रा बैंक किसान वाणी' नामक एक नई सुविधा का शुभारम्भ किया।
- आन्ध्र प्रदेश एवं तेलंगाना के कृषकों को यह सुविधा 'ग्रीन सिम' आधारित ध्वनि सन्देश के माध्यम से इफको किसान संचार लि. के सहयोग से प्राप्त होगी।
- ब्रिक्स (BRICS) विकास बैंक की स्थापना का निर्णय–जुलाई 2014 में फोर्टेलेजा (ब्राजील) में सम्पन्न ब्रिक्स (BRICS) देशों–ब्राजील, रूस, भारत, चीन तथा दक्षिण अफ्रीका के शिखर सम्मेलन में 50 अरब डॉलर की प्रारम्भिक पूँजी से ब्रिक्स विकास बैंक की स्थापना का निर्णय लिया गया।
- पर्यावरण के सुचारू प्रबन्धन के लिए जमशेदपुर को ISO-14001 प्रमाण-पत्र प्रदान किया गया है। टाटा सिटी के नाम से विख्यात यह शहर ऐसा प्रमाणन प्राप्त करने वाला देश का पहला शहर है।
- वर्ष 2020 में ओरिएंटल बैंक ऑफ कॉमर्स और यूनाइटेड बैंक ऑफ इंडिया का पंजाब नेशनल बैंक में, सिंडीकेट बैंक का केनरा बैंक में, आन्ध्रा बैंक और कॉर्पोरेशन बैंक का यूनियन बैंक ऑफ इंडिया में तथा इलाहाबाद बैंक का इंडियन बैंक में विलय हो गया है। इस विलय के बाद सार्वजनिक क्षेत्र के बैंकों की संख्या घटकर 12 रह गई है।
- पवन ऊर्जा (Wind Energy) की उत्पादन क्षमता में भारत का विश्व में पाँचवाँ स्थान हो गया है। पहले चार स्थान क्रमशः अमरीका, जर्मनी, स्पेन व चीन के हैं।

विश्व के प्रसिद्ध शेयर बाजारों के प्रमुख शेयर मूल्य सूचकांक

	शेयर मूल्य सूचकांक	सम्बन्धित देश
1.	सी.एन.एक्स. निफ्टी	भारत (NSE)
2.	सेन्सेक्स	भारत (BSE)
3.	नैस्डैक	सं.रा. अमेरिका
4.	हैंगसैंग	हांगकांग
5.	कैक	फ्रांस
6.	डैक्स	जर्मनी
7.	एफटीएसइ-100	ब्रिटेन
8.	कोस्पी	कोरिया
9.	निक्की	जापान
10.	स्ट्रेट्स	सिंगापुर
11.	शंघाई	चीन
12.	सियोल कम्पोजिट	दक्षिण कोरिया
13.	सेट	थाइलैंड
14.	डो जोन्स	सं.रा. अमेरिका
15.	तेन	ताइवान
16.	KLSE कम्पोजिट	मलेशिया
17.	जकार्ता कम्पोजिट	इण्डोनेशिया
18.	एस. एण्ड पी.	कनाडा

भारत में प्रतिभूति मुद्रण संस्थान

छापेखाने व टकसाल	छपाई	स्थान
• इण्डिया सिक्योरिटी प्रेस	डाक सम्बन्धी लेखन सामग्री, बैंकों के बॉण्ड, राष्ट्रीय बचत पत्र व सरकारी प्रतिभूतियाँ	नासिक (महाराष्ट्र)
• बैंक नोट प्रेस	20, 50, 100 व 500 मूल्य वर्ग के नोट	देवास (म॰प्र॰)
• सिक्योरिटी प्रिन्टिंग प्रेस	भारत प्रतिभूति मुद्रणालय, नासिक प्रेस के उत्पादन की अनुपूर्ति हेतु डाक लेखन सामग्री	हैदराबाद
• सिक्योरिटी पेपर मिल	बैंक और करेन्सी नोट कागज तथा नॉन-ज्यूडिशियल स्टाम्प	होशंगाबाद (म॰प्र॰)
• करेन्सी प्रेस नोट	10, 50, 100 तथा 500 मूल्य वर्ग के नोट	नासिक (महाराष्ट्र)
• करेन्सी प्रेस नोट	200 तथा 500 मूल्य वर्ग के नए नोट	मैसूर (कर्नाटक)
• टकसालें (Mints)	सिक्के एवं विभिन्न प्रकार के पदकों का उत्पादन	मुम्बई, कोलकाता, नोएडा, हैदराबाद

पंचवर्षीय योजनाएँ

योजना क्रम	योजना अवधि	लक्षित विकास दर	वास्तविक विकास दर	सर्वोच्च प्राथमिकता वाले क्षेत्र
• पहली योजना	1951-56	2.1	3.6	कृषि
• दूसरी योजना	1956-61	4.5	4.21	भारी उद्योग
• तीसरी योजना	1961-66	5.6	2.72	खाद्यान्न एवं कृषि
• चौथी योजना	1969-74	5.7	2.0	कृषि एवं सिंचाई
• पाँचवीं योजना	1974-78	4.4	4.83	जनस्वास्थ्य एवं समाज कल्याण
• छठी योजना	1980-85	5.2	5.54	कृषि उद्योग एवं ऊर्जा
• सातवीं योजना	1985-90	5.0	6.02	ऊर्जा, खाद्यान्न एवं मानव संसाधन
• आठवीं योजना	1992-97	5.6	6.68	मानव संसाधन
• नौवीं योजना	1997-2002	6.5	5.50	सामाजिक न्याय एवं ग्रामीण विकास
• दसवीं योजना	2002-07	8.0	7.7	रोजगार एवं ऊर्जा
• ग्यारहवीं योजना	2007-12	9.0	8.2	व्यापक तथा समावेशी विकास
• बारहवीं योजना	2012-17	8.0		त्वरित, सतत् और समावेशी विकास

- **15 वर्षीय दृष्टिकोण :** भारत की 12वीं पंचवर्षीय योजना 31 मार्च, 2017 को पूरी होने के साथ ही देश में पंचवर्षीय योजनाओं की व्यवस्था समाप्त हो गई है। इसके स्थान पर 15 वर्षीय दृष्टिकोण, सात वर्षीय रणनीति व तीन वर्षीय कार्य योजना नीति आयोग द्वारा तैयार की गई है। 15 वर्षीय दृष्टिकोण (Vision) 2031-32 में ऐसे भारत की कल्पना की गई है, जिसमें पूरी तरह शिक्षित समाज हो तथा सभी को स्वास्थ्य सुविधा उपलब्ध हो।
- **नीति आयोग :** केन्द्र सरकार ने 1 जनवरी, 2015 को 65 साल पुराने योजना आयोग को समाप्त करके उसके स्थान पर नीति आयोग का गठन कर दिया है। नीति (NITI) का मतलब नैशनल इंस्टिट्यूट फॉर ट्रांसफॉर्मिंग इंडिया है। आयोग का काम अब सिर्फ नीति बनाने तक सीमित रहेगा। पहली बार मुख्यमंत्रियों को भी इससे जोड़ा गया है। केंद्र और राज्य मिलकर ऐसी नीतियां बनाएंगे, जिन्हें सबसे निचले स्तर तक लागू किया जा सकेगा। प्रधानमंत्री नरेन्द्र मोदी ने स्वतंत्रता दिवस पर लालकिले से अपने पहले भाषण में योजना आयोग को खत्म करने की घोषणा की थी। 1950 से देश और राज्यों की योजनाओं को रूप देने वाला योजना आयोग अब इतिहास के पन्नों में दर्ज हो गया है।

विभिन्न योजनाएँ एवं उनके उद्देश्य

कार्यक्रम का नाम	वर्ष	उद्देश्य
• मिड-डे-मील योजना	1995	स्कूली बच्चों को दोपहर का भोजन उपलब्ध कराना।
• स्वर्ण जयन्ती ग्राम स्वरोजगार	1999	सामूहिक प्रयास पर बल। सहायता प्राप्त गरीब व्यक्ति को 3 वर्ष में BPL के ऊपर लाना। इसमें छः कार्यक्रमों का विलय कर दिया गया। (*i*) IRDP (*ii*) TRYSEM (*iii*) DWCRA (*iv*) SITRA (*v*) MWS (*vi*) GKY
• जनश्री बीमा योजना	2000	BPL लोगों को बीमा सुरक्षा कवच देना।
• सर्वशिक्षा अभियान	2001	6-14 वर्ष के सभी बच्चों को 2010 तक आठवीं तक की निःशुल्क एवं गुणवत्तायुक्त प्राथमिक शिक्षा उपलब्ध कराना।
• जननी सुरक्षा योजना	2003	गर्भवती महिलाओं को शिशु जन्म तथा आवश्यक चिकित्सा सुविधाएँ उपलब्ध कराते हुए बच्चे के जन्म पर नकद सहायता उपलब्ध कराना।
• प्रधानमंत्री स्वास्थ्य सुरक्षा योजना	2003	देश के पिछड़े राज्यों में 6 नए AIIMS अस्पतालों को स्थापित करने हेतु।
• भारत निर्माण योजना	2006	ग्रामीण अवस्थापना, सर्वांगीण तथा व्यापक विकास योजना।
• आम आदमी बीमा योजना	2007-08	भूमि रहित ग्रामीण परिवार के मुखिया या आयअर्जक व्यक्ति की बीमा योजना।
• प्रधानमंत्री जन धन योजना	2014	देश के सभी परिवारों को बैंकिंग सेवाएँ उपलब्ध कराना है।
• अटल पेंशन योजना	9 मई, 2015	सामाजिक क्षेत्र योजना पेंशन क्षेत्र से संबंधित।
• दीनदयाल उपाध्याय ग्राम ज्योति योजना	2015	इस कार्यक्रम का उद्देश्य ग्रामीण भारत में सभी घरों को 24 × 7 निर्बाध विद्युत आपूर्ति उपलब्ध कराने है।
• डिजिटल भारत कार्यक्रम	1 जुलाई, 2015	सरकारी सेवाओं को इलेक्ट्रॉनिक रूप में नागरिकों के लिए उपलब्ध कराना है और लोगों को नवीनतम सूचना और संचार प्रौद्योगिकी से लाभ सुनिश्चित कराना है।
• प्रधानमंत्री सुरक्षा बीमा योजना	9 मई, 2015	₹ 20 वार्षिक प्रीमियम के साथ दुर्घटना बीमा।
• प्रधानमंत्री जीवन ज्योति बीमा योजना	9 मई, 2015	यह मूल रूप से एक वार्षिक आधार पर या समय की एक लम्बी अवधि के लिए होता है। यह पॉलिसी धारक के मृत्यु पर जीवन बीमा कवरेज प्रदान करता है।
• कौशल भारत कार्यक्रम (राष्ट्रीय कौशल विकास मिशन)	15 जुलाई, 2015	2022 तक कम से कम 40 करोड़ कुशल लोगों को प्रशिक्षित करने के लिए संस्थागत क्षमता प्रदान करना है।
• स्टार्ट अप इंडिया	16 जुलाई, 2015	नए उद्यमों को बढ़ावा देना।
• श्यामा प्रसाद मुखर्जी नेशनल रूर्बन मिशन	21 फरवरी, 2015	गाँवों का क्लस्टर आधारित विकास करना।
• सेतु भारतम् योजना	4 मार्च, 2016	राष्ट्रीय राजमार्गों को रेलवे क्रॉसिंग रहित बनाने के लिए ओवर/अंडर ब्रिजों का निर्माण
• स्टैण्ड अप इंडिया	5 अप्रैल, 2016	अनु. जाति/जनजाति तथा महिला उद्यमियों की इकाइयों की स्थापना हेतु ₹ 10 लाख से ₹ 1 करोड़ तक के ऋण।
• प्रधानमंत्री उज्ज्वला योजना	1 मई, 2016	गरीबी की रेखा से नीचे के परिवारों के लिए रियायती मूल्य पर एलपीजी कनेक्शन उपलब्ध कराना
• नमामि गंगे	7 जुलाई, 2016	गंगा नदी की स्वच्छता।
• प्रधानमंत्री जन आरोग्य योजना	25 सितम्बर, 2018	50 करोड़ गरीब परिवारों को लाभ पहुँचाने का लक्ष्य।
• प्रधानमंत्री गरीब कल्याण योजना	2020	कोरोना वायरस के खिलाफ लड़ाई में मदद करना।
• प्रधानमंत्री विश्वकर्मा कौशल सम्मान	1 फरवरी, 2023	शिल्पकारों के लिए राहत पैकेज, जो उन्हें उत्पादों की गुणवत्ता, पैमाने और पहुँच में सुधार लाने में सक्षम बनाएगी।

भारत में गठित प्रमुख आर्थिक समितियाँ

समिति का नाम	उद्देश्य
• नरसिम्हन समिति	बैंकिंग क्षेत्र में सुधार हेतु
• डी. सुब्बाराव समिति	मौद्रिक नीति पर सलाह हेतु
• राजा चेलैया समिति	कर-सुधार पर सलाह हेतु
• रघुराजन समिति	वित्तीय क्षेत्र में सुधार
• किरीट पारेख समिति	पेट्रोलियम पदार्थों के मूल्य निर्धारण हेतु
• रामनंदन प्रसाद समिति	सर्वोच्च न्यायालय के आदेशानुसार क्रिमीलेयर की पहचान के लिए गठित विशेष समिति
• स्वामीनाथन समिति	समुद्रतटीय संसाधनों का पर्यावरणीय दृष्टि से दीर्घकालीन उपयोग सम्भव होने से सम्बन्धित
• प्रो॰ सी.पी. चन्द्रशेखर समिति	सेवा मूल्य सूचकांक के निर्माण हेतु। रिपोर्ट में निर्धनता की पहचान के लिए 'कास्ट ऑफ लिविंग' सूचकांक को आधार बनाया।
• के.एन. काबरा समिति	फ्यूचर ट्रेडिंग
• चन्द्रशेखर समिति	पूर्व सैनिकों की 'एक रैंक, एक पेंशन' की माँग पर गठित
• सुरेश तेंदुलकर समिति	गरीबी रेखा से नीचे की जनसंख्या के आकलन हेतु मानकों के पुनर्निर्धारण के लिए
• प्रवर सेनगुप्ता समिति	निजी क्षेत्र की कुछ स्वदेशी-कम्पनियों को 'रक्षा उद्योग रत्न' का दर्जा प्रदान करने से सम्बन्धित
• रंगराजन समिति	भारतीय अर्थव्यवस्था के लिए बचत और निवेश का आकलन करने और इसमें सुधार के उपायों को सुझाने हेतु
• मदन मोहन पुंछी आयोग	केन्द्र राज्य सम्बन्ध पर
• जे.जे. ईरानी समिति	नए कम्पनी विधेयक के लिए सुझाव हेतु
• वाई.एस.पी. थोराट	चीनी उद्योग की स्थिति की समीक्षा हेतु
• अभिजीत सेन समिति	कृषिगत वस्तुओं के वायदा कारोबार से सम्बन्धित
• बी॰के॰ चतुर्वेदी समिति	सार्वजनिक क्षेत्र की तेल कम्पनियों की वित्तीय स्थिति की समीक्षा हेतु
• राकेश मोहन समिति	सरकार व रिजर्व बैंक ऑफ इण्डिया द्वारा देश के वित्तीय क्षेत्रक की पूर्ण जाँच हेतु
• के.आर. वेणुगोपाल समिति	सार्वजनिक वितरण प्रणाली के तहत केन्द्रीय निर्गम मूल्य निर्धारण हेतु
• महाजन समिति	चीनी उद्योग
• टी॰ कन्नन समिति	कपड़ा उद्योग
• महालनोबिस समिति	राष्ट्रीय आय
• खुसरो समिति	कृषि साख
• मल्होत्रा समिति	बीमा क्षेत्र में सुधार
• भण्डारी समिति	क्षेत्रीय ग्रामीण बैंकों की पुनर्सरचना
• भूरेलाल समिति	मोटरवाहन करों में वृद्धि
• गोइपोरिया समिति	बैंक सेवा सुधार
• एस. तारापोर समिति	रुपये की पूँजी खाते पर परिवर्तनीयता
• आबिद हुसैन समिति	लघु उद्योग
• बी.एस. व्यास समिति	कृषि एवं ग्रामीण साख विस्तार
• गोस्वामी समिति	औद्योगिक रुग्णता
• स्वामीनाथन समिति	जनसंख्या नीति
• दांतेवाला समिति	बेरोजगारी के अनुमान
• सुदर्शन सेन समिति	RBI द्वारा सम्पत्ति पुनर्निर्माण कंपनियों पर विनियमों की समीक्षा के लिए

●●●

4

भारतीय राजव्यवस्था

भारत का संविधान

- संविधान का निर्माण भारतीय जनता द्वारा चुने गए प्रतिनिधियों की संविधान सभा द्वारा किया गया।
- संविधान सभा के सदस्यों की कुल संख्या 389 निश्चित की गई थी जिनमें 292 ब्रिटिश प्रांतों के प्रतिनिधि, 93 देशी रियासतों के प्रतिनिधि तथा 4 चीफ कमिश्नर क्षेत्रों के प्रतिनिधि थे।
- कैबिनेट मिशन योजना के अंतर्गत जुलाई, 1946 ई. में संविधान सभा का चुनाव हुआ। कुल 389 सदस्यों में से प्रांतों के लिए निर्धारित 296 सदस्यों के लिए चुनाव हुए, जिन्हें विभिन्न प्रांतों की विधानसभाओं द्वारा चुना गया। इसमें कांग्रेस को 208, मुस्लिम लीग को 73 स्थान एवं 15 अन्य दलों के तथा स्वतंत्र उम्मीदवार निर्वाचित हुए।
- संविधान सभा का प्रथम अधिवेशन 9 दिसम्बर, 1946 को दिल्ली में हुआ जिसकी अध्यक्षता डॉ. सच्चिदानंद सिन्हा ने की थी।
- 11 दिसम्बर, 1946 को डॉ. राजेन्द्र प्रसाद को संविधान सभा का स्थायी अध्यक्ष नियुक्त किया गया।
- डॉ. भीमराव अम्बेडकर की अध्यक्षता में सात सदस्यों वाली प्रारूप समिति ने संविधान का अन्तिम रूप से निर्माण किया।
- 26 नवम्बर, 1949 को संविधान अंगीकृत किया गया तथा 26 जनवरी, 1950 से इसे सम्पूर्ण भारत में लागू किया गया। इसी कारण 26 जनवरी को गणतंत्र दिवस मनाया जाता है।
- 26 नवम्बर, 1949 को पारित भारतीय संविधान में 22 भाग, 395 अनुच्छेद तथा 8 अनुसूचियां थीं।
- संविधान की प्रस्तावना को संविधान की कुंजी कहा जाता है।
- संविधान के 42वें संशोधन अधिनियम 1976 के द्वारा इसमें 'पन्थ निरपेक्ष' तथा 'समाजवादी' एवं 'अखंडता' शब्द जोड़े गए।

भारतीय संविधान में विदेशी तत्व

राष्ट्र	विविध स्रोत
• संयुक्त राज्य अमेरिका	मौलिक अधिकार, न्यायिक पुनर्विलोकन, संविधान की सर्वोच्चता, न्यायपालिका की स्वतंत्रता, निर्वाचित राष्ट्रपति एवं उस पर महाभियोग, उपराष्ट्रपति का पद, उच्चतम एवं उच्च न्यायालयों के न्यायाधीशों को हटाने की विधि एवं वित्तीय आपात।
• ब्रिटेन	संसदीय शासन प्रणाली; एकल नागरिकता व विधि निर्माण प्रक्रिया।
• आयरलैंड	नीति निर्देशक तत्व, राष्ट्रपति के निर्वाचक मंडल की व्यवस्था, आपातकालीन उपबंध।
• ऑस्ट्रेलिया	प्रस्तावना की भाषा, समवर्ती सूची का प्रावधान, केन्द्र व राज्यों के बीच संबंध तथा शक्तियों का विभाजन।
• सोवियत संघ (रूस)	मौलिक कर्त्तव्य।
• जापान	विधि द्वारा स्थापित प्रक्रिया।
• फ्रांस	गणतंत्रात्मक शासन पद्धति।
• कनाडा	संघात्मक शासन व्यवस्था एवं अवशिष्ट शक्तियों का केन्द्र के पास होना।
• द. अफ्रीका	संविधान संशोधन की प्रक्रिया का प्रावधान।
• जर्मनी	आपातकाल के प्रवर्तन के दौरान राष्ट्रपति को मौलिक अधिकारों से संबंधित शक्तियां।

संविधान सभा की प्रमुख समितियाँ

क्र.	समिति	अध्यक्ष
1.	नियम समिति	डा. राजेन्द्र प्रसाद
2.	संचालन समिति	डा. राजेन्द्र प्रसाद
3.	परामर्शदात्री समिति	सरदार बल्लभ भाई पटेल
4.	प्रांतीय संविधान समिति	सरदार बल्लभ भाई पटेल
5.	केंद्रीय अधिकार समिति	पंडित जवाहर लाल नेहरू
6.	केंद्रीय संविधान समिति एवं राज्य समिति	पंडित जवाहर लाल नेहरू
7.	प्रारूप समिति	डा. भीमराव अम्बेडकर
8.	झण्डा समिति	जे.बी. कृपलानी
9.	मौलिक अधिकार उप समिति	जे.बी. कृपलानी
10.	अल्पसंख्यक उप समिति	एच.सी. मुखर्जी

भारतीय संविधान की अनुसूचियाँ

- **पहली अनुसूचीः** इसमें भारतीय संघ के घटक राज्यों एवं संघ शासित क्षेत्रों का उल्लेख है।
- **दूसरी अनुसूचीः** इसमें भारतीय राजव्यवस्था के विभिन्न पदाधिकारियों को प्राप्त होने वाले वेतन, भत्ते और पेन्शन आदि का उल्लेख है।
- **तीसरी अनुसूचीः** इसमें विभिन्न पदाधिकारियों द्वारा पद-ग्रहण के समय लिये जाने वाले शपथ का उल्लेख है।
- **चौथी अनुसूचीः** इसमें विभिन्न राज्यों तथा संघीय क्षेत्रों की राज्य सभा में प्रतिनिधित्व का विवरण दिया गया है।
- **पाँचवीं अनुसूचीः** इसमें विभिन्न अनुसूचित क्षेत्रों और अनुसूचित जनजाति के प्रशासन और नियंत्रण के बारे में उल्लेख है।
- **छठी अनुसूचीः** इसमें असम, मेघालय, त्रिपुरा और मिजोरम राज्यों के जनजाति क्षेत्रों के प्रशासन का प्रावधान है।
- **सातवीं अनुसूचीः** इसमें केन्द्र और राज्यों के बीच शक्तियों के बँटवारे के बारे में उल्लेख है। इसके अन्तर्गत तीन सूचियाँ हैं–संघ सूची, राज्य सूची और समवर्ती सूची।
- **आठवीं अनुसूचीः** इसमें भारत की 22 भाषाओं का उल्लेख है।
- **नौवीं अनुसूचीः** संविधान में यह अनुसूची प्रथम संविधान संशोधन अधिनियम, 1951 द्वारा जोड़ी गई। इसके अन्तर्गत राज्य द्वारा सम्पत्ति के अधिग्रहण की विधियों का उल्लेख है।
- **दसवीं अनुसूचीः** यह संविधान में 52वें संशोधन (1985), द्वारा जोड़ी गई। इसमें दल-बदल से सम्बन्धित प्रावधानों का उल्लेख है।
- **ग्यारहवीं अनुसूचीः** यह अनुसूची 73वें संवैधानिक संशोधन (1993) द्वारा जोड़ी गई। इसमें पंचायती राज संस्थाओं को कार्य करने के लिए 29 विषय प्रदान किए गए हैं।
- **बारहवीं अनुसूचीः** यह अनुसूची 74वें संवैधानिक संशोधन (1993) द्वारा जोड़ी गई। इसमें शहरी क्षेत्र की स्थानीय स्वशासन संस्थाओं को कार्य करने के लिए 18 विषय दिए गए हैं।

भारतीय संविधान के कुछ महत्वपूर्ण अनुच्छेद

अनुच्छेद	प्रावधान
• अनुच्छेद 1	संघ का नाम और उसका राज्य क्षेत्र
• अनुच्छेद 2	नये राज्यों का प्रवेश व स्थापना
• अनुच्छेद 3	नये राज्यों का निर्माण और वर्तमान राज्यों के क्षेत्रों, सीमाओं और नामों में परिवर्तन
• अनुच्छेद 5-11	नागरिकता के प्रावधान
• अनुच्छेद 12-35	मौलिक अधिकारों का प्रावधान
• अनुच्छेद 36-51	राज्य के नीति-निदेशक तत्व
• अनुच्छेद 51(क)	मौलिक कर्त्तव्य
• अनुच्छेद 52-73	भारत के राष्ट्रपति एवं उपराष्ट्रपति
• अनुच्छेद 74-75	मंत्रिपरिषद् की व्यवस्था एवं उसके कार्य
• अनुच्छेद 76	भारत का महान्यायवादी
• अनुच्छेद 79	संसद का गठन
• अनुच्छेद 80	राज्य सभा की संरचना
• अनुच्छेद 81	लोक सभा की संरचना
• अनुच्छेद 89	राज्य सभा का सभापति एवं उपसभापति
• अनुच्छेद 93	लोक सभा का अध्यक्ष एवं उपाध्यक्ष
• अनुच्छेद 108	कुछ दशाओं में दोनों सदनों की संयुक्त बैठक
• अनुच्छेद 109	धन विधेयक के सम्बन्ध में विशेष प्रक्रिया
• अनुच्छेद 110	धन विधेयक की परिभाषा
• अनुच्छेद 112	वार्षिक वित्तीय विवरण
• अनुच्छेद 124	उच्चतम न्यायालय की स्थापना और गठन
• अनुच्छेद 143	उच्चतम न्यायालय से परामर्श करने की राष्ट्रपति की शक्ति
• अनुच्छेद 148	भारत का नियंत्रक महालेखा परीक्षक

अनुच्छेद	प्रावधान
• अनुच्छेद 149	नियंत्रक एवं महालेखा परीक्षक के कर्त्तव्य और शक्तियाँ
• अनुच्छेद 153-162	राज्यपाल की नियुक्ति व अधिकार
• अनुच्छेद 163-164	राज्य की मंत्रिपरिषद्
• अनुच्छेद 165	राज्य का महाधिवक्ता
• अनुच्छेद 168-177	राज्य का विधानमंडल
• अनुच्छेद 178-187	राज्य विधानमंडल के अधिकारी
• अनुच्छेद 188-193	राज्य विधानमंडल का कार्य संचालन
• अनुच्छेद 216	उच्च न्यायालय का गठन
• अनुच्छेद 226	कुछ रिट निकालने की उच्च न्यायालय की शक्ति
• अनुच्छेद 233	जिला न्यायाधीशों की नियुक्ति
• अनुच्छेद 239-241	संघ राज्य क्षेत्र
• अनुच्छेद 243-243(ण)	पंचायती राज का गठन व इसके अन्य उपबन्ध
• अनुच्छेद 243(त) से 243(य, छ)	नगरपालिकाएँ व इसके अन्य उपबंध
• अनुच्छेद 248	अवशिष्ट विधायी शक्तियां
• अनुच्छेद 249	राज्य की सूची के विषयों के संबंध में राष्ट्रीय हित में विधि बनाने की संसद की शक्ति
• अनुच्छेद 250	यदि आपात की उद्घोषणा प्रवर्तन में हो तो राज्यसूची के विषय के संबंध में विधि बनाने की संसद की शक्ति
• अनुच्छेद 253	अन्तर्राष्ट्रीय करारों को प्रभावी करने के लिए विधान
• अनुच्छेद 262	अन्तर्राज्यिक नदियों या नदी के जल संबंधी विवादों का न्यायनिर्णयन
• अनुच्छेद 263	अन्तर्राज्य परिषद् के संबंध में उपबंध
• अनुच्छेद 266	भारत और राज्यों की संचित निधियां और लोक लेखा
• अनुच्छेद 267	आकस्मिक निधि
• अनुच्छेद 280	वित्त आयोग का गठन
• अनुच्छेद 300(क)	विधि के प्राधिकार के बिना व्यक्तियों को सम्पत्ति से वंचित न किया जाना
• अनुच्छेद 312	अखिल भारतीय सेवाएं
• अनुच्छेद 315	संघ और राज्यों के लिए लोक सेवा आयोग
• अनुच्छेद 324	भारत का निर्वाचन आयोग
• अनुच्छेद 326	लोक सभा और राज्यों की विधान सभाओं के लिए निर्वाचन में वयस्क मताधिकार का होना
• अनुच्छेद 330	लोक सभा में अनुसूचित जातियों और जनजातियों के लिए स्थानों का आरक्षण
• अनुच्छेद 331	लोक सभा में आंग्ल-भारतीय समुदाय का प्रतिनिधित्व
• अनुच्छेद 332	राज्यों की विधान सभा में अनुसूचित जातियों और अनुसूचित जनजातियों के लिए स्थानों का आरक्षण
• अनुच्छेद 333	राज्य की विधानसभाओं में आंग्ल-भारतीय समुदाय का प्रतिनिधित्व
• अनुच्छेद 343	संघ की भाषा
• अनुच्छेद 344	राजभाषा के संबंध में आयोग और संसद की समिति
• अनुच्छेद 348	उच्चतम न्यायालय और उच्च न्यायालयों में और अधिनियमों, विधेयकों आदि के लिए प्रयोग की जाने वाली भाषा
• अनुच्छेद 350 (क)	प्राथमिक स्तर पर मातृभाषा में शिक्षा की सुविधाएं
• अनुच्छेद 351	हिन्दी भाषा के विकास के लिए निर्देश
• अनुच्छेद 352	आपात की उद्घोषणा
• अनुच्छेद 356	राज्यों में सांविधिक तंत्र के विफल हो जाने की दशा में उपबंध
• अनुच्छेद 358	आपात के दौरान अनुच्छेद 19 के उपबंधों का निलंबन
• अनुच्छेद 360	वित्तीय आपात के बारे में उपबंध
• अनुच्छेद 368	संविधान का संशोधन करने की संसद की शक्ति और उसके लिए प्रक्रिया

प्रमुख संवैधानिक पदाधिकारी के शपथ एवं त्याग-पत्र

क्र.	संवैधानिक पदाधिकारी	शपथ ग्रहण	त्यागपत्र
1.	राष्ट्रपति	मुख्य न्यायाधीश (सर्वोच्य न्यायालय)	उपराष्ट्रपति
2.	उपराष्ट्रपति	राष्ट्रपति	राष्ट्रपति
3.	सर्वोच्च न्यायालय के मुख्य न्यायाधीश	राष्ट्रपति	राष्ट्रपति
4.	प्रधानमंत्री	राष्ट्रपति	राष्ट्रपति
5.	लोक सभाध्यक्ष	शपथ ग्रहण का प्रावधान नहीं	लोकसभा उपाध्यक्ष
6.	राज्यपाल	उच्च न्यायालय के मुख्य न्यायाधीश	राष्ट्रपति
7.	राज्य सभा सभापति	राष्ट्रपति	राष्ट्रपति
8.	उच्च न्यायालय के मुख्य न्यायाधीश	राज्यपाल	राष्ट्रपति
9.	सर्वोच्च न्यायालय के अन्य न्यायाधीश	राष्ट्रपति	राष्ट्रपति
10.	उच्च न्यायालय के अन्य न्यायाधीश	राज्यपाल	राष्ट्रपति
11.	महालेखा व नियंत्रक परीक्षक	राष्ट्रपति	राष्ट्रपति
12.	मुख्यमंत्री	राज्यपाल	राज्यपाल
13.	विधान सभाध्यक्ष	शपथ ग्रहण का प्रावधान नहीं	विधान सभा उपाध्यक्ष
14.	विधान सभा उपाध्यक्ष	शपथ ग्रहण का प्रावधान नहीं	विधान सभा अध्यक्ष
15.	विधान परिषद सभापति	शपथ ग्रहण का प्रावधान नहीं	विधान परिषद उपसभापति
16.	मुख्य निर्वाचन आयुक्त	राष्ट्रपति	राष्ट्रपति

भारत के आयोग/अधिकरण/परिषद्

- वित्त आयोगः संवैधानिक आयोग (अनुच्छेद-280)
- नीति आयोगः गैर संवैधानिक आयोग
- चुनाव आयोगः संवैधानिक आयोग (अनुच्छेद-324)
- अनुसूचित जाति व जनजाति आयोगः संवैधानिक आयोग (अनुच्छेद-338)
- परिसीमन आयोगः संवैधानिक आयोग (अनुच्छेद-82 व 170)
- अन्य पिछड़ा वर्ग आयोगः संवैधानिक आयोग (अनुच्छेद-340)
- प्रशासनिक अधिकरणः संवैधानिक निकाय (अनुच्छेद-323)
- अन्तर्राज्यीय परिषद्: संवैधानिक निकाय (अनुच्छेद-263)
- राष्ट्रीय विकास परिषद्: गैर संवैधानिक निकाय
- क्षेत्रीय परिषद्: सलाहकारी परिषद्
- संघ लोक सेवा आयोगः संवैधानिक आयोग (अनुच्छेद-315)
- राज्य/संयुक्त राज्य लोक सेवा आयोगः संवैधानिक आयोग (अनुच्छेद-315)
- राजभाषा आयोगः संवैधानिक आयोग (अनुच्छेद-344)
- राष्ट्रीय एकता परिषद्: समन्वयकारी निकाय

भारतीय संविधान के महत्वपूर्ण तथ्य

- भारतीय संविधान में सात मौलिक अधिकारों का प्रावधान किया गया था ताकि नागरिकों के चहुंमुखी विकास को सुनिश्चित किया जा सके। ये अधिकार लिखित हैं और इनके उल्लंघन को अदालत में चुनौती दी जा सकती है। 44वें संविधान संशोधन (1979) के तहत् एक मौलिक अधिकार 'संपत्ति के अधिकार' को समाप्त कर दिया गया। इस प्रकार अब मौलिक अधिकारों की संख्या सात से घटकर छः हो गई है।
- भारतीय संविधान विश्व का सर्वाधिक लंबा, निर्मित, लिखित, सर्वाधिक व्यापक एवं स्वनिर्मित संविधान है।
- भारत की संविधान सभा ने राष्ट्र ध्वज का प्रारूप 22 जुलाई, 1947 को अपनाया।
- राष्ट्र ध्वज की लम्बाई और चौड़ाई का अनुपात 3 : 2 है।
- सफेद रंग की बीच वाली पट्टी में नीले रंग का अशोक चक्र अंकित है जिसमें 24 तीलियाँ समान दूरी पर स्थित है।
- भारत सरकार ने राज चिह्न 26 जनवरी, 1950 को अपनाया। इस राज चिह्न में केवल तीन सिंह दिखाई पड़ते हैं। चक्र के दाईं ओर एक सांड़ और बाईं ओर एक घोड़ा है। आधार का पद्म छोड़ दिया गया है।

- भारत का राष्ट्रगान रवीन्द्रनाथ टैगोर द्वारा रचित जन गण मन अधिनायक है।
- राष्ट्रगान को भारत की संविधान सभा ने 24 जनवरी, 1950 को अपनाया।
- बंकिमचंद्र चटर्जी द्वारा रचित 'आनन्दमठ' से उद्धृत वन्देमातरम् भारत का राष्ट्रगीत है।
- भारत के राष्ट्रीय पशु के रूप में बाघ (पेंथरा टाइग्रिस) को मान्यता दी गई है।
- मयूर या मोर (पावो क्रिस्टेशस) को भारत के राष्ट्रीय पक्षी के रूप में मान्यता दी गई है।
- भारतीय संविधान के निर्माण में कुल 2 वर्ष 11 माह तथा 18 दिन लगे।
- डॉ. भीमराव अम्बेडकर को संविधान का पिता कहकर पुकारा जाता है।
- 42वें संविधान संशोधन अधिनियम 1976 के द्वारा इसमें 'समाजवादी', 'पंथनिरपेक्ष' और 'राष्ट्र की अखंडता' शब्द जोड़े गए।
- भारतीय संविधान के तृतीय भाग में अनुच्छेद 12 से 36 तक के अंतर्गत नागरिकों के मूल अधिकारों का विस्तृत विवेचन किया गया है।
- पहले संपत्ति का अधिकार भी मौलिक अधिकार की श्रेणी में सम्मिलित था लेकिन इसे 1978 में किए गए 44वें संविधान संशोधन द्वारा इस श्रेणी से हटाकर मात्र एक कानूनी अधिकार घोषित कर दिया गया। अब इसकी व्यवस्था संविधान के अनुच्छद 300 (क) में है।
- भारतीय संविधान के भाग IV के अनुच्छेद 36 से 51 तक में राज्य के नीति-निर्देशक सिद्धांतों का समावेश किया गया है।
- राज्य के नीति निर्देशक तत्व समाजवादी, गांधीवादी तथा उदारवादी सिद्धांतों का सम्मिश्रण है जिनका उद्देश्य आर्थिक, सामाजिक लोकतंत्र एवं लोक कल्याणकारी राज्य की स्थापना करना है।
- संविधान के पुनरीक्षण के लिए गठित स्वर्ण सिंह समिति की रिपोर्ट के आधार पर 1976 ई. में 42वें सांविधानिक संशोधन के भाग 4-क तथा अनुच्छेद 51-क को जोड़कर मूल कर्तव्यों का समावेश किया गया।
- भारत का राष्ट्रपति भारत का प्रथम नागरिक कहलाता है।
- भारतीय संघ की कार्यपालिका शक्ति राष्ट्रपति में निहित है।
- राष्ट्रपति का चुनाव संसद के दोनों सदनों के निर्वाचित सदस्यों तथा राज्यों की विधान सभाओं के निर्वाचित सदस्यों से बने निर्वाचक मंडल से होता है।
- राष्ट्रपति के चुनाव से संबद्ध मामलों अथवा विवादों का निपटारा उच्चतम न्यायालय द्वारा किया जाता है।
- एक व्यक्ति जितनी बार चाहे राष्ट्रपति पद हेतु खड़ा हो सकता है और निर्वाचित हो सकता है।
- राष्ट्रपति पद के किसी कारण से रिक्त होने पर उप राष्ट्रपति तथा उपराष्ट्रपति की अनुपस्थिति में सर्वोच्च न्यायालय का मुख्य न्यायाधीश कार्यभार संभालता है।
- मुहम्मद हिदायतुल्ला भारत के एकमात्र ऐसे मुख्य न्यायाधीश हैं जिन्होंने राष्ट्रपति के उत्तरदायित्व का निर्वहन किया।
- राष्ट्रपति राज्यसभा में साहित्य, कला, विज्ञान, समाज सेवा आदि क्षेत्र के 12 सदस्यों को मनोनीत करता है।
- राष्ट्रपति वार्षिक वित्तीय विवरण, नियंत्रक एवं महालेखा परीक्षक का प्रतिवेदन, वित्त आयोग की सिफारिश तथा अन्य आयोग की रिपोर्ट संसद में प्रस्तुत कराता है।
- सर्वोच्च न्यायालय के न्यायाधीशों की नियुक्ति राष्ट्रपति करता है। राष्ट्रपति सर्वोच्च न्यायालय के तथा उच्च न्यायालय के न्यायाधीशों से इस संबंध में परामर्श करता है।
- संघ लोक सेवा आयोग और संयुक्त लोक सेवा आयोग के अध्यक्ष एवं सदस्यों की नियुक्ति राष्ट्रपति द्वारा की जाती है।
- सर्वोच्च न्यायालय के न्यायाधीश अपने पद ग्रहण के पूर्व राष्ट्रपति के समक्ष शपथ ग्रहण करते हैं।
- राष्ट्रपति को किसी विधेयक पर अनुमति देने या न देने के निर्णय लेने की समय सीमा का अभाव होने के कारण राष्ट्रपति जेबी वीटो का प्रयोग कर सकता है।
- राष्ट्रपति भवन का निर्माण भारत में नियुक्त ब्रिटिश वायसराय के उपयोग के लिए कराया गया था। इसमें निवास करने वाले प्रथम व्यक्ति तत्कालीन वायसराय लॉर्ड इर्विन थे।
- राष्ट्रपति द्वारा राज्यीय संवैधानिक आपातकाल की घोषणा के 1 माह के भीतर संसद की स्वीकृति आवश्यक होती है तथा उसे आगे लागू रखने के लिए प्रति 6 माह बाद संसद की स्वीकृति आवश्यक है।
- 24 जनवरी, 1950 को डॉ. राजेन्द्र प्रसाद को अंतरिम राष्ट्रपति निर्वाचित किया गया था। उनका निर्वाचन 'संविधान निर्मात्री सभा' ने किया था।

- डॉ. राजेन्द्र प्रसाद भारत के प्रथम राष्ट्रपति थे। वे लगातार दो बार राष्ट्रपति निर्वाचित हुए।
- डॉ. एस. राधाकृष्णन लगातार दो बार उप राष्ट्रपति तथा एक बार राष्ट्रपति रहे।
- सिर्फ नीलम संजीव रेड्डी ही ऐसे राष्ट्रपति हुए जो एक बार चुनाव में पराजित हुए तथा बाद में निर्विरोध निर्वाचित हुए।
- भारत में उपराष्ट्रपति का पद संयुक्त राज्य अमेरिका के संविधान से लिया गया है।
- भारत के उपराष्ट्रपति की स्थिति की तुलना संयुक्त राज्य अमेरिका के उपराष्ट्रपति से की जा सकती है। अंतर केवल इतना मात्र है कि संयुक्त राज्य अमेरिका का उपराष्ट्रपति राष्ट्रपति पद रिक्त होने पर शेष अवधि के लिए पदभार ग्रहण करता है, जबकि भारत का उपराष्ट्रपति केवल 6 माह तक ही राष्ट्रपति पद के रिक्ति की स्थिति में पदभार ग्रहण कर सकता है।
- प्रधानमंत्री कार्यपालिका तथा विधायिका दोनों का वास्तविक प्रधान होता है।
- अनुच्छेद 78 के अनुसार प्रधानमंत्री का कर्तव्य है कि वह मंत्रिपरिषद के निर्णयों से राष्ट्रपति को अवगत कराए तथा वह राष्ट्रपति द्वारा मांगी गई अतिरिक्त जानकारी को भी उपलब्ध कराए।
- भारत में प्रथम गैर कांग्रेसी प्रधानमंत्री श्री मोरारजी देसाई थे।
- सबसे कम उम्र और सबसे अधिक उम्र में भारत के प्रधानमंत्री का पद क्रमशः राजीव गाँधी और मोरारजी देसाई ने संभाला।
- चौधरी चरणसिंह देश के ऐसे प्रधानमंत्री थे जिन्होंने अपने कार्यकाल के दौरान संसद का सामना नहीं किया।
- मंत्रिपरिषद सामूहिक रूप से लोकसभा के प्रति उत्तरदायी होते हैं।
- मंत्री तीन प्रकार के होते हैं–कैबिनेट मंत्री, राज्य मंत्री तथा उप मंत्री।
- संघीय मंत्रिपरिषद से पद त्याग करने वाले पहले व्यक्ति श्यामा प्रसाद मुखर्जी थे।
- संघीय मंत्रिमंडल में सबसे लंबी अवधि तक लगातार एक ही विभाग का कार्यभार संभालने वाली केन्द्रीय मंत्री राजकुमारी अमृतकौर हैं।
- जगजीवन राम संघीय मंत्रिमंडल में किसी न किसी विभाग के मंत्री 28 वर्ष से अधिक समय तक रहे, बीच में 2½ वर्ष छोड़कर लगातार बने रहे।
- प्रधानमंत्री मंत्रिमंडल की बैठकों का सभापतित्व और मंत्रिमंडल की समस्त कार्यवाही का संचालन करता है।
- भारत की केंद्रीय विधायिका को संसद कहा जाता है जो कि देश में विधान बनाने वाली सर्वोच्च संस्था हैं।
- अनुच्छेद 81 के अनुसार संघ हेतु एक संसद होगी जो कि राष्ट्रपति तथा दो सदनों राज्य सभा एवं लोकसभा से मिलकर बनेगी।
- भारतीय संसद के निचले सदन को लोकसभा तथा उच्च सदन को राज्यसभा कहते हैं।
- लोकसभा में जनता का प्रतिनिधित्व होता है जबकि राज्यसभा में भारत के संघ के राज्यों का प्रतिनिधित्व होता है।
- संसद की सदस्यता हेतु भारत का नागरिक तथा राज्यसभा हेतु 30 वर्ष एवं लोकसभा हेतु 25 वर्ष की न्यूनतम आयु अपेक्षित है। साथ ही उनमें संसद द्वारा विहित की गई अन्य योग्यताएँ भी होनी चाहिए।
- अनुच्छेद 80(1) के अनुसार, राज्य सभा की अधिकतम सदस्य संख्या 250 है जिनमें से 12 ऐसे सदस्य होते हैं जिन्हें राष्ट्रपति नामांकित करता है जो साहित्य, कला, विज्ञान तथा सामाजिक सेवा के क्षेत्र में विशेष ज्ञान या अनुभव रखते हैं। राज्य सभा की वर्तमान सदस्य संख्या 245 है।
- राज्य सभा एक स्थायी सदन है जो कि कभी भंग नहीं होता लेकिन प्रत्येक दो वर्ष के पश्चात इसके एक तिहाई सदस्य अवकाश ग्रहण करते हैं तथा उतने ही चुने जाते हैं।
- राज्य सभा सर्वप्रथम 3 मई, 1952 को विधिवत गठित हुई थी।
- उपराष्ट्रपति राज्यसभा का पदेन सभापति होता है।
- राज्यसभा राष्ट्रहित में राज्य सूची में दिए गए विषय पर संसद को कानून बनाने तथा अनुच्छेद 312 के तहत नई अखिल भारतीय सेवाओं की रचना का प्रस्ताव बहुमत से पारित कर संसद को कानून बनाने का अधिकार प्रदान कर सकती है। यह शक्ति लोकसभा के पास नहीं है।
- लोकसभा की वर्तमान सदस्य संख्या 543 है, जो कि राज्यों और केंद्रशासित प्रदेशों से निर्वाचित हैं। 2 सदस्य एंग्लो इंडियन समाज का प्रतिनिधित्व करने के लिए राष्ट्रपति द्वारा मनोनीत किए जाते थे, लेकिन 104वें संविधान संसोधन, 2019 द्वारा इस व्यवस्था को समाप्त कर दिया गया है।
- लोकसभा का सामान्य कार्यकाल 5 वर्ष का निश्चित किया गया है लेकिन आपातकाल में इसे एक वर्ष बढ़ाया जा सकता है।
- संविधान लागू होने के पश्चात लोक सभा का प्रथम चुनाव 1951-52 में हुआ तथा पहली निर्वाचित संसद 6 मई, 1952 में गठित हुई।

- वित्त विधेयक लोकसभा में पारित होने के पश्चात राज्यसभा में भेजा जाता है जिसे राज्य सभा को 14 दिनों के भीतर विचार करके लोकसभा में वापस लौटाना पड़ता है अन्यथा उसे पारित मान लिया जाता है।
- प्रथम लोकसभा की प्रथम बैठक 13 मई, 1952 को हुई और राष्ट्रपति द्वारा 4 अप्रैल, 1957 को विघटित कर दी गई।
- लोकसभा के कार्यकारी अध्यक्ष (प्रोटेम स्पीकर) के रूप में उस व्यक्त को नामजद किया जाता है जो लोकसभा में सबसे अधिक उम्र का होता है।
- लोकसभा के प्रथम अध्यक्ष गणेश वासुदेव मावलंकर थे।
- लोक सभा तथा राज्य सभा की संयुक्त बैठक की अध्यक्षता लोक सभाध्यक्ष करता है।
- एम. अनन्तशयनम् आयंगर लोकसभा के प्रथम उपाध्यक्ष थे।
- महान्यायवादी भारत का प्रथम विधि अधिकारी माना जाता है।
- महान्यायवादी की नियुक्ति राष्ट्रपति द्वारा की जाती है तथा वह राष्ट्रपति के प्रसादपर्यन्त अपने पद पर बना रह सकता है।
- नियंत्रक एवं महालेखा परीक्षक की नियुक्ति का प्रावधान भारतीय संविधान के अनुच्छेद 148 के तहत किया गया है।
- भारतीय न्यायिक व्यवस्था इकहरी और एकीकृत है। इसके सर्वोच्च शिखर पर उच्चतम न्यायालय स्थित है।
- उच्चतम-न्यायालय एक अभिलेख न्यायालय है इसके निर्णयों तथा न्यायिक कार्यवाहियों को साक्ष्य के रूप में किसी न्यायालय में प्रस्तुत किया जाता है।
- उच्चतम न्यायालय अनुच्छेद 143 के अधीन राष्ट्रपति को विधिक प्रश्नों पर सलाह देता है।
- न्यायमूर्ति हीरालाल जे. कानिया भारत के प्रथम मुख्य न्यायाधीश थे।
- न्यायमूर्ति वाई. वी. चन्द्रचूड़ सर्वाधिक लंबी अवधि तक उच्चतम न्यायालय के मुख्य न्यायाधीश पद पद आसीन रहे, जबकि के.एन. सिंह सबसे कम अवधि के लिए (मात्र 17 दिन)।
- संविधान के अनुच्छेद 214 के तहत भारत के प्रत्येक राज्य के लिए एक उच्च न्यायालय की व्यवस्था की गई है, लेकिन साथ ही संसद को यह अधिकार प्रदान किया गया है कि वह दो या दो से अधिक राज्यों के लिए एक ही उच्च न्यायालय की स्थापना करे।
- अनुच्छेद 226 के अनुसार उच्च न्यायालय मौलिक अधिकारों के प्रवर्तन के लिए ही नहीं अपितु अन्य प्रयोजनों के लिए भी रिट जारी कर सकता है।
- राज्यपाल की नियुक्ति राष्ट्रपति द्वारा की जाती है तथा उसके प्रसादपर्यन्त अपने पद पर बना रहता है।
- राज्यपाल का कार्यकाल सामान्यतः पाँच वर्षों का है पर वह उसके पूर्व भी राष्ट्रपति को अपना त्यागपत्र दे सकता है अथवा पाँच वर्ष के पूर्व भी राष्ट्रपति द्वारा उसे पदच्युत किया जा सकता है।
- जिन राज्यों में विधान परिषद् है उसकी कुल सदस्य संख्या के 1/6 सदस्यों का मनोनयन राज्यपाल द्वारा किया जाता है।
- राज्यपाल जिला एवं सत्र न्यायालयों के न्यायाधीशों की नियुक्ति करता है।
- राज्य के विश्वविद्यालयों का कुलपति होने के नाते राज्यपाल उपकुलपतियों की नियुक्ति करता है।
- राज्यपाल राज्य लोक सेवा आयोग के अध्यक्ष तथा सदस्यों की नियुक्ति करता है लेकिन उन्हें हटाने का अधिकार राज्यपाल को नहीं है।
- राज्य के महाधिवक्ता की नियुक्ति राज्यपाल द्वारा की जाती है तथा वह उसके प्रसादपर्यन्त ही अपने पद पर बना रहता है।
- मुख्यमंत्री राज्य सरकार का वास्तविक प्रधान होता है। वह राज्यपाल का मुख्य सलाहकार एवं विधानसभा का नेता होता है।
- किसी राज्य में विधान परिषद की व्यवस्था संविधान के अनुच्छेद 169 के तहत की गई है।
- विधान परिषद् के सदस्यों का कार्यकाल 6 वर्षों का होता है, लेकिन इसके एक तिहाई सदस्य प्रत्येक दो वर्ष के पश्चात सेवानिवृत्त हो जाते हैं।
- किसी भी राज्य की विधानसभा के सदस्यों की अधिकतम संख्या 500 निर्धारित की गई है जबकि इसकी न्यूनतम संख्या 60 से कम नहीं हो सकती है। (अरुणाचल प्रदेश, सिक्किम, गोवा, मिजोरम, पुडुचेरी आदि इसके अपवाद हैं)
- विधानसभा की सदस्यता हेतु उम्मीदवार की न्यूनतम आयु 25 वर्ष है।

- विधानसभा की गणपूर्ति (कोरम) तभी होती है जब उसके सदस्यों में कम-से-कम 10 प्रतिशत सदन में उपस्थित हों किन्तु यह संख्या 10 से कम नहीं होनी चाहिए।
- भारतीय संविधान के अनुच्छेद 315 के द्वारा संघ तथा प्रत्येक राज्य हेतु एक-एक लोक सेवा आयोग का प्रावधान किया गया है। दो या अधिक राज्यों हेतु संयुक्त लोक सेवा आयोग भी बनाया जा सकता है।
- संघ एवं संयुक्त लोक सेवा आयोग तथा राज्य लोक सेवा आयोग के सदस्यों की पदावधि पद ग्रहण करने की तिथि से छह वर्ष तक अथवा क्रमशः 65 वर्ष या 62 वर्ष होता है।
- अखिल भारतीय सेवा संशोधन अधिनियम 1963 के अंतर्गत अखिल भारतीय सेवाओं की सूची में कुछ नई सेवाएँ यथा–भारतीय इंजीनियरी सेवा, भारतीय वन सेवा, भारतीय आयुर्विज्ञान सेवा, भारतीय सांख्यिकी सेवा तथा भारतीय आर्थिक सेवा शामिल की गई।
- भारतीय संविधान के भाग-IV के अनुच्छेद 40 में कहा गया है कि राज्य ग्राम पंचायतों का गठन करने हेतु कदम उठाएगा तथा उन्हें ऐसी शक्तियाँ व अधिकार प्रदान करेगा, जो उन्हें स्वायत्त शासन की इकाईयों के रूप में कार्य करने के योग्य बनाने हेतु अनिवार्य हो।
- 1952 में भारत के प्रथम प्रधानमंत्री पंडित जवाहरलाल नेहरू ने सामुदायिक विकास कार्यक्रम के नाम पर पंचायती राज के स्वरूप को आगे बढ़ाया तथा एक मंत्रालय का गठन भी किया लेकिन बाद में इसे कृषि मंत्रालय में मिला दिया गया।
- सामुदायिक विकास कार्यक्रम की असफलता के कारणों की जाँच हेतु तथा पंचायती राज के संबंध में सुझाव देने हेतु 1956 में बलवंतराय मेहता समिति का गठन किया गया, जिसने स्थानीय स्तर पर त्रिस्तरीय पंचायती संरचना की सिफारिश की।
- सर्वप्रथम 2 अक्टूबर, 1959 को राजस्थान के नागौर जिले में पंचायती राज व्यवस्था की त्रिस्तरीय पद्धति लागू कर दी गई।
- 22 दिसम्बर, 1992 को पंचायती राज तथा नगरपालिकाओं से संबंधित 73वाँ तथा 74वाँ संविधान संशोधन विधेयक पारित हुआ। 20 अप्रैल, 1993 को इन विधेयकों पर राष्ट्रपति की स्वीकृति भी मिल गई।

आपात उपबन्ध

- भारतीय संविधान में तीन प्रकार के आपात काल की व्यवस्था की गयी है–1. राष्ट्रीय आपात (अनुच्छेद 352), 2. राष्ट्रपति शासन (अनुच्छेद 356) एवं 3. वित्तीय आपात (अनुच्छेद 360)
- राष्ट्रीय आपात (अनुच्छेद 352): इसकी घोषणा निम्नलिखित में से किसी भी आधार पर राष्ट्रपति के द्वारा की जाती है– 1. युद्ध, 2. बाह्य आक्रमण और 3. सशस्त्र विद्रोह।
- राष्ट्रीय आपात की घोषणा राष्ट्रपति मंत्रिमंडल की लिखित सिफारिश पर करता है। राष्ट्रीय आपात की उद्घोषणा को न्यायालय में प्रश्नगत किया जा सकता है।
- 44वें संशाधन द्वारा अनुच्छेद 352 के अधीन उद्घोषणा सम्पूर्ण भारत में या उसके किसी भाग में की जा सकती है।
- राष्ट्रीय आपात के समय राज्य सरकार निलंबित नहीं की जाती है, अपितु वह संघ की कार्यपालिका के पूर्ण नियंत्रण में आ जाती है।
- राष्ट्रपति द्वारा की गई आपात की घोषणा एक माह तक प्रवर्तन में रहती है ओर यदि इस दौरान इसे संसद के दो तिहाई बहुमत से अनुमोदित करवा लिया जाता है, तो वह छह माह तक प्रवर्तन में रहती है। संसद इसे पुनः एक बार में छह महीने तक बढ़ा सकती है।
- यदि आपात की उद्घोषणा तब की जाती है, जब लोकसभा का विघटन हो गया हो या लोकसभा का विघटन एक मास के अन्तर्गत आपात उद्घोषणा का अनुमोदन किये बिना हो जाता है, तो आपात उद्घोषणा लोकसभा की प्रथम बैठक की तारीख से 30 दिन के अन्दर अनुमोदित होना चाहिए, अन्यथा 30 दिन के बाद वह प्रवर्तन में नहीं रहेगी।
- यदि लोकसभा साधारण बहुमत से आपत उद्घोषणा को वापस लेने का प्रस्ताव पारित कर देती है, तो राष्ट्रपति को उद्घोषणा वापस लेनी पड़ती है।
- आपात उद्घोषणा पर विचार करने के लिए लोकसभा का विशेष अधिवेशन तब आहूत किया जा सकता है, जब लोकसभा की कुल सदस्य संख्या के $\frac{1}{10}$ सदस्यों द्वारा लिखित सूचना लोकसभा अध्यक्ष को, जब सत्र चल रहा हो या राष्ट्रपति को, जब सत्र नहीं चल रहा हो, दी जाती है।
- लोकसभा अध्यक्ष या राष्ट्रपति सूचना-प्राप्ति के 14 दिनों के अन्दर लोकसभा का विशेष अधिवेशन आहूत करते हैं।

●●●

5

सामान्य विज्ञान

प्रमुख भौतिक राशियाँ एवं उनके मात्रक

राशि	मात्रक (SI)	राशि	मात्रक (SI)
• लम्बाई	मीटर	• कार्य, ऊर्जा	जूल
• द्रव्यमान	किलोग्राम	• कोण	रेडियन
• समय	सेकण्ड	• त्वरण	मी/सेकण्ड^2
• ताप	केल्विन	• बल	न्यूटन
• विद्युत धारा	ऐम्पियर	• शक्ति	वाट
• ज्योति तीव्रता	कैण्डेला	• दाब	पास्कल
• आयतन	घनमीटर	• चाल	मी/सेकण्ड
• कोणीय वेग	रेडियन/से.	• आवृत्ति	हर्ट्ज
• संवेग	किग्रा.मी./से.	• आवेग	न्यूटन/सेकण्ड
• पृष्ठ तनाव	न्यूटन/मीटर	• विद्युत प्रतिरोध	ओम
• विभवान्तर	वोल्ट	• विद्युत धारिता	फैराडे

ऊर्जा का रूपांतरण

उपकरण	ऊर्जा का स्वरूप परिवर्तन
डायनेमो	यांत्रिक ऊर्जा से वैद्युत ऊर्जा
मोटर	वैद्युत ऊर्जा से यांत्रिक ऊर्जा
माइक्रोफोन	ध्वनि ऊर्जा से वैद्युत ऊर्जा
लाउडस्पीकर	वैद्युत ऊर्जा से ध्वनि ऊर्जा
विद्युत सेल	रासायनिक ऊर्जा से वैद्युत ऊर्जा
सोलर सेल	सौर ऊर्जा से विद्युत ऊर्जा
विद्युत बल्ब	वैद्युत ऊर्जा से ऊष्मा एवं प्रकाश ऊर्जा
मोमबत्ती	रासायनिक ऊर्जा से प्रकाश एवं ऊष्मा ऊर्जा
फोटो इलेक्ट्रिक सेल	प्रकाश ऊर्जा से वैद्युत ऊर्जा
सितार	यांत्रिक ऊर्जा से ध्वनि ऊर्जा
इंजन	ऊष्मा ऊर्जा से यांत्रिक ऊर्जा

प्रसिद्ध भौतिक विज्ञानी एवं उनके आविष्कार

वैज्ञानिक	आविष्कार
• न्यूटन	गति के नियम, सार्वत्रिक गुरुत्वाकर्षण का नियम, परावर्तक दूरदर्शी, अवकलन गणित का आविष्कार, द्विपद प्रमेय का नियम
• गैलीलियो	जड़त्व का नियम, गति के समीकरण एवं दूरदर्शी का निर्माण
• फैराडे	विद्युत चुम्बकीय प्रेरण के नियम, विद्युत अपघट्य के नियम एवं डायनेमो का आविष्कार
• आइन्सटीन	सापेक्षिकता का विशिष्ट एवं व्यापक सिद्धांत, प्रकाश-विद्युत प्रभाव की व्याख्या, द्रव्यमान और ऊर्जा की तुल्यता ($E = mc^2$), फोटॉन की खोज, द्रव्यमान क्षति का पता
• जी. मार्कोनी	बेतार संदेश, रेडियो तथा बेतार टेलीग्राफी
• जॉन डॉल्टन	परमाणु सिद्धांत का प्रतिपादन
• डॉ. डेनिश गबोर	त्रिविमीय फोटोग्राफी की खोज
• रॉन्टजन	X-किरणों का आविष्कार
• हाइजेनबर्ग	अनिश्चितता का सिद्धांत एवं क्वाण्टम यांत्रिकी का निर्माण
• ऑटो हॉन	परमाणु बम का निर्माण
• एडीसन	फोनोग्राफ, विद्युत बल्ब, चलचित्र टेलीग्राफ
• हेनरी बेक्वेरल	रेडियो सक्रियता की खोज
• जॉन वारडीन	अतिचालकता का सिद्धांत
• एडवर्ड टेलर	हाइड्रोजन बम का निर्माण

वैज्ञानिक यंत्र व उपकरण

यंत्र/उपकरण	उपयोग
• आमीटर	विद्युत धारा को ऐम्पियर में मापने हेतु प्रयुक्त यंत्र
• अल्टीमीटर	विमानों की ऊँचाई मापने हेतु प्रयुक्त यंत्र
• ऑडियोमीटर	ध्वनि की तीव्रता मापने हेतु प्रयुक्त यंत्र
• एनिमोमीटर	वायु की शक्ति और गति मापने का यंत्र
• एवोमीटर	रेडियो में उत्पन्न दोष का पता लगाने का यंत्र
• एयरोमीटर	वायु तथा गैसों के भार तथा घनत्व मापने का यंत्र
• एक्युमुलेटर	विद्युत ऊर्जा को संचित करने का यंत्र
• एपिकायस्कोप	अपारदर्शी चित्रों को पर्दे पर दिखाने का काम करने वाला उपकरण
• एक्टिओमीटर	सूर्य किरणों की तीव्रता का निर्धारण करने वाला यंत्र
• ओडोमीटर	वाहनों के पहियों द्वारा तय की गई दूरी को मापने वाला यंत्र
• बैरोमीटर	वायुमंडलीय दाब मापने वाला यंत्र
• बोलोमीटर	ऊष्मीय विकिरण मापने का यंत्र
• क्रेस्कोग्राफ	पौधों की वृद्धि को दर्शाने वाला यंत्र
• कैलोरीमीटर	ऊष्मा को मापने वाला यंत्र
• कार्डियोग्राम	मनुष्य की हृदयगति को मापने वाला यंत्र
• क्रोनोमीटर	पानी के जहाजों में सही समय ज्ञात करने में प्रयुक्त उपकरण
• फैदोमीटर	समुद्र की गहराई मापने वाला यंत्र
• लैक्टोमीटर	दूध की शुद्धता मापने वाला यंत्र
• मैनोमीटर	गैसों का दाब मापने का यंत्र
• पाइरोमीटर	उच्च ताप मापने वाला यंत्र
• फोनोमीटर	प्रकाश की चमक शक्ति ज्ञात करने वाला यंत्र
• पोलीग्राफ	झूठ का पता लगाने वाला यंत्र
• रेनगॉज	वर्षा की मात्रा ज्ञात करने वाला यंत्र
• राडार	दूर से आने वाले वायुयान की गति और दिशा ज्ञात करने वाला यंत्र
• रेडियो माइक्रोमीटर	ऊष्मीय विकिरण को मापने का यंत्र
• टैकोमीटर	वायुयान की गति मापने का यंत्र
• यूडोमीटर	वर्षामापक यंत्र

भौतिक विज्ञान के प्रमुख नियम/सिद्धांत

- **गति विषयक प्रथम नियमः** कोई भी वस्तु तब तक अपनी विरामावस्था अथवा गत्यावस्था में रहती है जब तक कि कोई बाह्य बल न आरोपित किया जाये।
- **गति विषयक द्वितीय नियमः** संवेग में परिवर्तन की दर आरोपित बल के समानुपाती होती है एवं परिवर्तन उसी दिशा में होता है, जिस दिशा में बल आरोपित किया जाता है।
- **गति विषयक तृतीय नियमः** प्रत्येक क्रिया के विपरीत एवं बराबर प्रतिक्रिया होती है एवं भिन्न-भिन्न वस्तुओं पर क्रिया करती है। यदि वे एक ही वस्तु पर क्रिया करती हैं तो परिणामी बल शून्य होगा।
- **संवेग संरक्षण का सिद्धांतः** जब दो या दो से अधिक वस्तुएँ एक-दूसरे के साथ परस्पर क्रिया करती हैं एवं कोई भी बाह्य बल नहीं लग रहा होता है तो उनका कुल संवेग सर्वदा संरक्षित रहता है। उदाहरण—राकेट की उड़ान।
- **न्यूटन का गुरुत्वाकर्षण नियमः** किन्हीं दो पिडों के बीच कार्य करने वाले बल का परिणाम, पिंडों के द्रव्यमान के गुणनफल के समानुपाती तथा उनकी बीच की दूरी के वर्ग के व्युत्क्रमानुपाती होता है।
- **पास्कल का नियमः** संतुलन में द्रव का दबाव चारों तरफ बराबर होता है।
- **हुक का नियमः** प्रत्यास्थता सीमा के अंदर प्रतिबल सदैव विकृति के समानुपाती होता है।
- **आर्कमिडीज का सिद्धांतः** किसी द्रव में डूबे किसी ठोस पर लगा उपरिमुखी बल, ठोस द्वारा हटाये गये द्रव के भार के बराबर होता है।
- **बॉयल का नियमः** किसी निश्चित तापक्रम पर किसी गैस की दी गई मात्रा का आयतन उसके दाब के व्युत्क्रमानुपाती होता है।
- **चार्ल्स का नियमः** दाब नियत हो तो, गैस का आयतन तापक्रम का समानुपाती होता है।
- **गैसों का गतिज सिद्धांतः** यदि किसी गैस को घनाकार बर्तन में रखा जाये तो गैस का दाब गैस के द्वारा उत्पन्न दाब के बराबर होता है, जो गैस द्वारा बर्तन की दीवार की इकाई क्षेत्रफल पर इकाई सेकेंड में उत्पन्न की जाती है।
- **किरचौफ का ताप नियमः** किसी विकिरण के लिए ऊष्मा का अच्छा शोषक, इसी विकरण के लिए ऊष्मा का अच्छा विकिरक भी होता है।

- **न्यूटन का शीतलन नियमः** किसी वस्तु के शीतलन की दर उस वस्तु के औसत ताप तथा वातावरण के ताप के अंतर के अनुक्रमानुपाती होती है, वशर्ते तापमान का अन्तर कम हो। उदाहरणार्थ, ठंड मौसम एवं छिछली प्याली में किसी द्रव का जल्दी ठंडा होना न्यूटन के शीतलन नियम की पुष्टि करता है।
- **जूल-थॉमसन प्रभावः** किसी गैस के प्रवाह को किसी दबाव के अंदर किसी छिद्रयुक्त माध्यम में मुक्त रूप से फैलने दिया जाये तो गैस के तापमान में अंतर 'जूल-थॉमसन प्रभाव' कहलाता है। यह प्रभाव शीतलन में प्रयुक्त होता है।
- **ऊष्मागतिकी के नियम–प्रथम नियमः** एक यांत्रिक क्रिया में उत्पन्न ऊष्मा किए गए कार्य के समानुपाती होती है। ऊष्मा-गतिकी का प्रथम नियम ऊर्जा संरक्षण नियम को दर्शाता है। **द्वितीय नियमः** इस नियम के अनुसार उपलब्ध ऊष्मा के सम्पूर्ण भाग को यांत्रिक कार्य में बदलना संभव नहीं है, परंतु इसके एक निश्चित भाग को कार्य में बदला जा सकता है। अर्थात् 'ऊष्मा अपने आप निम्न ताप की वस्तु से उच्च ताप की वस्तु की ओर प्रवाहित नहीं हो सकती।'
- **डॉप्लर का नियमः** यदि ध्वनि स्रोत तथा श्रोता के मध्य सापेक्ष गति हो रही हो तो श्रोता को ध्वनि की आवृत्ति तारत्व से भिन्न प्रतीत होती है। ध्वनि में होने वाले इस आभासी परिवर्तन की घटना को 'डाप्लर प्रभाव' या 'डाप्लर का नियम' कहते हैं।
- **कूलॉम का चुम्बकीय नियमः** समान आवेश परस्पर प्रतिकर्षित एवं असमान आवेश आकर्षित होते हैं। दो आवेशों के बीच क्रियाशील आकर्षण तथा प्रतिकर्षण का बल उनके गुणनफल के समानुपाती एवं उनके बीच की दूरी के वर्ग का व्युत्क्रमानुपाती होता है।
- **ओम का नियमः** यदि किसी चालक की भौतिक अवस्थाएँ अपरिवर्तित रहें तो उसके सिरों पर लगाये गये विभवांतर तथा उसमें प्रवाहित विद्युत् धारा की निष्पत्ति नियत रहती है।

भारतीय परमाणु ऊर्जा कार्यक्रम

- 19 दिसम्बर, 1945–बम्बई में 'टाटा इन्स्टीट्यूट ऑफ फंडामेंटल रिसर्च' की स्थापना।
- 10 अगस्त, 1948–'परमाणु ऊर्जा आयोग' का गठन।
- 18 अगस्त, 1950–परमाणु ऊर्जा द्वारा 'इंडियन रेअर अर्थ्स लिमिटेड' की स्थापना।
- 3 अगस्त, 1954–'परमाणु ऊर्जा विभाग' का सृजन।
- 4 अगस्त, 1956–देश के तथा एशिया के प्रथम परमाणु अनुसंधान रिएक्टर 'अप्सरा' की शुरूआत।
- 1962–भारत में पहली बार नांगल में भारी जल संयंत्र की स्थापना।
- 17 सितम्बर, 1963–'राजस्थान परमाणु विद्युत् गृह' की स्थापना हेतु भारत एवं कनाडा में समझौता।
- 12 जनवरी, 1967–'परमाणु ऊर्जा प्रतिष्ठान' का नाम 'भाभा परमाणु अनुसंधान केन्द्र' (BARC) रखा गया।
- 4 अक्टूबर, 1967–'यूरेनियम कॉरपोरेशन ऑफ इंडिया लिमिटेड' की स्थापना।
- 18 मई, 1974–राजस्थान के जैसलमेर जिले के लिए 'पोखरण' नामक स्थान में शांतिपूर्वक कार्यों के परमाणु परीक्षण सम्पन्न।
- 10 मई, 1980–अनुसंधान रिएक्टर 'पूर्णिमा-II' प्रारम्भ, 'पूर्णिमा-II' यूरेनियम-233 को प्रयोग करने वाला पहला रिएक्टर बना।
- 11 नवम्बर, 1984–'न्यूक्लियर पॉवर बोर्ड' की स्थापना।
- 16 सितम्बर, 1985–कलपक्कम में 'इंदिरा गाँधी परमाणु अनुसंधान केन्द्र' की स्थापना।
- 6 नवम्बर, 2001–तमिलनाडु के कुडानकुलम में दो परमाणु बिजली इकाइयाँ स्थापित करने के लिए रूस के साथ समझौता।

महत्वपूर्ण कार्बनिक-यौगिक और उनके उपयोग

यौगिक	उपयोग
• एथिलीन	कच्चे फलों को पकाने एवं उसके संरक्षण में, मस्टर्ड गैस बनाने में, निश्चेतक के रूप में।
• मीथेन	छापाखाने की स्याही बनाने में, प्रकाश तथा ऊर्जा उत्पादन में।
• एसीटिलीन	निओप्रीन नामक कृत्रिम रबर बनाने में, कच्चे फलों को कृत्रिम रूप से पकाने में।
• पोलीथीन	तारों और केबिलों के विद्युत रोधन में, पाइप, बाल्टी, ग्लास आदि बनाने में।
• एथिल ब्रोमाइड	स्थानीय निश्चेतक के रूप में।
• क्लोरोफार्म	निश्चेतक के रूप में, जीवाणुनाशक होने के कारण जन्तुओं और वनस्पतियों से पदार्थों के संरक्षण में।
• मिथाइल ऐल्कोहल	मेथिलेटेड स्पिरिट बनाने में, कृत्रिम रंग बनाने में, पेट्रोल के साथ मिलाकर इंजनों में ईंधन के रूप में।

यौगिक	उपयोग
• इथाइल ऐल्कोहल	दवाओं के काम आने वाले टिंचर बनाने में, वार्निश तथा पॉलिश बनाने में, शराब तथा अन्य ऐल्कोहलीय पेय बनाने में, कीटाणुनाशक, इत्र तथा सुगंध बनाने में आदि।
• फार्मेल्डिहाइड	फोटोग्राफी की प्लेटों पर जिलेटिन फिल्म को स्थिर रखने में, जीवाणु- नाशक के रूप में, अंडे की सफेदी से वाटरप्रूफ कपड़ा बनाने में।
• ग्लिसरॉल	मुहरों की स्याही, जल के रंग, जूतों की पॉलिश तथा शृंगार सामग्री बनाने में, पारदर्शक साबुन बनाने में, सूजन आदि में ठंडक पहुँचाने वाले पदार्थ बनाने में आदि।
• एसेटल्डिहाइड	प्लास्टिक बनाने, रंग तथा दवा बनाने, मेटा एसेटल्डिहाइड नामक नींद की दवा बनाने में।
• एसीटोन	कृत्रिम रेशम तथा संश्लेषित रबर बनाने में।
• एसीटिक अम्ल	प्रयोगशाला में अभिकर्मक के रूप में, सिरके के रूप में, अचार, चटनी आदि बनाने में।
• ग्लूकोस	विभिन्न प्रकार की शराब बनाने में, ग्लूकोस के रूप में।
• बेंजीन	विलायक के रूप में, शुष्क धुलाई में, पेट्रोल के साथ मिश्रित कर इंजनों के ईंधन के रूप में आदि।
• टॉइलीन	शुष्क धुलाई में, विलायक के रूप में, विस्फोटक बनाने में।
• क्लोरोबेंजीन	एनीलिन एवं फिनॉल के औद्योगिक निर्माण में।
• ईथर	निश्चेतक के रूप में, विलायक के रूप में, ठंडक पैदा करने में, ऐल्कोहॉल बनाने में।
• कार्बन टेट्राक्लोराइड	अग्निशामक के रूप में।
• गेमेक्सीन	कीटाणुनाशक के रूप में।

रसायन विज्ञान से संबंधित महत्वपूर्ण खोज

खोज	आविष्कारकर्ता
• प्रोटॉन	गोल्डस्टीन
• इलेक्ट्रॉन	थामसन
• न्यूट्रॉन	जेम्स चैडविक
• नाभिक	रदरफोर्ड
• परमाणु क्रमांक	मोसले
• आवर्त सारणी	मैण्डलीफ
• आधुनिक आवर्त सारणी	मोसले
• पॉजिट्रॉन	कार्ल एण्डरसन
• त्रिक नियम	डोबरी नियर
• अपवर्जन सिद्धांत	पाउली
• क्वांटम सिद्धांत	मैक्स प्लान्क
• रेडियो सक्रियता	हेनरी बेक्वेरेल
• वर्ग विस्थापन नियम	सॉडी व फेजेन्स
• द्रव्यमान संरक्षण का नियम	लैवोजियर
• सापेक्षिकता का सिद्धांत	आइन्सटीन
• वर्ग विस्थापन नियम	सॉडी व फेजेन्स
• परमाणु सिद्धांत	जॉन डॉल्टन
• बोर सिद्धांत	नील्स बोर
• समस्थानिक	सॉडी
• भारी जल	यूरे
• प्रकाश विद्युत प्रभाव	आइन्सटीन
• गैसों का विसरण नियम	ग्राहम
• द्रव्यमान ऊर्जा समीकरण	आइन्सटीन
• विद्युत अपघटन का नियम	फैराडे
• सह संयोजकता	लुईस
• pH मापक्रम	लारेन्सन
• हीलियम	लोकेयर
• ऑक्सीजन	शीले एवं प्रीस्टले
• सोडियम/पोटैशियम	डेवी
• रेडियम	क्यूरी दम्पत्ति
• थोरियम	बर्जीलियस
• यूरेनियम	क्लैप्रोथ
• क्लोरीन	शीले
• आर्गन	रैमजे और रैले
• परासरण दाब का नियम	वर्कले

रासायनिक पदार्थों के रासायनिक नाम व सूत्र

रासायनिक पदार्थ	रासायनिक नाम	रासायनिक सूत्र
• विरंजक चूर्ण	ब्लीचिंग पाउडर	$Ca(OCl).Cl$
• चूने का पानी	कैल्सियम हाइड्रॉक्साइड	$Ca(OH)_2$
• जिप्सम	कैल्शियम सल्फेट	$CaSO_4.2H_2O$
• प्लास्टर ऑफ पेरिस	कैल्शियम सल्फेट हेमीहाइड्रेट	$CaSO_4.½H_2O$
• साधारण नमक	सोडियम क्लोराइड	$NaCl$
• बेकिंग सोडा	सोडियम बाइकार्बोनेट	$NaHCO_3$
• कास्टिक सोडा	सोडियम हाइड्रॉक्साइड	$NaOH$
• चिली साल्टपीटर	सोडियम नाइट्रेट	$NaNO_3$
• सुहागा	बोरेक्स	$Na_2B_4O_7.10H_2O$
• फिटकरी	पोटैशियम एल्युमिनियम सल्फेट	$K_2SO_4.Al_2SO_4)_3.24H_2O$
• शोरा	पोटैशियम नाइट्रेट	KNO_3
• चूने का पत्थर/संगमरमर	कैल्शियम कार्बोनेट	$CaCO_3$
• नौसादर	अमोनियम क्लोराइड	NH_4Cl
• लाफिंग गैस	नाइट्रस ऑक्साइड	N_2O
• लाल सिन्दूर	लेड परऑक्साइड	Pb_3O_4
• म्यूरेटिक अम्ल	हाइड्रोक्लोरिक अम्ल	HCl
• ऑयल ऑफ विट्रियॉल	सान्द्र सल्फ्यूरिक अम्ल	H_2SO_4
• शुष्क बर्फ	ठोस कार्बन डाइऑक्साइड	CO_2
• हरा कसीस	फेरस सल्फेट	$FeSO_4.7H_2O$
• भारी जल	ड्यूटेरियम ऑक्साइड	D_2O
• सिलिका	सिलिकन डाइऑक्साइड	SiO_2
• सफेद कसीस	जिंक सल्फेट	$ZnSO_4.7H_2O$
• क्विक सिल्वर	मरकरी	Hg
• नीला कसीस	कॉपर सल्फेट	$CuSO_4.5H_2O$
• मार्श गैस	मीथेन	CH_4
• फ्रीऑन	डाइक्लोरोडाइफ्लोरो कार्बन	CF_2Cl
• यूरिया	कार्बामाइड	NH_2CONH_2
• क्लोरोफार्म	ट्राइक्लोरो मिथेन	$CHCl_3$
• फिनॉल	हाइड्रोक्सीबेंजीन	C_6H_5OH
• ऐल्कोहॉल	इथाइल ऐल्कोहॉल	C_2H_5OH

रेडियोसक्रिय समस्थानिक और उनकी उपयोगिता

समस्थानिक	उपयोगिता
Na-24	रुधिर संचरण तंत्र का विकार ज्ञात करने में
P-32	रुधिर की खराबी से उत्पन्न रोगों, कैंसर, ल्यूकीमिया आदि के उपचार में।
C-14	अजीवी कार्बनिक वस्तुओं की आयु निर्धारित करने में तथा प्रकाश-संश्लेषण के अध्ययन में।
Fe-59	अरक्तता रोग ज्ञात करने में
Co-60	कैंसर के उपचार में
I-131	थॉयराइड ग्रंथि का विकार ज्ञात करने में, थॉयराइड कैंसर का उपचार करने तथा ब्रेन ट्यूमर ज्ञात करने में।

खनिज लवणों की मानव शरीर में भूमिका

खनिज लवण	मानव शरीर में भूमिका
लोहा (Fe)	लाल रक्त कणिकाओं (RBC) का निर्माण
कैल्शियम (Ca)	हड्डियों एवं दाँतों का निर्माण
आयोडीन (I)	थॉयराइड ग्रंथि का नियंत्रण
फास्फोरस (P)	जीवद्रव्य एवं हड्डियों का निर्माण
सोडियम (Na)	पाचन, उत्सर्जन एवं तंत्रिका तंत्र के कार्यों में सहायता करना
मैग्नीशियम (Mg)	मांसपेशियों के संचालन एवं तंत्रिका तंत्र की कार्य विधि में सहायता करना
पोटैशियम (K)	कोशिकीय संवहन एवं जैविक क्रियाओं का नियंत्रण

कोशिकीय अंग और उनके खोजकर्ता

कोशिकीय अंग	खोजकर्ता	कोशिकीय अंग	खोजकर्ता
केन्द्रक	रॉबर्ट ब्राउन	केन्द्रिका	फोण्टाना
क्लोरोप्लास्ट	स्चिम्पर	क्रोमोसोम	हॉफमिश्चर
अन्तःद्रव्यी जालिका	पोर्टर	तारककाय	बोवेरी
गॉल्जीकाय	जॉर्ज गॉल्जी	लाइसोसोम	सी.डी. दूबे
माइटोकोन्ड्रिया	सी.बेन्डा	राइबोसोम	पैलेड
स्फीरोसोम	पर्नर	जीवद्रव्य	डुजार्डिन
क्रोमेटिन	फ्लेमिंग	केन्द्रक कला	हर्टविग

प्रमुख जीव वैज्ञानिक एवं उनका योगदान

जीव वैज्ञानिक	योगदान
एन्टोनी वॉन ल्यूवेनहॉक	सूक्ष्मजीव विज्ञान के जनक, अच्छी गुणवत्ता के साधारण लैंसों की सहायता से सूक्ष्म जीवधारियों को देखा और उन्हें 'Animal-cules' नाम दिया।
एलेक्जेंडर फ्लेमिंग	पेन्सिलिन (Penicillin) की खोज।
ए.जी. टेन्सले	'Ecosystem' शब्द का प्रतिपादन।
बेटसन	'आनुवंशिकी' (Genetics) शब्द का प्रतिपादन।
बैन्टिंग तथा बैस्ट	पैंक्रियास से इन्सुलिन हार्मोन का पृथक्करण।
कैरोलस लीनियस	वर्गिकी के जनक, जीवों के नामकरण की द्विनाम पद्धति' का प्रतिपादन 'Systema Nature', Species Plantarum' तथा 'Genera Plantarum' नामक पुस्तकों के लेखक, आधुनिक वनस्पति विज्ञान के जनक।
क्रिश्चियन बर्नार्ड	प्रथम मानव हृदय प्रत्यारोपण ऑपरेशन।
चार्ल्स लेबरॉन	मलेरिया के रोगाणु का पता
चार्ल्स डार्विन	जैवविकास मत का प्रतिपादन, Origin of Species नामक पुस्तक की रचना।
ड्रेसर	'एस्प्रीन' (Aspirin) दवा की खोज
एडवर्ड जेनर	चेचक के टीके की खोज, टीकाकरण का विकास, प्रतिरक्षा विज्ञान के जनक
अर्न्स्ट हेकेल	बायोजेनेटिक नियम का प्रतिपादन, प्रोटिस्टा (Protista) तथा प्लास्टिड (Plastid) शब्द का प्रतिपादन
फन्क	'विटामिन' (Vitamin) शब्द का प्रतिपादन
ह्यूगो डी ब्रीज	उत्परिवर्तन (Mutation) का सिद्धांत
हापकिन्स तथा फन्क	'विटामिन मत' का प्रतिपादन
हरगोविन्द खुराना	आनुवांशिक कोडों का प्रतिपादन
इवानोवस्की	'विषाणुओं' की सर्वप्रथम खोज
जे.ई. पुरकिन्जे	'जीवद्रव्य' (Protoplasm) का नामकरण
जोहॉनसन	'जीन' (Gene) शब्द का प्रतिपादन
जॉनास साल्क	पोलियो से बचाव के लिए टीके का निर्माण
कार्ल लैंडेस्टीनर	'ABO' रक्त वर्गों का पता, R^h फैक्टर की खोज, एन्टीजन की खोज
लुई पाश्चर	रोगों का जर्म-प्लाज्म मत (रोगाणुवाद का प्रतिपादन), रेबीज टीका का निर्माण, किण्वन की खोज, सूक्ष्मजीव विज्ञान के जनक
रॉबर्ट हुक	कोशिका की खोज, 'कोशा' (Cell) शब्द का प्रतिपादक, माइक्रोग्राफिया नामक पुस्तक का लेखन, कोशिका विज्ञान के जनक
रॉबर्ट ब्राउन	कोशिकाओं में केन्द्रक की उपस्थिति का पता और उसका नामकरण, ब्राउनियन गति का प्रतिपादन
आर. आल्टमान	'न्यूक्लिक अम्ल' शब्द का प्रतिपादन
रॉबर्ट एडवर्ड	परखनली शिशु विकसित करने की तकनीक का विकास
श्लाइडेन एवं श्वान	'कोशिका मत' (Cell theory) का प्रतिपादन
थियोफ्रेस्टस	वनस्पतिशास्त्र के पिता, Historia Plantarum नामक पुस्तक का लेखन
टी.आर. माल्थस	खाद्य उत्पादन एवं जनसंख्या के बीच संबंध का प्रतिपादन
टी.एच. हक्सले	'जाति आवर्तन नियम' (Biogentic law) का प्रतिपादन
विलियम हार्वे	रक्त परिसंचरण (Blood Circulation) की खोज
डब्ल्यू. फ्लेमिंग	माइटोसिस (Mitosis) शब्द का प्रतिपादन
वाटसन एवं क्रिक	DNA की आण्विक रचना के लिए द्विकुण्डलित प्रारूप का प्रतिपादन
जेड. जेन्सन एवं एच. जेन्सन	प्रथम 'संयुक्त सूक्ष्मदर्शी' का निर्माण

विटामिनों के स्रोत एवं उनकी विशेषताएँ

नाम	स्रोत	कार्यिकी	कमी का प्रभाव
• विटामिन-A (रेटिनॉल)	दूध, मक्खन, अण्डा, यकृत, मछली का तेल।	दृष्टि रंगों का संश्लेषण, एपिथीलियमी स्तरों की वृद्धि एवं विकास।	कॉर्निया व त्वचा की कोशिकाओं का शल्कोष्ट, रतौंधी, कुंठित वृद्धि।
• विटामिन-D (कैल्सीफेरॉल)	मक्खन, यकृत, गुर्दे, अण्डे, मछली का तेल, त्वचा और यीस्ट में सूर्य प्रकाश में संश्लेषण।	कैल्शियम व फॉस्फोरस का उपापचय, हड्डियों और दाँतों की वृद्धि।	सूखा रोग, ऑस्टियोमैलेसिया
• विटामिन-E (टेकोफेरॉल)	तेल, गेहूँ, अण्डे की जर्दी, सोयाबीन।	कोशिका कला की सुरक्षा, जननिक एपिथीलियम की वृद्धि, पेशियों की क्रियाशीलता।	जनन क्षमता की कमी, जननांग तथा पेशी की कमजोरी।
• विटामिन-K (नैफ्थोक्विनोन)	हरी पत्तियाँ, अण्डा, यकृत, टमाटर, गोभी, सोयाबीन।	यकृत में प्रोथ्रॉम्बिन का संश्लेषण।	रुधिर का थक्का न होना।
• विटामिन-B_1 (थायमीन)	अनाज, फलियाँ, सोयाबीन, दूध, यीस्ट, अण्डे, माँस।	कार्बोहाइड्रेट एवं अमीनो अम्ल उपापचय के लिए आवश्यक एन्जाइम का सह-एन्जाइम।	बेरी-बेरी।
• विटामिन-B_2 (राइबोफ्लैविन)	हरी पत्तियाँ, पनीर, अण्डे, यीस्ट, माँस, यकृत।	उपापचय में महत्वपूर्ण सह-एन्जाइमों का घटक।	कीलोसिस।
• विटामिन-B_3 (निकोटिनिक अम्ल)	मांस, मछली, अण्डे, दूध, मटर, मेवा, फलियाँ।	उपापचय में महत्वपूर्ण सह-एन्जाइमों का घटक।	पेलाग्रा।
• विटामिन-B_5 (पैन्टोथीनिक अम्ल)	अण्डे, दूध, मांस, मूँगफली, गन्ना।	अपचय के सह-एन्जाइम-A का घटक।	वृद्धि कम, चर्म रोग, जनन क्षमता में कमी।
• विटामिन-B_6 (पाइरोडॉक्सिन)	दूध, मांस, मछली, यीस्ट, यकृत, अनाज।	प्रोटीन उपापचय में आवश्यक एन्जाइमों का सह-एन्जाइम।	रक्तक्षीणता, चर्म-रोग, पेशीय ऐंठन।
• विटामिन-H (बायोटिन)	अण्डा, मांस, गेहूँ, मूंगफली, सब्जियाँ, फल।	वसीय एवं अमीनो अम्लों सहित कई अन्य पदार्थों की संश्लेषण अभिक्रियाओं में सह-एन्जाइम।	बालों का झड़ना, चर्म रोग।
• फॉलिक अम्ल समूह	हरी पत्तियाँ, सोयाबीन, फलियाँ, यकृत।	वृद्धि, रुधिराणुओं का निर्माण, DNA का संश्लेषण।	रुधिर क्षीणता, कुंठित वृद्धि।
• विटामिन-B_{12} (सायनोकोबालामीन)	मांस, मछली, दूध, अण्डा।	वृद्धि रुधिराणुओं का निर्माण, न्यूक्लिक अम्लों का संश्लेषण।	रुधिर क्षीणता, तंत्रिका तंत्र की गड़बड़ियाँ।
• विटामिन-C (एस्कॉर्बिक अम्ल)	नींबू, संतरा, टमाटर, सब्जियाँ।	हड्डियों के मैट्रिक्स तथा दाँतों के डेन्टीन का निर्माण।	स्कर्वी रोग।

जीवाणु के द्वारा होने वाले रोग एवं उनके लक्षण

रोग	जीवाणु	प्रभावित अंग	लक्षण
• प्लेग	पाश्चुरेला पेस्टिस	फेफड़े, कांख दोनों पैरों के बीच	बहुत तेज बुखार, शरीर पर गिल्टियां
• क्षय रोग	माइकोबैक्टिरियस ट्यूबरकुलोसिस	फेफड़ा	बार-बार खाँसी के साथ कफ एवं रक्त निकलना
• गोनोरिया	नाइसेरिया गोनोरियाई	मूत्र मार्ग	मूत्र-मार्ग में सूजन
• सिफलिस	ट्रैपोनमा पैलिडम	शिश्न	शिश्न में घाव
• टिटनेस	क्लॉस्ट्रीडियम, टेटेनी	तंत्रिका तंत्र	तेज बुखार, जबड़ा भिंचना एवं शरीर में ऐंठन
• हैजा	विब्रिओ कालेरी	आँत	लगातार दस्त और उल्टियाँ
• डिप्थीरिया	कोरीनी बैक्टीरियम डिप्थीरी	श्वास नली	साँस लेने में कठिनाई एवं दम घुटना
• काली खाँसी	हीमोफिलस परटूसिस	श्वसन तंत्र	लगातार खाँसी आना
• कुष्ठ रोग	माइकोबैक्टिरियम लेप्री	तंत्रिका तंत्र, त्वचा	शरीर पर चकत्ते, तंत्रिकाएँ प्रभावित
• टायफायड	साल्मोनेला टाइफी	आँत	तेज बुखार, सिर दर्द
• निमोनिया	डिप्लोकोकस न्यूमोनी	फेफड़ा	तेज बुखार, फेफड़ों में सूजन

परजीवी (Protozoa) द्वारा होने वाली बीमारी

बीमारी	परजीवी	प्रभावित अंग	वाहक मच्छर	लक्षण
• काला-जार	लीशमैनिया डोनावानी	अस्थि-मज्जा	बालू-मक्खी	तेज बुखार
• सोने की बीमारी	ट्रिपेनोसोमा	मस्तिष्क	सी-सी मक्खी	बहुत नींद के साथ बुखार
• मलेरिया	प्लाज्मोडियम	तिल्ली एवं लाल रक्त कण	मादा एनोफ्लीज	ठंड के साथ बुखार
• पायरिया	एन्ट अमीबा जिन्जिवेलिस	मसूढ़े	–	मसूढ़ों से रक्तस्राव
• पेचिस	एन्ट अमीबा हिस्टोलिटिका	आँत	–	श्लेष्मा एवं खून के साथ दस्त

विषाणुओं के द्वारा होने वाले रोग एवं उनके लक्षण

रोग	विषाणु	प्रभावित अंग	लक्षण
• पोलियो	पोलियो	गला, रीढ़, नाड़ी संस्थान	ज्वर, बदन में दर्द, रीढ़ की हड्डी एवं आँत की कोशिकाएँ नष्ट हो जाती हैं।
• चेचक	वैरिओला वायरस	सम्पूर्ण शरीर	तेज-बुखार, शरीर पर लाल दाने।
• डेंगू ज्वर	अरबो वायरस	सम्पूर्ण शरीर, विशेषकर सिर, आँख एवं जोड़	बुखार, आँखों, पेशियों, सिर तथा जोड़ों में दर्द।
• एड्स	HIV	प्रतिरक्षा प्रणाली	रोग प्रतिरोधक क्षमता का नष्ट होना।
• इन्फ्लूएंजा	मिक्सो वाइरस	सम्पूर्ण शरीर	सर्दी, छींक, बेचैनी।
• छोटी माता	वैरिसेला वाइरस	सम्पूर्ण शरीर	हल्का बुखार, शरीर पर पित्तिकाएँ।
• खसरा	ओर्बिली वाइरस	सम्पूर्ण शरीर	शरीर पर लाल दाने।
• रेबीज	रैब्डो वाइरस	तंत्रिका तंत्र	जीभ बाहर निकलना एवं पागलपन।
• हर्पीस	हर्पीस	त्वचा	त्वचा में सूजन।

पर्यावरण अनुकूलन के आधार पर पौधों का वर्गीकरण

पौधे के प्रकार	पर्यावरण अनुकूलन
जलोद्भिद	जल में उगने वाले पौधे
समोद्भिद	सामान्य मृदा में उगने वाले पौधे
मरुद्भिद	मरुस्थलीय क्षेत्रों में उगने वाले पौधे
हैलोफाइटस	अधिक सांद्रता वाली मृदा में उगने वाले पौधे
हीलोफाइटस	दलदली भूमि में उगने वाले पौधे
ऑक्जीलोफाइट्स	अम्लीय मृदा में उगने वाले पौधे
सैमोफाइट्स	बालू में उगने वाले पौधे
लिथोफाइट्स	चट्टानों पर उगने वाले पौधे
एरिमोफाइट्स	रेगिस्तान तथा स्टेपीज में उगने वाले पौधे
स्कलेरोफाइट्स	काष्ठीय झाड़ीदार पौधे

फल और उनके खाने योग्य भाग

फल	फल का प्रकार	खाने योग्य भाग
सेब	पोम	गूदेदार पुष्पासन
नाशपाती	पोम	गूदेदार पुष्पासन
आम	ड्रूप	मध्य फलभित्ति
बेर	ड्रूप	बाह्य एवं मध्य फलभित्ति
अमरूद	बेरी	फलभित्ति एवं बीजांडसन
अंगूर	बेरी	फलभित्ति एवं बीजांडसन
पपीता	बेरी	मध्य फलभित्ति
नारियल	ड्रूप	भ्रूणपोष
टमाटर	बेरी	फलभित्ति एवं बीजांडसन
केला	बेरी	मध्य एवं अंतःफलभित्ति
नींबू	हास्पिरिडियम	अंतःभित्ति से विकसित एक कोशिकीय रसीले रोम
अनार	ब्लौस्टा	रसीले बीजचोल
गेहूँ	कैरियोप्सिस	भ्रूणपोष एवं भ्रूण
काजू	नट	पुष्पवृन्त एवं बीजपत्र
लीची	नट	गूदेदार एरिल
चना	संपुटीफली	बीजपत्र एवं भ्रूण
इमली	लोमेन्टम	मध्य फलभित्ति
मूँगफली	लोमेन्टम	बीजपत्र एवं भ्रूण
शरीफा	बेरी	गूदेदार फलभित्ति का पुंज
शहतूत	सोरोसिस	रसीले परिदलपुंज
कटहल	सोरोसिस	सहपत्र, परिदल एवं बीज
अनन्नास	सोरोसिस	सहपत्र, परिदल एवं रेकिस व फलभित्ति

मानव शरीर के महत्वपूर्ण तथ्य

- मानव शरीर की सबसे बड़ी ग्रंथि–यकृत
- मानव शरीर की सबसे छोटी ग्रंथि–पिट्यूटरी ग्रंथि
- मानव शरीर की सबसे बड़ी अंतःस्रावी ग्रंथि–थॉयराइड ग्रंथि
- मानव शरीर की सबसे बड़ी हड्डी–फीमर
- मानव शरीर की सबसे छोटी हड्डी–स्टेप्स
- मानव शरीर की सबसे बड़ी पेशी–ग्लूटियस मैक्सिमस
- मानव शरीर की सबसे छोटी पेशी–स्टेपिडियस
- मानव शरीर का सबसे अधिक पुनरूद्भवन क्षमता वाला अंग–यकृत
- मानव शरीर की सबसे बड़ी कोशिका–न्यूरॉन
- मानव शरीर का सबसे बड़ा श्वेत रक्त कण–मोनोसाइट
- किरणों के प्रभाव से विटामिन डी में बदल जाता है–एर्गोस्टीरॉल
- मानव शरीर का तेल ग्रंथिविहीन अंग–ओठ (Lips)
- मानव शरीर में सर्वाधिक मात्रा में पाया जाने वाला तत्व–ऑक्सीजन
- मानव शरीर में सबसे कम मात्रा में पाया जाने वाला तत्व–मैंगनीज
- मानव शरीर में अस्थियों की कुल संख्या–206
- नवजात शिशुओं में अस्थियों की कुल संख्या–300 (लगभग)
- मानव मस्तिष्क का भार–1400 ग्राम
- मानव हृदय की रक्त पम्प करने की क्षमता–4.5 लीटर प्रति मिनट
- मानव शरीर का सामान्य रक्त-चाप–120/80 mm Hg
- मानव शरीर में लाल रक्त कणों की संख्या
  (पुरुष)–5-5.5 मिलियन/क्यूबिक mm
  (महिला)–4.5-5 मिलियन/क्यूबिक mm
- लाल रक्त कणों का जीवन काल–120 दिन
- श्वेत रक्त कणों का सामान्य काउन्ट–5000-1000/क्यूबिक mm
- श्वेत रक्त कणों का जीवन काल–2-5 दिन
- सर्वदाता रक्त समूह–'O' समूह
- सर्वग्राही रक्त समूह–'AB' समूह
- सामान्य शरीर तापक्रम–98.4°F
- केल्विन पैमाने पर मानव शरीर का तापक्रम–310°K
- सैल्सियस पैमाने पर मानव शरीर का तापक्रम–37°C (लगभग)
- मूत्र का pH मान–6.0
- रक्त का pH मान–7.4
- मानव की श्रव्यता सीमा–20Hz से 20000 Hz तक

जीव विज्ञान की प्रमुख शाखाएँ

- **एनाटोमी (Anatomy):** जीव विज्ञान की इस शाखा में शरीर की आंतरिक संरचना का अध्ययन किया जाता है।
- **एन्थ्रोपोलॉजी (Anthropology):** विज्ञान की इस शाखा में मानव के विकास, रीति-रिवाज, इतिहास, परम्पराओं से सम्बन्धित विषयों का अध्ययन किया जाता है।
- **कीमोथिरेपी (Chemotheraphy):** चिकित्सा विज्ञान की इस शाखा में रासायनिक यौगिकों से उपचार किया जाता है।
- **इकोलॉजी (Ecology):** यह विज्ञान वनस्पतियों तथा प्राणियों के पर्यावरण या प्रकृति से सम्बन्धों का अध्ययन करता है।
- **एन्टोमोलॉजी (Entomology):** जन्तु विज्ञान की इस शाखा में कीट-पतंगों का अध्ययन किया जाता है।
- **एपीडीमियोलॉजी (Epidemiology):** चिकित्सा विज्ञान की यह शाखा महामारी और उनके उपचार से सम्बन्धित है।
- **एक्स-बायोलॉजी (Ex-biology):** इस विज्ञान के द्वारा पृथ्वी को छोड़कर अन्य ग्रहों व उपग्रहों पर जीवन की संभावनाओं का अध्ययन किया जाता है।
- **जिरोन्टोलॉजी (Gerontology):** विज्ञान की इस शाखा में वृद्धावस्था से सम्बन्धित तथ्यों का अध्ययन किया जाता है।
- **हॉर्टीकल्चर (Horticulture):** फल-फूल व साग-सब्जी उगाने, बाग लगाने, पुष्प उत्पादन का अध्ययन इस विज्ञान के द्वारा किया जाता है।
- **हाइड्रोपैथी (Hydropathy):** इस विज्ञान में पानी द्वारा रोगों की चिकित्सा होती है।
- **होलोग्राफी (Holography):** यह लेसर पुंज की सहायता से त्रिविमीय चित्र बनाने की विधि है।
- **मीट्रियोलॉजी (Metreology):** मौसम की दशाओं में होने वाली क्रियाओं तथा परिवर्तनों का अध्ययन इस विज्ञान के द्वारा किया जाता है।
- **मॉर्फोलॉजी (Morphology):** विज्ञान की इस शाखा में पृथ्वी पर पाये जाने वाले प्राणियों तथा पौधों की संरचना, रूप एवं प्रकार आदि का अध्ययन किया जाता है।
- **न्यूरोलॉजी (Neurology):** मानव शरीर की नाड़ियों या तंत्रिकाओं का अध्ययन तथा उपचार इस विज्ञान के द्वारा किया जाता है।
- **ओडोन्टोग्राफी (Odontography):** दाँतों का अध्ययन करने वाली चिकित्सा विज्ञान की यह एक शाखा है।
- **ऑर्निथोलॉजी (Ornithology):** इस विज्ञान में पक्षियों से सम्बन्धित अध्ययन किया जाता है।
- **पोमोलॉजी (Pomology):** विज्ञान की इस शाखा में फलों का अध्ययन किया जाता है।
- **एग्रोस्टोलॉजी (Agrostology):** यह घासों से सम्बन्धित विज्ञान की एक शाखा है।
- **अर्बोरीकल्चर (Arbori Culture):** यह वृक्ष उत्पादन सम्बन्धी विज्ञान की एक शाखा है।
- **कॉन्कोलॉजी (Conchology):** विज्ञान की इस शाखा के अन्तर्गत मोलस्क विज्ञान का अध्ययन होता है।
- **इथोलॉजी (Ethology):** विज्ञान की इस शाखा के अन्तर्गत प्राणियों के आचार तथा व्यवहार का अध्ययन होता है।
- **हीलियोथिरेपी (Heliotherapy):** यह सूर्य के प्रभाव से चिकित्सा करने की प्रक्रिया है।
- **हाइड्रोस्टेटिक्स (Hydrostatics):** इस शाखा के अंतर्गत द्रवस्थैतिक का अध्ययन होता है।
- **फाइकोलॉजी (Phycology):** विज्ञान की इस शाखा के अंतर्गत शैवालों का अध्ययन होता है।
- **सेरीकल्चर (Sericulture):** विज्ञान की इस शाखा के अंतर्गत रेशम के कीड़ों के पालन का अध्ययन किया जाता है।
- **हिप्नोलॉजी (Hypnology):** विज्ञान की इस शाखा में नींद का अध्ययन किया जाता है।

●●●

6

कम्प्यूटर

- आज कम्प्यूटर का युग है। जीवन के प्रत्येक क्षेत्र में कम्प्यूटर का समावेश है। वृहत् पैमाने पर गणना करने वाले इलेक्ट्रॉनिक संयंत्र को संगणक अथवा कम्प्यूटर कहते हैं, अर्थात् कम्प्यूटर वह युक्ति है जिसके द्वारा स्वचालित रूप से विविध प्रकार के आंकड़ों को संसाधित एवं संचयित किया जाता है।
- **माइक्रो कम्प्यूटर :** ये वस्तुतः एक ही व्यक्ति द्वारा उपयोग में लाए जाने के कारण व्यक्तिगत कम्प्यूटर (PC) के नाम से जाने जाते हैं।

कम्प्यूटर के प्रकार

- **मिनी कम्प्यूटर :** आकार तथा कार्यक्षमता की दृष्टि से ये छोटे होते हैं तथा एक बड़ी मेज पर आ सकते हैं। इन पर एक साथ बीस-तीस टर्मिनल पर कार्य किया जाता है।
- **मेन फ्रेम कम्प्यूटर :** ये बड़े आकार के कम्प्यूटर होते हैं जिनका डिजाइन स्टील के फ्रेम में लगाकर किया जाता है। इसकी मेमोरी उपर्युक्त दोनों से अधिक होती है।
- **सुपर कम्प्यूटर :** ये कम्प्यूटर बहुत अधिक शक्तिशाली होते हैं तथा जटिल संक्रियाओं को भी बहुत शीघ्र गति से करते हैं। इसकी संग्रहण क्षमता भी अधिक होती है।
- **अंकीय कम्प्यूटर :** इस प्रकार के कम्प्यूटर सभी प्रकार की सूचनाओं को द्विआधारी पद्धति में बदलकर अपना कार्य करते हैं। ये सभी प्रकार की गणनाएं गिनकर या जोड़कर करते हैं।
- **प्रकाशीय कम्प्यूटर :** इस प्रकार के कम्प्यूटर में एक अवयव को दूसरे से जोड़ने का कार्य ऑप्टिकल फाइबर के तन्तु से किया जा रहा है एवं गणना अवयव प्रकाशीय पद्धति पर बनाए जा रहे हैं। ये पंचम पीढ़ी के कम्प्यूटर हैं।

हार्डवेयर और सॉफ्टवेयर

- सामान्यतया कम्प्यूटर सिस्टम के दो भाग होते हैं–**हार्डवेयर** और **सॉफ्टवेयर**। कम्प्यूटर के मशीनी पुर्जों को अर्थात् उसके भौतिक रूप को **हार्डवेयर** कहा जाता है। जो जानकारी (डाटा) और हिदायतें कम्प्यूटर में फीड की जाती हैं जिनके आधार पर और जिनके अनुरूप कम्प्यूटर क्रियाएँ करता है, उन्हें **सॉफ्टवेयर** कहा जाता है।
- जैसा कि पहले बताया गया है कि कम्प्यूटर की भाषा में जानकारी को **'डाटा'** और हिदायतों को **'प्रोग्राम'** कहा जाता है।
- सबसे शक्तिशाली कम्प्यूटर **'मेनफ्रेम'** नाम से जाने जाते हैं, जिनका प्रयोग बड़े-बड़े उद्योगों और सरकारी संगठनों में किया जाता है।
- **सबसे छोटे कम्प्यूटरों को 'मैक्रोकम्प्यूटर' कहा जाता है, जिनका प्रयोग घरों में किया जाता है और जिनमें केवल एक सिलिकन चिप होता है, जिसे मैक्रोप्रोसेसर कहते हैं।**

बाइनरी कोड

- डाटा और हिदायतों को कम्प्यूटर में फीड करने से पहले उन्हें संख्याओं (Numbers) अथवा अंकों (digits) में कोड करना जरूरी होता है, क्योंकि कम्प्यूटर संख्याओं और अंकों के रूप में मिलने वाली जानकारी को ही प्रोसेस करता है और इसीलिए इसे **डिजिटल कम्प्यूटर** कहा जाता है।
- डिजिटल कम्प्यूटर सामान्य अंकों अर्थात् 0 से 9 तक के अंकों का प्रयोग नहीं करता। इसमें केवल दो अंकों 0 और 1 का प्रयोग होता है। इन दोनों अंकों को–विद्युत प्रवाह को 1 के रूप में और विद्युत अप्रवाह को 0 के रूप में–कम्प्यूटर के इलेक्ट्रॉनिक सर्किट में व्यक्त किया जा सकता है।

- कम्प्यूटर की भाषा में 1 और 0 दोनों को **बिट** (या बाइनरी और डिजिट का संक्षिप्त रूप है) कहा जाता है। प्रत्येक संख्या, वर्ण (अक्षर) और प्रतीक को आठ बिटों के कोड में व्यक्त किया जाता है। आठ-बिटों की इकाई को **बाइट** कहा जाता है।

कम्प्यूटर की उच्च स्तरीय भाषाएँ

- इस प्रकार की भाषाओं के विकास का श्रेय IBM कंपनी को जाता है। फॉरट्रान (FORTRAN) नामक पहली उच्च स्तरीय भाषा का विकास इसी कंपनी के प्रयास से हुआ। इसके बाद सैकड़ों उच्चस्तरीय भाषाओं का विकास हुआ। कुछ प्रमुख उच्चस्तरीय भाषाएँ निम्नलिखित हैं–

    (*a*) **फॉरट्रान (FORTRAN) :** इस भाषा का विकास गणितीय सूत्रों को आसानी से और कम समय में हल करने के लिए किया गया था।

    (*b*) **बेसिक (BASIC) :** इस भाषा में प्रोग्राम में निहित आदेश के किसी निश्चित भाग को निष्पादित किया जा सकता है।

    (*c*) **कोबोल (COBOL) :** इस भाषा का विकास व्यावसायिक हितों के लिए किया गया। इस भाषा की संक्रिया के लिए लिखे गए वाक्यों के समूह को पैराग्राफ कहते हैं। सभी पैराग्राफ मिलकर एक सेक्शन बनाते हैं और सेक्शनों से मिलकर डिवीजन बनता है।

    (*d*) **प्रोलॉग (PROLOG) :** इस भाषा का विकास कृत्रिम बुद्धि के कार्यों के लिए किया गया है, जो तार्किक प्रोग्रामिंग में सक्षम है।

    (*e*) **अल्गोल (ALGOL) :** यह अंग्रेजी के अल्गोरिथमिक लैंग्वेज का संक्षिप्त रूप है। इसका निर्माण जटिल बीजगणितीय गणनाओं में प्रयोग हेतु बनाया गया था।

    (*f*) **कोमाल (COMAL) :** यह Common Algorithmic Language का संक्षिप्त रूप है। इस भाषा का प्रयोग माध्यमिक स्तर के छात्रों के लिए किया जाता है।

    (*g*) **फोर्थ (FORTH) :** इसका उपयोग कम्प्यूटर के सभी प्रकार के कार्यों में होता है। इन सभी उच्च स्तरीय भाषाओं में एक समानता है कि लगभग सभी में अंग्रेजी के वर्णों (A, B, C, D, ... आदि) एवं इण्डो-अरेबियन अंकों (0, 1, 2, 3, ...आदि) का प्रयोग किया जाता है।

महत्वपूर्ण तथ्य

- चार्ल्स बेबेज को कम्प्यूटर का पितामह या जनक कहा जाता है।
- आधुनिक कम्प्यूटर की खोज सबसे पहले वर्ष 1946 ई. में हुई।
- कम्प्यूटर साक्षरता दिवस 2 दिसम्बर को मनाया जाता है।
- भारत में निर्मित प्रथम कम्प्यूटर सिद्धार्थ है। इसका निर्माण इलेक्ट्रॉनिक कॉर्पोरेशन ऑफ इण्डिया ने किया था।
- भारत का प्रथम प्रदूषण रहित कम्प्यूटरीकृत पेट्रोल पम्प मुम्बई में है।
- भारत का प्रथम कम्प्यूटरीकृत डाकघर नई दिल्ली का है।
- इन्टीग्रेटेड सर्किट चिप का विकास जे.एस. किल्बी ने किया।
- चुम्बकीय डिस्क पर आयरन ऑक्साइड की परत होती है।
- टिम बर्नर्स ली www (world wide web) के आविष्कारक तथा प्रवर्तक हैं।
- विश्व का प्रथम सुपर कम्प्यूटर क्रे.के. 1-एस था, जो 1779 में बनकर तैयार हुआ था। इसे अमेरिका के क्रे रिसर्च कंपनी ने बनाया था।
- एनीयक विश्व का प्रथम डिजिटल कम्प्यूटर है।
- इंटरनेट पर उपलब्ध होनेवाली प्रथम भारतीय पत्रिका इण्डिया टुडे है।
- आधुनिक कम्प्यूटर में प्रायः सेमीकण्डक्टर मेमोरी (स्मरण शक्ति) का कार्य करती है।
- इन्टीग्रेटेड सर्किट चिप पर सिलिकॉन की परत होती है।
- कम्प्यूटर अशुद्धि को बग (Bug) कहा जाता है।
- कम्प्यूटर पर परमाणु परीक्षणों को सबक्रिटिकल परीक्षण कहा जाता है।

●●●

7

विविध

विश्व के प्रमुख देशों की राजधानी एवं मुद्रा

देश	राजधानी	मुद्रा
एशिया		
भारत	नई दिल्ली	रुपया
बांग्लादेश	ढाका	टका
भूटान	थिम्पू	न्गुलट्रम
नेपाल	काठमांडू	रुपया
म्यांमार	ने पी ता	क्यात
पाकिस्तान	इस्लामाबाद	रुपया
अफगानिस्तान	काबुल	अफगानी
चीन	बीजिंग	युआन
श्रीलंका	कोलम्बो	रुपया
ईरान	तेहरान	रियाल
इराक	बगदाद	दीनार
इंडोनेशिया	जकार्ता	रुपिया
बहरीन	मनामा	दीनार
मंगोलिया	उलानबटोर	तुगरिक
मलेशिया	क्वालालंपुर	रिंगिट
मालदीव	माले	रुफिया
लेबनान	बेरुत	पाउंड
लाओस	वियन्तियान	न्यूकिपलाओ
कुवैत	कुवैत सिटी	दीनार
वियतनाम	हनोई	डाग
थाईलैण्ड	बैंकाक	बहत
सं.अ. अमीरात	अबुधाबी	दिरहम
ताइवान	ताइपे	डॉलर
किर्गिस्तान	बिश्केक	सोम
तुर्किए	अंकारा	लीरा
इजरायल	जेरूसलम	न्यू शेकेल
जोर्डन	अम्मान	दीनार
कतर	दोहा	रियाल
कम्बोडिया	न्होमपेन्ह	रिएल
उत्तर कोरिया	प्योंगयांग	युआन
दक्षिण कोरिया	सिओल	वॉन
मकाऊ	मकाऊ	पटाका
जापान	टोक्यो	येन
ब्रूनेई	बंदरसेरी	डॉलर
साइप्रस	निकोसिया	पाउंड
हांगकांग	विक्टोरिया	डॉलर
गुआम	अगाना	डॉलर
ओमान	मस्कट	रियाल
फिलीपींस	मनीला	पीसो
सीरिया	दमिश्क	पाउंड
सऊदी अरब	रियाद	रियाल
सिंगापुर	सिंगापुर	डॉलर
उज्बेकिस्तान	ताशकंद	सुम
कजाकिस्तान	अस्टाना	टेनगे
यमन	साना	रियाल
ताजिकिस्तान	दुशानवे	सोमोनी
तुर्कमेनिस्तान	एश्गाबात	मनात

देश	राजधानी	मुद्रा
अफ्रीका		
अंगोला	लुआंडा	क्वांजा
अल्जीरिया	अल्जीयर्स	दीनार
मॉरीशस	पोर्ट लुईस	रुपया
मोरक्को	रबात	दिरहम
मोजाम्बिक	मपूतो	मेटीकल
नामीबिया	विंडहॉक	रैंड
नाइजर	नियामी	फ्रैंक
नाइजीरिया	लागोस	नैरा
रवांडा	किगाली	फ्रैंक
सेनेगल	डकार	फ्रैंक
सोमालिया	मोगाडिशू	शिलिंग
द. अफ्रीका	प्रिटोरिया	रैंड
सूडान	खारतूम	पाउंड
तंजानिया	डोडोमा	शिलिंग
सेशेल्स	विक्टोरिया	रुपया
ट्यूनीशिया	ट्यूनिश	दीनार
युगांडा	कंपाला	शिलिंग
जांबिया	लुसाका	क्वाचा
जिम्बाब्वे	हरारे	डॉलर
कांगो (लो.ग.)	किंशासा	फ्रैंक (CDF)
टोगो	लोमे	फ्रैंक
मिस्र	काहिरा	पाउंड
इथिओपिया	अदिस अबाबा	बिर्र
घाना	अक्रा	केडी
गिनी	कोनाक्रे	फ्रैंक
केन्या	नैरोबी	शिलिंग
लीबिया	हून (त्रिपोली)	दीनार
मालागासी	अन्ताननरीबो	फ्रैंक
मलावी	लिलाँगवे	क्वाचा
बोत्सवाना	गेबोरोन	पुला
बुरूंडी	बुजुमबुरा	फ्रैंक
कैमरून	याओंडे	फ्रैंक
कांगो (गणराज्य)	ब्राजाविले	फ्रैंक (CFA)
बेनिन	पोर्टो-नोवा	फ्रैंक
कैप वर्डे	प्रैओं	ऐस्कुडो
चाड	एन दजामेनां	फ्रैंक
माली	बमाको	फ्रैंक
मारीतानिया	नौकचोट्ट	ओगुवा

देश	राजधानी	मुद्रा
स्वाजीलैण्ड	म्बाबने	लिलान्गनी
सियेरा लिओन	फ्री टाउन	लियोन
इरीट्रिया	अस्मारा	बिर्र
लेसोथा	मसेरू	लोति
लाइबेरिया	मोनरोविया	फ्रैंक
गेबोन	लिब्रेविले	फ्रैंक (CFA)
गांबिया	बंजुल	दलासी
जिबूती	जिबूती	फ्रैंक
म.अ. गण.	बांगुई	फ्रैंक
कोमोरोस	मोरोनी	फ्रैंक
कोटे द आइबरी	यामोउस्क्रो	फ्रैंक
गुयाना	मालाबो	फ्रैंक
गिनी बिसाऊ	बिसाऊ	पीसो
साओटोम	साओटोम	डोब्रा
उत्तरी अमेरिका एवं कैरीबियन सागरीय देश		
कनाडा	ओटावा	डॉलर
क्यूबा	हवाना	पीसो
पनामा	पनामा सिटी	बाल बोआ
बरमूडा	हेमिल्टन	डॉलर
बहामाज	नसाऊ	डॉलर
कोस्टारिका	सान जोस	कोलन
ग्वाटेमाला	ग्वाटेमाला सिटी	क्वाट्जाल
निकारागुआ	मनागुआ	न्यू कोरडोवा
जमैका	किंगस्टन	डॉलर
ग्रेनाडा	सेंट जॉर्ज	डॉलर
ग्वाडेलोप	बस्से तेरे	फ्रैंक
अल-सल्वाडोर	सान सल्वाडोर	कोलन
ग्रीनलैण्ड	नूक	क्रोन
बेलीज	बेलमोपान	डॉलर
मैक्सिको	मैक्सिको सिटी	पीसो
सं.रा. अमेरिका	वाशिंगटन (डी.सी.)	डॉलर
डोमीनिक	रोसेऊ	डॉलर
डोमीनियन गणतंत्र	सैंटो डोमिंगो	पीसो
होंडुरस	तेगुसिगल्पा	लेम्पीरा
नीदरलैण्ड	ब्लेम्स्टड	गिल्डर
एंटिल्स वर्जिन द्वीपसमूह	चारलोटे अमाली	डॉलर
हैती	पोर्ट-ओ-प्रिंस	गोर्डे
मार्टिनीक	फोर्ट-डे-फ्रांस	फ्रैंक
एंटीगुआ व बरबुडा	सेंट जॉन्स	कोलन

देश	राजधानी	मुद्रा
सेंट ल्यूसिया	कैस्टिज	डॉलर
सेंट किट्स व नेविस	बेस्सेतेरे	डॉलर
सेंट विंसेंट व ग्रेनेडाइंस	किंग्सटाउन	डॉलर
दक्षिणी अमेरिका		
ब्राजील	साओ पाउलो	रिएल
चिली	सांतियागो	पीसो
इक्वाडोर	क्वेटो	सुक्रे
सूरीनाम	परामारिबो	गिल्डर
वेनेजुएला	काराकस	बोलिवर
अर्जेंटीना	ब्यूनस आयर्स	अर्जेण्टीनो
त्रिनिदाद व टोबैगो	पोर्ट ऑफ स्पेन	डॉलर
पेरू	लीमा	न्यू सोल
कोलम्बिया	बोगोटा	पीसो
गुयाना	जॉर्ज टाउन	डॉलर
पराग्वे	असनश्यान	गुआरानी
उरुग्वे	मोंटेवीडिओ	पीसो
अरुबा	ओरंजेस्टेड	गिल्डर
बोलीविया	लापाज	बोलिवियानों
फ्रेंच गुयाना	कोयेन्ने	फ्रैंक
यूरोप		
रूस	मास्को	रूबल
स्पेन*	मैड्रिड	पेसेटा
पोलैण्ड	वारसा	ज्लोती
नार्वे	ओस्लो	क्रोन
पुर्तगाल*	लिस्बन	एस्कुडो
फ्रांस*	पेरिस	फ्रैंक
जर्मनी*	बर्लिन	ड्यूश मार्क
यूनान*	एथेंस	ड्राचमा
हंगरी	बुडापेस्ट	फ्रोरिंट
डेनमार्क	कोपेनहेगन	क्रोन
लिथुआनिया	विल्नियस	लितास
एस्तोनिया*	ताल्लिन	क्रून
स्वीडन	स्टॉकहोम	क्रोना
स्विट्जरलैण्ड	बर्न	फ्रैंक
ग्रेट-ब्रिटेन	लंदन	पाउंड
आस्ट्रिया*	वियाना	शिलिंग
आर्मेनिया	येरेवान	रूबल
चेक गणराज्य	प्राग	कोरूना
रोमानिया	बुखारेस्ट	ल्यू

देश	राजधानी	मुद्रा
माल्टा*	वालेटा	पाउंड
सान मारिनो*	सान मारिनो	लीरा
बोस्निया-हर्जेगोविना	सरायेवो	दीनार
अंडोरा*	अंडोरा ला विले	फ्रैंक, पेसेटा
अजरबैजान	बाकू	मनात
जॉर्जिया	तिब्लिसी	लारी
आयरलैण्ड*	डबलिन	पाउंड
लक्समबर्ग*	लक्समबर्ग	फ्रैंक
बेल्जियम*	ब्रूसेल्स	फ्रैंक
बुल्गारिया*	सोफिया	लेवा
मेसीडोनिया	स्कोपजे	दिनार
स्लोवेनिया*	ल्यूकिल्यान	दिनार
सर्बिया	बेलग्रेड	दिनार
यूक्रेन	कीव	हिरविनिया
फिनलैण्ड*	हेलसिंकी	मारक्का
नीदरलैण्ड्स*	एमस्टरर्डम	गिल्डर
आइसलैण्ड	रिक्याविक	क्रोना
अल्बानिया	तिराना	लेक
लातविया*	रीगा	रूबल
बेलारूस	मिन्स्क	रूबल
क्रोशिया	जागरेव	दीनार
इटली	रोम	लीरा
स्लोवाक गणराज्य	ब्रातिस्लावा	क्राउन
ओसनियाई देश		
ऑस्ट्रेलिया	केनबरा	डॉलर
न्यूजीलैण्ड	वेलिंग्टन	डॉलर
माइक्रोनेशिया	पीलीकीर	डॉलर
टोंगा	नुकोअलाफा	पांग
वानाआतू	पोर्ट विला	वातू
किरिबाती	बैरिकी	डॉलर
पापुआ न्यू गिनी	पोर्ट मोरेस्वी	किना
फिजी	सुवा	डॉलर
मार्शल द्वीप	मजुरो	डॉलर
प. सामोआ	एपिआ	ताला
न्यू कैलीडोनिया	नौमिया	फ्रैंक
पलाऊ (बेलाऊ)	कोडोर	USA डॉलर
सोलोमन द्वीपसमूह	होनियारा	डॉलर

***नोट :** * वर्तमान में इन देशों ने 'यूरो' को मुद्रा के रूप में अपनाया है।*

देश और उनकी संसद

देश	संसद
अफगानिस्तान	शोरा
अर्जेंटीना	नेशनल कांग्रेस
ऑस्ट्रेलिया	पार्लियामेंट (प्रतिनिधि सभा और सीनेट)
ऑस्ट्रिया	राष्ट्रीय एसेम्बली
बहामा	जनरल एसेम्बली (हाउस ऑफ एसेम्बली और सीनेट)
बेलिज	राष्ट्रीय एसेम्बली
भूटान	त्सोंगडू
बोलिविया	राष्ट्रीय कांग्रेस
ब्रिटेन	पार्लियामेन्ट (हाउस ऑफ कामन्स और हाउस ऑफ लॉर्ड्स)
बुल्गारिया	नारोदनो सबरेनि
केपवर्डे	पीपुल्स नेशनल एसेम्बली
चीन	नेशनल पीपुल्स कांग्रेस
कोलम्बिया	कांग्रेस
क्यूबा	नेशनल एसेम्बली ऑफ पीपुल्स पावर
डेनमार्क	फोल्केटिंग
इजिप्ट	पीपुल्स एसेम्बली
फ्रांस	नेशनल एसेम्बली
जर्मनी	बुण्डसटेग
आइसलैंड	अलथिंग
भारत	संसद (लोक सभा और राज्य सभा)
पाकिस्तान	नेशनल एसेम्बली
बांग्लादेश	जातीय संसद
ताइवान	यूआन
इंडोनेशिया	पीपुल्स कंसल्टेटिव एसेम्बली
ईरान	मजलिस
इराक	राष्ट्रीय एसेम्बली
आयरलैंड	डेल आयरन
इजरायल	नेसेट
जापान	डायट
कोरिया (उत्तर)	सुप्रीम पीपुल्स एसेम्बली
कोरिया (दक्षिण)	राष्ट्रीय एसेम्बली
कुवैत	राष्ट्रीय एसेम्बली
लाओस	पीपुल्स सुप्रीम एसेम्बली
लीबिया	जनरल पीपुल्स कांग्रेस
मेडागास्कर	नेशनल पीपुल्स एसेम्बली
मलेशिया	दीवान निगारा
मालदीव	मजलिस
मंगोलिया	खुरल
मोजाम्बिक	पीपुल्स एसेम्बली
म्यांमार (बर्मा)	पियूथी हट्टाव (पीपुल्स एसेम्बली)
नेपाल	राष्ट्रीय पंचायत
नार्वे	स्टोर्टिंग
पापुआ न्यू गुयाना	राष्ट्रीय संसद
पौलैंड	सोजिम
दक्षिण अफ्रीका	हाउस ऑफ एसेम्बली
स्पेन	कोर्टेस
स्वीडन	रिक्सडाग
स्विट्जरलैंड	फेडरल एसेम्बली
सीरिया	पीपुल्स काउंसिल
तुर्किए	ग्रैंड नेशनल एसेम्बली
यू.एस.ए.	कांग्रेस (प्रतिनिधि सभा और सीनेट)
रूस	ड्यूमा

विश्व की प्रमुख गुप्तचर संस्थाएँ

गुप्तचर संस्था	देश
मोसाद	इजराइल
मुखबरात	मिस्र
नाइचो	जापान
अल मुखबरात	इराक
सावाक	ईरान
फेडरल ब्यूरो ऑफ इनवेस्टीगेशन (FBI), सेन्ट्रल इंटेलीजेन्स एजेन्सी (CIA)	यू.एस.ए.
सेन्ट्रल एक्सटर्नल लेंजा डिपार्टमेन्ट	चीन
के.जी.बी./जी.आर.यू.	रूस
एम.आई. (मिलिट्री इंटेलीजेंस)-5 एवं 6, स्पेशल ब्रांच, ज्वाइंट इंटेलीजेंस ऑर्गेनाइजेशन	यूनाइटेड किंगडम
ब्यूरो ऑफ स्टेट सिक्यूरिटी	दक्षिण अफ्रीका
इंटर सर्विसेज इंटेलीजेंस (ISI)	पाकिस्तान
रिसर्च एंड एनालिसिस विंग (RAW), इंटेलीजेंस ब्यूरो (IB), सेन्ट्रल ब्यूरो ऑफ इनवेस्टिगेशन (CBI)	भारत
ऑस्ट्रेलियन सिक्यूरिटी एंड इंटेलीजेंस ऑर्गेनाइजेशन	ऑस्ट्रेलिया

प्रमुख देशों के राष्ट्रीय चिह्न

देश	चिह्न	देश	चिह्न
रूस	डबल हेडेड ईगल	तुर्की	चाँद-तारा
फ्रांस	लिली	नॉर्वे	शेर
स्पेन	ईगल	ईरान	गुलाब का फूल
जापान	गुलदाऊदी	कनाडा	मैपल लीफ
ऑस्ट्रेलिया	वैटल	भारत	अशोक स्तम्भ (शीर्ष भाग)
बांग्लादेश	वाटर लिली	यू.के.	गुलाब का फूल
इटली	सफेद लिली	न्यूजीलैंड	किवी, सदर्न, क्रॉस, फर्न
सं.रा. अमेरिका	गोल्डेन रॉड	नीदरलैंड्स	शेर
डेनमार्क	समुद्री तट		

विश्व के प्रमुख समाचार एजेंसी

अभिकरण (एजेंसी)	देश
राइटर्स (REUTERS)	ब्रिटेन
बरनामा (BERNAMA)	मलेशिया
इतीम (ITIM)	इजरायल
शिन्हुआ (XINHUA)	चीन
अंतारा (ANTARA)	इंडोनेशिया
तास (TASS)	रूस
अंसा (ANSA)	इटली
ए.एफ.पी. (A.F.P.)	फ्रांस
क्योडो (KYODO)	जापान
इरना (IRNA)	ईरान
मेना (MENA)	मिस्र
नोवोस्ती (NOVOSTI)	रूस
वाफा (WAFA)	फिलीस्तीन
यूनाइटेड प्रेस इंटरनेशनल (UP)	यू.एस.ए.
एसोसिएटेड प्रेस (AP)	यू.एस.ए.
यू.पी.पी. (UPP)	पाकिस्तान
ए.ए.पी. (AAP)	ऑस्ट्रेलिया
डी.पी.ए. (DPA)	जर्मनी
समाचार भारती	भारत
यूनाइटेड न्यूज ऑफ इंडिया (UNI)	भारत
प्रेस ट्रस्ट ऑफ इंडिया (PTI)	भारत
यूनीवार्ता (UNIVARTA)	भारत

महान कृत्य एवं संबंधित व्यक्ति

कृत्य	व्यक्ति
अमेरिका में दास प्रथा का उन्मूलन	अब्राहम लिंकन
ओरेविले आश्रम की स्थापना	अरविन्द घोष
आनंद वन की स्थापना	बाबा आम्टे
ओलम्पिक खेलों का पुनर्जन्म	पियरे डी कुबर्तिन
आनंद दुग्ध सहकारिता की स्थापना	वी.जे. कुरियन
भूदान आंदोलन के सूत्रधार	आचार्य विनोबा भावे
शान्ति निकेतन की स्थापना	रवीन्द्रनाथ टैगोर
रामकृष्ण मिशन की स्थापना	स्वामी विवेकानन्द
शक सम्वत् की शुरूआत	कनिष्क
विक्रम सम्वत् की शुरूआत	चन्द्रगुप्त विक्रमादित्य
सांख्य दर्शन के प्रणेता	महर्षि कपिल
रेडक्रॉस की स्थापना	हेनरी ड्यूनेन्ट
स्काउटिंग की स्थापना	बेडन पावेल
रूसी क्रांति के जनक	निकोलाई लेनिन
फासिस्ट पार्टी के संस्थापक	बेनिटो मुसोलिनी
रेड गार्ड्स की स्थापना	गैरीबाल्डी

विश्व के प्रमुख समाचार-पत्र एवं प्रकाशन-स्थल

समाचार-पत्र	प्रकाशन-स्थल
द टाइम्स	लंदन
डेली मिरर	लंदन
ली फिगारो	पेरिस
डान	कराची
द आइलैंड	कोलम्बो
अल अहरम	काहिरा
मर्डेका	जकार्ता
स्टार	जोहांसबबर्ग
द टाइम्स ऑफ इंडिया	भारत
गार्डियन	लंदन
ला मांद	पेरिस
प्रावदा	मास्को
खलीज टाइम्स	दुबई
मैनेची सिम्बुन	टोकियो
पीपुल्स डेली	बीजिंग
ला रिपब्लिका	रोम
डेली न्यूज	न्यूयार्क
दि हिन्दू	चेन्नई

अन्तर्राष्ट्रीय संगठनों से सम्बन्धित महत्वपूर्ण तथ्य

अंतर्राष्ट्रीय संगठन	मुख्यालय	स्थापना वर्ष
संयुक्त राष्ट्र संघ (UNO)	न्यूयार्क	1945
अंतर्राष्ट्रीय मुद्रा कोष (IMF)	वाशिंगटन डी.सी.	1945
विश्व स्वास्थ्य संगठन (WHO)	जेनेवा	1948
यूनेस्को (UNESCO)	पेरिस	1946
अंतर्राष्ट्रीय न्यायालय	हेग	1945
विश्व डाक संघ (UPU)	बर्न	1874
अंतर्राष्ट्रीय नागरिक उड्डयन संगठन (ICAO)	मांट्रियल	1947
सं॰ रा॰ औद्यो॰ विकास संगठन (UNIDO)	वियना	1966
अंतर्राष्ट्रीय परमाणु ऊर्जा अभिकरण (IAEA)	वियना	1957
अंतर्राष्ट्रीय वित्त निगम (IFC)	वाशिंगटन डी.सी.	1956
सं॰ रा॰ विकास कार्यक्रम (UNDP)	न्यूयॉर्क	1965
यूनिसेफ (UNICEF)	न्यूयॉर्क	1946
अंतर्राष्ट्रीय समुद्री संगठन (IMO)	लंदन	1948
विश्व मौसम विज्ञान संगठन (WMO)	जेनेवा	1950
अंतर्राष्ट्रीय दूर संचार संघ (ITU)	जेनेवा	1865
अरब लीग	काहिरा	1945
राष्ट्रमंडल (Commonwealth)	लंदन	1949
विश्व व्यापार संगठन (WTO)	जेनेवा	1995
अंतर्राष्ट्रीय विकास संघ (IDA)	वाशिंगटन डी.सी.	1960
अंतर्राष्ट्रीय पुनर्निर्माण एवं विकास बैंक (विश्व बैंक) (IBRD)	वाशिंगटन डी.सी.	1944
विश्व बौद्धिक संपदा संगठन (WIPO)	जेनेवा	1967
मुस्लिम राष्ट्रों का संघ (OIC)	जेद्दा	1969
यूरोपियन संघ	ब्रुसेल्स	(1958 में स्थापित EEC का परिवर्तित रूप)
रेडक्रास	जेनेवा	1863
इंटरपोल (INTERPOL)	लियोन	1923
एशियाई विकास बैंक (ADB)	मनीला	1966
उत्तरी अटलांटिक संधि संगठन (NATO)	ब्रुसेल्स	1949
आसियान (ASEAN)	जकार्ता	1967
BRICS बैंक	शंघाई	2014
संयुक्त राष्ट्र व्यापार एवं विकास सम्मेलन (UNCTAD)	जेनेवा	1964
जी-15	जेनेवा	1989
दक्षेस (SAARC)	काठमांडू	1985

विश्व में सर्वाधिक ऊँचा, बड़ा, भारी और लम्बा आदि

- **वायु डाक सेवा, प्रथम :** प्रयागराज (इलाहाबाद) में (फरवरी 1911)
- **हवाई अड्डा, सबसे बड़ाः** किंग फहद अन्तर्राष्ट्रीय हवाई अड्डा (दम्मन, सउदी अरब)
- **इमारत, सबसे ऊंची :** बुर्ज खलीफा (दुबई)
- **नगर, सर्वाधिक जनसंख्या :** टोक्यो (जापान)
- **नगर, सर्वाधिक क्षेत्रफल :** जिआन गान्सू (Jiuquan Gansu), चीन (1,67,996 वर्ग किमी.)
- **नगर सर्वाधिक ऊंचाई पर :** वेनचुआन (चीन : समुद्र सतह से 5100 मी. ऊपर)
- **महाद्वीप, सबसे बड़ा :** एशिया
- **महाद्वीप, सबसे छोटा :** ऑस्ट्रेलिया (मुख्य भूमि)
- **देश, सबसे बड़ा :** रूस (क्षेत्रफल 17,075,200 वर्ग किमी.)
- **डेल्टा, सबसे बड़ा :** गंगा और ब्रह्मपुत्र नदी का सुन्दरवन डेल्टा (भारत : 75000 वर्ग किमी.)
- **रेगिस्तान, सबसे बड़ा :** सहारा (अफ्रीका : 84 लाख वर्ग किमी.)
- **मतदाता, सर्वाधिक :** भारत (90 करोड़ से अधिक)
- **द्वीप, सबसे बड़ा :** ग्रीनलैंड* (2175000 वर्ग किमी.)
- **झील, सबसे बड़ी :** कासपिस कोये मोर (कैस्पियन सागर : दक्षिणी रूस और ईरान में)
- **पर्वत, सबसे ऊंचा :** माउंट एवरेस्ट (नेपाल : 8848 मी.)
- **अजायबघर, सबसे बड़ा :** अमेरिकन म्यूजियम ऑफ नेचुरल हिस्ट्री (न्यूयार्क)
- **महासागर, सबसे बड़ा और गहरा :** प्रशांत महासागर (16 करोड़ 77 लाख वर्ग किमी. क्षेत्रफल)
- **प्रायद्वीप, सबसे बड़ा :** अरब प्रायद्वीप (32.5 लाख वर्ग किमी.)
- **जनसंख्या, सर्वाधिक :** चीन (इस समय 140 करोड़ से अधिक)
- **रेलवे प्लेटफार्म, सबसे लम्बा :** हुब्बल्लि (हुबली) (भारत : 1507 मी.)
- **रेलवे स्टेशन, सबसे बड़ा :** ग्रांड सैंट्रल टर्मिनल (न्यूयार्क : 19 हेक्टेयर)
- **वर्षा, सर्वाधिक :** चेरापूंजी के निकट मॉसिनराम (मेघालय, भारत) (लगभग 12,000 मि.मी.)
- **नदी, सबसे लम्बी :** नील (6690 किमी.)
- **सड़क, सबसे ऊंची :** तिब्बत में (6080 मीटर ऊंची)
- **समुद्र, सबसे बड़ा :** दक्षिण चीन सागर (2974600 वर्ग किमी.)
- **टिकट, विश्व का पहला :** पेनीब्लैक (ब्रिटेन : 1840)
- **बुत, सबसे बड़ा :** 'मदरलैंड' (वोल्गाग्राद : रूस)
- **आम रास्ता, सबसे बड़ा :** ब्राडवे (न्यूयार्क)
- **दीवार, सबसे बड़ी :** चीन की बड़ी दीवार
- **झरना, सबसे ऊंचा :** साल्टो एंजेल (वेनेजुएला : 1000 मी.)
- **सबसे बड़ी सुरंग (रेलवे) :** गोटहार्ड रेल सुरंग, स्विट्जरलैंड (57.1 किमी.)
- **सबसे बड़ी सुरंग (सड़क) :** लार्डेल सुरंग, नार्वे (24.51 किमी.)

* 1 मई, 1919 को इस द्वीप का नया नाम कालाअलितनुतात रखा गया।

विश्व के महत्त्वपूर्ण नगर, स्थान एवं इमारतें आदि

- **अबू सिम्बलः** मिस्र में है; ठोस पत्थरों को काट कर बनाए गए प्राचीन मन्दिरों के लिए विख्यात।
- **रामसेतु (आदम का पुल):** रेतीले पुश्तों की 50 किमी लम्बी शृखला, जो श्रीलंका और भारत के मध्य पाक जलडमरूमध्य में स्थित है।
- **अलेक्ज़ेन्ड्रिया (सिकन्दरिया):** मिस्र का सुप्रसिद्ध बन्दरगाह तथा महत्त्वपूर्ण नगर है। इसे सिकन्दर ने बसाया था। विदेशी व्यापार का प्रमुख केन्द्र।
- **अम्स्टर्डमः** नीदरलैण्ड्स की राजधानी और हीरा-तराशी उद्योग के लिए प्रसिद्ध।
- **अंग्कोरवाटः** कम्बोडिया में 12वीं शताब्दी में निर्मित प्राचीन हिन्दू (विष्णु) मन्दिरों और खमेर सभ्यता के अवशेषों के लिए विख्यात।
- **बेबीलोन के झूलते बागः** ये बाग वर्तमान बगदाद से लगभग 100 कि॰ मी॰ दक्षिण में हैं। ये बाग बेबीलोन के सम्राट नेबुचादनेजर के महल में थे।

- **बाकूः** कैस्पियन सागर के तट पर स्थित; अजरबाइजान गणराज्य (भूतपूर्व सोवियत संघ) का एक तेल क्षेत्र।
- **बैंकाकः** थाईलैंड की राजधानी; 1966, 1970, 1978 और 1998 में एशियाई खेलों का आयोजन स्थल। इसे 'पूर्व का वेनिस' कहा जाता है।
- **बिगबेनः** लंदन में ब्रिटिश संसद भवन की मीनार पर लगी घड़ी (1856)। अब इसका नाम बदलकर एलिजाबेथ टावर कर दिया गया है।
- **बेथलेहेमः** इजराइल में स्थित; ईसा मसीह का जन्म-स्थान।
- **बकिंघम पैलेसः** लन्दन में ब्रिटेन के शाही परिवार का निवास-स्थान (राज प्रासाद)।
- **केप केनावराल/केप कैनेडीः** अमेरिका में फ्लोरिडा में स्थित, अमेरिका का अन्तरिक्ष यान छोड़ने का अड्डा। पहले इसका नाम केप कैनेडी था।
- **केटाकाम्ब ऑफ रोम (रोम में कब्रों का तहखाना)ः** ये प्राचीन कब्रों के तहखाने हैं; ये कब्रें 40 से अधिक समूहों में बंटी हुई हैं और कुछ तहखाने तो पांच मंजिले तक हैं।
- **सेनाटाफः** लन्दन में स्थित ह्वाइट हॉल में एक स्मारक, जो प्रथम विश्वयुद्ध में शहीद हुए वीरों की यादगार में बनवाया गया था।
- **शिकागोः** सं.रा. अमेरिका में स्थित; दुनिया का सबसे बड़ा गल्ले व मांस का बाजार। इसे तूफानी शहर भी कहा जाता है।
- **कोर्सिकाः** भूमध्य सागर में स्थित एक द्वीप; नेपोलियन का जन्म-स्थान।
- **डिस्नेलैंडः** कैलीफोर्निया में अनाहीम नामक स्थान पर एक मनोरंजन पार्क, जिसे 1955 में वाल्टर इलियास डिस्ने ने 170 एकड़ भूमि पर बनवाया था। इस पार्क के अनेक खण्ड हैं और उनके अपने नाम हैं, जैसे स्वप्न देश (फैन्टसीलैंड) और जीवट देश (एडवैंचर लैंड) आदि। पार्क के भीतर अपनी रेल, पनडुब्बियां और नौकाएं आदि हैं।
- **10-डाउनिंग स्ट्रीटः** लंदन में ब्रिटेन के प्रधानमंत्री का सरकारी निवास-स्थान है।
- **एफिल टावरः** पेरिस (फ्रांस) में एलेक्जेण्डर गस्टेव एफिल द्वारा तैयार की गई 985 फीट ऊंची मीनार जो 1889 में बनी थी। आजकल इसका उपयोग मौसम विज्ञान बेतार केन्द्र के रूप में कर रहा है।
- **एल्बा, सेंटः** भूमध्य सागर में निर्जन द्वीप, जहां सन् 1815 में नेपोलियन को देश-निष्कासन के दौरान रखा गया था।
- **एलीसी पैलेसः** फ्रांस के राष्ट्रपति के सरकारी आवास का नाम।
- **एम्पायर स्टेट बिल्डिंगः** अमेरिका के न्यूयार्क शहर में संसार की सर्वाधिक ऊंची इमारतों में से एक है। इस इमारत की ऊंचाई 1250 फीट है और इसमें 102 मंजिलें हैं। यह इमारत 1 मई, 1931 को बनकर तैयार हुई थी।
- **फ्यूजी यामाः** यह जापान में टोकियो के समीप एक शान्त ज्वालामुखी है; यह तीर्थ स्थान भी है तथा जापान का सबसे ऊंचा पर्वत शिखर भी है।
- **ग्रीनविचः** लन्दन के समीप टेम्स नदी पर स्थित अपनी ज्योतिर्विज्ञान वेधशाला के लिए प्रसिद्ध है। इसे शून्य देशान्तर मानकर यहीं से पूर्वी और पश्चिमी गोलार्द्ध में रेखाशों की गणना की जाती है।
- **ग्रेट वाल ऑफ चाइना (चीन की महान दीवार)ः** चीन में मंगोलियन पठार के दक्षिणी सिरे पर उत्तरी चीन में आक्रमणकारी मंगोलों से रक्षा के लिए बनाई गई 1500 मील लम्बी, 15 से 50 फुट ऊंची और 15 से 25 फुट चौड़ी दीवार है। इसका निर्माण ईसा पूर्व तीसरी शताब्दी में हुआ था।
- **हिरोशिमाः** जापान का प्रगतिशील शहर जिस पर अगस्त 1945 में पहला एटम बम गिराया गया था और यह शहर पूरी तरह तहस-नहस हो गया था। 1994 में एशियाई खेल यहीं हुए थे।
- **हालीवुडः** सं. रा. अमेरिका के कैलीफोर्निया में स्थित विश्व का सबसे बड़ा फिल्म उद्योग केन्द्र।
- **हेगिया सोफियाः** यह सेंट सोफिया का चर्च है जिसे रोमन सम्राट जस्टीनियन (531-538 ई.) ने कुस्तुनतुनिया में बनवाया था।
- **इण्डिया आफिस लाइब्रेरीः** लंदन में विशाल संग्रहालय। इसमें प्राचीन भारतीय वस्तुएं सुरक्षित रखी गई हैं। इसमें संस्कृत, उर्दू, फारसी और अरबी की लगभग 3 लाख पुस्तकें और बहुत-सी दुर्लभ पाण्डुलिपियां और पत्र आदि हैं।
- **जेनेवाः** स्विट्जरलैण्ड में स्थित है। कई अंतर्राष्ट्रीय सभाएं इसी नगर में होती हैं। यहां पर अन्तर्राष्ट्रीय श्रम संगठन, विश्व व्यापार संगठन तथा रेड क्रॉस सोसाइटी का मुख्यालय है।
- **जेरुशलमः** इजराइल की राजधानी और यहूदी, ईसाई और मुसलमान तीनों धर्मों का पवित्र स्थान है।
- **जोर्डेल बैंक वेधशालाः** इंग्लैण्ड में मैनचेस्टर के निकट है। यहां विश्वप्रसिद्ध रेडियो सूक्ष्मदर्शी दूरबीन लगाई गई है। इस वेधशाला ने अन्तर्राष्ट्रीय अन्तरिक्ष अनुसंधान की दिशा में महत्त्वपूर्ण भूमिका निभाई है।
- **विम्बलडनः** लंदन का एक उपनगर, जहां पर टेनिस का सुप्रसिद्ध मैदान है। यहां पर अन्तर्राष्ट्रीय टेनिस प्रतियोगिताएं (मैच) होती हैं।

प्रमुख पुरस्कार एवं सम्मान

अंतर्राष्ट्रीय पुरस्कार

पुरस्कार/सम्मान	पुरस्कार प्रदान करने वाला	विशेषता
• बुकर पुरस्कार (1996)	बुकर मैंकोनल कम्पनी एवं पब्लिशर्स एसोसिएशन (ब्रिटेन)	अंग्रेजी में दुनियाभर के लेखकों के सर्वश्रेष्ठ कथा साहित्य पर
• कॉमनवेल्थ राइटर्स पुरस्कार (1987)	कॉमनवेल्थ फाउंडेशन	एशिया एवं यूरोप के कॉमनवेल्थ देशों के लेखकों की सर्वश्रेष्ठ रचना पर
• नोबेल पुरस्कार (1901)	नोबेल फाउंडेशन, स्वीडन	शान्ति, साहित्य, अर्थशास्त्र, चिकित्सा व शरीर विज्ञान, भौतिक विज्ञान एवं रसायन के क्षेत्र में विशिष्ट उपलब्धि हेतु
• मैग्सेसे पुरस्कार (1957)	रेमन मैग्सेसे फाउण्डेशन (फिलीपींस)	एशिया के नोबेल पुरस्कार के रूप में प्रसिद्ध; जनसेवा, सरकारी सेवा, पत्रकारिता एवं रचनात्मक कार्य, जनसंचार, सामुदायिक नेतृत्व एवं अंतर्राष्ट्रीय सद्भाव हेतु
• राइट लिवलीहुड पुरस्कार (1980)	राइट लिवलीहुड सोसायटी (लंदन)	वैकल्पिक नोबेल पुरस्कार के रूप में प्रसिद्ध; पर्यावरण एवं सामाजिक न्याय के क्षेत्र में सराहनीय योगदान के लिए
• जवाहरलाल नेहरू अन्तर्राष्ट्रीय सद्भावना पुरस्कार (1965)	भारतीय सांस्कृतिक सम्बन्ध परिषद	अन्तर्राष्ट्रीय सद्भावना एवं मैत्री-वृद्धि के लिए किए गए विशिष्ट योगदान हेतु
• इंदिरा गाँधी अन्तर्राष्ट्रीय शांति, निरस्त्रीकरण एवं विकास पुरस्कार (1986)	इंदिरा गाँधी स्मारक निधि	अन्तर्राष्ट्रीय शांति, निरस्त्रीकरण एवं विकास के क्षेत्र में उल्लेखनीय योगदान हेतु
• इंदिरा गाँधी अंतर्राष्ट्रीय न्याय एवं सद्भाव पुरस्कार (1993)	इंडियन कौंसिल ऑफ वर्ल्ड अफेयर्स	न्याय एवं अंतर्राष्ट्रीय सद्भाव के लिए विशिष्ट योगदान हेतु
• यूनेस्को शान्ति पुरस्कार (1989)	यूनेस्को (UNESCO)	लिटिल नोबेल पुरस्कार के रूप में प्रसिद्ध, अन्तर्राष्ट्रीय शान्ति की दिशा में विशिष्ट प्रयास हेतु
• कलिंग पुरस्कार (1952)	यूनेस्को के तत्वावधान में कलिंग फाउंडेशन	विज्ञान को लोकप्रिय बनाने के लिए योगदान हेतु
• गोल्डमैन पर्यावरण पुरस्कार (1989)	गोल्डमैन फाउंडेशन	पर्यावरण संरक्षण में उल्लेखनीय योगदान हेतु
• ग्लोबल 500 पुरस्कार	संयुक्त राष्ट्र पर्यावरण कार्यक्रम द्वारा	पर्यावरण की रक्षा एवं सुधार के क्षेत्र में विलक्षण योगदान हेतु
• ग्रैमी पुरस्कार	नेशनल अकादमी फॉर रिकॉर्डिंग आर्ट्स एंड साइंसेज	पाश्चात्य संगीत की विभिन्न विधाओं में विशिष्ट योगदान हेतु
• पुलित्जर पुरस्कार (1917)	पुलित्जर पुरस्कार बोर्ड, कोलम्बिया विश्वविद्यालय, सं.रा. अमेरिका	पत्रकारिता, साहित्य एवं संगीत की विभिन्न विधाओं में अमेरिकियों द्वारा विशिष्ट योगदान हेतु
• मिस वर्ल्ड (1951)	मिस वर्ल्ड इनकॉर्पोरेशन, लंदन	विश्व के विभिन्न देशों को सुन्दरियों में सर्वश्रेष्ठ बहुमुखी सौंदर्य का चयन करने हेतु
• मिस यूनिवर्स (1952)	मिस यूनिवर्स इन्कॉर्पोरेशन, न्यूयॉर्क	विश्व के विभिन्न देशों की सुन्दरियों में सर्वश्रेष्ठ बहुमुखी सौंदर्य का चयन करने हेतु

राष्ट्रीय पुरस्कार

पुरस्कार/सम्मान	पुरस्कार प्रदान करने वाला	विशेषता
• भारत रत्न (1954)	भारत सरकार	कला, साहित्य, विज्ञान, खेल एवं सार्वजनिक सेवा या जीवन में असाधारण एवं अत्युतम कोटि की उपलब्धि हेतु
• पद्म विभूषण (1954)	भारत सरकार	सरकारी कर्मचारियों द्वारा की गई सेवा सहित किसी भी क्षेत्र में असाधारण एवं उत्कृष्ट सेवा हेतु
• पद्म भूषण (1954)	भारत सरकार	सरकारी कर्मचारियों द्वारा दी गई सेवा सहित किसी भी क्षेत्र में उत्कृष्ट सेवा हेतु
• पद्मश्री (1983)	भारत सरकार	सरकारी कर्मचारियों द्वारा की गई किसी भी सेवा की उत्कृष्टता के लिए
• भारतीय ज्ञानपीठ पुरस्कार (1965)	भारतीय ज्ञानपीठ	देश की मान्यता प्राप्त किसी भी भारतीय भाषा में लब्धप्रतिष्ठ साहित्यकार द्वारा किए गए उत्कृष्ट योगदान हेतु
• मूर्तिदेवी पुरस्कार (1989)	भारतीय ज्ञानपीठ	भारतीय जीवन के शाश्वत मूल्यों को उभारने के लिए किसी भी भारतीय भाषा या अंग्रेजी में रचित साहित्य पर
• साहित्य अकादमी पुरस्कार (1955)	साहित्य अकादमी	अंग्रेजी व राजस्थानी सहित भारतीय संविधान की आठवीं अनुसूची में शामिल 22 भाषाओं में प्रकाशित उत्कृष्ट रचनाओं पर।
• अशोक चक्र, कीर्ति चक्र व शौर्य चक्र	भारत सरकार	सुस्पष्ट वीरता या साहस दिखाने या आत्मबलिदान के लिए दिया जाने वाला देश का सर्वोच्च वीरता सम्मान
• अर्जुन पुरस्कार (1961)	खेल विभाग, मानव संसाधन मंत्रालय, भारत सरकार	विभिन्न खेलों में विशेष उपलब्धि प्राप्त करने वाले खिलाड़ियों को
• द्रोणाचार्य पुरस्कार (1985)	खेल विभाग, मानव संसाधन मंत्रालय, भारत सरकार	खेल प्रशिक्षकों द्वारा की गई उत्कृष्ट सेवाओं के लिए
• चमेली देवी पुरस्कार	मीडिया फाउंडेशन	पत्रकारिता के क्षेत्र में महिलाओं की विशिष्ट उपलब्धि हेतु
• दादा साहब फाल्के पुरस्कार	सूचना एवं प्रसारण मंत्रालय, भारत सरकार	भारतीय सिनेमा के विकास में उल्लेखनीय योगदान के लिए
• लता मंगेशकर सम्मान (1984)	मध्य प्रदेश सरकार	सुगम संगीत के क्षेत्र में उत्कृष्ट योगदान के लिए
• कालिदास सम्मान (1980)	मध्य प्रदेश सरकार	रूपंकर कलाओं के क्षेत्र में सृजनात्मक श्रेष्ठता हेतु
• संगीत नाटक अकादमी पुरस्कार (1952)	संगीत नाटक अकादमी	नृत्य, नाटक एवं संगीत के क्षेत्र में
• जी.डी. बिड़ला विज्ञान पुरस्कार (1991)	के.के. बिड़ला फाउंडेशन	भारतीय वैज्ञानिकों को उच्चस्तरीय शोध कार्यों के लिए प्रोत्साहित करने हेतु
• धन्वन्तरि पुरस्कार (1971)	धन्वन्तरि फाउंडेशन	चिकित्सा क्षेत्र में आजीवन सेवा हेतु
• शांतिस्वरूप भटनागर पुरस्कार (1957)	भारतीय औद्योगिक एवं वैज्ञानिक अनुसंधान परिषद	देश का सर्वोच्च वैज्ञानिक पुरस्कार विज्ञान एवं प्रौद्योगिकी के क्षेत्र में विशिष्ट योगदान करने हेतु
• यूनेस्को मानवाधिकार पुरस्कार	यूनेस्को (UNESCO)	मानवाधिकार के प्रति जागरूकता पैदा करने हेतु
• जमनालाल बजाज पुरस्कार	जमनालाल बजाज फाउंडेशन	ग्रामीण विकास हेतु विज्ञान एवं प्रौद्योगिकी के उपयोग तथा महिलाओं एवं बच्चों के उत्थान व कल्याण कार्यों हेतु

महत्वपूर्ण दिवस

- 9 जनवरी प्रवासी दिवस
- 15 जनवरी थल सेना दिवस
- 25 जनवरी भारतीय पर्यटन दिवस
- 26 जनवरी भारतीय गणतंत्र दिवस
- 30 जनवरी शहीद दिवस, विश्व कुष्ठ निवारण दिवस (महात्मा गाँधी की पुण्य तिथि)
- 1 फरवरी तटरक्षक दिवस, डाक जीवन बीमा दिवस
- 4 फरवरी विश्व कैंसर दिवस
- 21 फरवरी विश्व मातृभाषा दिवस
- 22 फरवरी पल्स पोलियो दिवस
- 28 फरवरी राष्ट्रीय विज्ञान दिवस (रमन प्रभाव की स्मृति में)
- 8 मार्च अन्तर्राष्ट्रीय महिला दिवस
- 15 मार्च विश्व उपभोक्ता अधिकार दिवस, विश्व विकलांगता दिवस
- 21 मार्च विश्व वानिकी दिवस, विश्व रंगभेद उन्मूलन दिवस
- 22 मार्च विश्व जल संरक्षण दिवस
- 23 मार्च शहीद दिवस, विश्व मौसम विज्ञान दिवस
- 7 अप्रैल विश्व स्वास्थ्य दिवस
- 11 अप्रैल अम्बेडकर जयंती
- 17 अप्रैल विश्व हीमोफीलिया दिवस
- 18 अप्रैल विश्व विरासत दिवस
- 22 अप्रैल विश्व पृथ्वी दिवस
- 1 मई मई दिवस (अन्तर्राष्ट्रीय श्रम दिवस)
- 8 मई विश्व रेडक्रॉस दिवस, अंतर्राष्ट्रीय थैलीसीमिया दिवस
- 21 मई आतंकवाद विरोधी दिवस
- 22 मई जैविक विविधता दिवस
- 31 मई विश्व धूम्रपान दिवस
- 5 जून विश्व पर्यावरण दिवस
- 14 जून विश्व रक्तदान दिवस
- 20 जून शरणार्थी दिवस
- 21 जून अंतर्राष्ट्रीय योगा दिवस
- 11 जुलाई विश्व जनसंख्या दिवस
- 26 जुलाई कारगिल स्मृति दिवस
- 1 अगस्त विश्व स्तनपान दिवस
- 6 अगस्त विश्व शांति दिवस, हिरोशिमा दिवस
- 10 अगस्त अंतर्राष्ट्रीय युवा दिवस
- 12 अगस्त विश्व युवा दिवस
- 29 अगस्त राष्ट्रीय खेल दिवस
- 5 सितम्बर शिक्षक दिवस
- 8 सितम्बर विश्व साक्षरता दिवस
- 14 सितम्बर हिन्दी दिवस
- 16 सितम्बर विश्व ओजोन दिवस
- 21 सितम्बर अन्तर्राष्ट्रीय शांति दिवस
- 27 सितम्बर विश्व पर्यटन दिवस
- 1 अक्टूबर अंतर्राष्ट्रीय वृद्धजन दिवस
- 2 अक्टूबर गाँधी जयन्ती/अन्तर्राष्ट्रीय अहिंसा दिवस/लाल बहादुर शास्त्री जयन्ती
- 3 अक्टूबर विश्व प्रकृति दिवस
- 5 अक्टूबर विश्व आवास दिवस, विश्व शिक्षक दिवस
- 8 अक्टूबर वायु सेना दिवस
- 9 अक्टूबर विश्व डाक दिवस
- 16 अक्टूबर विश्व खाद्य दिवस
- 17 अक्टूबर विश्व गरीबी उन्मूलन दिवस
- 20 अक्टूबर राष्ट्रीय एकता दिवस, विश्व सांख्यिकी दिवस
- 21 अक्टूबर विश्व आयोडीन अल्पता दिवस
- 24 अक्टूबर संयुक्त राष्ट्र दिवस
- 9 नवम्बर विश्व सेवा दिवस
- 14 नवम्बर विश्व मधुमेह दिवस
- 18 नवम्बर विश्व वयस्क दिवस
- 19 नवम्बर अन्तर्राष्ट्रीय नागरिक दिवस
- 26 नवम्बर विश्व पर्यावरण संरक्षण दिवस
- 1 दिसम्बर विश्व एड्स दिवस
- 3 दिसम्बर विश्व विकलांगता जन दिवस
- 4 दिसम्बर नौसेना दिवस
- 6 दिसम्बर नागरिक सुरक्षा दिवस
- 10 दिसम्बर अन्तर्राष्ट्रीय मानवाधिकार दिवस
- 18 दिसम्बर अन्तर्राष्ट्रीय प्रवास दिवस
- 29 दिसम्बर विश्व जैव विविधता दिवस

राज्यों के प्रमुख लोक नृत्य

राज्य	लोक-नृत्य
झारखण्ड	छऊ, सरहुल, जट-जटिन, करमा, डांगा, विदेशिया, सोहराई।
उत्तराखंड	गढ़वाली, कुमायूँ, कजरी, झोरा, रासलीला, चपादी।
आन्ध्र प्रदेश/ तेलंगाना	कुचिपुड़ी (शास्त्रीय), घंटामर्दाला, मोहिनीअट्टम (शास्त्रीय), कुम्मी, सिद्धि मधुरी, छड़ी।
छत्तीसगढ़	पण्डवानी, गौड़ी, करमा, झूमर, डागला, पाली, टपाली, नवरानी, दिवारी।
हिमाचल प्रदेश	धमान, छपेली, महाथू, नटी, डांगी, चम्बा, थाली, झैंता, डफ, डंडानाच आदि।
गुजरात	गरबा, डाण्डिया, टिप्पानी जुरियुन, भवई, रासलीला, लास्या, पणिहारी आदि।
असम	बिहू, बिछुआ, नटपूजा, महारास, खेल गोपाल, झुमुरा होब्जानाई, कलिगोपाल, नागानृत्य, बुगुरूम्बा, अंकियानाट आदि।
पं. बंगाल	काठी, गम्भीरा, ढाली, जात्रा, बाउल, मरसिया, कीर्तन आदि।
केरल	कथकली (शास्त्रीय), ओट्टम, थुलाल, मोहिनी-अट्टम (शास्त्रीय), कालीअट्टम, पादयानी।
मणिपुर	मणिपुरी (शास्त्रीय), राखाल, नटरास, महारास, रॉखत आदि।
ओडिशा	ओडिसी (शास्त्रीय), सवारी, धूमरा, पैंका, मुणरी, छऊ, अया आदि।
राजस्थान	झूमर, घापाल, फूंदी, पनिहारी, जिन्दाद, नेजा, गणगौर आदि।
महाराष्ट्र	लावणी, नकटा, कोली, लेझिम, गफा, बोहदा, गौरीचा, ललिता, तमाशा, मौनी, लेजम, पोवाड़ा।
मेघालय	लाहो, बांग्ला आदि।
गोवा	माण्डी, झागोर, खोल, ढकनी आदि।
अरुणाचल प्रदेश	मुखौटा नृत्य, युद्ध नृत्य आदि।
कर्नाटक	यक्षगान, कुनीता, कर्गा, लाम्बी, वीरगास्से।
नगालैंड	चोंग, खैवा, लीम, नुरालीम आदि।
पंजाब	भाँगड़ा, गिद्धा, डफ, धमान आदि।
मिजोरम	खानट्म, पाखुपिला, चेरोकान आदि।
जम्मू-कश्मीर	राउफ, हिकात, मंदजास, कूद दण्डीनाच, दमाली।
तमिलनाडु	भरतनाट्यम (शास्त्रीय), कुमी, कोलट्टम, कावड़ी।
उत्तर प्रदेश	रासलीला, नौटंकी, झूला, कजरी, जद्दा, चाचरी।

भारत के प्रमुख शोध संस्थान

शोध संस्थान	स्थान	राज्य
केन्द्रीय ईंधन अनुसंधान संस्थान	धनबाद	झारखंड
केन्द्रीय चमड़ा अनुसंधान संस्थान	चेन्नई	तमिलनाडु
केन्द्रीय औषधि अनुसंधान संस्थान	लखनऊ	उत्तर प्रदेश
केन्द्रीय सड़क अनुसंधान संस्थान	नई दिल्ली	दिल्ली
केन्द्रीय भवन निर्माण अनुसंधान संस्थान	रूड़की	उत्तराखंड
केन्द्रीय पर्यावरण इंजीनियरिंग अनुसंधान संस्थान	नागपुर	महाराष्ट्र
केन्द्रीय खनन अनुसंधान केन्द्र	धनबाद	झारखंड
केन्द्रीय वन अनुसंधान संस्थान	देहरादून	उत्तराखंड
कोशिकीय तथा आण्विक जीव विज्ञान केन्द्र	हैदराबाद	तेलंगाना
भारतीय सर्वेक्षण विभाग	देहरादून	उत्तराखंड
भारतीय मौसम विज्ञान संस्थान	नई दिल्ली	दिल्ली
राष्ट्रीय समुद्र विज्ञान संस्थान	पणजी	गोवा
रमण अनुसंधान संस्थान	बेंगलुरु	कर्नाटक
भाभा परमाणु अनुसंधान केन्द्र	ट्राम्बे	महाराष्ट्र
टाटा इंस्टीट्यूट ऑफ फंडामेंटल रिसर्च	मुंबई	महाराष्ट्र
अखिल भारतीय आयुर्विज्ञान संस्थान	नई दिल्ली	दिल्ली
डीजल लोकोमोटिव वर्क्स	वाराणसी	उत्तर प्रदेश
भारतीय सिक्यूरिटी प्रेस	नासिक	महाराष्ट्र
सिक्योरिटी प्रिन्टिंग प्रेस	हैदराबाद	तेलंगाना
करेन्सी प्रेस नोट	नासिक	महाराष्ट्र
बैंक नोट प्रेस	देवास	मध्य प्रदेश
सिक्योरिटी पेपर मिल	होशंगाबाद	मध्य प्रदेश
भारतीय पुरातात्विक सर्वेक्षण विभाग	कोलकाता	पं. बंगाल
राजीव गांधी पेट्रोलियम प्रौद्योगिकी संस्थान	रायबरेली	उत्तर प्रदेश
भारतीय राष्ट्रीय समुद्री सूचना सेवा केन्द्र	हैदराबाद	तेलंगाना

देश की आन्तरिक सुरक्षा हेतु स्थापित संगठन

संगठन	स्थापना वर्ष
असम राइफल्स (AR)	1835
इंटेलीजेंस ब्यूरो (IB)	1920
राष्ट्रीय कैडेट कोर (NCC)	1948
प्रादेशिक सेना (Territorial Army)	1948
केन्द्रीय रिजर्व पुलिस बल (CRPF)	1939
केन्द्रीय जाँच ब्यूरो (CBI)	1953
भारत-तिब्बती सीमा पुलिस (ITBP)	1962
होम गार्डस् (HG)	1962
सीमा सुरक्षा बल (BSF)	1965
केन्द्रीय औद्योगिक सुरक्षा बल (CISF)	1969
तट रक्षा बल (Coast Guards)	1978
राष्ट्रीय सुरक्षा गार्ड (NSG)	1984
नेशनल क्राइम रिकॉर्ड्स ब्यूरो	1986
रैपिड एक्शन फोर्स (RAF)	1992
रक्षा गुप्तचर एजेंसी (DIA)	2002

भारत में सर्वप्रथम

- प्रथम विमान वाहक युद्धपोत–आई.एन.एस. विक्रांत
- प्रथम ब्रॉड गेज रेत बस सेवा-प्रारम्भ स्थल–मेड़ता शहर (राजस्थान)
- प्रथम फुटबॉल क्लब–मोहन बागान, 1889 ई.
- सर्वप्रथम कॉटन मिल–द बॉम्बे स्पिनिंग एण्ड वीविंग कम्पनी (मुम्बई) वर्ष 1854
- हिन्दी का सर्वप्रथम समाचार पत्र–उदत्त मार्त्तण्ड
- प्रथम बायोस्फीयर रिजर्व–नीलगिरि में स्थापित
- पूर्ण साक्षर प्रथम जनजातीय जनसंख्या बहुल जिला–डुंगरपुर (राजस्थान)
- प्रथम मैरीन नेशनल पार्क का स्थापना स्थल–कच्छ क्षेत्र (गुजरात)
- प्रथम उर्वरक कारखाना की स्थापना वाला राज्य–तमिलनाडु (1904 ई.)
- प्रथम भारतीय उपग्रह–आर्यभट्ट (9 अप्रैल, 1975 ई. को अंतरिक्ष में स्थापित)
- भारत द्वारा प्रथम आण्विक भूमिगत परीक्षण–18 मई, 1974 ई. (पोखरण, राजस्थान)
- प्रथम परखनली शिशु–हर्षा (1986 ई. जन्म)
- प्रथम टेस्ट ट्यूब भैंस–1990 ई. में करनाल के राष्ट्रीय डेयरी अनुसंधान संस्थान में जन्म
- स्वदेश में निर्मित प्रथम प्रक्षेपास्त्र–1988 ई. में प्रक्षेपित 'पृथ्वी' प्रक्षेपास्त्र
- प्रथम स्वदेशी परमाणु चालित पनडुब्बी–आई.एन.एस. चक्र
- अंटार्कटिका पहुँचने वाली प्रथम महिला–मेहर मूसा (1977 ई.)
- भारतीय अंटार्कटिका अभियान दल के सदस्य के रूप में अंटार्कटिका पहुँचने वाली प्रथम महिला–सुदीप्ति सेन गुप्ता एवं अदिति पंत (1984 ई.)
- इलेक्ट्रॉनिक वोटिंग मशीन का प्रयोग करने वाला भारत का पहला राज्य–केरल (विधान सभा उपचुनाव, अप्रैल, 1982 ई.)
- पृथ्वी के तीनों ध्रुवों पर फतह हासिल करने वाली प्रथम संस्था–भारतीय नौसेना
- उत्तरी ध्रुव (आर्कटिक) में स्थापित प्रथम भारतीय स्थायी अनुसंधान केन्द्र–हिमाद्री

- भारत के प्रथम डी.एन.ए. बैंक की स्थापना—बायोटेक पार्क, लखनऊ
- भारत का प्रथम प्रतिरक्षा विश्वविद्यालय—बिनोला गांव (हरियाणा)
- बायोमेट्रिक एटीएम कार्ड जारी करने वाला सार्वजनिक क्षेत्र का पहला भारतीय बैंक—पंजाब नेशनल बैंक
- भारत का प्रथम पूर्ण बैंकिंग जिला—पालक्काड (केरल)
- ISO-9001-2000 प्रमाणन प्राप्त करने वाला देश का प्रथम जिला—कृष्णा (आ.प्र.)
- भारत का प्रथम ग्रीनफील्ड हवाई हड्डा—राजीव गांधी अंतर्राष्ट्रीय विमान पत्तन, हैदराबाद
- प्रथम मूक फिल्म—'राजा हरिश्चन्द्र' (निर्माता—दादा साहब फाल्के)
- प्रथम बोलती फिल्म—'आलमआरा' (1931 ई. में आर्देशिर ईरानी द्वारा निर्देशित)
- प्रथम पूर्णतः भारतीय रंगीन फिल्म—1951 ई. में सोहराब मोदी द्वारा निर्मित 'झांसी की रानी'
- प्रथम रंगीन सिनेमास्कोप फिल्म—1961 ई. में महेश कौल द्वारा निर्मित 'प्यार की प्यास'
- राष्ट्रीय फिल्म पुरस्कार से सम्मानित प्रथम हिन्दी फिल्म—'मिर्जा-गालिब' (1954 ई.)
- भारत में बनी पहली त्रि-आयामी फिल्म—'माई डियर कुट्टीचत्यन' (1984 ई. मलयालम)
- हिन्दी में निर्मित पहली भारतीय त्रि-आयामी फिल्म—'शिवा का इन्साफ' (1986 ई.)
- भारतीय फिल्मों के जनक—दादा साहब फाल्के
- मनोरंजन कर से छूट प्राप्त करने वाली पहली भारतीय फिल्म—'झनक-झनक पायल बाजे'
- भारत रत्न से सम्मानित फिल्म जगत के प्रथम व्यक्तित्व—सत्यजीत राय
- प्रसिद्ध क्रिकेट खिलाड़ी सुनील गावस्कर द्वारा अभिनित फिल्म—'प्रेमाची सवाली' (मराठी)
- प्रथम पूर्णरूपेण स्वदेशी फिल्म—'राजा हरिश्चन्द्र' (1913 में प्रदर्शित)
- दक्षिण भारत में बनी प्रथम फिल्म—'कीचकवधम' (1919 ई.)
- फिल्म फेयर पुरस्कार से सम्मानित प्रथम अभिनेत्री—नर्गिस दत्त
- भारतीय सिनेमा की प्रथम अभिनेत्री—श्रीमती देविका रानी रोरिक
- दादा साहब फाल्के पुरस्कार से सम्मानित प्रथम गीतकार—मजरूह सुल्तानपुरी (1993 ई.)
- भारत की प्रथम स्वदेशी एनीमेशन फिल्म—दशावतार
- दूरदर्शन द्वारा 'ज्ञान-दर्शन' चैनल का प्रारम्भ 26 जनवरी, 2000 ई. को हुआ।
- भारतीय गणराज्य के प्रथम राष्ट्रपति—डॉ. राजेन्द्र प्रसाद (1950-62 ई.)
- स्वतंत्र भारत के प्रथम प्रधानमंत्री—पंडित जवाहर लाल नेहरू (1950-64 ई.)
- भारतीय गणराज्य के प्रथम मुस्लिक राष्ट्रपति—डॉ. जाकिर हुसैन (1967-69 ई.)
- प्रथम भारतीय नोबल पुरस्कार विजेता—रवीन्द्र नाथ टैगोर (1913 ई., साहित्य)
- प्रथम भारतीय भौतिक नोबल पुरस्कार विजेता—डॉ. सी.वी. रमण (1930 ई.)
- अर्थशास्त्र का नोबल पुरस्कार विजेता प्रथम भारतीय—अमर्त्य सेन (1998 ई.)
- चिकित्सा विज्ञान का नोबल पुरस्कार विजेता प्रथम भारतीय—डॉ. हरगोविन्द खुराना
- भारत के प्रथम फील्ड मार्शल—जनरल मानेक शॉ (1971 ई.)
- स्वतंत्र भारत के प्रथम भारतीय कमांडर इन चीफ—जनरल करिअप्पा (1949 ई.)
- स्वतंत्र भारत का प्रथम गवर्नर जनरल—लार्ड माउण्टबेटन (1947-48 ई.)
- स्वतंत्र भारत के प्रथम भारतीय गवर्नर जनरल—चक्रवर्ती राजगोपालाचारी (1948 ई.)
- भारत के प्रथम ब्रिटिश गवर्नर जनरल—लॉर्ड वारेन हेस्टिंग्स
- भारत का अंतिम ब्रिटिश गवर्नर जनरल तथा प्रथम वायसराय—लॉर्ड कैनिंग
- भारतीय राष्ट्रीय कांग्रेस के प्रथम सभापति—व्योमेश चन्द्र बनर्जी (1885 ई.)
- भारत के प्रथम मुख्य न्यायाधीश—न्यायमूर्ति हीरालाल कानिया (1950-51 ई.)
- माउण्ट एवरेस्ट शिखर पर पहुँचने वाला प्रथम भारतीय—शेरपा तेन्जिंग (1953 ई.)

- इंग्लिश चैनल तैरकर पार करने वाला प्रथम भारतीय–मिहिर सेन (1958 ई.)
- दक्षिणी ध्रुव पर पहुँचने वाला प्रथम भारतीय–लेफ्टिनेन्ट रामचरण (1960 ई.)
- स्वतंत्र भारत के प्रथम भारतीय नौसेनाध्यक्ष–वाइस एडमिरल आर.डी. कटारी (1958-62 ई.)
- स्वतंत्र भारत के प्रथम भारतीय वायु सेनाध्यक्ष–एयर मार्शल एस. मुखर्जी (1954 ई.)
- अंतर्राष्ट्रीय न्यायालय के प्रथम भारतीय मुख्य न्यायाधीश–डॉ. नागेन्द्र सिंह
- परमवीर चक्र प्राप्त करने वाला प्रथम भारतीय–मेजर सोमनाथ शर्मा (1947 ई.)
- परमवीर चक्र प्राप्त करने वाला प्रथम वायु सैनिक अधिकारी–निर्मलजीत सिंह शेखो
- लोक सभा के प्रथम अध्यक्ष–गणेश वासुदेव मावलंकर (1952-56 ई.)
- लोक सभा के प्रथम उपाध्यक्ष–अनंत शयनम् आयंगर (1952-56 ई.)
- राज्य सभा के प्रथम उपसभापति–एस.वी. कृष्णमूर्ति
- प्रथम भारतीय बैरिस्टर–गणानेन्द्र मोहन टैगोर
- प्रथम राष्ट्रकवि–मैथिलीशरण गुप्त
- प्रथम उप राष्ट्रपति–डॉ. सर्वपल्ली राधाकृष्णन (1952-1962 ई.)
- प्रथम उप प्रधानमंत्री–सरदार बल्लभभाई पटेल
- प्रथम मुख्य चुनाव आयुक्त–सुकुमार सेन (1950-58 ई.)
- भारत रत्न से सम्मानित प्रथम भारतीय–डॉ. एस. राधाकृष्णन, सी. राजगोपालाचारी तथा डॉ. सी.वी. रमण (1954 ई.)
- मरणोपरान्त 'भारत रत्न' से सम्मानित प्रथम व्यक्ति–लाल बहादुर शास्त्री (1966 ई.)
- ज्ञानपीठ पुरस्कार से सम्मानित प्रथम व्यक्ति–जी. शंकर कुरूप (1965 ई., मलयालम)
- सार्वजनिक सेवा हेतु रेमन मैग्सेसे पुरस्कार से सम्मानित प्रथम व्यक्ति–सी. डी. देशमुख
- हृदय प्रत्यारोपण का पहला सफल ऑपरेशन करने वाले व्यक्ति–डॉ. पी. वेणुगोपाल
- राष्ट्रीय मानवाधिकार आयोग के प्रथम अध्यक्ष–पूर्व न्यायाधीश न्यायमूर्ति रंगनाथ मिश्र
- भारतीय ज्ञानपीठ पुरस्कार से सम्मानित प्रथम हिन्दी साहित्यकार–सुमित्रानंदन पंत
- ग्रेमी पुरस्कार से सम्मानित किए जाने वाले प्रथम भारतीय–पंडित रविशंकर
- संयुक्त राष्ट्र संघ में हिन्दी में भाषण देने वाला प्रथम व्यक्ति–अटल बिहारी वाजपेयी
- राष्ट्रीय विज्ञान कांग्रेस के प्रथम अध्यक्ष–सर आशुतोष मुखर्जी
- ब्रिटेन में उच्चायुक्त नियुक्त किए जाने वाले प्रथम भारतीय–वी.के. कृष्ण मेनन
- लेनिन शांति पुरस्कार से सम्मानित प्रथम भारतीय–डॉ. सैफुद्दीन किचलू (1952)
- विश्व बैंक के प्रबंध निदेशक नियुक्त होने वाले प्रथम भारतीय–गौतम काजी (1994)
- भारत के प्रथम दलित मुख्य न्यायाधीश (सर्वोच्च न्यायालय)–के. जी. बालाकृष्णन
- भारतीय राष्ट्रीय कांग्रेस की प्रथम महिला सभापति–एनी बेसेन्ट (1917 ई.)
- भारतीय राष्ट्रीय कांग्रेस की प्रथम भारतीय महिला सभापति–सरोजिनी नायडू (1925 ई.)
- संयुक्त राष्ट्र संघ महासभा की प्रथम महिला सभापति–विजयालक्ष्मी पंडित (1953 ई.)
- भारत की प्रथम महिला राजदूत–विजयालक्ष्मी पंडित (1947-49, U.S.S.R)
- भारत की प्रथम महिला प्रधानमंत्री–इंदिरा गांधी (1966 ई.)
- भारतीय राज्य की प्रथम महिला मुख्यमंत्री–सुचेता कृपलानी (उत्तर प्रदेश)
- भारतीय राज्य की प्रथम महिला राज्यपाल–सरोजिनी नायडू (उत्तर प्रदेश)
- सर्वोच्च न्यायालय की प्रथम भारतीय महिला न्यायाधीश–मीरा साहिब फातिमा बीबी
- उच्च न्यायालय की प्रथम भारतीय महिला मुख्य न्यायाधीश –लीला सेठ (हि.प्र.)
- भारत की प्रथम महिला सत्र न्यायाधीश–सुश्री अन्ना चंडी (केरल)
- केन्द्रीय मंत्रिमंडल में शामिल प्रथम भारतीय महिला मंत्री–राजकुमारी अमृत कौर
- नोबल पुरस्कार प्राप्त करने वाली प्रथम भारतीय महिला–मदर टेरेसा (1979 ई.)

- माउण्ट एवरेस्ट पर पहुँचने वाली प्रथम भारतीय महिला—बछेन्द्री पाल (1984 ई.)
- विश्व सुन्दरी बनने वाली प्रथम भारतीय महिला—रीता फारिया (1966 ई.)
- ब्रह्मांड सुन्दरी बनने बाली प्रथम भारतीय महिला—सुष्मिता सेन (1984 ई.)
- भारत की प्रथम महिला आई.पी.एस. अधिकारी—किरण बेदी (1972 ई.)
- भारत की प्रथम महिला आई.ए.एस. अधिकारी—अन्ना जॉर्ज (1950 ई.)
- भारत की प्रथम महिला चिकित्सक—डा. कादम्बिनी गांगुली बोस (1888 ई.)
- संघ लोक सेवा आयोग की प्रथम भारतीय महिला अध्यक्ष—रोजा मिलियन बैथ्यू
- राज्य सभा की प्रथम महिला महासचिव—वी.एस. रमादेवी
- राज्य सभा की प्रथम महिला उपाध्यक्ष—वायलेट अल्वा (1962 ई.)
- नॉर्मन बोरलोग पुरस्कार से सम्मानित प्रथम भारतीय महिला—डॉ. अमृता पटेल (1992 ई.)
- ज्ञानपीठ पुरस्कार से सम्मानित प्रथम भारतीय महिला साहित्यकार—आशापूर्णा देवी
- सार्वजनिक सेवा हेतु रेमॉन मैग्सेसे पुरस्कार से सम्मानित प्रथम भारतीय महिला—किरण बेदी
- राष्ट्रीय महिला आयोग की प्रथम अध्यक्षा—श्रीमती जयंती पटनायक (1992 ई.)
- भारतीय विज्ञान कांग्रेस की प्रथम महिला अध्यक्ष—डॉ. आशिमा चटर्जी
- संयुक्त राष्ट्र संघ में कला प्रदर्शित करने वाली प्रथम महिला—एम.एस. सुब्बुलक्ष्मी (1966 ई.)
- अशोक चक्र (अब शौर्य चक्र) प्राप्त करने वाली प्रथम महिला—ग्लोरिया बेरी (मरणोपरांत)
- सेना मेडल प्राप्त करने वाली प्रथम भारतीय महिला—विमला देवी (1988 ई.)
- भारत में सर्वप्रथम प्रकाशित महिला पत्रिका—इण्डियन लेडीज मैगनीज (चेन्नई 1901 ई.)
- भारत की प्रथम महिला मुस्लिम आइ.पी.एस. अधिकारी—कुमारी नुजहत खान
- भारत के किसी राज्य की प्रथम महिला पुलिस महानिदेशक—कंचन चौधरी भट्टाचार्य
- भारत की प्रथम महिला मिसाइल वुमन—डा. टेसी थॉमस

●●●

8

खेल जगत

खेल से जुड़े महत्वपूर्ण तथ्य

- ओलम्पिक खेलों का प्रारम्भ वर्ष 776 ईसा पूर्व में यूनानी देवता 'ओलम्पस' के सम्मान में किया गया था। आधुनिक ओलम्पिक खेल प्रतियोगिता का प्रारम्भ 6 अप्रैल, 1896 ई. को फ्रांस के कुबर्टिन के सद् प्रयासों से यूनान के एथेंस में हुआ।
- ओलम्पिक खेल प्रतियोगिताओं का आयोजन प्रत्येक चार वर्ष के बाद किया जाता है।
- ओलम्पिक खेल प्रतियोगिता का आदर्श वाक्य है–साइटियस, अल्टियस, फोरेटियस। लैटिन भाषा के इस वाक्य का अर्थ होता है–तेज दौड़ना, ऊँचा उठना एवं शक्ति का भरपूर प्रदर्शन करना।
- ओलम्पिक ध्वज 1913 ई. में कोबर्टिन द्वारा तैयार किया गया। इसमें पाँच गोल चक्र सफेद सतह पर बने होते हैं, जो आपस में जुड़े होते हैं। ये पाँच चक्र लाल, हरा, पीला, नीला व काले रंग के होते हैं। नीला चक्र–यूरोप, पीला चक्र–एशिया, काला चक्र–अफ्रीका, हरा चक्र–आस्ट्रेलिया एवं लाल चक्र–उत्तरी एवं दक्षिणी अमेरिका।
- ओलम्पिक मशाल जलाने की प्रथा की शुरुआत 1928 ई. के एम्सटर्डम खेलों से हुई। (यह मशाल सूर्य-किरणों से प्रज्ज्वलित की जाती है।)
- अन्तर्राष्ट्रीय ओलम्पिक समिति का मुख्यालय लोसाने (स्विट्जरलैंड) में है।
- भारत की ओर से ओलम्पिक खेलों में भाग लेने वाला प्रथम खिलाड़ी एक आंग्ल इंडियन, नॉर्मन प्रिचार्ड है, जिसने 1900 ई. के द्वितीय ओलम्पिक में भाग लिया तथा एथलेटिक्स स्पर्धा में दो रजत पदक प्राप्त किए।
- अन्तर्राष्ट्रीय ओलम्पिक समिति की स्थापना 1894 ई. में 'सखोन' नामक स्थान पर हुई थी।
- राष्ट्रमंडल खेलों की शुरूआत 1930 ई. में हेमिल्टन (कनाडा) में हुई थी। (पुराना नाम–ब्रिटिश एम्पायर खेल)।
- 1934 ई. में लंदन में होने वाले दूसरे राष्ट्रमंडल खेल में भारत ने पहली बार भाग लिया था।
- एशियाई खेल का प्रारंभ 4 मार्च, 1951 ई. को नई दिल्ली में हुआ। एशियाई खेल संघ ने चमकते सूरज को अपना प्रतीक चिह्न घोषित किया।
- क्रिकेट का पहला टेस्ट मैच 1877 ई. में ऑस्ट्रेलिया एवं इंग्लैंड के बीच मेलबर्न में आयोजित किया गया। पहला एक दिवसीय अन्तर्राष्ट्रीय क्रिकेट मैच इंग्लैंड एवं ऑस्ट्रेलिया के बीच 1871 ई. में मेलबर्न में आयोजित किया गया।
- क्रिकेट की सर्वोच्च संस्था 'इंटरनेशनल क्रिकेट काउंसिल' (आई.सी.सी.) है, जिसका मुख्यालय 1 अगस्त, 2005 से दुबई में है, पहले यह लॉर्ड्स (इंग्लैंड) में था।
- फुटबॉल का जन्म इंग्लैंड में हुआ। 1857 ई. में इंग्लैंड में विश्व का पहला फुटबॉल क्लब 'शेफील्ड फुटबॉल क्लब' का गठन हुआ। भारत में फुटबॉल अंग्रेजों के द्वारा लाया गया और भारत का पहला फुटबॉल क्लब 'डलहौजी क्लब' था। विश्व की सबसे बड़ी फुटबॉल संस्था 'इंटरनेशनल फुटबॉल एसोसिएशन (फीफा) है जिसका मुख्यालय पेरिस (फ्रांस) में है।
- फीफा द्वारा आयोजित विश्वकप फुटबॉल की सबसे बड़ी प्रतियोगिता है; पहला विश्वकप 1930 ई. में उरुग्वे में आयोजित किया गया था। इसे प्रति चार वर्ष बाद आयोजित किया जाता है।

- हॉकी का पहला संगठित क्लब 1861 ई. में स्थापित 'ब्लैकहीथ एबी एंड क्लब' (इंग्लैंड) है। हॉकी की सर्वोच्च संस्था 'फेडरेशन इंटरनेशनल दि हॉकी' (एफ.आई.एच.) है जिसकी स्थापना 1884 ई. में की गई थी।
- वॉलीवॉल का जन्म संयुक्त राज्य अमेरिका में हुआ। इस खेल को एक अमेरिकी विलियम जी मॉरगन ने 1895 ई. में शुरू किया। इंटरनेशनल वॉलीबॉल फेडरेशन का गठन 1948 ई. में हुआ। वॉलीबॉल का प्रथम विश्व कप 1949 ई. में आयोजित हुआ था।

विश्व के प्रसिद्ध कप और ट्रॉफियाँ

खेल	सम्बद्ध कप एवं ट्रॉफियाँ
फुटबॉल	डूरंड कप, संतोष ट्रॉफी, मर्डेका कप, सर आशुतोष मुखर्जी ट्रॉफी, डी.सी. एम. ट्रॉफी, रोवर्स कप, आई. एफ.ए. शील्ड, वी.सी. रॉय ट्राफी इत्यादि।
गोल्फ	सर्किट कप, डनहिल कप, बाकर कप, प्रिन्स ऑफ वेल्स कप, राइडर कप इत्यादि।
टेबल टेनिस	जय लक्ष्मी कप (महिला), राजकुमारी चैलेंज कप (जूनियर महिला), बर्नाबिलेक कप (पुरुष), रामानुज ट्रॉफी (जूनियर पुरुष) इत्यादि।
हॉकी	रंगास्वामी कप, बेगम रसूल ट्रॉफी (महिला), बेटन कप, आगा खाँ कप, महाराजा रणजीत सिंह गोल्ड कप, लेडी रतन टाटा ट्रॉफी (महिला), ध्यानचन्द ट्रॉफी, नेहरू ट्रॉफी, मुरुगप्पा गोल्ड कप, सिंधिया गोल्ड कप, इन्दिरा गाँधी गोल्ड कप, वेलिंग्टन कप, गुरुनानक चैम्पियनशिप (महिला) इत्यादि।
बैडमिंटन	चड्ढा कप, नारंग कप, अमृत दीवान कप इत्यादि।
पोलो	पृथ्वीपाल सिंह कप, क्लासिक कप, ऐजार कप, राधामोहन कप इत्यादि।
क्रिकेट	रणजी ट्रॉफी (राष्ट्रीय चैम्पियनशिप), दिलीप ट्रॉफी, सी.के. नायडू ट्रॉफी, ईरानी ट्रॉफी, देवधर ट्रॉफी, रानी झाँसी ट्रॉफी, रोहिन्टन बारिया ट्रॉफी, जी.डी. बिड़ला ट्रॉफी।
ब्रिज	रामनिवास रूइया चैलेंज, होल्कर ट्रॉफी, गोल्फ ट्रॉफी इत्यादि।
बास्केटबॉल	बंगलुरु ब्ल्यूज चैलेंज कप, फेडरेशन कप, नेहरू कप इत्यादि।

- टेबल टेनिस का जन्मदाता इंग्लैंड है। इंटरनेशनल टेबल टेनिस एसोसिएशन' की स्थापना 1926 ई. में की गई थी।
- आधुनिक बैडमिंटन का विकास संभवतः इंग्लैंड में हुआ था। इसकी सर्वोच्च संस्था इंटरनेशनल बैडमिंटन फेडरेशन की स्थापना 1934 में की गई थी। विश्व बैडमिंटन चैम्पियनशिप की शुरूआत 1977 ई. में हुई थी।
- लॉन टेनिस का विकास इंग्लैंड में हुआ। टेनिस की सर्वोच्च संस्थान इंटरनेशनल टेनिस फेडरेशन (I.T.F.) की स्थापना 1913 ई. में पेरिस में की गई।

प्रसिद्ध खेल के मैदान

खेल-मैदान	स्थान
अम्बेडकर स्टेडियम	दिल्ली
नेशनल स्टेडियम	दिल्ली
अरुण जेटली स्टेडियम	दिल्ली
इंदिरा गांधी स्टेडियम	दिल्ली
जे.एल. नेहरू स्टेडियम	दिल्ली
वानखेड़े स्टेडियम	मुम्बई
नेशनल स्टेडियम	मुम्बई
ब्रेबोर्न स्टेडियम	मुम्बई
ईडन गार्डन	कोलकाता
युवा भारती स्टेडियम	कोलकाता
बाराबती स्टेडियम	कटक
चेपक स्टेडियम	चेन्नई
कीनन स्टेडियम	जमशेदपुर
ग्रीन पार्क स्टेडियम	कानपुर
लॉर्ड्स, ओवल, लीड्स	ब्रिटेन
हेडिंग्ले मैनचेस्टर	ब्रिटेन
ब्रुकलैण्ड	इंग्लैंड
एण्ड्री	इंग्लैंड
टिबंकहम	इंग्लैंड
टेंट ब्रिज	इंग्लैंड
ह्वाइट सिटी	इंग्लैंड
पर्थ, ब्रिसबेन, मेलबर्न	ऑस्ट्रेलिया
सैण्डी लॉज	स्कॉटलैण्ड
यांकी स्टेडियम	न्यूयॉर्क
फॉरेस्ट हिल	न्यूयॉर्क
नरेन्द्र मोदी स्टेडियम	अहमदाबाद

विभिन्न देशों के राष्ट्रीय खेल

देश	राष्ट्रीय खेल
ऑस्ट्रेलिया	क्रिकेट
चीन	टेबल टेनिस
इंग्लैंड	क्रिकेट
पाकिस्तान	हॉकी
स्पेन	सांड़ युद्ध
सं.रा. अ.	बेसबॉल
ब्राजील	फुटबॉल
फ्रांस	फुटबॉल
इंडोनेशिया	बैडमिन्टन
मलेशिया	बैडमिन्टन
रूस	फुटबॉल, शतरंज
कनाडा	आइस हॉकी
स्कॉटलैंड	रग्बी, फुटबॉल
भूटान	तीरंदाजी

विभिन्न खेलों के जन्मदाता देश

खेल	जन्मदाता देश
एथलेटिक्स	यूनान
बेलेक्यूपेलोटा	स्पेन-फ्रांस
शतरंज	भारत
फुटबॉल	चीन
कबड्डी	भारत
पोलो	भारत
वॉलीबॉल	सं.रा. अमेरिका
बिलियर्ड्स	फ्रांस
बास्केटबॉल	सं.रा. अमेरिका
क्रिकेट	इंग्लैंड
हॉकी	मिस्र
गोल्फ	स्कॉटलैंड
लॉन टेनिस	इंग्लैंड
बेसबॉल	सं.रा. अमेरिका
बैडमिंटन	इंग्लैंड
टेबल टेनिस	इंग्लैंड

प्रमुख खिलाड़ियों के उपनाम

खिलाड़ी	उपनाम
ध्यानचंद	हॉकी का जादूगर
ए.डी. नासिमेंटो	ब्लैक पर्ल (पेले)
बोरिस बेकर	बूम-बूम
इयान थार्पे	थार्पिडो
मिल्खा सिंह	फ्लाइंग सिख
जैक कैलिस	डॉजी
एफ.जी. जायनर	फ्लो जो
राहुल द्रविड़	मिस्टर रिलायबुल
सर्गेई बुबका	पोलवाल्ट का बादशाह
पेस व भूपति	इण्डियन एक्सप्रेस
दिलीप वेंगसरकर	कर्नल
रोजर फेडरर	स्विस एक्सप्रेस
माइकल फेलप्स	गोल्डन शॉर्क
नवजीत सिंह सिद्धू	शेरी
पी.टी. ऊषा	स्वर्ण बालिका
जहाँगीर खान	स्क्वैश के युग पुरुष
बियोन बोर्ग	हिमखण्ड
अनिल कुम्बले	जम्बो
लांस क्लूजनर	जुलू
हरभजन सिंह	टर्बनेटर
अजीत अगरकर	बॉम्बे डक
अलेक्सान्द्र पोपोव	मत्स्य पुरुष
माइकल होल्डिंग	मिण्टी
मार्क फिलिपोसिस	स्कड मिसाइल
सुनील गावस्कर	सनी, लिटिल मास्टर
अन्ना इवानोविच	गोल्डन गर्ल
अशोक मांकड़	काका
शोएब अख्तर	रावलपिंडी एक्सप्रेस
स्टीव बकनर	ग्रेट डिलेयर
सचिन तेंदूलकर	बॉम्बे बॉम्बर
सौरव गांगुली	बंगाल टाइगर
क्लाइव लॉयड	सुपर कैट
रॉड लेवर	रॉकेट
श्रीनाथ	मैसूर एक्सप्रेस

●●●

9

वस्तुनिष्ठ प्रश्न

1. हड़प्पा के लोगों की सामाजिक पद्धति .... थी।
   A. उचित समतावादी B. दास श्रमिक आधारित
   C. वर्ण आधारित D. जाति आधारित
2. हड़प्पा की खोज किस वर्ष में हुई थी?
   A. 1935 B. 1942
   C. 1901 D. 1921
3. 'अपवाह तंत्र' का निर्माण सबसे पहले निम्नलिखित में से किस सभ्यता के लोगों ने किया था?
   A. मिस्र सभ्यता के लोगों ने
   B. सिंधु घाटी सभ्यता के लोगों ने
   C. चीनी सभ्यता के लोगों ने
   D. मेसोपोटामिया सभ्यता के लोगों ने
4. किस शासक ने बौद्धों के लिए विख्यात विक्रमशिला विश्वविद्यालय की स्थापना की थी?
   A. महिपाल B. देवपाल
   C. गोपाल D. धर्मपाल
5. महावीर का जन्म किस क्षत्रिय गोत्र में हुआ था?
   A. शाक्य B. ज्ञातृक
   C. सल्लास D. लिच्छवि
6. निम्नलिखित में सम्राट अशोक की वह पत्नी कौन थी जिसने उसको प्रभावित किया था?
   A. चंडालिका B. चारूलता
   C. गौतमी D. कारूवाकी
7. बिन्दुसार ने विद्रोहियों को कुचलने के लिए अशोक को कहाँ भेजा था?
   A. स्वर्णगिरि B. तक्षशिला
   C. उज्जैन D. वैशाली
8. निम्नलिखित में से कनिष्क के समकालीन कौन थे?
   A. कंबन, बाणभट्ट, अश्वघोष
   B. नागार्जुन, अश्वघोष, वसुमित्र
   C. अश्वघोष, कालिदास, बाणभट्ट
   D. कालिदास, कंबन, वसुमित्र
9. शून्य की खोज किसने की?
   A. वराहमिहिर B. आर्यभट्ट
   C. भास्कर D. इनमें से कोई नहीं
10. 'इनाम' भूमि किसे दी जाती थी?
    A. विद्वान और धार्मिक व्यक्ति
    B. मनसबदार
    C. पैतृक राजस्व संग्राहक
    D. कुलीन
11. यात्री इब्नबतूता कहां से आया था?
    A. मोरक्को B. फारस
    C. तुर्की D. मध्य एशिया
12. पानीपत की दूसरी लड़ाई (5 अप्रैल, 1556) निम्नलिखित में से किसके बीच हुई थी?
    A. अकबर और हेमू
    B. राजपूत और मुगल
    C. बाबर और इब्राहिम लोदी
    D. सिकंदर और आदिलशाह
13. सती प्रथा की भर्त्सना करने वाला मुगल सम्राट था–
    A. बाबर B. हुमायूँ
    C. अकबर D. जहाँगीर
14. अकबर के शासनकाल में भू-राजस्व सुधारों के लिए कौन उत्तरदायी था?

A. बीरबल B. टोडरमल
C. जयसिंह D. बिहारीमल

15. 'एक वर्ष में स्वराज' का नारा गाँधी जी ने कब दिया?
A. डाण्डी मार्च के समय
B. असहयोग आन्दोलन के समय
C. सविनय अवज्ञा आंदोलन के समय
D. गोलमेज सम्मेलन के समय

16. 23 अक्टूबर, 1940 ई. में चलाए गए व्यक्तिगत अवज्ञा आन्दोलन में सत्याग्रह करने के लिए किसे पहला नेता नियुक्त किया गया था?
A. जे.एल. नेहरू B. महात्मा गाँधी
C. आचार्य कृपलानी D. विनोबा भावे

17. भारत के लिए 'संवैधानिक सभा' का विचार सर्वप्रथम निम्नांकित में रखा गया।
A. इण्डिया इण्डिपेण्डेण्ट एक्ट, 1942
B. वेवल प्लान
C. क्रिप्स पोटोकॉल
D. कैबिनेट मिशन प्लान

18. इण्डियन नेशनल कांग्रेस ने 'पूर्ण स्वराज' का प्रस्ताव कब पारित किया?
A. 1927 ई. B. 1929 ई.
C. 1931 ई. D. 1942 ई.

19. मुस्लिम नेता, जिसने मुस्लिम लीग के इलाहाबाद अधिवेशन (1930) में अपने अध्यक्षीय भाषण में प्रथम बार मुसलमानों के लिए अलग से निवास भूमि की वांछनीयता इंगित की।
A. मोहम्मद अली जिन्ना B. मुहम्मद इकबाल
C. हसरत मोसानी D. लियाकत अली

20. भारत में पृथक् निर्वाचन पद्धति अथवा साम्प्रदायिक निर्वाचन पद्धति का सूत्रपात कब हुआ?
A. 1892 ई. B. 1909 ई.
C. 1919 ई. D. 1935 ई.

21. मुस्लिम लीग ने 'मुक्ति दिवस' कब मनाया?
A. खिलाफ़त आंदोलन की शुरुआत में
B. कांग्रेस मंत्रिमंडलों के इस्तीफा देने पर
C. मुसलमानों के लिए पृथक् निर्वाचन पद्धति की शुरुआत होने पर
D. अंग्रेजों के भारत छोड़ने पर

22. 1916 ई. में 'अखिल भारतीय होमरूल लीग' की स्थापना किसने की?
A. तिलक B. लाला लाजपत राय
C. ऐनी बेसेण्ट D. विपिन चन्द्र पाल

23. निम्न में से कौन सुविख्यात 'झण्डा ऊँचा रहे हमारा' का रचनाकार है?
A. मैथिलीशरण गुप्त B. सूर्यकांत त्रिपाठी 'निराला'
C. माखनलाल चतुर्वेदी D. श्यामलाल पार्षद

24. भारतीय राष्ट्रीय आंदोलन की निम्न घटनाओं को नीचे दिए गए कूट के अनुसार कालानुक्रम में व्यवस्थित करें?
1. गांधी-इरविन समझौता
2. पूना समझौता
3. भारतीय राष्ट्रीय कांग्रेस का कराची अधिवेशन
4. वैयक्तिक सत्याग्रह

कूट :
A. 1, 3, 2, 4 B. 2, 3, 4, 1
C. 3, 4, 2, 1 D. 4, 3, 2, 1

25. अप्रैल, 1916 ई. में स्थापित 'इण्डियन होमरूल लीग' का प्रथम प्रेसीडेण्ट कौन था?
A. जोसेफ वैपटिस्टा B. एन.सी. केलकर
C. ऐनी बेसेण्ट D. बी.जी. तिलक

26. 'होमरूल आंदोलन' के नेताओं ने 'होमरूल' शब्द कहाँ के सदृश आंदोलन से ग्रहण किया?
A. आयरलैण्ड B. स्कॉटलैण्ड
C. संयुक्त राज्य अमेरिका D. कनाडा

27. भारतीय स्वतन्त्रता में रजवाड़ों का समावेश सम्बन्धी प्रस्ताव कांग्रेस के किस अधिवेशन में पारित हुआ?
A. त्रिपुरी B. कराची
C. हरिपुरा D. रामगढ़

28. दक्षिण अफ्रीका से लौटने के बाद गाँधीजी ने अपना आंदोलन कहाँ से शुरू किया?
A. चौरी-चौरा B. चम्पारण
C. बारदोली D. अहमदाबाद

29. निम्न घटनाओं का सही कालानुक्रम क्या है?
1. गुरु का बाग आंदोलन 2. वायकूम सत्याग्रह
3. काकोरी काण्ड 4. नेहरू रिपोर्ट

नीचे दिए गए कूट का प्रयोग कर सही उत्तर चुनिए।

कूट :

A. 1, 2, 3, 4 B. 1, 2, 4, 3
C. 2, 1, 3, 4 D. 2, 1, 4, 3

30. सूची-I को सूची-II से सुमेलित कीजिए तथा सूचियों के नीचे दिए गए कूट का प्रयोग कर सही उत्तर चुनिए।

सूची-I	सूची-II
(*a*) बारदोली सत्याग्रह	1. स्वामी श्रद्धानन्द सरस्वती
(*b*) भारतीय किसान विद्यालय	2. सरदार वल्लभभाई पटेल
(*c*) बंगाल प्रजा पार्टी	3. फजलुल-हक
(*d*) बकाश्त संघर्ष	4. एन.जी. रंगा।

कूट :

A. (*a*)–2, (*b*)–3, (*c*)–4, (*d*)–1
B. (*a*)–2, (*b*)–4, (*c*)–3, (*d*)–1
C. (*a*)–3, (*b*)–1, (*c*)–2, (*d*)–4
D. (*a*)–4, (*b*)–3, (*c*)–2, (*d*)–1

31. सर्वप्रथम सौरमण्डल के बारे में विश्व के समक्ष जानकारी प्रस्तुत करने का श्रेय किस विद्वान को है?

A. स्ट्रैबो B. केपलर
C. गैलीलियो D. कॉपरनिकस

32. निम्नलिखित में किन देशों के समूह से भूमध्य रेखा गुजरती है?

A. ब्राजील, जाम्बिया तथा मलेशिया
B. कोलम्बिया, केन्या तथा मलेशिया
C. ब्राजील, सूडान तथा मलेशिया
D. वेनेजुएला, इथोपिया तथा इण्डोनेशिया

33. भू-गर्भ में जिस स्थान पर भूकम्पीय तरंगों की उत्पत्ति होती है, उस स्थान को क्या कहा जाता है?

A. अधिकेन्द्र B. भूकम्प अधिकेन्द्र
C. भूकम्प केन्द्र D. इक्लोजाइट

34. पृथ्वी के वायुमण्डल में सर्वाधिक घनत्व कहाँ पर होता है?

A. क्षोभ मंडल B. समताप मंडल
C. मध्य मंडल D. आयन मंडल

35. क्षोभ मंडल वायुमण्डल का सबसे तप्त परत है, क्योंकि–

A. यह सूर्य के निकटतम है
B. इसमें आवेशित कण हैं
C. यह पृथ्वी के पृष्ठ से तप्त हो जाती हैं
D. इसमें ऊष्मा पैदा होती है

36. ओजोन परत पायी जाती है–

A. प्रकाश मंडल में B. क्षोभ मंडल में
C. क्षोभ सीमा में D. समताप मंडल में

37. झीलों के अध्ययन को कहते हैं–

A. लिम्नोलॉजी B. पोटोमोलॉजी
C. टोपोलॉजी D. हाइड्रोलॉजी

38. श्रीहरिकोटा द्वीप स्थित है–

A. चिल्का झील के समीप
B. महानदी के मुहाने के समीप
C. पुलीकट झील के समीप
D. गोदावरी के मुहाने के समीप

39. विश्व का सबसे बड़ा शीत मरुस्थल है–

A. गोबी B. लुत
C. काविर D. तकला माकन

40. पाक स्ट्रेट किनके बीच स्थित है?

A. बंगाल की खाड़ी और मन्नार की खाड़ी
B. अण्डमान और निकोबार द्वीप समूह
C. रन ऑफ कच्छ और गल्फ ऑफ खम्भात
D. लक्षद्वीप और मालदीव

41. विश्व की सबसे तेज बहने वाली महासागरीय जलधारा है–

A. गल्फस्ट्रीम जलधारा B. लेब्रोडोर जलधारा
C. बेंगुएला जलधारा D. क्यूराइल जलधारा

42. निम्नलिखित में किस जलधारा को 'क्रिसमस के बच्चे की धारा' कहते हैं?

A. पेरू जलधारा B. कैलिफोर्निया जलधारा
C. अलनिनो जलधारा D. गल्फस्ट्रीम जलधारा

43. बांग्लादेश में किस नदी को पद्मा के नाम से पुकारा जाता है?

A. ब्रह्मपुत्र B. गंगा
C. तिस्ता D. हुगली

44. एक ही तापमान वाले स्थानों को जोड़ने वाली काल्पनिक रेखाएँ कहलाती हैं–

A. आइसोबार B. आइसोहाइट
C. आइसो हैलाइन D. आइसोथर्म

45. आइसोबार मानचित्र पर उन स्थानों को दर्शाने के लिए खींची गई रेखाएँ हैं, जहाँ पर–
A. एक जैसा तापमान है
B. एक जैसा वायुमंडलीय दाब है
C. एक जैसी ऊँचाई है
D. समान लवणता है

46. सापेक्षिक आर्द्रता के मापन हेतु किस उपकरण का प्रयोग किया जाता है?
A. हाइग्रोमीटर B. हाइड्रोमीटर
C. बैरोमीटर D. मैनोमीटर

47. भूमध्य रेखा के निकट किस तरह के वन पाए जाते हैं?
A. पतझड़ी वन B. शंकुधारी वन
C. घास स्थल वन D. उष्णकटिबंधीय वन

48. पैडंग क्या है?
A. द॰पू॰ एशियाई उष्णकटिबंधीय घास भूमि
B. ऑस्ट्रेलिया के घास के मैदान
C. स्थानान्तरणशील कृषि पद्धति
D. अमेजन की सहायक नदी

49. सोपान कृषि कहाँ की जाती है?
A. पहाड़ों के ढलानों पर
B. शुष्क क्षेत्रों में
C. छतों पर पहाड़ों के ढलानों पर
D. पहाड़ों की चोटी पर

50. प्रसिद्ध मत्स्य क्षेत्र 'ग्रैंड बैंक' स्थित है–
A. प्रशांत महासागर में
B. आर्कटिक महासागर में
C. अटलांटिक महासागर में
D. हिन्द महासागर में

51. अफ्रीका की मूलभूत जनजाति 'पिग्मी' किस नदी घाटी में पायी जाती है?
A. नाइजर B. कांगो
C. नील D. जाम्बेजी

52. 'डूबते सूर्य का देश' किसे कहा जाता है?
A. जापान B. ब्रिटेन
C. नार्वे D. भारत

53. भारत के किस नगर को 'भारत की सिलिकन वैली' कहा जाता है?
A. बेंगलुरू B. चेन्नई
C. मुम्बई D. हैदराबाद

54. हिमाचल प्रदेश में स्थित दर्रा है–
A. शिपकी ला B. जोजिला
C. नाथुला D. जेलेप्ला

55. चम्बल नदी किन राज्यों में से होकर बहती है?
A. उत्तर प्रदेश, मध्य प्रदेश, राजस्थान
B. मध्य प्रदेश, गुजरात, उत्तर प्रदेश
C. राजस्थान, मध्य प्रदेश, बिहार
D. गुजरात, मध्य प्रदेश, छत्तीसगढ़

56. भारत में सबसे लम्बा बांध है–
A. भाखड़ा बांध B. हीराकुड बांध
C. नागार्जुन सागर बांध D. कोसी बांध

57. गिरना परियोजना कहाँ स्थित है?
A. आंध्र प्रदेश B. महाराष्ट्र
C. ओडिशा D. छत्तीसगढ़

58. विश्व का एकमात्र प्लावी राष्ट्रीय पार्क स्थित है–
A. मणिपुर में B. कुआलालम्पुर में
C. बिलासपुर में D. दिसपुर में

59. जीवमण्डल आरक्षित क्षेत्रों की पहली परियोजना स्कीम कौन-सी थी?
A. सुन्दरवन जीवमण्डल आरक्षित क्षेत्र
B. नीलगिरि जीवमण्डल आरक्षित क्षेत्र
C. नन्दादेवी जीवमण्डल आरक्षित क्षेत्र
D. मन्नार की खाड़ी जीवमण्डल आरक्षित क्षेत्र

60. भारत में श्वेत क्रांति के जनक माने जाते हैं–
A. डॉ वी. कुरियन B. श्री एस.एस. राव
C. श्री एस.के. भारद्वाज D. श्री मोरारजी देसाई

61. मिश्रित अर्थव्यवस्था किसका उल्लेख करती है?
A. भारी, लघु और कुटीर उद्योगों का सहअस्तित्व
B. कृषि के साथ-साथ कुटीर उद्योगों का संवर्धन
C. धनी और निर्धन दोनों का सहअस्तित्व
D. सार्वजनिक और निजी क्षेत्र दोनों का सहअस्तित्व

62. भारतीय अर्थव्यवस्था का कौन-सा क्षेत्र सकल राष्ट्रीय उत्पाद में सबसे अधिक योगदान करता है?
A. प्राथमिक क्षेत्र B. द्वितीयक क्षेत्र
C. तृतीयक क्षेत्र D. सार्वजनिक क्षेत्र

63. निम्नलिखित में से कौन-सा मानव विकास सूचकांक का हिस्सा नहीं है?
A. स्वास्थ्य एवं पोषण
B. प्रतिव्यक्ति आय
C. जन्म के समय जीवन प्रत्याशा
D. सकल नाम निवेश दर

64. मानव विकास सूचकांक किसने बनाया था?
A. UNCTAD B. ASEAN
C. IBRD D. UNDP

65. तेंदुलकर समिति ने भारत में गरीबी रेखा के नीचे की जनसंख्या का प्रतिशत कितना आकलित किया है?
A. 27.2% B. 37.2%
C. 22.2% D. 32.7%

66. भारत में राष्ट्रीय आय का आकलन सबसे पहले किसने किया था?
A. महालनोबिस B. दादाभाई नौरोजी
C. वी.के.आर.वी. राव D. सरदार पटेल

67. निम्नलिखित में से कौन-सी राष्ट्रीय आय के मापन की विधि नहीं है?
A. मूल्य वर्द्धित विधि B. आय विधि
C. निवेश विधि D. व्यय विधि

68. GNP और NNP निकालने के लिए निम्न में से किसे घटाया जाता है?
A. ह्रास B. ब्याज
C. कर D. इमदाद

69. किसी देश का निबल राष्ट्रीय उत्पाद (NNP) होती है–
A. सकल घरेलू उत्पाद में मूल्य ह्रास भत्ते घटाकर
B. सकल घरेलू उत्पाद में विदेशों से निबल आय जोड़कर
C. सकल घरेलू उत्पाद में विदेशों से निबल आय घटाकर
D. सकल राष्ट्रीय उत्पाद में मूल्य ह्रास भत्ते घटाकर

70. सॉफ्ट करेन्सी से तात्पर्य है–
A. वह मुद्रा जिसकी आपूर्ति मांग की अपेक्षा अधिक हो
B. वह मुद्रा जिसकी आपूर्ति मांग की अपेक्षा कम हो
C. वह मुद्रा जिसकी मांग और आपूर्ति दोनों स्थिर हों
D. उपर्युक्त में से कोई नहीं

71. बाजार के नियम के प्रस्तुतकर्ता थे–
A. जे.बी॰ से B. रिकार्डो
C. ए.सी॰ पिगाओ D. माल्थस

72. भारत में मुद्रास्फीति मापी जाती है–
A. थोक मूल्य सूचकांक द्वारा
B. शहरी और कामगारों के लिए उपभोक्ता मूल्य सूचकांक द्वारा
C. कृषि श्रमिकों के लिए उपभोक्ता मूल्य सूचकांक द्वारा
D. राष्ट्रीय आय अवस्फीति द्वारा

73. भारतीय मुद्रा को पूर्ण परिवर्तनीय बनाया गया–
A. 1992-93 के केन्द्रीय बजट में
B. 1993-94 के केन्द्रीय बजट में
C. 1994-95 के केन्द्रीय बजट में
D. 1995-96 के केन्द्रीय बजट में

74. भारतीय रिजर्व बैंक का लेखा वर्ष होता है–
A. अप्रैल-मार्च B. जुलाई-जून
C. अक्टूबर-सितम्बर D. जनवरी-दिसम्बर

75. भारत में वस्तु एवं सेवा कर (जीएसटी) किस साल लागू किया गया है?
A. 2016 B. 2017
C. 2015 D. 2018

76. राष्ट्रीय कृषि एवं ग्रामीण विकास बैंक की स्थापना किस पंचवर्षीय योजनावधि में की गई थी?
A. चौथी पंचवर्षीय योजना B. पाँचवीं पंचवर्षीय योजना
C. छठी पंचवर्षीय योजना D. सातवीं पंचवर्षीय योजना

77. भारतीय लघु उद्योग विकास बैंक (SIDBI) का मुख्यालय कहाँ है?
A. लखनऊ B. मुम्बई
C. दिल्ली D. कोलकाता

78. भारतीय यूनिट ट्रस्ट (U.T.I.) की स्थापना किस वर्ष की गई?
A. 1961 में B. 1962 में
C. 1963 में D. 1964 में

79. भारतीय जीवन बीमा निगम (L.I.C.) की स्थापना किस वर्ष की गई?
A. 1949 में B. 1956 में
C. 1952 में D. 1964 में

80. भारतीय प्रतिभूति एवं विनिमय बोर्ड की स्थापना कब की गई?
A. 1988 में B. 1992 में
C. 1982 में D. 1984 में

81. सस्ती मुद्रा का अर्थ है–
A. ब्याज की कम दर B. बचत का निम्न स्तर
C. आय का निम्न स्तर D. निम्न जीवन स्तर

82. भारतीय रिजर्व बैंक का राष्ट्रीयकरण किया गया था?
A. 1947 में B. 1948 में
C. 1949 में D. 1951 में

83. बैंक दर में परिवर्तन से प्रभावित होता है–
A. ब्याज की बाजार दर
B. निवेश के लिए चुनिंदा उद्योग
C. ऋण देने वाले बैंक
D. नकदी आरक्षण अनुपात

84. एक रुपये के नोट पर हस्ताक्षर होते हैं–
A. वित्त मंत्रालय के सचिव के
B. गवर्नर, भारतीय रिजर्व बैंक के
C. वित्त मंत्री के
D. इनमें से किसी के नहीं

85. भारत में रुपए का अवमूल्यन पहली बार जिस वर्ष किया गया था, वह था–
A. 1949 B. 1966
C. 1972 D. 1990

86. नई मुद्रा 'यूरो' किस वर्ष में प्रारंभ की गई?
A. 1996 में B. 1997 में
C. 1998 में D. 1999 में

87. किस वर्ष नाबार्ड की स्थापना हुई?
A. 1992 B. 1982
C. 1962 D. 1952

88. भारत में व्यापारिक बैंकों की देनदारी के घटकों में निम्नलिखित में से सबसे महत्वपूर्ण कौन है?
A. सावधि जमा धनराशि B. माँग जमा धनराशि
C. अन्तर बैंक देनदारियाँ D. अन्य उधार

89. निम्नलिखित में से कौन-सी मुद्रा/मुद्राएँ कृत्रिम समझी जाती हैं?
A. ADR B. GDR
C. SDR D. AAR व SCR दोनों

90. इनसाइडर ट्रेडिंग सम्बन्धित है–
A. सार्वजनिक व्यय से B. करारोपण से
C. शेयर बाजार से D. हवाला से

91. भारत की संविधान सभा गठित करने का आधार क्या था?
A. भारतीय राष्ट्रीय कांग्रेस का प्रस्ताव
B. कैबिनेट मिशन प्लान, 1946
C. भारतीय स्वतंत्रता अधिनियम, 1947
D. भारतीय डोमिनियन के प्रान्तीय/राज्य विधान मण्डल के प्रस्ताव

92. संविधान की प्रारूप समिति के समक्ष प्रस्तावना का प्रस्ताव किसने रखा?
A. डॉ. बी.आर. अम्बेडकर B. बी.एन. राव
C. महात्मा गाँधी D. जवाहरलाल नेहरू

93. भारत का संविधान लागू हुआ था–
A. 26 जनवरी, 1950 को
B. 26 जनवरी, 1952 को
C. 15 अगस्त, 1948 को
D. 26 नवम्बर, 1949 को

94. भारतीय संविधान में समवर्ती सूची किसके संविधान से ली गई है?
A. यू.एस.ए. B. कनाडा
C. जर्मनी D. ऑस्ट्रेलिया

95. भारत में वैध प्रभुसत्ता निहित है–
A. राष्ट्रपति में B. न्यायपालिका में
C. मंत्रिमंडल में D. संविधान में

96. भारतीय संविधान में सम्मिलित नीति निदेशक तत्वों की प्रेरणा हमें किस संविधान से प्राप्त हुई है?
A. ऑस्ट्रेलिया B. अमेरिका
C. फ्रांस D. आयरलैंड

97. दल-बदल के आधार पर निर्वाचित सदस्यों की अयोग्यता सम्बन्धी विवरण संविधान की किस अनुसूची में दिया गया है?
A. 8वीं B. 9वीं
C. 10वीं D. 11वीं

98. मौलिक अधिकार के अंतर्गत कौन-सा अनुच्छेद बच्चों के शोषण से सम्बन्धित है?
A. अनुच्छेद 17 B. अनुच्छेद 19
C. अनुच्छेद 23 D. अनुच्छेद 24

99. भारतीय संविधान के किस अनुच्छेद में अनुसूचित-जनजातियों के लिए एक राष्ट्रीय आयोग का प्रावधान है?

A. अनुच्छेद 338A B. अनुच्छेद 341
C. अनुच्छेद 16 D. अनुच्छेद 82

100. भारतीय संविधान के निम्नलिखित अनुच्छेदों में से कौन विधायन सत्ता पर पूर्ण नियंत्रण लगाता है?
A. अनुच्छेद 14 B. अनुच्छेद 15
C. अनुच्छेद 16 D. अनुच्छेद 17

101. भारत में कार्यपालिका का अध्यक्ष कौन होता है?
A. राष्ट्रपति
B. प्रधानमंत्री
C. विरोधी दल का नेता
D. भारत सरकार का मुख्य सचिव

102. निम्नलिखित में से कौन लगातार दो बार राष्ट्रपति रहे थे?
A. डॉ. राजेन्द्र प्रसाद B. डॉ. एस. राधाकृष्णन
C. डॉ. जाकिर हुसैन D. A और B दोनों

103. राज्य सभा को भंग करने में कौन सक्षम है?
A. अध्यक्ष राज्य सभा B. राष्ट्रपति
C. संसद का संयुक्त सत्र D. उपर्युक्त में से कोई नहीं

104. लोक सभा चुनाव में कोई प्रत्याशी अपनी जमानत खो देता है यदि उसे प्राप्त न हो सके–
A. वैध मतों का 1/3 B. वैध मतों का 1/4
C. वैध मतों का 1/5 D. इनमें से कोई नहीं

105. भारतीय संविधान के अनुसार तथ्यात्मक सम्प्रभुता निवास करती है–
A. संसद में B. राष्ट्रपति में
C. प्रधानमंत्री में D. जनता में

106. भारत के एटॉर्नी जनरल (महान्यायवादी) की नियुक्ति कौन करता है?
A. सर्वोच्च न्यायालय का मुख्य न्यायाधीश
B. भारत का प्रधानमंत्री
C. भारत का राष्ट्रपति
D. संघ लोक सेवा आयोग

107. भारत के नियंत्रक एवं महालेखा परीक्षक का कार्यकाल है–
A. 6 वर्ष
B. 65 वर्ष की आयु तक
C. 6 वर्ष या 65 वर्ष की आयु जो भी पहले हो
D. 6 वर्ष या 62 वर्ष की आयु जो भी पहले हो

108. भारत के सर्वोच्च न्यायालय की स्थापना हुई थी–
A. 1950 के संसद के एक अधिनियम द्वारा
B. भारतीय स्वाधीनता अधिनियम, 1947 के अधीन
C. भारत सरकार अधिनियम, 1935 के अधीन
D. भारतीय संविधान के द्वारा

109. भारत में राज्य विधान परिषद् के सदस्यों का कितना हिस्सा स्थानीय निकायों द्वारा चुना जाता है?
A. एक-तिहाई B. एक-चौथाई
C. एक छठा भाग D. एक बारहवाँ भाग

110. अंतर्राज्यीय परिषद् का निर्माण होता है–
A. संवैधानिक प्रावधान द्वारा
B. संसदीय कानून द्वारा
C. नीति आयोग की अनुशंसा पर
D. मुख्यमंत्री सम्मेलन द्वारा स्वीकृत संकल्प पर

111. रॉकेट की कार्य प्रणाली किस सिद्धांत पर आधारित होती है?
A. संवेग संरक्षण B. संहति संरक्षण
C. ऊर्जा संरक्षण D. कोणीय संवेग संरक्षण

112. निम्न में से कौन-सा आभासी बल है?
A. अभिकेन्द्र बल B. अपकेन्द्री प्रतिक्रिया बल
C. अपकेन्द्री बल D. प्रबल नाभिकीय बल

113. पानी का घनत्व किस ताप पर अधिकतम होता है?
A. 0°C पर B. 4°C पर
C. –4°C पर D. 100°C पर

114. थर्मामीटरों में आमतौर पर पारद का प्रयोग किया जाता है, क्योंकि इसमें–
A. उच्च तरलता होती है
B. उच्च सघनता होती है
C. उच्च चालकता होती है
D. उच्च विशिष्ट ऊष्मा होती है

115. प्रकाश की किरण को पूर्ण आंतरिक परावर्तन के लिए किससे गुजरना होता है?
A. कांच से जल B. जल से कांच
C. वायु से जल D. वायु से कांच

116. फ्यूज तार (Fuse wire) किससे बनती है?
A. टिन और तांबे की मिश्रधातु
B. टिन और सीसे की मिश्रधातु
C. टिन और एल्युमिनियम की मिश्रधातु
D. निकेल और क्रोमियम की मिश्रधातु

117. नाभिकीय विखंडन के दौरान श्रृंखला अभिक्रिया को नियंत्रित करने के लिए न्यूट्रॉनों का अवशोषण करने हेतु निम्न में से किसका प्रयोग किया जाता है?

A. बोरॉन B. भारी जल

C. यूरेनियम D. प्लूटोनियम

118. किसी एक सामान्य व्यक्ति के रक्त का pH स्तर क्या होता है?

A. 4.0 – 4.5 B. 6.45 – 6.55

C. 7.35 – 7.45 D. 8.25 – 8.35

119. रॉकेट को चलाने में प्रयुक्त ईंधन कहलाते हैं–

A. कोक B. बायोमास

C. प्रणोदक D. कोल गैस

120. ब्लीचिंग पाउडर निम्नलिखित में से किससे-किसे गुजारकर तैयार किया जाता है?

A. बुझे चूने पर से क्लोरीन

B. बूझे चूने पर से ऑक्सीजन

C. बुझे चूने पर से CO_2

D. बिना बुझे चूने पर से क्लोरीन

121. लेंस किससे बनता है?

A. पाइरेक्स काँच B. फ्लिन्ट काँच

C. साधारण काँच D. कोबाल्ट काँच

122. बैक्टीरिया में पाया जाने वाला प्रकाश-संश्लेषी आशय कहलाता है–

A. श्वसन मूल B. मध्यकाय

C. वर्णकीलवक D. जीनधर

123. जैव ईंधन किसके बीज से प्राप्त होता है?

A. जामुन B. जकरांदा

C. जैट्रोफा D. जूनीपर

124. कोशिका का ऊर्जा गृह किसको कहा जाता है?

A. गॉल्जीकाय B. न्यूक्लिओलस

C. माइटोकॉण्ड्रिया D. राइबोसोम

125. लाइसोसोम कार्य करते हैं–

A. प्रोटीन संश्लेषण में

B. प्रोसेसिंग तथा पैकेजिंग में

C. अन्तः कोशिकीय पाचन में

D. वसा संश्लेषण में

126. ताल पारिस्थितिक तंत्र की स्थिरता निर्भर करती है–

A. सूक्ष्मजीवों और मछलियों पर

B. सूक्ष्मजीवों और प्राणिप्लवकों द्वारा

C. मछलियों और सरीसृपों पर

D. उत्पादकों और उपभोक्ताओं पर

127. रेड डाटा बुक उन जातियों के बारे में जानकारी देती है जो–

A. लुप्त हैं B. संकटापन्न हैं

C. खतरनाक हैं D. विरले हैं

128. अम्ल वर्षा पर्यावरण में निम्न प्रदूषण से होती है–

A. कार्बन मोनो ऑक्साइड एवं कार्बन डाइऑक्साइड

B. कार्बन डाइऑक्साइड एवं नाइट्रोजन

C. ओजोन एवं कार्बन डाइऑक्साइड

D. नाइट्रस ऑक्साइड एवं कार्बन डाइऑक्साइड

129. रेशम पालन कहलाता है–

A. एपीकल्चर B. सेरीकल्चर

C. पीसीकल्चर D. हॉर्टीकल्चर

130. शिशु का पितृत्व स्थापित करने के लिए निम्नलिखित में से किस एक तकनीक का प्रयोग किया जाता है?

A. प्रोटीन विश्लेषण

B. गुणसूत्र गणन

C. DNA फिंगर प्रिंटिंग

D. DNA का मात्रात्मक विश्लेषण

131. दक्षिण एशियाई प्राथमिकता व्यापार समझौता 'साप्टा' का औपचारिक उद्घाटन हुआ–

A. 7 दिसम्बर, 1994 को

B. 7 नवम्बर, 1993 को

C. 7 दिसम्बर, 1995 को

D. उपरोक्त में से कोई नहीं

132. डब्ल्यू.टी.ओ. का मुख्यालय अवस्थित है–

A. जेनेवा में B. पेरिस में

C. रोम में D. न्यूयार्क में

133. सी.टी.बी.टी. (CTBT) का सीधा सम्बन्ध किस विषय से है?

A. परमाणु शस्त्र के परीक्षण निषेध बाबत समझौता

B. अन्तर्राष्ट्रीय खेलकूद

C. पशुओं का व्यापार

D. बाल मजदूरी पर रोक

134. 'जाना' किस देश की संवाद एजेंसी है?
A. मोरक्को B. सूडान
C. लीबिया D. यूनान

135. जीव-जंतुओं के हितों से संबद्ध संस्था, 'वर्ल्ड वाइल्ड लाइफ फंड' (WWF) की स्थापना किस वर्ष की गई थी?
A. 1961 में B. 1962 में
C. 1963 में D. 1964 में

136. 'तांजुग' समाचार एजेंसी का संबंध निम्न में से किस देश से है?
A. चीन B. जापान
C. यूगोस्लाविया D. जोर्डन

137. "ट्रापिकल आइसलैण्ड" नामक विश्व का सबसे बड़ा कृत्रिम आरामगाह कहाँ है?
A. मलेशिया में B. संयुक्त राज्य अमेरिका में
C. इटली में D. जर्मनी में

138. 'नीली क्रांति' का संबंध निम्नलिखित में से किससे है?
A. नील की खेती B. मुर्गी पालन
C. मत्स्य पालन D. मधुमक्खी पालन

139. विश्व की सबसे बड़ी मीठे पानी की झील निम्न में से कौन-सी है?
A. कैस्पियन सागर B. विक्टोरिया झील
C. सुपीरियर झील D. बैकाल झील

140. विश्व की कुल जनसंख्या का आधा से अधिक भाग निवास करता है:
A. 0°-20° उत्तरी अक्षांशों में
B. 0°-20° दक्षिणी अक्षांशों में
C. 20°-40° उत्तरी अक्षांशों में
D. 40°-60° उत्तरी अक्षांशों में

141. विश्व परिवेश दिवस मनाया जाता है–
A. 21 मार्च को B. 23 मार्च को
C. 5 जून को D. 5 अक्टूबर को

142. प्रतिवर्ष 12 जनवरी को राष्ट्रीय युवा दिवस मनाया जाता है, स्मृति में
A. स्वामी विवेकानंद की
B. भगतसिंह की
C. दयानन्द सरस्वती की
D. जतीन दास की

143. कारगिल विजय दिवस प्रतिवर्ष मनाया जाता है–
A. 26 जुलाई को B. 26 जून को
C. 26 मई को D. 26 मार्च को

144. भारत का पहला कम्प्यूटराइज्ड रेलवे आरक्षण केन्द्र किस रेलवे स्टेशन में लगाया गया?
A. नई दिल्ली B. मुम्बई
C. कलकत्ता D. बंगलौर

145. निम्न में से किस राज्य को 'पूर्व का प्रवेश द्वार' के रूप में जाना जाता है, जिससे होकर विश्व की दो प्राचीन सभ्यताओं–चीनी एवं भारतीयों के बीच व्यक्तियों, सामग्रियों एवं विचारों का आदान-प्रदान किया जाता था?
A. असम B. मेघालय
C. मणिपुर D. नागालैण्ड

146. सीमा-सुरक्षा बल का मुख्यालय कहाँ अवस्थित है?
A. कोलकाता B. दिल्ली
C. शिलांग D. मुम्बई

147. केन्द्रीय औद्योगिक सुरक्षा बल (CISF) के अधिकारियों को प्रशिक्षण दिया जाता है?
A. हैदराबाद B. चंडीगढ़
C. कोलकाता D. उपर्युक्त सभी

148. भारतवर्ष के राष्ट्रीय ध्वज को अपनाने की तिथि है–
A. 15 अगस्त, 1947 B. 27 जुलाई, 1951
C. 22 जुलाई, 1947 D. 26 जनवरी, 1947

149. भारत में तेल की खोज सर्वप्रथम कहां की गई?
A. डिगबोई में B. ट्राम्बे में
C. मथुरा में D. गोवा में

150. आधुनिक चण्डीगढ़ का सबसे पहला नक्शा जिस वास्तुविद् ने तैयार किया था, उसका क्या नाम था?
A. मैथ्यू नोवोक्की B. ला कार्बूजिए
C. सर शोभासिंह D. उपर्युक्त में से कोई नहीं

151. राज्य सभा के लिए नामित की गई प्रथम महिला फिल्म स्टार थी:
A. नर्गिस दत्त B. शबाना आजमी
C. मधुबाला D. मीना कुमारी

152. सुमेलित कीजिए:
(*a*) भरतनाट्यम 1. आंध्र प्रदेश
(*b*) कुचीपुड़ी 2. उत्तर प्रदेश

(*c*) कत्थक　　　3. ओडिशा

(*d*) ओडिसी　　　4. तमिलनाडु

कूट :

	(*a*)	(*b*)	(*c*)	(*d*)
A.	2	3	4	1
B.	1	2	3	4
C.	4	1	2	3
D.	3	4	1	2

153. 'बिहू' का सम्बन्ध किस राज्य से है?

A. असम　　B. पंजाब

C. उत्तर प्रदेश　　D. गुजरात

154. 'मोहिनी अट्टम' नृत्य का सम्बन्ध किस राज्य से है?

A. आंध्र प्रदेश　　B. केरल

C. तमिलनाडु　　D. कर्नाटक

155. प्रातःकाल में गाया जाने वाला राग है:

A. टोडी　　B. दरबारी

C. भोपाली　　D. भीमपलासी

156. ओणम किस प्रदेश का त्योहार है?

A. कर्नाटक का　　B. असम का

C. केरल का　　D. तमिलनाडु का

157. भारत की सबसे बड़ी गुम्बद, *गोलगुम्बद* कहाँ स्थित है?

A. औरंगाबाद में　　B. बीजापुर में

C. हैदराबाद में　　D. आगरा में

158. चक्यारकूथू नृत्य (Chakiarkoothu Dance) के विषय में निम्नलिखित कथनों पर विचार कीजिए–

1. यह चाक्यार (Chakiar) जाति द्वारा किया जाता है।
2. परम्परागत रूप से यह हिन्दुओं की उच्च जातियों में नहीं देखा जा सकता।
3. मियावु (Mizhavu) संगीत वाद्य है।
4. इसका नाट्य रूप कूथाम्बलम (Koothambalam) है।

इनमें से कौन-कौन से कथन सहीं हैं?

A. 1, 3 और 4　　B. 1, 2 और 3

C. 2, 3 और 4　　D. 1, 2 और 4

159. तेरहताली लोकनृत्य है–

A. केरल का　　B. राजस्थान का

C. मध्य प्रदेश का　　D. तमिलनाडु का

160. साहित्य अकादमी की स्थापना किस वर्ष हुई थी?

A. 1952 में　　B. 1953 में

C. 1954 में　　D. 1956 में

161. भारत का शेक्सपियर किसे कहा जाता है?

A. कौटिल्य　　B. कालिदास

C. हर्ष　　D. भवभूति

162. भारत के 'मिसाइल मैन' के नाम से किसे जाना जाता है?

A. डॉ. होमी जहांगीर भाभा

B. राजा रमन्ना

C. ए.पी.जे. अब्दुल कलाम

D. यशपाल

163. निम्न महापुरुषों में से कौन भारतीय जागृति का जनक कहलाता है?

A. विवेकानन्द　　B. राजा राममोहन राय

C. रवीन्द्रनाथ टैगोर　　D. दयानंद सरस्वती

164. भारत की नाइटिंगेल .... को कहा जाता है–

A. लता मंगेशकर　　B. सरोजिनी नायडू

C. मदर टेरेसा　　D. अलका याज्ञनिक

165. फिल्म 'दि मेकिंग ऑफ महात्मा' के निर्देशक हैं–

A. पीटर उर्स्तिनोव　　B. रिचर्ड एटेनबरो

C. श्याम बेनेगल　　D. मीरा नायर

166. उत्तरी ध्रुव में पहुँचने वाले प्रथम भारतीय हैं–

A. संजय थापर　　B. राकेश शर्मा

C. विजय कपूर　　D. सुशील शर्मा

167. डॉ. ए.पी.जे. अब्दुल कलाम को किस वर्ष भारत रत्न से सम्मानित किया गया?

A. 1996　　B. 1997

C. 1998　　D. 2000

168. शांतिस्वरूप भटनागर पुरस्कार प्रदान किया जाता है?

A. सी.एस.आई.आर.

B. मानव संसाधन विकास मंत्रालय

C. विज्ञान एवं तकनीकी विभाग

D. उपर्युक्त में से कोई नहीं

169. साहित्य क्षेत्र में ज्ञानपीठ पुरस्कार पाने वाली प्रथम महिलाः

A. आशापूर्णा देवी　　B. सुभद्रा कुमारी चौहान

C. अमृता प्रीतम　　D. महादेवी वर्मा

170. मैग्सेसे पुरस्कार विजेता पहले भारतीय कौन थे?

A. इंदिरा गाँधी B. टी.एन. शेषन
C. किरन बेदी D. विनोबा भावे

171. पद्मश्री पुरस्कार पाने वाली पहली भारतीय अभिनेत्री कौन थीं?

A. स्मिता पाटिल B. नरगिस दत्त
C. मीना कुमारी D. मधुबाला

172. किन उपलब्धियों के लिए 'ग्लोबल 500' पुरस्कार प्रदान किए जाते हैं?

A. जनसंख्या नियन्त्रण
B. आतंकवाद के विरुद्ध अभियान
C. पर्यावरण प्रतिरक्षा
D. मादक पदार्थों के विरुद्ध अभियान

173. पुलित्जर पुरस्कार निम्नलिखित में से किस एक से सम्बन्धित है?

A. पर्यावरण संरक्षण B. ओलम्पिक खेल
C. पत्रकारिता D. नागर विमानन

174. भारत सरकार का कौन-सा मंत्रालय 'दादा साहब फाल्के पुरस्कार' प्रदान करता है?

A. शिक्षा मंत्रालय
B. युवा एवं संस्कृति मंत्रालय
C. सूचना एवं प्रसारण मंत्रालय
D. सूचना एवं जनसंपर्क मंत्रालय

175. देश का सर्वोच्च शौर्य पुरस्कार निम्न में से कौन है?

A. महावीर चक्र B. वीर चक्र
C. अशोक चक्र D. परमवीर चक्र

176. रेमन मैग्सेसे पुरस्कार प्रदान करने वाली संस्था 'रेमन मैग्सेसे फाउंडेशन' किस देश की संस्था है?

A. फिलीपींस B. भारत
C. जापान D. भूटान

177. 'आर्डर ऑफ द राइजिंग सन' निम्न में से किस देश का विशेष सम्मान है?

A. जर्मनी B. जापान
C. डेनमार्क D. आस्ट्रेलिया

178. मोहन बागान, ईस्ट बंगाल तथा मोहम्मडन स्पोर्टिंग क्लब किस खेल से सम्बन्धित हैं?

A. हॉकी B. क्रिकेट
C. फुटबॉल D. पोलो

179. निम्नलिखित में से कौन-सी अन्तर्राष्ट्रीय टेनिस खेल प्रतियोगिता घास के मैदान में खेली जाती है?

A. यू.एस. ओपन B. फ्रैंच ओपन
C. विम्बलडन D. ऑस्ट्रेलियाई ओपन

180. प्रथम एशियाई खेल का आयोजन स्थल था :

A. बैंकाक B. टोकियो
C. सियोल D. नई दिल्ली

181. किस खेल में 'फ्री-थ्रो' दिया जाता है?

A. वॉलीबाल में B. बॉस्केटबाल में
C. बैडमिन्टन में D. क्रिकेट में

182. आधुनिक ओलम्पिक खेलों का सबसे पहला विजेता कौन था?

A. जेम्स कालाघान B. जेम्स कोनोली
C. चार्ल्स कोनोली D. उपरोक्त में से कोई नहीं

183. ग्रैंड स्लैम (Grand slam) निम्नलिखित में से किस खेल से सम्बन्धित है?

A. टेनिस B. टेबल टेनिस
C. फुटबॉल D. पोलो

184. 'बुली ऑफ' किस खेल से जुड़ा है?

A. हॉकी B. स्क्वैश
C. शतरंज D. पोलो

185. राजीव गांधी खेल रत्न पुरस्कार (अब मेजर ध्यानचंद खेल रत्न पुरस्कार) के प्रथम विजेता कौन थे?

A. पी॰टी॰ ऊषा B. सचिन तेंदुलकर
C. चिरंजीव मिल्खा सिंह D. विश्वनाथन आनन्द

186. भारत में किस दिन राष्ट्रीय खेल दिवस मनाया जाता है?

A. 29 जून B. 29 मई
C. 29 अगस्त D. 29 सितम्बर

187. भारतीय फुटबॉल संघ की स्थापना कब और कहां हुई थी?

A. 1921 (कलकत्ता में)
B. 1928 (मुम्बई में)
C. 1934 (पटना में)
D. 1937 (शिमला में)

उत्तरमाला

1	2	3	4	5	6	7	8	9	10
A	D	B	D	B	D	B	B	B	A
11	**12**	**13**	**14**	**15**	**16**	**17**	**18**	**19**	**20**
A	A	C	B	C	D	C	B	B	B
21	**22**	**23**	**24**	**25**	**26**	**27**	**28**	**29**	**30**
B	C	D	A	A	A	C	B	A	B
31	**32**	**33**	**34**	**35**	**36**	**37**	**38**	**39**	**40**
D	D	B	A	C	D	A	C	A	A
41	**42**	**43**	**44**	**45**	**46**	**47**	**48**	**49**	**50**
A	C	B	D	B	A	D	A	A	C
51	**52**	**53**	**54**	**55**	**56**	**57**	**58**	**59**	**60**
B	B	A	A	A	B	B	A	B	A
61	**62**	**63**	**64**	**65**	**66**	**67**	**68**	**69**	**70**
D	C	A	D	B	B	C	A	D	A
71	**72**	**73**	**74**	**75**	**76**	**77**	**78**	**79**	**80**
A	A	B	B	B	C	A	D	B	A
81	**82**	**83**	**84**	**85**	**86**	**87**	**88**	**89**	**90**
A	C	A	A	A	D	B	A	C	C
91	**92**	**93**	**94**	**95**	**96**	**97**	**98**	**99**	**100**
B	C	A	D	D	D	C	D	A	A
101	**102**	**103**	**104**	**105**	**106**	**107**	**108**	**109**	**110**
A	A	D	D	A	C	C	C	A	A
111	**112**	**113**	**114**	**115**	**116**	**117**	**118**	**119**	**120**
A	C	B	C	A	C	A	C	C	A
121	**122**	**123**	**124**	**125**	**126**	**127**	**128**	**129**	**130**
B	C	C	C	C	D	B	D	B	C
131	**132**	**133**	**134**	**135**	**136**	**137**	**138**	**139**	**140**
C	A	A	C	A	C	D	C	C	C
141	**142**	**143**	**144**	**145**	**146**	**147**	**148**	**149**	**150**
D	A	A	A	A	B	A	C	A	B
151	**152**	**153**	**154**	**155**	**156**	**157**	**158**	**159**	**160**
A	C	A	C	B	C	B	A	B	C
161	**162**	**163**	**164**	**165**	**166**	**167**	**168**	**169**	**170**
B	C	B	B	C	A	B	A	A	D
171	**172**	**173**	**174**	**175**	**176**	**177**	**178**	**179**	**180**
B	C	C	C	D	A	B	C	C	D
181	**182**	**183**	**184**	**185**	**186**	**187**			
B	B	A	A	D	C	D			

●●●